中國歷代
畫家存世作品總覽

第五冊

佘　城　編著

文史哲出版社印行

名稱	形式	質地	色彩	尺寸 高×寬㎝	創作時間	收藏處所	典藏號碼

清　代（續）

張伯遠

| 墨竹圖（寫似儼翁） | 卷 | 綾 | 水墨 | 44.2 × 195.1 | 壬寅（？康熙六十一年，1722）夏日 | 日本 盛田昭夫先生 | |

畫家小傳：張伯遠。畫史無載。流傳署款作品紀年疑為聖祖康熙六十一（1722）年。身世待考。

馬　德

| 十六羅漢圖（對幅） | 軸 | 紙 | 設色 | （每幅）134.2 × 57.2 | | 日本 成道寺 | |

畫家小傳：馬德。畫史無載。清江人。身世待考。

杭士銘

| 山水圖（明清扇面圖冊之6） | 摺扇面 | 金箋 | 設色 | 不詳 | | 美國 加州 Schlenker 先生 | |
| 山水圖 | 摺扇面 | 金箋 | 水墨 | 17 × 51.2 | | 瑞士 蘇黎士黎得堡博物館 | RCH.1125f |

畫家小傳：杭士銘。畫史無載。身世待考。

沈志學

| 山水圖 | 摺扇面 | 金箋 | 設色 | 17.9 × 48.5 | | 德國 柏林東亞藝術博物館 | 1988-276 |

畫家小傳：沈志學。畫史無載。身世待考。

章　敬

| 山水圖 | 摺扇面 | 金箋 | 設色 | 15.8 × 50.9 | | 德國 柏林東亞藝術博物館 | 1988-374 |

畫家小傳：章敬。畫史無載。身世待考。

陸平原

| 牡丹錦雉圖（畫為定翁老先生壽） | 軸 | 絹 | 設色 | 130.4 × 35.8 | | 英國 倫敦大英博物館 | 1910.2.12.531（ADD 229） |

畫家小傳：陸平原。畫史無載。身世待考。

蔡　嘉

山水圖	卷	紙	設色	不詳		北京 故宮博物院	
花果圖（蔡嘉等廿二人花果圖合卷之1段）	卷	紙	設色	不詳		北京 故宮博物院	
春江叠嶂圖	卷	紙	設色	31.2 × 314.5	丁酉（乾隆四十二，1777）秋月	上海 上海博物館	
枯樹圖	卷	紙	水墨	不詳	丙午（雍正四年，1726）	鎮江 江蘇省鎮江市博物館	

名稱	形式	質地	色彩	尺寸 高×寬 cm	創作時間	收藏處所	典藏號碼
南郭草堂圖	卷	紙	設色	不詳	乾隆庚申（五年，1740）八月	日本 東京張允中先生	
秋林行旅圖	卷	紙	設色	31.8 × ?		美國 夏威夷火魯奴奴藝術學院	4020.1
楊子江風雲圖	卷	紙	水墨	不詳		德國 漢堡 Museum für Kun-st and Generbe	
山水圖	軸	紙	水墨	75.9 × 24.2		台北 故宮博物院（蘭千山館寄存）	
蒼松疊翠圖	軸	紙	設色	255.5 × 95.5	壬寅（乾隆四十七年，1782）冬十月	香港 香港大學馮平山博物館	HKU.P.66.13
青綠山水圖	軸	絹	設色	47 × 60		香港 香港美術館・虛白齋	XB1992.173
鍾馗圖	軸	紙	設色	不詳	丁未（雍正五年，1727）	瀋陽 故宮博物院	
洛神圖	軸	絹	水墨	120.9 × 50	己酉（雍正七年，1729）秋八月	瀋陽 故宮博物館	
溪山游侶圖	軸	紙	設色	不詳		瀋陽 故宮博物館	
天中節圖	軸	絹	設色	不詳	甲辰（乾隆四十九年，1784）	瀋陽 遼寧省博物館	
為金農作神龜圖（金農書神龜篇）	軸	紙	設色	108.1 × 38.5	壬申（乾隆十七年，1752）	旅順 遼寧省旅順博物館	
松風幽徑圖	軸	紙	設色	67.8 × 35.4	癸丑（雍正十一年，1733）	北京 故宮博物院	
仿關同山水圖	軸	絹	設色	不詳	癸丑（雍正十一年，1733）	北京 中國歷史博物館	
古木飛泉圖	軸	紙	水墨	不詳	乙卯（雍正十三年，1735）	北京 首都博物館	
仿元人山水圖	軸	紙	設色	不詳	甲子（乾隆九年，1744）	天津 天津市藝術博物館	
過雨策杖圖	軸	紙	設色	不詳	壬申（乾隆十七年，1752）	天津 天津市藝術博物館	
柳蔭垂釣圖	軸	金箋	設色	67.5 × 38	戊戌（乾隆四十三癸，1778）	天津 天津市藝術博物館	
東坡先生像	軸	紙	水墨	不詳		天津 天津市藝術博物館	

名稱	形式	質地	色彩	尺寸 高x寬cm	創作時間	收藏處所	典藏號碼
鍾馗圖	軸	紙	水墨	97 x 35.5		天津 天津市藝術博物館	
虛亭遠山圖	軸	紙	設色	133.8 x 74.4		天津 天津市藝術博物館	
雲山幽居圖	軸	絹	設色	229.7 x 136.1	戊申（雍正六年，1728）	合肥 安徽省博物館	
倒騎牛圖	軸	紙	水墨	不詳	壬戌（乾隆七年，1742）	合肥 安徽省博物館	
天竺水仙圖	軸	絹	設色	不詳		合肥 安徽省博物館	
月桂圖	軸	絹	設色	不詳		合肥 安徽省博物館	
仿荊、關山水圖	軸	絹	設色	235 x 128.1		合肥 安徽省博物館	
鍾馗觀異圖	軸	紙	水墨	不詳	丁未（雍正五年，1727）	揚州 江蘇省揚州市博物館	
松雲石壁圖（為霞濱作）	軸	絹	設色	不詳	壬戌（乾隆七年，1742）四月	揚州 江蘇省揚州市博物館	
擬宋人梅竹集禽圖	軸	絹	設色	176.7 x 77.3	壬申（乾隆十七年，1752）孟春	揚州 江蘇省揚州市博物館	
折蕙仕女圖	軸	紙	水墨	不詳	乙未（乾隆四十年，1775）夏日	南通 江蘇省南通博物苑	
採桑圖	軸	紙	水墨	126 x 63.1		南通 江蘇省南通博物苑	
青山舟隱圖	軸	紙	水墨	不詳	乙未（乾隆四十年，1775）	上海 上海博物館	
古木幽禽圖	軸	紙	設色	113.4 x 51.1	辛亥（雍正九年，1731）秋九月	上海 上海博物館	
憩牛圖	軸	紙	水墨	不詳	丁巳（乾隆二年，1737）	上海 上海博物館	
秋亭對話圖	軸	紙	設色	不詳	壬申（乾隆十七年，1752）	上海 上海博物館	
拈花仕女圖	軸	紙	水墨	84.5 x 25.6		上海 上海博物館	
仿吳鎮山水圖	軸	紙	水墨	131.7 x 48.1		上海 上海博物館	
歲朝圖（為殿老作）	軸	紙	設色	72.9 x 38.7	乙卯（雍正十三年，1735）嘉平	南京 南京博物院	

名稱	形式	質地	色彩	尺寸 高×寬㎝	創作時間	收藏處所	典藏號碼
天竺水仙圖	軸	絹	設色	141 × 22	己酉（雍正七年，1729）秋八月	南京 江蘇省美術館	
峻嶺巉巖圖	軸	絹	設色	185 × 101.5	壬子（雍正十年，1732）五月	鎮江 江蘇省鎮江市博物館	
松竹梅圖	軸	紙	水墨	不詳	乙卯（雍正十三年，1735）	鎮江 江蘇省鎮江市博物館	
荷香清夏圖	軸	絹	設色	不詳	乙卯（雍正十三年，1735）	鎮江 江蘇省鎮江市博物館	
青綠山水圖	軸	絹	設色	81 × 37	乾隆元年（丙辰，1736）	鎮江 江蘇省鎮江市博物館	
仕女圖	軸	絹	水墨	不詳		揚州 江蘇省鎮江市博物館	
游蕃釐觀圖	輻	紙	設色	不詳	乾隆戊辰（十三年，1748）	蘇州 江蘇省蘇州博物館	
石田詩意圖	軸	紙	水墨	不詳	甲午（乾隆三十九年，1774）	寧波 浙江省寧波市天一閣文物保管所	
層崖石室圖	軸	絹	設色	104.1 × 50.3	己酉（雍正七年，1729）秋九月	重慶 重慶市博物館	
天竺水仙圖	軸	絹	設色	182.2 × 47.7		重慶 重慶市博物館	
竹林仕女圖	軸	紙	水墨	78 × 34		重慶 重慶市博物館	
指畫松根靜坐圖	軸	紙	水墨	120.4 × 59	戊申（雍正六年，1728）花朝後一日	廣州 廣東省博物館	
金人緘口圖	軸	紙	水墨	不詳		廣州 廣東省博物館	
蒲石瓶梅圖	軸	紙	水墨	64 × 41	癸卯（雍正元年，1723）嘉平	廣州 廣州市美術館	
草閣歸禽圖	軸	絹	設色	126 × 73	乙丑（乾隆十年，1745）	廣州 廣州市美術館	
虛閣秋爽圖（為孝思作）	軸	紙	設色	不詳	壬申（乾隆十七年，1752）初夏	廣州 廣州市美術館	
雪中送炭圖	軸	紙	設色	62 × 43		廣州 廣州市美術館	
醉臥圖	軸	紙	水墨	85.1 × 27.9		日本 東京高島菊次郎槐安居	
古木寒鴉圖（法倪高士筆）	軸	紙	水墨	94.6 × 42.5	丙子（乾隆二十一年，1756）秋八月	日本 大阪市立美術館	

名稱	形式	質地	色彩	尺寸 高×寬㎝	創作時間	收藏處所	典藏號碼
					既望		
山水圖	軸	紙	水墨	90.9 × 46.4	己未（乾隆四年，1739）清和月	日本 大阪齋藤悅藏先生	
溪山白雲圖	軸	紙	設色	118 × 50.5		美國 麻州 Henry & Harri-son 先生	
持花仙人圖	軸	紙	設色	132 × 66.5	雍正六年（戊申，1728）	美國 紐約哥倫比亞大學藝術館	
秋水夕陽圖	軸	紙	設色	135.1 × 60.5		美國 紐約王季遷明德堂	
山水圖	軸	紙	設色	91.5 × 46.3	己未（乾隆四年，1739）清和	美國 芝加哥藝術中心	1960.746
桃花源圖	軸	紙	設色	62 × 34.1		美國 聖路易斯市藝術館（米蘇里州梅林先生寄存）	
人物圖（民間樂人）	軸	紙	水墨	58.7 × 33.5		美國 勃克萊加州大學藝術館	1975.9
山水圖	軸	紙	設色	94.2 × 47.1		美國 加州史坦福大學藝術博物館	67.57
梅竹石圖（12幀，為春農作）	冊	紙	水墨	（每幀）27.3×33.5	壬申（乾隆十七年，1752）初夏	瀋陽 故宮博物館	
山水圖（12幀）	冊	紙	設色	（每幀）30×42		瀋陽 故宮博物館	
山水圖	摺扇面	紙	設色	19.7 × 56	乙卯（雍正十三年，1735）	北京 故宮博物院	
雜畫（12幀）	冊	紙	設色	不詳	乙未（乾隆四十年，1775）	北京 故宮博物院	
花卉圖（12幀）	冊	紙	設色	不詳	辛丑（乾隆四十六年，1781）清和月	北京 故宮博物院	
花卉圖（12幀）	冊	紙	設色	不詳	甲辰（乾隆四十九年，1784）二月	北京 故宮博物院	
桂林玩月圖	摺扇面	紙	設色	19.8 × 60.6		北京 故宮博物院	
擬燕文貴筆山水圖（為筠榭作，尤求等雜畫冊8之1幀）	冊頁	紙	設色	28 × 30.6		北京 故宮博物院	
山水圖（畫宗領異圖冊25之1幀）	冊頁	紙	設色	不詳		北京 故宮博物院	
山水圖	摺扇面	金箋	水墨	不詳	丁卯（乾隆十二年	北京 中國歷史博物館	

名稱	形式	質地	色彩	尺寸 高x寬㎝	創作時間	收藏處所	典藏號碼
					，1747）		
山水圖（文心別寄圖冊之1幀）	冊頁	紙	設色	不詳		北京 中國歷史博物館	
山水圖（二冊，24幀）	冊	紙	水墨	不詳	庚子（乾隆四十五年，1780）	天津 天津市藝術博物館	
柳蔭垂釣圖	摺扇面	金箋	設色	不詳	丙午（乾隆五十一年，1786）	天津 天津市藝術博物館	
山水圖（清蔡嘉半舟山水冊12之7幀）	冊頁	紙	設色	（每幀）24.6 x 32		天津 天津市藝術博物館	
山水圖（清蔡嘉等山水冊12之1幀）	冊頁	紙	設色	不詳		天津 天津市藝術博物館	
松下觀泉圖	摺扇面	紙	設色	不詳		揚州 江蘇省揚州市博物館	
雜畫圖（8幀）	冊	紙	設色、水墨	（每幀）23 x 44.2	丁酉（乾隆四十二年，1777）	上海 上海博物館	
山水圖（12幀）	冊	紙	水墨、設色	（每幀）24.4 x 36.6	辛丑（乾隆四十六年，1781）十一月	上海 上海博物館	
山水（張開福等24人雜畫冊24之1幀）	冊頁	紙	設色	不詳		上海 上海博物館	
山水、花卉圖（12幀）	冊	紙	設色	不詳	乙丑（乾隆十年，1745）春日	蘇州 江蘇省蘇州博物館	
山水圖（12幀）	冊	紙	設色	（每幀）25.4 x 35.3	己亥（乾隆四十四年，1779）長至月	蘇州 江蘇省蘇州博物館	
竹澗納涼圖	摺扇面	紙	設色	不詳	己酉（雍正七年，1729	寧波 浙江省寧波市天一閣文物保管所	
花卉圖（12幀）	冊	絹	設色	（每幀）30 x 22.2	甲辰（雍正二年，1724）小春	武漢 湖北省博物館	
山水圖	摺扇面	金箋	設色	不詳	癸亥（乾隆八年，1743）	成都 四川省博物院	
山水圖（10幀）	冊	紙	設色	（每幀）25 x 30.5	戊申（雍正六年，1728）	南寧 廣西壯族自治區博物館	
春柳漁艇圖	摺扇面	紙	設色	不詳	乙卯（雍正十三年，1735）	烏魯木齊 新疆維吾爾自治區博物館	
九秋圖（？幀）	冊	紙	設色	（每幀）16.2 x 18.6		日本 私人	

名稱	形式	質地	色彩	尺寸 高×寬㎝	創作時間	收藏處所	典藏號碼
附：							
溪山無盡圖	卷	紙	設色	35 × 277	丁酉（乾隆四十二年，1777）夏日	香港 佳士得藝品拍賣公司/拍賣目錄 1994,10,30.	
人物圖	軸	紙	水墨	47 × 25	癸亥（乾隆八年，1743）	大連 遼寧省大連市文物商店	
山水圖	軸	紙	設色	不詳	乾隆丙午（五十一年，1786）	北京 中國文物商店總店	
住山圖	軸	紙	設色	不詳	乾隆壬戌（七年，1742）六月望	北京 北京市文物商店	
牧牛圖	軸	紙	設色	不詳	乙丑（乾隆十年，1745）九月望	北京 北京市文物商店	
仿李營丘山水圖	軸	絹	設色	173 × 53		合肥 安徽省文物商店	
焦山圖（為曉老作）	軸	紙	水墨	不詳	丁巳（乾隆二年，1736）四月	揚州 揚州市文物商店	
柳鴨圖	軸	紙	設色	115 × 59	己亥（乾隆四十四年，1779）仲春月	上海 朵雲軒	
仕女圖	軸	紙	水墨	171 × 83	丙午（乾隆五十一年，1786）清和月	上海 朵雲軒	
漁樂圖	軸	絹	水墨	不詳		上海 朵雲軒	
木落西風圖	軸	絹	設色	137 × 82.5	壬戌（乾隆七年，1742）五月	上海 上海文物商店	
林泉臥遊圖	軸	絹	設色	不詳	丁未（雍正五年，1727）長至月	上海 上海工藝品進出口公司	
澗溪茅屋圖	軸	紙	設色	91.7 × 44.4		紐約 蘇富比藝品拍賣公司/拍賣目錄 1982,06,04.	
漁家樂圖	軸	紙	水墨	172 × 45.5	丙辰（乾隆元年，1736）春三月望前二日	紐約 佳仕得藝品拍賣公司/拍賣目錄 1986,12,01.	
溪山無盡圖	軸	紙	設色	106.1 × 34.3	丙申（乾隆四十一年，1776）秋九月	紐約 佳士得藝品拍賣公司/拍賣目錄 1987,12,11.	
谿山放棹圖	軸	紙	設色	58 × 32.5		紐約 佳士得藝品拍賣公司/拍賣目錄 1989,06,01.	

名稱	形式	質地	色彩	尺寸 高x寬㎝	創作時間	收藏處所	典藏號碼
巫峽秋濤	軸	紙	設色	296 × 137.2	乾隆元年（丙辰，1736）仲夏	紐約 佳士得藝品拍賣公司/拍賣目錄 1993,06,04.	
邗江倚權圖（1幀）	冊	紙	水墨	不詳	乙丑（乾隆十年，1745）	天津 天津市文物公司	
雜畫（12幀）	冊	紙	設色	（每幀）39 × 27.5		蘇州 蘇州市文物商店	
仿宋元名家山水圖（8幀	冊	紙	設色	（每幀）24.4 × 42	壬辰（乾隆三十七年，1772）夏六月	紐約 蘇富比藝品拍賣公司/拍賣目錄 1986,06,03.	
草蟲、花卉、山水圖（11幀）	冊	紙	設色	（每幀）14.5 × 16.5	庚子（乾隆四十五年，1780）十一月	紐約 佳士得藝品拍賣公司/拍賣目錄 1994,06,01.	
山水圖（12幀）	冊	紙	水墨、設色	（每幀）30.5 × 25.4	旃蒙單閼（乙卯，雍正十三年，1735）四月	紐約 佳士得藝品拍賣公司/拍賣目錄 1994,11,30.	
雜畫（11幀）	冊	紙	設色	（每幀）14.3 × 16.8		香港 蘇富比藝品拍賣公司/拍賣目錄 1999,10,31.	

畫家小傳：蔡嘉。字松原、岑州。號雪堂、朱方老人。江蘇丹陽人。善詩，工草書，善畫青綠山水。所作人物、花鳥、蟲魚，刻意摹古，惟少逸氣。流傳署款紀年作品見於世宗雍正元(1723)年，至高宗乾隆五十一(1786)年。（見揚州畫舫錄、中國畫家人名大辭典）

鄭 銓

雜圖（文心別寄圖冊之1幀）	冊頁	紙	設色	不詳		北京 中國歷史博物館	

畫家小傳：鄭銓。畫史無載。約與蔡嘉同時間。身世待考。

方貞觀

雜圖（文心別寄圖冊之1幀）	冊頁	紙	設色	不詳		北京 中國歷史博物館	

畫家小傳：方貞觀。畫史無載。約與蔡嘉同時間。身世待考。

陳 鵠

紫雲出峪圖	卷	紙	設色	不詳		旅順 遼寧省旅順博物館	
山水圖（寫似中符先生，清人山水圖冊之第5幀）	冊頁	紙	不詳	13.4 × 24.4	癸卯（雍正元年，1723）冬日	美國 勃克萊加州大學藝術館（高居翰教授寄存）	CC 12e

畫家小傳：陳鵠。字菊常。江蘇通州人。善畫人物、花卉，設色絢麗，鉤勒精工。流傳署款紀年作品見於世宗雍正元（1723）年。（見圖繪寶鑑續纂、湖海樓集、中國畫家人名大辭典）

溫 儀

名稱	形式	質地	色彩	尺寸 高x寬㎝	創作時間	收藏處所	典藏號碼
江邊獨釣圖	軸	紙	水墨	111 × 56.1		青島 山東省青島市博物館	
仿大癡山水圖	軸	絹	水墨	不詳	乾隆辛酉（六年，1741）陽月	烟臺 山東省烟臺市博物館	
仿黃公望山水圖	軸	絹	水墨	不詳	乾隆庚申（五年，1740）	西安 陝西省西安市文物保護考古所	
松峰懸瀑圖	軸	紙	水墨	118.3 × 43.6	雍正己酉（七年，1729）	南京 南京博物院	
仿黃鶴山樵筆意山水圖（吳偉業等八人繪畫集錦冊8之1幀）	冊頁	紙	設色	25.4 × 32.3	雍正十年（壬子，1732）二月雪後	北京 故宮博物院	
附：							
山水圖	軸	絹	水墨	不詳	乾隆辛酉（六年，1741）	北京 北京市工藝品進出口公司	
仿王麓臺山水圖	軸	絹	設色	128 × 63	雍正元年（癸卯，1723）	天津 天津市文物公司	
仿北苑山水圖	軸	絹	水墨	不詳	乾隆辛酉（六年，1741）嘉平月	上海 上海文物商店	

畫家小傳：溫儀。字可象。號紀堂。陝西三原人。聖祖康熙五十一（1712）年進士. 少嗜畫，每恨西陲無宗法。成進士後，乃謁王原祁請益，盡得其法，藝遂大進。流傳署款紀年作品見於世宗雍正元（1723）年，至高宗乾隆六（1741）年。（見國朝畫徵錄、桐陰論畫、中國畫家人名大辭典）

李巒

名稱	形式	質地	色彩	尺寸	創作時間	收藏處所	典藏號碼
蔬果圖	卷	絹	水墨	不詳		北京 故宮博物院	
雲山圖	卷	紙	水墨	不詳	雍正五年（丁未，1727）	武漢 湖北省博物館	
溪橋釣艇圖	軸	絹	水墨	不詳		石家莊 河北省博物館	
山水圖	軸	紙	水墨	不詳	癸卯（雍正元年，1723）	鍾祥 湖北省鍾祥縣博物館	

畫家小傳：李巒。畫史無載。流傳署款紀年作品見於世宗雍正元（1723）至五（1727）年。身世待考。

梁小癡

名稱	形式	質地	色彩	尺寸	創作時間	收藏處所	典藏號碼
玉堂富貴圖	軸	絹	設色	不詳	雍正元年，癸卯（1723）	紹興 浙江省紹興市博物館	

畫家小傳：梁小癡。流傳署款紀年作品見於世宗雍正元（1723）年。身世待考。

名稱	形式	質地	色彩	尺寸 高x寬㎝	創作時間	收藏處所	典藏號碼

薛 澍

仿吳鎮山水圖	摺扇面 金箋	水墨	不詳		癸卯（？雍正元年，1723）	北京 故宮博物院	

畫家小傳：薛澍。畫史無載。流傳署款作品紀年疑為世宗雍正元（1723）年。身世待考。

帥念祖

指畫松亭圖	軸	紙	水墨	不詳		北京 中國美術館	
指畫山水圖	軸	紙	設色	不詳		南昌 江西省博物館	

畫家小傳：帥念祖。字宗德。奉新人。世宗雍正元（1723）年進士。善指頭畫，多作花卉，間亦用筆寫繪山水。（見國朝畫識、國朝畫徵續錄、中國畫家人名大辭典）

汪之元

竹石圖	軸	絹	水墨	不詳		合肥 安徽省博物館	
仿吳鎮墨竹石圖	軸	絹	水墨	203.1 x 57.9		日本 私人	

畫家小傳：汪之元。畫史無載。清世宗雍正二（1724）年，撰天下有山堂畫藝成書。身世待考。

章 法
附：

太平春樂圖	軸	紙	設色	不詳	雍正元年（癸卯，1723）	蘇州 蘇州市文物商店	

畫家小傳：章法。字石渠。號瓶圖。江蘇崑山人。擅畫牛，又善畫菜，天趣橫發，生氣勃勃，無一點塵氛氣，惟筆差弱耳。流傳署款紀年作品見於世宗雍正元(1723)年。（見崑新合志、畫陽秋、中國畫家人名大辭典）

黃 鉉
附：

折枝花卉圖	卷	絹	設色	29.1 x 435.2	癸卯（雍正元年，1723）	上海 上海文物商店	

畫家小傳：黃鉉。畫史無載。流傳署款紀年作品見於世宗雍正元(1723)年。身世待考。

戴 峻

農忙春米圖	軸	紙	設色	不詳		日本 東京張允中先生	
柳蔭泊舟圖	摺扇面 紙	設色	不詳		癸卯（雍正元年，1723）	成都 四川省博物院	

名稱	形式	質地	色彩	尺寸 高x寬cm	創作時間	收藏處所	典藏號碼

畫家小傳：戴峻。字古巖。江蘇吳縣人。工畫山水，尤善臨摹。張庚稱其專倣唐寅作品而不嘗自題己名，一生皆託唐名以獲厚值，自署款者因而少見。流傳傳署款紀年作品見於世宗雍正元(1723)年。身世待考。(見國朝畫識、國朝畫徵續錄、中國畫家人名大辭典)

曹廷棟

名稱	形式	質地	色彩	尺寸 高x寬cm	創作時間	收藏處所	典藏號碼
幽蘭竹石圖	軸	絹	水墨	不詳	癸卯（乾隆四十八年，1783）小春月	蘇州 江蘇省蘇州博物館	
蘭花圖	軸	絹	水墨	不詳	辛丑（乾隆四十六年，1781）	杭州 浙江省博物館	
蘭竹石圖	軸	紙	水墨	70.2 × 43.5	辛酉（乾隆六年，1741）秋	日本 大阪橋本大乙先生	
蘭竹石圖	軸	絹	水墨	50 × 33.1	甲辰（乾隆四十九年，1784）夏，時年八十有六	日本 中埜又左衛門先生	
蘭竹石圖	軸	紙	水墨	102.7 × 39.4	己亥（乾隆四十四年，1779）秋九月上旬，時年八十有一	日本 中埜又左衛門先生	
山水圖（為石樵作）	軸	紙	水墨	137.5 × 56.3		義大利 羅馬國立東方藝術博物館（Gisondi 女士寄存）	

畫家小傳：曹廷棟。字楷人。號六圃、慈山。浙江嘉善人。生於聖祖康熙三十八（1699）年。卒於高宗乾隆五十（1785）年。工畫蘭、竹，不拘古法，墨采華鮮，豐神圓朗，享譽一時。(見墨香居畫識、墨林今話、疑年錄彙編、中國畫家人名大辭典)

董邦達

名稱	形式	質地	色彩	尺寸 高x寬cm	創作時間	收藏處所	典藏號碼
畫松谿煙岫	卷	紙	水墨	31.5 × 503		台北 故宮博物院	故畫 01685
倣陸廣松溪煙靄	卷	紙	設色	23.5 × 229.5		台北 故宮博物院	故畫 01686
浮嵐暖翠	卷	紙	設色	15.7 × 71.8		台北 故宮博物院	故畫 01687
西湖十景	卷	紙	設色	41.7 × 361.8		台北 故宮博物院	故畫 01688
秋水蘆村	卷	紙	水墨	15.7 × 71.8		台北 故宮博物院	故畫 01689
書畫高宗御製清曠樓詠竹詩意	卷	紙	水墨	24.8 × 229.6		台北 故宮博物院	故畫 01690
摹馬遠瀟湘八景圖	卷	紙	設色	22.2 × ?	（丙寅初夏，乾隆十一年，1746）	香港 王南屏先生	

名稱	形式	質地	色彩	尺寸 高x寬cm	創作時間	收藏處所	典藏號碼
仿王詵漁村小雪圖	卷	紙	設色	不詳		長春 吉林省博物館	
松壑仙廬圖	卷	紙	水墨	不詳		長春 吉林省博物館	
興安大嶺圖	卷	絹	設色	不詳		瀋陽 故宮博物院	
盤山十六景圖	卷	紙	設色	41.9 x 569.8		瀋陽 遼寧省博物館	
解角圖	卷	紙	設色	不詳		旅順 遼寧省旅順博物館	
夏山欲雨圖	卷	紙	設色	39.7 x 381.5		旅順 遼寧省旅順博物館	
松崖苔磴圖	卷	紙	水墨	31 x 192		北京 首都博物館	
仿荊浩層巖激磵圖	卷	紙	水墨	26.7 x 245.1		北京 首都博物館	
秋江萬里圖	卷	紙	設色	不詳		天津 天津市藝術博物館	
溪山春靄圖	卷	紙	水墨	34.5 x 350		廣州 廣東省博物館	
溪山深秀圖	卷	紙	水墨	23.5 x 232		廣州 廣州市美術館	
瀟湘秋晚圖	卷	紙	設色	55.7 x 76.5		南寧 廣西壯族自治區博物館	
山水圖	卷	絹	設色	不詳		日本 東京住友寬一先生	
仿陸廣松壑雲濤圖	卷	紙	設色	18.5 x 148.5		美國 華盛頓特區弗瑞爾藝術館	80.98
層巒聳翠	軸	紙	水墨	88.1 x 30.9	乾隆丙寅（十一年，1746）秋中	台北 故宮博物院	故畫 02630
畫高宗御製夜雪詩意山水	軸	紙	設色	101.5 x 44.4	乾隆己卯（二十四年，1759）小春	台北 故宮博物院	故畫 00783
仿倪瓚疏林含秀		紙	設色	123.3 x 55.1		台北 故宮博物院	故畫 00784
山水	軸	紙	水墨	142.9 x 54.8		台北 故宮博物院	故畫 00785
大士像	軸	紙	白描	69.4 x 38.7		台北 故宮博物院	故畫 00786
山水	軸	紙	設色	128 x 66.9		台北 故宮博物院	故畫 02590
山水	軸	紙	水墨	138.4 x 63.5		台北 故宮博物院	故畫 02591
山水	軸	紙	水墨	64.7 x 67.9		台北 故宮博物院	故畫 02592
山水	軸	紙	水墨	87.2 x 45.7		台北 故宮博物院	故畫 02593
山水（高宗御題）	軸	紙	設色	133.1 x 31.7		台北 故宮博物院	故畫 02594
山水（高宗御題）	軸	紙	設色	245.9 x 68.9		台北 故宮博物院	故畫 02595
山水（高宗御題）	軸	紙	水墨	53.7 x 36.4		台北 故宮博物院	故畫 02596

名稱	形式	質地	色彩	尺寸 高x寬㎝	創作時間	收藏處所	典藏號碼
松澗雲嵐（高宗御題）	軸	紙	水墨	148.4 × 60		台北 故宮博物院	故畫 02597
雪景人物即事（高宗御題）	軸	紙	水墨	112.7 × 28.6		台北 故宮博物院	故畫 02598
翠岩紅樹（高宗御題）	軸	紙	設色	103.3 × 46		台北 故宮博物院	故畫 02599
斷橋殘雪（高宗御題）	軸	紙	設色	68.6 × 38.2		台北 故宮博物院	故畫 02600
楓溪觀瀑（高宗御題）	軸	紙	設色	220.6 × 80.2		台北 故宮博物院	故畫 02601
雪景（高宗御題）	軸	紙	設色	72.1 × 71		台北 故宮博物院	故畫 02602
摹王蒙幽林清逸圖	軸	紙	設色	143 × 48.9		台北 故宮博物院	故畫 02603
倣王蒙仙館澄陰	軸	紙	水墨	123.4 × 55		台北 故宮博物院	故畫 02604
倣王蒙萬疊芙蓉	軸	紙	水墨	133 × 63.3		台北 故宮博物院	故畫 02605
倣陸廣雲墾幽深	軸	紙	設色	125.5 × 64.6		台北 故宮博物院	故畫 02606
倣陸廣楓林晴靄	軸	紙	設色	129.9 × 56.6		台北 故宮博物院	故畫 02607
倣趙令穰春山翠靄圖	軸	紙	設色	133.2 × 63.5		台北 故宮博物院	故畫 02608
松溪泛月	軸	紙	設色	99.7 × 41.5		台北 故宮博物院	故畫 02609
平湖秋月	軸	紙	設色	127.3 × 67		台北 故宮博物院	故畫 02610
三潭印月	軸	紙	設色	126.9 × 66.7		台北 故宮博物院	故畫 02611
柳浪聞鶯	軸	紙	設色	126.9 × 66.8		台北 故宮博物院	故畫 02612
蘇堤春曉	軸	紙	設色	127.8 × 66.4		台北 故宮博物院	故畫 02613
南屏晚鐘	軸	紙	設色	127.3 × 67.3		台北 故宮博物院	故畫 02614
灞橋覓句	軸	紙	設色	112.5 × 56.2		台北 故宮博物院	故畫 02615
斷橋殘雪	軸	紙	設色	127.6 × 67.1		台北 故宮博物院	故畫 02616
雙峰插雲	軸	紙	設色	127.4 × 66.6		台北 故宮博物院	故畫 02617
居庸疊翠圖	軸	紙	設色	129.7 × 62.9		台北 故宮博物院	故畫 02618
靈岩積翠圖	軸	綾	水墨	146.2 × 56.4		台北 故宮博物院	故畫 02619
浮嵐暖翠圖	軸	紙	設色	167.2 × 72.6		台北 故宮博物院	故畫 02620
松濤泉韻	軸	紙	設色	119 × 52.2		台北 故宮博物院	故畫 02621
烟磴香林	軸	紙	設色	120.2 × 56.2		台北 故宮博物院	故畫 02622
丹壑長春	軸	紙	水墨	92.1 × 36		台北 故宮博物院	故畫 02623
霜林蕭寺圖	軸	紙	設色	79.1 × 36.8		台北 故宮博物院	故畫 02624
寒巖重瀑	軸	紙	水墨	35 × 49.1		台北 故宮博物院	故畫 02625
仙廬澄霽（仿董源筆意）	軸	紙	水墨	92.2 × 36.1		台北 故宮博物院	故畫 02626
秋山訪友圖	軸	紙	設色	90.4 × 95.2		台北 故宮博物院	故畫 02627
秋山蕭寺	軸	紙	水墨	159.3 × 83.9		台北 故宮博物院	故畫 02628
雲嵐疊翠（仿黃公望筆意）	軸	紙	設色	111.9 × 52.7		台北 故宮博物院	故畫 02629

名稱	形式	質地	色彩	尺寸 高x寬cm	創作時間	收藏處所	典藏號碼
江關行旅	軸	紙	設色	227.8 x 70.4		台北 故宮博物院	故畫 02631
層嵐翠靄（仿方方壺筆）	軸	紙	水墨	129.3 x 64.6		台北 故宮博物院	故畫 02632
萬木森秋圖	軸	紙	水墨	196.2 x 82.9		台北 故宮博物院	故畫 02633
雲山圖	軸	紙	設色	180.2 x 71.9		台北 故宮博物院	故畫 02634
漁村野酌	軸	紙	水墨	119.6 x 56.2		台北 故宮博物院	故畫 02635
寒溪雪屋	軸	紙	水墨	110.5 x 57.2		台北 故宮博物院	故畫 02636
溪山深雪圖	軸	紙	設色	111 x 79.7		台北 故宮博物院	故畫 02637
秋樹雲帆圖	軸	紙	水墨	121 x 59.8		台北 故宮博物院	故畫 02638
松泉濯足	軸	紙	水墨	94.1 x 40.3		台北 故宮博物院	故畫 02639
水閣聽泉	軸	紙	水墨	62.6 x 34.1		台北 故宮博物院	故畫 02640
石屋松風	軸	紙	設色	116.8 x 58.4		台北 故宮博物院	故畫 02641
曲院風荷	軸	紙	設色	128.5 x 67.3		台北 故宮博物院	故畫 02642
中秋帖子詩意	軸	紙	設色	74.1 x 65.7		台北 故宮博物院	故畫 02643
九陽消寒圖	軸	紙	設色	116.2 x 69.3		台北 故宮博物院	故畫 02644
畫柳浪聞鶯（高宗御題）	軸	紙	設色	68.6 x 37.9		台北 故宮博物院	故畫 02912
畫雷峯夕照（高宗御題）	軸	紙	設色	68.5 x 38		台北 故宮博物院	故畫 02913
畫雙峯插雲（高宗御題）	軸	紙	設色	68.4 x 37.8		台北 故宮博物院	故畫 02914
畫池館延涼（高宗御題）	軸	紙	設色	126.8 x 50.4		台北 故宮博物院	故畫 02915
畫山寺朝嵐圖（高宗御題）	軸	紙	設色	162.7 x 50.5		台北 故宮博物院	故畫 02916
畫漁莊雨霽（高宗御題）	軸	紙	設色	162.5 x 50.5		台北 故宮博物院	故畫 02917
畫花港觀魚（高宗御題）	軸	紙	設色	68.2 x 38		台北 故宮博物院	故畫 02918
畫曲院風荷（高宗御題）	軸	紙	設色	68.5 x 37.6		台北 故宮博物院	故畫 02919
畫高宗御筆范成大分歲詞	軸	紙	水墨	112.9 x 28.7		台北 故宮博物院	故畫 02923
畫高宗御筆中秋帖子詩	軸	紙	設色	95.4 x 66.2		台北 故宮博物院	故畫 02924
畫高宗御筆寶光寺詩	軸	紙	設色	128.6 x 62.6		台北 故宮博物院	故畫 02925
畫樂志論（高宗臨樂志論文）	軸	紙	設色	62.7 x 27		台北 故宮博物院	故畫 02926
山水（高宗御題）	軸	紙	水墨	130 x 104.4		台北 故宮博物院	故畫 03010
山水（高宗御題）	軸	紙	設色	86 x 110.7		台北 故宮博物院	故畫 03011
山水（高宗御題）	軸	紙	設色	113.6 x 116.6		台北 故宮博物院	故畫 03012
畫杜甫詩意（高宗御題）	軸	紙	設色	157.2 x 89.4		台北 故宮博物院	故畫 03013
仿王蒙層巒疊翠圖	軸	紙	設色	192.2 x 94.3		台北 故宮博物院	故畫 03014

名稱	形式	質地	色彩	尺寸 高x寬㎝	創作時間	收藏處所	典藏號碼
仿荊浩匡盧圖	軸	紙	設色	183.8 x 108.3		台北 故宮博物院	故畫 03015
蘆汀泛月	軸	絹	水墨	187.4 x 94.5		台北 故宮博物院	故畫 03016
秋林平遠	軸	紙	水墨	183.3 x 97.2		台北 故宮博物院	故畫 03017
溪山霽雪	軸	紙	設色	78 x 94.4		台北 故宮博物院	故畫 03018
重巒積翠	軸	紙	水墨	168.9 x 95.4		台北 故宮博物院	故畫 03019
御花園古柏圖	軸	紙	設色	194.2 x 111.5		台北 故宮博物院	故畫 03020
畫杜甫詩意	軸	紙	設色	192.3 x 94.6		台北 故宮博物院	故畫 03021
畫四美具合幅	軸	紙	水墨	171.7 x 111.5		台北 故宮博物院	故畫 03022
畫高宗御筆四美具贊	軸	紙	水墨	172 x 111.6		台北 故宮博物院	故畫 03119
畫高宗御製雪浪石詩	軸	紙	設色	190.4 x 122.3		台北 故宮博物院	故畫 03120
畫高宗御製詠雪禁體詩	軸	紙	水墨	128.6 x 62.6		台北 故宮博物院	故畫 03121
烟樹漁莊（仿曹知白筆意）	軸	紙	水墨	129.8 x 56.5		台北 故宮博物院	故畫 03675
返照歸雲圖	軸	紙	設色	251.1 x 158.6		台北 故宮博物院	故畫 03750
秋林澄霽	軸	紙	設色	237.2 x 64.5		台北 故宮博物院	中畫 00093
仙館晴嵐（仿董源筆意）	軸	紙	水墨	103.5 x 46.2		台北 故宮博物院	中畫 00094
清舒山館	軸	紙	設色	110.8 x 37.2		台北 故宮博物院	中畫 00095
山水圖	軸	紙	水墨	96 x 51.3		台北 故宮博物院（蘭千山館寄存）	
秋景山水圖	軸	紙	設色	122.4 x 259.6		台北 鴻禧美術館	
仿巨然夏山欲雨圖	軸	紙	設色	95.9 x 45.2		台北 鴻禧美術館	C1-834
雪後悅心殿詩意圖	軸	紙	水墨	91.5 x 45.1		台北 私人	
春江水暖圖（董邦達、張若靄合作）	軸	紙	設色	118.2 x 51.5		香港 葉承耀先生	
三友圖（董邦達、鄒一桂、蔣溥合作）	軸	紙	水墨	178 x 89		瀋陽 故宮博物院	
青溪落雁圖	軸	紙	設色	不詳		瀋陽 故宮博物院	
仿黃王筆意山水圖（為翔翁作）	軸	紙	設色	65.2 x 45.9	甲申（乾隆二十九年，1764）十月	瀋陽 遼寧省博物館	

名稱	形式	質地	色彩	尺寸 高×寬cm	創作時間	收藏處所	典藏號碼
煙嶺蒼濤圖	軸	紙	水墨	75.6 × 75.4		瀋陽 遼寧省博物館	
煙嵐飛瀑圖	軸	絹	水墨	不詳		北京 中國歷史博物館	
鄧尉香雪圖	軸	紙	設色	不詳		北京 中國歷史博物館	
宿雨含煙圖	軸	紙	設色	不詳	戊寅（乾隆二十三年，1758）	北京 首都博物館	
仿王翬山水	軸	紙	設色	不詳	乾隆甲申（二十九年，1767）	北京 首都博物館	
清溪仙館圖	軸	紙	設色	不詳		北京 首都博物館	
雲靄長春圖	軸	紙	水墨	不詳		北京 首都博物館	
仿陸天游山水圖	軸	紙	水墨	不詳	甲申（乾隆二十九年，1764）	北京 中央美術學院	
仿陸天游山水圖	軸	紙	水墨	91.5 × 44	丁卯（乾隆十二年，1747）	天津 天津市藝術博物館	
波鱗溪帶圖	軸	紙	水墨	89.4 × 39.4	甲戌（乾隆十九年，1754）	天津 天津市藝術博物館	
疊巘迴溪圖	軸	紙	水墨	96 × 70.2		天津 天津市藝術博物館	
梅窗靜夜圖	軸	紙	水墨	不詳		天津 天津市歷史博物館	
林亭煙靄圖	軸	紙	水墨	130 × 70		承德 河北省承德避暑山莊博物館	
松溪夜泛圖	軸	紙	水墨	98 × 47		濟南 山東省博物館	
潭山秋曉圖	軸	紙	水墨	不詳	壬戌（乾隆七年，1742）	濟南 山東省濟南市博物館	
疏林遠山圖	軸	紙	水墨	不詳	丙子（乾隆二十一年，1756）	濟南 山東省濟南市博物館	
溪山深秀圖	軸	紙	水墨	100 × 44.5	戊子（乾隆三十三年，1768）	濟南 山東省濟南市博物館	
月淨松溪圖	軸	紙	水墨	不詳		濟南 山東省濟南市博物館	
雪景山水圖	軸	紙	設色	198 × 96		西安 陝西歷史博物館	
江鄉帆影圖	軸	紙	設色	不詳		西安 陝西省西安市文物保護考古所	
仿曹知白山水圖	軸	紙	水墨	不詳	甲申（乾隆二十九年，1764）	上海 上海博物館	
仿倪瓚秋林亭子圖	軸	紙	水墨	不詳	乾隆乙酉（三十年，1765）	上海 上海博物館	

名稱	形式	質地	色彩	尺寸 高x寬㎝	創作時間	收藏處所	典藏號碼
秋亭高士圖	軸	紙	水墨	不詳	丙戌（乾隆三十一年，1766）	上海 上海博物館	
霜林圖	軸	紙	水墨	不詳	戊子（乾隆三十三年，1768）	上海 上海博物館	
秋雨綠尊圖	軸	紙	水墨	88.5 x 40.7		上海 上海博物館	
砧杵圖	軸	紙	設色	169.6 x 58.6		上海 上海博物館	
慈山圖	軸	紙	水墨	76.8 x 40.5		上海 上海博物館	
走馬看山圖	軸	紙	水墨	不詳	乾隆己卯（二十四年，1759）	南京 南京博物院	
竹溪秋樹圖	軸	紙	水墨	88.4 x 39.3		南京 南京博物院	
觀梅詩思圖	軸	紙	水墨	不詳	乾隆乙丑（十年，1745）	無錫 江蘇省無錫市博物館	
橫溪詩聲圖	軸	絹	水墨	102.3 x 46.2		無錫 江蘇省無錫市博物館	
寒林策杖圖	軸	紙	水墨	不詳	乾隆丙子（二十一年，1756）	杭州 浙江省博物館	
仿元人山水圖	軸	紙	水墨	不詳	丁丑（乾隆二十二年，1757）	杭州 浙江省博物館	
松筠清籟圖	軸	紙	設色	95.3 x 52.7	戊子（乾隆三十三年，1768）	杭州 浙江省博物館	
仙山樓閣圖	軸	紙	水墨	125 x 56	庚辰（乾隆二十五年，1760）	武漢 湖北省博物館	
疏峰結茅圖	軸	紙	水墨	62.5 x 36.5	戊寅（乾隆二十三年1758）	成都 四川省博物院	
仿董其昌山水圖	軸	紙	水墨	不詳		成都 四川省博物院	
疊嶺重泉圖	軸	紙	水墨	198 x 70.8		成都 四川省博物院	
仿元人小景圖	軸	紙	水墨	不詳	丁丑（乾隆二十二年，1757）	廣州 廣東省博物館	
山水圖	軸	紙	水士	不詳		廣州 廣東省博物館	
秋林亭子圖	軸	紙	水墨	75.5 x 41		廣州 廣州市美術館	
松壑鳴湍圖（仿王蒙筆意）	軸	紙	設色	119.5 x 52.5		日本 東京高島菊次郎槐安居	
臨孫克弘梅花書屋圖	軸	紙	設色	95.1 x 48.7		日本 京都國立博物館	A甲328

名稱	形式	質地	色彩	尺寸 高x寬cm	創作時間	收藏處所	典藏號碼
山水圖	軸	紙	水墨	133.9 × 86.1		日本 名古屋櫻木俊一先生	
倣黃鶴長林幽壑圖	軸	紙	設色	180.5 × 89.7		日本 大阪市立美術館	
擬倪瓚筆意寫鶴林圖	軸	紙	設色	26.1 × 32.2		日本 兵庫縣黑川古文化研究所	
桃源春曉圖	軸	紙	設色	144.3 × 64.9		日本 私人	
仿馬和之江山勝覽圖	橫披	紙	水墨	14.6 × ?		美國 印地安那波里斯市藝術博物館	78.88
畫聲春盎圖	小軸	紙	設色	5.1 × 4.2		美國 加州史坦福大學藝術博物館	82.214.2
仿郭熙山水圖	軸	金箋	設色	53.6 × 28.4		美國 加州史坦福大學藝術博物館	80.19
山水圖	軸	紙	水墨	70.8 × 36		英國 倫敦大英博物館	1964.12.12.03（ADD342）
山椒林屋（董邦達山水甲冊之1）	冊頁	紙	設色	17.2 × 22.8		台北 故宮博物院	故畫 03266-1
春溪泛月（董邦達山水甲冊之2）	冊頁	紙	設色	17.2 × 22.8		台北 故宮博物院	故畫 03266-2
山市雲樓（董邦達山水甲冊之3）	冊頁	紙	設色	17.2 × 22.8		台北 故宮博物院	故畫 03266-3
江村竹樹（董邦達山水甲冊之4）	冊頁	紙	設色	17.2 × 22.8		台北 故宮博物院	故畫 03266-4
垂崖松屋（董邦達山水甲冊之5）	冊頁	紙	設色	17.2 × 22.8		台北 故宮博物院	故畫 03266-5
雲山奇瀑（董邦達山水甲冊之6）	冊頁	紙	設色	17.2 × 22.8		台北 故宮博物院	故畫 03266-6
懸流曲岸（董邦達山水甲冊之7）	冊頁	紙	設色	17.2 × 22.8		台北 故宮博物院	故畫 03266-7
層巒遠墅（董邦達山水甲冊之8）	冊頁	紙	設色	17.2 × 22.8		台北 故宮博物院	故畫 03266-8
山川蒼鬱（董邦達山水乙冊之1）	冊頁	紙	設色	19.2 × 15.3		台北 故宮博物院	故畫 03267-1
林巒華滋（董邦達山水乙冊之2）	冊頁	紙	設色	19.2 × 15.3		台北 故宮博物院	故畫 03267-2
林清屋丹（董邦達山水乙冊之	冊頁	紙	設色	19.2 × 15.3		台北 故宮博物院	故畫 03267-3

名稱	形式	質地	色彩	尺寸 高×寬㎝	創作時間	收藏處所	典藏號碼
3）							
塔亭相對（董邦達山水乙冊之 4）	冊頁	紙	設色	19.2 × 15.3		台北 故宮博物院	故畫 03267-4
松下人家（董邦達山水乙冊之 5）	冊頁	紙	設色	19.2 × 15.3		台北 故宮博物院	故畫 03267-5
江波桴船（董邦達山水乙冊之 6）	冊頁	紙	設色	19.2 × 15.3		台北 故宮博物院	故畫 03267-6
水靜瀑長（董邦達山水乙冊之 7）	冊頁	紙	設色	19.2 × 15.3		台北 故宮博物院	故畫 03267-7
雙松人家（董邦達山水乙冊之 8）	冊頁	紙	設色	19.2 × 15.3		台北 故宮博物院	故畫 03267-8
秋樹初紅（董邦達山水乙冊之 9）	冊頁	紙	設色	19.2 × 15.3		台北 故宮博物院	故畫 03267-9
山深壑幽（董邦達山水乙冊之 10）	冊頁	紙	設色	19.2 × 15.3		台北 故宮博物院	故畫 03267-10
危岸泊舟（董邦達山水乙冊之 11）	冊頁	紙	設色	19.2 × 15.3		台北 故宮博物院	故畫 03267-11
雪滿山村（董邦達山水乙冊之 12）	冊頁	紙	設色	19.2 × 15.3		台北 故宮博物院	故畫 03267-12
松墅流泉（董邦達山水丙冊之 1）	冊頁	紙	設色	14.4 × 28.6		台北 故宮博物院	故畫 03268-1
蒼崖石蹬（董邦達山水丙冊之 2）	冊頁	紙	設色	14.4 × 28.6		台北 故宮博物院	故畫 03268-2
柳塘漁樂（董邦達山水丙冊之 3）	冊頁	紙	設色	14.4 × 28.6		台北 故宮博物院	故畫 03268-3
疎林溪閣（董邦達山水丙冊之 4）	冊頁	紙	設色	14.4 × 28.6		台北 故宮博物院	故畫 03268-4
雲屏煙樹（董邦達山水丙冊之 5）	冊頁	紙	設色	14.4 × 28.6		台北 故宮博物院	故畫 03268-5
層岩深秀（董邦達山水丙冊之 6）	冊頁	紙	設色	14.4 × 28.6		台北 故宮博物院	故畫 03268-6
翠巘高秋（董邦達山水丙冊之 7）	冊頁	紙	設色	14.4 × 28.6		台北 故宮博物院	故畫 03268-7
竹塢晴雪（董邦達山水丙冊之	冊頁	紙	設色	14.4 × 28.6		台北 故宮博物院	故畫 03268-8

名稱	形式	質地	色彩	尺寸 高×寬cm	創作時間	收藏處所	典藏號碼
8）							
泉聲松吹（董邦達畫山水甲冊之1）	冊頁	紙	設色	24.9 x 39		台北 故宮博物院	故畫 03269-1
煙嵐曉色（董邦達畫山水甲冊之2）	冊頁	紙	設色	24.9 x 39		台北 故宮博物院	故畫 03269-2
峭壁廻瀾（董邦達畫山水甲冊之3）	冊頁	紙	設色	24.9 x 39		台北 故宮博物院	故畫 03269-3
林塘晚泊（董邦達畫山水甲冊之4）	冊頁	紙	設色	24.9 x 39		台北 故宮博物院	故畫 03269-4
夏山欲雨（董邦達畫山水甲冊之5）	冊頁	紙	設色	24.9 x 39		台北 故宮博物院	故畫 03269-5
芙蓉滴翠（董邦達畫山水甲冊之6）	冊頁	紙	設色	24.9 x 39		台北 故宮博物院	故畫 03269-6
石磴凌空（董邦達畫山水甲冊之7）	冊頁	紙	設色	24.9 x 39		台北 故宮博物院	故畫 03269-7
雙溪幽岫（董邦達畫山水甲冊之8）	冊頁	紙	設色	24.9 x 39		台北 故宮博物院	故畫 03269-8
江浦歸帆（董邦達畫山水甲冊之9）	冊頁	紙	設色	24.9 x 39		台北 故宮博物院	故畫 03269-9
亭皋秋霽（董邦達畫山水甲冊之10）	冊頁	紙	設色	24.9 x 39		台北 故宮博物院	故畫 03269-10
雲泉澗閣（董邦達畫山水甲冊之11）	冊頁	紙	設色	24.9 x 39		台北 故宮博物院	故畫 03269-11
千林欲雪（董邦達畫山水甲冊之12）	冊頁	紙	設色	24.9 x 39		台北 故宮博物院	故畫 03269-12
層崖飛瀑（董邦達畫山水乙冊之1）	冊頁	紙	設色	16.4 x 23.1		台北 故宮博物院	故畫 03270-1
柳塘垂釣（董邦達畫山水乙冊之2）	冊頁	紙	設色	16.4 x 23.1		台北 故宮博物院	故畫 03270-2
疏林茅舍（董邦達畫山水乙冊之3）	冊頁	紙	設色	16.4 x 23.1		台北 故宮博物院	故畫 03270-3
煙溪林巒（董邦達畫山水乙冊之4）	冊頁	紙	設色	16.4 x 23.1		台北 故宮博物院	故畫 03270-4
墅館開軒（董邦達畫山水乙冊之5）	冊頁	紙	設色	16.4 x 23.1		台北 故宮博物院	故畫 03270-5

名稱	形式	質地	色彩	尺寸 高×寬㎝	創作時間	收藏處所	典藏號碼
之5）							
柳嶼行舟（董邦達畫山水乙冊之6）	冊頁	紙	設色	16.4 × 23.1		台北 故宮博物院	故畫 03270-6
水閣臨江（董邦達畫山水乙冊之7）	冊頁	紙	設色	16.4 × 23.1		台北 故宮博物院	故畫 03270-7
喬松隱寺（董邦達畫山水乙冊之8）	冊頁	紙	設色	16.4 × 23.1		台北 故宮博物院	故畫 03270-8
畫山水（丙冊、12幀）	冊	紙	設色	（每幀）19.1 × 15.3		台北 故宮博物院	故畫 03271
畫山水（丁冊、8幀）	冊	紙	設色	（每幀）20 × 25.7		台北 故宮博物院	故畫 03272
繪山水（8幀）	冊	紙	設色	（每幀）13.2 × 19.3		台北 故宮博物院	故畫 03273
設色山水（8幀）	冊	紙	設色	不詳		台北 故宮博物院	故畫 03274
寫意山水（2幀）	冊	紙	水墨	不詳		台北 故宮博物院	故畫 03275
畫扇山水（10幀）	冊	紙	設色	不詳		台北 故宮博物院	故畫 03276
仿黃公望山水（14幀）	冊	紙	設色	（每幀）12.3 × 16		台北 故宮博物院	故畫 03277
仿吳鎮山水（5幀）	冊	紙	水墨	（每幀）12.3 16		台北 故宮博物院	故畫 03278
仿王蒙山水（10幀）	冊	紙	設色	（每幀）12.3 × 16		台北 故宮博物院	故畫 03279
仿倪瓚山水（10幀）	冊	紙	水墨	（每幀）12.3 × 16		台北 故宮博物院	故畫 03280
擬王維飯僧詩意圖（董邦達繪御製擬古四章冊之1）	冊頁	紙	水墨	20.8 × 22.2		台北 故宮博物院	故畫 03450-1
擬孟浩然待友詩意圖（董邦達繪御製擬古四章冊之2）	冊頁	紙	水墨	20.8 × 22.2		台北 故宮博物院	故畫 03450-2
擬韋應物寄舊詩意圖（董邦達繪御製擬古四章冊之3）	冊頁	紙	水墨	20.8 × 22.2		台北 故宮博物院	故畫 03450-3
擬柳宗元溪上詩意圖（董邦達繪御製擬古四章冊之4）	冊頁	紙	水墨	20.8 × 22.2		台北 故宮博物院	故畫 03450-4
仙倉巖（董邦達墨妙珠林（己）冊之1）	冊頁	紙	設色	62 × 42.2	乾隆丙寅（十一年，1746）清和月	台北 故宮博物院	故畫 03642-1

名稱	形式	質地	色彩	尺寸 高×寬㎝	創作時間	收藏處所	典藏號碼
觀水巖（董邦達墨妙珠林（己）冊之2）	冊頁	紙	設色	62 × 42.2		台北 故宮博物院	故畫 03642-2
藥筐巖（董邦達墨妙珠林（己）冊之3）	冊頁	紙	設色	62 × 42.2		台北 故宮博物院	故畫 03642-3
染具巖（董邦達墨妙珠林（己）冊之4）	冊頁	紙	設色	62 × 42.2		台北 故宮博物院	故畫 03642-4
仙羊巖（董邦達墨妙珠林（己）冊之5）	冊頁	紙	設色	62 × 42.2		台北 故宮博物院	故畫 03642-5
仙犬巖（董邦達墨妙珠林（己）冊之6）	冊頁	紙	設色	62 × 42.2		台北 故宮博物院	故畫 03642-6
獅子巖（董邦達墨妙珠林（己）冊之7）	冊頁	紙	設色	62 × 42.2		台北 故宮博物院	故畫 03642-7
杵臼巖（董邦達墨妙珠林（己）冊之8）	冊頁	紙	設色	62 × 42.2		台北 故宮博物院	故畫 03642-8
仙蛻巖（董邦達墨妙珠林（己）冊之9）	冊頁	紙	設色	62 × 42.2		台北 故宮博物院	故畫 03642-9
三教巖（董邦達墨妙珠林（己）冊之10）	冊頁	紙	設色	62 × 42.2		台北 故宮博物院	故畫 03642-10
木屐巖（董邦達墨妙珠林（己）冊之11）	冊頁	紙	設色	62 × 42.2		台北 故宮博物院	故畫 03642-11
丹□巖（董邦達墨妙珠林（己）冊之12）	冊頁	紙	設色	62 × 42.2		台北 故宮博物院	故畫 03642-12
仙樂巖（董邦達墨妙珠林（己）冊之13）	冊頁	紙	設色	62 × 42.2		台北 故宮博物院	故畫 03642-13
酒甕巖（董邦達墨妙珠林（己）冊之14）	冊頁	紙	設色	62 × 42.2		台北 故宮博物院	故畫 03642-14
機杼巖（董邦達墨妙珠林（己）冊之15）	冊頁	紙	設色	62 × 42.2		台北 故宮博物院	故畫 03642-15
鷹架巖（董邦達墨妙珠林（己）冊之16）	冊頁	紙	設色	62 × 42.2		台北 故宮博物院	故畫 03642-16
馬廄巖（董邦達墨妙珠林（己）冊之17）	冊頁	紙	設色	62 × 42.2		台北 故宮博物院	故畫 03642-17
轆轤巖（董邦達墨妙珠林（己）冊之18）	冊頁	紙	設色	62 × 42.2		台北 故宮博物院	故畫 03642-18
鐵鑪巖（董邦達墨妙珠林（己）冊之19）	冊頁	紙	設色	62 × 42.2		台北 故宮博物院	故畫 03642-19

名稱	形式	質地	色彩	尺寸 高×寬㎝	創作時間	收藏處所	典藏號碼
冊之19）							
泥料巖（董邦達墨妙珠林（己）冊之20）	冊頁	紙	設色	62 × 42.2		台北 故宮博物院	故畫 03642-20
仙船巖（董邦達墨妙珠林（己）冊之21）	冊頁	紙	設色	62 × 42.2		台北 故宮博物院	故畫 03642-21
仙□巖（董邦達墨妙珠林（己）冊之22）	冊頁	紙	設色	62 × 42.2		台北 故宮博物院	故畫 03642-22
棲真巖（董邦達墨妙珠林（己）冊之23）	冊頁	紙	設色	62 × 42.2		台北 故宮博物院	故畫 03642-23
奕棋巖（董邦達墨妙珠林（己）冊之24）	冊頁	紙	設色	62 × 42.2		台北 故宮博物院	故畫 03642-24
山水（？ 幀）	冊	紙	不詳	不詳		台北 故宮博物院	國贈 024901
南巡三十二景（4冊，32幀）	冊	紙	設色	不詳		台北 故宮博物院（蘭千山館寄存）	
葛洪山圖（8幀）	冊	紙	水墨	（每幀）25.3 × 27.8		台北 陳啟斌畏罍堂	
山水圖	摺扇面	紙	設色	19 × 52	甲寅（雍正十二年，1734）春二月	台北 李鴻球先生	
山水圖（張鵬翀等人雜畫冊10之1幀）	冊頁	絹	水墨	不詳		北京 中國歷史博物館	
山水圖（沈宗騫、董邦達、畢瀧山水冊10之4幀）	冊頁	紙	水墨	不詳		天津 天津市歷史博物館	
山水圖（清董邦達等山水花卉冊12之1幀	冊頁	絹	設色	30.5 × 57		天津 天津市藝術博物館	
山水圖（10幀）	冊	紙	水墨	不詳	丙辰（乾隆元年，1736）	上海 上海博物館	
葛洪山八景圖（8幀）	冊	紙	設色	（每幀）27.3 × 30.7		上海 上海博物館	
山水圖（清陳洽等書畫冊之1幀）	摺扇面	金箋	水墨	不詳		南京 南京市博物館	
秋江泛棹圖（1幀）	冊	紙	水墨	不詳		蘇州 江蘇省蘇州博物館	
三友圖	冊頁	紙	水墨	不詳		杭州 浙江省博物館	
雙柏遠浦圖	摺扇面	紙	水墨	不詳		寧波 浙江省寧波市天一閣文物保管所	
仿元人山水圖（8幀）	冊	紙	設色	（每幀）24.8	乾隆丙寅（十一年	廣州 廣東省博物館	

名稱	形式	質地	色彩	尺寸 高x寬cm	創作時間	收藏處所	典藏號碼
				× 18	，1746）		
山水圖（清李世倬等雜畫冊 12之1幀）	冊頁	紙	設色	不詳		廣州 廣州市美術館	
山水圖（8幀）	冊	紙	水墨	（每幀）16.8 × 18.8		日本 京都國立博物館	
山水圖	冊頁	紙	不詳	15.5 × 18.2		日本 京都富岡益太郎先生	
山水圖（扇面畫冊之6）	摺扇面	紙	設色	15.9 × 48		美國 華盛頓特區弗瑞爾藝術 館	80.142f
山水圖（8幀）	冊	紙	水墨、設色	（每幀）21.5 × 31.6		美國 勃克萊加州大學藝術館 （高居翰教授寄存）	CC156
仿宋元十二家山水圖（12幀）	冊	紙	水墨	（每幀）21.8 × 32.5		美國 加州史坦福大學藝術博 物館	83.246
山水（峰巒林翠圖）	摺扇面	紙	設色	23 × 61		美國 鳳凰市美術館（Mr.Roy And Marilyn Papp 寄存）	
山水圖 附：	摺扇面	金箋	水墨	16.1 × 46		德國 柏林東亞藝術博物館	1988-209
仿各家樹譜	卷	紙	水墨	不詳		北京 北京市工藝品進出口公 司	
山水圖	卷	紙	設色	24.8 × 95.9		紐約 蘇富比藝品拍賣公司/拍 賣目錄 1987,12,08.	
山水圖（董邦達山水劉基行書 合卷）	卷	綾	水墨	33 × 124.5		紐約 佳士得藝品拍賣公司/拍 賣目錄 1988,06,02.	
楓橋征帆圖（4卷）	卷	絹	設色	（每卷）12.5 × 134.5		紐約 佳士得藝品拍賣公司/拍 賣目錄 1997,09,19.	
松風萬壑圖	卷	紙	設色	14 × 133	乾隆五年，庚申（ 1740）秋八月	香港 佳士得藝品拍賣公司/拍 賣目錄 1998,09,15.	
千竿竹雨圖	卷	紙	水墨	19.5 × 294		香港 佳士得藝品拍賣公司/拍 賣目錄 2001,04,29.	
山水圖	軸	紙	水墨	不詳		北京 北京市工藝品進出口公 司	
元人小景圖	軸	灑金箋	水墨	不詳	庚辰（乾隆二十五 年，1760）	上海 上海工藝品進出口公司	
竹石圖	軸	紙	水墨	69 × 33	乾隆戊寅（二十三 年，1758）	天津 天津市文物公司	

名稱	形式	質地	色彩	尺寸 高×寬cm	創作時間	收藏處所	典藏號碼
仿元人山水圖	軸	紙	水墨	不詳		上海 上海文物商店	
萬松寺圖	軸	紙	水墨	28.3 × 37.7		紐約 蘇富比藝品拍賣公司/拍賣目錄 1982,11,19.	
天成寺圖	軸	紙	水墨	28.3 × 37.7		紐約 蘇富比藝品拍賣公司/拍賣目錄 1982,11,19.	
仿董其昌筆意山水圖	軸	紙	水墨	78.7 × 41.2	甲子（乾隆九年，1744）春日	紐約 蘇富比藝品拍賣公司/拍賣目錄 1985,06,03.	
山水（仿王紱翠峰瑤林圖）	軸	藍箋	泥金	86 × 3757		紐約 蘇富比藝品拍賣公司/拍賣目錄 1987,12,08.	
仿陸天游王黃鶴筆意山水圖	軸	灑金箋	水墨	43 × 30.5		紐約 佳士得藝品拍賣公司/拍賣目錄 1990,.0,.3.1	
御製雪後悅心殿詩意	軸	紙	水墨	91.5 × 45		香港 佳士得藝品拍賣公司/拍賣目錄 1991,03,18.	
山居圖	軸	紙	設色	137 × 73		紐約 佳士得藝品拍賣公司/拍賣目錄 1991,05,29.	
仿元人筆意山水圖	軸	紙	水墨	127 × 55.9	戊子（乾隆三十三年，1768）新春	紐約 佳士得藝品拍賣公司/拍賣目錄 1994,06,01.	
松茂川增圖	軸	紙	設色	77.5 × 41	辛未（乾隆十六年，1751）陽月	紐約 佳士得藝品拍賣公司/拍賣目錄 1995,09,19.	
山水圖	軸	紙	水墨	111.1 × 61		紐約 佳士得藝品拍賣公司/拍賣目錄 1995,09,19.	
松門石徑圖	軸	紙	水墨	64 × 41		紐約 佳士得藝品拍賣公司/拍賣目錄 1997,09,19.	
山水圖	摺扇面	紙	水墨	16.5 × 52	乾隆壬午（二十七年，1762）小春	紐約 佳士得藝品拍賣公司/拍賣目錄 1987,06,03.	
寫生名勝（8幀）	冊	紙	水墨	（每幀）25 × 28		紐約 蘇富比藝品拍賣公司/拍賣目錄 1987,12,08.	
山水圖（12幀）	冊	紙	設色	（每幀）34.3 × 24.2		紐約 蘇富比藝品拍賣公司/拍賣目錄 1988,11,30.	
春華集慶圖（8幀）	冊	紙	設色	（每幀）16.9 × 27		紐約 佳士得藝品拍賣公司/拍賣目錄 1989,12,04.	
山水圖（16幀）	冊	紙	水墨、設色	不詳		紐約 佳士得藝品拍賣公司/拍賣目錄 1989,12,04.	

畫家小傳：董邦達。 字孚存。號東山。浙江富陽人。生於聖祖康熙三十八（1699）年。卒於高宗乾隆三十四（1769）年。雍正十一年進士。乾隆二年授編修，參與石渠寶笈、西清大鑑等書修纂。累官至禮部尚書。以善書畫侍從內廷。畫山水取法元人。善用

名稱	形式	質地	色彩	尺寸 高x寬cm	創作時間	收藏處所	典藏號碼

枯筆。（見國朝畫徵續錄、熙朝名畫續錄、桐陰論畫、墨林今話、杭州府志、中國畫家人名大辭典）

袁　曜

名稱	形式	質地	色彩	尺寸 高x寬cm	創作時間	收藏處所	典藏號碼
深柳讀書圖	軸	絹	設色	105.3 × 53		香港 莫華釗承訓堂	K92.41
山水圖	軸	絹	設色	214.7 × 123.8		香港 許晉義崇宜齋	
柳溪樓閣圖	軸	絹	設色	185 × 140.6	丁亥（乾隆三十二年，1767）秋	長春 吉林省博物館	
海嶠春華圖	軸	絹	設色	146 × 54		瀋陽 故宮博物院	
盤車圖	軸	絹	設色	187 × 144		瀋陽 故宮博物院	
白蓮清泛圖	軸	絹	設色	191.4 × 51.1	壬午（乾隆二十七年，1762）秋月	瀋陽 遼寧省博物館	
春疇麥浪圖	軸	絹	設色	不詳	甲午（乾隆三十九年，1774）陬月	瀋陽 遼寧省博物館	
八柏圖	軸	絹	設色	296.6 × 196.7	癸未（乾隆二十八年，1763）夏月	旅順 遼寧省旅順博物館	
桃源圖（12幅）	軸	絹	設色	不詳	丙寅（乾隆十一年，1746）	北京 故宮博物院	
邗江勝覽圖	橫幅	絹	設色	不詳	丁卯（乾隆十二年，1747）清冬	北京 故宮博物院	
漢宮秋月圖	軸	絹	設色	129 × 61.3	壬申（乾隆十七年，1752）	北京 故宮博物院	
驪山避暑圖	軸	絹	設色	不詳	乙亥（乾隆二十年，1755）	北京 故宮博物院	
山莊秋稔圖	軸	絹	設色	183 × 96.8	丁丑（乾隆二十二年，1757）	北京 故宮博物院	
山雨欲來圖	軸	紙	設色	203.5 × 118.5	己卯（乾隆二十四年，1759）	北京 故宮博物院	
蓬萊仙境圖	軸	絹	設色	不詳	辛巳（乾隆二十六年，1761）	北京 故宮博物院	
漢宮春曉圖	軸	絹	設色	250 × 162	丁亥（乾隆三十二年，1767）	北京 故宮博物院	
九成宮圖	軸	絹	設色	190 × 230.8	甲午（乾隆三十九年，1774）	北京 故宮博物院	

名稱	形式	質地	色彩	尺寸 高x寬cm	創作時間	收藏處所	典藏號碼
負暄圖	軸	絹	設色	不詳	乙未（乾隆四十年，1775)	北京 故宮博物院	
山水圖（4幅）	軸	絹	設色	（每幅）56.8 x 66.7	戊戌（乾隆四十三年，1778)	北京 故宮博物院	
仿王蒙山水圖	軸	絹	設色	233.6 x 101.5		北京 故宮博物院	
春桃雙禽圖	軸	絹	設色	128.9 x 58.3	乾隆辛卯（三十六年，1771)	北京 中國歷史博物館	
荷塘高隱圖	軸	絹	設色	不詳	戊午（乾隆三年，1738) 小春	北京 中國美術館	
江深草閣圖	軸	絹	水墨	不詳	甲子（乾隆九年，1744) 孟夏	北京 中國美術館	
水殿納涼圖	軸	絹	設色	123.9 x 159	丁卯（乾隆十二年，1747)	北京 中國美術館	
潯陽餞別圖	軸	絹	設色	不詳	己巳（乾隆十四年，1749) 秋杪	北京 中國美術館	
唐人詩意圖	軸	絹	設色	44.5 x 24.6		北京 中國美術館	
九成宮圖通景（12幅）	軸	絹	設色	219.6 x 602		北京 中國美術館	
桃花源圖	軸	絹	設色	不詳		北京 北京市文物局	
巫峽秋濤圖	軸	絹	水墨	163.5 x 97.3	乙丑（乾隆十年，1745) 小春	北京 首都博物館	
天香書屋圖	軸	絹	設色	183.7 x 45.9	己未（乾隆四年，1739)	北京 北京畫院	
立馬看秋山詩意圖	軸	紙	設色	不詳	壬午（乾隆二十七年，1762) 皋月中浣	北京 中央工藝美術學院	
寫鷄聲茅店月人迹板橋霜詩意圖	軸	絹	設色	161 x 96.2	甲申（乾隆二十九年，1764) 二月	北京 中央工藝美術學院	
山水圖	軸	絹	設色	不詳		北京 中央工藝美術學院	
芍藥萱石圖	軸	絹	設色	161.8 x 55.3	乙卯（雍正十三年，1735)	天津 天津市藝術博物館	
紫府仙居圖	軸	絹	設色	194.2 x 105	壬申（乾隆十七年，1752)	天津 天津市藝術博物館	
蓬萊仙境圖通景（12幅）	軸	絹	設色	（每幅）248	乙酉（乾隆三十年	天津 天津市藝術博物館	

名稱	形式	質地	色彩	尺寸 高x寬㎝	創作時間	收藏處所	典藏號碼
				x 62.7不等	，1765）		
汾陽別墅圖通景（12幅）	軸	絹	設色	（每幅）220 x 65.3不等	丙戌（乾隆三十一年，1766）	天津 天津市藝術博物館	
綠野堂圖	軸	絹	設色	249.5 x 77.2	甲午（乾隆三十九年，1774）	天津 天津市藝術博物館	
漢宮秋月圖	軸	絹	設色	182 x 124.5		天津 天津市藝術博物館	
負暄圖	軸	絹	設色	196 x 131	甲午（乾隆三十九年，1774）	天津 天津市美術學院	
蜀棧連雲圖	軸	絹	設色	不詳		天津 天津市美術學院	
山居即事圖通景（8幅）	軸	絹	設色	（每幅）171 x 65 下等	癸亥（乾隆八年，1743）	天津 天津市人民美術出版社	
山水圖（8幅）	軸	絹	設色	（每幅）195.5 x 51	丁丑（乾隆二十二年，1757）	天津 天津市人民美術出版社	
綠野堂圖	軸	絹	設色	190 x 123.5	乙丑（乾隆十年，1745）	太原 山西省博物館	
盤車圖	軸	絹	設色	165 x 100	甲戌（乾隆十九年，1754）清冬	濟南 山東省博物館	
江山共老圖	軸	絹	設色	164 x 116.5	乙酉（乾隆三十年，1765）孟春上浣	濟南 山東省博物館	
枇杷圖	軸	絹	設色	72 x 90	乙丑（乾隆十年，1745）清冬	濟南 山東省濟南市博物館	
關山月明圖	軸	絹	設色	不詳	辛酉（乾隆六年，171）	西安 陝西歷史博物館	
秋稔圖	軸	絹	設色	170 x 100	甲戌（乾隆十九年，1754）清和	合肥 安徽省博物館	
瀟湘煙雨圖	軸	絹	設色	155.8 x 58.5		合肥 安徽省博物館	
漢宮春曉圖	軸	絹	設色	196 x 100.5	壬申（乾隆十七年，1752）如月	揚州 江蘇省揚州市博物館	
山莊客至圖	橫幅	絹	設色	162 x 183.7	丙寅（乾隆十一年，1746）小春	上海 上海博物館	
九成宮通景（12幅）	軸	絹	設色	211 x 472	甲午（乾隆三十九年，1774）春二月	上海 上海博物館	
九成宮通景（12幅）	軸	絹	設色	324.2x676.8	戊戌（乾隆四十三	上海 上海博物館	

名稱	形式	質地	色彩	尺寸 高×寬㎝	創作時間	收藏處所	典藏號碼
					年，1778) 仲秋		
紫府仙居圖	軸	絹	設色	193 × 59.3		上海 上海博物館	
漢江停舟圖	軸	絹	設色	110 × 53.5	庚寅（乾隆三十五年，1770) 新春	南京 南京博物院	
高樓攬勝圖	軸	絹	設色	不詳	壬辰（乾隆三十七年，1772) 仲春	南京 南京博物院	
擬阿房宮圖	軸	絹	設色	103 × 51	庚子（乾隆四十五年，1780) 陽月	南京 南京博物院	
觀潮圖	軸	絹	設色	195 × 129.5	甲午（乾隆三十九年，1774) 秋七月	杭州 浙江美術學院	
峽口松風圖	軸	絹	水墨	189 × 131	甲子（乾隆九年，1744)	長沙 湖南省博物館	
水閣對奕圖（4幅）	軸	絹	設色	165 × 248	壬辰（乾隆三十七年，1772)	武漢 湖北省博物館	
漢苑春曉圖	軸	絹	設色	119 × 18	辛未（乾隆十六年，1751) 七月上浣	重慶 重慶市博物館	
早行圖	軸	絹	設色	150 × 48		重慶 重慶市博物館	
雪蕉雙鶴圖	軸	絹	設色	160 × 95	己未（乾隆四年，1739)	廣州 廣東省博物館	
瓊樓春色圖	橫幅	絹	設色	230 × 168	甲戌（乾隆十九年，1754) 冬	廣州 廣東省博物館	
春居圖	軸	絹	水墨	121 × 157	丁丑（乾隆二十二年，1757) 天中前五日	廣州 廣東省博物館	
瓊樓春色圖	軸	絹	設色	66.3 × 43.9	甲辰（乾隆四十九年，1784) 陽月	廣州 廣東省博物館	
琵琶行詩意圖	軸	絹	設色	181.1 × 54.5		廣州 廣東省博物館	
阿房宮圖	軸	絹	設色	180.2 × 34.5	庚午（乾隆十五年，1750) 春月	廣州 廣州市美術館	
勝王閣圖	軸	絹	設色	118.8 × 155.7	甲戌（乾隆十九年，1754) 秋月	日本 東京窪田隆次郎先生	
山水（山庄秋稔圖）	軸	絹	設色	169.7 × 78.8	壬申（乾隆十七年，1752) 嚴月	日本 東京小幡酉吉先生	
寫湖光欲上樓詩意圖	軸	絹	設色	161.2 × 45.8		日本 東京林宗毅先生	

名稱	形式	質地	色彩	尺寸 高x寬㎝	創作時間	收藏處所	典藏號碼
驪山避暑十二景圖	軸	絹	設色	不詳	丙寅（乾隆十一年，1746）春月	日本 京都八島隆孝先生	
殿閣山水圖	軸	絹	設色	235.8 x 126.6	壬辰（乾隆三十七年，1772）秋九月上浣	日本 京都泉屋博物館	
殿閣山水圖	軸	絹	設色	235.8 x 126.6	壬辰（乾隆三十七年，1772）夏月	日本 京都泉屋博物館	
秋景山水圖	軸	絹	設色	209.7 x 132.7	庚辰（乾隆二十五年，1760）春	日本 京都泉屋博物館	
江村遠山圖	軸	絹	設色	131 x 68.7	丁卯（乾隆十二年，1747）陽月	日本 大阪橋本大乙先生	
樓閣山水圖	大軸	絹	設色	308.2 x 191.7		日本 福岡市博物館	
山水圖	橫幅	絹	設色	166.4 x 198.5	庚子（乾隆四十五年，1780）清和月	日本 繭山龍泉堂	
山水圖（九如圖）	橫幅	絹	設色	152.2 x 195.5	戊寅（乾隆二十三年，1758）仲春	日本 鈴木功子、輝子女士	
山水圖	軸	絹	設色	204.4 x 60	甲申（乾隆二十九年，1764）秋八月	日本 私人	
竹林山水圖	軸	絹	設色	188 x 28.6		日本 私人	
蓬萊仙境圖	軸	絹	設色	220.8 x 117.9		韓國 私人	
荷莊銷夏圖（12幅）	軸	紙	設色	不詳		美國 波士頓美術館	
擬阿房宮圖	軸	絹	水墨	不詳		美國 波士頓美術館	
湖山秋霽圖	軸	絹	設色	119.4 x 128.3	壬午（乾隆二十七年，1762）涂月	美國 哈佛大學福格藝術館	1968.70
擬唐人王野望詩意圖	軸	絹	設色	128.1 x 140.4	乙亥（乾隆二十年，1755）春三月上浣	美國 紐約王季遷明德堂	
綠野堂圖	軸	絹	設色	160 x 228.6	庚寅（乾隆三十五年，1770）仲冬上浣	美國 舊金山亞洲藝術館	B70 D1
山莊秋稔圖	軸	絹	設色	144.9 x 72.3	壬申（乾隆十七年，1752）夏月	美國 鳳凰市美術館（Mr.Roy And Marilyn Papp 寄存）	

名稱	形式	質地	色彩	尺寸 高×寬cm	創作時間	收藏處所	典藏號碼
漢苑春曉圖	軸	絹	設色	143.2 × 87.7	甲子（乾隆九年，1744）清冬	英國 倫敦大英博物館	1912.5.29.2（ADD191）
蜀棧行旅圖	軸	絹	設色	407.5 × 163.2	辛酉（乾隆六年，1741）夏	德國 科隆東亞藝術博物館	A71.4
露台秋月圖	軸	絹	設色	215.6 × 137		德國 科隆東亞藝術博物館	A89.1
秋山行旅圖	軸	絹	設色	212 × 99.3		德國 漢堡 Museum für kunst und Gewele	
山水（行旅圖）	軸	金箋	水墨	117.8 × 76.4	戊辰（乾隆十三年，1748）清秋	荷蘭 阿姆斯特丹 Rijks 博物館	RAK1991-8
山水圖	軸	絹	設色	130.1×158.2		荷蘭 阿姆斯特丹 Rijks 博物館	RAK1991-9
雪景山水圖	軸	絹	設色	86 × 96.5		荷蘭 阿姆斯特丹 Rijks 博物館（私人寄存）	2
山水（宋元明集繪冊之16）	冊頁	絹	水墨	27.4 × 60.2		台北 故宮博物院	故畫 03473-16
松江月夜圖	摺扇面	紙	設色	不詳	戊子（乾隆三十三年，1768）	瀋陽 故宮博物院	
春江花月夜圖	摺扇面	紙	設色	不詳	戊子（乾隆三十三年，1768）	瀋陽 故宮博物院	
揚州名勝圖（4幀）	冊頁	絹	設色	不詳	戊戌（乾隆四十三年，1778）	北京 故宮博物院	
竹溪納涼圖（袁模等畫山水冊8之1幀）	冊頁	絹	設色	不詳	丙戌（乾隆三十一年，1766）新秋	北京 中國歷史博物館	
樓閣山水圖（12幀）	冊	紙	設色	（每幀）26.8 × 33	丁酉（乾隆四十二年，1777）清和上浣	北京 中央工藝美術學院	
花卉圖（3幀）	冊	絹	設色	（每幀）26.7 × 21.3		上海 上海博物館	
松軒獨坐圖	摺扇面	紙	設色	不詳	乙丑（乾隆十年，1745）	寧波 浙江省寧波市天一閣文物保管所	
山水圖（8幀）	冊	紙	設色	（每幀）24.5 × 30.2	壬申（乾隆十七年，1752）	武漢 湖北省博物館	
山水圖(7幀)	冊	絹	設色	（每幀）43.1 × 35		美國 哈佛大學福格藝術館	
擬郭河陽盤車圖	冊頁	絹	設色	29 × 47.8		英國 倫敦大英博物館	1983.7.5.03

（ADD443）

附：

名稱	形式	質地	色彩	尺寸 高x寬cm	創作時間	收藏處所	典藏號碼
九如圖	軸	絹	設色	不詳	己卯（乾隆二十四年，1759）清和月	北京 榮寶齋	
巫峽秋濤圖	軸	絹	設色	不詳	乙丑（乾隆十年，1745）小春	北京 北京市文物商店	
竹深留客圖	橫幅	紙	設色	不詳	丁丑（乾隆二十二年，1757）清和	北京 北京市文物商店	
蜀棧遠雲圖	軸	絹	設色	不詳	庚寅（乾隆三十五年，1770）	北京 北京市工藝品進出口公司	
蓬萊仙境圖	軸	絹	水墨	207 x 54	乙卯（乾隆二十四年，1754）	天津 天津市文物公司	
水殿荷風圖	軸	絹	設色	不詳	甲寅（雍正十二年，1734）	南京 南京市文物商店	
瀟湘捕魚圖	軸	絹	設色	106.3 x 34		武漢 湖北省武漢市文物商店	
蓬萊仙境圖	軸	絹	設色	213 x 137	丁亥（乾隆三十二年，1767）清和	成都 四川省文物商店	
長生殿圖	軸	絹	設色	422 x 93.4	丁亥（乾隆三十二年，1767）仲夏	廣州 廣州市文物商店	
山水圖	橫幅	絹	設色	114.3 x 180.4	乙未（乾隆四十年，1775）夏日	紐約 蘇富比藝品拍賣公司/拍賣目錄 1984,06,13.	
山水圖	軸	絹	設色	104 x 53.4		紐約 蘇富比藝品拍賣公司/拍賣目錄 1985,06,03.	
山水圖	軸	絹	設色	45.7 x 37.8	乙未（乾隆四十年，1775）秋月	紐約 蘇富比藝品拍賣公司/拍賣目錄 1985,06,03.	
蜀棧圖	軸	絹	設色	213.5 x 124	丙子（乾隆二十一年，1756）秋月	紐約 佳士得藝品拍賣公司/拍賣目錄 1988,11,30.	
江山樓觀圖	軸	絹	設色	190.5 x 75	甲申（乾隆二十九年，1764）秋七月	紐約 佳士得藝品拍賣公司/拍賣目錄 1990,05,31.	
歸獵詩意圖	橫幅	絹	設色	128.2 x 139.7	乙亥（乾隆二十年，1755）三月上浣	紐約 佳士得藝品拍賣公司/拍賣目錄 1990,11,28.	
關山晚渡圖	軸	絹	設色	188 x 67.5		香港 佳士得藝品拍賣公司/拍賣目錄 1991,03,18.	

名稱	形式	質地	色彩	尺寸 高×寬cm	創作時間	收藏處所	典藏號碼
歲寒三友圖	軸	絹	設色	126 × 62	丁丑（乾隆二十二年，1757）臘月	紐約 佳士得藝品拍賣公司/拍賣目錄 1993,12,01.	
漢宮秋月圖	軸	絹	設色	209.5 × 126		香港 佳士得藝品拍賣公司/拍賣目錄 1994,10,30.	
天香書屋圖	軸	絹	設色	140.3 × 67.3	壬子（雍正十年，1732）清冬	紐約 佳士得藝品拍賣公司/拍賣目錄 1997,09,19.	
山水圖	軸	金箋	水墨	218 × 50.8		香港 蘇富比藝品拍賣公司/拍賣目錄 1999,10,31.	
山水圖（12幀）	冊	絹	設色	（每幀）33.6 × 40	庚申（乾隆五年，1740）	紐約 蘇富比藝品拍賣公司/拍賣目錄 1980,10,25.	

畫家小傳：袁曜。字昭道。江蘇江都人。袁江之子。得自家學，善畫山水、樓閣，宗法宋元人；間作花鳥，亦佳。曾供奉如意館。流傳署款紀年作品見於世宗雍正二(1724)年，至高宗乾隆四十五(1780)年。（見揚州畫苑錄、清畫拾遺、中國畫家人名大辭典）

夏 鼎

名稱	形式	質地	色彩	尺寸 高×寬cm	創作時間	收藏處所	典藏號碼
摹王武法花卉圖	冊頁	絹	設色	24.3 × 38.9		英國 倫敦大英博物館	1896.5.11.15(ADD133)

畫家小傳：夏鼎。江蘇吳人。身世不詳。善白描人物，亦工畫山水。（見明畫錄、畫史會要、中國畫家人名大辭典）

魯宗鎬

名稱	形式	質地	色彩	尺寸 高×寬cm	創作時間	收藏處所	典藏號碼
人物圖	摺扇面	紙	設色	不詳	雍正二年（甲辰，1724）重陽後二日	南昌 江西省博物館	
附：							
三星圖	軸	絹	設色	不詳	乾隆五年（庚申，1740）夏五	北京 中國文物商店總店	
進爵圖	軸	絹	設色	不詳	雍正四年，丙午（1726）冬十月	上海 上海文物商店	

畫家小傳：魯宗鎬。字有玉。號有月、且愚、且園等。浙江杭州人。工畫人物，師王鹿公。流傳署款紀年作品見於世宗雍正二(1724)年，至高宗乾隆五(1740)年。（見杭州府誌、畫傳編韻、中國美術家人名辭典）

穆 僖

名稱	形式	質地	色彩	尺寸 高×寬cm	創作時間	收藏處所	典藏號碼
秋潤古松圖（為雲標作）	軸	絹	水墨	91.5 × 54.5	雍正二年（甲辰，1724）小春	北京 首都博物館	
附：							
韓致堯詩意圖	軸	紙	設色	不詳	甲辰（雍正二年，	北京 北京市文物商店	

名稱	形式	質地	色彩	尺寸 高×寬cm	創作時間	收藏處所	典藏號碼
					1724）		

畫家小傳：穆僖。號柳泉。籍里、身世不詳。善畫山水、松石。有松石長春、松亭雲岫等圖，得高宗睿題。流傳署款紀年作品見於世宗雍正二（1724）年。（見國朝畫徵續錄、中國畫家人名大辭典）

蔣生芝

| 松石圖 | 軸 | 綾 | 水墨 | 173.3 × 50.6 | 戊申（雍正二年，
1724）秋八月 | 日本 東京河井荃廬先生 | |

畫家小傳：蔣生芝。字鍾玉。籍里不詳。曾以懷寧縣明經出任寶應同鐸。善書。喜畫枯木、竹石。流傳署款紀年作品見於世宗雍正二（1724）至六（1728）年。（見懷寧縣志、清代畫史、中國畫家人名大辭典、宋元明清書畫家年表）

吳 昕

水樹漁舟圖	軸	絹	設色	不詳	庚戌（雍正八年， 1730）夏日	北京 首都博物館	
溪山秋色圖	軸	絹	設色	184 × 43.4	甲辰（雍正二年， 1724）	天津 天津市藝術博物館	
綠蔭垂釣圖	軸	絹	設色	166.5 × 42		合肥 安徽省博物館	
仿古山水圖（10幀）	冊	紙	設色	不詳		瀋陽 故宮博物院	

畫家小傳：吳昕。字仲徵。安徽徽州人，居杭州。善畫，山水淹潤，人物宗明吳偉。流傳署款紀年作品見於世宗雍正二（1724）至八（1730）年。（見圖繪寶鑑續纂、杭州府志、中國畫家人名大辭典））

鍾子韓

| 山水圖（12幀） | 冊 | 絹 | 設色 | 不詳 | 雍正二年（甲辰，
1724） | 天津 天津市藝術博物館 | |

畫家小傳：鍾子韓。畫史無載。流傳署款紀年作品見於世宗雍正二（1724）年。身世待考。

錢環中

| 夏夜納涼圖 | 軸 | 絹 | 設色 | 不詳 | 甲辰（雍正二年，
1724） | 濟南 山東省博物館 | |

畫家小傳：錢環中。畫史無載。流傳署款紀年作品見於世宗雍正二（1724）年。身世待考。

叔 元

| 新歲泛舟圖（袁模等畫山水冊
8之1幀） | 冊頁 | 紙 | 設色 | 不詳 | | 北京 中國歷史博物館 | |

畫家小傳：叔元。畫史無載。身世待考。

名稱	形式	質地	色彩	尺寸 高x寬cm	創作時間	收藏處所	典藏號碼

查為義

名稱	形式	質地	色彩	尺寸 高x寬cm	創作時間	收藏處所	典藏號碼
蘭竹圖（為儉堂作）	卷	紙	水墨	不詳	乾隆己巳（十四年，1749）初夏十日	南京 南京博物院	

畫家小傳：查為義。號集堂。河北天津人。生於聖祖康熙三十九（1700）年，辛於高宗乾隆二十八（1763）年。善畫蘭竹，筆致勁秀。（見歷代畫史彙傳附錄、中國畫家人名大辭典）

（釋）石　莊

名稱	形式	質地	色彩	尺寸 高x寬cm	創作時間	收藏處所	典藏號碼
畫虎	軸	絹	設色	157.9 × 91.4		台北 故宮博物院	故畫 02991
疎林峭壁圖（為西翁作）	軸	紙	水墨	不詳	乾隆乙未（四十年，1775）秋仲	北京 中國歷史博物館	
枯木竹石圖	軸	紙	水墨	118 × 39	辛丑（康熙六十年，1721）	天津 天津市藝術博物館	
仿一峰山水圖	軸	紙	水墨	510 × 62.2	壬寅（康熙六十一年，1722）	天津 天津市藝術博物館	
放鶴圖	軸	紙	設色	不詳	甲辰（乾隆四十九年，1784）冬至後三日	揚州 江蘇省揚州市博物館	
松柏長春圖	軸	紙	設色	196.1 × 70.6	乙巳（乾隆五十年，1785）重九前三日	日本 京都泉屋博物館	
山水圖（8幀）	冊	絹	設色	不詳		合肥 安徽省博物館	
山水圖（10幀）	冊	紙	水墨	（每幀）18.4 × 26		上海 上海博物館	
摹古山水圖（12幀）	冊	紙	設色	不詳	癸卯（乾隆四十八年，1783）夏日	南京 南京博物院	
仿古山水圖（12殘存8幀）	冊	紙	設色	（每幀）21.2 × 27.3	己丑（乾隆三十四年，1769）夏月	日本 東京河井荃盧先生	

附：

名稱	形式	質地	色彩	尺寸 高x寬cm	創作時間	收藏處所	典藏號碼
仿石田山水圖	卷	紙	設色	25.5 × 259.5	丙寅（乾隆十一年，1746）春二月	無錫 無錫市文物商店	
仿倪山水圖（為奇翁作）	軸	紙	水墨	不詳	乙未（乾隆四十年，1775）冬杪	北京 中國文物商店總店	
天台八景圖（8幀）	冊	絹	設色	（每幀）36.2 × 28	丙戌（乾隆三十一年，1766）秋七月望有二日	紐約 蘇富比藝品拍賣公司/拍賣目錄 1988,06,01.	

名稱	形式	質地	色彩	尺寸 高x寬㎝	創作時間	收藏處所	典藏號碼
仿一峰老人筆意山水圖	軸	紙	水墨	129.5 x 41	乙巳（雍正三年，1725）春	紐約 佳士得藝品拍賣公司/拍賣目錄 1992,12,02.	
山水圖（朱孝純、石莊山水冊 7 之 3 幀）	冊頁	紙	設色	（每幀）24 x 18.5		天津 天津市文物公司	

畫家小傳：石莊。僧。字道存。號石頭和尚。江蘇上元人，住揚州桃花庵。生年不詳，卒於高宗乾隆五十七(1792)年。生平喜結文字緣。善畫山水，師查士標，筆墨沉著濃郁，有磊落之概。流傳署款紀年作品見世祖雍正三(1725)年，至乾隆四十九(1784)年。（見墨香居畫識、墨林今話、揚州畫舫錄、中國畫家人名大辭典）

沈 鈺

名稱	形式	質地	色彩	尺寸 高x寬㎝	創作時間	收藏處所	典藏號碼
摹元人筆意鶴圖（雞羣鶴立）	軸	絹	設色	100.3 x 49.4	乾隆三年（戊午，1738）八月	日本 東京馬越恭平先生	
山水紀遊圖（清黃均等山水紀遊冊 10 之 1 幀）	冊頁	絹	設色	不詳		天津 天津市藝術博物館	

附：

名稱	形式	質地	色彩	尺寸 高x寬㎝	創作時間	收藏處所	典藏號碼
春夢留痕圖（10 幀）	冊	紙	設色	（每幀）19.3 x 26.5	乙巳（雍正三年，1725）夏六月	香港 佳士得藝品拍賣公司/拍賣目錄 1995,01,29.	

畫家小傳：沈鈺。字衡齋。畫史無載。流傳署款紀年作品見於世宗雍正三(1725)年至高宗乾隆三(1738)年。身世待考。

姚 源

名稱	形式	質地	色彩	尺寸 高x寬㎝	創作時間	收藏處所	典藏號碼
玉山草堂圖	軸	紙	設色	不詳	丁未（雍正五年1727）	寧波 浙江省寧波市天一閣文物保管所	
煙江無際圖	摺扇面	紙	設色	不詳	乙巳（雍正三年，1725）	北京 故宮博物院	

畫家小傳：姚源。字澄千。江蘇崑山人。工書畫。畫善山水，師顧卓，善摹王翬作品，不踰矩繩，能得氣韻生動，煙霞縹緲之趣，家貧不能自得，以賣畫酒肆為生。流傳署款紀年作品見於世宗雍正三(1725)、五(1727)年（見崑新合志、國朝畫識、歷代畫史彙傳、中國畫家人名大辭典）

沈 峰

名稱	形式	質地	色彩	尺寸 高x寬㎝	創作時間	收藏處所	典藏號碼
開山成道圖	軸	紙	設色	不詳	雍正三年，乙巳（1725）	煙臺 山東省煙臺市博物館	

畫家小傳：沈峰。字衡山。號臥雲。江蘇常熟人。善畫人物，筆致老健。流傳署款紀年作品見於世宗雍正三(1725)年。（見墨香居畫識、歷代畫史彙傳附錄、中國畫家人名大辭典）

戚 著

名稱	形式	質地	色彩	尺寸 高x寬㎝	創作時間	收藏處所	典藏號碼
山水圖（12 幀）	冊	紙	水墨	（每幀）24		台北 王靄雲先生	

名稱	形式	質地	色彩	尺寸 高×寬cm	創作時間	收藏處所	典藏號碼
				× 16			

附：

| 山水圖（12幀） | 冊 | 紙 | 水墨 | （每幀）22.5 × 14.5 | 雍正乙巳（三年，1725）冬 | 紐約 佳士得藝品拍賣公司／拍賣目錄 1990,05,31. | |

畫家小傳：戚著。號白雲。浙江餘姚人。工書。善畫。畫山水，學惲壽平。流傳署款紀年作品見於世宗雍正三(1725)年。（見圖繪寶鑑續纂、越中歷代畫人傳、中國畫家人名大辭典）

宋克健

| 蕉雨廊圖 | 卷 | 絹 | 設色 | 28.4 × 160.5 | | 天津 天津市藝術博物館 | |
| 石林飛瀑圖 | 軸 | 絹 | 設色 | 117 × 64 | 乙巳（雍正三年，1725） | 濟南 山東省博物館 | |

畫家小傳：宋克健。畫史無載。流傳署款紀年作品見於世宗雍正三(1725)年。身世待考。

王肇基

王文治撫琴圖像	軸	紙	設色	不詳	乾隆庚辰（二十五年，1760）孟夏	北京 故宮博物院	
王文治撫琴圖	軸	絹	設色	54 × 26.4	庚辰（乾隆二十五年，1760）	上海 上海博物館	
歸舟酒醒圖（為莕生作）	軸	絹	設色	不詳	戊辰（乾隆十三年，1748）秋	蘇州 江蘇省蘇州博物館	

畫家小傳：王肇基。字鏡香。浙江秀水人。王斌之子。生於聖祖康熙四十(1701)年，高宗乾隆二十五(1760)年尚在世。工寫意，畫花鳥，秀韻天成。（見國朝畫徵續錄、中國畫家人名大辭典）

陳 枚

院本清明上河圖（孫祐、金昆、陳枚、戴洪、程志道合作）	卷	絹	設色	35.6 × 152.8	乾隆元年（丙辰，1736）十二月十五日	台北 故宮博物院	故畫 01110
慶豐圖（金昆、陳枚、孫祐、丁觀鵬、程志道、吳桂合筆）	卷	絹	設色	28.8 × 521.2	乾隆辛酉（六年，1741）五月	日本 東京岡部長景先生	
丹臺春曉圖（陳枚、孫祐、丁觀鵬合作）	卷	絹	設色	30 × 326.8		天津 天津市藝術博物館	
萬福來朝圖	軸	絹	設色	不詳	雍正丙午（四年，1726）十月卅日	北京 故宮博物院	
四季花鳥圖（8幅）	軸	絹	設色	（每幅）139.3 × 41	雍正四年（丙午，1726）	天津 天津市藝術博物館	

名稱	形式	質地	色彩	尺寸 高x寬cm	創作時間	收藏處所	典藏號碼
看雲圖	軸	絹	設色	145 x 72.5	己酉（雍正九年，1729）	天津 天津市藝術博物館	
樹下童子圖	軸	紙	設色	75.2 x 45.5		天津 天津市藝術博物館	
山林秋色圖	軸	紙	設色	不詳	雍正庚戌（八年，1730）冬日前三日	南京 南京博物院	
落木寒烟圖	軸	絹	設色	不詳	雍正十一年癸丑（1733）	南京 南京博物院	
山水人物圖	軸	絹	設色	105.5 x 92.4		南京 南京博物院	
寒林晚眺圖	軸	絹	設色	92.6 x 51.9		日本 私人	
山水人物圖（寒林散步）	軸	絹	設色	105.5 x 92.4		美國 華盛頓特區弗瑞爾藝術館	65.24
秋林閒眺圖	軸	絹	設色	105.5 x 92.4		美國 華盛頓特區弗瑞爾藝術館	65.24
農村景物圖	軸	紙	設色	100.9 x 51	雍正八年（庚戌，1730）	美國 華盛頓特區弗瑞爾藝術館	
浸種（陳枚畫耕織圖冊之1）	冊頁	絹	設色	26.5 x 29.6		台北 故宮博物院	故畫 03375-1
耕土（陳枚畫耕織圖冊之2）	冊頁	絹	設色	26.5 x 29.6		台北 故宮博物院	故畫 03375-2
耙耨（陳枚畫耕織圖冊之3）	冊頁	絹	設色	26.5 x 29.6		台北 故宮博物院	故畫 03375-3
秒（陳枚畫耕織圖冊之四4）	冊頁	絹	設色	26.5 x 29.6		台北 故宮博物院	故畫 03375-4
碌碡（陳枚畫耕織圖冊之5）	冊頁	絹	設色	26.5 x 29.6		台北 故宮博物院	故畫 03375-5
布秧（陳枚畫耕織圖冊之6）	冊頁	絹	設色	26.5 x 29.6		台北 故宮博物院	故畫 03375-6
初秧（陳枚畫耕織圖冊之7）	冊頁	絹	設色	26.5 x 29.6		台北 故宮博物院	故畫 03375-7
游蔭（陳枚畫耕織圖冊之8）	冊頁	絹	設色	26.5 x 29.6		台北 故宮博物院	故畫 03375-8
拔秧（陳枚畫耕織圖冊之9）	冊頁	絹	設色	26.5 x 29.6		台北 故宮博物院	故畫 03375-9
插秧（陳枚畫耕織圖冊之10）	冊頁	絹	設色	26.5 x 29.6		台北 故宮博物院	故畫 03375-10
一耘（陳枚畫耕織圖冊之11）	冊頁	絹	設色	26.5 x 29.6		台北 故宮博物院	故畫 03375-11
二耘（陳枚畫耕織圖冊之12）	冊頁	絹	設色	26.5 x 29.6		台北 故宮博物院	故畫 03375-12
三耘（陳枚畫耕織圖冊之13）	冊頁	絹	設色	26.5 x 29.6		台北 故宮博物院	故畫 03375-13
灌溉（陳枚畫耕織圖冊之14）	冊頁	絹	設色	26.5 x 29.6		台北 故宮博物院	故畫 03375-14
收刈（陳枚畫耕織圖冊之15）	冊頁	絹	設色	26.5 x 29.6		台北 故宮博物院	故畫 03375-15
登場（陳枚畫耕織圖冊之16）	冊頁	絹	設色	26.5 x 29.6		台北 故宮博物院	故畫 03375-16
持穗（陳枚畫耕織圖冊之17）	冊頁	絹	設色	26.5 x 29.6		台北 故宮博物院	故畫 03375-17
舂碓（陳枚畫耕織圖冊之18）	冊頁	絹	設色	26.5 x 29.6		台北 故宮博物院	故畫 03375-18
簁（陳枚畫耕織圖冊之19）	冊頁	絹	設色	26.5 x 29.6		台北 故宮博物院	故畫 03375-19
簸揚（陳枚畫耕織圖冊之20）	冊頁	絹	設色	26.5 x 29.6		台北 故宮博物院	故畫 03375-20

名稱	形式	質地	色彩	尺寸 高x寬㎝	創作時間	收藏處所	典藏號碼
礬（陳枚畫耕織圖冊之 21）	冊頁	絹	設色	26.5 x 29.6		台北 故宮博物院	故畫 03375-21
霜降（陳枚畫耕織圖冊之 22）	冊頁	絹	設色	26.5 x 29.6		台北 故宮博物院	故畫 03375-22
祭神（陳枚畫耕織圖冊之 23）	冊頁	絹	設色	26.5 x 29.6		台北 故宮博物院	故畫 03375-23
浴蠶（陳枚畫耕織圖冊之 24）	冊頁	絹	設色	26.5 x 29.6		台北 故宮博物院	故畫 03375-24
二眠（陳枚畫耕織圖冊之 25）	冊頁	絹	設色	26.5 x 29.6		台北 故宮博物院	故畫 03375-25
三眠（陳枚畫耕織圖冊之 26）	冊頁	絹	設色	26.5 x 29.6		台北 故宮博物院	故畫 03375-26
大起（陳枚畫耕織圖冊之 27）	冊頁	絹	設色	26.5 x 29.6		台北 故宮博物院	故畫 03375-27
捉績（陳枚畫耕織圖冊之 28）	冊頁	絹	設色	26.5 x 29.6		台北 故宮博物院	故畫 03375-28
分箔（陳枚畫耕織圖冊之 29）	冊頁	絹	設色	26.5 x 29.6		台北 故宮博物院	故畫 03375-29
採桑（陳枚畫耕織圖冊之 30）	冊頁	絹	設色	26.5 x 29.6		台北 故宮博物院	故畫 03375-30
上簇（陳枚畫耕織圖冊之 31）	冊頁	絹	設色	26.5 x 29.6		台北 故宮博物院	故畫 03375-31
炙箔（陳枚畫耕織圖冊之 32）	冊頁	絹	設色	26.5 x 29.6		台北 故宮博物院	故畫 03375-32
下簇（陳枚畫耕織圖冊之 33）	冊頁	絹	設色	26.5 x 29.6		台北 故宮博物院	故畫 03375-33
擇繭（陳枚畫耕織圖冊之 34）	冊頁	絹	設色	26.5 x 29.6		台北 故宮博物院	故畫 03375-34
窖繭（陳枚畫耕織圖冊之 35）	冊頁	絹	設色	26.5 x 29.6		台北 故宮博物院	故畫 03375-35
繅絲（陳枚畫耕織圖冊之 36）	冊頁	絹	設色	26.5 x 29.6		台北 故宮博物院	故畫 03375-36
蠶蛾（陳枚畫耕織圖冊之 37）	冊頁	絹	設色	26.5 x 29.6		台北 故宮博物院	故畫 03375-37
祀謝（陳枚畫耕織圖冊之 38）	冊頁	絹	設色	26.5 x 29.6		台北 故宮博物院	故畫 03375-38
緯（陳枚畫耕織圖冊之 39）	冊頁	絹	設色	26.5 x 29.6		台北 故宮博物院	故畫 03375-39
織（陳枚畫耕織圖冊之 40）	冊頁	絹	設色	26.5 x 29.6		台北 故宮博物院	故畫 03375-40
絡絲（陳枚畫耕織圖冊之 41）	冊頁	絹	設色	26.5 x 29.6		台北 故宮博物院	故畫 03375-41
經（陳枚畫耕織圖冊之 42）	冊頁	絹	設色	26.5 x 29.6		台北 故宮博物院	故畫 03375-42
染色（陳枚畫耕織圖冊之 43）	冊頁	絹	設色	26.5 x 29.6		台北 故宮博物院	故畫 03375-43
攀花（陳枚畫耕織圖冊之 44）	冊頁	絹	設色	26.5 x 29.6		台北 故宮博物院	故畫 03375-44
剪帛（陳枚畫耕織圖冊之 45）	冊頁	絹	設色	26.5 x 29.6		台北 故宮博物院	故畫 03375-45
成衣（陳枚畫耕織圖冊之 46）	冊頁	絹	設色	26.5 x 29.6		台北 故宮博物院	故畫 03375-46
山水圖（？幀）	冊	紙	設色	（每幀）24.2 x 15.5		香港 鄭德坤木扉	
樹林圖	摺扇面	紙	設色	17 x 52.3		香港 潘祖堯小聽颿樓	CP54
寒林覓句圖	摺扇面	紙	設色	不詳	雍正八年（庚戌，1730）仲冬	北京 故宮博物院	
山水樓閣圖（12 幀，梁詩正對題）	冊	絹	設色	不詳	雍正十三年（乙卯，1735）	北京 故宮博物院	
人物圖（12 幀，梁詩正對題）	冊	絹	設色	不詳	乾隆三年（戊午，1738）	北京 故宮博物院	

名稱	形式	質地	色彩	尺寸 高×寬cm	創作時間	收藏處所	典藏號碼
月曼清游圖（12幀）	冊	絹	設色	（每幀）37 × 31.8		北京 故宮博物院	
人物山水圖	摺扇面	紙	設色	19 × 58		北京 故宮博物院	
花鳥圖（12幀）	冊	綾	設色	（每幀）17.3 × 11.2		美國 耶魯大學藝術館	1988.2.1.1-12
附：							
山水圖	軸	紙	設色	100.5 × 46.5	雍正十二年，甲寅（1734）仲春月二日	紐約 佳士得藝品拍賣公司/拍賣目錄 1990,05,31.	
蓮藕圖	軸	紙	設色	92.5 × 41.2	壬戌（乾隆七年，1742）秋日	紐約 佳士得藝品拍賣公司/拍賣目錄 1994,11,30.	
端陽花卉圖（黃鼎、楊晉、惲壽平、禹之鼎、童原、馬元馭、陳枚、王武合作）	軸	紙	設色	127 × 57		香港 佳士得藝品拍賣公司/拍賣目錄 1996,04,28.	
桃實圖	冊頁	絹	設色	57.7 × 47	雍正十二年（甲寅，1734）	北京 北京市工藝品進出口公司	
摹趙昌畫意花鳥（12幀）	冊	絹	設色	（每幀）17 × 11.8	辛亥（雍正九年，1731）冬日	紐約 佳士得藝品拍賣公司/拍賣目錄 1987,12,11.	

畫家小傳：陳枚。字殿掄。號載東、梅窩頭陀。江蘇婁縣人。陳桐之弟。善畫山水、人物、花鳥，極意臨摹宋人古蹟，並參以西洋法，遂臻高妙。後為陳善推薦，雍正四（1726）入畫院供奉，歷事雍、乾兩朝，授職內務府郎中。流傳署款紀年作品見於世宗雍正四(1726)年至高宗乾隆七(1742)年。（見國朝畫徵續錄、熙朝名畫錄、國朝畫識、婁縣志、松江詩徵、中國畫家人名大辭典）

吳 山

名稱	形式	質地	色彩	尺寸 高×寬cm	創作時間	收藏處所	典藏號碼
芙蓉插天圖	軸	紙	設色	61.5 × 44.7	丙午（雍正四年，1726）冬十月	杭州 浙江省博物館	

畫家小傳：吳山。字南陽。號蘊空道人。江蘇常熟人。善畫山水，出入二米，饒有氣韻。流傳署款紀年作品見於世宗雍正四(1726)年。（見虞山畫志、中國畫家人名大辭典）

蔣 淑

名稱	形式	質地	色彩	尺寸 高×寬cm	創作時間	收藏處所	典藏號碼
臨宋宣和荔枝圖（蔣廷錫作題）	軸	絹	設色	不詳	雍正四年（丙午，1726）六月	常熟 江蘇省常熟市文物管理委員會	
寫生花卉圖（12幀，蔣廷錫作題）	冊	紙	設色	不詳	雍正五年（丁未，1727）五月	上海 上海博物館	

畫家小傳：蔣淑。字又文。畫史無載。所繪花卉冊上有蔣廷錫題跋，稱「女淑寫蘭竹全用三折法」，是知為蔣廷錫女。承家學，善寫生花卉。流傳署款紀年作品見於世宗雍正四(1726)、五(1727)年。

名稱	形式	質地	色彩	尺寸 高×寬㎝	創作時間	收藏處所	典藏號碼

嚴文烈

| 天申榮華八瑞圖 | 軸 | 絹 | 設色 | 不詳 | 雍正四年（丙午，1726） | 廣州 廣東省博物館 | |

畫家小傳：嚴文烈。畫史無載。流傳署款紀年作品見於世宗雍正五(1727)年。身世待考。

王銓伯

| 竹林山水圖（祝嚴太夫人花甲壽作） | 軸 | 紙 | 水墨 | 136.9 × 62.5 | 丙午（？雍正四年，1726）桂秋 | 日本 中埜又左衛門先生 | |

畫家小傳：王銓伯。畫史無載。流傳署款作品紀年疑為世宗雍正四(1726)年。身世待考。

金 玠

松山晴雪圖	軸	絹	設色	154 × 80.5	丁未（雍正五年，1727）	天津 天津市藝術博物館	
旭日初升（金玠壽同山岳冊之第1幀）	冊頁	絹	設色	不詳		台北 故宮博物院	故畫 03422-1
曳杖尋梅（金玠壽同山岳冊之第2幀）	冊頁	絹	設色	不詳		台北 故宮博物院	故畫 03422-2
松溪探幽（金玠壽同山岳冊之第3幀）	冊頁	絹	設色	不詳		台北 故宮博物院	故畫 03422-3
松陰觀泉（金玠壽同山岳冊之第4幀）	冊頁	絹	設色	不詳		台北 故宮博物院	故畫 03422-4
蝠滿頂峰（金玠壽同山岳冊之第5幀）	冊頁	絹	設色	不詳		台北 故宮博物院	故畫 03422-5
松泉清話（金玠壽同山岳冊之第6幀）	冊頁	絹	設色	不詳		台北 故宮博物院	故畫 03422-6
崇山覓勝（金玠壽同山岳冊之第7幀）	冊頁	絹	設色	不詳		台北 故宮博物院	故畫 03422-7
山徑休憩（金玠壽同山岳冊之第8幀）	冊頁	絹	設色	不詳		台北 故宮博物院	故畫 03422-8
松巖採芝（金玠壽同山岳冊之第9幀）	冊頁	絹	設色	不詳		台北 故宮博物院	故畫 03422-9
鄰叟話舊（金玠壽同山岳冊之第10幀）	冊頁	絹	設色	不詳		台北 故宮博物院	故畫 03422-10
幽境訪道（金玠壽同山岳冊之	冊頁	絹	設色	不詳		台北 故宮博物院	故畫 03422-11

名稱	形式	質地	色彩	尺寸 高x寬cm	創作時間	收藏處所	典藏號碼
第11幀）							
山行雪棧（金玠壽同山岳冊之	冊頁	絹	設色	不詳		台北 故宮博物院	故畫 03422-12
第12幀）							
樹林圖	摺扇面	紙	設色	17 × 52.3		香港 潘祖堯小聽颿樓	CP54
附：							
乘槎吹笛圖	軸	絹	設色	不詳		武漢 湖北省武漢市文物商店	

畫家小傳：金玠。字介玉。浙江諸暨人。為蔣鶴立弟子。善寫真；兼善木石。康熙、雍正時供奉內廷。流傳署款紀年作品見於世宗雍正五（1727）年。（見國朝畫徵錄、中國畫家人名大辭典）

吳 璋

名稱	形式	質地	色彩	尺寸 高x寬cm	創作時間	收藏處所	典藏號碼
百事如意	軸	絹	設色	93 × 43.1		台北 故宮博物院	故畫 02907
疊嶂飛泉圖	軸	絹	設色	154 × 50.8	雍正丁未（五年，1727）	天津 天津市藝術博物館	

畫家小傳：吳璋。字漢田。江蘇婁縣人。工畫花鳥。活動於聖祖康熙、世宗雍正間。流傳署款紀年作品見於世宗雍正五(1727)年。（見婁縣志、中國畫家人名大辭典）

周鎮州

名稱	形式	質地	色彩	尺寸 高x寬cm	創作時間	收藏處所	典藏號碼
盛青嶁肖像（周鎮州、張宗蒼合作）	卷	紙	設色	不詳	丁未（雍正五年，1727）	蘇州 江蘇省蘇州博物館	

畫家小傳：周鎮州。畫史無載。流傳署款紀年作品見於世宗雍正五(1727)年。身世待考。

唐 英

名稱	形式	質地	色彩	尺寸 高x寬cm	創作時間	收藏處所	典藏號碼
雜畫	卷	紙	設色	不詳	丁未（雍正五年，1727）	北京 故宮博物院	
山水圖	軸	絹	設色	不詳		天津 天津市文化局文物處	
歲寒圖	軸	紙	設色	不詳	己巳（乾隆十四年，1749）	南京 南京市博物館	

畫家小傳：唐英。字俊公、叔子。號蝸居老人。為漢軍人。能詩，工畫。善畫山水、人物。康、雍間，曾奉派主事景德鎮官窯事，器甚精，世稱「唐窯」。流傳署款紀年作品見於世宗雍正五(1727)年，至高宗乾隆十四（1749）年。（見熙朝雅頌集、耕硯田齋筆記、中國畫家人名大辭典）

金天德

名稱	形式	質地	色彩	尺寸 高x寬cm	創作時間	收藏處所	典藏號碼
梅花圖（為墅漁作）	軸	紙	水墨	不詳	丁未（雍正五年，1727）二月	杭州 浙江省杭州市文物考古所	

畫家小傳：金天德。字華一。江蘇揚州人。善畫梅。流傳署款紀年作品見於世宗雍正五(1727)年。（見揚州畫舫錄、中國畫家人名大辭典）

名稱	形式	質地	色彩	尺寸 高x寬cm	創作時間	收藏處所	典藏號碼

陳兆熊

附：

| 山水圖（8幀） | 冊 | 紙 | 設色 | 不詳 | 丁未（雍正五年，1727） | 上海 朵雲軒 | |

畫家小傳：陳兆熊。畫史無載。流傳署款紀年作品見於世宗雍正五(1727)年。身世待考。

虞謨

| 指畫執扇仕女圖 | 軸 | 絹 | 設色 | 114 × 54.5 | 雍正丁未（五年，1727） | 天津 天津市藝術博物館 | |
| 山水圖 | 軸 | 綾 | 水墨 | 162.7 × 46.6 | | 日本 私人 | |

畫家小傳：虞謨。畫史無載。自署「南蘭二泉山人」。流傳署款紀年作品見於世宗雍正五(1727)年。身世待考。

黃山丹

| 樓臺瑞雪圖 | 軸 | 絹 | 設色 | 47 × 60 | 丁未（雍正五年，1727） | 天津 天津市藝術博物館 | |

畫家小傳：黃山丹。畫史無載。流傳署款紀年作品見於世宗雍正五(1727)年。身世待考。

孟習甌

| 梧桐蘭花圖 | 軸 | 紙 | 水墨 | 不詳 | | 北京 首都博物館 | |
| 露山秋媚圖 | 軸 | 絹 | 設色 | 167 × 69 | 雍正丁未（五年，1727） | 縉雲 浙江省縉雲縣文管會 | |

畫家小傳：孟習甌。畫史無載。流傳署款紀年作品見於世宗雍正五(1727)年。身世待考。

楊大任

| 樓臺殿閣圖 | 軸 | 絹 | 設色 | 不詳 | 丁未（雍正五年，1727） | 天津 天津市藝術博物館 | |
| 山水圖（李鱓等山水花鳥冊10之1幀） | 冊頁 | 紙 | 設色 | 24 × 29.7 | 丁巳（乾隆二年，1737）六月 | 北京 首都博物館 | |

畫家小傳：楊大任。畫史無載。流傳署款紀年作品見於世宗雍正五（1727）年至高宗乾隆二（1737）年。身世待考。

吳培

| 山水圖（8幀） | 冊 | 絹 | 設色 | 不詳 | | 天津 天津市藝術博物館 | |

畫家小傳：吳培。丹山人。身世不詳。工畫。（見山靜居畫論、中國畫家人名大辭典）

名稱	形式	質地	色彩	尺寸 高x寬cm	創作時間	收藏處所	典藏號碼

吳 棫

| 山水圖（寫為中符詞翁壽，清 人山水圖冊之2) | 冊頁 | 紙 | 設色 | 13.4 x 24.4 | | 美國 勃克萊加州大學藝術館 （高居翰教授寄存） | CC 12b |

畫家小傳：吳棫。字偉仙。江蘇婁縣人。吳璋之子。能世父學。善畫花鳥，尤工院體。聖祖康熙朝供奉內廷。（見婁縣志、中國畫家人名大
　　　辭典）

朱 嶠

荷花圖	軸	絹	設色	不詳	乾隆甲申（二十九 年，1764)	濟南 山東省博物館	
荷花圖	軸	紙	設色	不詳	丙戌（乾隆三十一 年，1766)	上海 上海博物館	
歲寒清供圖	軸	紙	設色	不詳	壬寅（乾隆四十七 年，1782）新春	南京 南京博物院	
荷花圖	軸	紙	設色	不詳	庚子（乾隆四十五 年，1780）仲冬	廣州 廣州市美術館	
老松圖	軸	絹	水墨	不詳	甲辰（乾隆四十九 年，1784）桂月	日本 京都長尾雨山先生	
栽盆清供圖	軸	紙	設色	91 x 53.3	丙午（乾隆五十一 年，1786）仲冬， 時年八十有四	日本 中埜又左衛門先生	
附：							
荷花圖	軸	紙	設色	不詳	丁未（乾隆五十二 年，1787）仲春	北京 中國文物商店總店	
荷花圖	軸	絹	設色	不詳	壬辰（乾隆三十七 年，1772)	天津 天津市文物公司	
荷花圖	軸	紙	設色	不詳	丁未（乾隆五十二 年，1787）杏月	蘇州 蘇州市文物商店	

畫家小傳：朱嶠。字赤城。號巨山。江蘇上海人。生於聖祖康熙四十二（1703）年，高宗乾隆五十二（1787）年尚在世。善畫山水，
　　　學王蒙、黃公望，淺絳渴墨，沈鬱可愛；亦工花卉、草蟲、人物、寫照。畫名噪甚，獨步海上。（見墨香居畫識、墨林今話、
　　　海上墨林、中國畫家人名大辭典）

顧 愷

| 輞川圖 | 軸 | 紙 | 設色 | 不詳 | 乾隆甲申（二十九 年，1764）仲秋 | 瀋陽 故宮博物館 | |

名稱	形式	質地	色彩	尺寸 高x寬cm	創作時間	收藏處所	典藏號碼

畫家小傳：顧愷。字方樂。吳人。身世不詳。善畫。生於聖祖康熙四十二(1703)年，高宗乾隆二十九(1764)年尚在世。(見中國藝術家人名大辭典)

張 景

| 四季果品圖 | 卷 | 絹 | 設色 | 不詳 | 戊申（雍正六年，1728）小春望後二日 | 南京 南京博物院 | |
| 牡丹圖 | 軸 | 絹 | 設色 | 不詳 | | 蘇州 江蘇省蘇州博物館 | |

畫家小傳：張景。字仲若。號雨田。江蘇常熟人。善畫花鳥，從馬元馭學，有法度，粗枝大葉，別饒韻致。流傳署款紀年作品見於世宗雍正六(1728)年。(見虞山畫志、中國畫家人名大辭典)

吳 麟

蘭竹石圖	卷	紙	水墨	不詳	戊申（雍正六年，1728）初夏	北京 故宮博物院	
山水圖（10幀）	冊	紙	設色	（每幀）24 x 30.1	丙戌（乾隆三十一年，1766）	北京 故宮博物院	
仿古山水圖（12幀）	冊	紙	設色	不詳	丙戌（乾隆三十一年，1766）	北京 故宮博物院	
仿古山水圖（12幀）	冊	紙	設色	（每幀）27.5 x 33.8	己丑（乾隆三十四年，1769）	北京 故宮博物院	
山水圖（10幀）	冊	紙	設色	（每幀）32.4 x 17.8	己丑（乾隆三十四年，1769）	北京 故宮博物院	
山水圖（8幀）	冊	紙	設色	（每幀）24.2 x 17.6	己丑（乾隆三十四年，1769）	北京 故宮博物院	
仿古山水圖（12幀）	冊	紙	設色	（每幀）23.5 x 17.1不等	辛卯（乾隆三十六年，1771）	北京 故宮博物院	

畫家小傳：吳麟。滿洲鑲黃旗人。姓吳查拉氏。字子瑞。號晚亭、黍谷山樵。高宗乾隆二(1736)年舉鴻博。工詩善畫。流傳署款紀年作品見於世宗雍正六(1728)年至高宗乾隆三十六(1771)年。(見熙朝雅頌集、中國畫家人名大辭典)

惲懷英

| 園林仕女圖 | 軸 | 紙 | 設色 | 不詳 | 雍正戊申（六年，1728）夏四月上浣 | 南京 南京師範大學 | |
| 天中景映圖 | 摺扇面 | 紙 | 設色 | 不詳 | 甲辰（乾隆四十九 | 北京 故宮博物院 | |

名稱	形式	質地	色彩	尺寸 高x寬cm	創作時間	收藏處所	典藏號碼
					年，1784）五月午時		
仕女圖	摺扇面	灑金箋	設色	不詳	雍正戊申（六年，1728）	南京 南京師範大學	

畫家小傳：惲懷英。女。自號蘭陵女史。江蘇武進人。惲壽平裔孫女。適呂氏。承家傳，善畫。花鳥秀雅，尤長墨菊。夫歿守志，以賣畫自給。流傳署款紀年作品見於世宗雍正六(1728)年，至高宗乾隆四十九(1784)年。（見讀畫閣評、中國畫家人名大辭典）

宋 旭

名稱	形式	質地	色彩	尺寸 高x寬cm	創作時間	收藏處所	典藏號碼
貨郎圖	軸	絹	設色	不詳	戊申（雍正六年，1728）初夏	北京 故宮博物院	
五福圖	軸	絹	設色	不詳	甲子（乾隆九年，1744）秋	北京 故宮博物院	
東山仙墅圖	摺扇面	紙	設色	19.1 x 51.3	辛丑（乾隆四十六年，1781）	北京 故宮博物院	
附：							
瑤臺獻壽圖	軸	絹	設色	不詳	乾隆十六年，辛未（1751）	上海 朵雲軒	
醉翁亭圖	摺扇面	紙	設色	不詳	丁巳（乾隆二年，1737）	上海 朵雲軒	

畫家小傳：宋旭。字曉林。江蘇揚州人。李寅弟子。工畫人物、山水。流傳署款紀年作品見於世宗雍正六(1728)年，至高宗乾隆四十六(1781)年。（見畫人補遺、中國美術家人名辭典）

王 崐

名稱	形式	質地	色彩	尺寸 高x寬cm	創作時間	收藏處所	典藏號碼
荷塘清暑圖	軸	絹	設色	128 x 50	戊申（雍正六年，1728）	天津 天津市藝術博物館	
雲水孤舟圖	軸	紙	設色	不詳	乾隆庚申（五年，1740）暑月	成都 四川省博物館	
賀園詠石圖	冊頁	紙	設色	不詳	乾隆丁卯（十二年，1747）	北京 故宮博物院	
放吟圖	冊頁	紙	設色	不詳	乾隆十二年（丁卯，1747）	北京 故宮博物院	

畫家小傳：王崐。畫史無載。流傳署款紀年作品見於世宗雍正六（1728）年至高宗乾隆十二（1747）年。身世待考。

邊壽民

名稱	形式	質地	色彩	尺寸 高x寬cm	創作時間	收藏處所	典藏號碼
花果圖	卷	紙	水墨	25.1 x ?		香港 劉作籌虛白齋	130
雜畫（12段合裝）	卷	紙	設色	（每段）21.2	丙午（乾隆五十一	天津 天津市藝術博物館	

名稱	形式	質地	色彩	尺寸 高×寬㎝	創作時間	收藏處所	典藏號碼
				× 60	年，1786)、丁未(787)		
雜畫（10段合裝）	卷	紙	設色	（每段）21.2 × 60		天津 天津市藝術博物館	
水墨花卉圖（8段）	卷	紙	設色	（每段）24.6 × 63	雍正庚戌（八年，1730）	上海 上海博物館	
花卉圖	卷	紙	水墨	29.6 × 643	乾隆元年（丙辰，1736）三月十七	上海 上海博物館	
菊花圖	卷	紙	水墨	不詳	乾隆壬戌（七年，1742）	成都 四川省博物院	
蘆雁圖	卷	絹	水墨	30.2 × ？	乾隆四年歲在己未（1739）七月既望	日本 兵庫縣黑川古文化研究所	
蘆雁圖	軸	紙	設色	125.7 × 82.9		台北 國泰美術館	
蘆雁圖	軸	紙	設色	178.5 × 46.5		台北 長流美術館	
蘆雁圖	軸	紙	設色	168 × 74.3		台北 長流美術館	
蘆中雙隱圖	軸	紙	設色	129.3 × 35.8		台北 張添根養和堂	
蘆雁圖	軸	紙	設色	131.3 × 61.7		香港 羅桂祥先生	
蘆雁圖	軸	紙	設色	不詳	甲寅（雍正十二年，1734）	瀋陽 故宮博物院	
端午即景圖	軸	紙	設色	不詳		瀋陽 故宮博物院	
蘆雁圖	軸	紙	設色	128.5 × 48.5	壬子（雍正十年，1732）立冬後二日	北京 故宮博物院	
晴沙翔集圖	軸	紙	設色	不詳		北京 中國歷史博物館	
蟹菊圖	橫幅	紙	設色	不詳	乾隆五年（庚申，1740）	北京 中國美術館	
蘆雁圖	軸	紙	設色	不詳		北京 首都博物館	
蘆雁圖	軸	紙	設色	不詳	乾隆丁卯（十二年，1747）	北京 北京畫院	
荷花圖	軸	紙	水墨	不詳		北京 中央美術學院	
盆菊圖	軸	紙	設色	不詳		天津 天津市藝術博物館	
瓶牡丹圖	軸	紙	設色	不詳		天津 天津市藝術博物館	
荷花圖	軸	紙	水墨	不詳		天津 天津市藝術博物館	

名稱	形式	質地	色彩	尺寸 高×寬cm	創作時間	收藏處所	典藏號碼
墨葡萄圖	軸	絹	水墨	160 × 46.8		天津 天津市藝術博物館	
蘆雁圖	軸	紙	設色	不詳	己巳（乾隆十四年，1749）	石家莊 河北省博物館	
蘆雁圖	軸	紙	設色	不詳		太原 山西省博物館	
古瓶花鮮圖	軸	綾	設色	不詳		西安 陝西歷史博物館	
晴湖翔集圖通景（6幅）	軸	絹	設色	不詳	乾隆十年，乙丑（1745）	鄭州 河南省博物館	
蘆雁圖	軸	紙	設色	不詳		合肥 安徽省博物館	
蘆雁圖	軸	絹	設色	不詳		南通 江蘇省南通博物苑	
蘆雁圖	軸	紙	設色	不詳	雍正乙巳（三年，1725）	上海 上海博物館	
蘆雁圖	軸	紙	設色	不詳	乾隆十年，乙丑（1745）	上海 上海博物館	
蘆雁圖	軸	絹	設色	不詳		上海 上海博物館	
上巳名花圖	軸	絹	水墨	不詳		南京 南京博物院	
歪瓶依菊圖	軸	紙	設色	不詳		南京 南京博物院	
水雲蹤跡圖	軸	紙	設色	不詳		南京 江蘇省美術館	
蘆雁圖	軸	紙	設色	不詳		南京 江蘇省美術館	
晴沙靜集圖	軸	紙	設色	不詳		鎮江 江蘇省鎮江市博物館	
蘆雁圖	軸	紙	設色	不詳	乾隆八年（癸亥，1743）	無錫 江蘇省無錫市博物館	
蘆雁圖	軸	紙	設色	不詳		無錫 江蘇省無錫市博物館	
蘆雁圖	軸	絹	設色	不詳		無錫 江蘇省無錫市博物館	
葦汀息影圖	軸	紙	設色	不詳		蘇州 江蘇省蘇州博物館	
籬菊圖	軸	紙	水墨	不詳		蘇州 江蘇省蘇州博物館	
蘆雁圖	軸	紙	設色	121.5 × 51.5		昆山 崑崙堂美術館	
歲寒清供圖	軸	紙	設色	101.9 × 59.4		杭州 浙江省博物館	
蘆雁圖	軸	紙	設色	不詳		杭州 浙江省杭州市文物考古所	
荷花圖	軸	紙	水墨	不詳		杭州 浙江省杭州西泠印社	
蘆雁圖	軸	紙	設色	不詳		湖州 浙江省湖州市博物館	
蘆雁圖	軸	紙	設色	148 × 54		婺源 江西省婺源縣博物館	

名稱	形式	質地	色彩	尺寸 高×寬㎝	創作時間	收藏處所	典藏號碼
蓮蓬圖	軸	紙	水墨	不詳		武漢 湖北省武漢市博物館	
蘆雁圖	軸	紙	設色	不詳		廣州 廣東省博物館	
蘆雁圖（4幅）	軸	絹	設色	不詳		廣州 廣州市美術館	
蘆雁圖	軸	紙	設色	134.5 × 60		日本 東京帝室博物館	
蘆雁圖	軸	絹	設色	88.2 × 40		日本 東京篠崎都香佐先生	
菊花圖	軸	紙	設色	71 × 29		日本 大阪橋本大乙先生	
蘆雁圖	軸	紙	設色	92 × 39		日本 佐賀縣野中萬太郎先生	
一甲傳臚圖	軸	紙	設色	27 × 33		日本 福岡縣石詢道雄先生	35
牡丹石圖	軸	絹	水墨	不詳		日本 繭山龍泉堂	
蘆雁圖	軸	紙	設色	75.5 × 87.2		美國 紐約王季遷明德堂	
蘆荻雙鴨圖	摺扇面	紙	設色	19.2 × 57.9		台北 國泰美術館	
平沙落雁圖	摺扇面	紙	設色	19.5 × 58.8		台北 國泰美術館	
秋灘息影圖	摺扇面	紙	設色	18.7 × 52.2		香港 香港美術館	FA1991.084
雜畫（12幀）	冊	紙	水墨	（每幀）24.2 × 35	壬申（乾隆十七年，1752）七月望後	香港 鄭德坤木扉	
花果圖（12幀）	冊	紙	水墨	（每幀）23.5 × 33.8	乾隆五年歲在庚申（1740）夏至後五日	香港 王南屏先生	
花鳥圖（12幀）	冊	紙	設色	（每幀）17.2 × 34.6		香港 許晉義崇宜齋	
書畫（14幀）	冊	紙	設色	（每幀）28.2 × 36	癸丑（雍正十一年，1733）	長春 吉林省博物館	
雜畫（邊壽民、薛懷雜畫合冊10之5幀）	冊	紙	設色	（每幀）34 × 30.5	戊辰（乾隆十三年，1748）	瀋陽 故宮博物院	
蘆雁圖（12幀）	冊	紙	設色	（每幀）36.5 × 58.5		瀋陽 故宮博物院	
雜畫（8幀）	冊	紙	水墨	（每幀）25.2 × 32.1	壬戌（乾隆七年，1742）	瀋陽 遼寧省博物館	
雜畫（12幀）	冊	紙	水墨	（每幀）23.8 × 31.4		瀋陽 遼寧省博物館	
雜畫（8幀）	冊	紙	設色	不詳		旅順 遼寧省旅順博物館	
荷花圖（12幀）	冊	紙	水墨	（每幀）25.5 × 35	雍正甲辰（二年，1724）	北京 故宮博物院	
雜畫（10幀）	冊	紙	水墨	不詳	庚戌（雍正八年，	北京 故宮博物院	

名稱	形式	質地	色彩	尺寸 高x寬㎝	創作時間	收藏處所	典藏號碼
					1730) 初夏		
雜畫（10幀）	冊	紙	水墨	不詳	雍正庚戌（八年，1730）	北京 故宮博物院	
雜畫（10幀）	冊	紙	水墨	不詳	庚戌（雍正八年，1730）	北京 故宮博物院	
花果圖（10幀）	冊	紙	水墨	不詳	雍正庚戌（八年，1730）	北京 故宮博物院	
蘆雁圖（12幀）	冊	紙	設色	不詳	庚戌（雍正八年，1730）	北京 故宮博物院	
雜畫（8幀）	冊	紙	設色	不詳	雍正辛亥（九年，1731）	北京 故宮博物院	
雜畫（12幀）	冊	紙	水墨	不詳	雍正癸丑（十一年，1733）	北京 故宮博物院	
雜畫（12幀）	冊	紙	水墨	不詳	甲寅（雍正十二年，1734）	北京 故宮博物院	
博古圖（8幀）	冊	紙	水墨	不詳	己未（乾隆四年，1739）重九後一日	北京 故宮博物院	
雜畫（12幀）	冊	紙	水墨	不詳	乾隆七年壬戌（1742）	北京 故宮博物院	
蘆雁圖（12幀）	冊	紙	設色	不詳	乾隆甲子（九年，1744）	北京 故宮博物院	
花果、蘆雁圖（12幀）	冊	紙	設色	（每幀）23.8 x 31	乾隆乙丑（十年，1745）	北京 故宮博物院	
蘆雁圖（10幀）	冊	紙	設色	不詳	乾隆戊辰（十三年，1748）	北京 故宮博物院	
花卉圖（8幀）	冊	紙	設色	不詳		北京 故宮博物院	
雜畫（8幀）	冊	紙	水墨	不詳		北京 故宮博物院	
雜畫（12幀）	冊	紙	水墨	不詳		北京 故宮博物院	
雜畫（12幀）	冊	紙	設色	（每幀）24 x 36.4	己未（乾隆四年，1739）	北京 中國歷史博物館	
盆菊圖	摺扇面	紙	設色	不詳	乾隆辛未（十六年，1751）	北京 中國歷史博物館	
蘆雁圖（文心別寄圖冊之1幀）	冊頁	紙	設色	不詳		北京 中國歷史博物館	

名稱	形式	質地	色彩	尺寸 高×寬cm	創作時間	收藏處所	典藏號碼
蔬果圖（8幀）	冊	紙	水墨	不詳	戊申（雍正六年，1728）	天津 天津市藝術博物館	
雜畫（12幀）	冊	紙	水墨	不詳	雍正癸丑（十一年，1733）	天津 天津市藝術博物館	
蘆雁圖（清周笠等雜畫冊8之1幀）	冊頁	紙	設色	不詳	（辛酉，乾隆六年，1741）	天津 天津市藝術博物館	
雜畫（6幀）	冊	紙	設色	不詳	乾隆癸亥（八年，1743）	天津 天津市藝術博物館	
雜畫（8幀）	冊	紙	水墨	不詳		天津 天津市藝術博物館	
蘆雁圖（10幀）	冊	紙	設色	（每幀）31.5 × 41.4		天津 天津市藝術博物館	
雜畫（10幀）	冊	紙	設色	不詳	辛亥（雍正九年，1731）	天津 天津市歷史博物館	
蘆雁圖（7幀）	冊	紙	設色	不詳		濟南 山東省博物館	
雜畫圖（12幀）	冊	紙	設色	不詳	乾隆戊午（三年，1738）春三月	上海 上海博物館	
雜畫（10幀）	冊	紙	設色	不詳		上海 上海博物館	
雜畫（12幀）	冊	紙	設色	不詳		上海 上海博物館	
蘆雁圖（8幀）	冊	紙	設色	不詳		上海 上海博物館	
蘆雁圖	冊頁	紙	設色	19.2 × 23.5	庚午（乾隆十五年，1750）初春	南京 南京博物院	
蘆雁圖（清陳洽等書畫冊之1幀）	摺扇面	金箋	水墨	不詳		南京 南京市博物館	
花卉圖（為巽老作，清李鱓等花果冊之1幀）	摺扇面	紙	設色	不詳	（己酉，雍正七年，1729）	蘇州 江蘇省蘇州博物館	
平沙戢翼圖	摺扇面	紙	設色	不詳		寧波 浙江省寧波市天一閣文物保管所	
雜畫（8幀）	冊	紙	設色	（每幀）28 × 41.1	乾隆己未（四年，1739）	成都 四川省博物院	
雜畫（12幀）	冊	紙	設色	（每幀）29 × 20	雍正壬子（十年，1732）立春後二日	重慶 重慶市博物館	
雜畫（8幀）	冊	紙	水墨	不詳	乾隆辛未（十六年，1751）	廣州 廣東省博物館	
雜畫（12幀）	冊	紙	設色	不詳	戊辰（乾隆十三年	廣州 廣州市美術館	

名稱	形式	質地	色彩	尺寸 高×寬㎝	創作時間	收藏處所	典藏號碼
					，1748）		
花果圖（6幀）	冊	紙	設色	不詳	雍正乙卯（十三年 1735）	南寧 廣西壯族自治區博物館	
蘆雁圖（10幀，為長老作）	冊	紙	設色	（每幀）28.7 × 34.6	乾隆甲子（九年， 1744）秋八月朔 又二日	日本 東京國立博物館	
蘆雁圖（2幀）	冊頁	紙	水墨	24.4 × 32.3		日本 京都泉屋博古館	
蘆雁圖	冊頁	紙	設色	81.5 × 98		日本 大阪橋本大乙先生	
牡丹花圖	冊頁	紙	設色	28.8 × 37		日本 兵庫縣黑川古文化研究 所	
雜畫（12幀）	冊	紙	水墨	（每幀）24.1 × 31	丁卯（乾隆十二年 ，1747）	美國 普林斯頓大學藝術館（ Edward Elliott先生 寄存）	L47.70
蘆洲雅集圖 附：	摺扇面	紙	設色	17.5 × 50.7		美國 勃克萊加州大學藝術館	CC223
蘆雁圖	軸	紙	設色	不詳	丁卯（乾隆十二年 ，1747）	北京 北京市工藝品進出口公 司	
蓮葉圖	軸	紙	水墨	不詳	丁未（雍正五年， 1727）	揚州 揚州市文物商店	
蓮蓬圖	軸	紙	水墨	不詳		揚州 揚州市文物商店	
墨松圖	軸	紙	水墨	不詳		揚州 揚州市文物商店	
書畫合璧（2冊頁合裝）	軸	綾	設色	不詳		揚州 揚州市文物商店	
蘆雁圖（4幅）	軸	紙	設色	不詳		上海 朵雲軒	
天中呈瑞圖	軸	紙	設色	不詳		上海 朵雲軒	
蘆雁圖（4幅）	軸	紙	設色	不詳		上海 朵雲軒	
雜畫（4幅）	軸	紙	設色	不詳	辛未（乾隆十六年 ，1751）	上海 上海文物商店	
蘆雁圖	軸	紙	設色	不詳		上海 上海工藝品進出口公司	
蘆雁圖	軸	紙	設色	不詳		南京 南京市文物商店	
荷花圖	橫幅	絹	水墨	80 × 130.2		紐約 蘇富比藝品拍賣公司/拍 賣目錄1980,12,18.	
蘆雁圖	軸	紙	設色	122.5 × 44		紐約 佳士得藝品拍賣公司/拍 賣目錄1984,06,29.	
蘆雁圖	橫幅	紙	設色	31.4 × 46.2		紐約 蘇富比藝品拍賣公司/拍	

名稱	形式	質地	色彩	尺寸 高×寬㎝	創作時間	收藏處所	典藏號碼
						賣目錄 1984,12,05.	
秋花圖	軸	紙	設色	151.8 × 39.7	乾隆九年（甲子，1744）秋八月	紐約 佳仕得藝品拍賣公司/拍賣目錄 1986,06,04.	
蘆雁圖	軸	紙	設色	84.5 × 43.5		紐約 佳仕得藝品拍賣公司/拍賣目錄 1986,12,01.	
蘆雁圖	軸	紙	設色	127 × 40		紐約 佳士得藝品拍賣公司/拍賣目錄 1987,12,11.	
荷塘群雁圖（邊壽民、孫志皋合作）	軸	絹	設色	182.9 × 99		紐約 蘇富比藝品拍賣公司/拍賣目錄 1988,06,01.	
蘆雁圖	軸	紙	設色	82.5 × 42.5		香港 佳士得藝品拍賣公司/拍賣目錄 1991,03,18.	
蘆雁圖（4幅）	軸	紙	設色	（每幅）202 × 49.5		紐約 佳士得藝品拍賣公司/拍賣目錄 1992,06,02.	
清供圖	軸	紙	水墨	126 × 29	丁巳（乾隆二年，1737）秋八月	紐約 佳士得藝品拍賣公司/拍賣目錄 1992,12,02.	
蘆雁圖	軸	紙	設色	112.4 × 50.8		紐約 佳士得藝品拍賣公司/拍賣目錄 1996,03,27.	
蘆雁圖	軸	紙	設色	135.9 × 66		紐約 佳士得藝品拍賣公司/拍賣目錄 1998,03,24.	
蘆雁圖	橫披	絹	設色	61 × 91.4	丁未（雍正五年，1727）春正月廿四日	紐約 佳士得藝品拍賣公司/拍賣目錄 1998,03,24.	
蘆雁圖（8幀）	冊	紙	設色	不詳	戊辰（乾隆十三年，1748）秋八月	北京 北京市文物商店	
雜畫（12幀）	冊	紙	設色	不詳	辛亥（雍正九年，1731）	濟南 山東省文物商店	
蟹菊圖	摺扇面	紙	設色	不詳		揚州 揚州市文物商店	
雜畫（12幀）	冊	紙	設色	不詳	甲寅（雍正十二年，1734）	無錫 無錫市文物商店	
蘆雁圖（6幀）	冊	紙	設色	（每幀）24.1 × 30.8	乾隆戊辰（十三年，1748）	蘇州 蘇州市文物商店	
蘆雁圖	摺扇面	紙	設色	不詳		武漢 湖北省武漢市文物商店	
雜畫（12幀）	冊	紙	水墨	（每幀）23.5 × 33.2	乾隆五年歲主庚申（1740）夏至	紐約 蘇富比藝品拍賣公司/拍賣目錄 1981,05,08.	

名稱	形式	質地	色彩	尺寸 高×寬cm	創作時間	收藏處所	典藏號碼
					後五日		
蘆雁圖樣（8幀）	冊	絹	水墨、設色	（每幀）約20×35.5至25.5×39		紐約 佳士得藝品拍賣公司/拍賣目錄1983,11,30.	
活禽生卉圖（8幀）	冊	紙	設色	（每幀）27×61	雍正癸丑（十一年，1733）	香港 蘇富比藝品拍賣公司/拍賣目錄1984,11,11.	
花鳥圖（12幀）	冊	紙	設色	（每幀）17.1×34.2	癸丑（雍正十一年，1733）	紐約 蘇富比藝品拍賣公司/拍賣目錄1986,12,04.	
花鳥、蟲魚圖（6幀）	冊	絹	水墨、設色	（每幀）26.7×33.3		紐約 佳士得藝品拍賣公司/拍賣目錄1987,06,03.	
雜畫（10幀）	冊	紙	設色	（每幀）19×27	乾隆癸亥（八年，1743）春二月	紐約 佳士得藝品拍賣公司/拍賣目錄1991,11,25.	
蘆雁圖（8幀）	冊	紙	設色	（每幀）18.5×25		紐約 佳士得藝品拍賣公司/拍賣目錄1992,06,02.	
蘆雁圖（8幀）	冊	紙	水墨、設色	（每幀）23.3×17.2		紐約 佳士得藝品拍賣公司/拍賣目錄1992,12,02.	
蘆雁圖（10幀）	冊	紙	設色	（每幀）24×29	丙寅（乾隆十一年，1746）大暑	紐約 佳士得藝品拍賣公司/拍賣目錄1993,12,01.	
雜畫（10幀）	冊	紙	水墨	（每幀）23.3×30.3	雍正壬子（十年，1732）秋九月	紐約 佳士得藝品拍賣公司/拍賣目錄1993,12,01.	
蔬果圖（8幀）	冊	紙	水墨	（每幀）19.2×11.5	丁卯（乾隆十二年，1747）穀雨	紐約 佳士得藝品拍賣公司/拍賣目錄1993,12,01.	
蘆雁圖（8幀）	冊	紙	設色	（每幀）23×33		紐約 佳士得藝品拍賣公司/拍賣目錄1995,09,19.	
書畫（16幀）	冊	紙	水墨、設色	（每幀）19.6×26.4		紐約 佳士得藝品拍賣公司/拍賣目錄1995,09,19.	
花果魚蟹蘆雁圖（10幀）	冊	紙	水墨、設色	（每幀）21.2×25.1	庚午（乾隆十五年，1750）桂月	香港 蘇富比藝品拍賣公司/拍賣目錄1999,10,31.	

畫家小傳：邊壽民。一名維騏。字頤公。號漸僧、葦間居士。江蘇淮安（或作山陽）人。能書、善畫。畫工花卉、翎毛，俱有別趣；潑墨蘆雁，尤為著名。流傳署年紀年作品見於世宗雍正六（1728）年，至高宗乾隆十五（1750）年。（見國朝畫徵續錄、桐陰論畫、百幅庵畫寄、墨林今話、古檀詩話、中國畫家人名大辭典）

匡若訥

名稱	形式	質地	色彩	尺寸 高×寬cm	創作時間	收藏處所	典藏號碼
為柱石作山水圖	軸	絹	設色	不詳	雍正戊申（六年，	濟南 山東省博物館	

名稱	形式	質地	色彩	尺寸 高×寬 ㎝	創作時間	收藏處所	典藏號碼

1728）

畫家小傳：匡若訥。畫史無載。流傳署款紀年作品見於世宗雍正六(1728)年。身世待考。

錢以塏

山村晚歸圖	軸	紙	設色	104.4 × 47	戊申（？雍正六年	上海 上海博物館	
					，1728）		

畫家小傳：錢以塏。畫史無載。流傳署款作品紀年疑為世宗雍正六（1728）年。身世待考。

張 軫

附：

仿北苑山水圖	軸	絹	水墨	不詳	戊寅（？雍正六年	上海 朵雲軒	
					，1728）		

畫家小傳：張軫。畫史無載。流傳署款作品紀年疑為世宗雍正六(1728)年。身世待考。

吳 祺

硯耕堂圖	軸	絹	設色	不詳	雍正六年（戊申，	臨海 浙江省臨海市博物館	
					1728）		

畫家小傳：吳祺。字以拒。浙江錢塘人。善畫人物，宗法陳洪綬。流傳署款紀年作品見於世宗雍正六(1728)年。（見耕硯田齋筆記、中國畫家人名大辭典）

譚雲龍

指畫老虎圖	軸	紙	設色	不詳		台北 故宮博物院	國贈 031072
竹石圖	軸	紙	水墨	90 × 58.6	癸丑（乾隆五十八	青島 山東省青島市博物館	
					年，1793）		
梅、蘭、竹、菊、石等圖扇面（12幀）	冊	紙	水墨	不詳	壬子（乾隆五十七	濟南 山東省文物商店	
					年，1792）夏六月		

畫家小傳：譚雲龍（一名化龍）。字子猷。山東濰縣人。生於聖祖康熙四十三（1704）年，卒不詳。幼失學而為木工。然姿性靈敏，喜仿邑令鄭燮（板橋）書、畫，幾於亂真。又酷嗜金石，著有印譜若干卷，黃縣賈筠生相國為書序。曲阜桂馥時教授萊州，驚其畫神似鄭燮，因以子猶字之。披縣瞿雲升與其相交深厚。（見濰縣誌稿、宋元明清書畫家傳世作弊年表、中國美術家人名辭典）

孫 宏

松石圖	軸	紙	水墨	不詳	雍正己酉（七年，	北京 故宮博物院	
					1729）夏五月		

畫家小傳：孫宏。畫史無載。流傳署款紀年作品見於世宗雍正七(1729)年。身世待考。

名稱	形式	質地	色彩	尺寸 高x寬cm	創作時間	收藏處所	典藏號碼

石 舟

名稱	形式	質地	色彩	尺寸 高x寬cm	創作時間	收藏處所	典藏號碼
寒林圖	軸	紙	水墨	不詳		合肥 安徽省博物館	
採芝圖	軸	絹	設色	95 x 50.4	雍正七年（己酉，1729）冬十月	加拿大 多倫多皇家安大略博物館	

畫家小傳：石舟。畫史無載。流傳署款紀年作品見於清世宗雍正（1729）年。身世待考。

金 曜

名稱	形式	質地	色彩	尺寸 高x寬cm	創作時間	收藏處所	典藏號碼
花鳥圖	卷	紙	設色	29 x ?	雍正己酉（七年，1729）秋九月	日本 橫濱岡山美術館	
採芝圖	軸	紙	設色	不詳		鎮江 江蘇省鎮江市博物館	
漁樂圖	軸	紙	設色	不詳	丁巳（乾隆二年，1737）	杭州 浙江省杭州市文物考古所	

畫家小傳：金曜。字朗西。江蘇青浦人。工畫金碧山水，秀麗別成一家；又畫人物工細，可稱院體能手。流傳署款紀年作品見於世宗雍正七（1729）年至高宗乾隆二（1737）年。（見今畫偶錄、青浦縣志、中國畫家人名大辭典）

劉乃大

名稱	形式	質地	色彩	尺寸 高x寬cm	創作時間	收藏處所	典藏號碼
碧巒雲擁圖	軸	紙	設色	不詳		成都 四川大學	
怪石古松圖	軸	紙	水墨	101.3 x 51.6		英國 倫敦大英博物館	1981.7.8.01（ADD432）

附：

名稱	形式	質地	色彩	尺寸 高x寬cm	創作時間	收藏處所	典藏號碼
古柏奇石圖	軸	紙	水墨	101 x 51.4		紐約 蘇富比藝品拍賣公司/拍賣目錄 1980,10,25.	

畫家小傳：劉乃大。字有容。江蘇山陽人。世宗雍正（1723-1735）時，以諸生保舉為陣縣知縣，後遷成都知府。善畫山水，得用筆圓勁之趣。（見國朝畫徵續錄、中國畫家人名大辭典）

蔣 璋

名稱	形式	質地	色彩	尺寸 高x寬cm	創作時間	收藏處所	典藏號碼
八仙圖	軸	紙	設色	176.2 x 923		天津 天津市藝術博物館	
張果老圖	軸	紙	設色	不詳	雍正乙卯（十三年，1735）五月	揚州 江蘇省揚州市博物館	
柳鷺圖	軸	紙	設色	不詳		揚州 江蘇省揚州市博物館	
靈石清供圖	軸	紙	水墨	不詳		揚州 江蘇省揚州市博物館	
獻瑞圖	軸	絹	設色	127 x 42.5	癸亥（乾隆八年，1743）秋日	南通 江蘇省南通博物苑	

名稱	形式	質地	色彩	尺寸 高×寬㎝	創作時間	收藏處所	典藏號碼
携鶴觀泉圖	軸	紙	設色	不詳	乾隆丁巳（二年，1737）秋八月	鎮江 江蘇省鎮江市博物館	
採藥圖	軸	紙	設色	不詳		鎮江 江蘇省鎮江市博物館	
鵝圖	軸	紙	水墨	不詳		鎮江 江蘇省鎮江市博物館	
秋葵雄鷄圖	軸	紙	水墨	109.8 × 57.3	乾隆甲子（九年，1744）秋仲	蘇州 江蘇省蘇州博物館	
人物圖	軸	紙	設色	不詳		餘姚 浙江省餘姚縣文管會	
雜畫（9幀）	冊	紙	設色	（每幀）29 × 25	己未（乾隆四年，1739）三月	瀋陽 故宮博物館	
人物圖（文心別寄圖冊之1幀）	冊頁	紙	設色	不詳		北京 中國歷史博物館	
人物圖（清周笠等雜畫冊8之1幀）	冊頁	紙	設色	不詳	（辛酉，乾隆六年，1741）	天津 天津市藝術博物館	
雜畫（10幀）	冊	紙	設色	不詳	乾隆癸亥（八年，1743）	天津 天津市藝術博物館	
花果圖（為巽老作，清李鱓等花果冊之1幀）	摺扇面	紙	設色	不詳	（己酉，雍正七年，1729）	蘇州 江蘇省蘇州博物館	
附：							
仕女圖	軸	絹	設色	126 × 42.5		紐約 佳士得藝品拍賣公司/拍賣目錄 1990,11,28.	

畫家小傳：蔣璋。字鐵琴。江蘇丹陽人，居揚州。工畫人物，擅繪大幅，與黃慎齊名；又工指頭畫。宗之者稱「蔣派」。流傳署款紀年作品見於世宗雍正七(1729)年，至高宗乾隆九(1744)年。（見揚州畫舫錄、墨林今話、中國畫家人名大辭典）

閭鍾靈

名稱	形式	質地	色彩	尺寸 高×寬㎝	創作時間	收藏處所	典藏號碼
花果圖（為巽老作，清李鱓等花果冊之1幀）	摺扇面	紙	設色	不詳	己酉（雍正七年，1729）七月	蘇州 江蘇省蘇州博物館	

畫家小傳：閭鍾靈。畫史無載。流傳署款紀年作品見於世宗雍正七(1729)年。身世待考。

樵　水

名稱	形式	質地	色彩	尺寸 高×寬㎝	創作時間	收藏處所	典藏號碼
花果圖（為巽老作，清李鱓等花果冊之1幀）	摺扇面	紙	設色	不詳	（己酉，雍正七年，1729）	蘇州 江蘇省蘇州博物館	

畫家小傳：樵水。畫史無載。流傳署款作品約見於世宗雍正七(1729)年。身世待考。

□　璟

名稱	形式	質地	色彩	尺寸 高×寬cm	創作時間	收藏處所	典藏號碼
附：							
為惟玉作山水圖	摺扇面	金箋	水墨	不詳	己酉（？雍正七年，1729）	上海 朵雲軒	

畫家小傳：□璟。姓氏不詳。流傳署款作品紀年疑為世宗雍正七(1729)年。身世待考。

袁 源

華封三祝圖	軸	紙	水墨	120.9 × 53.8	（己酉，雍正七年，1729）	廣州 廣東省博物館	

畫家小傳：袁源。畫史無載。流傳署款作品約見於世宗雍正七(1729)年。身世待考。

勵宗萬

名稱	形式	質地	色彩	尺寸 高×寬cm	創作時間	收藏處所	典藏號碼
江山漁艇圖	卷	紙	設色	15 × 93		廣州 廣東省博物館	
倣王蒙夏雲多奇峰筆意	軸	紙	水墨	87.8 × 47.4		台北 故宮博物院	故畫 02530
雪景人物即事（清高宗題）	軸	紙	水墨	112.7 × 28.6		台北 故宮博物院	故畫 02531
梅竹芝石圖	軸	紙	設色	112.3 × 53.7	乙亥（乾隆二十年，1755）冬日	石家莊 河北省博物館	
月下梅花圖	軸	紙	設色	159.5 × 32.5		石家莊 河北省博物館	
桂菊圖	軸	紙	設色	不詳		石家莊 河北省博物館	
仿董香光筆意山水（集名人畫冊之10）	冊頁	紙	設色	33.5 × 26.3		台北 故宮博物院	故畫 03508-10
黃山（勵宗萬墨妙珠林（寅）冊之1）	冊頁	紙	水墨	62.8 × 42.3		台北 故宮博物院	故畫 03637-1
武夷山（勵宗萬墨妙珠林（寅）冊之2）	冊頁	紙	水墨	62.8 × 42.3		台北 故宮博物院	故畫 03637-2
天台山（勵宗萬墨妙珠林（寅）冊之3）	冊頁	紙	水墨	62.8 × 42.3		台北 故宮博物院	故畫 03637-3
小孤山（勵宗萬墨妙珠林（寅）冊之4）	冊頁	紙	設色	62.8 × 42.3		台北 故宮博物院	故畫 03637-4
廬山（勵宗萬墨妙珠林（寅）冊之5）	冊頁	紙	設色	62.8 × 42.3		台北 故宮博物院	故畫 03637-5
三峽（勵宗萬墨妙珠林（寅）冊之6）	冊頁	紙	水墨	62.8 × 42.3		台北 故宮博物院	故畫 03637-6
洞庭湖（勵宗萬墨妙珠林（寅）冊之7）	冊頁	紙	設色	62.8 × 42.3		台北 故宮博物院	故畫 03637-7

名稱	形式	質地	色彩	尺寸 高x寬㎝	創作時間	收藏處所	典藏號碼
赤壁（勵宗萬墨妙珠林（寅）冊之8）	冊頁	紙	設色	62.8 × 42.3		台北 故宮博物院	故畫 03637-8
京口三山（勵宗萬墨妙珠林（寅）冊之9）	冊頁	紙	設色	62.8 × 42.3		台北 故宮博物院	故畫 03637-9
桐柏山（勵宗萬墨妙珠林（寅）冊之10）	冊頁	紙	水墨	62.8 × 42.3		台北 故宮博物院	故畫 03637-10
采石磯（勵宗萬墨妙珠林（寅）冊之11）	冊頁	紙	設色	62.8 × 42.3		台北 故宮博物院	故畫 03637-11
太湖（勵宗萬墨妙珠林（寅）冊之12）	冊頁	紙	設色	62.8 × 42.3		台北 故宮博物院	故畫 03637-12
底柱（勵宗萬墨妙珠林（寅）冊之13）	冊頁	紙	設色	62.8 × 42.3		台北 故宮博物院	故畫 03637-13
錢塘江（勵宗萬墨妙珠林（寅）冊之14）	冊頁	紙	水墨	62.8 × 42.3		台北 故宮博物院	故畫 03637-14
富春山（勵宗萬墨妙珠林（寅）冊之15）	冊頁	紙	設色	62.8 × 42.3		台北 故宮博物院	故畫 03637-15
雁蕩山（勵宗萬墨妙珠林（寅）冊之16）	冊頁	紙	水墨	62.8 × 42.3		台北 故宮博物院	故畫 03637-16
龍門（勵宗萬墨妙珠林（寅）冊之17）	冊頁	紙	水墨	62.8 × 42.3		台北 故宮博物院	故畫 03637-17
岷山（勵宗萬墨妙珠林（寅）冊之18）	冊頁	紙	水墨	62.8 × 42.3		台北 故宮博物院	故畫 03637-18
壺口（勵宗萬墨妙珠林（寅）冊之19）	冊頁	紙	設色	62.8 × 42.3		台北 故宮博物院	故畫 03637-19
孟門（勵宗萬墨妙珠林（寅）冊之20）	冊頁	紙	設色	62.8 × 42.3		台北 故宮博物院	故畫 03637-20
伊闕（勵宗萬墨妙珠林（寅）冊之21）	冊頁	紙	水墨	62.8 × 42.3		台北 故宮博物院	故畫 03637-21
石鍾山（勵宗萬墨妙珠林（寅）冊之22）	冊頁	紙	水墨	62.8 × 42.3		台北 故宮博物院	故畫 03637-22
呂梁山（勵宗萬墨妙珠林（寅）冊之23）	冊頁	紙	設色	62.8 × 42.3		台北 故宮博物院	故畫 03637-23
之罘（勵宗萬墨妙珠林（寅）冊之24）	冊頁	紙	水墨	62.8 × 42.3		台北 故宮博物院	故畫 03637-24

附：

名稱	形式	質地	色彩	尺寸 高x寬cm	創作時間	收藏處所	典藏號碼
仿吳鎮夏木垂陰圖	卷	紙	水墨	15.2 x 91		香港 蘇富比藝品拍賣公司/拍賣目錄 1999,10,31.	

畫家小傳：勵宗萬。字滋夫。號衣園。直隸靜海人。生於聖祖康熙四十四（1705）年，卒於高宗乾隆二十四（1759）年。康熙六十年進士。高宗朝以文藝侍從內廷。工書。善畫山水，筆意恬靜幽閒靜逸之氣浮動丘壑間。（見熙朝名畫錄、桐陰論畫、香樹齋詩集、中國畫家人名大辭典）

陳 馥

名稱	形式	質地	色彩	尺寸 高x寬cm	創作時間	收藏處所	典藏號碼
萱花狸奴圖	軸	紙	水墨	117 x 55	丁丑（乾隆二十二年，1757）臘月	瀋陽 遼寧省博物館	
風竹圖	軸	紙	水墨	不詳		北京 故宮博物院	
竹深留客圖	軸	紙	設色	不詳	也酉（乾隆三十年，1765）夏日	北京 中央美術學院	
梅花茗具圖（為聖翁作）	軸	紙	水墨	101.6 x 28.3	丁丑（乾隆二十二年，1757）秋七月	揚州 江蘇省揚州市博物館	
竹石圖	軸	紙	水墨	89 x 46		南通 江蘇省南通博物苑	
山水花鳥圖（4幅）	軸	絹	設色	不詳	乾隆八年，癸亥（1743）臘月之朔	南京 南京博物院	
苔石圖（陳馥、鄭燮合作）	軸	紙	水墨	93.1 x 54.5		南京 南京博物院	
玉蘭蕙石圖	軸	紙	設色	124 x 61	甲戌（乾隆十九年，1754）上巳後二日	廣州 廣東省博物館	
蘭竹圖（12幀）	冊	紙	水墨	不詳	乾隆八年（癸亥，1743）	北京 故宮博物院	
花卉圖（12幀，鄭燮為題）	冊	紙	設色	不詳	乾隆十三年（戊辰，1748）	北京 故宮博物院	
花鳥圖（12幀）	冊	紙	設色	（每幀）24.6 x 32.7		北京 故宮博物院	
花卉（清陳馥等書畫冊12之3幀）	冊頁	紙	水墨	不詳	乾隆十三年（戊辰，1748）	濟南 濟南市博物館	
荔枝山禽圖（方士庶等雜畫冊8之第1幀）	冊頁	絹	設色	24.1 x 24	（辛亥，雍正九年，1731）	上海 上海博物館	
蓮蓬枇杷圖（方士庶等雜畫冊8之第2幀）	冊頁	絹	設色	24.1 x 24	（辛亥，雍正九年，1731）	上海 上海博物館	
附：							
柳燕圖并書石田翁送歸燕一則	軸	紙	設色	不詳	壬午（乾隆二十七	北京 榮寶齋	

名稱	形式	質地	色彩	尺寸 高×寬㎝	創作時間	收藏處所	典藏號碼
					年，1762）暮春		
蘭花圖	摺扇面	紙	設色	不詳	乾隆十三年（戊辰，1748）夏五	北京 北京市文物商店	

畫家小傳：陳馥。字松亭（一字里門）。號春渠。浙江杭州人。生於聖祖康熙四十四（1705）年，高宗乾隆三十（1765）年尚在世。與陳撰同時，從之學寫生，得其法。工詩畫，亦善隸書，（見墨林今話、揚州畫舫錄、中國畫家人名大辭典）

張 翎

名稱	形式	質地	色彩	尺寸 高×寬㎝	創作時間	收藏處所	典藏號碼
南峰苑屋圖	軸	紙	設色	不詳	雍正庚戌（八年，1730）六月上浣	北京 故宮博物院	
西園雅集圖	軸	絹	設色	170 × 70.5	乾隆二年（丁巳，1737）	天津 天津市藝術博物館	
放鶴圖	軸	絹	設色	173.5 × 79.6	乾隆三年，戊午（1738）	天津 天津市藝術博物館	
清溪山色圖	軸	絹	設色	92.5 × 61		天津 天津市藝術博物館	
桐陰高士圖	軸	紙	設色	不詳		日本 真光寺	
附：							
人物圖	摺扇面	紙	設色	不詳		天津 天津市文物公司	

畫家小傳：張翎。號石樵。籍里、身世不詳。善畫。流傳署款紀年作品見於世宗雍正八（1730）年至高宗乾隆三（1738）年。（見古今畫萃、中國美術家人名辭典）

蔣 峰

名稱	形式	質地	色彩	尺寸 高×寬㎝	創作時間	收藏處所	典藏號碼
翰墨和鳴圖	軸	絹	設色	55.2 × 42	辛亥（雍正九年，1731）	天津 天津市藝術博物館	
宋賢檢玩圖	軸	絹	設色	196 × 103	乾隆庚申（五年，1740）八月既望	杭州 浙江省杭州西泠印社	
仕女圖（12幀）	冊	絹	設色	不詳	雍正八年，庚戌（1730）	北京 故宮博物院	

畫家小傳：蔣峰。字連青。畫史無載。流傳署款紀年作品見於世宗雍正八（1730）年至高宗乾隆五（1740）年。身世待考。

陳 桐

名稱	形式	質地	色彩	尺寸 高×寬㎝	創作時間	收藏處所	典藏號碼
花鳥圖	軸	絹	設色	103.9 × 52.4	庚戌（雍正八年，1730）秋七月	日本 京都國立博物館（上野有竹齋寄贈）	A甲201
花卉圖（10幀）	冊	絹	設色	（每幀）29 × 23.5		上海 上海博物館	

畫家小傳：陳桐。字石生。號筠亭、菊僧。江蘇婁縣人。陳善之子。與弟枚同善畫。工畫花鳥、草蟲，點染如生。署款紀年作品見於世宗雍

名稱	形式	質地	色彩	尺寸 高x寬cm	創作時間	收藏處所	典藏號碼

正八（1730）年。（見國朝畫徵續錄、國朝畫識、婁縣志、中國畫家人名大辭典）

秉 恒

| 為松翁作山水圖 | 軸 | 綾 | 水墨 | 不詳 | 庚戌（雍正八年，1730） | 濟南 山東省博物館 | |

畫家小傳：秉恒。畫史無載。流傳署款紀年作品見於世宗雍正八（1730）年。身世待考。

孫從讜

| 山水圖 | 軸 | 金箋 | 設色 | 不詳 | 庚戌（？雍正八年，1730） | 上海 上海博物館 | |

畫家小傳：孫從讜。畫史無載。流傳署款作品紀年疑為世宗雍正八（1730）年。身世待考。

張 鏐

種榆仙館第三圖（張鏐、沈容合作）	卷	紙	水墨	27.6 x 248.7		蘇州 江蘇省蘇州博物館	
山居圖	卷	紙	水墨	不詳	庚辰（乾隆二十五年，1760）	廣州 廣東省博物館	
為春莘作山水圖	軸	紙	設色	不詳	己巳（乾隆十四年，1749）	揚州 江蘇省揚州市博物館	
江天帆影圖	軸	紙	設色	不詳		揚州 江蘇省揚州市博物館	
山水圖	軸	紙	水墨	不詳		南京 南京博物院	
竹、荷圖（2幅）	軸	紙	水墨	不詳		杭州 浙江省博物館	
水墨山水圖	軸	紙	水墨	60.6 x 29.1		日本 東京河井荃廬先生	
雜畫（12幀）	冊	紙	設色	不詳	己未（乾隆四年，1739）	北京 故宮博物院	
山水圖（10幀）	冊	紙	水墨	不詳	戊寅（乾隆二十三年，1758）	北京 故宮博物院	
山水圖（12幀）	冊	紙	設色	不詳		北京 故宮博物院	
山水圖（16幀）	冊	絹	設色	不詳	戊寅（乾隆二十三年，1758）初夏	揚州 揚州市博物館	
山水（張鏐、張騏山水合璧冊8之4幀）	冊頁	紙	設色	不詳	庚辰（乾隆二十五年，1760）	上海 上海博物館	
山水（清張鏐等書畫集錦冊17之1幀）	冊頁	紙	設色	不詳		杭州 浙江省杭州市文物考古所	

附：

名稱	形式	質地	色彩	尺寸 高x寬㎝	創作時間	收藏處所	典藏號碼
山水圖（8幀）	冊	紙	設色	不詳	己卯（乾隆二十四年，1759）	上海 朵雲軒	
設色山水（清名家山水花鳥冊16之1幀）	冊頁	紙	設色	不詳		香港 蘇富比藝品拍賣公司/拍賣目錄1999,10,31.	
山水（清名家山水花鳥冊16之第4幀）	冊頁	紙	設色	不詳		紐約 佳士得藝品拍賣公司/拍賣目錄1996,09,18.	

畫家小傳：張鏐。字子貞（一作紫磨）。號老薑。江蘇揚州人。生於聖祖康熙四十五（1706）年，卒於高宗乾隆四十七（1782）年。幼孤，母命習商，十八歲專心學詩，遂成名。通篆隸。工篆刻。善畫山水，筆意古拙，蹊徑灑脫，詩家之畫也。（見墨香居畫識、桐陰論畫、墨林今話、中國畫家人名大辭典）

周 鯤

名稱	形式	質地	色彩	尺寸 高x寬㎝	創作時間	收藏處所	典藏號碼
漢宮春曉圖（與孫祐、周鯤、丁觀鵬合繪）	卷	絹	設色	33.9 x 718.1	乾隆六年（辛酉，1741）長至月	台北 故宮博物院	故畫01112
十八學士圖（與孫祐、周鯤、丁觀鵬合繪）	卷	絹	設色	39 x 1138.2	乾隆辛酉年（六年，1741）十二月	台北 故宮博物院	故畫01555
昇平萬國圖	卷	絹	設色	31.3 x 480.5	乙丑（乾隆十年，1745）	台北 故宮博物院	故畫01705
院本漢宮春曉圖（周鯤、張為邦、丁觀鵬、姚文瀚合繪）	卷	絹	設色	33.7 x 2038.5	乾隆十三年（戊辰，1748）八月	台北 故宮博物院	故畫01050
溪山訪友圖	卷	絹	設色	不詳		蘇州 江蘇省蘇州博物館	
慶豐圖（唐岱、孫祐、周鯤、沈源、丁觀鵬、王幼學、吳桂合作）	軸	絹	設色	393.6 x 234		台北 故宮博物院	故畫03704
新豐圖（與唐岱、孫祐、周鯤、沈源、丁觀鵬、王幼學、吳桂合作）	軸	絹	設色	203.8 x 96.4		台北 故宮博物院	故畫03122
繪高宗御題范成大祭竈詞	軸	紙	設色	113 x 28.6		台北 故宮博物院	故畫02932
畫林鐘盛夏（十二月禁禦圖六月景）	軸	紙	設色	178.4 x 106		台北 故宮博物院	故畫03033
畫應鐘協律（十二月禁禦圖十月景）	軸	紙	設色	180.2 x 105.6		台北 故宮博物院	故畫03034
畫奕鐘嘉候（十二月禁禦圖二月景）	軸	紙	設色	175.7 x 105		台北 故宮博物院	故畫03035
仿李公麟佛像	軸	紙	水墨	不詳		石家莊 河北省博物館	
仿黃公望富春山色（周鯤仿古	冊頁	絹	設色	31.3 x 27.8		台北 故宮博物院	中畫00209-1

名稱	形式	質地	色彩	尺寸 高x寬cm	創作時間	收藏處所	典藏號碼
山水（一）冊之1）							
仿董源匡廬瀑布（周鯤仿古山水（一）冊之2）	冊頁	絹	水墨	31.3 x 27.8		台北 故宮博物院	中畫00209-2
仿范寬關山行旅（周鯤仿古山水（一）冊之3）	冊頁	絹	設色	31.3 x 27.8		台北 故宮博物院	中畫00209-3
仿李思訓夏日幽居（周鯤仿古山水（一）冊之4）	冊頁	絹	設色	31.3 x 27.8		台北 故宮博物院	中畫00209-4
仿巨然夏山過雨（周鯤仿古山水（一）冊之5）	冊頁	絹	水墨	31.3 x 27.8		台北 故宮博物院	中畫00209-5
仿趙令穰湖庄清夏（周鯤仿古山水（一）冊之6）	冊頁	絹	設色	31.3 x 27.8		台北 故宮博物院	中畫00209-6
仿關仝漁庄秋寄（周鯤仿古山水（一）冊之7）	冊頁	絹	設色	31.3 x 27.8		台北 故宮博物院	中畫00209-7
仿燕文貴秋夜讀書（周鯤仿古山水（一）冊之8）	冊頁	絹	設色	31.3 x 27.8		台北 故宮博物院	中畫00209-8
仿趙孟頫秋溪漁艇（周鯤仿古山水（一）冊之9）	冊頁	絹	設色	31.3 x 27.8		台北 故宮博物院	中畫00209-9
仿許道寧澄湖泛月（周鯤仿古山水（一）冊之10）	冊頁	絹	設色	31.3 x 27.8		台北 故宮博物院	中畫00209-10
仿惠崇千村豐稔（周鯤仿古山水（一）冊之11）	冊頁	絹	設色	31.3 x 27.8		台北 故宮博物院	中畫00209-11
仿李成峨嵋積雪（周鯤仿古山水（一）冊之12）	冊頁	絹	水墨	31.3 x 27.8		台北 故宮博物院	中畫00209-12
仿趙令穰雨霽春耕（周鯤仿古山水（二）冊之1）	冊頁	絹	設色	31.3 x 27.8		台北 故宮博物院	中畫00249-1
仿黃公望天池石壁（周鯤仿古山水（二）冊之2）	冊頁	絹	設色	31.3 x 27.8		台北 故宮博物院	中畫00249-2
仿李思訓桃源圖（周鯤仿古山水（二）冊之3）	冊頁	絹	設色	31.3 x 27.8		台北 故宮博物院	中畫00249-3
仿巨然煙浮列岫（周鯤仿古山水（二）冊之4）	冊頁	絹	水墨	31.3 x 27.8		台北 故宮博物院	中畫00249-4
仿趙孟頫仙山樓閣（周鯤仿古山水（二）冊之5）	冊頁	絹	設色	31.3 x 27.8		台北 故宮博物院	中畫00249-5
仿范寬洞庭曉色（周鯤仿古山水（二）冊之6）	冊頁	絹	設色	31.3 x 27.8		台北 故宮博物院	中畫00249-6

名稱	形式	質地	色彩	尺寸 高×寬㎝	創作時間	收藏處所	典藏號碼
仿董源夏木垂陰（周鯤仿古山水（二）冊之7）	冊頁	絹	設色	31.3 × 27.8		台北 故宮博物院	中畫 00249-7
仿惠崇風雨歸舟（周鯤仿古山水（二）冊之8）	冊頁	絹	設色	31.3 × 27.8		台北 故宮博物院	中畫 00249-8
仿燕文貴竹溪仙館（周鯤仿古山水（二）冊之9）	冊頁	絹	設色	31.3 × 27.8		台北 故宮博物院	中畫 00249-9
仿李成春岳喬松（周鯤仿古山水（二）冊之10）	冊頁	絹	設色	31.3 × 27.8		台北 故宮博物院	中畫 00249-10
仿關仝秋林策蹇（周鯤仿古山水（二）冊之11）	冊頁	絹	設色	31.3 × 27.8		台北 故宮博物院	中畫 00249-11
仿許道寧寒江獨釣（周鯤仿古山水（二）冊之12）	冊頁	絹	水墨	31.3 × 27.8		台北 故宮博物院	中畫 00249-12
仿王翬山水圖（10幀）	冊	紙	設色	（每幀）29.5 × 38.5		台北 故宮博物院	故畫 03369
金碧潭（周鯤摹唐寅終南十景圖冊之1）	冊頁	紙	設色	27.6 × 40.9		台北 故宮博物院	故畫 03370-1
草堂（周鯤摹唐寅終南十景圖冊之2）	冊頁	紙	設色	27.6 × 40.9		台北 故宮博物院	故畫 03370-2
倒影台（周鯤摹唐寅終南十景圖冊之3）	冊頁	紙	設色	27.6 × 40.9		台北 故宮博物院	故畫 03370-3
樾館（周鯤摹唐寅終南十景圖冊之4）	冊頁	紙	設色	27.6 × 40.9		台北 故宮博物院	故畫 03370-4
桃煙廷（周鯤摹唐寅終南十景圖冊之5）	冊頁	紙	設色	27.6 × 40.9		台北 故宮博物院	故畫 03370-5
雲錦淙（周鯤摹唐寅終南十景圖冊之6）	冊頁	紙	設色	27.6 × 40.9		台北 故宮博物院	故畫 03370-6
洞元室（周鯤摹唐寅終南十景圖冊之7）	冊頁	紙	設色	27.6 × 40.9		台北 故宮博物院	故畫 03370-7
滌煩磯（周鯤摹唐寅終南十景圖冊之8）	冊頁	紙	設色	27.6 × 40.9		台北 故宮博物院	故畫 03370-8
羃翠庭（周鯤摹唐寅終南十景圖冊之9）	冊頁	紙	設色	27.6 × 40.9		台北 故宮博物院	故畫 03370-9
期仙磴（周鯤摹唐寅終南十景圖冊之10）	冊頁	紙	設色	27.6 × 40.9		台北 故宮博物院	故畫 03370-10

名稱	形式	質地	色彩	尺寸 高×寬cm	創作時間	收藏處所	典藏號碼
陶冶圖（20幀，與孫祜、丁觀鵬合繪））	冊	絹	設色	（每幀）29 × 25		台北 清玩雅集	
蕉蔭鶴夢圖	摺扇面	紙	設色	不詳	辛亥（雍正九年，1731）仲夏	瀋陽 遼寧省博物館	
附：							
歸城奏捷圖（與陳士俊合作）	卷	絹	設色	53 × 576		紐約 蘇富比藝品拍賣公司/拍賣目錄 1984,06,13.	
初定金川出師奏凱圖（2幅，張為邦、周鯤、姚文瀚合作）	卷	絹	設色	52 × 486.4；52 × 528.3		紐約 佳士得藝品拍賣公司/拍賣目錄 1993,12,01.	
虞麓讀書圖	卷	紙	設色	29 × 84.5	癸丑（雍正十一年，1733）七月下澣	紐約 佳士得藝品拍賣公司/拍賣目錄 1995,03,22.	
山水圖（清丁觀鵬等人物山水冊10之1幀）	冊頁	絹	設色	不詳		上海 上海文物商店	
陶冶圖（20幀，丁觀鵬、孫祜、周鯤合作）	冊	絹	設色	（每幀）29 × 25		香港 佳士得藝品拍賣公司/拍賣目錄 1996,04,28.	

畫家小傳：周鯤。字天池。籍里不詳。工畫山水。高宗朝供奉畫院。流傳署款紀年作品見於世宗雍正九(1731)年，至高宗乾隆十三(1748)年。(見國朝畫院錄、中國畫家人名大辭典)

戴 禮

名稱	形式	質地	色彩	尺寸 高×寬cm	創作時間	收藏處所	典藏號碼
梧桐竹石圖	軸	紙	設色	202 × 108		瀋陽 遼寧省博物館	
五松圖	軸	紙	水墨	不詳	乾隆十九年（甲戌，1754）	北京 故宮博物院	
端午即景圖	軸	紙	設色	76 × 50	雍正九年（辛亥，1731）天中節	濟南 山東省博物館	
藤花石笋圖	軸	紙	設色	不詳	戊辰（乾隆十三年，1748）春	揚州 江蘇省揚州市博物館	
空林獨步圖	軸	絹	水墨	不詳		鎮江 江蘇省鎮江市博物館	
老松菊石圖	軸	紙	設色	不詳	乾隆七年（壬戌，1742）八月	日本 江田勇二先生	
梅石圖（祝靈老四十壽作）	軸	紙	水墨	133.2 × 47.4	乾隆十一年（丙寅，1746）夏六月十一日	美國 普林斯頓大學藝術館（Edward Elliott 先生寄存）	L34.75
梅花譜（10幀）	冊	紙	水墨	不詳	壬申（乾隆十七年，1752）秋	北京 中央工藝美術學院	

名稱	形式	質地	色彩	尺寸 高×寬cm	創作時間	收藏處所	典藏號碼
花卉圖（12幀）	冊	紙	設色	（每幀）12.1 × 29.5	雍正乙卯（十三年，1735）初冬	天津 天津市藝術博物館	
花卉圖（12幀）	冊	紙	設色	（每幀）23.9 × 30.1	辛酉（乾隆六年，1741）冬月	上海 上海博物館	
花卉圖（12幀）	冊	紙	設色	不詳	乾隆十三年（戊辰，1748）春二月	廣州 廣州市美術館	
雜畫（11幀）	冊	紙	水墨	（每幀）23 × 34.6	乾隆丁巳（二年，1737）八月	日本 東京細川護貞先生	
花卉圖（8幀）	冊	紙	設色	不詳	乾隆癸酉（十八年，1753）首春	日本 東京張允中先生	
附：							
月季藤石圖	軸	紙	設色	196 × 98	乾隆辛酉（六年，1741）小陽春月	上海 朵雲軒	
歲寒三友圖	軸	紙	水墨	不詳		上海 朵雲軒	
梅石圖	軸	紙	水墨	132.2 × 47.6	丙寅（乾隆十一年，(1746)夏六月十一日	紐約 佳士得藝品拍賣公司/拍賣目錄1991,11,25.	
花卉圖（12幀）	冊	紙	設色	（每幀）33 × 23	乾隆十五年，庚午(1750)秋七月	上海 朵雲軒	
花卉圖（蔡諧等山水花卉冊12之4幀）	冊頁	紙	設色	（每幀）84.9 × 49.4		武漢 湖北省武漢市文物商店	

畫家小傳：戴禮。字說用。號石屏。工畫花卉，師法李復堂。流傳署款紀年作品見於世宗雍正九(1731)年至高宗乾隆十九（1754）年。（見墨香居畫識、中國畫家人名大辭典）

惲濬源

名稱	形式	質地	色彩	尺寸 高×寬cm	創作時間	收藏處所	典藏號碼
桃花游魚圖	軸	絹	設色	不詳		瀋陽 遼寧省博物館	
牡丹圖	軸	絹	設色	不詳	雍正九年（辛亥，1731）春	北京 故宮博物院	
菊花圖	軸	紙	水墨	125.5 × 67.6	壬申（乾隆十七年，1752）	天津 天津市藝術博物館	
月季花圖	軸	絹	設色	103 × 58.6		天津 天津市藝術博物館	
牡丹圖	橫幅	絹	水墨	不詳		太原 山西省博物館	
菊花圖	軸	絹	水墨	91.3 × 48.6		濟南 山東省博物館	
天中麗景圖	軸	絹	設色	不詳		黃山 安徽省黃山市博物館	

名稱	形式	質地	色彩	尺寸 高×寬㎝	創作時間	收藏處所	典藏號碼
石榴圖	軸	紙	設色	不詳		上海 上海博物館	
桃花蘭蕙圖	軸	絹	設色	不詳		南京 南京市博物館	
八仙圖	軸	絹	設色	不詳		廣州 廣東省博物館	
花卉圖（4幅）	軸	絹	設色	（每幅）204 × 55.5		廣州 廣東省博物館	
四季花草圖（7幅）	軸	絹	設色	不詳		美國 堪薩斯市納爾遜-艾金斯 藝術博物館	35-274
山水、花鳥圖（4幀）	冊頁	紙	設色	（每幀）29.6 × 23.3		香港 葉承耀先生	K92.38
花卉圖（8幀）	冊	絹	設色	不詳		天津 天津市藝術博物館	
花卉（張開福等24人雜畫冊 24之1幀）	冊頁	紙	設色	不詳		上海 上海博物館	
花卉圖（10幀）	冊	紙	設色	不詳		成都 四川省博物院	
上林春色圖	摺扇面	金箋	設色	不詳		日本 江田勇二先生	
菊竹圖	冊頁	紙	水墨	20.8 × 27.9		英國 倫敦大英博物館	1902.6.6.52 . 5(ADD352)

附：

名稱	形式	質地	色彩	尺寸 高×寬㎝	創作時間	收藏處所	典藏號碼
花卉圖（清人雜畫扇面冊之1 幀）	摺扇面	紙	水墨	不詳		北京 北京市工藝品進出口公 司	

畫家小傳：惲濬源。字哲長。善吹鐵笛，因自號鐵笛。江蘇武進人。為惲壽平族裔。工書畫。行書有雅趣，花卉畫妍麗。流傳署款紀年
　　　作品見於世宗雍正九(1731)年至高宗乾隆十七（1752）年。（見耕硯田齋筆記、甌鉢羅室書畫過目考、清畫家詩史、武陽縣
　　　誌、中國畫家人名大辭典）

周邰

名稱	形式	質地	色彩	尺寸 高×寬㎝	創作時間	收藏處所	典藏號碼
俊翁像（周邰、顧之琛合作）	軸	絹	設色	不詳		石家莊 河北省石家莊文物管 理所	

畫家小傳：周邰。畫史無載。身世待考。

顧之琛

名稱	形式	質地	色彩	尺寸 高×寬㎝	創作時間	收藏處所	典藏號碼
俊翁像（周邰、顧之琛合作）	軸	絹	設色	不詳		石家莊 河北省石家莊文物管 理所	

畫家小傳：顧之琛。畫史無載。身世待考。

名稱	形式	質地	色彩	尺寸 高x寬cm	創作時間	收藏處所	典藏號碼

黃　鍾

名稱	形式	質地	色彩	尺寸 高x寬cm	創作時間	收藏處所	典藏號碼
冬景山水圖	冊頁	絹	設色	25.4 × 33		美國 哈佛大學福格藝術館	1923.193

附：

名稱	形式	質地	色彩	尺寸 高x寬cm	創作時間	收藏處所	典藏號碼
蓬萊仙島圖	軸	絹	設色	153 × 45	辛亥（雍正九年，1731）春	紐約 佳士得藝品拍賣公司/拍賣目錄 1988.11.30	

畫家小傳：黃鍾。字律陽、梓園。號止觀。江蘇崑山人。工詩文，能書，善畫山水畫。流傳署款紀年作品見於世宗雍正九(1731)年。（見墨林今話、新崑志稿、中國畫家人名大辭典）

許　濱

名稱	形式	質地	色彩	尺寸 高x寬cm	創作時間	收藏處所	典藏號碼
花果圖（蔡嘉等花果圖合卷之1幀）	卷	紙	設色	不詳		北京 故宮博物院	
梧桐柳蟬圖（華嵒、許濱、程兆熊合作）	軸	紙	設色	126.5 × 54.8	庚午（乾隆十五年，1750）	合肥 安徽省博物館	
花甲重周（又名桃柳雙鴨圖，與華嵒合畫）	軸	紙	設色	186.5 × 96.3	乾隆十五年（庚午，1750）初春	蘇州 江蘇省蘇州博物館	
山水花卉圖（12幀）	冊	紙	設色	不詳	丙寅（乾隆十一年，1746）六月下浣	瀋陽 遼寧省博物館	
荷花草蟲圖	摺扇面	紙	設色	18.7 × 56.3		北京 故宮博物院	
山水圖	摺扇面	紙	設色	不詳	辛亥（雍正九年，1731）	北京 中國歷史博物館	
山水圖（書畫集錦冊14之1幀）	冊頁	絹	設色	不詳		北京 中國歷史博物館	

畫家小傳：許濱。字谷陽。號江門。江蘇丹陽人。陳撰姪女婿。善畫，入神品。流傳署款紀年作品見於世宗雍正九（1731）年，至高宗乾隆十五(1750)年。（見揚州畫舫錄、道古堂集、歷代畫史彙傳、中國畫家人名大辭典）

黃履易

名稱	形式	質地	色彩	尺寸 高x寬cm	創作時間	收藏處所	典藏號碼
騎驢圖圖（方士庶等雜畫冊8之第3幀）	冊頁	絹	設色	24.1 × 24	（辛亥，雍正九年，1731）	上海 上海博物館	
剪燭夜話圖（方士庶等雜畫冊8之第4幀）	冊頁	絹	設色	24.1 × 24	（辛亥，雍正九年，1731）	上海 上海博物館	

畫家小傳：黃履易。畫史無載。流傳署款作品約見於世宗雍正九（1731）年。身世待考。

錢　熙

名稱	形式	質地	色彩	尺寸 高x寬cm	創作時間	收藏處所	典藏號碼
秋山日長圖（方士庶等雜畫冊8之第5幀）	冊頁	絹	設色	24.1 × 24	雍正辛亥（九年，1731）清明後二日	上海 上海博物館	

名稱	形式	質地	色彩	尺寸 高x寬cm	創作時間	收藏處所	典藏號碼
水平山淡圖（方士庶等雜畫冊　冊頁　絹　設色　24.1 x　24　辛亥（雍正九年，上海 上海博物館 8之第6幀）					1731）春三月		

畫家小傳：錢熙。號巽峰山樵。江蘇崑山人。身世不詳。善隸書，工畫山水。流傳署款紀年作品見於世宗雍正九（1731）年。（見中國歷
　　　代書畫家篆刻家字號索引）

孫　寅

| 芳渚水禽圖 | 摺扇面 金箋 | 設色 | 不詳 | | 辛亥（？雍正九年　南京 南京博物院 | |
| | | | | | ，1731） | |

畫家小傳：孫寅。字虎臣。號栢堂。浙江錢塘人，僑居無錫。工書、善畫。流傳署款作品紀年疑為世宗雍正九（1731）年。（見國朝書
　　　畫家筆錄、中國畫家人名大辭典）

李世佐

龍潭介壽圖（為蒼佩作）	卷	紙	水墨	78 x 27	雍正壬子（十年，　上海 上海古籍書店	
					1732）季冬十日	
山水圖（12幀）	冊	紙	水墨	（每幀）23.5		武漢 湖北省博物館
				x 20		

畫家小傳：李世佐。字梓園。又字子元。籍里不詳。工畫山水。流傳署款紀年作品見於世宗雍正十（1732）年。（見清畫家詩史、中國
美術家人名辭典）

李　堂

烟寺風帆圖（李堂、李山合作）	軸	絹	設色	140 x 51.5	雍正壬子（十年，　南通 江蘇省南通博物苑	
					1732）正月	
指畫山水圖	軸	絹	設色	不詳		南通 江蘇省南通博物苑
指畫山水圖	軸	絹	設色	不詳		南通 江蘇省南通博物苑

畫家小傳：李堂。字心構。江蘇南通人。工畫。流傳署款紀年作品見於世宗雍正十（1732）年。（見崇川詩鈔彙存、中國美術家人名辭典）

金學堅

| 寫杜甫、王維詩意山水圖（8　冊　紙　設色　不詳　壬子（雍正十年，　北京 故宮博物院 幀） | | | | | 1732）重九 | | |

畫家小傳：金學堅。字成峰。浙江秀水人。為王翬弟子。畫山水，初宗元人，從參宋法，筆意古健，布局極其綿密。流傳署款紀年作品
　　　見於世宗雍正十（1732）年。（見國朝畫徵錄、中國美術家人名辭典）

唐千里

| 董邦達像 | 軸 | 絹 | 設色 | 94.2 x 68.7 | 雍正壬子（十年，　北京 故宮博物院 | |

名稱	形式	質地	色彩	尺寸 高×寬㎝	創作時間	收藏處所	典藏號碼
					1732）夏六月		

畫家小傳：唐千里。畫史無載。流傳署款紀年作品見於世宗雍正十(1732)年。身世待考。

華　鯤

名稱	形式	質地	色彩	尺寸 高×寬㎝	創作時間	收藏處所	典藏號碼
關山行旅圖	軸	絹	設色	不詳		天津 天津市藝術博物館	
松溪垂釣圖	軸	紙	設色	不詳	壬子（雍正十年，1732）九月	南京 南京博物院	
附：							
修竹清泉圖	軸	絹	設色	159 × 59		紐約 佳士得藝品拍賣公司/拍賣目錄 1996,09,18.	

畫家小傳：華鯤。字子千。江蘇無錫人。仕官至州同。為王原祁弟子。畫山水，有倪瓚、王蒙之意趣。流傳署款紀年作品見於世宗雍正十(1732)年。（見圖繪寶鑑續纂、國朝畫徵錄、無錫縣誌、中國美術家人名辭典）

張　翀

名稱	形式	質地	色彩	尺寸 高×寬㎝	創作時間	收藏處所	典藏號碼
仿漸江山水圖	卷	紙	水墨	25.7 × 394.4	乾隆己巳（十四年，1749）	天津 天津市藝術博物館	
松谿疊嶂圖	軸	紙	設色	178 × 45	雍正壬子（十年，1732）	天津 天津市藝術博物館	
松樹圖	軸	紙	水墨	不詳	乾隆三十一年（丙戌，1766）	廣州 廣東省博物館	
花卉（清花卉畫冊三冊之7）	冊頁	紙	設色	不詳		台北 故宮博物院	故畫 03519-7
初春欲曉圖（名人扇面（乙）冊之9）	摺扇面	紙	設色	不詳		台北 故宮博物院	故畫 03548-9
山水圖（10幀）	冊	紙	設色	（每幀）21.3 × 33.8	乾隆戊辰（十三年，1748）	天津 天津市歷史博物館	

畫家小傳：張翀。字東谷。自號晚翠老人。江蘇青浦人。工畫山水，學於張鵬翀。作品早年多秀色，晚年則粗率不足觀。流傳署款紀年作品見於世宗雍正十(1732)年，至高宗乾隆三十一(1766)年。（青浦縣志、百幅庵畫寄、中國畫家人名大辭典）

周　笠

名稱	形式	質地	色彩	尺寸 高×寬㎝	創作時間	收藏處所	典藏號碼
仿董其昌筆意山水圖	卷	紙	水墨	15 × 168	乾隆辛酉（六年，1741）	天津 天津市藝術博物館	
四時花卉圖	卷	絹	設色	39 × 666.6	嘉慶丙寅（十一年，1806）	成都 四川省博物院	
撫巨然春山曉靄圖	軸	紙	水墨	68.3 × 35.2	乾隆戊寅（二十三	瀋陽 遼寧省博物館	

名稱	形式	質地	色彩	尺寸 高×寬cm	創作時間	收藏處所	典藏號碼
					年，1758）長夏		
曹貞秀像	軸	紙	設色	139.1 x 79.2		北京 故宮博物院	
秋林烟暝圖	軸	紙	設色	不詳	乾隆癸酉（十八年，1753）仲夏	天津 天津市藝術博物館	
山居讀書圖	軸	紙	設色	不詳	乾隆丙子（二十一年，1756）	天津 天津市藝術博物館	
仿大癡山水圖	軸	紙	水墨	83 x 44.5	乾隆戊寅（二十三年，1758）	天津 天津市藝術博物館	
雲山讀書圖	軸	紙	水墨	不詳	乾隆丙子（二十一年，1756）秋八月既望	上海 上海博物館	
青山淡慮圖	軸	紙	水墨	71.3 x 31.9	甲寅（乾隆五十九年，1734）	上海 上海博物館	
蜀葵圖	軸	紙	設色	不詳		上海 上海博物館	
雲山春曉圖	軸	紙	設色	不詳	乾隆甲子（九年，1794）	南京 南京博物院	
仿董源山水圖	軸	紙	設色	不詳		南京 南京博物院	
梅花圖	軸	紙	設色	不詳	庚辰（乾隆二十五年，1760）	蘇州 江蘇省蘇州博物館	
山村樹石圖	軸	紙	水墨	96 x 25	乾隆癸酉（十八年，1753）三月中浣	廣州 廣東省博物館	
蘆雁圖	軸	絹	設色	139.1 x 52.1	嘉慶戊辰（十三年，1808）	廣州 廣東省博物館	
芍藥圖	軸	紙	設色	153. x 33.8		廣州 廣東省博物館	
仿倪瓚山水圖	軸	紙	水墨	不詳	乾隆癸酉（十八年，1753）	廣州 廣州市美術館	
仿王蒙山水圖	軸	紙	設色	91.5 x 41.5	乾隆乙亥（二十年，1755）	廣州 廣州市美術館	
仿惲壽平山水圖	軸	紙	設色	不詳		廣州 廣州市美術館	
皆大歡喜圖	軸	絹	設色	155 x 62.7	甲子（乾隆九年，1744）嘉平月	日本 大阪橋本大乙先生	
葵榴花圖	軸	紙	設色	128.1 x 29.3		日本 大阪橋本大乙先生	
李靖遇虬髯客圖	軸	絹	設色	87.4 x 37.3	甲寅（雍正十二年	日本 私人	

名稱	形式	質地	色彩	尺寸 高x寬㎝	創作時間	收藏處所	典藏號碼
					，1734）小春		
仿王紱山水圖	軸	紙	水墨	56.6 × 44.8		荷蘭 阿姆斯特丹 Rijks 博物館（私人寄存）	35
山水圖（8幀）	冊	紙	設色	（每幀）26 × 18	乾隆癸酉（十八年，1753）九秋	瀋陽 故宮博物館	
花卉圖（12幀）	冊	紙	設色	不詳	乾隆丙子（二十一年，1756）冬仲	北京 故宮博物院	
柳溪漁艇圖	摺扇面	紙	設色	不詳	乾隆王午（二十七年，1762）春日	北京 故宮博物院	
山水圖（8幀）	冊	紙	設色	不詳	乾隆庚午（十五年，1750）春三月下浣	北京 中國歷史博物館	
山水圖（8幀）	冊	紙	設色	不詳	乾隆癸酉（十八年，1753）九秋	北京 中央工藝美術學院	
山水圖（清周笠等雜畫冊8之1幀）	冊頁	紙	設色	不詳	（辛酉，乾隆六年，1741）	天津 天津市藝術博物館	
梅花圖（？幀）	冊	紙	水墨	不詳	王戌（乾隆七年，1742）	天津 天津市藝術博物館	
山水圖（12幀）	冊	紙	設色	（每幀）25.2 × 17.5	乾隆癸酉（十八年，1753）	天津 天津市藝術博物館	
山水圖（10幀）	冊	紙	設色	（每幀）22.5 × 21	乾隆甲戌（十九年，1754）	天津 天津市歷史博物館	
山水圖（12幀，為師意主人作）	冊	紙	設色、水墨	不詳	乾隆癸亥（八年，1743）夏五月中浣	上海 上海博物館	
西園雅集圖	摺扇面	紙	設色	17.4 × 51.8		南京 南京博物院	
懷米山房圖（為秋舫作，張培敦等七人作懷米山房圖合冊之1幀）	冊頁	紙	設色	不詳		南京 南京博物院	
山水圖	冊頁	紙	設色	不詳	乾隆乙亥（二十年，1755）	南京 南京市博物館	
山水圖（10幀）	冊	紙	設色	不詳	乾隆丙戌（三十一年，1766）	南京 南京市博物館	
牡丹圖（為竹嶼作）	摺扇面（殘）	紙	設色	17.6 × ？		日本 東京細川護貞先生	

名稱	形式	質地	色彩	尺寸 高×寬㎝	創作時間	收藏處所	典藏號碼
桐石雙兔圖	摺扇面（殘）	紙	設色	16.6 × ？		日本 東京細川護貞先生	
劉海金蟾圖（為竹嶼作）	摺扇面（殘）	紙	設色	16.6 × ？		日本 東京細川護貞先生	
仿惲南田法菊花圖	摺扇面（殘）	紙	設色	16.6 × ？	庚午（乾隆十五年，1750）二月	日本 東京細川護貞先生	
鍾馗圖（摹龍眠居士筆意）	摺扇面	紙	設色	16 × 48.2	壬子（乾隆五十七年，1792）清和	日本 東京村上與四郎先生	
梅花西舍圖（錢杜等畫梅花西舍圖合冊8之1幀）	冊頁	紙	設色	16.3 × 21.3	己巳（嘉慶十四年，1752）秋八月	美國 鳳凰市美術館（Mr.Roy And Marilyn Papp 寄存）	
附：							
山水圖	軸	紙	設色	不詳	乙亥（乾隆二十年，1755）	北京 北京市工藝品進出口公司	
杏花春燕圖	軸	絹	設色	不詳		上海 朵雲軒	
林亭幽絕圖	軸	紙	水墨	不詳	乾隆庚辰（二十五年，1760）	上海 上海文物商店	
三元在望圖	軸	絹	設色	不詳	庚寅（乾隆三十五年，1770）	蘇州 蘇州市文物商店	
寒林雲岫圖	軸	紙	設色	124.7 × 30	乾隆丁丑（二十二年，1757）九秋	紐約 蘇富比藝品拍賣公司/拍賣目錄 1988,11,30.	
山水圖（12幀）	冊	紙	水墨	（每幀）27.3 × 42	乾隆十年（乙丑，1745）	北京 中國文物商店總店	
山水圖	冊頁	紙	水墨	不詳	乾隆辛巳（二十六年，1761）	北京 中國文物商店總店	
摹元人山水圖（12幀）	冊	紙	設色	（每幀）20 × 14	乾隆庚午（十五年，1750）九秋	紐約 佳士得藝品拍賣公司/拍賣目錄 1992,06,02.	

畫家小傳：周笠。字牧山。號雲巖。江蘇嘉定人。周灝姪兒。工雜畫，尤專於山水，體韻精妍，氣格融鍊，與叔齊名。流傳署款紀年作品見於高宗乾隆六（1741）年，至仁宗嘉慶十四(1809)年。（見墨香居畫識、墨林今話、中國畫家人名大辭典）

吳 秀

附：

墨竹圖	卷	紙	水墨	32 × 540	雍正十年（壬子，1732）桂月朔日	紐約 佳士得藝品拍賣公司/拍賣目錄 1996,09,18.	

畫家小傳：吳秀。字文山。浙江錢塘人。身世不詳。工畫墨竹。流傳署款紀年作品見於世宗雍正十(1732)年。（見畫人補遺、中國美

名稱	形式	質地	色彩	尺寸 高x寬cm	創作時間	收藏處所	典藏號碼

術家人名辭典）

黃音在

| 山水圖（12幀） | 冊 | 紙 | 水墨 | 不詳 | 雍正壬子（十年，1732） | 北京 故宮博物院 | |

畫家小傳：黃音在。畫史無載。流傳署款紀年作品見於世宗雍正十(1732)年。身世待考。

姚 年

附：

| 山水圖 | 軸 | 綾 | 設色 | 165 × 50 | 壬子（雍正十年，1732） | 天津 天津市文物公司 | |

畫家小傳：姚年。浙江杭州人。身世不詳。善畫人物、花鳥及寫照。流傳署款紀年作品見於世宗雍正十(1732)年。（見圖繪寶鑑續纂、中國畫家人名大辭典）

馬人龍

| 巫山穿雲圖 | 軸 | 紙 | 水墨 | 不詳 | 壬子（？雍正十年，1732） | 杭州 浙江省杭州市文物考古所 | |

畫家小傳：馬人龍。畫史無載。流傳署款作品紀年疑為世宗雍正十(1732)年。身世待考。

張于栻

附：

| 五馬圖 | 軸 | 絹 | 設色 | 127.4 × 66.4 | 壬子（？雍正十年，1732） | 武漢 湖北省武漢市文物商店 | |

畫家小傳：張于栻。畫史無載。流傳署款作品紀年疑為世宗雍正十(1732)年。身世待考。

黎璜

| 山水圖（清十家書畫冊10之1幀） | 冊頁 | 紙 | 設色 | 11.4 × 16.5 | 壬子（？雍正十年，1732）春二月 | 日本 兵庫縣黑川古文化研究所 | |

畫家小傳：黎璜。畫史無載。流傳署款作品紀年疑似世宗雍正十（1732）年。身世待考。

解坐

| 山水圖（清十家書畫冊10之1幀） | 冊頁 | 紙 | 設色 | 11.4 × 16.5 | | 日本 兵庫縣黑川古文化研究所 | |

畫家小傳：解坐。畫史無載。字雲谿。身世待考。

名稱	形式	質地	色彩	尺寸 高x寬cm	創作時間	收藏處所	典藏號碼

蔡朝衡

| 江天飛雪圖（清十家書畫冊10之1幀） | 冊頁 | 紙 | 設色 | 11.4 x 16.5 | 壬子（？雍正十年，1732） | 日本 兵庫縣黑川古文化研究所 | |

畫家小傳：蔡朝衡。畫史無載。流傳署款作品紀年疑為世宗雍正十（1732）年。身世待考。

錢 載

水仙竹石圖	卷	紙	水墨	47.2 x 237.1		台南 石允文先生	
臨陳淳花卉圖	卷	紙	設色	26.6 x 397		台南 石允文先生	
八百遐齡圖	卷	紙	水墨	26.8 x 94.1	癸巳（乾隆三十八年，1773）	瀋陽 遼寧省博物館	
松竹梅圖	卷	紙	水墨	不詳	乾隆乙未（四十年，1775）	天津 天津市藝術博物館	
蘭花圖	卷	絹	水墨	28.8 x 181.3	丁未（乾隆五十二年，1787）八十老人	天津 天津市藝術博物館	
墨竹圖（蘇軾等六君子圖卷之第5段）	卷	紙	水墨	23.4 x 50.9 不等	壬午（乾隆二十七年，1762）中秋	上海 上海博物館	
蒯聘堂肖像（徐球繪像，錢載補圖）	卷	絹	設色	不詳	己酉（乾隆五十四年，1789）上巳日	蘇州 江蘇省蘇州博物館	
蘭蕙圖	卷	絹	水墨	不詳	戊申（乾隆五十三年，1788）	長沙 湖南省圖書館	
墨竹蘭石圖（錢載、錢杜蘭竹山水合卷之錢畫）	卷	金箋	水墨	13.9 x 102.2	乾隆壬子（五十七年，1792）冬日雪後	日本 兵庫縣黑川古文化研究所	
墨菊圖	卷	紙	水墨	27.9 x ？		日本 私人	
寫玉田詞意	軸	絹	水墨	137.7 x 68.4	丙午（乾隆五十一年，1786）初夏時	台北 故宮博物院	故畫 00789
靈仙祝壽	軸	紙	水墨	185.3 x 79.3		台北 故宮博物院	故畫 02681
蟠桃苓芝	軸	絹	設色	141.8 x 79.9		台北 故宮博物院	故畫 02682
墨梅（高宗御題）	軸	紙	水墨	78.6 x 139.5		台北 故宮博物院	故畫 03028
竹石圖	軸	紙	水墨	不詳	壬寅（乾隆四十七年，1782）春日	香港 黃君實先生	

名稱	形式	質地	色彩	尺寸 高x寬cm	創作時間	收藏處所	典藏號碼
菊石圖	軸	紙	設色	185 x 79		瀋陽 故宮博物院	
歲朝清供圖	軸	紙	設色	不詳	辛丑（乾隆四十六年，1781）春二月十四	北京 故宮博物院	
仿陳古白墨蘭圖	軸	紙	水墨	不詳	壬子（乾隆五十七年，1792）八月二十日	北京 故宮博物院	
蘭花圖	軸	紙	水墨	不詳	庚戌（乾隆五十五年，1790）	北京 中國歷史博物館	
枯木寒鴉圖	軸	紙	水墨	106.5 x 23.5	丁亥（乾隆三十二年，1767）	北京 首都博物館	
竹石圖	軸	紙	水墨	不詳	癸未（乾隆二十八，1763）	天津 天津市藝術博物館	
牡丹竹石圖	軸	絹	水墨	128 x 52	乾隆庚子（四十五年，1780）	濟南 山東省博物館	
蕙竹圖	軸	紙	水墨	不詳	乾隆戊子（三十三年，1768）	青島 山東省青島市博物館	
牡丹竹蘭圖	軸	紙	設色	不詳	乙巳（乾隆五十年，1785）六月廿六日	太原 山西省博物館	
丁香花圖	軸	紙	水墨	91 x 36	乾隆甲申（二十九年，1764）	上海 上海博物館	
一枝春圖	軸	紙	水墨	121.1 x 35.2	甲申（乾隆二十九年，1764）	上海 上海博物館	
松竹蘭石圖	軸	紙	水墨	不詳	乾隆辛亥（五十六年，1791）	上海 上海博物館	
水仙圖	軸	紙	水墨	不詳		上海 上海博物館	
牡丹蘭竹圖	軸	絹	水墨	113 x 54	乾隆乙酉（三十年，1765）	南京 南京市博物館	
蘭石圖	軸	紙	水墨	不詳	八十老人（乾隆五十二年，1787）	南京 南京市博物館	
花卉圖	軸	絹	水墨	不詳	乾隆乙亥（二十年，1755）	無錫 江蘇省無錫市博物館	
四季花卉圖（4幅）	軸	金箋	水墨	不詳	乙巳（乾隆五十年	無錫 江蘇省無錫市博物館	

名稱	形式	質地	色彩	尺寸 高×寬㎝	創作時間	收藏處所	典藏號碼
					，1785）		
竹石圖	軸	紙	水墨	不詳	八十二老人（乾隆五十四年，1789）	杭州 浙江省博物館	
竹菊圖	軸	紙	水墨	不詳	壬子（乾隆五十七年，1792）	杭州 浙江美術學院	
蘭石圖	軸	紙	水墨	不詳	戊申（乾隆五十三年，1788）	嘉興 浙江省嘉興市博物館	
梅花圖	軸	紙	水墨	不詳	辛亥（乾隆五十六年，1791）	金華 浙江省金華市太平天國侍王府紀念館	
松竹梅圖	軸	紙	水墨	不詳	乙未（乾隆四十年，1775）	重慶 重慶市博物館	
蘭竹石圖	軸	紙	水墨	不詳	壬子（乾隆五十七年，1792）	重慶 重慶市博物館	
桃花圖	軸	紙	設色	123 × 52	甲戌（乾隆十九年，1754）	廣州 廣東省博物館	
蘭石圖	軸	紙	水墨	不詳	壬辰（乾隆三十七年，1772）	廣州 廣東省博物館	
松石圖	軸	紙	水墨	137.2 × 48.5	壬子（乾隆五十七年，1792）	廣州 廣東省博物館	
竹石圖	軸	紙	水墨	143.5 × 77	己酉（乾隆五十四年，1789）	廣州 廣州市美術館	
蘭竹石圖	軸	紙	水墨	144.1 × 51.4	八十三歲（乾隆五十五年，1790）	日本 東京藝術大學美術館	
蘭竹石圖	軸	紙	水墨	不詳	八十二老人（乾隆五十四年，1789）	日本 東京張允中先生	
新篁蘭菊圖	軸	紙	水墨	101.3 × 37.9		日本 京都國立博物館	A甲568
臨蘇東坡雨竹圖	軸	紙	水墨	131.6 × 32.1		日本 大阪市立美術館	
花卉圖	軸	紙	設色	109.7 × 46.4	甲戌（乾隆十九年，1754）六月廿八日	日本 京都油谷氏寶米齋	
花卉圖	軸	紙	設色	不詳	己丑（乾隆三十四年，1769）重陽前	日本 江田勇二先生	

名稱	形式	質地	色彩	尺寸 高×寬cm	創作時間	收藏處所	典藏號碼
					三日		
石榴花圖	軸	紙	設色	124.5 × 30.1		美國 耶魯大學藝術館	1967.81.3
蘭竹石圖	軸	紙	水墨	108.7 × 32		美國 火魯奴奴 Hutchinson 先生	
益壽圖（清花卉畫冊三冊之1）	冊頁	紙	水墨	不詳		台北 故宮博物院	故畫 03519-1
仿陳元素墨蘭圖（8幀）	冊	紙	水墨	（每幀）29.5 × 18.4		香港 葉承耀先生	K92.34
蘭石圖（13幀）	冊	紙	水墨	不詳	壬子（乾隆五十七年，1792）	長春 吉林省博物館	
花卉圖（8幀）	冊	紙	水墨	不詳	丁未（乾隆五十二年，1787）	上海 上海博物館	
蘭竹圖（12幀）	冊	紙	水墨	不詳	庚子（乾隆四十五年，1780）	蘇州 江蘇省蘇州博物館	
蘭竹石圖（10幀）	冊	紙	水墨	（每幀）28.1 × 49.6	戊申（乾隆五十三年，1788）	成都 四川省博物院	
蘭石圖（清李世倬等雜畫冊12之1幀）	冊頁	紙	設色	不詳		廣州 廣州市美術館	
墨蘭圖	摺扇面	銀箋	水墨	16 × 46.6		瑞士 蘇黎士黎德堡博物館（私人寄存）	
附：							
三友圖	卷	紙	水墨	不詳	乾隆乙未（四十年，1775）	蘇州 蘇州市文物商店	
水仙竹石圖（為質甫老先生作）	卷	紙	水墨	47 × 239	乾隆乙酉（三十年，1765）秋日	紐約 佳仕得藝品拍賣公司/拍賣目錄 1986,06,04.	
淇園綠竹	卷	紙	水墨	35 × 347.5		紐約 佳士得藝品拍賣公司/拍賣目錄 1991,05,29.	
二十四花卉圖	卷	紙	設色	26.7 × 395.7	乾隆四十五年（庚子，1780）春二月	紐約 佳士得藝品拍賣公司/拍賣目錄 1988,11,30.	
蘭竹石圖	軸	紙	水墨	不詳	丁未（乾隆五十二年，1787）	上海 朵雲軒	
松梅圖	軸	紙	水墨	不詳	乾隆己亥（四十四年，1779）	上海 上海文物商店	
桃花圖	軸		設色	不詳	壬子（乾隆五十七年，1792）	上海 上海文物商店	

名稱	形式	質地	色彩	尺寸 高x寬㎝	創作時間	收藏處所	典藏號碼
蘭石圖	軸	紙	水墨	不詳	癸丑（乾隆五十八年，1793）	上海 上海工藝品進出口公司	
墨竹圖	軸	紙	水墨	不詳	丁未（乾隆五十二年，1787）	蘇州 蘇州市文物商店	
牡丹蘭石圖	軸	絹	水墨	不詳	乾隆戊申（五十三年，1788）	蘇州 蘇州市文物商店	
花竹石圖	軸	紙	水墨	138.4 x 63.5	辛丑（乾隆四十六年，1781）	紐約 蘇富比藝品拍賣公司/拍賣目錄1984,06,13.	
牡丹圖	軸	紙	水墨	122 x 43.5	乾隆庚子(四十五年，1780) 夏	香港 蘇富比藝品拍賣公司/拍賣目錄1984,11,11.	
千秋松齡圖（靈芝松菊）	軸	絹	設色	106.7 x 55.2	乾隆丙申（四十一年，1776）秋日	紐約 佳士得藝品拍賣公司/拍賣目錄1987,06,03.	
蘭竹石圖	橫幅	絹	水墨	59.7 x 161.3	癸巳（乾隆三十八年，1773）仲春	紐約 蘇富比藝品拍賣公司/拍賣目錄1988,11,30.	
松菊延齡圖	軸	絹	設色	79 x 55	乾隆丙申（四十一年，1776）秋日	紐約 佳士得藝品拍賣公司/拍賣目錄1989,06,01.	
萬竿煙雨圖	軸	絹	水墨	102.8 x 39		紐約 佳士得藝品拍賣公司/拍賣目錄1994,06,01.	
竹石圖（錢載、方薰合作）	軸	絹	水墨	162.5 x 42.8	乙巳（乾隆五十年，1785）秋仲	紐約 佳士得藝品拍賣公司/拍賣目錄1994,06,01.	
勁節清芬（蘭竹石圖）	軸	絹	水墨	174 x 46.5		紐約 佳士得藝品拍賣公司/拍賣目錄1994,11,30.	
秋曉圖	軸	紙	設色	160 x 61	己丑（乾隆三十四年，1769）	紐約 佳士得藝品拍賣公司/拍賣目錄1996,03,27.	
金桂圖	軸	紙	設色	94.6 x 26	乾隆壬子（五十七年，1792）時年八十有五	紐約 佳士得藝品拍賣公司/拍賣目錄1997.09.19	

畫家小傳：錢載。字坤一。號籜石、瓠尊、晚松居士等。浙江秀水人。生於聖祖康熙四十七（1708）年，卒於高宗乾隆五十八（1793）年。乾隆十七年進士。官至禮部左侍郎。工詩，善畫。從學於曾祖母陳書，擅作花卉、蘭竹，簡淡超逸，神趣橫溢。撰有石齋詩文集行世。（見國朝畫徵續錄、書畫紀略、桐陰論畫、墨林今話、香樹齋文集、中國畫家人名大辭典）

蔣溥

畫高宗御製寒山詠霧詩意	卷	紙	設色	24.6 x 152		台北 故宮博物院	故畫 01681
五福百祿圖	卷	絹	設色	14 x 359		台北 故宮博物院	故畫 01682

名稱	形式	質地	色彩	尺寸 高×寬cm	創作時間	收藏處所	典藏號碼
書高宗御製春帖子詞并繪歲朝圖	卷	紙	水墨	30.5 × 313	乾隆廿有一年丙子（1756）立春	台北 故宮博物院	故畫 01683
國學瑞槐圖	卷	紙	設色	53.5 × 216	乾隆己卯（二十四年，1759）	合肥 安徽省博物館	
魚藻圖	卷	絹	設色	24.3 × 307	己卯（乾隆二十四年，1759）上元	上海 上海博物館	
摹文徵明玉蘭花	軸	紙	水墨	96.7 × 36.2		台北 故宮博物院	故畫 02580
絡緯圖	軸	紙	設色	92.7 × 43.3		台北 故宮博物院	故畫 02581
歲寒三友	軸	紙	水墨	157.2 × 81.9		台北 故宮博物院	故畫 02582
疏林亭靄	軸	紙	水墨	145 × 61.7		台北 故宮博物院	故畫 02583
桂花雙兔	軸	紙	設色	167.5 × 90.6		台北 故宮博物院	中畫 00090
秋山行旅	軸	紙	水墨	109 × 49.5		台北 故宮博物院	中畫 00091
秋英凝瑞	軸	紙	設色	103 × 70		台北 故宮博物院	中畫 00092
蘭竹石圖	軸	紙	水墨	107.2 × 58.6	乾隆丁丑（二十二年，1757）	天津 天津市藝術博物館	
荷花鷺鷥圖	軸	絹	設色	128 × 61.8		天津 天津市藝術博物館	
國香春霽圖	軸	絹	設色	不詳	戊寅（乾隆二十三年，1758）	西安 陝西省西安市文物保護考古所	
瓶供圖	軸	絹	水墨	不詳		南京 南京市博物館	
玉蘭牡丹圖	軸	紙	水墨	78.5 × 51.5	壬申（乾隆十七年，1752）	鎮江 江蘇省鎮江市博物館	
覺生寺大鐘歌（蔣溥畫御製詩意上冊之1）	冊頁	紙	設色	46.2 × 30.5		台北 故宮博物院	故畫 03258-1
雪浪石詩（蔣溥畫御製詩意上冊之2）	冊頁	紙	設色	46.2 × 30.5		台北 故宮博物院	故畫 03258-2
落花流水篇（蔣溥畫御製詩意上冊之3）	冊頁	紙	設色	46.2 × 30.5		台北 故宮博物院	故畫 03258-3
李伯時蜀江圖歌（蔣溥畫御製詩意上冊之4）	冊頁	紙	設色	46.2 × 30.5		台北 故宮博物院	故畫 03258-4
聚星堂禁体雪詩（蔣溥畫御製詩意上冊之五）	冊頁	紙	設色	46.2 × 30.5		台北 故宮博物院	故畫 03258-5
真定隆興寺禮大佛（蔣溥畫御	冊頁	紙	設色	46.2 × 30.5		台北 故宮博物院	故畫 03258-6

名稱	形式	質地	色彩	尺寸 高x寬㎝	創作時間	收藏處所	典藏號碼
製詩意上冊之6）							
玉甕歌（蔣溥畫御製詩意上冊之7）	冊頁	紙	設色	46.2 x 30.5		台北 故宮博物院	故畫 03258-7
瀛台木變石歌（蔣溥畫御製詩意上冊之8）	冊頁	紙	設色	46.2 x 30.5		台北 故宮博物院	故畫 03258-8
十駿圖歌（蔣溥畫御製詩意上冊之9）	冊頁	紙	設色	46.2 x 30.5		台北 故宮博物院	故畫 03258-9
題鄒一桂百花卷（蔣溥畫御製詩意上冊之10）	冊頁	紙	設色	46.2 x 30.5		台北 故宮博物院	故畫 03258-10
三友軒（蔣溥畫御製詩意上冊之11）	冊頁	紙	設色	46.2 x 30.5		台北 故宮博物院	故畫 03258-11
跋尾（蔣溥畫御製詩意上冊之12）	冊頁	紙	設色	46.2 x 30.5		台北 故宮博物院	故畫 03258-12
春日登樓詩（蔣溥畫御製詩意下冊之1）	冊頁	紙	設色	46.2 x 30.5		台北 故宮博物院	故畫 03259-1
春山桃柳（蔣溥畫御製詩意下冊之2）	冊頁	紙	設色	46.2 x 30.5		台北 故宮博物院	故畫 03259-2
雪浪石詩（蔣溥畫御製詩意下冊之3）	冊頁	紙	設色	46.2 x 30.5		台北 故宮博物院	故畫 03259-3
村田水車（蔣溥畫御製詩意下冊之4）	冊頁	紙	設色	46.2 x 30.5		台北 故宮博物院	故畫 03259-4
雪裡山堂（蔣溥畫御製詩意下冊之5）	冊頁	紙	設色	46.2 x 30.5		台北 故宮博物院	故畫 03259-5
松雪白塔（蔣溥畫御製詩意下冊之6）	冊頁	紙	設色	46.2 x 30.5		台北 故宮博物院	故畫 03259-6
高士撫琴（蔣溥畫御製詩意下冊之7）	冊頁	紙	設色	46.2 x 30.5		台北 故宮博物院	故畫 03259-7
承光殿古括行（蔣溥畫御製詩意下冊之8）	冊頁	紙	設色	46.2 x 30.5		台北 故宮博物院	故畫 03259-8
瀛海瓊台（蔣溥畫御製詩意下冊之9）	冊頁	紙	設色	46.2 x 30.5		台北 故宮博物院	故畫 03259-9
園亭垂釣（蔣溥畫御製詩意下冊之10）	冊頁	紙	設色	46.2 x 30.5		台北 故宮博物院	故畫 03259-10
岷山豐碑（蔣溥畫御製詩意下	冊頁	紙	設色	46.2 x 30.5		台北 故宮博物院	故畫 03259-11

名稱	形式	質地	色彩	尺寸 高×寬㎝	創作時間	收藏處所	典藏號碼
冊11）							
苑池群鳬（蔣溥畫御製詩意下冊之12）	冊頁	紙	設色	46.2 x 30.5		台北 故宮博物院	故畫 03259-12
大寧城塔（蔣溥畫東巡攬勝冊之1）	冊頁	紙	水墨	29 x 20.5		台北 故宮博物院	故畫 03262-1
柳條邊景（蔣溥畫東巡攬勝冊之2）	冊頁	紙	水墨	29 x 20.5		台北 故宮博物院	故畫 03262-2
吉林佳（蔣溥畫東巡攬勝冊之3）	冊頁	紙	水墨	29 x 20.5		台北 故宮博物院	故畫 03262-3
長白望秩（蔣溥畫東巡攬勝冊之4）	冊頁	紙	水墨	29 x 20.5		台北 故宮博物院	故畫 03262-4
窩集蔥蘢（蔣溥畫東巡攬勝冊之5）	冊頁	紙	水墨	29 x 20.5		台北 故宮博物院	故畫 03262-5
萬壽晴峯（蔣溥畫東巡攬勝冊之6）	冊頁	紙	水墨	29 x 20.5		台北 故宮博物院	故畫 03262-6
輝葵故城（蔣溥畫東巡攬勝冊之7）	冊頁	紙	水墨	29 x 20.5		台北 故宮博物院	故畫 03262-7
麥園奇卉（蔣溥畫東巡攬勝冊之8）	冊頁	紙	水墨	29 x 20.5		台北 故宮博物院	故畫 03262-8
英莪鬱秀（蔣溥畫東巡攬勝冊之9）	冊頁	紙	水墨	29 x 20.5		台北 故宮博物院	故畫 03262-9
興京啟瑞（蔣溥畫東巡攬勝冊之10）	冊頁	紙	水墨	29 x 20.5		台北 故宮博物院	故畫 03262-10
陪京集慶（蔣溥畫東巡攬勝冊之11）	冊頁	紙	水墨	29 x 20.5		台北 故宮博物院	故畫 03262-11
北鎮神區（蔣溥畫東巡攬勝冊之12）	冊頁	紙	水墨	29 x 20.5		台北 故宮博物院	故畫 03262-12
貞石遺薇（蔣溥畫東巡攬勝冊之13）	冊頁	紙	水墨	29 x 20.5		台北 故宮博物院	故畫 03262-13
山海雄關（蔣溥畫東巡攬勝冊之14）	冊頁	紙	水墨	29 x 20.5		台北 故宮博物院	故畫 03262-14
澄海朝霞（蔣溥畫東巡攬勝冊之15）	冊頁	紙	水墨	29 x 20.5		台北 故宮博物院	故畫 03262-15
清風百世（蔣溥畫東巡攬勝冊之16）	冊頁	紙	水墨	29 x 20.5		台北 故宮博物院	故畫 03262-16

名稱	形式	質地	色彩	尺寸 高x寬㎝	創作時間	收藏處所	典藏號碼
之16）							
二十四孝之一-虞舜于田（蔣溥畫墨妙珠林（丑）冊之1）	冊頁	紙	水墨	62.8 x 42.2		台北 故宮博物院	故畫 03639-1
二十四孝之二-漢文侍疾（蔣溥畫墨妙珠林（丑）冊之2）	冊頁	紙	水墨	62.8 x 42.2		台北 故宮博物院	故畫 03639-2
二十四孝之三-曾子採薪（蔣溥畫墨妙珠林（丑）冊之3）	冊頁	紙	水墨	62.8 x 42.2		台北 故宮博物院	故畫 03639-3
二十四孝之四-閔子牽車（蔣溥畫墨妙珠林（丑）冊之4）	冊頁	紙	水墨	62.8 x 42.2		台北 故宮博物院	故畫 03639-4
二十四孝之五-子路負米（蔣溥畫墨妙珠林（丑）冊之5）	冊頁	紙	水墨	62.8 x 42.2		台北 故宮博物院	故畫 03639-5
二十四孝之六-老萊戲綵（蔣溥畫墨妙珠林（丑）冊之6）	冊頁	紙	水墨	62.8 x 42.2		台北 故宮博物院	故畫 03639-6
二十四孝之七-郯子鹿乳（蔣溥畫墨妙珠林（丑）冊之7）	冊頁	紙	水墨	62.8 x 42.2		台北 故宮博物院	故畫 03639-7
二十四孝之八-董永遇仙（蔣溥畫墨妙珠林（丑）冊之8）	冊頁	紙	水墨	62.8 x 42.2		台北 故宮博物院	故畫 03639-8
二十四孝之九-楊香搤虎（蔣溥畫墨妙珠林（丑）冊之9）	冊頁	紙	水墨	62.8 x 42.2		台北 故宮博物院	故畫 03639-9
二十四孝之十-姜詩躍鯉（蔣溥畫墨妙珠林（丑）冊之10）	冊頁	紙	水墨	62.8 x 42.2		台北 故宮博物院	故畫 03639-10
二十四孝之十一-蔡順拾椹（蔣溥畫墨妙珠林（丑）冊之11）	冊頁	紙	水墨	62.8 x 42.2		台北 故宮博物院	故畫 03639-11
二十四孝之十二-江革行傭（蔣溥畫墨妙珠林（丑）冊之12）	冊頁	紙	水墨	62.8 x 42.2		台北 故宮博物院	故畫 03639-12
二十四孝之十三-黃香扇枕（蔣溥畫墨妙珠林（丑）冊之13）	冊頁	紙	水墨	62.8 x 42.2		台北 故宮博物院	故畫 03639-13
二十四孝之十四-王裒立墓（蔣溥畫墨妙珠林（丑）冊之14）	冊頁	紙	水墨	62.8 x 42.2		台北 故宮博物院	故畫 03639-14
二十四孝之十五-王祥臥冰（蔣溥畫墨妙珠林（丑）冊之15）	冊頁	紙	水墨	62.8 x 42.2		台北 故宮博物院	故畫 03639-15
二十四孝之十六-孟宗泣竹（蔣溥畫墨妙珠林（丑）冊之16）	冊頁	紙	水墨	62.8 x 42.2		台北 故宮博物院	故畫 03639-16
二十四孝之十七-陸績懷橘（蔣	冊頁	紙	水墨	62.8 x 42.2		台北 故宮博物院	故畫 03639-17

名稱	形式	質地	色彩	尺寸 高x寬cm	創作時間	收藏處所	典藏號碼
溥畫墨妙珠林（丑）冊之17）							
二十四孝之十八-郭巨獲金（蔣溥畫墨妙珠林（丑）冊之18）	冊頁	紙	水墨	62.8 x 42.2		台北 故宮博物院	故畫 03639-18
二十四孝之十九-吳猛恣蚊（蔣溥畫墨妙珠林（丑）冊之19）	冊頁	紙	水墨	62.8 x 42.2		台北 故宮博物院	故畫 03639-19
二十四孝之廿-丁蘭刻木（蔣溥畫墨妙珠林（丑）冊之20）	冊頁	紙	水墨	62.8 x 42.2		台北 故宮博物院	故畫 03639-20
二十四孝之廿一-唐氏乳姑（蔣溥畫墨妙珠林（丑）冊之21）	冊頁	紙	水墨	62.8 x 42.2		台北 故宮博物院	故畫 03639-21
二十四孝之廿二-黔婁嘗糞（蔣溥畫墨妙珠林（丑）冊之22）	冊頁	紙	水墨	62.8 x 42.2		台北 故宮博物院	故畫 03639-22
二十四孝之廿三-壽昌尋親（蔣溥畫墨妙珠林（丑）冊之23）	冊頁	紙	水墨	62.8 x 42.2		台北 故宮博物院	故畫 03639-23
二十四孝之廿四-庭堅滌器（蔣溥畫墨妙珠林（丑）冊之24）	冊頁	紙	水墨	62.8 x 42.2		台北 故宮博物院	故畫 03639-24
月季花圖	摺扇面	紙	水墨	不詳	戊午（乾隆三年，1738）	北京 中國歷史博物館	
花卉圖（10幀）	冊	絹	設色	不詳		天津 天津市藝術博物館	
牡丹花卉圖	摺扇面	紙	設色	18.4 x 57.9		日本 東京國立博物館	
蓮池蜻蛉圖	摺扇面	紙	設色	18.6 x 53		美國 印地安那波里斯市藝術博物館	1983.86

附：

名稱	形式	質地	色彩	尺寸 高x寬cm	創作時間	收藏處所	典藏號碼
平安如意圖	軸	紙	水墨	不詳		北京 中國文物商店總	
花鳥圖通景（12幅，與他人合作）	軸	絹	設色	209.7 x 95.4	乾隆辛未（十六年，1751）	北京 北京市工藝品進出口公司	
玉蘭牡丹圖	軸	紙	設色	不詳	壬申（乾隆十七年，1752）除夕	鎮江 鎮江市文物商店	
梅竹幽禽圖	軸	絹	設色	100.5 x 37		紐約 佳士得藝品拍賣公司/拍賣目錄 1989,12,04.	
牡丹蘭石圖	軸	絹	設色	97.2 x 99	戊寅（乾隆二十三年，1758）七月	紐約 佳士得藝品拍賣公司/拍賣目錄 1994,06,01.	

畫家小傳：蔣溥。字質甫。號恒軒。江蘇常熟人。蔣廷錫之子。生於聖祖康熙四十七（1708）年，卒於高宗乾隆二十六（1761）年。雍正八年進士。能傳家學，善畫花卉，隨意布置，有有生趣，甚得高宗睿賞。（見國朝畫徵續錄、今畫偶錄、蘇州府志、中

國畫家人名大辭典）

名稱	形式	質地	色彩	尺寸 高x寬㎝	創作時間	收藏處所	典藏號碼

蔣 深

| 枯木竹石圖 | 摺扇面 | 紙 | 水墨 | 18.4 × 57.9 | | 日本 東京國立博物館 | |

附：

| 空谷幽樓圖 | 軸 | 絹 | 設色 | 不詳 | | 蘇州 蘇州市文物商店 | |

畫家小傳：蔣深。字樹存。號蘇齋。後得古碑繡谷二字，因又號繡谷。能詩文，工書畫。畫善蘭竹、花卉，學伯陽而用筆稍放。（見國朝
　　　　畫徵錄、桐陰論畫、婁關蔣氏本支錄、中國畫家人名大辭典）

艾啓蒙

百鹿圖	卷	紙	設色	42.5 × 423.7		台北 故宮博物院	故畫 01735
白鷹圖	軸	絹	設色	179.2 × 95		台北 故宮博物院	故畫 00961
風猩圖	軸	紙	設色	121 × 90		台北 故宮博物院	故畫 02894
山貓圖	軸	紙	設色	121 × 90		台北 故宮博物院	故畫 02895
雙猿圖	軸	紙	設色	139 × 100.7		台北 故宮博物院	故畫 03084
土爾扈特白鷹圖	軸	絹	設色	141 × 89.5		台北 故宮博物院	故畫 03085
白鷹圖	軸	絹	設色	178.4 × 98.5	乾隆四十一年（丙申，1776）十二月	台北 故宮博物院	故畫 03086
蹹鐵騮圖	軸	絹	設色	229.3 × 276.5	乾隆壬辰（三十七年，1772）孟春	台北 故宮博物院	故畫 03699
良吉黃圖	軸	絹	設色	229.5 × 276.6	乾隆壬辰（三十七年，1772）孟春	台北 故宮博物院	故畫 03716
寶吉騮圖	軸	絹	設色	207 × 163.4		台北 故宮博物院	故畫 03745
勝吉驄圖	軸	絹	設色	228.5 × 274.5	乾隆壬辰（三十七年，1772）孟春	北京 故宮博物院	
寶吉騮圖	軸	絹	設色	228.5 × 275	乾隆壬辰（三十七年，1772）孟春	北京 故宮博物院	
佶閑騮圖	軸	絹	設色	229 × 275.7	乾隆壬辰（三十七年，1772）孟春	北京 故宮博物院	
錦雲騅圖	軸	絹	設色	229 × 275	乾隆壬辰（三十七年，1772）孟春	北京 故宮博物院	
馴吉騮圖	軸	絹	設色	228.8 × 276	乾隆壬辰（三十七年，1772）孟春	北京 故宮博物院	

附：

名稱	形式	質地	色彩	尺寸 高×寬㎝	創作時間	收藏處所	典藏號碼
十八駿圖	卷	紙	設色	36.5 × 290		北京 中國文物商店總店	

畫家小傳：艾啟蒙。字醒庵。歐洲人。聖祖康熙四十七（1708）年生於波西米亞，卒於高宗乾隆四十五（1780）年。善畫走獸、翎毛。
高宗朝供奉畫院。（見熙朝名畫錄、國朝畫院錄、中國畫家人名大辭典）

鮑 皋

名稱	形式	質地	色彩	尺寸 高×寬㎝	創作時間	收藏處所	典藏號碼
竹石圖	軸	紙	水墨	不詳	己未（乾隆四年，1739）	北京 中國歷史博物館	
松石圖	軸	絹	水墨	81.5 × 47.5		南通 江蘇省南通博物苑	
梅竹菊歲寒三友圖（為屺亭作）	軸	絹	水墨	不詳	甲申（乾隆二十九年，1764）豆月之望	鎮江 江蘇省鎮江市博物館	

附：

名稱	形式	質地	色彩	尺寸 高×寬㎝	創作時間	收藏處所	典藏號碼
松圖	軸	紙	水墨	不詳		上海 上海文物商店	

畫家小傳：鮑皋。字步江。號海門。江蘇丹徒人。鮑彝之子。生於聖祖康熙四十七（1708）年，卒於高宗乾隆三十（1765）年。工詩。
善畫，傳父法，寫禽魚、花卉，超妙入神。（見墨香居畫識、中國畫家人名大辭典）

余 穎

名稱	形式	質地	色彩	尺寸 高×寬㎝	創作時間	收藏處所	典藏號碼
寫尹繼善到任圖像	卷	紙	設色	不詳	乾隆十三年（戊辰，1748）春三月三日	北京 故宮博物院	
陳月溪觀潮圖	卷	紙	設色	39.9 × 148.1	雍正癸丑（十一年，1733）初秋	石家莊 河北省博物館	

畫家小傳：余穎。字在川。福建潮州海陽人。工寫真，得明曾鯨筆法。流傳署款紀年作品見於世宗雍正十一（1733）年，至高宗乾隆十三
（1748）年。（見國朝畫徵續錄、中國畫家人名大辭典））

董朝用

名稱	形式	質地	色彩	尺寸 高×寬㎝	創作時間	收藏處所	典藏號碼
蘆蕩雙雁圖（為德老作）	軸	紙	設色	不詳	雍正癸丑（十一年，1733）季春	南京 江蘇省美術館	

畫家小傳：董朝用。畫史無載。流傳署款紀年作品見於世宗雍正十一（1733）年。身世待考。

胡奕灯

名稱	形式	質地	色彩	尺寸 高×寬㎝	創作時間	收藏處所	典藏號碼
擬沒骨法作四時佳興圖	軸	絹	設色	不詳	乾隆癸酉（十八年，1753）夏五月	北京 故宮博物院	
花卉圖（12幀）	冊	絹	設色	不詳	雍正癸丑（十一年，1733）秋	北京 故宮博物院	

名稱	形式	質地	色彩	尺寸 高x寬cm	創作時間	收藏處所	典藏號碼

畫家小傳：胡奕炡。字觀光。身世、籍里不詳。善畫花卉，賦色仿北宋人法，明艷可愛。流傳署款紀年作品見於世宗雍正十一（1733）年，至高宗乾隆十八（1753）年。（見國朝畫徵續錄、中國畫家人名大辭典）

馬 逸

名稱	形式	質地	色彩	尺寸 高x寬cm	創作時間	收藏處所	典藏號碼
花果圖（蔡嘉等花果圖合卷之1段）	卷	紙	設色	不詳		北京 故宮博物院	
荷塘清趣圖（為繡岩作）	軸	絹	設色	135 x 65	雍正癸丑（十一年，1733）七月	瀋陽 故宮博物館	
仿王維關山積雪圖（為鈍翁作）	軸	絹	設色	135.2 x 68	乙丑（乾隆十年，1745）修禊日	瀋陽 遼寧省博物館	
滿籃佳色圖	軸	絹	設色	73.3 x 48.5		天津 天津市藝術博物館	
五友圖（余省、馬逸、余穉、馬栩、蒼谷子合作）	軸	絹	設色	不詳		揚州 江蘇省揚州市博物館	
杏花白頭圖（為汝老作）	軸	絹	設色	161.5 x 80.4	癸丑（雍正十一年，1733）二月上浣	南京 南京博物院	
國色天香圖	軸	絹	設色	101.7 x 49.5		南京 南京博物院	
梅月眠禽圖	軸	絹	設色	168.6 x 49		成都 四川省博物院	
荷花鴛鴦圖	軸	絹	設色	不詳	癸丑（雍正十二年，1734）	廣州 廣東省博物館	
花鳥（花石雞雛圖）	軸	絹	設色	102.8 x 51.7	戊子（乾隆三十三年，1768））孟夏	日本 本出精先生	
江干立馬圖	摺扇面	金箋	設色	不詳	乙卯（雍正十三年，1735）小春	北京 故宮博物院	
附：							
山水圖	軸	絹	設色	不詳		上海 上海文物商店	

畫家小傳：馬逸。字南坪。號陔南、竹溪散人。江蘇常熟人。馬元馭之子。蔣廷錫弟子。善畫花卉，尤善畫魚，甚得乃師推許。流傳署款紀年作品見於世宗雍正十一（1733）年，至高宗乾隆三十三（1768）年。（見國朝畫識、琴川新志、在亭叢稿、唐堂集）

蕭 慧
附：

名稱	形式	質地	色彩	尺寸 高x寬cm	創作時間	收藏處所	典藏號碼
瀟湘八景（8幀）	冊	紙	設色	（每幀）25.4 x 21.6	癸丑（雍正十一年，1733）	紐約 佳士得藝品拍賣公司/拍賣目錄 1992,12,02.	

畫家小傳：蕭慧。畫史無載。流傳署款紀年作品見於世宗雍正十一（1733）年。身世待考。

王 愫

名稱	形式	質地	色彩	尺寸 高x寬㎝	創作時間	收藏處所	典藏號碼
山莊靜業圖	卷	紙	水墨	27.6 x ？	丁卯（乾隆十二年，1747）春三月	香港 何耀光至樂樓	
山水圖	卷	紙	水墨	不詳	庚子（乾隆四十五年，1780）	北京 故宮博物院	
山水圖（為朗山先生作）	軸	紙	設色	198.9 x 112	乾隆丙子（二十一年，1756）	台北 國泰美術館	
寒山蕭寺圖	軸	紙	設色	130 x 77	癸未（乾隆二十八年，1763）夏五月	台北 清玩雅集	
仿惠崇山水圖	軸	紙	設色	83.5 x 40		瀋陽 遼寧省博物館	
山水圖	軸	紙	設色	不詳	乙酉（乾隆三十年，1765）除夕	北京 故宮博物院	
洞庭秋月圖	軸	絹	設色	不詳	乙酉（乾隆三十年，1765）	北京 首都博物館	
霜林晚岫圖（為令兄作）	軸	絹	設色	不詳	乾隆乙酉（三十年，1765）	北京 中國歷史博物館	
仿趙孟頫山水圖	軸	絹	設色	不詳	乾隆乙亥（二十年，1755）	北京 中國歷史博物館	
仿王蒙山水圖	軸	絹	設色	不詳	乙亥（乾隆二十年，1755）	泰州 江蘇省泰州市博物館	
洞庭秋月圖	軸	紙	設色	65.4 x 39	雍正癸丑（十一年，1733）	上海 上海博物館	
遠浦歸帆圖	橫幅	紙	水墨	不詳	丙戌（乾隆三十一年，1766）	上海 上海博物館	
仿雲林山水圖	軸	紙	水墨	62 x 33.7		上海 上海博物館	
叢嶺迴溪圖	軸	紙	水墨	217.5 圖 117.2		杭州 浙江省博物館	
擬董北苑筆法山水圖	軸	絹	設色	不詳		日本 組田昌平先生	
茂林疊嶂圖（擬董北苑法）	軸	絹	設色	191.5 x 52.5		日本 私人	
秋林晚色圖	軸	絹	設色	148.4 x 40		日本 私人	
仿倪瓚設色山水圖	摺扇面	紙	設色	16.8 x 51.2		香港 劉作籌虛白齋	152
雪景山水圖（9幀）	冊	紙	設色	（每幀）20 x 12.8	乙亥（乾隆二十年，1755）小春	瀋陽 故宮博物館	
天香染袖圖（為蟾老作）	摺扇面	紙	設色	18.4 x 55.1	癸未（乾隆二十八年，1763）秋日	北京 故宮博物院	

名稱	形式	質地	色彩	尺寸 高x寬cm	創作時間	收藏處所	典藏號碼

附：

名稱	形式	質地	色彩	尺寸 高x寬cm	創作時間	收藏處所	典藏號碼
山水圖	軸	紙	設色	77.5 x 36.9		紐約 蘇富比藝品拍賣公司/拍賣目錄 1980,10,25.	
幽齋宴飲圖	軸	紙	設色	109.9 x 40.3	庚午（乾隆十五年，1750）季夏月	紐約 蘇富比藝品拍賣公司/拍賣目錄 1982,06,04.	
仿大癡山水圖	軸	紙	設色	119.5 x 52.7	甲寅（雍正十二年，1734）夏日	紐約 佳士得藝品拍賣公司/拍賣目錄 1988,06,02.	
赤壁觀瀑圖	軸	紙	設色	128.5 x 33.5	己未（乾隆四年，1739）仲春月既望	紐約 佳士得藝品拍賣公司/拍賣目錄 1992,06,02.	
鍾馗圖	軸	紙	水墨	94 x 57.8	壬午（乾隆二十七年，1762）天中	紐約 佳士得藝品拍賣公司/拍賣目錄 1996,03,27.	
仿趙大年山水圖	軸	紙	設色	78.1 x 49.2		紐約 佳士得藝品拍賣公司/拍賣目錄 1997,09,19.	
仿江貫道溪山無盡圖	摺扇面	紙	水墨	不詳		上海 朵雲軒	
仿古山水（8幀）	冊	紙	設色	（每幀）28.5 x 41.3	戊申（乾隆五十三年，1788）	紐約 蘇富比藝品拍賣公司/拍賣目錄 1986,12,04.	

畫家小傳：王愫。字存素。號樸廬、林屋山人。江蘇太倉人，居蘇州。為王時敏曾孫。善畫山水，得元人簡淡畫法。流傳署款紀年作品見於世宗雍正十一（1733）年，至高宗乾隆四十五（1780）年。（見桐陰論畫、墨林今話、畫華海堂集、懷舊集、今畫偶錄、中國畫家人名大辭典）

張 杰

名稱	形式	質地	色彩	尺寸 高x寬cm	創作時間	收藏處所	典藏號碼
花果圖（蔡嘉等花果圖合卷之1段）	卷	紙	設色	不詳		北京 故宮博物院	
繡球春鳥圖	軸	絹	設色	不詳	乾隆丁巳（二年，1737）	天津 天津市藝術博物館	
玉蘭牡丹圖	軸	絹	設色	不詳		南京 南京博物院	
花鳥圖	軸	絹	設色	149 x 45		南京 南京博物院	
花卉圖	摺扇面	紙	設色	不詳	雍正癸丑（十一年，1733）	南京 南京博物院	

畫家小傳：張杰。字柯亭。江蘇揚州人。工畫花竹。流傳署款紀年作品見於世宗雍正十一（1733）年至高宗乾隆二（1737）年。（見揚州畫舫錄、中國畫家人名大辭典）

孫人俊

名稱	形式	質地	色彩	尺寸 高x寬cm	創作時間	收藏處所	典藏號碼
山水圖（為雷溪作）	卷	紙	設色	不詳	乾隆八年（癸亥，1743）	南京 南京市博物院	

名稱	形式	質地	色彩	尺寸 高x寬㎝	創作時間	收藏處所	典藏號碼
山水圖	軸	紙	設色	67.6 x 64.5		日本 東京河井荃廬先生	
山水人物圖（10幀）	冊	紙	水墨	不詳		北京 首都博物館	
附：							
松石圖（？幀）	冊	紙	水墨	不詳	癸丑（雍正十一年，1733）	北京 北京市工藝品進出口公司	

畫家小傳：孫人俊。字瑤原。江蘇江寧人。以畫驢得名；亦畫山水，學巨然。流傳署款紀年作品見於世宗雍正十一（1733）至高宗乾隆八(1743)年。（見揚州畫苑錄、中國畫家人名大辭典）

郭朝祚

名稱	形式	質地	色彩	尺寸 高x寬㎝	創作時間	收藏處所	典藏號碼
征西圖	卷	絹	設色	不詳	雍正十一年（癸丑，1733）	旅順 遼寧省旅順博物館	
鍾馗圖（郭朝端、郭朝祚合作）	軸	紙	設色	不詳	乾隆十一年，丙寅（1746）	太原 山西省晉祠文物管理處	

畫家小傳：郭朝祚。江蘇長洲人。身世不詳。善畫。流傳署款紀年作品見於世宗雍正十一（1733）年至高宗乾隆十一（1746）年。（見歷代畫家彙傳附錄、中國畫家人名大辭典）

鄭 維

名稱	形式	質地	色彩	尺寸 高x寬㎝	創作時間	收藏處所	典藏號碼
仿宋人山水圖	軸	絹	設色	167.5 x 79.2	癸丑（雍正十一年，1733）	天津 天津市藝術博物館	

畫家小傳：鄭維。畫史無載。流傳署款紀年作品見於世宗雍正十一（1733）年。身世待考。

韓 鑄

名稱	形式	質地	色彩	尺寸 高x寬㎝	創作時間	收藏處所	典藏號碼
山水圖（？段）	卷	紙	設色	（每段）19.5 x 22	雍正甲寅（十二年，1734）秋日	北京 故宮博物院	
山水圖	軸	紙	設色	不詳		北京 北京畫院	
渴筆山水圖	軸	紙	設色	不詳		歙縣 安徽省歙縣博物館	
山亭古木圖	軸	紙	設色	不詳		南京 南京博物院	
附：							
嘉陵山水圖	卷	紙	水墨	33.5 x 208.5		紐約 佳士得藝品拍賣公司/拍賣目錄 1993,06,04.	

畫家小傳：韓鑄。字冶人。安徽徽州人。善潑墨山水，宗法米氏。流傳署款紀年作品見於世宗雍正十二(1734)年。（見太平府志、中國畫家人名大辭典）

黃 鈺

名稱	形式	質地	色彩	尺寸 高×寬cm	創作時間	收藏處所	典藏號碼
西亭詩思圖（黃鈺、高鳳翰合作）	軸	紙	設色	136.2 × 64	雍正甲寅（十二年，1734）	青島 山東省青島市博物館	

畫家小傳：黃鈺。畫史無載。與高鳳翰同時。流傳署款紀年作品見於世宗雍正十二(1734)年。身世待考。

薛疇

虎丘玉蘭圖	卷	紙	設色	不詳	乾隆庚辰（二十五年，1760）	北京 故宮博物院	
雲華惜花圖（陸燦、薛疇合作）	軸	紙	設色	135 × 58	乾隆戊子（三十二年，1768）	北京 故宮博物院	
海棠梨花圖	軸	紙	設色	107.3 × 47	甲寅（雍正十二年，1734）	上海 上海博物館	

畫家小傳：薛疇。字壽魚。先祖河東人，徙居江蘇長洲。為薛虞卿孫，薛雪之子。承家學，工畫花卉、翎毛，專法宋人，無纖柔穠艷之習。流傳署款紀年作品見於世宗雍正十二(1734)年至高宗乾隆三十二（1768）年。（見墨香居畫識、歷代畫史彙傳、中華畫人傳、中國畫家人名大辭典）

張紹祖

| 九峰山水圖 | 軸 | 紙 | 設色 | 不詳 | | 台北 故宮博物院 | 國贈 025168 |
| 仿王紱筆意山水圖 | 摺扇面 | 紙 | 設色 | 17.4 × 50.5 | 甲寅（雍正十二年，1734）十月廿二日 | 日本 兵庫縣黑川古文化研究所 | |

畫家小傳：張紹祖。字簏田。號震園。江蘇婁縣人。善畫山水，與太倉王昱相善，得其指授，遂詣佳妙。流傳署款紀年作品四於世宗雍正十二（1734）年。（見墨香居畫識、書畫紀略、墨林今話、婁縣志、中國畫家人名大辭典）

李師中

騎馬歸山圖	軸	紙	設色	97 × 72	辛酉（乾隆六年，1741）	濟南 山東省博物館	
山水圖（12幀）	冊	絹	設色	（每幀）27.8 × 20.7	甲寅（雍正十二年，1734）	天津 天津市藝術博物館	
人物山水圖（8幀，滑樛、李師中合作冊）	冊	紙	設色	（每幀）32.2 × 24.2	癸未（乾隆二十八年，1763）春三月	成都 四川大學	

畫家小傳：李師中。字埭園。號正甫。山東人。善畫，與朱文震為畫友，朱曾作「畫中十哲」歌，李師中為其一也。流傳署款紀年作品見於世宗雍正十二（1734）年至高宗乾隆二十八(1763)年。（見墨林今話、中國畫家人名大辭典）

徐觀政

名稱	形式	質地	色彩	尺寸 高x寬cm	創作時間	收藏處所	典藏號碼

附：

雜畫（6幀）	冊	紙	水墨	不詳	甲寅（？雍正十二年，1734）	無錫 無錫市文物商店	

畫家小傳：徐觀政。畫史無載。流傳署款作品紀年疑為世宗雍正十二（1734）年。身世待考。

吳　暉
附：

仿梅道人山水圖	卷	紙	水墨	不詳	雍正十三年（乙卯，1735）仲冬	北京 中國文物商店總店	

畫家小傳：吳暉。字秋朗。樵川人。能詩，善畫及篆刻。畫以多技見稱。流傳署款紀年作品見於世宗雍正十三（1735）年。（見印人傳、中國畫家人名大辭典）

金可久

補衮圖（為鄰翁作）	軸	絹	設色	100.8 × 50.5	乙卯（雍正十三年，1735）菊月	南京 南京博物院	

畫家小傳：金可久。浙江山陰人。金史長子。世家學，善畫人物。流傳署款紀年作品見於世宗雍正十三（1735）年。（見國朝畫徵錄、中國畫家人名大辭典）

謝淞洲

松竹圖	卷	紙	水墨	不詳		北京 故宮博物院	
仿倪瓚山水圖	軸	紙	水墨	不詳	乙卯（雍正十三年，1735）九月	北京 故宮博物院	
仰止圖（為寶硯七十壽作）	軸	紙	設色	不詳	戊辰（乾隆十三年，1748）八月	北京 故宮博物院	
長汀十八灘圖（為次泉作）	軸	紙	水墨	98.5 × 35.6	乙卯（雍正十三年，1735）十二月朔	上海 上海博物館	
觀泉圖	軸	紙	水墨	87.5 × 30.1		上海 上海博物館	

畫家小傳：謝淞洲。字滄湄。號林村。江蘇長洲人。工詩。善畫山水，學倪、黃，兼宋人筆意，疏爽有法。又精鑑別。世宗雍正初，曾受召命鑑別內府所藏法書、名畫真贋。流傳署款紀年作品見於世宗雍正十三（1735）年至高宗乾隆十三（1748）年。（見國朝畫徵錄、書畫紀略、中國畫家人名大辭典）

（釋）實　旃
附：

名稱	形式	質地	色彩	尺寸 高x寬㎝	創作時間	收藏處所	典藏號碼
仿劉松年山水圖	軸	絹	設色	不詳	乙卯（雍正十三年，1735）	上海 朵雲軒	
放翁詩意圖	軸	紙	設色	不詳	乾隆四年（己未，1739）	上海 朵雲軒	
雪景圖（為沖庵作，清董邦達等山水花卉冊12之1幀	冊頁	絹	設色	30.5 x 57	丙辰（乾隆元年，1736）小春	天津 天津市藝術博物館	

畫家小傳：實旃。僧。字旭林。江蘇青浦人。圓津禪院長老，為語石法徒。往遊維揚，住維摩院，以書畫名於時，尤善寫竹，為盧雅雨推重。流傳署款紀年作品見於世宗雍正十三(1735)年至高宗乾隆四(1739)年。（見青浦縣志、述庵文集、中國畫家人名大辭典）

惲鍾嵩

山水圖（張鵬翀等人雜畫冊10之1幀）	冊頁	絹	水墨	不詳		北京 中國歷史博物館	

畫家小傳：惲鍾嵩。畫史無載。身世待考。

李治運

山水圖（張鵬翀等人雜畫冊10之1幀）	冊頁	絹	水墨	不詳		北京 中國歷史博物館	

畫家小傳：李治運。畫史無載。身世待考。

唐賡揚

山水圖（綾本山水集冊之第7幀）	冊頁	綾	設色	25.7 x 21.8		美國 普林斯頓大學藝術館	78-24g

畫家小傳：唐賡揚。畫史無載。身世待考。

年希堯

附：

前世鴛鴦圖	軸	絹	設色	不詳	雍正乙卯（十三年，1735）	天津 天津市文物公司	

畫家小傳：年希堯。畫史無載。流傳署款紀年作品見於世宗雍正十三(1735)年。身世待考。

李 謙

山水圖（綾本山水集冊之第6幀）	冊頁	綾	設色	25.7 x 21.8		美國 普林斯頓大學藝術館	78-24f

畫家小傳：李謙。字自牧。江蘇嘉定人。為李流芳姪孫。繪事出於先人，更趨於能下功夫細。（見練水畫徵錄、中國美術家人名辭典）

名稱	形式	質地	色彩	尺寸 高x寬㎝	創作時間	收藏處所	典藏號碼

陳元復

名稱	形式	質地	色彩	尺寸 高x寬㎝	創作時間	收藏處所	典藏號碼
仿巨然山水圖	軸	紙	水墨	94.5 x 53	雍正乙卯（十三年，1735）	天津 天津市藝術博物館	
草堂送別圖	軸	絹	設色	不詳	乾隆戊午（三年，1738）	濟南 山東省博物館	
仿古山水圖（12幀）	冊	紙	設色	不詳	乾隆庚申（五年，1740）	石家莊 河北省博物館	

畫家小傳：陳元復。字西林。江蘇常熟人。為王士禎詩弟子。善畫山水，有元柯九思遺意。流傳署款紀年作品見於世宗雍正十三 (1735)年，至高宗乾隆五(1740)年。（見虞山畫志、中國畫家人名大辭典）

陳 岐

名稱	形式	質地	色彩	尺寸 高x寬㎝	創作時間	收藏處所	典藏號碼
秋江泛舟圖	軸	綾	水墨	118.5 x 47	乙卯（雍正十三年，1735）	天津 天津市藝術博物館	

畫家小傳：陳岐。字友山。浙江杭人。身世不詳。善畫山水。流傳署款紀年作品見於世宗雍正十三(1735)年。（見圖繪寶鑑續纂、中國畫家人名大辭典）

朱起麟

名稱	形式	質地	色彩	尺寸 高x寬㎝	創作時間	收藏處所	典藏號碼
于永禧行樂圖（朱起麟、葉澂合作）	卷	絹	設色	不詳		瀋陽 遼寧省博物館	

畫家小傳：朱起麟。畫史無載。身世待考。

葉 澂

名稱	形式	質地	色彩	尺寸 高x寬㎝	創作時間	收藏處所	典藏號碼
于永禧行樂圖（朱起麟、葉澂合作）	卷	絹	設色	不詳		瀋陽 遼寧省博物館	

畫家小傳：葉澂。畫史無載。身世待考。

孔傳誌

附：

名稱	形式	質地	色彩	尺寸 高x寬㎝	創作時間	收藏處所	典藏號碼
牡丹圖	軸	絹	水墨	不詳		上海 上海文物商店	

畫家小傳：孔傳誌。畫史無載。身世待考。

張崇鈞

附：

名稱	形式	質地	色彩	尺寸 高x寬㎝	創作時間	收藏處所	典藏號碼
黃岡竹樓圖	軸	絹	設色	210.3 x 99.6		紐約 佳士得藝品拍賣公司/拍	

名稱	形式	質地	色彩	尺寸 高x寬cm	創作時間	收藏處所	典藏號碼

賣目錄 1990.05.31.

畫家小傳：張崇鈞。畫史無載。身世待考。

楊　燦

| 仿文徵明山水圖（6幀） | 冊 | 絹 | 設色 | 不詳 | 乙卯（？雍正十三年，1735） | 濟南 山東省濟南市博物館 | |

畫家小傳：楊燦。畫史無載。流傳署款作品紀年疑為世宗雍正十三(1735)年。身世待考。

金　佶

| 石湖煙雨圖 | 軸 | 紙 | 水墨 | 185.1 × 42.7 | | 天津 天津市藝術博物館 | |

畫家小傳：金佶。畫史無載。身世待考。

劉　璠

| 指畫山水圖（4幅） | 軸 | 綾 | 設色 | （每幅）198 × 52 | | 天津 天津市藝術博物館 | |

畫家小傳：劉璠。畫史無載。身世待考。

蘇萬鍾

| 十八羅漢圖（18幀） | 冊 | 絹 | 設色 | 不詳 | | 石家莊 河北省博物館 | |
| 山水圖（12幀） | 冊 | 紙 | 設色 | （每幀）22.5 × 27.1 | | 韓國 首爾朴周煥先生 | |

畫家小傳：蘇萬鍾。字芳田。雲南昆明人。精醫術。工畫仕女、花卉，妍麗蒼秀兼而有之。（見滇南書畫錄、中國美術家人名大辭典）

金爾敬

| 山水圖（清十家書畫冊10之1幀） | 冊頁 | 紙 | 設色 | 11.4 × 16.5 | | 日本 兵庫縣黑川古文化研究所 | |

畫家小傳：金爾敬。畫史無載。字子信。號竹坡。身世待考。

江雲潛

| 山水圖（清十家書畫冊10之1幀） | 冊頁 | 紙 | 設色 | 11.4 × 16.5 | 乙卯（？雍正十三年，1735）夏月 | 日本 兵庫縣黑川古文化研究所 | |

畫家小傳：江雲潛。畫史無載。流傳署款作品紀年疑為世宗雍正十三（1735）年。身世待考。

許　材

名稱	形式	質地	色彩	尺寸 高x寬㎝	創作時間	收藏處所	典藏號碼
羅漢圖	軸	紙	設色	119 x 58.1		英國 倫敦大英博物館	1929.5.16.01（ADD63）

畫家小傳：許蔚材。畫史無載。字奇澄。身世待考。

愛新覺羅弘曆

名稱	形式	質地	色彩	尺寸 高x寬㎝	創作時間	收藏處所	典藏號碼
乾隆御製墨梅	小卷	紙	水墨	不詳		台北 故宮博物院	故畫 03856
寫生花卉圖	卷	紙	水墨	25.2 x 82.8		香港 劉作籌虛白齋	
疎林遠山圖	卷	藏經紙	水墨	12.8 x 150.8		天津 天津市藝術博物館	
秋山亭子圖	卷	紙	水墨	10.6 x ?	乾隆丙寅（十一年，1746）新春	日本 東京細川護貞先生	
夏卉八香圖	卷	紙	水墨	28.9 x 97.8	乙卯（雍正十三年，1735）潤月	美國 普林斯頓大學藝術館	
鹿角圖	卷	紙	水墨	不詳	壬午（乾隆二十七年，1762）新春	美國 紐約大都會藝術博物館	
南苑麋角圖	卷	紙	設色	24.9 x ?	丁亥（乾隆三十二年，1767）仲冬	美國 紐約大都會藝術博物館	13.220.127ab
古松圖	卷	紙	水墨	22.1 x 90.2	甲戌（乾隆十九年，1754）九月廿四日	美國 加州史坦福大學藝術博物館	67.76
寒山別墅圖	卷	紙	水墨	22.1 x 90.5		美國 加州史坦福大學藝術博物館	67.75
煙波釣艇圖	軸	紙	水墨	58.8 x 30.7	甲子（乾隆九年，1744）季夏上浣之四日	台北 故宮博物院	故畫 00761
書開泰說并仿明宣宗開泰圖	軸	紙	設色	127.7 x 63	壬辰（乾隆三十七年，1772）新春	台北 故宮博物院	故畫 00762
南極老人圖	軸	紙	水墨	不詳	庚午（乾隆十五年，1750）	瀋陽 遼寧省博物館	
潑雨時晴圖	軸	紙	水墨	不詳	壬午（乾隆二十七年，1762）仲春	北京 故宮博物院	
梅花圖	軸	紙	水墨	不詳	戊辰（乾隆三年，1738）	天津 天津市藝術博物館	
花朝圖	軸	紙	設色	不詳	壬午（乾隆二十七	天津 天津市藝術博物館	

名稱	形式	質地	色彩	尺寸 高x寬㎝	創作時間	收藏處所	典藏號碼
					年,1762)		
松樹圖	軸	藏經紙	水墨	34.8 × 29.3	戊子(乾隆三十三年,1768)	天津 天津市藝術博物館	
花卉圖	軸	紙	設色	不詳		天津 天津市藝術博物館	
人物圖	軸	紙	水墨	不詳	乾隆乙丑(乾隆十年,1745)	承德 河北省承德避暑山莊博物館	
歲寒三友圖	軸	紙	水墨	102 × 45	癸酉(乾隆十八年,1753)	承德 河北省承德避暑山莊博物館	
仿錢選三蔬圖	軸	紙	設色	不詳	戊寅(乾隆二十三年,1758)	承德 河北省承德避暑山莊博物館	
荷花鴛鴦圖	軸	絹	水墨	77 × 36	己卯(乾隆二十四年,1759)	濟南 山東省博物館	
墨梅圖(御賜金瑛)	軸	絹	水墨	74.8 × 37	乾隆二年(丁巳,1737)秋	日本 東京田中弘之先生	
樹石圖	軸	紙	水墨	85.8 × 52.5	丙子(乾隆二十一年,1756)陽月望日	日本 兵庫縣黑川古文化研究所	
御筆寫生(?幀)	冊	紙	水墨	不詳		台北 故宮博物院	故畫03768
御筆寫生(4幀)	冊	紙	水墨	不詳		台北 故宮博物院	故畫03769
清高宗御筆寫生(?幀)	冊	紙	水墨	不詳		台北 故宮博物院	故畫03772
御筆寫生(?幀)	冊	紙	水墨	不詳	癸巳(乾隆三十八年,1773)小春	台北 故宮博物院	故畫03779
御筆寫生(?幀)	冊	紙	水墨	不詳		台北 故宮博物院	故畫03785
臨倪雲林畫譜(5幀)	冊	紙	水墨	不詳		瀋陽 遼寧省博物館	
仿趙孟頫書畫(8幀)	冊	紙	水墨	(每幀)17.2 × 16.7	乙未(乾隆四十年,1775)清和	日本 東京細川護貞先生	
雪香圖(墨梅)	冊頁	紙	水墨	22.2 × 11.5		日本 東京細川護貞先生	
山水圖(4幀)	冊	紙	水墨	(每幀)10.9 × 22.1	庚寅(乾隆三十五年,1770)仲冬既望	日本 東京細川護貞先生	
臨倪瓚山水圖(6幀)	冊	紙	水墨	(每幀)17 × 12.2	庚寅(乾隆三十五年,1770)新秋	日本 東京細川護貞先生	
御筆梅花圖(?幀)	冊	紙	水墨	(每幀)11.2 × 6.7		美國 加州史坦福大藝術博物館學	82.214.1

名稱	形式	質地	色彩	尺寸 高×寬cm	創作時間	收藏處所	典藏號碼
蘭石圖（清高宗畫冊之2）	冊頁	紙	設色	9 × 9		英國 倫敦維多利亞-艾伯特博物館	L3285-1975b
松石圖（清高宗畫冊之3）	冊頁	紙	設色	9 × 9		英國 倫敦維多利亞-艾伯特博物館	L3285-1975c
附：							
喬梓圖（為錢陳群作）	軸	紙	水墨	107 × 48	乾隆庚辰（二十五年，1760）	上海 朵雲軒	
樹石圖	軸	紙	水墨	111.7 × 41.2	壬寅（乾隆四十七年，1782）暮春上澣	紐約 佳士得藝品拍賣公司/拍賣目錄1994,11,30.	
雙鴨圖	軸	紙	設色	121.2 × 57.8		紐約 佳士得藝品拍賣公司/拍賣目錄1994,11,30.	
寒梅天竹圖	軸	紙	設色	90.2 × 38.7		紐約 佳士得藝品拍賣公司/拍賣目錄1994,11,30.	
草蟲花卉圖	軸	紙	水墨	63.5 × 28		紐約 佳士得藝品拍賣公司/拍賣目錄1995,09,19.	
梅花四種（4幀）	冊	紙	水墨	（每幀）17 × 21	丙申（乾隆四十一年，1776）嘉平	紐約 佳士得藝品拍賣公司/拍賣目錄1989,06,01.	
水仙（4幀）	冊	紙	設色	（每幀）14 × 27.9		紐約 佳士得藝品拍賣公司/拍賣目錄1994,06,01.	

畫家小傳：愛新覺羅弘曆，即高宗。為世宗第四子。生於聖祖康熙五十（1711）年，卒於仁宗嘉慶四（1799）年。承皇位，在位六十年。喜愛書畫。萬幾之暇，游藝筆墨，工詩，善書畫。畫能山水、花木、竹石、梅蘭等，古秀渾厚，天機洋溢。（見國朝畫徵錄、清史稿本紀、書林藻鑑、繪境軒讀畫記、雲嶽樓筆談、中國美術家人名辭典）

愛新覺羅允禧

名稱	形式	質地	色彩	尺寸 高×寬cm	創作時間	收藏處所	典藏號碼
江天疊嶂圖	卷	紙	設色	18.4 × 155		石家莊 河北省博物館	
江山秋霽	卷	紙	設色	21.5 × 215.8		台北 故宮博物院	中畫00208
修竹吾廬圖	卷	紙	設色	35.8 × ？		日本 京都國立博物館	
山水	軸	紙	設色	50.1 × 33		台北 故宮博物院	故畫00734
山靜日長	軸	絹	設色	96.4 × 45.1	甲寅（雍正十二年，1734）元日	台北 故宮博物院	故畫02432
雪景人物事蹟（高宗御題）	軸	紙	設色	102.8 × 28.7		台北 故宮博物院	故畫02433
摹馬遠月下聽松圖	軸	絹	設色	107.5 × 55.8		台北 長流美術館	
湖山清曉圖	軸	紙	設色	不詳		北京 首都博物館	

名稱	形式	質地	色彩	尺寸 高x寬㎝	創作時間	收藏處所	典藏號碼
夏山高隱圖	軸	紙	水墨	84.6 x 34		天津 天津市藝術博物館	
山水圖	軸	紙	設色	不詳	乾隆丁丑（二十二年，1757）	上海 上海博物館	
山水圖	軸	紙	水墨	不詳	乾隆丙子（二十一年，1756）	上海 上海古籍書店	
仿梅道人山水圖	軸	紙	水墨	不詳	乙丑（乾隆十年，1805）	鎮江 江蘇省鎮江市博物館	
仿石田翁山水圖	軸	絹	設色	不詳		紹興 浙江省紹興市博物館	
松崖結舍（允禧山水冊之1）	冊頁	紙	設色	16 x 13		台北 故宮博物院	故畫 03206-1
柳岸維舟（允禧山水冊之2）	冊頁	紙	設色	16 x 13		台北 故宮博物院	故畫 03206-2
楓葉霜林（允禧山水冊之3）	冊頁	紙	設色	16 x 13		台北 故宮博物院	故畫 03206-3
水亭澗壑（允禧山水冊之4）	冊頁	紙	設色	16 x 13		台北 故宮博物院	故畫 03206-4
層岩古木（允禧山水冊之5）	冊頁	紙	設色	16 x 13		台北 故宮博物院	故畫 03206-5
曲磴飛泉（允禧山水冊之6）	冊頁	紙	設色	16 x 13		台北 故宮博物院	故畫 03206-6
田舍幽棲（允禧山水冊之7）	冊頁	紙	設色	16 x 13		台北 故宮博物院	故畫 03206-7
山窗高隱（允禧山水冊之8）	冊頁	紙	設色	16 x 13		台北 故宮博物院	故畫 03206-8
晴溪花柳（允禧山水冊之9）	冊頁	紙	設色	16 x 13		台北 故宮博物院	故畫 03206-9
疊嶂松杉（允禧山水冊之10）	冊頁	紙	設色	16 x 13		台北 故宮博物院	故畫 03206-10
山水（12幀）	冊	紙	設色	（每幀）15.5 x 12		台北 故宮博物院	故畫 03207
畫山水（8幀）	冊	紙	設色	（每幀）16 x 11.8		台北 故宮博物院	故畫 03208
山水（12幀）	冊	紙	水墨	（每幀）14.2 x 9		台北 故宮博物院	故畫 03209
靜寄山莊（允禧畫盤山十六景冊之1）	冊頁	紙	設色	14 x 11.4		台北 故宮博物院	故畫 03210-1
千相寺（允禧畫盤山十六景冊之2）	冊頁	紙	設色	14 x 11.4		台北 故宮博物院	故畫 03210-2
萬松寺（允禧畫盤山十六景冊之3）	冊頁	紙	設色	14 x 11.4		台北 故宮博物院	故畫 03210-3
天成寺（允禧畫盤山十六景冊之4）	冊頁	紙	設色	14 x 11.4		台北 故宮博物院	故畫 03210-4
少林寺（允禧畫盤山十六景冊之5）	冊頁	紙	設色	14 x 11.4		台北 故宮博物院	故畫 03210-5

名稱	形式	質地	色彩	尺寸 高x寬㎝	創作時間	收藏處所	典藏號碼
盤古寺（允禧畫盤山十六景冊之6）	冊頁	紙	設色	14 x 11.4		台北 故宮博物院	故畫03210-6
雲罩寺（允禧畫盤山十六景冊之7）	冊頁	紙	設色	14 x 11.4		台北 故宮博物院	故畫03210-7
古天香寺（允禧畫盤山十六景冊之8）	冊頁	紙	設色	14 x 11.4		台北 故宮博物院	故畫03210-8
中盤（允禧畫盤山十六景冊之9）	冊頁	紙	設色	14 x 11.4		台北 故宮博物院	故畫03210-9
東竺菴（允禧畫盤山十六景冊之10）	冊頁	紙	設色	14 x 11.4		台北 故宮博物院	故畫03210-10
雲淨寺（允禧畫盤山十六景冊之11）	冊頁	紙	設色	14 x 11.4		台北 故宮博物院	故畫03210-11
東甘澗（允禧畫盤山十六景冊之12）	冊頁	紙	設色	14 x 11.4		台北 故宮博物院	故畫03210-12
西甘澗（允禧畫盤山十六景冊之13）	冊頁	紙	設色	14 x 11.4		台北 故宮博物院	故畫03210-13
上方寺（允禧畫盤山十六景冊之14）	冊頁	紙	設色	14 x 11.4		台北 故宮博物院	故畫03210-14
雙峰寺（允禧畫盤山十六景冊之15）	冊頁	紙	設色	14 x 11.4		台北 故宮博物院	故畫03210-15
金山寺（允禧畫盤山十六景冊之16）	冊頁	紙	設色	14 x 11.4		台北 故宮博物院	故畫03210-16
益封功臣（允禧墨妙珠林（辰）冊之1）	冊頁	紙	設色	63 x 42.5	乾隆丙寅（十一年，1746）清和月，繪畫漢文帝廿四詔	台北 故宮博物院	故畫03636-1
賜民爵（允禧墨妙珠林（辰）冊之2）	冊頁	紙	設色	63 x 42.5		台北 故宮博物院	故畫03636-2
丞相勃就國（允禧墨妙珠林（辰）冊之3）	冊頁	紙	設色	63 x 42.5		台北 故宮博物院	故畫03636-3
除秘祝（允禧墨妙珠林（辰）冊之4）	冊頁	紙	設色	63 x 42.5		台北 故宮博物院	故畫03636-4
除誹謗（允禧墨妙珠林（辰）冊之5）	冊頁	紙	設色	63 x 42.5		台北 故宮博物院	故畫03636-5

名稱	形式	質地	色彩	尺寸 高x寬㎝	創作時間	收藏處所	典藏號碼
除肉刑（允禧墨妙珠林（辰）冊之6）	冊頁	紙	設色	63 × 42.5		台北 故宮博物院	故畫 03636-6
立辟疆章等為王（允禧墨妙珠林（辰）冊之7）	冊頁	紙	設色	63 × 42.5		台北 故宮博物院	故畫 03636-7
賑貸養老（允禧墨妙珠林（辰）冊之8）	冊頁	紙	設色	63 × 42.5		台北 故宮博物院	故畫 03636-8
議民食（允禧墨妙珠林（辰）冊之9）	冊頁	紙	設色	63 × 42.5		台北 故宮博物院	故畫 03636-9
議郊祀（允禧墨妙珠林（辰）冊之10）	冊頁	紙	設色	63 × 42.5		台北 故宮博物院	故畫 03636-10
開耤田（允禧墨妙珠林（辰）冊之11）	冊頁	紙	設色	63 × 42.5		台北 故宮博物院	故畫 03636-11
孝悌力田（允禧墨妙珠林（辰）冊12）	冊頁	紙	設色	63 × 42.5		台北 故宮博物院	故畫 03636-12
勸農（允禧墨妙珠林（辰）冊之13）	冊頁	紙	設色	63 × 42.5		台北 故宮博物院	故畫 03636-13
親桑（允禧墨妙珠林（辰）冊之14）	冊頁	紙	設色	63 × 42.5		台北 故宮博物院	故畫 03636-14
除田租（允禧墨妙珠林（辰）冊之15）	冊頁	紙	設色	63 × 42.5		台北 故宮博物院	故畫 03636-15
赦濟北吏民（允禧墨妙珠林（辰）冊之16）	冊頁	紙	設色	63 × 42.5		台北 故宮博物院	故畫 03636-16
列侯就國（允禧墨妙珠林（辰）冊之17）	冊頁	紙	設色	63 × 42.5		台北 故宮博物院	故畫 03636-17
舉賢良罷兵衛（允禧墨妙珠林（辰）冊之18）	冊頁	紙	設色	63 × 42.5		台北 故宮博物院	故畫 03636-18
增諸祀珪幣（允禧墨妙珠林（辰）冊之19）	冊頁	紙	設色	63 × 42.5		台北 故宮博物院	故畫 03636-19
修代來公益封高帝功臣（允禧墨妙珠林（辰）冊之20）	冊頁	紙	設色	63 × 42.5		台北 故宮博物院	故畫 03636-20
和親（允禧墨妙珠林（辰）冊之21）	冊頁	紙	設色	63 × 42.5		台北 故宮博物院	故畫 03636-21
舉賢良能直言極諫者（允禧墨妙珠林（辰）冊之22）	冊頁	紙	設色	63 × 42.5		台北 故宮博物院	故畫 03636-22

名稱	形式	質地	色彩	尺寸 高×寬㎝	創作時間	收藏處所	典藏號碼
賜半租（允禧墨妙珠林（辰）冊之23）	冊頁	紙	設色	63 × 42.5		台北 故宮博物院	故畫 03636-23
除收帑諸相坐律令（允禧墨妙珠林（辰）冊之24）	冊頁	紙	設色	63 × 42.5		台北 故宮博物院	故畫 03636-24
雲山圖	摺扇面	金箋	水墨	不詳		石家莊 河北省博物館	
附：							
山水圖	卷	紙	設色	13 × 116.8		紐約 蘇富比藝品拍賣公司/拍賣目錄 1988,06,01.	
山水圖	卷	紙	水墨	34 × 320		紐約 佳士得藝品拍賣公司/拍賣目錄 1992,12,02.	
山水圖	軸	紙	水墨	不詳		北京 中國文物商店總店	
攜琴訪友圖	軸	紙	水墨	103 × 51		香港 佳士得藝品拍賣公司/拍賣目錄 2001,04,29.	
青綠山水圖（8幀）	冊	金箋	設色	（每幀）19 × 19.5	乙卯（雍正十三年，1735）夏六月	紐約 佳士得藝品拍賣公司/拍賣目錄 1992,12,02.	

畫家小傳：愛新覺羅允禧。清宗室。封慎郡王。號紫瓊道人、春浮居士。生於聖祖康熙五十（1711）年，卒於乾隆二十三（1758）。善書、畫。畫工山水，筆致超逸，得力倪瓚；作水墨花卉，亦有雅韻。署款作品見於雍正十二（1734）至乾隆十一（1746）年。（見國朝畫徵錄、熙朝雅頌、中國畫家人名大辭典）

程致遠

名稱	形式	質地	色彩	尺寸	創作時間	收藏處所	典藏號碼
牡丹白頭圖	軸	絹	設色	不詳	庚戌（乾隆五十五年，1790）	北京 北京畫院	
蔬果圖（8幀）	冊	紙	水墨	不詳	乾隆元年，丙辰（1736）小春既望	常熟 江蘇省常熟市文物管理委員會	

畫家小傳：程致遠。字南溟。江蘇長洲人。善畫水墨花果。流傳署款紀年作品見於高宗乾隆元（1736）至五十五（1790）年。（見歷代畫史彙傳附錄、中國畫家人名大辭典）

汪玉珂

名稱	形式	質地	色彩	尺寸	創作時間	收藏處所	典藏號碼
山水、花卉圖（12幀，汪玉珂、方士庶合作）	冊	紙	設色	不詳	乾隆元年，丙辰（1736）	杭州 浙江省杭州市文物考古所	

畫家小傳：汪玉珂。畫史無載。與方士庶同時。流傳署款紀年作品見於高宗乾隆元（1736）年。身世待考。

孫祜

名稱	形式	質地	色彩	尺寸	創作時間	收藏處所	典藏號碼
院本清明上河圖（孫祜、陳枚、金昆、戴洪、程志道合作）	卷	絹	設色	35.6 × 1152.8	乾隆元年（丙辰，1736）十二月十五	台北 故宮博物院	故畫 01110

名稱	形式	質地	色彩	尺寸 高x寬cm	創作時間	收藏處所	典藏號碼
					日		
院本漢宮春曉圖（孫祜、周鯤、丁觀鵬合繪）	卷	絹	設色	32.9 x 718.1	乾隆六年（辛酉，1741）長至月	台北 故宮博物院	故畫 01112
十八學士圖（孫祜、周鯤、丁觀鵬合作）	卷	絹	設色	39 x 1138.2	乾隆辛酉（六年，1741）十二月	台北 故宮博物院	故畫 01555
丹臺春曉圖（陳枚、孫祜、丁觀鵬合作）	卷	絹	設色	30 x 326.8		天津 天津市藝術博物館	
慶豐圖（與金昆、陳枚、孫祜、丁觀鵬、程志道、吳桂合筆）	卷	絹	設色	28.8 x 521.2	乾隆辛酉（六年，1741）五月	日本 東京岡部長景先生	
仿李唐寒谷先春（與唐岱合作）	軸	紙	設色	355 x 274.5	乾隆九年（甲子，1744）春王月	台北 故宮博物院	故畫 03720
春社圖	軸	絹	設色	不詳	乾隆九年（甲子，1744）五月	北京 故宮博物院	
秋山樓閣	軸	絹	設色	159.8 x 98.6	乾隆九年，甲子（1744）中秋	台北 故宮博物院	故畫 00962
倣趙千里九成宮圖（與丁觀鵬合作）	軸	絹	設色	43.4 x 42.3	乾隆十年，乙丑（1745）正月	台北 故宮博物院	故畫 02928
倣王維關山行旅圖	軸	絹	設色	170.9 x 92.4	乾隆十年，乙丑（1745）正月	台北 故宮博物院	故畫 03041
新豐圖（孫祜、唐岱、沈源、丁觀鵬、周鯤、王幼學、吳桂合筆）	軸	絹	設色	203.8 x 96.4		台北 故宮博物院	故畫 03122
慶豐圖（孫祜、唐岱、沈源、丁觀鵬、王幼學、周鯤、吳桂合作）	軸	絹	設色	393.6 x 234		台北 故宮博物院	故畫 03704
雲龍圖	軸	絹	水墨	不詳		烏魯木齊 新疆維吾爾自治區博物館	
壽翁撫琴（孫祜萬壽圖冊之1）	冊頁	絹	設色	24.7 x 24.4		台北 故宮博物院	故畫 03372-1
壽翁對奕（孫祜萬壽圖冊之2）	冊頁	絹	設色	24.7 x 24.4		台北 故宮博物院	故畫 03372-2
壽翁展卷（孫祜萬壽圖冊之3）	冊頁	絹	設色	24.7 x 24.4		台北 故宮博物院	故畫 03372-3
壽翁觀畫（孫祜萬壽圖冊之4）	冊頁	絹	設色	24.7 x 24.4		台北 故宮博物院	故畫 03372-4
壽翁笊籬（孫祜萬壽圖冊之5）	冊頁	絹	設色	24.7 x 24.4		台北 故宮博物院	故畫 03372-5
壽翁煉丹（孫祜萬壽圖冊之6）	冊頁	絹	設色	24.7 x 24.4		台北 故宮博物院	故畫 03372-6
壽翁□□（孫祜萬壽圖冊之7）	冊頁	絹	設色	24.7 x 24.4		台北 故宮博物院	故畫 03372-7

名稱	形式	質地	色彩	尺寸 高×寬cm	創作時間	收藏處所	典藏號碼
壽翁靈芝（孫祜萬壽圖冊之8）	冊頁	絹	設色	24.7 × 24.4		台北 故宮博物院	故畫 03372-8
眾睡我醒（孫祜萬壽圖冊之9）	冊頁	絹	設色	24.7 × 24.4		台北 故宮博物院	故畫 03372-9
壽翁論劍（孫祜萬壽圖冊之10）	冊頁	絹	設色	24.7 × 24.4		台北 故宮博物院	故畫 03372-10
壽翁酣飲（孫祜萬壽圖冊之11）	冊頁	絹	設色	24.7 × 24.4		台北 故宮博物院	故畫 03372-11
禮拜仙翁（孫祜萬壽圖冊之12）	冊頁	絹	設色	24.7 × 24.4		台北 故宮博物院	故畫 03372-12
雨中春樹（古香片羽冊之五）	冊頁	絹	設色	30.3 × 30.6		台北 故宮博物院	故畫 03497-5
陶冶圖（20幀，與周鯤、丁觀鵬合繪）	冊	絹	設色	（每幀）29 × 25		台北 清玩雅集	
樹林圖	摺扇面	紙	設色	17 × 52.3		香港 潘祖堯小聽颿樓	CP54
霜林圖	摺扇面	紙	設色	19.2 × 57.8	乾隆己酉（五十四年，1789	北京 故宮博物院	
雪事十詠圖（10幀）	冊	絹	設色	（每幀）32.2 × 26		北京 故宮博物院	
附：							
秋山樓閣圖	軸	絹	設色	99 × 59.8		紐約 佳士得藝品拍賣公司/拍賣目錄 1993,06,04.	

畫家小傳：孫祜。江蘇人。工畫山水，宗法婁東。高宗朝供奉畫院。署款紀年作品見於高宗乾隆元（1736）至十（1745）年。（見熙朝名
　　畫錄、國朝畫院錄、中國畫家人名大辭典）

程志道

名稱	形式	質地	色彩	尺寸 高×寬cm	創作時間	收藏處所	典藏號碼
院本清明上河圖（與陳枚、孫祐、金昆、戴洪、陳志道合繪）	卷	絹	設色	35.6 × 1152.8	乾隆元年（丙辰，1736）十二月十五日	台北 故宮博物院	故畫 01110
院本漢宮春曉圖（與金昆、盧湛、陳志道、吳桂合繪）	卷	絹	設色	37.2 × 596.8	乾隆三年（戊午，1738）	台北 故宮博物院	故畫 01111
慶豐圖（與金昆、陳枚、孫祐、丁觀鵬、程志道、吳桂合筆）	卷	絹	設色	28.8 × 521.2	乾隆辛酉（六年，1741）五月	日本 東京岡部長景先生	
院本親蠶圖（四）-獻繭（郎世寧、金昆、李慧林、陳志道合作）	卷	絹	設色	51 × 639.7	乾隆九年（甲子，1744）	台北 故宮博物院	故畫 00920
摹丁雲鵬羅漢	卷	紙	設色	31.7 × 254.2		台北 故宮博物院	中畫 00254
幽溪疊嶂圖	軸	絹	設色	154.3 × 50.8		天津 天津市藝術博物館	

名稱	形式	質地	色彩	尺寸 高×寬㎝	創作時間	收藏處所	典藏號碼
梅映旭日（程志道畫眉香季年冊之1）	冊頁	絹	設色	33 × 30		台北 故宮博物院	故畫 03381-1
漁村花樹（程志道畫眉香季年冊之2）	冊頁	絹	設色	33 × 30		台北 故宮博物院	故畫 03381-2
月輝梅林（程志道畫眉香季年冊之3）	冊頁	絹	設色	33 × 30		台北 故宮博物院	故畫 03381-3
雲山梅樹（程志道畫眉香季年冊之4）	冊頁	絹	設色	33 × 30		台北 故宮博物院	故畫 03381-4
山閣觀梅（程志道畫眉香季年冊之5）	冊頁	絹	設色	33 × 30		台北 故宮博物院	故畫 03381-5
松梅蝙蝠（程志道畫眉香季年冊之6）	冊頁	絹	設色	33 × 30		台北 故宮博物院	故畫 03381-6
梅屋觀瀑（程志道畫眉香季年冊之7）	冊頁	絹	設色	33 × 30		台北 故宮博物院	故畫 03381-7
梅山鹿嬉（程志道畫眉香季年冊之8）	冊頁	絹	設色	33 × 30		台北 故宮博物院	故畫 03381-8
策杖觀梅（程志道畫眉香季年冊之9）	冊頁	絹	設色	33 × 30		台北 故宮博物院	故畫 03381-9
梅浦懸帆（程志道畫眉香季年冊之10）	冊頁	絹	設色	33 × 30		台北 故宮博物院	故畫 03381-10
梅窗閒眺（程志道畫眉香季年冊之11）	冊頁	絹	設色	33 × 30		台北 故宮博物院	故畫 03381-11
雪梅蘆雁（程志道畫眉香季年冊之12）	冊頁	絹	設色	33 × 30		台北 故宮博物院	故畫 03381-12
花鳥圖	摺扇面	金箋	設色	15.3 × 46.3		德國 柏林東亞藝術博物館	1988-204

畫家小傳：程志道。字又川。江蘇吳縣人。善畫山水，宗法婁東一派。高宗朝供奉畫院。署款紀年作品見於高宗乾隆三(1738)至九
　　　(1744)年。(見熙朝名畫錄、國朝畫院錄、中國畫家人名大辭典)

盧 湛

名稱	形式	質地	色彩	尺寸 高×寬㎝	創作時間	收藏處所	典藏號碼
院本漢宮春曉圖（金昆、程志道、吳桂、盧湛合繪）	卷	絹	設色	37.2 × 596.8	乾隆三年（戊午，1738）	台北 故宮博物院	故畫 01111
院本親蠶圖（二）-祭壇（郎世寧、金昆、盧湛、陳永价合作）	卷	絹	設色	51 × 576.2	乾隆九年（甲子，1744）	台北 故宮博物院	故畫 00918
巖關行旅（盧湛畫江山共老冊	冊頁	絹	設色	32.8 × 30		台北 故宮博物院	故畫 03376-1

名稱	形式	質地	色彩	尺寸 高×寬 cm	創作時間	收藏處所	典藏號碼
之 1)							
薜浦魚罟（盧湛畫江山共老冊之 2）	冊頁	絹	設色	32.8 × 30		台北 故宮博物院	故畫 03376-2
青山白雲紅樹（盧湛畫江山共老冊之 3）	冊頁	絹	設色	32.8 × 30		台北 故宮博物院	故畫 03376-3
谿山水閣（盧湛畫江山共老冊之 4）	冊頁	絹	設色	32.8 × 30		台北 故宮博物院	故畫 03376-4
春原問事（盧湛畫江山共老冊之 5）	冊頁	絹	設色	32.8 × 30		台北 故宮博物院	故畫 03376-5
雲樹鹿蹤（盧湛畫江山共老冊之 6）	冊頁	絹	設色	32.8 × 30		台北 故宮博物院	故畫 03376-6
秋山策杖（盧湛畫江山共老冊之 7）	冊頁	絹	設色	32.8 × 30		台北 故宮博物院	故畫 03376-7
江磯遠帆（盧湛畫江山共老冊之 8）	冊頁	絹	設色	32.8 × 30		台北 故宮博物院	故畫 03376-8
江岸花樹（盧湛畫江山共老冊之 9）	冊頁	絹	設色	32.8 × 30		台北 故宮博物院	故畫 03376-9
江寺風帆（盧湛畫江山共老冊之 10）	冊頁	絹	設色	32.8 × 30		台北 故宮博物院	故畫 03376-10
深山鶴院（盧湛畫江山共老冊之 11）	冊頁	絹	設色	32.8 × 30		台北 故宮博物院	故畫 03376-11
雪寺江行（盧湛畫江山共老冊之 12）	冊頁	絹	設色	32.8 × 30		台北 故宮博物院	故畫 03376-12
樹林圖	摺扇面	紙	淺設色	17 × 52.3		香港 潘祖堯小聽颿樓	CP54

畫家小傳：盧湛。籍里、身世不詳。善畫山水。高宗朝供奉畫院。署款紀年作品見於高宗乾隆三(1738)至九(1744)年。（見國朝畫院
　　　錄、中國畫家人名大辭典）

吳 桂

名稱	形式	質地	色彩	尺寸 高×寬 cm	創作時間	收藏處所	典藏號碼
院本漢宮春曉圖（金昆、盧湛、程志道、吳桂合繪）	卷	絹	設色	37.2 × 596.8	乾隆三年（戊午，1738）	台北 故宮博物院	故畫 01111
慶豐圖（金昆、陳枚、孫祐、丁觀鵬、程志道、吳桂合筆）	卷	絹	設色	28.8 × 521.2	乾隆辛酉（六年，1741）五月	日本 東京岡部長景先生	
院本親蠶圖（一）- 詣壇（郎世寧、金昆、吳桂、曹樹德合	卷	絹	設色	51 × 762.8	乾隆九年（甲子，1744）	台北 故宮博物院	故畫 00917

名稱	形式	質地	色彩	尺寸 高x寬cm	創作時間	收藏處所	典藏號碼
繪）							
慶豐圖（唐岱、孫祜、周鯤、沈源、丁觀鵬、王幼學、吳桂合作）	軸	絹	設色	393.6 × 234		台北 故宮博物院	故畫 03704
新豐圖（唐岱、孫祜、周鯤、沈源、丁觀鵬、王幼學、吳桂合作）	軸	絹	設色	203.8 × 96.4		台北 故宮博物院	故畫 03122
畫雪景人物事蹟（高宗御題）	軸	紙	設色	112.7 × 28.7		台北 故宮博物院	故畫 02877
盆栽人物圖	軸	絹	設色	125.7 × 66.7		日本 私人	

畫家小傳：吳桂。籍里、身世不詳。高宗朝供奉畫院。署款紀年作品見於高宗乾隆三(1738)至九(1744)年。(見國朝畫院錄、中國畫家人名大辭典)

陳 基

百子圖	橫幅	絹	設色	96.6 × 113.8		加拿大 多倫多皇家安大略博物館	920.21.11

畫家小傳：陳基。籍里、身世不詳。工畫人物。高宗朝供奉畫院。(見國朝畫院錄、中國畫家人名大辭典)

玫 谷

樹林圖	摺扇面	紙	設色	17 × 52.3		香港 潘祖堯小聽颿樓	CP54

畫家小傳：玫谷。畫史無載。身世待考。

袁慰祖

境靜林樾圖（為秋水作）	軸	紙	設色	128.6 × 34.5	丙辰（乾隆元年，1736）夏六月	揚州 江蘇省揚州市博物館	

畫家小傳：袁慰祖。字律躬（一字笠公）。號竹室。江蘇長洲人，寓居維揚。工詩。好鼓琴。善畫山水。又精畫論，撰有畫陽秋行世。流傳署款紀作品見於高宗乾隆元(1736)年。(見墨香居畫識、墨林今話、中國畫家人名大辭典)

程 城

太白詩意圖	軸	紙	水墨	不詳	乾隆紀元（丙辰，1736）	濟南 山東省博物館	

畫家小傳：程城。畫史無載。流傳署款紀年作品見於高宗乾隆元(1736)年。身世待考。

孫伯年

附：

名稱	形式	質地	色彩	尺寸 高×寬cm	創作時間	收藏處所	典藏號碼
仿北苑筆法山水圖	軸	金箋	水墨	81 × 39		紐約 佳士得藝品拍賣公司/拍賣目錄 1990.05.31.	

畫家小傳：孫伯年。畫史無載。身世待考。

張　蘭

| 菊石圖（各人畫扇貳冊（下）冊之 16） | 摺扇面 | 紙 | 水墨 | 不詳 | | 台北 故宮博物院 | 故畫 03557-16 |

畫家小傳：張蘭。字芳貽。臨潼人，寓居江蘇揚州。善畫。（見揚州畫舫錄、中國畫家人名大辭典）

林　璜

| 雙鶴圖 | 軸 | 紙 | 設色 | 188.2 × 70.6 | | 台北 故宮博物院 | 故畫 00805 |

畫家小傳：林璜。字仲玉。畫史無載。惟載有林瓏其人，福建人。善畫山水，疑似兄弟。待考。

黃應元

| 山水圖（8幀） | 冊 | 紙 | 設色 | 不詳 | 乾隆元年（丙辰，1736） | 北京 故宮博物院 | |

畫家小傳：黃應元。畫史無載。署款紀年作品見於高宗乾隆元（1736）年。身世待考。

徐　穉

| 鳩雀爭春圖 | 軸 | 絹 | 設色 | 不詳 | | 北京 故宮博物院 | |

畫家小傳：徐穉。畫史無載。身世待考。

彭謙豫

| 春山讀書圖 | 軸 | 絹 | 設色 | 不詳 | 七十二翁（？） | 上海 上海博物館 | |

畫家小傳：彭謙豫。畫史無載。身世待考。

臧　嘉
附：

| 仿李成山水圖 | 軸 | 絹 | 設色 | 不詳 | | 上海 朵雲軒 | |

畫家小傳：臧嘉。畫史無載。身世待考。

韓　咸

| 和靖賞梅圖 | 軸 | 絹 | 設色 | 170 × 96 | | 南京 南京博物院 | |

名稱	形式	質地	色彩	尺寸 高x寬㎝	創作時間	收藏處所	典藏號碼

畫家小傳：韓咸。字無我。浙江會稽人。家世不詳。工詩，善畫，頗負重名。(見越風詩傳、中國畫家人名大辭典)

顧匡明

| 山村屋舍圖 | 軸 | 金箋 | 水墨 | 不詳 | | 南京 南京博物院 | |

畫家小傳：顧匡明。畫史無載。身世待考。

王丹武

| 海屋添籌圖 | 軸 | 絹 | 設色 | 不詳 | 九十叟（？） | 無錫 江蘇省無錫市博物館 | |

畫家小傳：王丹武。畫史無載。身世待考。

崔日東

| 絕壁雲開圖 | 軸 | 絹 | 設色 | 不詳 | 丙辰（乾隆元年，1736）秋八月 | 徐州 江蘇省徐州市博物館 | |

畫家小傳：崔日東。畫史無載。流傳署款紀年作品見於高宗乾隆元（1736）年。身世待考。

潘 松

| 枯木寒鴉圖（清十家書畫冊 10 之 1 幀） | 冊頁 | 紙 | 設色 | 11.4 x 16.5 | | 日本 兵庫縣黑川古文化研究所 | |
| 風雨渡舟圖（清十家書畫冊 10 之 1 幀） | 冊頁 | 紙 | 設色 | 11.4 x 16.5 | 丙辰（？乾隆元年，1736）三月 | 日本 兵庫縣黑川古文化研究所 | |

畫家小傳：潘松。字益堂。畫史無載。流傳署款作品紀年疑為高宗乾隆元（1736）年。身世待考。

葉 昀

| 十八羅漢圖 | 摺扇面 | 黑箋 | 泥金 | 23.4 x 73 | | 瑞士 蘇黎士黎德堡博物館 | RCH.1018 |

畫家小傳：葉昀。畫史無載。身世待考。

常 泰

| 荷花圖 | 軸 | 絹 | 設色 | 132 x 56.5 | 乾隆紀元之明年（丁巳，1737） | 新昌 浙江省新昌縣博物館 | |

畫家小傳：常泰。畫史無載。流傳署款紀年作品見於高宗乾隆二（1737）年。身世待考。

徐 堅

| 江渚高閣圖 | 卷 | 紙 | 設色 | 不詳 | 乾隆丙午（五十一年，1786）夏六月下浣 | 瀋陽 故宮博物館 | |

名稱	形式	質地	色彩	尺寸 高x寬cm	創作時間	收藏處所	典藏號碼
臨謝時臣草堂十志圖	卷	紙	水墨	不詳	癸未（乾隆二十八年，1763）春二月	長春 吉林省博物館	
臨倪瓚獅子林圖	卷	紙	水墨	不詳	乾隆辛巳（二十六年，1761）	北京 故宮博物院	
臨唐寅赤壁圖並書賦	卷	紙	水墨	不詳	乾隆壬午（二十七年，1762）三月十八日	北京 故宮博物院	
蘭石圖	卷	紙	水墨	不詳	戊申（乾隆五十三年，1788）冬日	北京 故宮博物院	
松圖（清徐堅等十九家畫松圖卷之1段）	卷	紙	水墨			北京 故宮博物院	
臨董源夏景山口待渡圖	卷	紙	設色	48.8 x 301.5	乾隆庚辰（二十五年，1760）	天津 天津市藝術博物館	
摹吳歷湖山秋曉圖	卷	紙	水墨	20 x 595.3	癸卯（乾隆四十八年，1766）正月廿五日	上海 上海博物館	
臨曹知白山水圖	卷	紙	水墨	不詳		上海 上海博物館	
萬壑松風圖	軸	紙	水墨	175.2 x 83.4	乾隆丁未（五十二年，1787）	瀋陽 遼寧省博物館	
湖山秋曉圖	軸	紙	設色	不詳	甲子（乾隆九年，1744）夏日	北京 故宮博物院	
臨黃公望山水圖	軸	紙	設色	不詳	辛巳（乾隆二十六年，1761）冬十月	北京 故宮博物院	
摹王孟端山水圖	軸	紙	設色	不詳	己丑（乾隆三十四年，1769）夏六月	北京 故宮博物院	
秋山蕭寺圖	軸	紙	設色	不詳	戊申（乾隆五十三年，1788）初夏	北京 故宮博物院	
仿一峰老人山水圖	軸	紙	水墨	109 x 63	乙未（乾隆四十年，1775）	天津 天津市藝術博物館	
南山當戶圖	軸	紙	設色	不詳	乾隆癸丑（五十八年，1793）八十有二	天津 天津市藝術博物館	
雲壑烟林圖（為切問齋主人作）	軸	紙	設色	77 x 23	乙巳（乾隆五十年，1785）仲夏	烟臺 山東省烟臺市博物館	
仿倪瓚幽澗寒松圖	軸	紙	水墨	64.6 x 50.2	甲辰（乾隆四十九	南京 南京博物院	

名稱	形式	質地	色彩	尺寸 高×寬㎝	創作時間	收藏處所	典藏號碼
					年，1784）六月朔		
仿王蒙松泉清聽圖	軸	紙	設色	不詳	丙午（乾隆五十一年，1786）夏日	廣州 廣東省博物館	
仿米虎兒雲山無盡圖（清董邦達等山水花卉冊12之1幀	冊頁	紙	設色	30.5 × 57		天津 天津市藝術博物館	
山水圖（高翔等書畫集冊12之第4幀）	冊頁	絹	設色	不詳		上海 上海博物館	
山水圖（12幀）	冊	紙	設色	不詳	己巳（乾隆十四年，1749）	廣州 廣東省博物館	

畫家小傳：徐堅。字孝先。號友竹、覘亭、鄧蔚山人。江蘇吳縣人。生於聖祖康熙五十一（1712）年，卒於仁宗嘉慶三（1798）年。工詩。善書及篆刻。工畫山水，學王原祁，筆墨蒼古，無柔媚氣。（見墨香居畫識、墨林今話、中國畫家人名大辭典）

嚴茂恩

名稱	形式	質地	色彩	尺寸 高×寬㎝	創作時間	收藏處所	典藏號碼
牡丹飛蝶圖	軸	絹	設色	不詳	乾隆丁巳（二年，1786）	廣州 廣東省博物館	

畫家小傳：嚴茂恩。畫史無載。署款紀年作品見於高宗乾隆二（1737）年。身世待考。

侯 正

名稱	形式	質地	色彩	尺寸 高×寬㎝	創作時間	收藏處所	典藏號碼
綠野讀書圖	軸	絹	設色	不詳		北京 中央工藝美術學院	
人物圖	軸	絹	設色	不詳		石家莊 河北省石家莊文物管理所	
江天暮雪圖	軸	絹	設色	120 × 270	丁巳（乾隆二年，1737）	張掖 甘肅省張掖市博物館	

畫家小傳：侯正。畫史無載。流傳署款作品紀年疑為高宗乾隆二（1737）年。身世待考。

汪 樸

名稱	形式	質地	色彩	尺寸 高×寬㎝	創作時間	收藏處所	典藏號碼
山水圖	摺扇面	金箋	水墨	不詳		杭州 浙江省博物館	
附：							
懸崖喬木圖	軸	絹	設色	不詳	丁巳（乾隆二年，1737）	上海 上海文物商店	

畫家小傳：汪樸。畫史無載。流傳署款作品紀年疑為高宗乾隆二（1737）年。身世待考。

張若靄

名稱	形式	質地	色彩	尺寸 高×寬㎝	創作時間	收藏處所	典藏號碼
臨揚補之南枝圖（原題臨王冕）	卷	紙	水墨	4.4 × 47.4		台北 故宮博物院	故畫 01684
臨北宋李迪荔支圖	卷	絹	設色	30.8 × ？		香港 王南屏先生	

名稱	形式	質地	色彩	尺寸 高x寬cm	創作時間	收藏處所	典藏號碼
歲寒三友圖	卷	紙	水墨	28.1 x 119.2		日本 私人	
畫雪景人物事蹟	軸	紙	水墨	112.5 x 28.7		台北 故宮博物院	故畫 00782
畫高宗御筆種秋花詩	軸	紙	設色	188.5 x 100.2	乾隆丙寅（十一年，1746）七月	台北 故宮博物院	故畫 03123
畫御園暮春詩	軸	紙	設色	61.2 x 81.1		台北 故宮博物院	故畫 02585
鎮海寺雪景	軸	紙	設色	127.6 x 62.8		台北 故宮博物院	故畫 02586
水仙	軸	紙	水墨	89.4 x 82.6		台北 故宮博物院	故畫 02587
松竹鳴禽圖（高宗御題）	軸	紙	水墨	137.5 x 76.7		台北 故宮博物院	故畫 02588
五君子圖	卷	紙	水墨	89 x 49.5		旅順 遼寧省旅順博物館	
蓬塘浴鴨圖	軸	紙	設色	130 x 67	乾隆丙辰（十一年，1746）	北京 北京市文物局	
山水圖	軸	紙	水墨	174.7 x 59.2		北京 首都博物館	
蓮塘浴鴨圖	軸	紙	設色	135 x 68.5		天津 天津市藝術博物館	
雪浪石圖	軸	紙	設色	不詳		承德 河北省承德避暑山莊博物館	
罌粟花圖	軸	紙	設色	不詳		上海 上海博物館	
烟波致爽（張若靄畫避暑山莊圖并高宗題詩（一）冊之1）	冊頁	絹	設色	26.3 x 30.4		台北 故宮博物院	中畫 00123-1
芝逕雲隄（張若靄畫避暑山莊圖并高宗題詩（一）冊之2）	冊頁	絹	設色	26.3 x 30.4		台北 故宮博物院	中畫 00123-2
無暑清涼（張若靄畫避暑山莊圖并高宗題詩（一）冊之3）	冊頁	絹	設色	26.3 x 30.4		台北 故宮博物院	中畫 00123-3
延薰山館（張若靄畫避暑山莊圖并高宗題詩（一）冊之4）	冊頁	絹	設色	26.3 x 30.4		台北 故宮博物院	中畫 00123-4
永芳巖秀（張若靄畫避暑山莊圖并高宗題詩（一）冊之5）	冊頁	絹	設色	26.3 x 30.4		台北 故宮博物院	中畫 00123-5
雲帆月舫（張若靄畫避暑山莊圖并高宗題詩（一）冊之6）	冊頁	絹	設色	26.3 x 30.4		台北 故宮博物院	中畫 00123-6
松鶴清越（張若靄畫避暑山莊圖并高宗題詩（一）冊之之7）	冊頁	絹	設色	26.3 x 30.4		台北 故宮博物院	中畫 00123-7
雲山勝地（張若靄畫避暑山莊圖并高宗題詩（一）冊之8）	冊頁	絹	設色	26.3 x 30.4		台北 故宮博物院	中畫 00123-8
四面雲山（張若靄畫避暑山莊圖并高宗題詩（二）冊之1）	冊頁	絹	設色	26.3 x 30.4		台北 故宮博物院	中畫 00124-1
北枕雙峰（張若靄畫避暑山莊	冊頁	絹	設色	26.3 x 30.4		台北 故宮博物院	中畫 00124-2

名稱	形式	質地	色彩	尺寸 高×寬㎝	創作時間	收藏處所	典藏號碼
圖并高宗題詩（二）冊之2）							
西嶺晨霞（張若靄畫避暑山莊圖并高宗題詩（二）冊之3）	冊頁	絹	設色	26.3 x 30.4		台北 故宮博物院	中畫00124-3
鐘峯落照（張若靄畫避暑山莊圖并高宗題詩（二）冊之4）	冊頁	絹	設色	26.3 x 30.4		台北 故宮博物院	中畫00124-4
南山積雪（張若靄畫避暑山莊圖并高宗題詩（二）冊之5）	冊頁	絹	設色	26.3 x 30.4		台北 故宮博物院	中畫00124-5
梨花伴月（張若靄畫避暑山莊圖并高宗題詩（二）冊之6）	冊頁	絹	設色	26.3 x 30.4		台北 故宮博物院	中畫00124-6
山川荷春（張若靄畫避暑山莊圖并高宗題詩（二）冊之7）	冊頁	絹	設色	26.3 x 30.4		台北 故宮博物院	中畫00124-7
風泉清聽（張若靄畫避暑山莊圖并高宗題詩（二）冊之8）	冊頁	絹	設色	26.3 x 30.4		台北 故宮博物院	中畫00124-8
濠濮閒想（張若靄畫避暑山莊圖并高宗題詩（二）冊之9）	冊頁	絹	設色	26.3 x 30.4		台北 故宮博物院	中畫00124-9
天宇咸暢（張若靄畫避暑山莊圖并高宗題詩（二）冊之10）	冊頁	絹	設色	26.3 x 30.4		台北 故宮博物院	中畫00124-10
暖溜暄波（張若靄畫避暑山莊圖并高宗題詩（三）冊之1）	冊頁	絹	設色	26.3 x 30.4		台北 故宮博物院	中畫00125-1
泉源石壁（張若靄畫避暑山莊圖并高宗題詩（三）冊之2）	冊頁	絹	設色	26.3 x 30.4		台北 故宮博物院	中畫00125-2
青楓綠嶼（張若靄畫避暑山莊圖并高宗題詩（三）冊之3）	冊頁	絹	設色	26.3 x 30.4		台北 故宮博物院	中畫00125-3
鶯囀喬木（張若靄畫避暑山莊圖并高宗題詩（三）冊之4）	冊頁	絹	設色	26.3 x 30.4		台北 故宮博物院	中畫00125-4
香遠益清（張若靄畫避暑山莊圖并高宗題詩（三）冊之5）	冊頁	絹	設色	26.3 x 30.4		台北 故宮博物院	中畫00125-5
金蓮映日（張若靄畫避暑山莊圖并高宗題詩（三）冊之6）	冊頁	絹	設色	26.3 x 30.4		台北 故宮博物院	中畫00125-6
遠近泉聲（張若靄畫避暑山莊圖并高宗題詩（三）冊之7）	冊頁	絹	設色	26.3 x 30.4		台北 故宮博物院	中畫00125-7
萬壑松風（張若靄畫避暑山莊圖并高宗題詩（三）冊之8）	冊頁	絹	設色	26.3 x 30.4		台北 故宮博物院	中畫00125-8
芳渚臨流（張若靄畫避暑山莊圖并高宗題詩（三）冊之9）	冊頁	絹	設色	26.3 x 30.4		台北 故宮博物院	中畫00125-9

名稱	形式	質地	色彩	尺寸 高x寬cm	創作時間	收藏處所	典藏號碼
雲容水態（張若靄畫避暑山莊圖并高宗題詩（三）冊之10）	冊頁	絹	設色	26.3 x 30.4		台北 故宮博物院	中畫 0012-10
澄泉繞石（張若靄畫避暑山莊圖并高宗題詩（四）冊之1）	冊頁	絹	設色	26.3 x 30.4		台北 故宮博物院	中畫 00126-1
澄波疊翠（張若靄畫避暑山莊圖并高宗題詩（四）冊之2）	冊頁	絹	設色	26.3 x 30.4		台北 故宮博物院	中畫 00126-2
石磯觀魚（張若靄畫避暑山莊圖并高宗題詩（四）冊之3）	冊頁	絹	設色	26.3 x 30.4		台北 故宮博物院	中畫 00126-3
鏡水雲岑（張若靄畫避暑山莊圖并高宗題詩（四）冊之4）	冊頁	絹	設色	26.3 x 30.4		台北 故宮博物院	中畫 00126-4
雙湖夾鏡（張若靄畫避暑山莊圖并高宗題詩（四）冊之5）	冊頁	絹	設色	26.3 x 30.4		台北 故宮博物院	中畫 00126-5
長虹飲練（張若靄畫避暑山莊圖并高宗題詩（四）冊之6）	冊頁	絹	設色	26.3 x 30.4		台北 故宮博物院	中畫 00126-6
甫田叢越（張若靄畫避暑山莊圖并高宗題詩（四）冊之7）	冊頁	絹	設色	26.3 x 30.4		台北 故宮博物院	中畫 00126-7
水流雲在（張若靄畫避暑山莊圖并高宗題詩（四）冊之8）	冊頁	絹	設色	26.3 x 30.4		台北 故宮博物院	中畫 00126-8
牡丹（張若靄寫生花果冊之1）	冊頁	紙	設色	32.7 x 43		台北 故宮博物院	故畫 03263-1
萊菔與茄（張若靄寫生花果冊之2二）	冊頁	紙	設色	32.7 x 43		台北 故宮博物院	故畫 03263-2
梔子（張若靄寫生花果冊之3）	冊頁	紙	設色	32.7 x 43		台北 故宮博物院	故畫 03263-3
石榴（張若靄寫生花果冊之4）	冊頁	紙	設色	32.7 x 43		台北 故宮博物院	故畫 03263-4
梅花蠟嘴（張若靄寫生花果冊之5）	冊頁	紙	設色	32.7 x 43		台北 故宮博物院	故畫 03263-5
秋葵（張若靄寫生花果冊之6）	冊頁	紙	設色	32.7 x 43		台北 故宮博物院	故畫 03263-6
枇杷（張若靄寫生花果冊之7）	冊頁	紙	設色	32.7 x 43		台北 故宮博物院	故畫 03263-7
山茶（張若靄寫生花果冊之8）	冊頁	紙	設色	32.7 x 43		台北 故宮博物院	故畫 03263-8
棘木白鴿（張若靄寫生花果冊之9）	冊頁	紙	設色	32.7 x 43		台北 故宮博物院	故畫 03263-9
菘（張若靄寫生花果冊之10）	冊頁	紙	設色	32.7 x 43		台北 故宮博物院	故畫 03263-10
立春（張若靄墨妙珠林（卯）冊之1）	冊頁	絹	設色	63.1 x 42.4		台北 故宮博物院	故畫 03641-1
雨水（張若靄墨妙珠林（卯）冊之2）	冊頁	絹	設色	63.1 x 42.4		台北 故宮博物院	故畫 03641-2

名稱	形式	質地	色彩	尺寸 高x寬cm	創作時間	收藏處所	典藏號碼
驚蟄（張若靄墨妙珠林（卯）冊之3）	冊頁	絹	設色	63.1 x 42.4		台北 故宮博物院	故畫 03641-3
春分（張若靄墨妙珠林（卯）冊之4）	冊頁	絹	設色	63.1 x 42.4		台北 故宮博物院	故畫 03641-4
清明（張若靄墨妙珠林（卯）冊之5）	冊頁	絹	設色	63.1 x 42.4		台北 故宮博物院	故畫 03641-5
穀雨（張若靄墨妙珠林（卯）冊之6）	冊頁	絹	設色	63.1 x 42.4		台北 故宮博物院	故畫 03641-6
立夏（張若靄墨妙珠林（卯）冊之7）	冊頁	絹	設色	63.1 x 42.4		台北 故宮博物院	故畫 03641-7
小滿（張若靄墨妙珠林（卯）冊之8）	冊頁	絹	設色	63.1 x 42.4		台北 故宮博物院	故畫 03641-8
芒種（張若靄墨妙珠林（卯）冊之9）	冊頁	絹	設色	63.1 x 42.4		台北 故宮博物院	故畫 03641-9
夏至（張若靄墨妙珠林（卯）冊之10）	冊頁	絹	設色	63.1 x 42.4		台北 故宮博物院	故畫 03641-10
小暑（張若靄墨妙珠林（卯）冊之11）	冊頁	絹	設色	63.1 x 42.4		台北 故宮博物院	故畫 03641-11
大暑（張若靄墨妙珠林（卯）冊之12）	冊頁	絹	設色	63.1 x 42.4		台北 故宮博物院	故畫 03641-12
立秋（張若靄墨妙珠林（卯）冊之13）	冊頁	絹	設色	63.1 x 42.4		台北 故宮博物院	故畫 03641-13
處暑（張若靄墨妙珠林（卯）冊之14）	冊頁	絹	設色	63.1 x 42.4		台北 故宮博物院	故畫 03641-14
白露（張若靄墨妙珠林（卯）冊之15）	冊頁	絹	設色	63.1 x 42.4		台北 故宮博物院	故畫 03641-15
秋分（張若靄墨妙珠林（卯）冊之16）	冊頁	絹	設色	63.1 x 42.4		台北 故宮博物院	故畫 03641-16
寒露（張若靄墨妙珠林（卯）冊之17）	冊頁	絹	設色	63.1 x 42.4		台北 故宮博物院	故畫 03641-17
霜降（張若靄墨妙珠林（卯）冊之18）	冊頁	絹	設色	63.1 x 42.4		台北 故宮博物院	故畫 03641-18
立冬（張若靄墨妙珠林（卯）冊之19）	冊頁	絹	設色	63.1 x 42.4		台北 故宮博物院	故畫 03641-19

名稱	形式	質地	色彩	尺寸 高×寬㎝	創作時間	收藏處所	典藏號碼
小雪（張若靄墨妙珠林（卯）冊之20）	冊頁	絹	設色	63.1 × 42.4		台北 故宮博物院	故畫03641-20
大雪（張若靄墨妙珠林（卯）冊之21）	冊頁	絹	設色	63.1 × 42.4		台北 故宮博物院	故畫03641-21
冬至（張若靄墨妙珠林（卯）冊之22）	冊頁	絹	設色	63.1 × 42.4		台北 故宮博物院	故畫03641-22
小寒（張若靄墨妙珠林（卯）冊之23）	冊頁	絹	設色	63.1 × 42.4		台北 故宮博物院	故畫03641-23
大寒（張若靄墨妙珠林（卯）冊之24）	冊頁	絹	設色	63.1 × 42.4		台北 故宮博物院	故畫03641-24
靜宜園圖（24幀）	冊	紙	設色	不詳		瀋陽 故宮博物院	
圓明園四十景圖并書（40幀）	冊	紙	水墨	不詳	丙寅（乾隆十一年，1746）	北京 故宮博物院	
寫生花卉圖（8幀）	冊	紙	設色	（每幀）63.1 × 42.4		美國 克利夫蘭藝術博物館	
附：							
花卉圖	卷	紙	水墨	15 × 122	辛未（乾隆十六年，1751）十二月	紐約 蘇富比藝品拍賣公司/拍賣目錄1988,11,30.	
雪景山水圖	卷	紙	水墨	14.6 × 251.8	壬戌（乾隆七年，1742）春三月	紐約 佳士得藝品拍賣公司/拍賣目錄1993,12,01.	
五君子圖	軸	紙	水墨	169.5 × 96.5		紐約 蘇富比藝品拍賣公司/拍賣目錄1984,06,13.	
摹文徵明山水圖	軸	紙	設色	94 × 30.5	丁酉（乾隆四十二年，1777）清和月	紐約 蘇富比藝品拍賣公司/拍賣目錄1987,12,08.	
谿亭會琴圖	軸	紙	設色	112.4 × 36.6		紐約 蘇富比藝品拍賣公司/拍賣目錄1988,11,30.	
臨元人山水圖（10幀）	冊	絹	設色	（每幀）29.4 × 36.5		香港 佳士得藝品拍賣公司/拍賣目錄1996,04,28.	
梅花圖（清各家山水花鳥書法扇面冊10之1幀）	摺扇面	金箋	設色	？	丙寅（乾隆十一年，1746）夏五月既望	香港 佳士得藝品拍賣公司/拍賣目錄1998,09,15.	

畫家小傳：張若靄。字晴嵐。安徽桐城人。生於康熙五十二（1713），卒於乾隆十一（1746）年。世宗雍正十一（1793）年進士。官襲伯爵。卒諡文僖。善畫，尤工花竹、禽蟲，深得明王穀祥、周之冕遺意。（見國朝畫徵續錄、熙朝名畫續錄、墨林今話、今畫偶錄、香樹齋文集、芝庭詩稿、花間笑語、中國畫家人名大辭典）

名稱	形式	質地	色彩	尺寸 高x寬㎝	創作時間	收藏處所	典藏號碼

陳 政

秋林覓句圖	軸	絹	設色	177 × 72.5		廣州 廣東省博物館	
山水圖（12幀）	冊	紙	水墨	不詳	乾隆戊午（三年，1738）	瀋陽 故宮博物館	
白描東坡事蹟圖（12幀）	冊	絹	水墨	不詳		天津 天津市藝術博物館	

畫家小傳：陳政。字香山。江蘇陽湖人。工畫山水；尤長白描人物，得唐宋人遺法。曾寫西湖圖五十二幅進呈。流傳署款紀年作品見於高宗乾隆三(1738)年。（見陽湖縣志、談畫輯略、中國畫家人名大辭典）

李 玥

花鳥圖	軸	紙	設色	不詳	乾隆三年（戊午，1738）仲秋	太原 山西省博物館	
靈鵲報喜圖	軸	絹	設色	166.3 × 79.1		日本 東京國立博物館	TA-517
附：							
古松喜鵲圖	軸	絹	設色	166.5 × 79		紐約 佳士得藝品拍賣公司/拍賣目錄 1988,06,02.	

畫家小傳：李玥。字永之。號友樸。丹徒（今江蘇鎮江）人。署款紀年作品見於高宗乾隆三(1738)年。（見中國美術家人名大辭典）

黃本復

雙松四喜圖	軸	絹	設色	158 × 81.1		台北 故宮博物院	故畫 02532
三鷺鷥圖	軸	絹	設色	不詳		鎮江 江蘇省鎮江市博物館	

畫家小傳：黃本復。字來一。號仙源。太平人，寓居新安。為蔣廷錫弟子黃太松之子。善畫花鳥、草蟲，筆意閒雅。（見百幅庵畫寄、碌碌生雜詠、中國畫家人名大辭典）

費 瀾

柳陰罟漁圖（為渭兄作）	軸	絹	設色	135 × 51.1	戊午（乾隆三年，1738）夏日	日本 大阪橋本大乙先生	
山水（12幀）	冊	紙	水墨	（每幀）34.4 × 17.5		日本 大阪市立美術館	

畫家小傳：費瀾。字若水。號漢源。畫史無載。流傳署款紀年作品見於高宗乾隆三(1738)年。身世待考。

曾 鎰

愛蓮圖	卷	紙	設色	不詳		台北 故宮博物院（蘭千山館寄存）	

畫家小傳：曾鎰。字受伯。福建莆田人，寓居金陵。為曾鯨之孫。工畫人物、寫照；兼擅花鳥。（見桐陰論畫、嘉興府志、中國畫家人

名稱	形式	質地	色彩	尺寸 高×寬cm	創作時間	收藏處所	典藏號碼

名大辭典）

李敬謨

| 稻菜圖 | 軸 | 紙 | 設色 | 不詳 | 戊午（乾隆三年，1738） | 南通 江蘇省南通博物苑 | |

畫家小傳：李敬謨。字息耘。江蘇通州人。工詩善書。能畫，所作鉤勒花鳥、蟲魚，頗妍雅。流傳署款紀年作品見於高宗乾隆三（1738）年。（見墨香居畫識、歷代畫史彙傳、中國畫家人名大辭典）

李　謨

| 荷花圖 | 軸 | 紙 | 設色 | 不詳 | | 南通 江蘇省南通博物苑 | |

畫家小傳：李敫謨。畫史無載。疑為李敬謨兄弟。待考。

陳　崧

山水圖（清陳懷等雜畫冊11之1幀）	冊頁	綾	設色	不詳		廣州 廣東市美術館	
附：							
高士圖（4幅）	軸	絹	設色	（每幅）30.5 × 25.4	戊午（乾隆三年，1738）春	香港 佳士得藝品拍賣公司/拍賣目錄 1998.09.15.	

畫家小傳：陳崧。字壽山。天長人。善畫松。嘗畫夕照寺壁工松，縱橫皆長二丈有餘，本圍徑尺，蒼翠濃鬱，令人恍聞謖謖濤聲起於簷際，有如置身千崖萬壑間，是真能極畫松之能事矣。流傳署款紀年作品見於清仁宗嘉慶三（1798）年。（見讀畫閒評、中國畫家人名大辭典）

張汝霖

| 戲猴人物圖 | 軸 | 絹 | 設色 | 94 × 41 | 乾隆戊午（三年，1738）清和月 | 荷蘭 阿姆斯特丹Rijksj博物館 | MAK1410 |

畫家小傳：張汝霖。字孟雲。號雨亭、悟真道人、半岩樵子。江蘇長洲人。張鵬翀之子。能作潑墨梅花、畫松。有兩聲詩草傳世。流傳署款紀年作品見於高宗乾隆三(1738)年。（見耕硯田齋筆記、嘉定縣志、中國畫家人名大辭典）

張　幄

| 花卉圖 | 軸 | 綾 | 水墨 | 不詳 | 戊午（？乾隆三年，1738） | 廣州 廣州市美術館 | |

畫家小傳：張幄。畫史無載。流傳署款作品紀年疑為高宗乾隆三（1738）年。身世待考。

于敏中

| 臨王維輞川圖（20幀） | 冊 | 紙 | 設色 | （每幀）12. | | 香港 葉承耀先生 | |

名稱	形式	質地	色彩	尺寸 高x寬cm	創作時間	收藏處所	典藏號碼

8 × 17.2

畫家小傳：于敏中。字重常。號叔子、耐圃。江蘇金壇人。生於聖祖康熙五十三（1714）年。卒於高宗乾隆四十五（1780）年。乾隆二年
　　　　進士。累官至翰林院掌院學士、大學士。善詩文，工書法。以文學侍從高宗左右，甚獲器重。（見清史稿校註、歷代名人年里碑
　　　　傳總表）

趙丕烈

| 夏山積翠圖 | 軸 | 紙 | 水墨 | 不詳 | | 日本 東京長尾雨山先生 | |
| 山水圖（清周灝等山水冊8之 2幀） | 冊頁 | 紙 | 設色 | 不詳 | | 廣州 廣州市美術館 | |

畫家小傳：趙丕烈。字奇王。號南塘。江蘇嘉定人。工詩文。精六法。善作山水，丘壑佈置妙於變化。用墨淡者惜墨如金，濃者沉渾翁鬱
　　　　。（見墨香居畫識、墨林今話、中國畫家人名大辭典）

侯裕基

| 山水圖（清周灝等山水冊8之 2幀） | 冊頁 | 紙 | 設色 | 不詳 | | 廣州 廣州市美術館 | |

畫家小傳：侯裕基。畫史無載。身世待考。

武 修

| 山水圖（清周灝等山水冊8之 2幀） | 冊頁 | 紙 | 設色 | 不詳 | | 廣州 廣州市美術館 | |

畫家小傳：武修。畫史無載。身世待考。

黃 照
附：

| 踏雪沽酒圖 | 軸 | 絹 | 設色 | 124.5 × 59.7 | 己未（乾隆四年，1739）初夏 | 紐約 佳士得藝品拍賣公司/拍賣目錄 1989,06,01. | |

畫家小傳：黃照。字煦堂。安徽新安人，僑寓江蘇揚州。善畫山水，作品墨暈融和，神采飛動，別具疏秀之致。流傳署款紀年作品見於高
　　　　宗乾隆四(1739)年。（見墨香居畫識、中國畫家人名大辭典）

張 琪

| 重摹朱彝尊像 | 軸 | 紙 | 設色 | 不詳 | 己亥（乾隆四十四年，1779) | 北京 故宮博物院 | |
| 蒲石圖 | 軸 | 紙 | 設色 | 不詳 | 乾隆四年（己未，1739) | 揚州 江蘇省揚州市博物館 | |

名稱	形式	質地	色彩	尺寸 高x寬cm	創作時間	收藏處所	典藏號碼
盆菊圖	軸	紙	設色	不詳		南京 南京博物院	
柳鴨圖	軸	紙	設色	不詳	乙酉（乾隆三十年，1765）	鎮江 江蘇省鎮江市博物館	
出使圖	軸	絹	設色	不詳	壬申（乾隆十七年，1752）	鎮江 江蘇省鎮江市博物館	
人物圖（清周笠等雜畫冊8之1幀）	冊頁	紙	設色	不詳	（辛酉，乾隆六年，1741）	天津 天津市藝術博物館	
仿青藤花卉圖（清人書畫扇冊之10）	摺扇面	紙	水墨	不詳		日本 東京橋本辰二郎先生	

畫家小傳：張琪。字曉村。江蘇南匯人。工畫人物及寫生，得元人小品生趣。流傳署款紀年作品見於高宗乾隆四(1739)至四十四(1779)年。（見墨香居畫識、中國畫家人名大辭典）

栗樸存

名稱	形式	質地	色彩	尺寸 高x寬cm	創作時間	收藏處所	典藏號碼
食祿有方之圖（高鳳翰、栗樸存合作）	軸	紙	設色	不詳	乾隆己未（四年，1739）	青島 山東省青島市博物館	

畫家小傳：栗樸存。畫史無載。與高鳳翰同時。流傳署款紀年作品見於高宗乾隆四(1739)年。身世待考。

黃 觀

名稱	形式	質地	色彩	尺寸 高x寬cm	創作時間	收藏處所	典藏號碼
松蔭觀瀑圖	軸	絹	設色	不詳	乾隆己未（四年，1739）夏日	杭州 浙江省杭州市文物考古所	

畫家小傳：黃觀。字用賓。畫史無載。流傳署款紀年作品見於高宗乾隆四(1739)年。身世待考。

楊 春

名稱	形式	質地	色彩	尺寸 高x寬cm	創作時間	收藏處所	典藏號碼
孔雀圖	軸	絹	設色	不詳		瀋陽 魯迅美術學院	
仿林良花鳥圖	軸	絹	設色	不詳	己未（乾隆四年，1739）初秋	北京 中國美術館	

畫家小傳：楊春。字南磵。浙江潮鄉人。工詩畫。好遊歷名勝，作圖賦詩，以紀其事。流傳署款紀年作品見於高宗乾隆四(1739)年。（見兩浙名畫錄、中國畫家人名大辭典）

張 瑋

名稱	形式	質地	色彩	尺寸 高x寬cm	創作時間	收藏處所	典藏號碼
牡丹石圖	軸	絹	設色	不詳	乾隆己未（四年，1739）清明	北京 中央美術學院	

畫家小傳：張瑋。字凍南。號聱道人。河南人。善書。工畫花鳥、竹石，有明徐渭、陳淳風格；作沒骨牡丹，設色穠艷，而枝葉紛敷，具有氣勢，有名於時。流傳署款紀年作品見於高宗乾隆四(1739)年。（見海上墨林、中國畫家人名大辭典）

名稱	形式	質地	色彩	尺寸 高×寬㎝	創作時間	收藏處所	典藏號碼

王 宜

仿黃公望山水圖	軸	紙	水墨	95.3 × 42.5	己未（乾隆四年，1739）六月	香港 香港美術館	FA1970.001
夏山圖	軸	紙	設色	130.1 × 58.1		天津 天津市藝術博物館	
仿黃子久山水圖	軸	紙	水墨	108 × 60.8		杭州 浙江省博物館	

畫家小傳：王宜。字嶰谷。江蘇太倉人。王原祁曾孫。曾官新建知縣。畫山水，善承家學，筆意鬆秀。流傳署款紀年作品見於高宗乾隆四(1739)年。(見墨香居畫識、中國畫家人名大辭典)

楊德瞻

福壽全圖	軸	紙	設色	不詳	乾隆四年（己未，1739）	天津 天津市藝術博物館	

畫家小傳：楊德瞻。畫史無載。流傳署款紀年作品見於高宗乾隆四(1739)年。身世待考。

王 樸

嬰戲圖	軸	絹	設色	240 × 114.2	己未（乾隆四年，1739）	天津 天津市藝術博物館	

畫家小傳：王樸。字玉樵。河北保定人。家世不詳。以善畫人物、仕女，有名於北方。流傳署款紀年作品見於高宗乾隆四(1739)年。(見國朝畫徵錄、中國畫家人名大辭典)

丁克揆

荷花野鴨圖	軸	絹	設色	不詳		北京 中央美術學院	
松鶴圖	軸	絹	設色	不詳	己未（？乾隆四年，1739）	濟南 山東省博物館	
荷花水禽圖	軸	絹	設色	175.4 × 95.3	庚午（？乾隆十五年，1750）	上海 上海博物館	
秋卉山禽圖	軸	絹	設色	不詳		杭州 浙江省博物館	
柳蔭仕女圖	軸	絹	設色	不詳		平湖 浙江省平湖縣博物館	

畫家小傳：丁克揆。畫史無載。流傳署款作品紀年疑為高宗乾隆四(1739)、十五(1750)年。身世待考。

(釋) 西 崖

竹石圖	軸	紙	水墨	不詳		南京 南京博物院	

畫家小傳：西崖。僧。江蘇上元人。居揚州桃花庵。為釋石莊法徒。工畫墨竹，學文湖州。(見墨香居畫識、墨林今話、揚州畫舫錄、中國畫家人名大辭典)

名稱	形式	質地	色彩	尺寸 高x寬㎝	創作時間	收藏處所	典藏號碼

高澤寰

| 寫生花卉圖（8幀） | 冊 | 絹 | 設色 | （每幀）33 x 27 | 乾隆己未（四年，1739） | 廣州 廣東省博物館 | |

畫家小傳：高澤寰。畫史無載。流傳署款紀年作品見於高宗乾隆四（1739）年。身世待考。

管庭芳

| 江山攬勝圖（為立齋作） | 摺扇面 | 紙 | 設色 | 18.7 x 53.8 | 己未（乾隆四年，1739）初秋 | 日本 東京國立博物館 | |

畫家小傳：管庭芳。字芷湘。浙江海寧人。善畫山水、蘭竹，出入文徵明、董其昌之間，書卷之氣，溢於楮墨。流傳署款紀年作品見於高宗乾隆四（1739）年。（見海寧縣志、中國畫家人名大辭典）

陳邦柱

| 山水圖（清李世倬等山水冊12之1幀） | 冊頁 | 紙 | 設色 | 不詳 | | 廣州 廣州市美術館 | |

畫家小傳：陳邦柱。畫史無載。身世待考。

汪千頃

| 山樓會飲圖 | 軸 | 絹 | 設色 | 202 x 55 | | 天津 天津市藝術博物館 | |
| 山水圖（清李世倬等山水冊12之1幀） | 冊頁 | 紙 | 設色 | 不詳 | | 廣州 廣州市美術館 | |

畫家小傳：汪千頃。畫史無載。身世待考。

深 柳

| 山水圖（清李世倬等山水冊12之1幀） | 冊頁 | 紙 | 設色 | 不詳 | | 廣州 廣州市美術館 | |

畫家小傳：深柳。畫史無載。身世待考。

杭文鳳

| 山水圖（清李世倬等山水冊12之1幀） | 冊頁 | 紙 | 設色 | 不詳 | | 廣州 廣州市美術館 | |

畫家小傳：杭文鳳。畫史無載。身世待考。

黃大成

| 山水圖（清李世倬等山水冊12之1幀） | 冊頁 | 紙 | 設色 | 不詳 | | 廣州 廣州市美術館 | |

名稱	形式	質地	色彩	尺寸 高×寬cm	創作時間	收藏處所	典藏號碼

畫家小傳：黃大成。畫史無載。身世待考。

黃 涵

| 山水圖（清李世倬等山水冊12之1幀） | 冊頁 | 紙 | 設色 | 不詳 | | 廣州 廣州市美術館 | |

畫家小傳：黃涵。畫史無載。身世待考。

高 塵

附：

| 山水圖 | 摺扇面 | 金箋 | 水墨 | 16.5 × 51 | | 紐約 佳士得藝品拍賣公司/拍賣目錄1984.06.29. | |

畫家小傳：高塵。畫史無載。身世待考。

薛 漁

雪江圖	軸	紙	設色	228.3×115.7	庚戌（乾隆五十五年，1790）春正月	徐州 江蘇省徐州博物館	
蜀山行旅圖	軸	紙	設色	不詳	癸丑（乾隆五十八年，1793）	杭州 浙江省圖書館	
風雨歸舟圖	軸	絹	水墨	222 × 125.7	乾隆乙巳（五十年，1785）	成都 四川省博物院	

附：

| 青谿牧牛圖 | 軸 | 紙 | 設色 | 118 × 63 | 乾隆戊申（五十三年，1788） | 天津 天津市文物公司 | |

畫家小傳：薛漁。生於聖祖康熙五十四（1715）年，高宗乾隆五十五(1790)年尚在世。畫史無載。身世待考。

高 鈞

| 四季花鳥圖 | 卷 | 絹 | 設色 | 30.9 × ? | | 日本 京都國立博物館 | A甲314 |

畫家小傳：高鈞。字鶴浦。號霽亭。浙江人。為沈銓弟子，善畫，與其師同遊且滯留日本長崎。(見支那畫家辭書、中國畫家人名大辭典）

葉芳林

| 兩峰草堂圖（葉芳林、高鳳翰合作） | 卷 | 絹 | 設色 | 不詳 | 庚申（乾隆五年，1740） | 煙臺 山東省煙臺市博物館 | |
| 高鳳翰像 | 軸 | 紙 | 設色 | 不詳 | 乾隆五年（庚申，1740）夏四月 | 北京 故宮博物院 | |

名稱	形式	質地	色彩	尺寸 高x寬cm	創作時間	收藏處所	典藏號碼
玉山特立圖（葉芳林、高鳳翰合作）	軸	絹	設色	112 × 50	乾隆庚申（五年，1740）	煙臺　山東省煙臺市博物館	

畫家小傳：葉芳林。字震初。畫史無載。與高鳳翰同時。善圖像寫貌。流傳署款紀年作品見於高宗乾隆五(1740)年。身世待考。

姜文載

名稱	形式	質地	色彩	尺寸 高x寬cm	創作時間	收藏處所	典藏號碼
山樓聽泉圖	軸	紙	水墨	116 × 49.3	壬戌（乾隆七年，1742）	廣州　廣東省博物館	
山水圖（9幀）	冊	紙	設色	（每幀）25.5 × 32	乾隆庚申（五年，1740）夏日	南通　江蘇省南通博物苑	

畫家小傳：姜文載。字命車。號在經。江蘇如皋人。與兄姜恭壽俱善畫。工畫山水，頗得鄭燮（板橋）推重。流傳署款紀年作品見於高宗乾隆五(1740)年。（見書畫紀略、板橋集、如皋縣志、中國畫家人名大辭典）

陳 岳

名稱	形式	質地	色彩	尺寸 高x寬cm	創作時間	收藏處所	典藏號碼
柏樹鸜鴿圖	軸	絹	設色	不詳		南通　江蘇省南通博物苑	
寒香翠羽圖	軸	絹	設色	160.5 × 97		上海　上海博物館	
蕉石松鶴圖	軸	絹	設色	不詳	乾隆五年（庚申，1740）冬十月	南京　南京博物院	
秋林對坐圖	軸	絹	水墨	174.8 × 49.4		南京　南京博物院	
秋樹八哥圖	軸	紙	設色	不詳	乾隆七年（壬戌，1742）	廣州　廣州市美術館	
指畫山水圖	軸	絹	設色	165.5 × 99		日本　私人	
附： 指畫柳蔭浴牛	軸	絹	設色	149.5 × 89		紐約　佳士得藝品拍賣公司/拍賣目錄1990,11,28.	
指畫花果圖（16幀）	冊	紙	水墨	不詳		上海　上海工藝品進出口公司	

畫家小傳：陳岳。字甫申（一作大山）。號玉獅老人、滄洲逸史。隱居天台委羽山。善書畫。流傳署款紀年作品見於高宗乾隆五(1740)年。（見讀畫輯略、陸樹聲學士題跋、中國美術家人名辭典）

朱文震

名稱	形式	質地	色彩	尺寸 高x寬cm	創作時間	收藏處所	典藏號碼
山水圖	卷	紙	水墨	不詳	庚申（乾隆五年，1740）	北京　故宮博物院	
折枝木香圖	卷	紙	設色	不詳		天津　天津市藝術博物館	
秋山明淨圖	軸	紙	水墨	不詳	乾隆十八年（癸酉，1753）	濟南　山東省博物館	
瀑懸峰裡圖	軸	紙	水墨	130.3 × 27.9		杭州　浙江省博物館	

名稱	形式	質地	色彩	尺寸 高x寬㎝	創作時間	收藏處所	典藏號碼
荷花圖	軸	紙	水墨	不詳		廣州 廣東省博物館	
仿范華原山水圖	軸	紙	設色	48.5 x 30		日本 東京河井荃廬先生	
觀我圖	冊頁	紙	設色	不詳		北京 故宮博物院	
蜀江圖	摺扇面	紙	水墨	16 x 53.5	乾隆庚辰（二十五年，1760）	北京 中國歷史博物館	
書畫（6幀）	冊	紙	設色	不詳	丁酉（乾隆四十二年，1777）	北京中央工藝美術學院	
仿燕文貴江山圖長卷（12幀，冊裝）	冊	紙	水墨	（每幀）28 x 23	乾隆辛巳（二十六年，1761）九月	太原 山西省博物館	
附：							
仿古山水圖（12幀）	冊	紙	設色	（每幀）23 x 26.3	乾隆乙酉（三十年，1765）禊日	紐約 蘇富比藝品拍賣公司/拍賣目錄 1987,12,08.	

畫家小傳：朱文震。字青雷。號去羨。山東歷城（一作濟南）人。少孤家貧，肆力學書。工書，善鐫石。作畫始學寫意花卉翎毛，後改畫山水擅名，幾與王原祁、王翬相頡頏。流傳署款紀年作品見於高宗乾隆五(1740)至四十二(1777)年。（見墨林今話、讀畫閒評、飛鴻堂印人傳、中國畫家人名大辭典）

翁 仁

名稱	形式	質地	色彩	尺寸 高x寬㎝	創作時間	收藏處所	典藏號碼
松山雲水圖	軸	紙	設色	不詳	癸亥（乾隆八年，1743）	濟南 山東省博物館	
指畫白頭比翼圖	軸	紙	水墨	68 x 37		濟南 山東省博物館	
指畫墨龍圖	橫幅	絹	設色	不詳	庚寅（乾隆三十五年，1770）	徐州 江蘇省徐州市博物館	
指畫醉八仙圖	軸	紙	設色	不詳	庚申（乾隆五年，1740）	杭州 浙江省杭州西泠印	

畫家小傳：翁仁。籍里、身世不詳。善指頭畫，人物、花鳥、草蟲、林木等，均揮指如意。流傳署款紀年作品見於高宗乾隆五(1740)至三十五(1770)年。（見耕硯田齋筆記、中國畫家人名大辭典）

魏 匏

名稱	形式	質地	色彩	尺寸 高x寬㎝	創作時間	收藏處所	典藏號碼
臨倪雲林江亭山色圖	軸	紙	水墨	104 x 46	庚申（乾隆五年，1740）六月	蘇州 江蘇省蘇州博物館	
附：							
清溪平遠圖	軸	紙	設色	不詳	丙子（乾隆二十一年，1756）	蘇州 蘇州市文物商店	

畫家小傳：魏匏。道士。字浮尊。江蘇常熟人，主蘇州玄妙觀方丈。工詩。善畫山水。與沈德潛熟稔。流傳署款紀年作品見於高宗乾隆五(

名稱	形式	質地	色彩	尺寸 高x寬cm	創作時間	收藏處所	典藏號碼

1740)至二十一（1756）年。（見國朝畫識、沈歸愚詩鈔、歷代畫史彙傳、中國畫家人名大辭典）

袁舜裔
附：

名稱	形式	質地	色彩	尺寸	創作時間	收藏處所	典藏號碼
竹石圖	軸	紙	水墨	不詳	乾隆庚申（五年，1740）	上海 上海文物商店	

畫家小傳：袁舜裔。號石生。河南祥符人。工詩善書，尤精繪事。畫寫山水、墨竹，不事摹仿，自成一家。流傳署款紀年作品見於高宗乾隆五(1740)年。（見國朝畫徵錄、中國畫家人名大辭典）

王三錫

名稱	形式	質地	色彩	尺寸	創作時間	收藏處所	典藏號碼
仿王蒙山水圖	卷	紙	水墨	不詳	庚辰（乾隆二十五年，1760）冬日	長春 吉林省博物館	
山水圖	卷	紙	設色	不詳		北京 故宮博物院	
克昌盛茂圖	軸	絹	設色	不詳		濟南 山東省博物館	
峰嵐競翠圖	軸	紙	水墨	109 x 45.3	七十五叟（乾隆四十五年，1780）	煙臺 山東省煙臺市博物館	
百齡呈瑞圖	軸	紙	設色	96.5 x 38.3	乾隆乙卯（六十年，1795）	上海 上海博物館	
松石圖	軸	紙	水墨	183.8 x 97.2		上海 上海博物館	
雪濤翠嶂圖	軸	絹	設色	不詳	丁酉（乾隆四十二年，1777）秋九月之望	南京 南京博物院	
新篁泉韻圖	軸	紙	設色	不詳	乾隆乙卯六十年（1795）	南京 南京博物院	
松石靈芝圖	軸	紙	水墨	107.3 x 48	嘉慶二年（丁巳，1797）	南京 南京博物院	
雲護煙巒圖	軸	紙	設色	不詳		無錫 江蘇省無錫市博物館	
松竹遐齡圖	軸	紙	設色	141 x 47.5	七十七叟（乾隆五十七年，1792）	杭州 浙江省杭州西泠印社	
雲壑松濤圖	軸	紙	設色	76 x 37	乾隆乙卯六十年（1795）	廣州 廣東省博物館	
山水圖	軸	紙	不詳	77.5 x 34.3	丁酉（乾隆四十二年，1777）除月望後一日	美國 堪薩斯市納爾遜-艾金斯藝術博物館	

名稱	形式	質地	色彩	尺寸 高×寬㎝	創作時間	收藏處所	典藏號碼
山水圖（8幀）	冊	絹	設色	（每幀）20.3 × 10.7		天津 天津市藝術博物館	
山水圖（12幀）	冊	紙	設色	不詳	年七十三（乾隆五十三年，1788）	上海 上海博物館	
山水圖（高翔等書畫集冊12之第10幀）	冊頁	絹	設色	不詳		上海 上海博物館	
山水圖（徐枋等山水冊10之1幀）	冊頁	紙	設色	約24 × 34.7		上海 上海博物館	
山水圖（10幀）	冊	紙	設色	不評		南京 南京博物院	
附：							
竹谿書屋圖	軸	紙	設色	不詳		天津 天津市文物公司	
石湖煙雨圖	軸	絹	設色	不詳		北京 北京市工藝品進出口公司	

畫家小傳：王三錫。字邦懷。號竹嶺。江蘇太倉人。王昱從子。生於聖祖康熙五十五（1716）年。仁宗嘉慶二（1797）年尚在世。善畫山水，得王昱法，作巨幅松石，時稱獨絕；又喜作花卉、寫意人物。（見墨香居畫識、墨林今話、讀畫閒評、中國畫家人名大辭典）

崔 瑤

名稱	形式	質地	色彩	尺寸 高×寬㎝	創作時間	收藏處所	典藏號碼
梅竹圖	卷	綾	水墨	不詳	戊午（嘉慶三年，1798）花朝前一日	無錫 江蘇省無錫市博物館	
懸崖蘭竹圖	軸	絹	水墨	136 × 38.3		濟南 山東省博物館	
山水圖（15幀，為秋巖作）	冊	紙	設色	不詳	庚申（嘉慶五年，1800）陽春	南京 南京市博物館	
墨竹圖	摺扇面	紙	水墨	不詳		南京 南京市博物館	
附：							
山水圖（原濟等雜畫冊6之1幀）	冊頁	紙	設色	23.5 × 28.8		武漢 湖北省武漢市文物商店	

畫家小傳：崔瑤。字筠谷。號華林外史。江蘇上元人。生於聖祖康熙五十五（1716）年，卒於嘉慶十七（1812）年。善畫山水，得羅洹指授，擅畫蒼松翠竹，極為挺秀。（見墨香居畫識、墨林今話、莫愁湖志、中國畫家人名大辭典）

郁希範

名稱	形式	質地	色彩	尺寸 高×寬㎝	創作時間	收藏處所	典藏號碼
西湖圖（22幀）	冊	絹	設色	不詳	乾隆辛酉（六年，1741）仲春	成都 四川省博物院	

畫家小傳：郁希範。畫史無載。流傳署款紀年作品見於高宗乾隆六（1741）年。身世待考。

名稱	形式	質地	色彩	尺寸 高x寬㎝	創作時間	收藏處所	典藏號碼

夏大復

附：

花鳥圖（清呂琮等山水花鳥冊 12之1幀）	冊頁	絹	設色	33 × 29		天津 天津市文物公司	

畫家小傳：夏大復。畫史無載。身世待考。

王 欣

附：

花鳥圖（清呂琮等山水花鳥冊 12之1幀）	冊頁	絹	設色	33 × 29		天津 天津市文物公司	

畫家小傳：王欣。畫史無載。身世待考。

陸 淐

附：

荷花圖（清呂琮等山水花鳥冊 12之1幀）	冊頁	絹	設色	33 × 29		天津 天津市文物公司	

畫家小傳：陸淐。畫史無載。身世待考。

英 定

附：

山水圖（清呂琮等山水花鳥冊 12之1幀）	冊頁	絹	設色	33 × 29		天津 天津市文物公司	

畫家小傳：英定。畫史無載。身世待考。

鮑 濟

附：

古木寒鴉圖	軸	紙	設色	154 × 81.2		天津 天津市文物公司	
花石雙鴨圖	軸	絹	設色	144.1 × 45.5	辛酉（乾隆六年，1741）夏六月	紐約 蘇富比藝品拍賣公司/拍賣目錄1981,11,07.	
山水圖（清呂琮等山水花鳥冊 12之1幀）	冊頁	絹	設色	33 × 29		天津 天津市文物公司	

畫家小傳：鮑濟。畫史無載。身世待考。

吳 琦

名稱	形式	質地	色彩	尺寸 高×寬cm	創作時間	收藏處所	典藏號碼
海鶴蟠桃圖	軸	紙	設色	不詳	乾隆七年（壬戌，1742）三月	北京 故宮博物院	
松鶴圖（為鼎翁作）	軸	紙	設色	不詳	乾隆六年（辛酉，1741）	鄭州 河南省博物館	
柏鹿圖	軸	絹	設色	不詳		鄭州 河南省博物館	
柏石雙鹿圖	軸	紙	設色	224.6 × 111	乾隆壬戌（七年，1742）	合肥 安徽省博物館	
墨松圖	軸	紙	水墨	不詳		德清 浙江省德清縣博物館	
梅竹聚禽圖	軸	絹	設色	159 × 89.5		武漢 湖北省博物館	
仿宋人筆柏鹿圖	軸	絹	設色	199 × 102.8	乾隆六年（辛酉，1741）	成都 四川省博物院	
柏鹿圖	軸	紙	設色	221 × 109		英國 倫敦大英博物館	1910.2.12.431（ADD 214）
附：							
柏鹿圖	軸	紙	設色	103 × 169.1		天津 天津市文物公司	

畫家小傳：吳琦。字紫山。江蘇常熟人。善畫花卉。流傳署款紀年作品見於高宗乾隆六(1741)、七(1742)年。（見常熟畫史彙傳、中國美術家人名辭典）

王岑

名稱	形式	質地	色彩	尺寸 高×寬cm	創作時間	收藏處所	典藏號碼
仿王蒙山水圖	軸	紙	水墨	不詳	乾隆癸卯（四十八年，1783）	鎮江 江蘇省鎮江市博物館	
擬元人筆意山水圖	軸	紙	水墨	113.1 × 55.4	乾隆辛卯（三十六年，1771）冬	德國 科隆東亞藝術博物館	A61.3
雜畫（10幀）	冊	紙	水墨	不詳	乾隆三十一年（丙戌，1766）	天津 天津市藝術博物館	
附：							
水禽圖	軸	紙	設色	不詳	辛酉（乾隆六年，1741）	上海 上海文物商店	
南宗墨鏡山水圖（8幀，為東山作）	冊	紙	設色、水墨	（每幀）25.4 × 32.3	乾隆辛酉（六年，1741）	武漢 湖北省武漢市文物商店	

畫家小傳：王岑。號玉峰。籍里不詳。工畫山水，枯毫淡墨，意境曠遠，頗似黃鼎。署款紀年畫作見於高宗乾隆六(1741)至四十八年(1783)。（見墨林今話、中國畫家人名大辭典、宋元明清書畫家年表）

名稱	形式	質地	色彩	尺寸 高x寬㎝	創作時間	收藏處所	典藏號碼
丁觀鵬							
院本漢宮春曉圖（丁觀鵬、孫祜、周鯤合繪）	卷	絹	設色	32.9 x 718.1	乾隆六年（辛酉，1741）長至月	台北 故宮博物院	故畫 01112
十八學士圖（丁觀鵬、孫祜、周鯤合繪）	卷	絹	設色	39 x 1138.2	乾隆辛酉（六年，1741）十二月	台北 故宮博物院	故畫 01555
太平春市圖	卷	絹	設色	30.3 x 233.5	乾隆七年（壬戌，1742）四月	台北 故宮博物院	故畫 01713
院本蠶桑圖（三）-採桑（郎世寧、金昆、程梁、丁觀鵬合作）	卷	絹	設色	51 x 590.4	乾隆九年（甲子，1744）	台北 故宮博物院	故畫 00919
唐明皇擊鞠圖（摹李公麟畫）	卷	紙	白描	35.6 x 251.9	乾隆十一年（丙寅，1746）花朝月	台北 故宮博物院	故畫 01097
臨元人四孝圖（4段，各為：王武子故事；陸積故事；王祥故事；曹娥故事）	卷	紙	設色	各段：38.4 x 54.3；38.7 x 53.6；38.7 x 50.5；38.7 x 57	乾隆十二年（丁卯，1747）三月	台北 故宮博物院	故畫 01715
院本漢宮春曉圖（周鯤、丁觀鵬、張為邦、姚文瀚合繪）	卷	絹	設色	33.7 x 2038.5	乾隆十三年（戊辰，1748）八月	台北 故宮博物院	故畫 01050
摹顧愷之洛神圖	卷	紙	設色	28.1 x 587.5	乾隆十九年（甲戌，1754）四月	台北 故宮博物院	故畫 01714
仿仇英漢宮春曉圖	卷	紙	設色	34.5 x 675.4	乾隆三十三年（戊子，1768）冬月	台北 故宮博物院	故畫 01047
愛蓮圖	卷	紙	設色	21.3 x 54.8		台北 故宮博物院	故畫 01716
摹丁雲鵬十六羅漢圖	卷	紙	設色	28 x 652		台北 清玩雅集	
法界源流圖	卷	紙	設色	33 x 201		長春 吉林省博物館	
摹郭忠恕四獵騎圖	卷	紙	設色	不詳	乾隆十四年（己巳，1749）	長春 吉林省博物館	
法界源流圖	卷	紙	設色	33 x 1633.5		長春 吉林省博物館	
丹臺春曉圖（陳枚、孫祜、丁觀鵬合作）	卷	絹	設色	30 x 326.8		天津 天津市藝術博物館	
乞巧圖	卷	紙	水墨	28.7 x 384.5	乾隆十三年（戊辰，1748）七月	上海 上海博物館	
慶豐圖（金昆、陳枚、孫祜、周鯤、程志道、吳桂、丁觀	卷	絹	設色	28.8 x 521.2	乾隆辛酉（六年，1741）五月	日本 東京岡部長景先生	

名稱	形式	質地	色彩	尺寸 高×寬cm	創作時間	收藏處所	典藏號碼
鵬合筆）							
戲嬰圖	卷	紙	設色	17.4 × 93.5		美國 華盛頓特區弗瑞爾藝術館	80.126
倣趙千里九成宮圖（丁觀鵬、孫祜合）	軸	絹	設色	43.4 × 42.3	乾隆十年，乙丑（1745）正月	台北 故宮博物院	故畫 02928
摹宋人漁樂圖	軸	紙	設色	30.3 × 30.3	乾隆丁卯（十二年，1747）十月	台北 故宮博物院	故畫 00794
摹仇英西園雅集圖	軸	紙	設色	95.1 × 43.9	乾隆十三年（戊辰，1748）五月	台北 故宮博物院	故畫 02764
仿韓滉七才子過關圖	軸	紙	設色	94.5 × 54.7	戊辰（乾隆十三年，1748）長夏	台北 故宮博物院	故畫 02766
摹宋人明皇夜宴圖	圓幅	紙	設色	28 × 28	乾隆十三年（戊辰，1748）七月	台北 故宮博物院	故畫 02767
十六羅漢像（16幅）	軸	紙	設色	（每幅）126.6 × 57.4	乾隆戊寅（二十三年，1758）春月	台北 故宮博物院	故畫 02790-02805
極樂世界圖	軸	紙	設色	295.5 × 148.5	乾隆二十四年（己卯，1759）二月	台北 故宮博物院	故畫 03705
文殊像	軸	紙	設色	279.7 × 159.4	乾隆辛巳（二十六年，1761）春歷七閏月	台北 故宮博物院	故畫 03710
文殊像	軸	紙	設色	297.3 × 159.1	乾隆二十六年（辛巳，1761）四月	台北 故宮博物院	故畫 03711
畫十六應真像（16幅）	軸	紙	設色	（每幅）135 × 56	乾隆戊子（三十三年，1768）	台北 故宮博物院	故畫 02774 -02789
畫楞嚴對佛說偈（張照書）合壁	軸	紙	設色	61.3 × 42		台北 故宮博物院	故畫 00812
畫雪景人物事蹟（高宗題）	軸	紙	設色	112.6 × 28.6		台北 故宮博物院	故畫 02765
畫丹書受戒圖	軸	紙	設色	95.4 × 57		台北 故宮博物院	故畫 02768
畫無量壽佛	軸	絹	設色	121.3 × 63.1		台北 故宮博物院	故畫 02769
畫人物	軸	絹	設色	63.7 × 32.7		台北 故宮博物院	故畫 02770
畫釋迦牟尼文佛	軸	紙	設色	126.1 × 57		台北 故宮博物院	故畫 02771
畫應真像	軸	紙	水墨	94.3 × 67		台北 故宮博物院	故畫 02772
畫蓮坐文殊像	軸	絹	設色	125.8 × 65.2		台北 故宮博物院	故畫 02773
繪高宗御題范成大爆竹行	軸	紙	設色	113 × 28.5		台北 故宮博物院	故畫 02927
畫太簇始和（十二月禁籞圖一	軸	紙	設色	179.3 × 108.4		台北 故宮博物院	故畫 03060

名稱	形式	質地	色彩	尺寸 高×寬㎝	創作時間	收藏處所	典藏號碼
月景）							
畫南呂金行（十二月禁籞圖八月景）	軸	紙	設色	179.3 × 106		台北 故宮博物院	故畫 03061
畫㽔賓日永（十二月禁籞圖五月景）	軸	紙	設色	176.5 × 105.7		台北 故宮博物院	故畫 03126
慶豐圖（唐岱、孫祐、沈源、丁觀鵬、王幼學、周鯤、吳桂合作）	軸	絹	設色	393.6 × 234		台北 故宮博物院	故畫 03704
新豐圖（唐岱、孫祐、沈源、丁觀鵬、王幼學、周鯤、吳桂合作）	軸	絹	設色	203.8 × 96.4		台北 故宮博物院	故畫 03122
畫高宗御製蒔竹詩圖	橫幅	紙	設色	108 × 205.5		台北 故宮博物院	故畫 03756
釋迦牟尼及十六應真圖（17幅）	軸	紙	設色	不詳		瀋陽 故宮博物院	
弘曆（高宗）洗象圖	軸	絹	設色	132.3 × 62.5		北京 故宮博物院	
松蔭待書圖	軸	紙	設色	不詳		濟南 山東省博物館	
山水圖	軸	紙	設色	136.7 × 33.5		英國 倫敦大英博物館	1957.7.13.01（ADD289）
觀音像	軸	絹	設色	110.7 × 49.9		英國 倫敦維多利亞-艾伯特博物館	F.E.5-1970
五星二十八宿神形圖（33幀）	冊	紙	設色	（每幀）26.5 × 70.9	丁亥（乾隆三十二年，1767）	台北 故宮博物院	故畫 03382
李嶠（丁觀鵬墨妙珠林（戌）冊之1）	冊頁	絹	設色	63 × 42.1		台北 故宮博物院	故畫 03646-1
宗楚客（丁觀鵬墨妙珠林（戌）冊之2）	冊頁	絹	設色	63 × 42.1		台北 故宮博物院	故畫 03646-2
趙彥昭（丁觀鵬墨妙珠林（戌）冊之3）	冊頁	絹	設色	63 × 42.1		台北 故宮博物院	故畫 03646-3
韋嗣立（丁觀鵬墨妙珠林（戌）冊之4）	冊頁	絹	設色	63 × 42.1		台北 故宮博物院	故畫 03646-4
李適（丁觀鵬墨妙珠林（戌）冊之5）	冊頁	絹	設色	63 × 42.1		台北 故宮博物院	故畫 03646-5
劉憲（丁觀鵬墨妙珠林（戌）冊之6）	冊頁	絹	設色	63 × 42.1		台北 故宮博物院	故畫 03646-6

名稱	形式	質地	色彩	尺寸 高x寬㎝	創作時間	收藏處所	典藏號碼
崔湜（丁觀鵬墨妙珠林（戌）冊之7）	冊頁	絹	設色	63 × 42.1		台北 故宮博物院	故畫 03646-7
劉憕（丁觀鵬墨妙珠林（戌）冊之8）	冊頁	絹	設色	63 × 42.1		台北 故宮博物院	故畫 03646-8
盧藏用（丁觀鵬墨妙珠林（戌）冊之9）	冊頁	絹	設色	63 × 42.1		台北 故宮博物院	故畫 03646-9
李義府（丁觀鵬墨妙珠林（戌）冊之10）	冊頁	絹	設色	63 × 42.1		台北 故宮博物院	故畫 03646-10
岑羲（丁觀鵬墨妙珠林（戌）冊之11）	冊頁	絹	設色	63 × 42.1		台北 故宮博物院	故畫 03646-11
劉知幾（丁觀鵬墨妙珠林（戌）冊之12）	冊頁	絹	設色	63 × 42.1		台北 故宮博物院	故畫 03646-12
薛稷（丁觀鵬墨妙珠林（戌）冊之13）	冊頁	絹	設色	63 × 42.1		台北 故宮博物院	故畫 03646-13
馬懷素（丁觀鵬墨妙珠林（戌）冊之14）	冊頁	絹	設色	63 × 42.1		台北 故宮博物院	故畫 03646-14
宋之問（丁觀鵬墨妙珠林（戌）冊之15）	冊頁	絹	設色	63 × 42.1		台北 故宮博物院	故畫 03646-15
武平一（丁觀鵬墨妙珠林（戌）冊之16）	冊頁	絹	設色	63 × 42.1		台北 故宮博物院	故畫 03646-16
杜憲言（丁觀鵬墨妙珠林（戌）冊之17）	冊頁	絹	設色	63 × 42.1		台北 故宮博物院	故畫 03646-17
沈佺期（丁觀鵬墨妙珠林（戌）冊之18）	冊頁	絹	設色	63 × 42.1		台北 故宮博物院	故畫 03646-18
閻朝隱（丁觀鵬墨妙珠林（戌）冊之19）	冊頁	絹	設色	63 × 42.1		台北 故宮博物院	故畫 03646-19
徐堅（丁觀鵬墨妙珠林（戌）冊之20）	冊頁	絹	設色	63 × 42.1		台北 故宮博物院	故畫 03646-20
韋元旦（丁觀鵬墨妙珠林（戌）冊之21）	冊頁	絹	設色	63 × 42.1		台北 故宮博物院	故畫 03646-21
劉允濟（丁觀鵬墨妙珠林（戌）冊之22）	冊頁	絹	設色	63 × 42.1		台北 故宮博物院	故畫 03646-22
徐彥伯（丁觀鵬墨妙珠林（戌）冊之23	冊頁	絹	設色	63 × 42.1		台北 故宮博物院	故畫 03646-23

名稱	形式	質地	色彩	尺寸 高×寬cm	創作時間	收藏處所	典藏號碼
崔白用（丁觀鵬墨妙珠林（戌）冊之24）	冊頁	絹	設色	63 × 42.1		台北 故宮博物院	故畫 03646-24
玉樓笙歌（丁觀鵬張為邦畫山水畫冊之2）	冊頁	絹	設色	33.8 × 32.9		台北 故宮博物院	故畫 03446-2
摹宋人明皇夜宴圖	紈扇面	紙	設色	28 × 28		台北 故宮博物院	故畫 02767
陶冶圖（20幀）	冊	絹	設色	（每幀）29 × 25		台北 清玩雅集	
孔雀圖	紈扇面	紙	設色	不詳		北京 首都博物館	
羅漢圖（12幀）	冊	貝葉	設色	（每幀）25.2 × 18.1		日本 大阪橋本大乙先生	
附：							
摹錢選葛洪移居圖	卷	紙	設色	29.2 × 130.5	乾隆十一年（丙寅，1746）五月	紐約 蘇富比藝品拍賣公司/拍賣目錄 1984,12,05.	
摹丁雲鵬十六羅漢圖	卷	紙	設色	27 × 648.5		紐約 佳士得藝品拍賣公司/拍賣目錄 1989,12,04.	
飲中八仙圖（摹周文矩筆意）	卷	紙	設色	25.7 × 392.7	乾隆十三年（戊辰，1748）五月	紐約 佳士得藝品拍賣公司/拍賣目錄 1990,05,31.	
蕭翼賺蘭亭圖	卷	紙	設色	28.5 × 89	乾隆十年（乙丑，1745）十二月	紐約 佳士得藝品拍賣公司/拍賣目錄 1990,11,28.	
觀音圖	軸	磁青箋	泥金	不詳		上海 朵雲軒	
老僧戲嬰圖	軸	紙	設色	56 × 31.5		紐約 佳士得藝品拍賣公司/拍賣目錄 1990,11,28.	
人物圖（清丁觀鵬等人物山水冊10之1幀）	冊頁	絹	設色	不詳		上海 上海文物商店	
陶冶圖（20開，丁觀鵬、孫祜、周鯤合作）	冊	絹	設色	（每開）29 × 25		香港 佳士得藝品拍賣公司/拍賣目錄 1996,04,28.	

畫家小傳：丁觀鵬。籍里不詳。善畫人物、佛像等，師法明丁雲鵬，有出藍之譽。高宗乾隆初（1726），供奉畫院。流傳署款紀年作品見於乾隆六（1741）至三十三（1768）年。（見熙朝名畫續錄、國朝畫院錄、中國畫家人名大辭典）

(釋) 明 中

名稱	形式	質地	色彩	尺寸 高×寬cm	創作時間	收藏處所	典藏號碼
南山圖	卷	紙	設色	26.6 × 135.4	辛卯（乾隆三十六年，1771）	天津 天津市藝術博物館	
摹元人山水圖	卷	紙	水墨	19 × 91.5	乙亥（乾隆二十年，1755）	上海 上海博物館	

名稱	形式	質地	色彩	尺寸 高×寬㎝	創作時間	收藏處所	典藏號碼
山水圖	軸	紙	水墨	121 × 28.8		台北 故宮博物院（蘭千山館寄存）	
水仙梅花圖	軸	紙	水墨	不詳		瀋陽 遼寧省博物館	
古木竹石圖	軸	紙	水土	76 × 36.5		廣州 廣東省博物館	
向日丹心圖	軸	絹	設色	116.7 × 49.1		日本 東京河井荃廬先生	
半堤垂楊圖（仿倪瓚）	軸	紙	水墨	不詳	癸丑（雍正十一年，1733）夏日	日本 京都長尾雨山先生	
古木竹石圖	軸	紙	水墨	67.4 × 30.4	乾隆辛未（十六年，1751）四月	日本 兵庫縣黑川古文化研究所	
九峰讀書圖（4幀）	冊	紙	水墨	（每幀）21.8 × 28.4	癸酉（乾隆十八年，1753）	瀋陽 遼寧省博物館	
仿倪瓚山水圖（8幀，為指南禪士作）	冊	紙	水墨	不詳	辛未（乾隆十六年，1751）四月	北京 故宮博物院	
山水圖	摺扇面	紙	水墨	不詳	乾隆壬申（十七年，1752）	北京 中國歷史博物館	
山水圖（10幀）	冊	紙	水墨	不詳	乾隆辛未（十六年，1751）	天津 天津市藝術博物館	
仿宋元山水圖（12幀，為性遠禪師作）	冊	紙	水墨、設色	（每幀）26.8 × 31.1	乙亥（乾隆二十年，1755）夏日	上海 上海博物館	
臨各家山水圖（12幀）	冊	紙	水墨	不詳	甲戌（乾隆十九年，1754）	鎮江 江蘇省鎮江市博物館	
仿宋元人山水圖（12幀）	冊	紙	水墨、設色	不詳	乾隆辛未（十六年，1751）四月	杭州 浙江省博物館	
山水圖（10幀）	冊	紙	水墨	（每幀）33.5 × 23		杭州 浙江省杭州西泠印社	
山水圖（8幀）	冊	紙	水墨	（每幀）29.5 × 33.6	丙戌（乾隆三十一年，1766）五月	廣州 廣州市美術館	
附：							
玉蘭湖石圖	軸	紙	水墨	不詳	壬申（乾隆十七年，1752）	上海 朵雲軒	
秋林讀易圖	軸	紙	水墨	164.5 × 76		紐約 佳士得藝品拍賣公司/拍賣目錄 1992,12,02.	
山水圖（6幀）	冊	紙	水墨	不詳	丙戌（乾隆三十一	上海 朵雲軒	

名稱	形式	質地	色彩	尺寸 高×寬㎝	創作時間	收藏處所	典藏號碼

年，1766）夏

畫家小傳：明中。僧。字大恒。號蕊虛。俗姓施。安徽桐城人。生於聖祖康熙五十（1711）年，卒於高宗乾隆三十三（1768）年。幼於禾中楞嚴寺出家。雍正間遊京師，歸住杭州聖因寺。乾隆廿二年，主持南屏淨慈寺，高宗南巡賜紫衣。工詩，精篆刻，好畫。畫工山水，師法元黃公望、倪瓚。（見國朝畫徵續錄、道古堂集、半谷詩話、飛鴻堂印人傳、中國畫家人名大辭典）

管希寧

名稱	形式	質地	色彩	尺寸 高×寬㎝	創作時間	收藏處所	典藏號碼
秋山行旅圖（秋山行旅圖合卷之1）	卷	紙	設色	29.9 × ？		香港 劉作籌虛白齋	114
仿唐人調琴啜茗圖	卷	絹	設色	不詳	乾隆乙未（四十年，1775)	瀋陽 遼寧省博物館	
松圖（清徐堅等十九家畫松圖卷之1段）	卷	紙	水墨	不詳		北京 故宮博物院	
小瀼載書圖（丁以誠、管希寧合作）	卷	紙	設色	不詳		南京 南京博物院	
花蝶圖（吳侃畫蝶、管希寧寫萱花、汪士慎題詩）	軸	紙	設色	122.1 × 43.3	辛酉（乾隆六年，1741）五月	美國 普林斯頓大學藝術館（Edward Elliott 先生寄存）	L323.70
嬰戲圖	軸	絹	設色	108 × 52	乾隆乙未（四十年，1775)	台北 歷史博物館	
碧嶂凌高圖	軸	紙	水墨	不詳		瀋陽 遼寧省博物館	
醉翁亭圖	軸	紙	設色	不詳		瀋陽 遼寧省博物館	
石民像（與華期凡合作）	軸	紙	設色	不詳	乾隆丙申（四十一年，1776) 夏四月	北京 故宮博物院	
白居易詩意圖	軸	絹	設色	88 × 52.4		天津 天津市藝術博物館	
梅花圖	軸	紙	水墨	不詳		天津 天津市藝術博物館	
山水圖（為耕亭作）	軸	紙	水墨	不詳	庚子（乾隆四十五年，1780) 長至前	揚州 江蘇省揚州市博物館	
江村秋曉圖	軸	紙	設色	不詳		揚州 江蘇省揚州市博物館	
荷花圖	軸	紙	設色	不詳		揚州 江蘇省揚州市博物館	
春山遊侶圖	軸	紙	設色	不詳	乾隆丁酉（四十二年，1777) 三月	南京 南京市博物館	
春山曉霽圖	軸	紙	設色	不詳	乙亥（乾隆二十年，1755)	蘇州 江蘇省蘇州博物館	
梅竹圖	軸	紙	水墨	不詳	庚子（乾隆四十五	平湖 浙江省平湖縣博物館	

名稱	形式	質地	色彩	尺寸 高x寬cm	創作時間	收藏處所	典藏號碼
					年，1780)		
翠壁白雲圖	軸	紙	設色	153.5 × 50.8		廣州 廣州市美術館	
美人圖	軸	紙	設色	127.3×118.2	乾隆庚子（四十五年，1780) 二月	日本 東京河井荃廬先生	
雙松圖	軸	紙	水墨	102.4 × 33.9		美國 印地安那波里斯市藝術博物館	80.254
琵琶行詩意圖	軸	紙	設色	61.2 × 67.5		荷蘭 阿姆斯特丹 Rijks 博物館	RAK1990-15
花蝶圖（10幀)	冊	紙	設色	不詳	乾隆癸酉（十八年，1753) 桂月	北京 故宮博物院	
竹石水仙圖（汪士慎、戴鑑、管希寧合作)	摺扇面	紙	水墨	17.5 × 53		北京 故宮博物院	
山水圖（12幀)	冊	紙	設色	不詳	壬戌（嘉慶七年，1802) 仲冬	南京 南京博物院	
附：							
山水圖	軸	紙	水墨	不詳	乾隆辛巳（二十六年，1761) 冬日	北京 中國文物商店總店	
瓜牛廬圖	軸	紙	水墨	不詳	乾隆甲申（二十九年，1764)	武漢 湖北省武漢市文物商店	
仿趙令穰山水圖	軸	紙	設色	111.8 × 40		紐約 蘇富比藝品拍賣公司/拍賣目錄 1984,06,13.	
萱花蛺蝶圖（吳侃、管希寧合作，汪士慎題)	軸	紙	設色	122.5 × 43.7	辛酉（嘉慶六年，1801) 五月	紐約 佳士得藝品拍賣公司/拍賣目錄 1991,11,25.	

畫家小傳：管希寧。字幼孚。號平原、金牛山人。江蘇揚州人。為人性情高潔。業醫。善金石、書、畫。畫山水，筆致幽冷；人物仿馬和之；間寫花草，亦有別致。署款紀年作品見於高宗乾隆六(1741)年，至仁宗嘉慶七（1802）年。（見墨香居畫識、墨林今話、中國畫家人名大辭典）

吳 侃

名稱	形式	質地	色彩	尺寸 高x寬cm	創作時間	收藏處所	典藏號碼
花蝶圖（吳侃畫蝶、管希寧寫萱花、汪士慎題詩)	軸	紙	設色	122.1 × 43.3	辛酉（乾隆六年，1741）五月	美國 普林斯頓大學藝術館（Edward Elliott 先生寄存)	L323.70
花蝶圖（10幀)	冊	紙	設色	不詳	乾隆癸酉（十八年，1753) 桂月	北京 故宮博物院	

名稱	形式	質地	色彩	尺寸 高x寬㎝	創作時間	收藏處所	典藏號碼

附：

蕉石圖	軸	綾	水墨	不詳	丁亥（乾隆三十二 年，1767）	上海 上海文物商店	

畫家小傳：吳侃。字諤生。畫史無載。約與汪士慎、管希寧同時。流傳署款紀年作品見於高宗乾隆六（1741）至三十二(1767)年。身世待考。

畢遲

花果圖（蔡嘉等花果圖合卷之 1幀）	卷	紙	設色	不詳		北京 故宮博物院	
樹林圖	摺扇面	紙	設色	17 x 52.3		香港 潘祖堯小聽颿樓	CP54

畫家小傳：畢遲。畫史無載。身世待考。

朱嵩

九如圖	軸	絹	設色	108 x 60.8	辛酉（乾隆六年， 1741）	杭州 浙江省博物館	
仿宋元山水圖（12幀）	冊	紙	水墨	不詳	乾隆九年，甲子 （1744）夏日	北京 故宮博物院	

畫家小傳：朱嵩。字中峰。浙江山陰人。善畫山水，參法董源和王蒙，得其神韻，畫法純用濕筆，林巒崇茂，氣勢綿亘，望之淋漓溶鬱，
　　　　　覺嵐光雲氣濛然欲沾人衣袂。流傳署款紀年作品見於高宗乾隆六（1741）至九(1744)年。（見讀畫閒評、中國畫家人名大辭典）

蔡瑤

松亭獨坐圖	軸	絹	水墨	不詳	辛酉（乾隆六年， 1741）	杭州 浙江省博物館	

畫家小傳：蔡瑤。字玉友。安徽宣城人。善畫山水，論者稱其所作，山光雲影，森秀可愛。流傳署款紀年作品見於高宗乾隆六（1741）
　　　　　年。（見寧國府志、中國畫家人名大辭典）

高龍光

梅竹圖（12幀）	冊	紙	設色	不詳	辛酉（？乾隆六年 ，1741）	杭州 浙江省杭州市文物考古 所	

畫家小傳：高龍光。畫史無載。流傳署款作品紀年疑為高宗乾隆六（1741）年。身世待考。

孫志

秋水白蓮圖	軸	紙	水墨	不詳		上海 上海博物館	
雙松圖	軸	絹	水墨	不詳		紹興 浙江省紹興市博物館	
蘭竹石圖（20幀）	冊	紙	水墨	不詳		南京 南京博物院	

名稱	形式	質地	色彩	尺寸 高x寬㎝	創作時間	收藏處所	典藏號碼
雜畫（8幀）	冊	絹	設色	不詳	乾隆辛酉（六年，1741）	廣州 廣州市美術館	

附：

六石圖	卷	紙	水墨	29 x 128		紐約 佳士得藝品拍賣公司/拍賣目錄1997.09.19.	
荷塘群雁圖（邊壽民、孫志皋合作）	軸	絹	設色	182.9 x 99		紐約 蘇富比藝品拍賣公司/拍賣目錄1988,06,01.	

畫家小傳：孫志皋。浙江錢塘人。善畫。為唐廷楷之師。流傳署款紀年作品見於高宗乾隆六（1741）年。（見歷代畫史彙傳附錄、讀畫閒評、唐廷楷傳、中國畫家人名大辭典）

姜恭壽

松梅白石圖	軸	紙	水墨	102.5 x 36.7		日本 東京藝術大學美術館	494

畫家小傳：姜恭壽。字靜宰。號香巖，又號東陽外史。江蘇如皋人。高宗乾隆六（1741）年孝廉。善畫花草、竹木，姿致瀟灑，脫盡蒼老習氣。間作山水，亦筆意秀挺，墨法簡靜，絕無點塵，惟欠柔逸古厚神味。（見國朝畫徵續錄、如皋縣志、桐陰論畫、中國畫家人名大辭典）

張　洽

浣華吏隱圖	卷	紙	設色	31.5 x 97.5	戊寅（乾隆二十三年，1758）春正月	旅順 遼寧省旅順博物館	
梅花書屋圖（為錢維喬作，張洽、錢維城合作）	卷	紙	水墨	27 x 134	乾隆辛卯（三十六年，1771）三月	杭州 浙江省杭州市文物考古所	
六逸圖	卷	紙	設色	23.5 x 110.8	乾隆甲寅（五十九年，1794）夏仲	重慶 重慶市博物館	
絕壁飛流圖	軸	紙	設色	105.7 x 50	七十一歲（乾隆五十三年，1788）	台南 石允文先生	
看花圖	軸	紙	設色	145 x 32.2	乾隆戊戌（四十三年，1778）	長春 吉林省博物館	
溪山秋居圖	軸	紙	設色	145 x 40		瀋陽 故宮博物院	
萬木深秋圖	軸	紙	設色	62 x 31	乾隆丁未（五十二年，1787）三月五日	瀋陽 遼寧省博物館	
仿倪雲林山水圖	軸	紙	水墨	不詳	乾隆庚戌（五十五年，1790）仲伙	北京 故宮博物院	

名稱	形式	質地	色彩	尺寸 高x寬㎝	創作時間	收藏處所	典藏號碼
山水圖	軸	紙	水墨	不詳	丙辰（嘉慶元年，1796）花朝前三日	北京 故宮博物院	
山水圖	軸	紙	水墨	不詳	嘉慶己未（四年，1799）春三月	北京 故宮博物院	
仿大癡山水圖	軸	紙	設色	不詳	乾隆戊戌（四十三年，1778）	北京 中國歷史博物館	
水竹居圖	軸	紙	設色	不詳	乾隆戊子（三十三年，1778）	北京 中國歷史博物館	
枯木竹石圖	軸	紙	水墨	不詳	乾隆癸巳（三十八年，1773）	北京 首都博物館	
含山雲溪圖	軸	絹	設色	140 × 53.7	乾隆癸卯（四十八年，1783）	天津 天津市藝術博物館	
普陀潮音洞圖	軸	紙	設色	64.8 × 31.4	乾隆丁未（五十二年，1787）	天津 天津市藝術博物館	
水閣客話圖	軸	紙	設色	131 × 31.7	乾隆己酉（五十四年，1789）	天津 天津市藝術博物館	
關同遺意圖	軸	紙	設色	123.1 × 36		天津 天津市藝術博物館	
採菱圖	軸	紙	水墨	不詳	乾隆壬午（二十七年，1762）	濟南 山東省博物館	
群山烟樹圖	軸	紙	設色	110.9 × 33.2	乾隆丙申（四十一年，1776）冬日	上海 上海博物館	
觀瀑吟詩圖	軸	紙	水墨	105.5 × 47.2	戊申（乾隆五十三年，1788）小春前三日	南京 南京博物院	
天黨飛流圖	軸	紙	設色	91.6 × 47.1	庚辰（乾隆二十五年，1760）	杭州 浙江省博物館	
疊嶂飛泉圖	軸	紙	設色	111 × 29.5	八十一叟（嘉慶三年，1798）	武漢 湖北省博物館	
仿許道寧積雪圖	軸	紙	設色	72 × 34	乾隆癸丑（五十八年，1793）仲夏	成都 四川省博物院	
山水圖	軸	紙	水墨	不詳	乾隆甲寅（五十九年，1794）仲夏	重慶 重慶市博物館	
雙松竹石圖	軸	紙	水墨	70.3 × 33.1		日本 兵庫縣黑川古文化研究所	

名稱	形式	質地	色彩	尺寸 高×寬㎝	創作時間	收藏處所	典藏號碼
牧牛圖	軸	紙	水墨	134 × 33.9		韓國 私人	
漁樂圖	軸	絹	設色	93.4 × 32.1	庚子（乾隆四十五年，1780）春日	英國 倫敦大英博物館	1926.4.10.019（ADD50）
畫日景（藝林清賞冊之6）	冊頁	紙	設色	不詳		台北 故宮博物院	故畫 03490-6
山水圖（張宗蒼、張洽山水圖合冊12之4幀）	冊	紙	水墨、設色	（每幀）26.3 × 33.2		台南 石允文先生	
山水、花卉圖（12幀）	冊	紙	水墨	（每幀）30.5 × 40.5	乾隆壬子（五十七年，1792）	瀋陽 遼寧省博物館	
山水圖（8幀）	冊	紙	設色	（每幀）27 × 35.5	丙辰（嘉慶元年，1796）	旅順 遼寧省旅順博物館	
山水圖（10幀）	冊	紙	設色	（每幀）27.2 × 32.9	乾隆乙卯（六十年，1795）七十有八	天津 天津市藝術博物館	
山水圖（16幀）	冊	紙	設色、水墨	（每幀）23.2 × 28.4	乾隆己亥（四十四年，1779）秋八月	上海 上海博物館	
仿古山水圖（12幀）	冊	紙	設色、水墨	（每幀）16.1 × 23.5	乾隆己亥（四十四年，1779）秋日	上海 上海博物館	
山水圖	摺扇面	紙	水墨	不詳	丁未（乾隆五十二年，1787）	杭州 浙江省杭州市文物考古所	
山水圖（8幀）	冊	紙	設色	（每幀）24 × 30	乾隆壬午（二十七年，1762）	武漢 湖北省博物館	
山水圖（？幀）	冊	紙	設色	（每幀）12.8 × 17.2		美國 耶魯大學藝術館	
山水圖	摺扇面	紙	水墨	20.2 × 58.6		德國 柏林東亞藝術博物館	1988-373
附：							
江山無盡圖	卷	紙	設色	28.5 × 362.2	乾隆甲寅（五十九年，1794）春仲	上海 上海文物商店	
松石圖	軸	紙	水墨	不詳		北京 中國文物商店總店	
梅竹圖	軸	紙	水墨	不詳	乾隆乙卯（六十年，1795）初夏	北京 北京市文物商店	
三友圖	軸	紙	水墨	不詳	乾隆辛亥（五十六年，1791）	北京 北京市工藝品進出口公司	
樽酒城南圖	軸	紙	設色	69 × 34	乾隆壬辰（三十七年，1772）秋仲	上海 朵雲軒	

名稱	形式	質地	色彩	尺寸 高×寬cm	創作時間	收藏處所	典藏號碼
擬范寬山水圖	軸	紙	設色	不詳	乾隆甲午（三十九年，1774）春日	上海　朵雲軒	
仿黃鶴山樵山水圖	軸	紙	設色	不詳	庚辰（乾隆二十五年，1760）	上海　上海文物商店	
一壑松風圖	軸	紙	設色	117 × 34.3	乾隆癸卯（四十八年，1783）夏日	上海　上海文物商店	
山水圖	軸	紙	設色	105.4 × 46.3	乾隆己酉（五十四年，1789）花朝後二日，時年七十二	紐約　蘇富比藝品拍賣公司/拍賣目錄 1981,05,08.	
江南佳景圖	軸	紙	設色	86.5 × 38.7	乾隆辛巳（二十六年，1761）秋八月六日	紐約　佳士得藝品拍賣公司/拍賣目錄 1988,11,30.	
秋江獨釣圖	軸	紙	設色	120 × 42.5	乾隆戊寅（二十三年，1758）立秋後一日	紐約　佳士得藝品拍賣公司/拍賣目錄 1991,05,29.	
秋景山水圖	軸	紙	設色	73.6 × 38.7	庚午（乾隆十五年，1750）夏五	紐約　佳士得藝品拍賣公司/拍賣目錄 1995,09,19.	
擬范華原山水圖	軸	紙	設色	158 × 79	乾隆甲午（三十九年，1774）春日	紐約　佳士得藝品拍賣公司/拍賣目錄 1996,09,18.	
山水圖	軸	紙	設色	81.9 × 31.1	乾隆丁未（五十二年，1787）夏日	紐約　佳士得藝品拍賣公司/拍賣目錄 1998,03,24.	
仿宋元各家山水圖（12幀）	冊	紙	設色	（每幀）29 × 19	乾隆戊申（三十三年，1788）	天津　天津市文物公司	
山水圖（12幀）	冊	紙	設色	（每幀）22.1 × 14.9	乾隆己卯（二十四年，1759）	武漢　湖北省武漢市文物商店	
山水圖（6幀）	冊	紙	設色	（每幀）12.7 × 17.2		紐約　蘇富比藝品拍賣公司/拍賣目錄 1987,12,08.	

畫家小傳：張洽。字月川。號青篛古漁、白雲渡口漁人。江蘇毗陵（一作浙江）人。為張宗蒼從子。生於聖祖康熙五十七（1718）年，
　　　　卒於仁宗嘉慶四（1799）年。善畫山水，得其叔之法，筆墨蒼逸幽邃。（見墨香居畫識、桐陰論畫、墨林今話、揚州畫舫錄、
　　　　紅豆樹館書畫記、中國畫家人名大辭典）

陳率祖

名稱	形式	質地	色彩	尺寸 高×寬cm	創作時間	收藏處所	典藏號碼
柳溪風帆圖	軸	紙	水墨	86 × 41.5		天津　天津市藝術博物館	
花鳥圖	軸	紙	設色	不詳		上海　上海博物館	
菊花圖	軸	紙	水墨	90.7 × 48.1		上海　上海博物館	

名稱	形式	質地	色彩	尺寸 高×寬㎝	創作時間	收藏處所	典藏號碼
魚藻圖	軸	紙	水墨	不詳		上海 上海博物館	
山水圖	軸	紙	設色	不詳		上海 上海古籍書店	
松雀香橼圖	軸	紙	設色	不詳		上海 上海古籍書店	
魚藻圖	軸	紙	水墨	不詳		長沙 湖南省博物館	
花果圖（8幀）	冊	紙	設色	不詳		杭州 浙江省杭州市文物考古所	
附：							
蔬果圖	軸	紙	設色	120 × 41		上海 朵雲軒	
山水圖	軸	紙	水墨	不詳		上海 上海文物商店	
牡丹玉蘭圖	軸	紙	水墨	不詳		上海 上海文物商店	

畫家小傳：陳率祖。字怡庭。號摩崖山人。湖南祁陽人。曾官寶山貳尹。工畫水墨花卉、禽蟲及松石，筆意縱恣，為雍正、乾隆間寫生能手；間作山水，氣韻亦佳。（見墨香居畫識、墨林今話、海上墨林、中國畫家人名大辭典）

孫尚易

名稱	形式	質地	色彩	尺寸 高×寬㎝	創作時間	收藏處所	典藏號碼
雜畫（10幀）	冊	紙	水墨	不詳	乾隆壬戌（七年，1742）秋八月	上海 上海博物館	

畫家小傳：孫尚易。晉安人。畫史無載。流傳署款紀年作品見於高宗乾隆七(1742)年。身世待考。

鮑 楷

名稱	形式	質地	色彩	尺寸 高×寬㎝	創作時間	收藏處所	典藏號碼
秋山行旅圖（秋山行旅圖合卷之第4段）	卷	紙	設色	29.9 × ？		香港 劉作籌虛白齋	114
臨大癡山水圖	軸	紙	設色	不詳	乾隆己巳（十四年，1749）夏四月	北京 故宮博物院	
幽壑聽泉圖	軸	紙	設色	94.5 × 47.7		嘉興 浙江省嘉興市博物館	
梅花圖（10幀）	冊	紙	設色	不詳	乾隆壬戌（七年，1742）新秋	北京 故宮博物院	
花卉圖（8幀）	冊	絹	設色	（每幀）33.4 × 27		上海 上海博物館	
花鳥圖（12幀）	冊	紙	設色	不詳	壬午（乾隆二十七年，1762）	杭州 浙江省博物館	

畫家小傳：鮑楷。字端人。號棠村、龍山、天都去邪子。安徽歙縣人，僑居揚州。少工花鳥，後專事山水，疏朗秀潤，得古人意。流傳署款紀年作品見於高宗乾隆七(1742)至二十七(1762)年。（見國朝畫徵續錄、秋山讀畫錄、中國畫家人名大辭典）

半 舟

名稱	形式	質地	色彩	尺寸 高×寬㎝	創作時間	收藏處所	典藏號碼
山水圖（蔡嘉、半舟山水冊12	冊頁	紙	設色	（每幀）24.6	壬戌（乾隆七年，	天津 天津市藝術博物館	

名稱	形式	質地	色彩	尺寸 高x寬㎝	創作時間	收藏處所	典藏號碼

之5幀）

× 32　　　　1742）立冬後三

日

畫家小傳：半舟。畫史無載。自署个道人，約與蔡嘉同時。繪畫崇尚石谿。流傳署款紀年作品見於高宗乾隆七(172)年。身世待考。

王德普

| 梅花圖（8幀） | 冊 | 紙 | 水墨 | 不詳 | 壬戌（乾隆七年，1742） | 南京　南京博物院 | |

畫家小傳：王德普。畫史無載。流傳署款紀年作品見於高宗乾隆七(1742)年。身世待考。

王之翰

| 五老看山圖 | 軸 | 紙 | 設色 | 93.1 × 46.3 | 乾隆壬戌（七年，1742） | 天津　天津市藝術博物館 | |

畫家小傳：王之翰。畫史無載。流傳署款紀年作品見於高宗乾隆七(1742)年。身世待考。

陳　寧

| 山水圖（12幀） | 冊 | 紙 | 設色 | 不詳 | 壬戌（乾隆七年，1742） | 天津　天津市藝術博物館 | |

畫家小傳：陳寧。畫史無載。流傳署款紀年作品見於高宗乾隆七(1742)年。身世待考。

鄒　溥

| 羅漢圖 | 卷 | 紙 | 水墨 | 不詳 | 壬戌（乾隆七年，1742） | 天津　天津市藝術博物館 | |

畫家小傳：鄒溥。字文坡。江蘇無錫人。善畫人物，宗法宋李公麟。流傳署款紀年作品見於高宗乾隆七(1742)年。（四耕硯田齋筆記、
　　　　中國畫家人名大辭典）

于壽伯

| 紫藤游魚圖 | 軸 | 絹 | 設色 | 不詳 | 壬戌（乾隆七年，1742） | 常熟　江蘇省常熟市文物管理委員會 | |

附：

| 四清圖（顧原、余省、于壽伯、錢鑑合作） | 軸 | 紙 | 水墨 | 不詳 | | 上海　朵雲軒 | |
| 富貴長春圖 | 軸 | 絹 | 設色 | 不詳 | 癸亥（乾隆八年，1743） | 蘇州　蘇州市文物商店 | |

畫家小傳：于伯壽。字海屋。江蘇常熟人。善鉤染花卉、翎毛，綽有丰致。流傳署款紀年作品見於高宗乾隆七（1742）、八（1743）年。（

名稱	形式	質地	色彩	尺寸 高x寬cm	創作時間	收藏處所	典藏號碼

年。（見虞山畫志、中國畫家人名大辭典）

錢 鑑

附：

| 四清圖（顧原、余省、于壽伯、錢鑑合作） | 軸 | 紙 | 水墨 | 不詳 | | 上海 朵雲軒 | |

畫家小傳：錢鑑。字宏士。江蘇常熟人。善寫蘭，秀勁有致。（見虞山畫志、中國畫家人名大辭典）

陸 飛

名稱	形式	質地	色彩	尺寸 高x寬cm	創作時間	收藏處所
圍爐對酒圖	軸	紙	設色	不詳	乾隆丙子（二十一年，1756）立春前一日	北京 故宮博物院
柳岸泊舟圖	軸	紙	水墨	不詳	乾隆乙亥（二十年，1755）	太原 山西省博物館
山水圖	軸	紙	水墨	91.5 × 37.5	乾隆丁丑（二十二年，1757）	昆山 崑崙堂美術館
自渡航圖	軸	納	設色	不詳	壬申（乾隆十七年，1752）	杭州 浙江省博物館
二老觀瀑圖	軸	絹	水墨	不詳	壬午（乾隆二十七年，1762）	杭州 浙江省博物館
曲澗飛舟圖	軸	絹	水墨	334.4 × 98	乾隆己亥（四十四年，1779）初夏四月六日	杭州 浙江省博物館
為憨園作山水圖	軸	紙	水墨	124 × 64	乾隆壬寅（四十七年，1782）	廣州 廣州市美術館
橋南借宅圖（？幀，為雪溪作）	冊	紙	設色	不詳	乾隆乙酉（三十年，1765）	瀋陽 遼寧省博物館

附：

名稱	形式	質地	色彩	尺寸 高x寬cm	創作時間	收藏處所
梅花圖	軸	絹	水墨	不詳	乾隆庚辰（二十五年，1760）	上海 上海文物商店
梅花、竹石圖	軸	紙	水墨	不詳	乾隆辛丑（四十六年，1781）	上海 上海文物商店
山水、花卉圖（8幀）	冊	紙	設色	不詳	乾隆己巳（十四年，1749）新秋	北京 榮寶齋

名稱	形式	質地	色彩	尺寸 高x寬㎝	創作時間	收藏處所	典藏號碼
秋夜讀書圖	軸	紙	水墨	不詳	乾隆己亥（二十年 ，1755）	天津 天津市文物公司	

畫家小傳：陸飛。字起潛。號筱飲。浙江仁和人。生於聖祖康熙五十八(1719)年，高宗乾隆四十四(1779)年尚在世。乾隆三十(1765)年省試第一。能詩、工書。善畫山水、人物、花卉，俱超雋軼群；亦善畫墨竹，絕似元吳鎮。晚年，靠賣畫自給。（見墨香居畫識、墨林今畫、熙朝雅頌集、中國畫家人名大辭典）

陸 英

名稱	形式	質地	色彩	尺寸 高x寬㎝	創作時間	收藏處所	典藏號碼
星臺乞巧圖	卷	絹	設色	不詳	甲辰（乾隆四十九年，1784）時年六十九	北京 首都博物館	
桐蔭獻壽圖	軸	絹	水墨	115 x 124.5	乾隆丁亥（三十二年，1767）	杭州 浙江省博物館	
山水圖	軸	紙	水墨	不詳	乾隆庚子（四十五年，1780）	杭州 浙江省杭州西泠印社	
山水圖	摺扇面	金箋	設色	18.2 x 52.7		德國 柏林東亞藝術博物館	1988-328

附：

名稱	形式	質地	色彩	尺寸 高x寬㎝	創作時間	收藏處所	典藏號碼
仿古人物圖（8幀）	冊	絹	設色	不詳	乾隆乙酉（三十年，1765）清和月	北京 北京市文物商店	

畫家小傳：陸英。字宗凱（一作宗楷）。號蘭堂。江蘇吳縣人，居吳江。生於聖祖康熙五十八（1716）年，高宗乾隆四十九（1784）年尚在世。善寫真，出朱紀尊門，得明曾鯨法；畫山水、花鳥，並臻神妙。（見墨香居畫識、江震續志稿、中國畫家人名大辭典）

王 濤

名稱	形式	質地	色彩	尺寸 高x寬㎝	創作時間	收藏處所	典藏號碼
荷花圖	軸	絹	設色	不詳	癸亥（乾隆八年，1743）冬十一月	北京 故宮博物院	
松竹凌霄圖	軸	絹	水墨	不詳	己卯（乾隆二十四年，1759）閏六月	北京 故宮博物院	
花鳥、草蟲圖（8幀）	冊	紙	設色	不詳	庚午（乾隆十五年，1750）	廣州 廣東省博物館	

畫家小傳：王濤。字素行。江南人，家居揚州。工畫著色花鳥，有元人風致。流傳署款紀年作品見於高宗乾隆八(1743)至二十四(1759)年。（見揚州畫舫錄、中國畫家人名大辭典）

李 喬

名稱	形式	質地	色彩	尺寸 高x寬㎝	創作時間	收藏處所	典藏號碼
摹李公麟揭缽圖	卷	絹	水墨	不詳	乾隆癸亥（八年，1743）秋八月	北京 中國歷史博物館	

名稱	形式	質地	色彩	尺寸 高x寬cm	創作時間	收藏處所	典藏號碼

畫家小傳：李喬。畫史無載。流傳署款紀年作品見於高宗乾隆八(1743)年。身世待考。

松岑
附：

雜畫（10幀，高鳳翰、松岑為研村合作）	冊	紙	設色	（每幀）34 x 21	癸亥（乾隆八年，1743）	濟南 山東省濟南市文物商店	

畫家小傳：松岑。畫史無載。與高鳳翰同時，流傳署款紀年作品見於高宗乾隆八(1743)年。身世待考。

邱谷

仿石谷荷亭消夏圖	軸	紙	設色	不詳	癸亥（乾隆八年，1743）夏仲	泰州 江蘇省泰州市博物館	

畫家小傳：邱谷。畫史無載。流傳署款紀年作品見於高宗乾隆八(1743)年。身世待考。

陳湘

海山臺閣圖	軸	絹	設色	206 x 104.8		北京 首都博物館	
丹成沖舉圖	軸	紙	設色	不詳	乾隆癸亥（八年，1743）仲夏	青島 山東省青島市博物館	

畫家小傳：陳湘。字石渠。號寶齋。江蘇常熟人。善畫花卉。流傳署款紀年作品見於高宗乾隆八(1743)年。（見虞山畫志、中國畫家人名大辭典

季應召

松鶴圖	軸	紙	設色	不詳	乾隆癸亥（八年，1743）	南京 南京博物院	

畫家小傳：季應召。畫史無載。流傳署款紀年作品見於高宗乾隆八(1743)年。身世待考。

沈源

清明上河圖	卷	紙	水墨	34.8 x 1185.9		台北 故宮博物院	故畫01707
演教圖	卷	紙	設色	不詳	乾隆八年（癸亥，1743）閏月	北京 故宮博物院	
奉勅作太液池冰嬉圖	卷	紙	水墨	35 x 148.8	乾隆十一年（丙寅，1746）四月	上海 上海博物館	
新月詩意	軸	紙	設色	125.2 x 55	乾隆十年（乙丑，1745）春正月	台北 故宮博物院	故畫02724
獻芝圖	軸	紙	設色	116.8 x 58.9		台北 故宮博物院	故畫02725

名稱	形式	質地	色彩	尺寸 高×寬cm	創作時間	收藏處所	典藏號碼
畫夷則清商（十二月禁籞圖七月景）	軸	紙	設色	179.4 × 106.2		台北 故宮博物院	故畫 03037
畫黃鐘暢月（十二月禁籞圖十一月景）	軸	紙	設色	179.2 × 106.1		台北 故宮博物院	故畫 03038
畫御製冰嬉賦圖	軸	紙	設色	196 × 94.3		台北 故宮博物院	故畫 03039
畫中呂清和（十二月禁籞圖四月景）	軸	紙	設色	175.8 × 106.3		台北 故宮博物院	故畫 03040
慶豐圖（唐岱、孫祐、沈源、丁觀鵬、王幼學、周鯤、吳桂合作）	軸	絹	設色	393.6 × 234		台北 故宮博物院	故畫 03704
新豐圖（與唐岱、孫祐、沈源、丁觀鵬、王幼學、周鯤、吳桂合作）	軸	絹	設色	203.8 × 96.4		台北 故宮博物院	故畫 03122
豳風圖（唐岱、沈源、合作）	軸	絹	設色	126 × 173.4		台北 故宮博物院	故畫 03743
琴德移圖	軸	紙	設色	161.8 × 146.3		台北 故宮博物院	故畫 03764
長孫無忌（沈源畫墨妙珠林（酉）冊之1）	冊頁	紙	設色	62.8 × 42.5	乾隆十二年（丁卯，1747）五月	台北 故宮博物院	故畫 03644-1
李孝恭（沈源畫墨妙珠林（酉）冊之2）	冊頁	紙	設色	62.8 × 42.5		台北 故宮博物院	故畫 03644-2
杜如晦（沈源畫墨妙珠林（酉）冊之3）	冊頁	紙	設色	62.8 × 42.5		台北 故宮博物院	故畫 03644-3
魏徵（沈源畫墨妙珠林（酉）冊之4）	冊頁	紙	設色	62.8 × 42.5		台北 故宮博物院	故畫 03644-4
房玄齡（沈源畫墨妙珠林（酉）冊之5）	冊頁	紙	設色	62.8 × 42.5		台北 故宮博物院	故畫 03644-5
高士廉（沈源畫墨妙珠林（酉）冊之6）	冊頁	紙	設色	62.8 × 42.5		台北 故宮博物院	故畫 03644-6
尉遲敬德（沈源畫墨妙珠林（酉）冊之7）	冊頁	紙	設色	62.8 × 42.5		台北 故宮博物院	故畫 03644-7
李靖（沈源畫墨妙珠林（酉）冊之8）	冊頁	紙	設色	62.8 × 42.5		台北 故宮博物院	故畫 03644-8
蕭瑀（沈源畫墨妙珠林（酉）冊之9）	冊頁	紙	設色	62.8 × 42.5		台北 故宮博物院	故畫 03644-9

名稱	形式	質地	色彩	尺寸 高x寬㎝	創作時間	收藏處所	典藏號碼
段志玄（沈源畫墨妙珠林（酉）冊之10）	冊頁	紙	設色	62.8 x 42.5		台北 故宮博物院	故畫 03644-10
劉弘基（沈源畫墨妙珠林（酉）冊之11）	冊頁	紙	設色	62.8 x 42.5		台北 故宮博物院	故畫 03644-11
曲突通（沈源畫墨妙珠林（酉）冊之12）	冊頁	紙	設色	62.8 x 42.5		台北 故宮博物院	故畫 03644-12
殷開山（沈源畫墨妙珠林（酉）冊之13）	冊頁	紙	設色	62.8 x 42.5		台北 故宮博物院	故畫 03644-13
柴紹（沈源畫墨妙珠林（酉）冊之14）	冊頁	紙	設色	62.8 x 42.5		台北 故宮博物院	故畫 03644-14
長孫順德（沈源畫墨妙珠林（酉）冊之15）	冊頁	紙	設色	62.8 x 42.5		台北 故宮博物院	故畫 03644-15
張亮（沈源畫墨妙珠林（酉）冊之16）	冊頁	紙	設色	62.8 x 42.5		台北 故宮博物院	故畫 03644-16
侯君集（沈源畫墨妙珠林（酉）冊之17）	冊頁	紙	設色	62.8 x 42.5		台北 故宮博物院	故畫 03644-17
張公謹（沈源畫墨妙珠林（酉）冊之18）	冊頁	紙	設色	62.8 x 42.5		台北 故宮博物院	故畫 03644-18
程志節（沈源畫墨妙珠林（酉）冊之19）	冊頁	紙	設色	62.8 x 42.5		台北 故宮博物院	故畫 03644-19
虞世南（沈源畫墨妙珠林（酉）冊之20）	冊頁	紙	設色	62.8 x 42.5		台北 故宮博物院	故畫 03644-20
劉政會（沈源畫墨妙珠林（酉）冊之21）	冊頁	紙	設色	62.8 x 42.5		台北 故宮博物院	故畫 03644-21
李勣（沈源畫墨妙珠林（酉）冊之22）	冊頁	紙	設色	62.8 x 42.5		台北 故宮博物院	故畫 03644-22
唐儉（沈源畫墨妙珠林（酉）冊之23）	冊頁	紙	設色	62.8 x 42.5		台北 故宮博物院	故畫 03644-23
秦叔寶（沈源畫墨妙珠林（酉）冊之24）	冊頁	紙	設色	62.8 x 42.5		台北 故宮博物院	故畫 03644-24
附：							
水閣清芬（唐岱、沈源合作）	軸	絹	設色	58.5 x 58.5		紐約 佳士得藝品拍賣公司/拍賣目錄 1994,06,01.	
山水圖（清丁觀鵬等人物山水冊10之1幀）	冊頁	絹	設色	不詳		上海 上海文物商店	

名稱	形式	質地	色彩	尺寸 高x寬cm	創作時間	收藏處所	典藏號碼

畫家小傳：沈源。籍里、身世不詳。善畫佛像。高宗朝供奉畫院。署款紀年作品見於高宗乾隆八(1743)至十一(1746)年。(見熙朝名畫錄、國朝畫院錄、中國畫家人名大辭典)

姚文瀚

名稱	形式	質地	色彩	尺寸 高x寬cm	創作時間	收藏處所	典藏號碼
院本漢宮春曉圖（與周鯤、張為邦、丁觀鵬姚文瀚合繪）	卷	絹	設色	33.7 x 2038.5	乾隆十三年（戊辰，1748）八月	台北 故宮博物院	故畫 01050
摹宋人文會圖	卷	紙	設色	46.8 x 196.1	乾隆十七年（壬申，1752）六月	台北 故宮博物院	故畫 01727
雪浦探梅圖	卷	紙	設色	14.5 x 83.8		台北 故宮博物院	故畫 01728
歲朝歡慶圖	軸	紙	設色	82.4 x 55		台北 故宮博物院	故畫 02847
華嚴香海圖	軸	絹	設色	181 x 58.3		台北 故宮博物院	故畫 02848
釋迦牟尼佛	軸	紙	設色	114.4 x 66.8		台北 故宮博物院	故畫 02849
觀音像	軸	羊腦箋	泥金	124.5 x 60		台北 故宮博物院	故畫 02850
文殊像	軸	羊腦箋	泥金	135.6 x 63.7		台北 故宮博物院	故畫 02851
臨宋人維摩像	軸	紙	設色	144.1 x 72.4		台北 故宮博物院	故畫 02852
無量壽佛	軸	羊腦箋	泥金	135 x 64.4		台北 故宮博物院	故畫 02853
東方持國天王像	軸	紙	設色	114.5 x 66.5		台北 故宮博物院	故畫 02854
南方增長天王像	軸	紙	設色	114.5 x 66.5		台北 故宮博物院	故畫 02855
西方廣目天王像	軸	紙	設色	114.5 x 66.5		台北 故宮博物院	故畫 02856
北方多聞天王像	軸	紙	設色	114.5 x 66.5		台北 故宮博物院	故畫 02857
第一阿迎阿機達尊者	軸	紙	設色	114.4 x 66.8		台北 故宮博物院	故畫 02858
第二阿資答尊者	軸	紙	設色	114.4 x 66.8		台北 故宮博物院	故畫 02859
第三拔納拔血尊者	軸	紙	設色	114.4 x 66.8		台北 故宮博物院	故畫 02860
第四嘎禮嘎尊者	軸	紙	設色	114.4 x 66.8		台北 故宮博物院	故畫 02861
第五拔雜哩逋答喇尊者	軸	紙	設色	114.4 x 66.8		台北 故宮博物院	故畫 02862
第六拔哈達喇尊者	軸	紙	設色	114.4 x 66.8		台北 故宮博物院	故畫 02863
第七嘎納嘎吧薩尊者	軸	紙	設色	114.4 x 66.8		台北 故宮博物院	故畫 02864
第八嘎納嘎拔哈喇錣雜尊者	軸	紙	設色	114.4 x 66.8		台北 故宮博物院	故畫 02865

名稱	形式	質地	色彩	尺寸 高×寬cm	創作時間	收藏處所	典藏號碼
第九拔嘎□拉尊者	軸	紙	設色	114.4 × 66.8		台北 故宮博物院	故畫 02866
第十喇呼拉尊者	軸	紙	設色	114.4 × 66.8		台北 故宮博物院	故畫 02867
第十一租查巴納答嘎尊者	軸	紙	設色	114.4 × 66.8		台北 故宮博物院	故畫 02868
第十二那楂拔哈喇鐕雜尊者	軸	紙	設色	114.4 × 66.8		台北 故宮博物院	故畫 02869
第十三巴納塔嘎尊者	軸	紙	設色	114.4 × 66.8		台北 故宮博物院	故畫 02870
第十四納阿噶塞納尊者	軸	紙	設色	114.4 × 66.8		台北 故宮博物院	故畫 02871
第十五鍋巴嘎尊者	軸	紙	設色	114.4 × 66.8		台北 故宮博物院	故畫 02872
第十六阿必達尊者	軸	紙	設色	114.4 × 66.8		台北 故宮博物院	故畫 02873
第十七嘎沙雅巴尊者	軸	紙	設色	114.4 × 66.8		台北 故宮博物院	故畫 02874
第十八納納答密答喇尊者	軸	紙	設色	114.4 × 66.8		台北 故宮博物院	故畫 02875
賣漿圖	橫軸	紙	設色	59.3 × 108		台北 故宮博物院	故畫 03075
達摩像	軸	紙	設色	116.8 × 88.3		台北 故宮博物院	故畫 03076
盤山圖（姚文瀚、袁瑛合筆）	軸	絹	設色	440 × 315		台北 故宮博物院	故畫 03719
荷宮清夏圖	軸	絹	設色	268 × 164		長春 吉林省博物館	
勘書圖	軸	絹	設色	50.2 × 42.8		北京 故宮博物院	
嬰戲圖	軸	紙	設色	162.5 × 78		天津 天津市楊柳青畫社	
層巒聳翠圖	軸	紙	設色	97.1 × 37.8		日本 大阪橋本大乙先生	
茅亭採花圖（姚文瀚等繪山水樓台畫冊之 2）	冊頁	絹	設色	不詳		台北 故宮博物院	故畫 03575-2
山水圖	摺扇面	紙	設色	不詳		台北 故宮博物院	故扇 00295-2
山水圖	摺扇面	紙	設色	不詳		台北 故宮博物院	故扇 00296-2
仕女圖	冊頁	絹	設色	不詳	乾隆二十二年（丁丑，1757）立秋日	北京 故宮博物院	
歷代帝王圖（上冊，？幀）	冊	絹	設色	（每幀）19.5 × 17.5		美國 紐約大都會藝術博物館	47.81.1
歷代帝王圖（下冊，？幀）	冊	絹	設色	（每幀）19.5 × 17.5		美國 紐約大都會藝術博物館	47.81.2

附：

名稱	形式	質地	色彩	尺寸 高×寬cm	創作時間	收藏處所	典藏號碼
初定金川出師奏凱圖（2 幅，張為邦、周鯤、姚文瀚合作）	卷	絹	設色	52 × 486.4；52 × 528.3		紐約 佳士得藝品拍賣公司/拍賣目錄 1993,12,01.	
畫乾隆御製十二月宮詞（12	冊	絹	設色	不詳	乾隆八年（癸亥，	紐約 佳士得藝品拍賣公司/拍	

名稱	形式	質地	色彩	尺寸 高×寬cm	創作時間	收藏處所	典藏號碼

帳) | | | | | 1743) 菊月 | 賣目錄 1984,06,29. |

畫家小傳：姚文瀚。字濯亭。籍里、身世不詳。高宗乾隆朝供奉畫院。工畫道釋、人物。署款紀年作品見於高宗乾隆八（1743）至廿二(1757)年。（見熙朝名畫錄、國朝畫院錄、中國畫家人名大辭典）

陳 昌
附：

| 淵明採菊圖 | 軸 | 絹 | 設色 | 不詳 | 乾隆癸亥（八年，1743） | 上海 上海文物商店 | |

畫家小傳：陳昌。畫史無載。流傳署款紀年作品見於高宗乾隆八（1743）年。身世待考。

吳 宸

| 山水圖（12幀） | 冊 | 紙 | 水墨 | 不詳 | 癸亥（乾隆八年，1743） | 成都 四川大學 | |

畫家小傳：吳宸。畫史無載。流傳署款作品紀年疑似高宗乾隆八（1743）年。身世待考。

許 湘

瓶梅蘭竹圖	軸	紙	設色	92.6 × 33.3	乾隆九年，甲子（1744）	濟南 山東省博物館	
蕉石圖	軸	紙	水墨	121.5 × 58.1		南京 南京博物院	
梅花水仙圖（名賢集錦圖冊之第6幀）	冊頁	紙	水墨	24.1 × 28		台北 陳啟斌畏墨堂	
雜畫（12幀）	冊	紙	設色	不詳	乾隆壬午（二十七年，1762）	天津 天津市藝術博物館	

畫家小傳：許湘。號衡山老人。安徽歙縣人。與鄭燮為畫友，曾在其濰縣幕中。善畫山水，筆墨古雅，神韻嫵媚，設色淹潤，出於石谿而過之。而墨色醞釀，堪與鄭燮、黃慎、李鱓並傳。流傳署款紀年作品見於高宗乾隆九（1744）至二十七(1762)年。（見畫錄識餘、攬古軒書畫錄、中國美術家人名辭典）

陳永价

| 院本親蠶圖（二）- 祭壇（郎世寧、金昆、盧湛、陳永价合作） | 卷 | 絹 | 設色 | 51 × 576.2 | 乾隆九年（甲子，1744） | 台北 故宮博物院 | 故畫 00918 |

畫家小傳：陳永价。籍里、身世不詳。高宗乾隆供奉內廷。工畫人物。流傳署款紀年作品見於乾隆九（1744）年。（見清朝院畫錄、中國美術家人名辭典）

張雨森

名稱	形式	質地	色彩	尺寸 高x寬㎝	創作時間	收藏處所	典藏號碼
雪霽山行	卷	絹	設色	36.5 x 227.4		台北 故宮博物院	故畫 01724
秋山行旅圖	軸	絹	設色	不詳		瀋陽 故宮博物院	
放鶴圖	軸	絹	設色	162.5 x 84		南通 江蘇省南通博物苑	
杏花春燕圖	軸	紙	設色	不詳		南通 江蘇省南通博物苑	
仿范寬山水圖	軸	絹	設色	180 x 99		南通 江蘇省南通博物苑	
雪梅山禽圖	軸	絹		196 x 96		南通 江蘇省南通博物苑	
捉勒鷹圖	軸	絹	設色	163.5 x 88.1		英國 倫敦大英博物館	1910.2.12.5 22（ADD223）
疏林茅屋（張雨森畫山水上冊之1）	冊頁	絹	設色	29.3 x 31		台北 故宮博物院	故畫 01220-1
雲山棲觀（張雨森畫山水上冊之2）	冊頁	絹	設色	29.3 x 31		台北 故宮博物院	故畫 01220-2
松麓觀雲（張雨森畫山水上冊之3）	冊頁	絹	設色	29.3 x 31		台北 故宮博物院	故畫 01220-3
岩阿漱瀑（張雨森畫山水上冊之4）	冊頁	絹	設色	29.3 x 31		台北 故宮博物院	故畫 01220-4
坐眺溪山（張雨森畫山水上冊之5）	冊頁	絹	設色	29.3 x 31		台北 故宮博物院	故畫 01220-5
芦汀遠彴（張雨森畫山水上冊之6）	冊頁	絹	水墨	29.3 x 31		台北 故宮博物院	故畫 01220-6
松岩消暑（張雨森畫山水上冊之7）	冊頁	絹	設色	29.3 x 31		台北 故宮博物院	故畫 01220-7
溪山放棹（張雨森畫山水上冊之8）	冊頁	絹	設色	29.3 x 31		台北 故宮博物院	故畫 01220-8
江亭泛舟（張雨森畫山水上冊之9）	冊頁	絹	水墨	29.3 x 31		台北 故宮博物院	故畫 01220-9
風帆輕颺（張雨森畫山水上冊之10）	冊頁	絹	設色	29.3 x 31		台北 故宮博物院	故畫 01220-10
雪霽山行（張雨森畫山水下冊之1）	冊頁	絹	設色	29.3 x 31	甲子（乾隆九年，1744）秋日	台北 故宮博物院	故畫 01221-1
山林奇蹤（張雨森畫山水下冊之2）	冊頁	絹	設色	29.3 x 31		台北 故宮博物院	故畫 01221-2
溪亭煙樹 （張雨森畫山水下冊	冊頁	絹	設色	29.3 x 31		台北 故宮博物院	故畫 01221-3

名稱	形式	質地	色彩	尺寸 高x寬cm	創作時間	收藏處所	典藏號碼
之3）							
江干題壁（張雨森畫山水下冊之4）	冊頁	絹	設色	29.3 x 31		台北 故宮博物院	故畫 01221-4
水閣听瀑（張雨森畫山水下冊之5）	冊頁	絹	設色	29.3 x 31		台北 故宮博物院	故畫 01221-5
山齋客話（張雨森畫山水下冊之6）	冊頁	絹	設色	29.3 x 31		台北 故宮博物院	故畫 01221-6
携琴訪友（張雨森畫山水下冊之7）	冊頁	絹	設色	29.3 x 31		台北 故宮博物院	故畫 01221-7
城墅消夏（張雨森畫山水下冊之8）	冊頁	絹	設色	29.3 x 31		台北 故宮博物院	故畫 01221-8
溪山放棹（張雨森畫山水下冊之9）	冊頁	絹	設色	29.3 x 31		台北 故宮博物院	故畫 01221-9
水村遙岑（張雨森畫山水下冊之10）	冊頁	絹	設色	29.3 x 31		台北 故宮博物院	故畫 01221-10
倣趙伯駒山水（張雨森畫冊之1）	冊頁	絹	設色	31 x 37.1		台北 故宮博物院	故畫 03388-1
倣王蒙山水（張雨森畫冊之2）	冊頁	絹	設色	31 x 37.1		台北 故宮博物院	故畫 03388-2
倣李公麟山水（張雨森畫冊之3）	冊頁	絹	設色	31 x 37.1		台北 故宮博物院	故畫 03388-3
倣趙令穰山水（張雨森畫冊之4）	冊頁	絹	設色	31 x 37.1		台北 故宮博物院	故畫 03388-4
倣盛懋山水（張雨森畫冊之5）	冊頁	絹	設色	31 x 37.1		台北 故宮博物院	故畫 03388-5
倣范寬山水（張雨森畫冊之6）	冊頁	絹	水墨	31 x 37.1		台北 故宮博物院	故畫 03388-6
倣文伯仁山水（張雨森畫冊之7）	冊頁	絹	水墨	31 x 37.1		台北 故宮博物院	故畫 03388-7
倣趙伯駒山水（張雨森畫冊之8）	冊頁	絹	設色	31 x 37.1		台北 故宮博物院	故畫 03388-8
倣郭熙山水（張雨森畫冊之9）	冊頁	絹	水墨	31 x 37.1		台北 故宮博物院	故畫 03388-9
倣李唐山水（張雨森畫冊之10）	冊頁	絹	設色	31 x 37.1		台北 故宮博物院	故畫 03388-10
倣吳鎮山水（張雨森畫冊之11）	冊頁	絹	水墨	31 x 37.1		台北 故宮博物院	故畫 03388-11
倣許道寧山水（張雨森畫冊之12）	冊頁	絹	水墨	31 x 37.1		台北 故宮博物院	故畫 03388-12

名稱	形式	質地	色彩	尺寸 高×寬cm	創作時間	收藏處所	典藏號碼
倣謝時臣山水（張雨森畫冊之13）	冊頁	絹	水墨	31 × 37.1		台北 故宮博物院	故畫 03388-13
倣沈周山水（張雨森畫冊之14）	冊頁	絹	水墨	31 × 37.1		台北 故宮博物院	故畫 03388-14
倣唐棣山水（張雨森畫冊之15）	冊頁	絹	水墨	31 × 37.1		台北 故宮博物院	故畫 03388-15
倣燕文貴山水（張雨森畫冊之16）	冊頁	絹	水墨	31 × 37.1		台北 故宮博物院	故畫 03388-16
附：							
深山採芝圖	軸	絹	設色	不詳		上海 上海文物商店	
中原名勝圖（12幀）	冊	紙	設色	（每幀）23.5 × 30.5		紐約 佳士得藝品拍賣公司/拍賣目錄 1989,12,04.	

畫家小傳：張雨森。初名雨。字作霖，號蒼埜。安徽當塗人。張經之子。能傳家學，工畫山水，善潑墨；亦善畫花鳥。高宗朝供奉畫院。署款紀年作品見於乾隆九(1744)年。(見國朝畫徵續錄、熙朝名畫錄、國朝畫識、讀畫輯略、中國畫家人名大辭典)

李慧林

院本親蠶圖（四）- 獻繭（郎世寧、金昆、程志道、李慧林合作）	卷	絹	設色	51 × 639.7	乾隆九年（甲子，1744）	台北 故宮博物院	故畫 00920

畫家小傳：李慧林。畫史無載。作品署款顯示，高宗朝供奉畫院。流傳署款紀年作品見於乾隆九（1744）年。

曹樹德

院本親蠶圖（一）- 詣壇（郎世寧、金昆、吳桂、曹樹德合繪）	卷	絹	設色	51 × 762.8	乾隆九年（甲子，1744）	台北 故宮博物院	故畫 00917
幽壑寒松（雪景山水圖）	軸	絹	設色	121 × 44		台北 故宮博物院	中畫 00204
附：							
山水圖	軸	紙	設色	不詳		天津 天津市文物公司	

畫家小傳：曹樹德。畫史無載。作品署款顯示，高宗朝供奉畫院。流傳署款紀年作品見於乾隆九（1744）年。

倪 驤

黃鼎像（張宗蒼、倪驤合作）	軸	紙	設色	62.2 × 101.6	乾隆九年，甲子（，1744）	天津 天津市藝術博物館	

畫家小傳：倪驤。畫史無載。與張宗蒼同時。流傳署款紀年作品見於乾隆九（1744）年。身世待考。

名稱	形式	質地	色彩	尺寸 高x寬㎝	創作時間	收藏處所	典藏號碼

李 葂

名稱	形式	質地	色彩	尺寸 高x寬㎝	創作時間	收藏處所	典藏號碼
荷花圖	軸	紙	水墨	不詳		揚州 江蘇省揚州市博物館	
荷花圖（為麟翁作）	軸	紙	水墨	135.8 x 65.9	甲子（乾隆九年，1744）仲冬	蘇州 江蘇省蘇州博物館	

畫家小傳：李葂。字嘯村。安徽懷寧人，客居揚州。能詩，工書。善畫山水；兼擅花卉、翎毛，著名於時。流傳署款紀年作品見於高宗乾隆九(1744)年。（見墨林今話、揚州畫舫錄、中國畫家人名大辭典）

吳 艮

名稱	形式	質地	色彩	尺寸 高x寬㎝	創作時間	收藏處所	典藏號碼
觀音像	軸	紙	水墨	104 x 52.3	乾隆甲子（九年，1744）浴佛日	台北 故宮博物院	故畫 02345
無量壽佛	軸	紙	水墨	不詳		台北 故宮博物院	中畫 00086

畫家小傳：吳艮。女。字散華。號蘭陵女史。江蘇常州人。為錢人麟妻，錢維城母。工畫。曾手繪水墨觀音像恭進，祝賀皇太后七旬萬壽稱旨，蒙賜如意等。流傳署款紀年作品見於高宗乾隆九（1744）年。（見武陽誌餘、中國美術家人名辭典）

高汝澥

名稱	形式	質地	色彩	尺寸 高x寬㎝	創作時間	收藏處所	典藏號碼
仿家阜（高鳳翰）老人畫石圖	冊頁	紙	設色	不詳	乾隆九年（甲子，1744）	北京 故宮博物院	
山水、花卉圖（12幀）	冊	紙	設色	不詳	乾隆癸未（二十八年，1763）	濟南 山東省博物館	
雜畫（8幀）	冊	紙	設色	（每幀）27.5 x 27.5		濟南 山東省博物館	

畫家小傳：高汝澥。畫史無載。流傳署款紀年作品見於高宗乾隆九(1744)至二十八（1763）年。身世待考。

高汝奎

名稱	形式	質地	色彩	尺寸 高x寬㎝	創作時間	收藏處所	典藏號碼
蘭石圖（高鳳翰作題）	冊頁	紙	水墨	不詳	甲子（乾隆九年，1744）夏日	北京 故宮博物院	

畫家小傳：高汝奎。字南阜。畫史無載。流傳署款作品紀年似為高宗乾隆九(1744)年。身世待考。

惕 園
附：

名稱	形式	質地	色彩	尺寸 高x寬㎝	創作時間	收藏處所	典藏號碼
山水圖	卷	紙	水墨	不詳	乾隆甲子（九年，1744）	北京 中國文物商店總店	

畫家小傳：惕園。姓名不詳。流傳署款紀年作品見於高宗乾隆九(1744)年。身世待考。

范 箴

名稱	形式	質地	色彩	尺寸 高x寬cm	創作時間	收藏處所	典藏號碼
麻姑圖	軸	絹	設色	154.5 x 92		天津 天津市藝術博物館	
柳塘鸂鶒圖	軸	絹	設色	不詳		上海 上海博物館	
秋葵蟲蝶圖	軸	絹	設色	106.6 x 47	甲子（？乾隆九年 1744）	南通 江蘇省南通博物苑	
桐蔭閒吟圖	軸	絹	設色	不詳		鎮江 江蘇省鎮江市博物館	
附：							
牡丹圖	軸	絹	設色	不詳		上海 上海文物商店	

畫家小傳：范箴。字墨湖。崇安人。工畫花卉、翎毛，尤擅畫貓。流傳署款作品紀年疑為高宗乾隆九(1744)年。（見歷代畫史彙傳附
　　　　　錄、中國畫家人名大辭典）

劉 松

遠浦歸帆圖	摺扇面	紙	水墨	不詳	甲子（？乾隆九年 ，1744）	常熟 江蘇省常熟市文物管理 委員會	

畫家小傳：劉松。畫史無載。流傳署款作品紀年疑為高宗乾隆九（1744）年。身世待考。

曉 嚴

復園圖詠（？幀）	冊	紙	水墨	不詳	甲子（？乾隆九年 ，1744）夏日	杭州 浙江省博物館	

畫家小傳：曉嚴。畫史無載。流傳署款作品紀年疑為高宗乾隆九(1744)年。身世待考。

孫 為
附：

指畫雜畫（18幀）	冊	絹	水墨	（每幀）28.3 x 21.9	乾隆甲子（九年， 1744）	武漢 湖北省武漢市文物商店	

畫家小傳：孫為。畫史無載。流傳署款紀年作品見於高宗乾隆九(1744)年。身世待考。

(釋) 通 明

江上風帆圖	軸	紙	水墨	112 x 87	乾隆甲子（九年， 1744）	廣州 廣州市美術館	

畫家小傳：通明。僧。畫史無載。流傳署款紀年作品見於高宗乾隆九(1744)年。身世待考。

謝重燕

狩獵圖	卷	絹	設色	不詳		北京 故宮博物院	
山水圖（為元琛作）	軸	絹	設色	不詳	甲子（乾隆九年， 1744）周正	日本 江田勇二先生	

名稱	形式	質地	色彩	尺寸 高x寬cm	創作時間	收藏處所	典藏號碼

畫家小傳：謝重燕。畫史無載。流傳署款紀年作品見於高宗乾隆九（1744）年。身世待考。

王 宸

名稱	形式	質地	色彩	尺寸 高x寬cm	創作時間	收藏處所	典藏號碼
浯溪圖	卷	紙	設色	不詳		台北 故宮博物院	國贈 024588
觀泉圖（為作梅畫）	卷	紙	水墨	36 x ?	丁卯（乾隆十二年，1747）春日	台北 國泰美術館	
山水圖	卷	紙	水墨	19 x 93.4		台中 葉啟忠先生	
摹董源瀟湘圖	卷	紙	設色	51.2 x ?		香港 葉承耀先生	
春江歸棹圖	卷	紙	設色	29 x ?		香港 劉作籌虛白齋	133
鄂渚開帆圖（為香泉作）	卷	紙	水墨	45 x 126	乾隆五十五年（庚戌，1790）	瀋陽 故宮博物館	
湖山草堂圖（為硯東作）	卷	紙	水墨	43 x 131	壬子（乾隆五十七年，1792）冬至前三日	瀋陽 故宮博物館	
鳩江放棹圖（王宸、王雲鋤合作）	卷	紙	設色	不詳		瀋陽 故宮博物館	
寒香課子圖	卷	紙	水墨	不詳	壬戌（乾隆七年，1742）	北京 故宮博物院	
琵琶行詩意圖	卷	紙	設色	不詳	丙申（乾隆四十一年，1776）	北京 故宮博物院	
湘江唱和圖	卷	紙	水墨	不詳	庚戌（乾隆五十五年，1790）	北京 故宮博物院	
臨董源瀟湘圖	卷	紙	設色	不詳	乾隆五十五年（庚戌，1790）十月	北京 故宮博物院	
山水圖	卷	紙	水墨	不詳	乾隆辛亥（五十六年，1791）	北京 故宮博物院	
瀟湘圖	卷	紙	設色	不詳	壬子（乾隆五十七年，1792）	北京 故宮博物院	
仿倪瓚瀟湘圖	卷	紙	水墨	26.1 x 286	甲寅（乾隆五十九年，1794）春日	北京 故宮博物院	
湘江送別圖	卷	紙	水墨	不詳	七十六叟，乙卯（乾隆六十年，1795）	濟南 山東省濟南市博物館	
仿王原祁山水圖	卷	紙	設色	不詳		濟南 山東省濟南市博物館	
為介亭作山水圖	卷	紙	水墨	不詳	丙午（乾隆五十一	上海 上海博物館	

名稱	形式	質地	色彩	尺寸 高×寬㎝	創作時間	收藏處所	典藏號碼
					年，1786）		
為靜研作山水圖	卷	紙	水墨	25.2 × 34.5	己酉（乾隆五十四年，1789）	上海 上海博物館	
三吳勝異圖	卷	紙	水墨	29 × 191.9	乾隆五十五年庚戌（1790）春仲	上海 上海博物館	
臨瀟湘圖（為雪筠作）	卷	紙	設色	不詳	乾隆辛亥（五十六年，1791）三月	上海 上海博物館	
浯溪圖（三段）	卷	紙	水墨	28 × 107.8	辛亥（乾隆五十六年，1791）	上海 上海博物館	
臨董源瀟湘圖（為夢樓作）	卷	紙	水墨	28.4 × 218.1	乾隆癸丑（五十八年，1793）二月	上海 上海博物館	
洞庭泛舟圖	卷	紙	設色	不詳	癸丑（乾隆五十八年，1793）	上海 上海博物館	
洞庭泛月圖（為花農作）	卷	紙	設色	不詳	癸丑（乾隆五十八年，1793）年三月	上海 上海博物館	
觀海圖（為魯思作）	卷	紙	水墨	不詳	乾隆五十九年甲寅（1794）夏六月	上海 上海博物館	
借園修禊圖	卷	紙	設色	41.5 × 247.3		南京 南京博物院	
盤山紀勝圖（為逸巖作）	卷	紙	水墨	23.8 × 102.5	乾隆癸亥（八年，1743）冬日	常熟 江蘇省常熟市文物管理委員會	
吳山送別圖	卷	紙	水墨	20.2 × 103.5	癸巳（乾隆三十八年，1773）九月	蘇州 江蘇省蘇州博物館	
為曉山作山水圖	卷	紙	水墨	不詳	丁未（乾隆五十二年，1787）秋八月	蘇州 江蘇省蘇州博物館	
松山柳岸圖	卷	紙	水墨	不詳	丁未（乾隆五十二年，1787）	成都 四川省博物院	
仿大癡山水圖	卷	紙	水墨	27.5 × 252.6	壬辰（乾隆三十七年，1772）	廣州 廣東省博物館	
青柯坪圖像（王宸、閔貞合作，為柯坪作）	卷	紙	設色	35 × 295	乾隆丁酉（四十二年，1777）長夏	廣州 廣州市美術館	
瀟湘一曲圖	卷	紙	水墨	不詳	乾隆庚戌（五十五年，1790）	廣州 廣州市美術館	
瀟湘一曲圖	卷	紙	水墨	23 × 93	丙午（乾隆五十一	南寧 廣西壯族自治區博物館	

名稱	形式	質地	色彩	尺寸 高×寬㎝	創作時間	收藏處所	典藏號碼
					年，1786）春日		
仿黃公望山水圖	軸	紙	水墨	154.5 × 84.3	乾隆庚戌（五十五年，1790）	南寧 廣西壯族自治區博物館	
浯溪圖	卷	紙	水墨	29.6 × 125.3	乾隆四十九年（甲辰，1784）十月	日本 東京國立博物館	
雲山圖	卷	紙	水墨	26.1 × ?		美國 聖路易斯市藝術館（米蘇里州梅林先生寄存）	
仿北苑筆意山水圖	軸	紙	水墨	98.5 × 48.1		台北 故宮博物院（蘭千山館寄存）	
仿一峰道人觀泉撫琴圖	軸	紙	水墨	93 × 27.5	壬午（乾隆二十七年，1762）秋月	台北 私立中國文化大學華岡博物館	1/42
摹黃鶴山樵山水圖	軸	紙	水墨	133.5 × 63.5	戊戌（乾隆四十三年，1778）嘉平月	台北 清玩雅集	
秋江漁艇圖	軸	紙	水墨	122.5 × 46.5	壬子（乾隆五十七年，1792）四月	台北 張添根養和堂	
泛舟觀瀑	軸	紙	水墨	56 × 36		台北 李鴻球先生	
仿荊浩山水圖	軸	紙	水墨	107.3 × 35.1		台南 石允文先生	
摹王蒙湖山讀書圖	軸	紙	水墨	133.2 × 63.3		台南 石允文先生	
仿大癡法山水圖（為曉亭作）	軸	紙	水墨	97 × 41.8	庚寅（乾隆三十五年，1770）秋八月	香港 香港大學馮平山博物館	HKU.P.66.12
山水圖	軸	紙	水墨	118 × 51	壬子（乾隆五十七年，1792）冬	香港 香港美術館	FA1988.002
仿一峰老人秋山圖	軸	紙	設色	88.1 × 48.5	時年七十有六（乙卯，乾隆六十年，1795）	香港 香港美術館・虛白齋	XB1992.190
仿吳鎮山水圖	軸	紙	水墨	87.4 × 43.2		香港 劉作籌虛白齋	111
楚江風色圖	軸	紙	水墨	不詳	乙未（乾隆四十年，1775）	長春 吉林省博物館	
秋日放棹圖	軸	紙	水墨	不詳	壬子（乾隆五十七年，1792）	瀋陽 故宮博物院	
仿大癡山水圖	軸	紙	水墨	不詳		瀋陽 故宮博物院	
仿沈周筆意山水圖	軸	紙	水墨	129.4 × 48.5	己丑（乾隆三十四年，1769）秋八月	瀋陽 遼寧省博物館	
松亭觀瀑圖（為伊齋作）	軸	紙	水墨	87.7 × 41.3	癸巳（乾隆三十八	瀋陽 遼寧省博物館	

名稱	形式	質地	色彩	尺寸 高×寬㎝	創作時間	收藏處所	典藏號碼
					年，1773）夏日		
癡迂筆意圖	軸	紙	水墨	不詳	乾隆癸巳（三十八 年，1773）	瀋陽 遼寧省博物館	
仿倪瓚山水圖	軸	紙	水墨	不詳	甲午（乾隆三十九 年，1774）	瀋陽 遼寧省博物館	
竹石圖	軸	紙	水墨	不詳	癸卯（乾隆四十八 年，1783）雪夜	北京 故宮博物院	
山水圖（為石如作）	軸	紙	水墨	94.9 × 39.7	壬子（乾隆五十七 年，1792）冬日	北京 故宮博物院	
仿董源山水圖	軸	紙	水墨	不詳	甲寅（乾隆五十九 年，1794）孟夏	北京 故宮博物院	
仿吳鎮漁父圖	軸	紙	水墨	不詳	乾隆壬子(五十七 年，1792)	北京 中國歷史博物館	
為鐵瓢作山水圖	軸	紙	水墨	不詳	乾隆己丑（三十四 年，1769）	北京 中國歷史博物館	
仿王蒙山水圖（為怡園作）	軸	紙	設色	不詳	丁未（乾隆五十二 年，1787）春三月	北京 中央美術學院	
嵐光雲影圖	軸	紙	水墨	87 × 38	丙戌（乾隆三十一 年，1766）	天津天津市藝術博物館	
小橋山店圖	軸	紙	水墨	不詳	壬辰（乾隆三十七 年，1772）	天津天津市藝術博物館	
仿黃、王山水圖	軸	紙	水墨	78.2 × 44.7	丁未（乾隆五十二 年，1787）	天津天津市藝術博物館	
清江釣艇圖	軸	紙	水墨	120 × 58.5	乾隆五十五年庚戌 （1790）	天津天津市藝術博物館	
天香書屋圖	軸	紙	設色	88.1 × 45.3	嘉慶元年丙辰（ 1796）七十又七	天津天津市藝術博物館	
山水圖	軸	紙	水墨	不詳	癸丑（乾隆五十八 年，1793）	天津 天津市楊柳青畫社	
清江一棹圖	軸	紙	水墨	不詳	己酉（乾隆五十四 年，1789）	西安 陝西省西安市文物保護 考古所	
接葉巢鸚圖	軸	紙	水墨	105 × 41		煙臺 山東省煙臺市博物館	
鄉園茅屋圖（為紫坪作）	軸	紙	設色	不詳	丁亥（乾隆三十二	上海 上海博物館	

名稱	形式	質地	色彩	尺寸 高x寬㎝	創作時間	收藏處所	典藏號碼
					年，1767）夏日		
山水圖	軸	紙	設色	不詳	嘉慶元年（丙辰，1796）夏日	上海　上海博物館	
竹石圖	軸	紙	水墨	不詳	辛丑（乾隆四十六年，1781）	上海　上海古籍書店	
仿巨然山水圖（為松圃作）	軸	紙	水墨	119.2 x 44.2	乾隆壬子（五十七年，1792）七月	南京　南京博物院	
空山林屋圖（為松圃作）	軸	紙	設色	不詳	乾隆壬子（五十七年，1792）七月	南京　南京博物院	
仿王蒙山水圖	軸	綾	水墨	不詳	七十二老者（乾隆五十七年，1792）	常熟　江蘇省常熟市文物管理委員會	
茅亭對話圖（為實甫作）	軸	紙	水墨	92.7 x 43.8	乙未（乾隆四十年，1775）杜令日	杭州　浙江省博物館	
梅花圖	軸	紙	水墨	85.3 x 34.4	壬子（乾隆五十七年，1792）	杭州　浙江省博物館	
仿梅花庵主枯木竹石圖	軸	紙	水墨	不詳		杭州　浙江省博物館	
雙松并茂圖	軸	紙	設色	不詳	戊戌（乾隆四十三年，1778）	杭州　浙江省杭州西泠印社	
仿黃子久山水圖（為學翁作）	軸	紙	設色	不詳	丁丑（乾隆二十二年，1757）秋日	長沙　湖南省博物館	
山水圖	軸	紙	設色	不詳	丙辰（嘉慶元年，1796），七十有七	長沙　湖南省博物館	
仿黃子久筆意	軸	紙	水墨	不詳	丁丑（乾隆二十二年，1757）	長沙　湖南省圖書館	
衡山看日圖（為靈巖尊師作）	軸	紙	設色	不詳	辛亥（乾隆五十六年，1791）八月	長沙　湖南省圖書館	
仿黃公望山水圖	軸	紙	設色	不詳	嘉慶元年（丙辰，1796）正月	成都　四川省博物館	
湘水雲帆圖	軸	紙	水墨	133 x 63	戊申（乾隆五十三年，1788）	成都　四川省博物院	
仿大癡山水圖	軸	紙	水墨	不詳	丙辰（嘉慶元年，1796）	成都　四川省博物院	
江行攬勝圖（為青雷作）	軸	紙	水墨	95.3 x 45	乾隆三十八年（癸巳，1773）六月	重慶　重慶市博物館	

名稱	形式	質地	色彩	尺寸 高x寬cm	創作時間	收藏處所	典藏號碼
九疑山圖	軸	紙	水墨	不詳	己酉（乾隆五十四年，1789）夏四月	重慶 重慶市博物館	
仿王蒙山水圖	軸	紙	水墨	95 x 52	乾隆壬子（五十七年，1792）	廣州 廣東省博物館	
松巖散策圖	軸	紙	水墨	不詳		廣州 廣東省博物館	
冬嶺秀孤松圖（為立山作）	軸	紙	設色	不詳	丙辰（嘉慶元年，1796）七月	廣州 廣州市美術館	
洞庭秋月圖	軸	紙	水墨	80.6 x 37.6		日本 東京山本悌二郎先生	
山水圖（浯溪烟柳圖）	軸	紙	水墨	118 x 46.5	年七十又二（乾隆五十七年，1792）	日本 東京國立博物館	
山水圖（為立翁作）	軸	紙	水墨	94.6 x 44.4	癸巳（乾隆三十八年，1773）十月	日本 東京國立博物館	
撫北苑小景山水圖	軸	紙	水墨	44.2 x 23.6	丁未（乾隆五十二年，1787）春夜	日本 東京河井荃廬先生	
仿李營邱圖	軸	紙	水墨	不詳	丙辰（嘉慶元年，1796）正月	日本 京都狩野直喜先生	
江山雨意圖	軸	紙	水墨	88 x 41.7	嘉慶元年，丙辰（1796）夏五	日本 大阪橋本大乙先生	
仿大癡筆意山水圖	軸	紙	水墨	95.3 x 29.5	乾隆辛亥（五十六年，1791）八月	美國 哈佛大學福格藝術館	1968.52
仿黃公望山水圖	軸	紙	水墨	56.9 x 83.2		美國 耶魯大學藝術館	1965.131
摹王蒙山水圖	軸	紙	水墨	86.4 x 31.7	乾隆四十年（乙未，1775）五月	美國 紐約 Hobart 先生	
倣巨然筆意山水（為葭谷作）	軸	紙	水墨	71.2 x 34.3	癸巳（乾隆三十八年，1773）六月十七日	美國 紐約 Hobart 先生	
仿梅華庵主筆意山水圖	軸	紙	水墨	70.7 x 37.2	戊戌（乾隆四十三年，1778)）秋七月	瑞士 蘇黎士黎得堡博物館	RCH.1163
山水圖（12幀）	冊	紙	水墨	（每幀）41.3 x 33.5	甲午（乾隆三十九年，1774）冬十一月朔	香港 張碧寒先生	
山水圖（10幀，為牧田作）	冊	紙	設色	（每幀）27.8 x 23.8	丁亥（乾隆三十二年，1767）春三月	瀋陽 故宮博物館	

名稱	形式	質地	色彩	尺寸 高×寬cm	創作時間	收藏處所	典藏號碼
瀟湘八景圖（8幀）	冊	紙	水墨	不詳	丙午（乾隆五十一年，1786）	瀋陽 故宮博物館	
山水圖（6幀）	冊	紙	水墨	（每幀）19.4×26.9	己酉（乾隆五十四年，1789）	瀋陽 遼寧省博物館	
對床風雨圖（為頤堂作）	冊頁	紙	水墨	不詳	辛巳（乾隆二十六年，1761）夏日	北京 故宮博物院	
仿古山水圖（12幀，為芝亭作）	冊	紙	設色	不詳	辛卯（乾隆三十六年，1771）冬日	北京 故宮博物院	
山水圖（8幀）	冊	紙	水墨	不詳	辛卯（乾隆三十六年，1771）	北京 故宮博物院	
眾陵十二景圖（12幀）	冊	紙	水墨	（每幀）27.3×31.5	癸卯（乾隆四十八年，1783）	北京 故宮博物院	
瀟湘八景圖（8幀）	冊	紙	水墨	不詳	辛亥（乾隆五十六年，1791）九月	北京 故宮博物院	
仿古山水圖（9幀）	冊	紙	設色	不詳		北京 故宮博物院	
山水圖（12幀）	冊	紙	水墨	（每幀）29.2×23.5	癸巳（乾隆三十八年，1773）	天津 天津市歷史博物館	
山水圖并對題（10幀）	冊	紙	設色	不詳	丙辰（嘉慶元年，1796）夏日	上海 上海博物館	
江山勝覽圖	摺扇面	紙	設色	不詳	壬午（乾隆二十七年，1762）	南京 南京博物院	
仿黃鶴山樵山水圖	摺扇面	紙	設色	不詳	乾隆五十八年（癸丑，1793）	寧波 浙江省寧波市天一閣文物保管所	
仿大癡山水圖	軸	紙	水墨	不詳	甲辰（乾隆四十九年，1784）	廣州 廣州市美術館	
頑山老樹圖	軸	紙	設色	108 × 55.5	丙午（乾隆五十一年，1786）	廣州 廣州市美術館	
冬嶺孤松圖	軸	紙	水墨	90 × 46.5	丙辰（嘉慶元年，1796）	廣州 廣州市美術館	
山水圖（清李世倬等雜畫冊12之1幀）	冊頁	紙	設色	不詳		廣州 廣州市美術館	
秋山垂釣圖	摺扇面	紙	設色	不詳	辛丑（乾隆四十六年，1781）	南寧 廣西壯族自治區博物館	
山水圖（12幀）	冊	絹	設色、	（每幀）19.4	其一：署款壬午（	日本 東京高島菊次郎先生	

名稱	形式	質地	色彩	尺寸 高×寬cm	創作時間	收藏處所	典藏號碼
			水墨	× 26.1	乾隆二十七年，1762）秋日		
仿倪雲林六君子圖帖（6幀）	冊	紙	水墨	（每幀）14 × 21	王辰（乾隆三十七年，1772）仲秋月	日本 京都貝塚茂樹先生	
山水圖（？幀）	冊	紙	水墨	（每幀）23.5 × 27.5		日本 私人	
山水圖	摺扇面	紙	設色	17.9 × 51.5		美國 紐約大都會藝術博物館	1989.363.163
仿古山水（8幀，為玉礎作）	冊	紙	水墨	（每幀）24.2 × 29.8	辛亥（乾隆五十六年，1791）	美國 鳳凰市美術館（Mr.Roy And Marilyn Papp 寄存）	
山水圖（8幀）	冊	紙	水墨	（每幀）32.3 × 25		德國 柏林東亞藝術博物館	1988-431
煙寺晚鐘圖	冊頁	紙	水墨	26.9 × 33.6		德國 柏林東亞藝術博物館	1988-432a
漁村夕照圖	冊頁	紙	水墨	26.9 × 33.6		德國 柏林東亞藝術博物館	1988-432b
山市晴巒圖	冊頁	紙	水墨	26.9 × 33.6		德國 柏林東亞藝術博物館	1988-432c
江天暮雪圖	冊頁	紙	水墨	26.9 × 33.6		德國 柏林東亞藝術博物館	1988-432d

附：

名稱	形式	質地	色彩	尺寸 高×寬cm	創作時間	收藏處所	典藏號碼
仿梅道人山水圖	卷	紙	水墨	25.5 × 140.5	王戌（乾隆七年，1742）	上海 上海文物商店	
明湖攬勝圖（為填園大兄寫）	卷	紙	水墨	31.8 × 79	己丑（乾隆三十四年，1769）秋九月	紐約 佳仕得藝品拍賣公司/拍賣目錄 1986,06,04.	
春江歸棹圖	卷	紙	水墨	36.4 × 116.5	乙卯（乾隆六十年，1795）春正月	紐約 佳士得藝品拍賣公司/拍賣目錄 1989,12,04.	
湘江攬勝圖	卷	紙	水墨	25.4 × 276.9	嘉慶元年，丙辰（1796）春日	紐約 佳士得藝品拍賣公司/拍賣目錄 1993,06,04.	
仿董源瀟湘圖	卷	紙	設色	40.5 × 277.5	乾隆五十八年（癸丑，1793）孟夏之月	紐約 佳士得藝品拍賣公司/拍賣目錄 1993,06,04.	
楊汾夢雨圖	卷	紙	設色	45 × 173.5	乾隆五十九年（甲寅，1794）春三月既望	紐約 佳士得藝品拍賣公司/拍賣目錄 1993,12,01.	
古寺盍簪圖	卷	紙	水墨	28.8 × 94		紐約 佳士得藝品拍賣公司/拍賣目錄 1993,12,01.	
聽雨第三圖	卷	紙	水墨	28 × 233.5	癸丑（乾隆五十八年，1793）仲春月上澣	紐約 佳士得藝品拍賣公司/拍賣目錄 1994,06,01.	

名稱	形式	質地	色彩	尺寸 高×寬㎝	創作時間	收藏處所	典藏號碼
山水圖	卷	紙	水墨	32.5 × 150	乙丑（乾隆十年，1745）冬至前二日	紐約 佳士得藝品拍賣公司/拍賣目錄 1995,3,22.	
松下清齋圖（王宸、宋葆淳合卷之之第1段）	卷	紙	水墨	26 × 61.2	壬寅（乾隆四十七年，1782）冬日	香港 佳士得藝品拍賣公司/拍賣目錄 1995,04,30.	
鮑孝子尋親圖	卷	紙	水墨	33 × 191	庚子（乾隆四十五年，1780）春三月	紐約 佳士得藝品拍賣公司/拍賣目錄 1995,09,19.	
浯溪讀書圖	卷	紙	水墨	36.2 × 113	壬子（乾隆五十七年，1792）又四月	紐約 佳士得藝品拍賣公司/拍賣目錄 1995,10,29.	
山水圖	卷	紙	水墨	29 × 192	乾隆五十五年庚戌（1790）春仲	紐約 佳士得藝品拍賣公司/拍賣目錄 1997,09,19.	
富春山意圖	卷	紙	水墨	47.8 × 382.4	壬戌（乾隆七年，1742）仲夏	香港 佳士得藝品拍賣公司/拍賣目錄 1998,09,15.	
觀泉圖	卷	紙	水墨	36 × 217.8	丁卯（乾隆十二年，1747）春日	香港 蘇富比藝品拍賣公司/拍賣目錄 1999,10,31.	
永陽圖	軸	紙	水墨	100 × 46		大連 遼寧省大連市文物商店	
仿大癡山水圖	軸	紙	設色	不詳	癸巳（乾隆三十八年，1773）十月	北京 榮寶齋	
仿一峰楚山秋曉圖	軸	紙	設色	不詳	己酉（乾隆五十四年，1789）秋八月	北京 北京市文物商店	
山水圖	軸	紙	水墨	不詳	壬辰（乾隆三十七年，1772）	上海 朵雲軒	
仿梅道人山水圖	軸	紙	水墨	不詳	甲寅（乾隆五十九年，1794）	上海 朵雲軒	
遠山近水圖	軸	紙	水墨	118.4 × 62.1	乾隆五十四年己酉（1789）	上海 上海文物商店	
瀟湘夜雨圖	軸	紙	水墨	不詳		上海 上海友誼商店古玩分店	
疏樹遠峰圖（為魯庵作）	軸	紙	水墨	不詳	乾隆四十年（乙未，1775）五月廿八日	上海 上海市工藝品進出口公司	
為晴川作山水圖	軸	紙	水墨	不詳	辛亥（乾隆五十六年，1791）	上海 上海工藝品進出口公司	
山市晴嵐圖（王文治題）	軸	絹	水墨	114.3 × 31.6		紐約 蘇富比藝品拍賣公司/拍賣目錄 1984,06,13.	
山水圖	軸	紙	水墨	94 × 48.2	乙巳（乾隆五十年	香港 蘇富比藝品拍賣公司/拍	

名稱	形式	質地	色彩	尺寸 高×寬㎝	創作時間	收藏處所	典藏號碼
					，1785）正月	賣目錄 1984,11,11.	
山水圖	軸	紙	水墨	109.3 × 38.7	戊申（乾隆五十三年，1788）秋仲	紐約 佳士得藝品拍賣公司/拍賣目錄 1987,06,03.	
法一峰老人筆意山水	軸	紙	水墨	104.4 × 44	壬子（乾隆五十七年，1792）秋日	紐約 蘇富比藝品拍賣公司/拍賣目錄 1987,12,08.	
富春山色圖	軸	紙	水墨	33.3 × 26		紐約 佳士得藝品拍賣公司/拍賣目錄 1988,06,02.	
仿王蒙山水圖	軸	紙	水墨	133.5 × 63.5	戊戌（乾隆四十三年，1778）嘉平月	紐約 佳士得藝品拍賣公司/拍賣目錄 1989,12,04.	
山水圖（仿九龍山人筆意）	軸	紙	水墨	98 × 39.5	乙巳（乾隆五十年，1785）秋八月	紐約 佳士得藝品拍賣公司/拍賣目錄 1990,11,28.	
溪山隱居圖	軸	絹	水墨	120 × 47.5		紐約 佳士得藝品拍賣公司/拍賣目錄 1991,05,29.	
仿吳歷山水圖	軸	紙	水墨	178.5 × 49		香港 佳士得藝品拍賣公司/拍賣目錄 1991,03,18.	
山水圖	軸	紙	水墨	132.5 × 58.5	壬子（乾隆五十七年，1792）嘉平月	紐約 佳士得藝品拍賣公司/拍賣目錄 1992,06,02.	
山水圖	軸	紙	水墨	92.5 × 43	乾隆庚戌（五十五年，1790）三月	紐約 佳士得藝品拍賣公司/拍賣目錄 1992,06,02.	
山水圖	軸	紙	水墨	81 × 41	庚午（乾隆十五年，1750）小春上浣	紐約 佳士得藝品拍賣公司/拍賣目錄 1993,12,01.	
谿山重釣圖	軸	紙	水墨	93.5 × 47.5	乙巳（乾隆五十年，1785）秋八月	紐約 佳士得藝品拍賣公司/拍賣目錄 1994,06,01.	
仿古山水圖并自對題（10幀）	冊	紙	設色	不詳	庚寅乾隆（三十五年，1770）夏日	北京 北京市文物商店	
山水圖（王宸、王麟孫、王岵孫合作山水冊 12 之 4 幀）	冊頁	紙	水墨	（每幀）29 × 23	乙卯（乾隆六十年，1795）	上海 朵雲軒	
山水圖（?幀）	冊	紙	水墨	不詳		南京 南京市文物商店	
仿古山水（8幀）	冊	紙	水墨	（每幀）24.1 × 29.8	辛亥（乾隆五十六年，1791）八月	紐約 蘇富比藝品拍賣公司/拍賣目錄 1980,10,25.	
仿宋元人筆意山水（12幀）	冊	紙	水墨	（每幀）23.5 × 14	癸巳（乾隆三十八年，1773）春日	紐約 蘇富比藝品拍賣公司/拍賣目錄 1980,12,18.	
山水圖（8幀，寫呈慎翁先生）	冊	紙	水墨	（每幀）26 × 29	乾隆甲午（三十九年，1774）	紐約 蘇富比藝品拍賣公司/拍賣目錄 1984,06,13.	

名稱	形式	質地	色彩	尺寸 高×寬cm	創作時間	收藏處所	典藏號碼
山水圖	摺扇面	紙	水墨	17.5 × 53		紐約 佳士得藝品拍賣公司/拍賣目錄 1988,11,30.	
山水、花卉圖（12幀，與王昱合作）	冊	紙	水墨	（每幀）19 × 26.5		香港 佳士得藝品拍賣公司/拍賣目錄 1991,03,18.	
山水圖	軸	紙	水墨	90.5 × 34	甲寅（乾隆五十九年，1794）冬十月	紐約 佳士得藝品拍賣公司/拍賣目錄 1998.09,15,	
山水圖（明清名家山水扇面冊 18之1幀）	摺扇面	金箋	設色	不詳		紐約 佳士得藝品拍賣公司/拍賣目錄 1997,09,19.	
山水圖（4幀）	冊	紙	水墨	（每幀）22.8 × 27.9	丙辰（嘉慶元年，1796）冬日	紐約 佳士得藝品拍賣公司/拍賣目錄 1998,03,24.	

畫家小傳：王宸。字子凝。號蓬心、蓬樵、老蓬仙、瀟湘翁、柳東居士、蒙叟、退官衲子等。江蘇太倉人。王原祁曾孫。生於聖祖康熙五十九（1720）年。卒於仁宗嘉慶二（1797）年。以舉人補內閣中書，官至永州知府。能承家學，善畫山水，以元四家為宗，深得子久法。作品枯毫重墨，氣味荒古。（見墨香居畫識、桐陰論畫、墨林今話、芝庭詩稿、中國畫家人名大辭典）

張德

附：

菊石圖	軸	紙	水墨	不詳	乾隆甲寅（五十九年，1794）孟夏	鎮江 鎮江市文物商店	

畫家小傳：張德堦。畫史無載。生於聖祖康熙五十九（1720）年，乾隆五十九（1794）年尚在世。身世待考。

錢維城

寒山秋月	卷	紙	設色	30.2 × 274.5		台北 故宮博物院	故畫 01692
塞山雲海	卷	紙	設色	38.4 × 188.8		台北 故宮博物院	故畫 01693
雲山深靜	卷	紙	設色	38.5 × 997.5		台北 故宮博物院	故畫 01694
江村秋霽	卷	紙	設色	24.9 × 135.8		台北 故宮博物院	故畫 01695
春海羅英圖	卷	紙	設色	38.7 × 775.6		台北 故宮博物院	故畫 01696
淑景迎韶	卷	紙	設色	40 × 563		台北 故宮博物院	故畫 01697
畫清高宗御製雪中坐冰床即景詩	卷	紙	設色	36.5 × 194.3		台北 故宮博物院	故畫 01698

名稱	形式	質地	色彩	尺寸 高x寬cm	創作時間	收藏處所	典藏號碼
書并繪沈周詩意圖	卷	紙	設色	41.2 × 657.8		台北 故宮博物院	故畫 01699
泛月詩意圖	卷	紙	設色	30.5 × 197.1		台北 故宮博物院	中畫 00137
東坡艤舟亭圖	卷	紙	水墨	27 × 75		台北 清玩雅集	
江天秋霽圖	卷	紙	水墨	26.4 × 361		長春 吉林省博物館	
菊花圖	卷	紙	設色	40.7 × 473		長春 吉林省博物館	
仙莊秋月圖	卷	紙	設色	30 × 186		瀋陽 故宮博物院	
春狩圖	卷	紙	設色	不詳		瀋陽 故宮博物院	
宮苑春曉圖	卷	紙	設色	37.2 × 81.8		瀋陽 故宮博物院	
雲巖聽瀑圖	卷	紙	水墨	34 × 369		瀋陽 故宮博物院	
飛雲洞圖	卷	紙	設色	不詳		瀋陽 遼寧省博物館	
雲墅林廬圖	卷	紙	水墨	不詳		北京 中國歷史博物館	
聖謨廣遠圖	卷	紙	設色	不詳		北京 中國歷史博物館	
塞山雪景圖（高宗御題）	卷	紙	設色	不詳	高宗題於戊子（乾隆三十三年，1768）	北京 首都博物館	
梅花書屋圖（為錢維喬作，張泬、錢維城合作）	卷	紙	水墨	27 × 134	乾隆辛卯（三十六年，1771）三月	杭州 浙江省杭州市文物考古所	
九秋圖（秋花九種）	卷	紙	設色	39.4 × 181.6	乾隆辛巳（二十六年，1761）秋	重慶 重慶市博物館	
孤山餘韻圖	卷	紙	水墨	不詳	乙酉（乾隆三十年，1765）	廣州 廣東省博物館	
鄂爾楚克哈達圖（寒塞四景圖卷之1）	卷	紙	水墨	31.2 × 181.5		日本 東京國立博物館	TA-502
岳樂圖（寒塞四景圖卷之2）	卷	紙	設色	31.2 × 181.8		日本 東京國立博物館	TA-502
庫庫英圖（寒塞四景圖卷之3）	卷	紙	水墨	31.2 × 180.7		日本 東京國立博物館	TA-502
僧機圖（寒塞四景圖卷之4）	卷	紙	設色	31.2 × 179.5		日本 東京國立博物館	TA-502
花卉圖	卷	紙	設色	32.4 × ?		日本 東京加藤正治先生	
山水圖	卷	絹	設色	不詳		日本 東京住友寬一先生	
萬有同春圖	卷	紙	設色	不詳		美國 波士頓美術館	
豫省白雲寺圖	軸	紙	設色	129.4 × 62.5	乾隆庚午（十五年，1750）	台北 故宮博物院	故畫 02663
春花三種	軸	紙	設色	113 × 80.1		台北 故宮博物院	故畫 00787
山水	軸	綾	水墨	73.2 × 37.3		台北 故宮博物院	故畫 02648

名稱	形式	質地	色彩	尺寸 高x寬㎝	創作時間	收藏處所	典藏號碼
山水(溪館迎春)	軸	紙	水墨	147.6 × 63.3		台北 故宮博物院	故畫 02649
山水	軸	紙	水墨	129.5 × 67.9		台北 故宮博物院	故畫 02650
廬山高	軸	紙	設色	137 × 63.5		台北 故宮博物院	故畫 02651
雲壑松泉	軸	紙	水墨	122.2 × 60.3		台北 故宮博物院	故畫 02652
高巒遠吹	軸	紙	水墨	167.4 × 71.9		台北 故宮博物院	故畫 02653
借山齋圖	軸	紙	設色	63.7 × 31.8		台北 故宮博物院	故畫 02654
法螺曲徑	軸	紙	設色	85.3 × 51.3		台北 故宮博物院	故畫 02655
溪橋曳杖	軸	紙	設色	116.8 × 83		台北 故宮博物院	故畫 02656
江閣遠帆	軸	紙	設色	157.7 × 78.8		台北 故宮博物院	故畫 02657
寒林欲雪	軸	紙	水墨	171.2 × 76.5		台北 故宮博物院	故畫 02658
萬彙熙春圖（花卉）	軸	紙	設色	143.6 × 71.4		台北 故宮博物院	故畫 02659
夏山欲雨	軸	紙	水墨	144.2 × 59.6		台北 故宮博物院	故畫 02660
溪亭秋色	軸	紙	水墨	79 × 36.7		台北 故宮博物院	故畫 02661
泉林清景	軸	紙	設色	145.4 × 59.9		台北 故宮博物院	故畫 02662
雪浦歸帆圖	軸	紙	設色	114.9 × 64.4		台北 故宮博物院	故畫 02664
觀泉圖	軸	紙	水墨	171.7 × 73.9		台北 故宮博物院	故畫 02665
天中瑞景（花果）	軸	紙	設色	112.1 × 58.7		台北 故宮博物院	故畫 02666
崑閬松雲	軸	紙	設色	121.3 × 65		台北 故宮博物院	故畫 02667
新韶如意圖	軸	紙	水墨	105.2 × 55.9		台北 故宮博物院	故畫 02668
倣黃公望秋山圖	軸	紙	設色	92.3 × 43.5		台北 故宮博物院	故畫 02669
盤山圖(高宗御題)	軸	紙	設色	139.5 × 55.6		台北 故宮博物院	故畫 02670
竹石寫生	軸	紙	設色	151.8 × 70.8		台北 故宮博物院	故畫 02671
夏花四種	軸	紙	設色	65.8 × 78.3		台北 故宮博物院	故畫 02672
花卉	軸	紙	設色	134.1 × 63.1		台北 故宮博物院	故畫 02673
洋菊	軸	紙	設色	112.7 × 57.5		台北 故宮博物院	故畫 02674
梅茶水仙	軸	紙	設色	114 × 75.6		台北 故宮博物院	故畫 02675
繪清高宗中秋帖子詞	軸	紙	設色	96 × 66.3		台北 故宮博物院	故畫 02935
山水	軸	紙	設色	120.2 × 106.8		台北 故宮博物院	故畫 03024
蒼崖烟磴	軸	紙	水墨	161.8 × 92.6		台北 故宮博物院	故畫 03025
江山攬勝圖(高宗御題)	軸	紙	設色	190.5 × 100.8		台北 故宮博物院	故畫 03026
棲霞全圖	軸	紙	設色	224.9 × 158.5		台北 故宮博物院	故畫 03712

名稱	形式	質地	色彩	尺寸 高x寬cm	創作時間	收藏處所	典藏號碼
山水(松巖庭館)	軸	紙	設色	193.8 x 135.2		台北 故宮博物院	故畫 03760
雲峯蕭寺	軸	紙	水墨	122.8 x 63		台北 故宮博物院	中畫 00097
秋溪飛瀑	軸	紙	水墨	123.7 x 80.7		台北 故宮博物院	中畫 00098
漁汀秋霽	軸	紙	水墨	113.8 x 59.1		台北 故宮博物院	中畫 00099
雲壑鐘聲	軸	紙	水墨	69.7 x 27.3		台北 故宮博物院	中畫 000100
蘭杏山茶	軸	紙	設色	128.2 x 65.9		台北 故宮博物院	中畫 000166
溪橋野趣	軸	紙	水墨	96.3 x 56.6		台北 故宮博物院	中畫 000167
蕉石秋花	軸	紙	設色	169.7 x 71.5		台北 故宮博物院	中畫 000168
菊花雁來紅	軸	紙	設色	95.1 x 55.8		台北 故宮博物院	中畫 000169
雲峯古寺	軸	紙	設色	125.9 x 71.3		台北 故宮博物院	中畫 000170
山水	橫幅	紙	水墨	不詳		台北 故宮博物院	國贈 024605
水墨花卉	軸	紙	水墨	49.2 x 27	丙戌（乾隆三十一年，1766）春朝	台北 故宮博物院（蘭千山館寄存）	
幽澗山居圖	軸	紙	水墨	不詳		長春 吉林大學	
仿大癡山水圖	軸	紙	水墨	不詳	乾隆甲申（二十九年，1764）	瀋陽 遼寧省博物館	
大小龍湫圖	軸	紙	設色	不詳	辛卯（乾隆三十六年，1771）	錦州 遼寧省錦州市博物館	
雲泉松塢圖	軸	紙	設色	不詳		北京 中國歷史博物館	
吹台圖	軸	紙	設色	不詳		北京 中國歷史博物館	
山水圖	軸	紙	設色	不詳		北京 首都博物館	
柏枝鸜鵒圖	軸	紙	設色	不詳		北京 首都博物館	
花卉圖	軸	紙	設色	不詳		天津 天津市藝術博物館	
漁村煙艇圖	軸	紙	水墨	178.6 x 96		天津 天津市藝術博物館	
松林蕭寺圖	軸	紙	水墨	200 x 75		承德 河北省承德避暑山莊博物館	
秋林水閣圖	軸	紙	水墨	不詳		承德 河北省承德避暑山莊博物館	
花卉圖	軸	紙	設色	不詳		南京 南京博物院	
山水圖	軸	紙	水墨	不詳		無錫 江蘇省無錫市博物館	
五君子圖	軸	紙	水墨	91.4 x 87.4		蘇州 江蘇省蘇州博物館	
溪橋遠山圖	軸	紙	水墨	不詳		蘇州 江蘇省蘇州博物館	
松溪水閣圖	軸	紙	水墨	不詳		廣州 廣東省博物館	

名稱	形式	質地	色彩	尺寸 高x寬cm	創作時間	收藏處所	典藏號碼
菊石圖	軸	絹	設色	66.8 x 35.5		廣州 廣東省博物館	
山閣雲彌圖（為坤宏作）	軸	紙	水墨	不詳	辛卯（乾隆三十六年，1771）中秋	廣州 廣州市美術館	
山村石壁圖	軸	紙	水墨	95 x 62.5		廣州 廣州市美術館	
壽祝天齊圖	軸	紙	設色	162.1 x 81.8		日本 東京川崎克先生	
水墨山水圖	軸	紙	水墨	95.4 x 51.8		日本 東京林熊光先生	
法柯敬仲寒林暮鴉圖	軸	絹	水墨	38.1 x 31.8		日本 大阪橋本大乙先生	
山水圖	軸	紙	設色	133.8 x66		日本 北野正男先生	
富貴花圖	軸	絹	設色	97.5 x 43.6		日本 仙台市博物館	
春景山水圖	軸	絹	設色	122.2 x 29.7		日本 仙台市博物館	
山水圖	軸	紙	水墨	111.8 x 35.5		美國 耶魯大學藝術館	1966.135
畫山水（8幀）	冊	紙	不詳	不詳		台北 故宮博物院	故畫 01765
山水（多寶格內貯件）	冊頁	紙	水墨	10.6 x 5.6		台北 故宮博物院	故畫 01766
山水冊（10幀）	冊頁	紙	不詳	不詳		台北 故宮博物院	故畫 03282
山水冊（10幀）	冊頁	紙	不詳	不詳		台北 故宮博物院	故畫 03283
臨水茅亭（錢維城畫山水冊之1）	冊頁	紙	不詳	12.7 x 17.8		台北 故宮博物院	故畫 03284-1
春林茅屋（錢維城畫山水冊之2）	冊頁	紙	不詳	12.7 x 17.8		台北 故宮博物院	故畫 03284-2
峰巒疊秀（錢維城畫山水冊之3）	冊頁	紙	不詳	12.7 x 17.8		台北 故宮博物院	故畫 03284-3
溪水橫橋（錢維城畫山水冊之4）	冊頁	紙	不詳	12.7 x 17.8		台北 故宮博物院	故畫 03284-4
崖亭向晚（錢維城畫山水冊之5）	冊頁	紙	不詳	12.7 x 17.8		台北 故宮博物院	故畫 03284-5
疏林喬柯（錢維城畫山水冊之6）	冊頁	紙	不詳	12.7 x 17.8		台北 故宮博物院	故畫 03284-6
溪橋策杖（錢維城畫山水冊之7）	冊頁	紙	不詳	12.7 x 17.8		台北 故宮博物院	故畫 03284-7
澗泉雲岫（錢維城畫山水冊之8）	冊頁	紙	不詳	12.7 x 17.8		台北 故宮博物院	故畫 03284-8
山水畫詩（8幀）	冊	紙	不詳	不詳		台北 故宮博物院	故畫 03285
山水十二種（12幀）	冊	紙	不詳	不詳		台北 故宮博物院	故畫 03286
梅花（錢維城四氣合和上冊之1）	冊頁	紙	設色	不詳		台北 故宮博物院	故畫 03287-1

名稱	形式	質地	色彩	尺寸 高x寬cm	創作時間	收藏處所	典藏號碼
山茶（錢維城四氣含和上冊之2）	冊頁	紙	設色	不詳		台北 故宮博物院	故畫 03287-2
杏花（錢維城四氣含和上冊之3）	冊頁	紙	設色	不詳		台北 故宮博物院	故畫 03287-3
海棠（錢維城四氣含和上冊之4）	冊頁	紙	設色	不詳		台北 故宮博物院	故畫 03287-4
梨花（錢維城四氣含和上冊之5）	冊頁	紙	設色	不詳		台北 故宮博物院	故畫 03287-5
牡丹（錢維城四氣含和上冊之6）	冊頁	紙	設色	不詳		台北 故宮博物院	故畫 03287-6
楸花（錢維城四氣含和上冊之7）	冊頁	紙	設色	不詳		台北 故宮博物院	故畫 03287-7
薔薇（錢維城四氣含和上冊之8）	冊頁	紙	設色	不詳		台北 故宮博物院	故畫 03287-8
萱花（錢維城四氣含和上冊之9）	冊頁	紙	設色	不詳		台北 故宮博物院	故畫 03287-9
水慈姑花（錢維城四氣含和上冊之10）	冊頁	紙	設色	不詳		台北 故宮博物院	故畫 03287-10
石榴花（錢維城四氣含和上冊之11）	冊頁	紙	設色	不詳		台北 故宮博物院	故畫 03287-11
金絲桃（錢維城四氣含和上冊之12）	冊頁	紙	設色	不詳		台北 故宮博物院	故畫 03287-12
剪秋羅（錢維城四氣含和下冊之1）	冊頁	紙	設色	不詳		台北 故宮博物院	故畫 03288-1
秋海棠（錢維城四氣含和下冊之2）	冊頁	紙	設色	不詳		台北 故宮博物院	故畫 03288-2
紫萼花（錢維城四氣含和下冊之3）	冊頁	紙	設色	不詳		台北 故宮博物院	故畫 03288-3
藍雀花（錢維城四氣含和下冊之4）	冊頁	紙	設色	不詳		台北 故宮博物院	故畫 03288-4
木芙蓉（錢維城四氣含和下冊之5）	冊頁	紙	設色	不詳		台北 故宮博物院	故畫 03288-5
桂花（錢維城四氣含和下冊之6）	冊頁	紙	設色	不詳		台北 故宮博物院	故畫 03288-6

名稱	形式	質地	色彩	尺寸 高x寬cm	創作時間	收藏處所	典藏號碼
雞冠花（錢維城四氣含和下冊之7）	冊頁	紙	設色	不詳		台北 故宮博物院	故畫03288-7
僧帽菊（錢維城四氣含和下冊之8）	冊頁	紙	設色	不詳		台北 故宮博物院	故畫03288-8
水葒花（錢維城四氣含和下冊之9）	冊頁	紙	設色	不詳		台北 故宮博物院	故畫03288-9
月季花（錢維城四氣含和下冊之10	冊頁	紙	設色	不詳		台北 故宮博物院	故畫03288-10
水仙（錢維城四氣含和下冊之11）	冊頁	紙	設色	不詳		台北 故宮博物院	故畫03288-11
臘梅（錢維城四氣含和下冊之12）	冊頁	紙	設色	不詳		台北 故宮博物院	故畫03288-12
杏花（錢維城畫四景花卉甲冊之1）	冊頁	紙	設色	不詳		台北 故宮博物院	故畫03289-1
紫藤（錢維城畫四景花卉甲冊之2）	冊頁	紙	設色	不詳		台北 故宮博物院	故畫03289-2
海棠（錢維城畫四景花卉甲冊之3）	冊頁	紙	設色	不詳		台北 故宮博物院	故畫03289-3
梨花（錢維城畫四景花卉甲冊之4）	冊頁	紙	設色	不詳		台北 故宮博物院	故畫03289-4
桃花（錢維城畫四景花卉甲冊之5）	冊頁	紙	設色	不詳		台北 故宮博物院	故畫03289-5
杜鵑（錢維城畫四景花卉甲冊之6）	冊頁	紙	設色	不詳		台北 故宮博物院	故畫03289-6
薔薇（錢維城畫四景花卉甲冊之7）	冊頁	紙	設色	不詳		台北 故宮博物院	故畫03289-7
牡丹（錢維城畫四景花卉甲冊之8）	冊頁	紙	設色	不詳		台北 故宮博物院	故畫03289-8
淡竹葉（錢維城畫四景花卉乙冊之1）	冊頁	紙	設色	不詳		台北 故宮博物院	故畫03290-1
茉莉花（錢維城畫四景花卉乙冊之2）	冊頁	紙	設色	不詳		台北 故宮博物院	故畫03290-2
石榴花（錢維城畫四景花卉乙冊之3）	冊頁	紙	設色	不詳		台北 故宮博物院	故畫03290-3

名稱	形式	質地	色彩	尺寸 高×寬㎝	創作時間	收藏處所	典藏號碼
金絲桃（錢維城畫四景花卉乙冊之4）	冊頁	紙	設色	不詳		台北 故宮博物院	故畫 03290-4
竹石（錢維城畫四景花卉乙冊之5）	冊頁	紙	設色	不詳		台北 故宮博物院	故畫 03290-5
蜀葵（錢維城畫四景花卉乙冊之6）	冊頁	紙	設色	不詳		台北 故宮博物院	故畫 03290-6
虞美人（錢維城畫四景花卉乙冊之7）	冊頁	紙	設色	不詳		台北 故宮博物院	故畫 03290-7
夾竹桃（錢維城畫四景花卉乙冊之8）	冊頁	紙	設色	不詳		台北 故宮博物院	故畫 03290-8
木芙蓉（錢維城畫四景花卉丙冊之1）	冊頁	紙	設色	不詳		台北 故宮博物院	故畫 03291-1
鳳仙花（錢維城畫四景花卉丙冊之2）	冊頁	紙	設色	不詳		台北 故宮博物院	故畫 03291-2
藍菊花（錢維城畫四景花卉丙冊之3）	冊頁	紙	設色	不詳		台北 故宮博物院	故畫 03291-3
桂花（錢維城畫四景花卉丙冊之4）	冊頁	紙	設色	不詳		台北 故宮博物院	故畫 03291-4
剪秋羅（錢維城畫四景花卉丙冊之5）	冊頁	紙	設色	不詳		台北 故宮博物院	故畫 03291-5
木香菊（錢維城畫四景花卉丙冊之6）	冊頁	紙	設色	不詳		台北 故宮博物院	故畫 03291-6
秋海棠（錢維城畫四景花卉丙冊之7）	冊頁	紙	設色	不詳		台北 故宮博物院	故畫 03291-7
萬壽菊（錢維城畫四景花卉丙冊之8）	冊頁	紙	設色	不詳		台北 故宮博物院	故畫 03291-8
白梅（錢維城畫四景花卉丁冊之1）	冊頁	紙	設色	不詳		台北 故宮博物院	故畫 03292-1
水仙（錢維城畫四景花卉丁冊之2）	冊頁	紙	設色	不詳		台北 故宮博物院	故畫 03292-2
茶花（錢維城畫四景花卉丁冊之3）	冊頁	紙	設色	不詳		台北 故宮博物院	故畫 03292-3
梅花（錢維城畫四景花卉丁冊之4）	冊頁	紙	設色	不詳		台北 故宮博物院	故畫 03292-4

名稱	形式	質地	色彩	尺寸 高x寬cm	創作時間	收藏處所	典藏號碼
金箋花（錢維城畫四景花卉丁冊之5）	冊頁	紙	設色	不詳		台北 故宮博物院	故畫 03292-5
綠萼梅（錢維城畫四景花卉丁冊之6）	冊頁	紙	設色	不詳		台北 故宮博物院	故畫 03292-6
茶花（錢維城畫四景花卉丁冊之7）	冊頁	紙	設色	不詳		台北 故宮博物院	故畫 03292-7
臘梅（錢維城畫四景花卉丁冊之8）	冊頁	紙	設色	不詳		台北 故宮博物院	故畫 03292-8
夏花十二種（12幀）	冊	紙	設色	不詳		台北 故宮博物院	故畫 03293
花卉（8幀）	冊	紙	設色	不詳		台北 故宮博物院	故畫 03294
畫花卉（8幀）	冊	紙	設色	不詳		台北 故宮博物院	故畫 03295
花卉（上冊、10幀）	冊	紙	設色	不詳		台北 故宮博物院	故畫 03296
花卉（下冊、10幀）	冊	紙	設色	不詳		台北 故宮博物院	故畫 03297
過溪亭(錢維城繪高宗製龍井八詠詩圖冊之1)	冊頁	紙	設色	25.5 x 22		台北 故宮博物院	故畫 03453-1
滌心沼(錢維城繪高宗製龍井八詠詩圖冊之2)	冊頁	紙	設色	25.5 x 22		台北 故宮博物院	故畫 03453-2
一片雲(錢維城繪高宗製龍井八詠詩圖冊之3)	冊頁	紙	設色	25.5 x 22		台北 故宮博物院	故畫 03453-3
風篁嶺(錢維城繪高宗製龍井八詠詩圖冊之4)	冊頁	紙	設色	25.5 x 22		台北 故宮博物院	故畫 03453-4
方圓菴(錢維城繪高宗製龍井八詠詩圖冊之5)	冊頁	紙	設色	25.5 x 22		台北 故宮博物院	故畫 03453-5
龍泓澗(錢維城繪高宗製龍井八詠詩圖冊之6)	冊頁	紙	設色	25.5 x 22		台北 故宮博物院	故畫 03453-6
神運石(錢維城繪高宗製龍井八詠詩圖冊之7)	冊頁	紙	設色	25.5 x 22		台北 故宮博物院	故畫 03453-7
翠峰閣(錢維城繪高宗製龍井八詠詩圖冊之8)	冊頁	紙	設色	12.8 x 12.8		台北 故宮博物院	故畫 03453-8
蘭(錢維城繪高宗題題八香圖冊之1)	冊頁	紙	設色	12.8 x 12.8		台北 故宮博物院	故畫 03454-1
夜來香(錢維城繪高宗題題八香圖冊之2)	冊頁	紙	設色	12.8 x 12.8		台北 故宮博物院	故畫 03454-2
晚香玉(錢維城繪高宗題題八香	冊頁	紙	設色	12.8 x 12.8		台北 故宮博物院	故畫 03454-3

名稱	形式	質地	色彩	尺寸 高×寬cm	創作時間	收藏處所	典藏號碼
圖冊之3)							
茉莉(錢維城繪高宗題題八香圖冊之4)	冊頁	紙	設色	12.8 × 12.8		台北 故宮博物院	故畫03454-4
珠蘭(錢維城繪高宗題題八香圖冊之5)	冊頁	紙	設色	12.8 × 12.8		台北 故宮博物院	故畫03454-5
荷花(錢維城繪高宗題題八香圖冊之6)	冊頁	紙	設色	12.8 × 12.8		台北 故宮博物院	故畫03454-6
梔子(錢維城繪高宗題題八香圖冊之7)	冊頁	紙	設色	12.8 × 12.8		台北 故宮博物院	故畫03454-7
玉簪(錢維城繪高宗題題八香圖冊之8)	冊頁	紙	設色	12.8 × 12.8		台北 故宮博物院	故畫03454-8
花卉（一冊、畫梅、8幀）	冊	紙	設色	（每幀）33.4×48.8		台北 故宮博物院	中畫00245
花卉（二冊、畫蘭、8幀）	冊	紙	水墨	（每幀）33.4×48.8		台北 故宮博物院	中畫00246
花卉（三冊、畫竹、8幀）	冊	紙	水墨	（每幀）33.4×48.8		台北 故宮博物院	中畫00247
花卉（四冊、畫牡丹、8幀）	冊	紙	設色	（每幀）33.4×48.8		台北 故宮博物院	中畫00248
山水圖（12幀）	冊	紙	設色	（每幀）28×37.6	辛卯（乾隆三十六年，1771）	天津 天津市藝術博物館	
山水圖（8幀）	冊	紙	設色	（每幀）20.5×28.5		天津 天津市藝術博物館	
山水圖（8幀）	冊	紙	設色	不詳		天津 天津市藝術博物館	
山水圖（6幀）	冊	紙	水墨	不詳		上海 上海博物館	
山水圖（9幀）	冊	紙	水墨	不詳		南京 南京博物院	
山水圖（清李世倬等雜畫冊12之1幀）	冊頁	紙	設色	不詳		廣州 廣州市美術館	
山水圖	摺扇面	紙	設色	16.8 × 49.6	乾隆庚申（五年，1740）桃月	日本 東京國立博物館	
仿劉松年畫意山水圖	摺扇面	紙	設色	22.7 × 62.5		日本 東京細川護貞先生	
山水圖（12幀）	冊	紙	設色	（每幀）5.9×9.2		日本 東京細川護貞先生	
仿黃鶴山樵筆意山水圖	摺扇面	紙	水墨	不詳	乙卯（雍正十三年	日本 江田勇二先生	

名稱	形式	質地	色彩	尺寸 高×寬㎝	創作時間	收藏處所		典藏號碼
					，1735）夏六月			
山水圖（12幀）	冊	紙	水墨	（每幀）21.9×31	庚子（乾隆四十五年，1780）嘉平上浣	日本	山口良夫先生	
冬景圖（？幀，景敷四氣圖之一冊）	冊	紙	設色	（每幀）21.9×30.5		美國	紐約市大都會藝術博物館	1988.153.1
山水圖（8幀）	冊	紙	水墨	（每幀）9.7×16.2		美國	紐約市布魯克林藝術博物館	75.64
山水圖（5幀）	冊	紙	設色	（每幀）55.7×22.1		美國	舊金山亞洲藝術館	
墨梅、墨竹圖（12幀）	冊	紙	水墨	（每幀）14.9×19.3		美國	勃克萊加州大學藝術館（高居翰教授寄存）	CC36
山水圖（12幀）	冊	絹	設色	（每幀）14.1×21		英國	倫敦大英博物館	1979.10.8.02（ADD421）
附：								
塞圍四景圖	卷	紙	設色	30.8×177.8		紐約	蘇富比藝品拍賣公司/拍賣目錄1985,06,03.	
獅子林全景圖（高宗御題）	卷	紙	設色	33×175.2	高宗：甲午（乾隆三十九年，1774）仲春月	紐約	蘇富比藝品拍賣公司/拍賣目錄1986,06,03.	
漁浦瀚煙圖	卷	紙	水墨	13.3×411.5		紐約	蘇富比藝品拍賣公司/拍賣目錄1987,12,08.	
雲煙在手圖	卷	紙	水墨	33×523	丙戌（乾隆三十一年，1766）冬始迄而月完成	紐約	佳士得藝品拍賣公司/拍賣目錄1990,11,28.	
仿黃公望山水圖	卷	紙	水墨	25.5×143.5		香港	佳士得藝品拍賣公司/拍賣目錄1991,03,18.	
仿一峰山水圖	軸	紙	水墨	不詳		濟南	山東省濟南市文物商店	
秋菊圖	軸	紙	設色	55×39	乾隆丁未（五十二年，1787）	揚州	揚州市文物商店	
仿文湖州竹圖	軸	紙	水墨	不詳		上海	朵雲軒	
松屋雲峰圖	軸	紙	水墨	121×67		上海	上海文物商店	
仿耕煙散人秋山圖	軸	紙	設色	109.2×39.7	癸酉（乾隆十八年，1753）春三月望	紐約	蘇富比藝品拍賣公司/拍賣目錄1982,06,05.	

名稱	形式	質地	色彩	尺寸 高x寬cm	創作時間	收藏處所	典藏號碼
紅梅喜鵲圖	橫幅	絹	設色	63.5 × 123.8		紐約 佳士得藝品拍賣公司/拍賣目錄 1987,12,11.	
贈蔣溥山水圖	軸	紙	設色	148.5 × 42	丁卯（乾隆十二年，1747）長夏	紐約 佳士得藝品拍賣公司/拍賣目錄 1989,12,04.	
山水圖（2幅）	軸	紙	水墨	（每幅）28.2 × 34.3	癸未（乾隆二十八年，1763）七月	紐約 佳士得藝品拍賣公司/拍賣目錄 1992,12,02.	
嶺頭春色圖（花卉，高宗御題）	軸	紙	設色	65.5 × 42.5	高宗題於乾隆辛卯（三十六年，1771）清和月上澣	紐約 佳士得藝品拍賣公司/拍賣目錄 1995,03,22.	
山水圖	橫幅	紙	設色	26 × 29		紐約 佳士得藝品拍賣公司/拍賣目錄 1995,09,19.	
端陽景物圖	軸	紙	設色	125.5 × 56		香港 佳士得藝品拍賣公司/拍賣目錄 1998,09,15.	
端陽花卉圖	軸	紙	設色	126 × 56.5		香港 蘇富比藝品拍賣公司/拍賣目錄 1999,10,31.	
花卉圖（8幀）	冊	紙	設色	不詳		南京 南京市文物商店	
山水清音（12幀，高宗御題）	冊	紙	設色	（每幀）27.7 × 37.5	高宗題於辛卯（乾隆三十六年，1771）季秋	紐約 蘇富比藝品拍賣公司/拍賣目錄 1984,12,05.	
山水圖（8幀）	冊	紙	設色	（每幀）25.5 × 29.2		紐約 佳士得藝品拍賣公司/拍賣目錄 1988,06,02.	
山水、花鳥圖（11幀）	冊	絹	水墨	（每幀）24 × 29	乾隆壬午（二十七年，1762）	紐約 佳士得藝品拍賣公司/拍賣目錄 1991,05,29.	

畫家小傳：錢維城。字宗盤。號茶山、級庵、稼軒。江蘇武進人。生於聖祖康熙五十九（1720）年。卒於高宗乾隆三十七（1772）年。
　　　　乾隆十年狀元。官至工部右侍郎。以文學繪畫侍直內廷。善畫山水、花卉，作品丘壑幽深，氣象沉厚，極得高宗睿賞。（見國
　　　　朝畫徵續錄、桐陰論畫、書畫紀略、墨林今話、香樹齋文集、中國畫家人名大辭典）

程 梁

名稱	形式	質地	色彩	尺寸 高x寬cm	創作時間	收藏處所	典藏號碼
院本親蠶圖（三）- 採桑（郎世寧、金昆、丁觀鵬、程梁合作）	卷	絹	設色	51 × 590.4	乾隆九年（甲子，1744）	台北 故宮博物院	故畫 00919

畫家小傳：程梁。籍里、身世不詳。善畫人物。高宗朝供奉畫院。署款紀年作品見於乾隆九（1744）年。（見國朝畫院錄、中國畫家
　　　　人名大辭典）

王復祥

名稱	形式	質地	色彩	尺寸 高x寬cm	創作時間	收藏處所	典藏號碼
鵝湖歸釣圖	軸	絹	設色	150.7 × 93.9	乙丑（乾隆十年，1745）仲秋	南京 南京博物院	
夏日山居圖	軸	紙	設色	152 × 63	戊寅（乾隆二十三年，1758）	南京 南京博物院	

畫家小傳：王復祥。江蘇虞山人。王翬之孫。承家學，工畫山水，得熟後求生之法。流傳署款紀年作品見於高宗乾隆十(1745)至二十三（1758年。(見虞山畫志、中國畫家人名大辭典)

殷湜

捷報圖	軸	絹	設色	137.3 × 91.5	壬申（乾隆十七年，1752）	北京 故宮博物院	
圓窗美人圖	軸	絹	設色	127.5 × 71.4	乙丑（乾隆十年，1745）新秋中澣	英國 倫敦大英博物館	1910.2.12.512（ADD315）
山水圖	摺扇面	金箋	水墨	不詳	戊子（乾隆三十三年，1768）	北京 故宮博物院	

畫家小傳：殷湜。畫史無載。邗江人。疑為乾隆間人。流傳署款紀年作品見於高宗乾隆十（1745）至三十三（1768）年。身世待考。

(釋)只得

山水圖（12幀）	冊	紙	水墨	（每幀）31 × 25	乾隆乙丑（十年，1745）	天津 天津市歷史博物館	

畫家小傳：只得。僧。畫史無載。流傳署款紀年作品見於高宗乾隆十(1745)年。身世待考。

吳應枚

萬井晨炊（十萬圖之1）	卷	絹	設色	9.7 × 97.5		台北 故宮博物院	中畫 00227
萬仞梯雲（十萬圖之2）	卷	絹	設色	9.7 × 97.5		台北 故宮博物院	中畫 00228
萬點寒鴉（十萬圖之3）	卷	絹	水墨	9.7 × 98.5		台北 故宮博物院	中畫 00229
萬橫香雪（十萬圖之4）	卷	絹	設色	9.6 × 98.2		台北 故宮博物院	中畫 00230
萬星漁火（十萬圖之5）	卷	絹	水墨	9.6 × 98.5		台北 故宮博物院	中畫 00231
萬堆金粟（十萬圖之6）	卷	絹	設色	9.7 × 97.5		台北 故宮博物院	中畫 00232
萬樹楓丹（十萬圖之7）	卷	絹	設色	9.6 × 96.5		台北 故宮博物院	中畫 00233
萬寺鐘聲（十萬圖之8）	卷	絹	設色	9.7 × 96.5		台北 故宮博物院	中畫 00234
萬里乘風（十萬圖之9）	卷	絹	設色	9.7 × 97		台北 故宮博物院	中畫 00235
萬卷藏珍（十萬圖之10）	卷	絹	設色	9.6 × 95.5	乾隆十年歲次乙丑（1745）嘉平月	台北 故宮博物院	中畫 00236
紅蓮圖	軸	紙	設色	120.2 × 58.5	庚子（乾隆四十五年，1780）桂月	北京 故宮博物院	

名稱	形式	質地	色彩	尺寸 高x寬cm	創作時間	收藏處所	典藏號碼
秋景孤亭（姚文瀚等畫山水樓台冊之第14幀）	冊頁	紙	設色	不詳		台北 故宮博物院	故畫 03575-14
山莊水村圖（16幀）	冊	紙	設色	不詳	乾隆十六年（辛未，1751）仲秋	北京 故宮博物院	

畫家小傳：吳應枚。字小穎。號穎庵。浙江歸安人。世宗雍正二（1724）年進士。工詩。善畫山水，師法王原祁。流傳署款紀年作品見於高宗乾隆十(1745)至四十五(1780)年。（見畫囊、耕硯田齋筆記、中國畫家人名大辭典）

徐　燦

名稱	形式	質地	色彩	尺寸 高x寬cm	創作時間	收藏處所	典藏號碼
瓶蓮大士	軸	紙	水墨	不詳		台北 故宮博物院	故畫 02523
觀自在送子圖	軸	紙	水墨	不詳	戊辰（乾隆十三年，1748）	南通 南通博物苑	
觀音大士圖	軸	絹	水墨	50.6 × 28.1	戊戌（乾隆四十三年，1778）	杭州 浙江省博物館	
觀音大士像	軸	紙	水墨	不詳		杭州 浙江省博物館	
童子拜觀音圖	軸	紙	水墨	不詳	乙丑（乾隆十年，1745）	杭州 浙江省杭州市文物考古所	
大士像	軸	綾	水墨	不詳	乙亥（乾隆二十年，1755）	海寧 浙江省海寧市博物館	
花鳥圖（6幀）	冊	紙	水墨	不詳		杭州 浙江省博物館	

畫家小傳：徐燦（一作粲）。女。字湘蘋（一字深明、明霞）。江蘇吳縣人。徐子懋之女。善詩文，工書。善畫仕女，衣紋筆法古秀，設色雅淡，大得北宋人傳染遺意。晚年專寫水墨觀音，間作花卉。又能以髮繡大士像工淨有度。流傳署款紀年作品見於高宗乾隆十（1745）至四十三（1778）年。（見國朝畫徵錄、國朝畫識、清畫家詩史、選佛詩傳、骨董瑣記、林下詞選、中國美術家人名辭典）

王　潛

名稱	形式	質地	色彩	尺寸 高x寬cm	創作時間	收藏處所	典藏號碼
荷花圖	軸	紙	設色	不詳	乙亥（乾隆二十年，1755）十二月除夕	上海 上海博物館	
荷塘雙鳧圖	軸	紙	設色	不詳	乾隆二十年（乙亥，1755）	武漢 湖北省武漢市博物館	
漁樂圖	軸	絹	水墨	215 × 163		婺源 江西省婺源縣博物館	
附：							
花卉圖	卷	紙	設色	35 × 1180	乾隆十年（乙丑，1745）冬至日	香港 蘇富比藝品拍賣公司/拍賣目錄 1984,11,11.	

畫家小傳：王潛。號東臬子。江蘇興化人。與李鱓、鄭燮交遊，而年輩稍後。畫尚水墨，荷花頗佳。流傳署款紀年作品見於高宗乾隆

名稱	形式	質地	色彩	尺寸 高×寬㎝	創作時間	收藏處所	典藏號碼

十（1745）至二十（1755)年。(見虹廬畫談、中國畫家人名大辭典)

查 昉

| 仿唐寅仙苑樓居圖（為孟老作） | 軸 | 紙 | 設色 | 不詳 | 乾隆乙丑（十年，1745）孟秋 | 杭州 浙江省博物館 | |

畫家小傳：查昉。字日華。浙江海寧人。善畫，山水能作大斧劈皴；花卉翎毛則鮮妍奪目。流傳署款紀年作品見於高宗乾隆十(1745)年。(見墨香居畫識、耕硯田齋筆記、中國畫家人名大辭典)

胡 峻

| 花鳥圖（12幀） | 冊 | 紙 | 設色 | 不詳 | 癸酉（乾隆十八年，1753） | 天津 天津市藝術博物館 | |

附：

| 石榴飛禽圖 | 軸 | 絹 | 設色 | 不詳 | 乾隆乙丑（十年，1745） | 上海 上海文物商店 | |

畫家小傳：胡峻。畫史無載。流傳署款紀年作品見於高宗乾隆十(1745)、十八(1753)年。身世待考。

黃 燕

| 山水圖（7幀） | 冊 | 紙 | 設色 | 不詳 | 乾隆乙丑（十年，1745） | 杭州 浙江省博物館 | |

畫家小傳：黃燕。畫史無載。流傳署款紀年作品見於高宗乾隆十(1745)年。身世待考。

實 源

| 梅花圖 | 軸 | 絹 | 水墨 | 不詳 | 己巳（乾隆十四年，1749） | 南京 南京博物院 | |
| 梅花圖（24幀） | 冊 | 紙 | 水墨 | 不詳 | 乙丑（乾隆十年，1745）新夏 | 南通 江蘇省南通博物苑 | |

附：

| 梅花圖 | 軸 | 紙 | 水墨 | 117.5 × 35.5 | 丙寅（乾隆十一年，1746）新夏 | 紐約 佳士得藝品拍賣公司/拍賣目錄 1990,05,31. | |

畫家小傳：實源。畫史無載。流傳署款紀年作品見於高宗乾隆十（1745）至十四(1749)年。身世待考。

石 海

附：

| 人物圖（清丁觀鵬等人物山水冊10之1幀） | 冊頁 | 絹 | 設色 | 不詳 | | 上海 上海文物商店 | |

名稱	形式	質地	色彩	尺寸 高x寬cm	創作時間	收藏處所	典藏號碼

畫家小傳：石海。畫史無載。身世待考。

任天璀

附：

山水圖（清丁觀鵬等人物山水　冊頁　絹　設色　不詳　　　　　　　　　上海 上海文物商店
冊 10 之 1 幀）

畫家小傳：任天璀。畫史無載。身世待考。

杭應申

附：

山水圖（清丁觀鵬等人物山水　冊頁　絹　設色　不詳　　丙寅（乾隆十一年　上海 上海文物商店
冊 10 之 1 幀）　　　　　　　　　　　　　　　，1746）

畫家小傳：杭應申。畫史無載。流傳署款紀年作品見於高宗乾隆十（1745）年。身世待考。

張 衍

摹黃子久筆意山水圖　　　　軸　絹　水墨　不詳　　乾隆十年（乙丑，　日本 組田昌平先生
　　　　　　　　　　　　　　　　　　　　　　　　　1745）秋八月

畫家小傳：張衍。畫史無載。流傳署款紀年作品見於高宗乾隆十（1745）年。身世待考。

曹夔音

名稱	形式	質地	色彩	尺寸 高x寬cm	創作時間	收藏處所	典藏號碼
臨趙黻長江萬里圖	卷	紙	水墨	不詳	乾隆十一年（丙寅，1746）五月	瀋陽 遼寧省博物館	
畫山水（高宗御題）	軸	紙	設色	105.1 × 55.7		台北 故宮博物院	故畫 02719
畫高宗御筆范成大賣癡獃詞	軸	紙	設色	113 × 28.7		台北 故宮博物院	故畫 02931
畫許渾詩意圖	軸	紙	設色	81.3 × 95.5		台北 故宮博物院	故畫 03036
溪亭浮翠	軸	紙	水墨	39.5 × 20.2		台北 故宮博物院	故畫 03676
煙巒庭院圖	軸	絹	設色	125.3 × 46		天津 天津市藝術博物館	

附：

臨王翬仿曹知白山水圖　　　軸　紙　水墨　101.9 × 45.7　乾隆十一年（丙寅　香港 蘇富比藝品拍賣公司/拍
　　　　　　　　　　　　　　　　　　　　　　　　　　，1746）四月　　　賣目錄 1999,10,31.

畫家小傳：曹夔音。江寧人。工畫山水。高宗朝供奉畫院，作品多得高宗睿題。流傳署款紀年作品見於高宗乾隆十一(1746)年。（見墨香居畫識、
　　　　歷代畫史彙傳、中華畫人室隨筆、中國畫家人名大辭典）

周安節

附：

名稱	形式	質地	色彩	尺寸 高x寬cm	創作時間	收藏處所	典藏號碼
柏芝牡丹圖	摺扇面	紙	設色	不詳	乾隆十一年（丙寅，1746）夏五	北京 北京市文物商店	

畫家小傳：周安節。字承五。江蘇常熟人。乾隆時供奉內廷。能詩。善畫花卉，疏淡可愛。流傳署款紀年作品見於高宗乾隆十一(1746)年。（見虞山畫志、中國畫家人名大辭典）

王 玖

名稱	形式	質地	色彩	尺寸 高x寬cm	創作時間	收藏處所	典藏號碼
紉香環翠圖	卷	紙	設色	19.8 × 133.2	丁酉（乾隆四十二年，1777）	北京 故宮博物院	
竹堂重陽高會圖（張宗蒼、余省、潘是稷、王玖、余洋合作）	卷	紙	設色	50.3 × 306.7	乾隆十七年，壬申（1752）	天津 天津市藝術博物館	
惠山二泉圖	卷	紙	設色	不詳	壬寅（乾隆四十七年，1782）	上海 上海博物館	
寫黃鶴山樵筆意山水圖	軸	紙	水墨	101.5 × 52	甲午（乾隆三十九年，1774）九秋	台北 清玩雅集	
菖蒲圖	軸	紙	水墨	45.5 × 32		瀋陽 故宮博物院	
幽亭秀木圖	軸	紙	水墨	不詳	乾隆乙酉（三十年，1765）三月七日	瀋陽 遼寧省博物館	
江亭秋色圖	軸	紙	水墨	51.7 × 39	己卯（乾隆二十四年，1759）	天津 天津市藝術博物館	
仿文徵明山水圖	軸	紙	水墨	86.5 × 29.5	丁亥（乾隆三十二年，1767）夏日	濟南 山東省博物館	
臨王蒙松壑鳴泉圖	軸	紙	水墨	271 × 130.2	乾隆戊申（五十三年，1788）夏日	青島 山東省青島市博物館	
松石圖	軸	紙	水墨	不詳		上海 上海博物館	
古松圖	軸	紙	水墨	不詳	年七十有三（？）	南京 南京博物院	
秋林飛瀑圖	軸	紙	設色	67 × 32.5		昆山 崑崙堂美術館	
仿癡翁山水圖	軸	紙	設色	不詳		重慶 重慶市博物館	
喬柯修竹圖	軸	紙	水墨	不詳	癸丑（乾隆五十八年，1793)暮春之初	廣州 廣東省博物館	
山水圖	軸	紙	設色	119.4 × 50		日本 東京山本悌二郎先生	
秋山行旅圖	軸	紙	水墨	123.7 × 47.3	戊子（乾隆三十三年，1768）小春月既望後三日	日本 大阪市立美術館	

名稱	形式	質地	色彩	尺寸 高×寬cm	創作時間	收藏處所	典藏號碼
寒江漁樂圖	軸	紙	水墨	49.6 × 61.6		日本 大阪橋本大乙先生	
仿古山水圖（8幀）	冊	紙	水墨	不詳	戊寅（乾隆二十三年，1758）	北京 故宮博物院	
山水圖（8幀）	冊	紙	設色	不詳		北京 故宮博物院	
山水、竹石圖（12幀）	冊	紙	水墨	不詳		北京 故宮博物院	
仿古山水圖（12幀，為倫兄作）	冊	絹	設色	（每幀）31.8×19.8	庚申（嘉慶五年，1800）春日	蘇州 江蘇省蘇州博物館	
倣古山水圖（9幀）	冊	紙	設色	（每幀）35.2×27.1	己卯（乾隆二十四年，1759）二月十九日	瑞士 蘇黎士黎得堡博物館	RCH.1165
附：							
松軒談道圖	卷	絹	設色	39 × 316	丙寅（乾隆十一年，1746）初夏	紐約 佳士得藝品拍賣公司/拍賣目錄1997,09,19.	
仿夏珪山水圖	軸	紙	設色	178 × 53.5	甲戌（乾隆十九年，1754）春仲	上海 上海文物商店	
平林遠岫圖	軸	紙	水墨	163.4 × 66.6	己卯（乾隆二十四年，1759）春日	上海 上海文物商店	
秋山寒林圖	軸	紙	設色	52 × 19.8		ˋ蘇州 蘇州市文物商店	
山水圖（8幀）	冊	紙	設色	（每幀）25 × 16		香港 佳士得藝品拍賣公司/拍賣目錄1991,03,18.	
臨前賢山水圖（12幀）	冊	紙	水墨、設色	（每幀）25.1 × 17.8		紐約 佳士得藝品拍賣公司/拍賣目錄1994,06,01.	
山水圖（12幀）	冊	紙	水墨、設色	（每幀）28 × 18.5		紐約 佳士得藝品拍賣公司/拍賣目錄1996,03,27.	

畫家小傳：王玖。字次峰。號二癡、逸泉主人、海隅山樵等。江蘇虞山人。王翬曾孫。善畫山水，從學於黃鼎，略變家法。流傳署款紀年作品見於高宗乾隆十一（1746）年至仁宗嘉慶五（1800）年。（見墨香居畫識、桐陰論畫、墨林今畫、中國畫家人名大辭典）

郭朝端

鍾馗圖（郭朝端、郭朝祚合作）	軸	紙	設色	不詳	乾隆十一年，丙寅（1746）	太原 山西省晉祠文物管理處	

畫家小傳：郭朝端。畫史無載。疑似郭朝祚兄弟。流傳合作畫見於高宗乾隆十一（1746）年。待考。

王詰

元人六君子圖	軸	紙	水墨	119.8 × 49	乾隆歲己酉（五十四年，1789）臘月	香港 香港美術館・虛白齋	120

名稱	形式	質地	色彩	尺寸 高x寬cm	創作時間	收藏處所	典藏號碼
					，時年六十有九		
溪山平遠圖	軸	絹	水墨	不詳		南通 江蘇省南通市博物苑	
山水圖（16幀）	冊	紙	設色	不詳	乾隆四十年，乙未（1775）六十有三	天津 天津市藝術博物館	
山水圖（4幀，為續堂作）	冊	紙	水墨	（每幀）26 x 21.6	丁未（乾隆五十二年，1787）十一月	成都 四川大學	
附：							
仿雲林山水圖	軸	絹	水墨	63.5 x 44.1		武漢 湖北省武漢市文物商店	
臨古花卉、山水圖并自題（17幀）	冊	紙	設色	不詳	丙申（乾隆四十二年，1777）三月廿四日	北京 中國文物商店總店	

畫家小傳：王詰。字摩也。號心壺、鷗白、井泉。江蘇太倉人，家浙江吳興。王宸族弟。生於聖祖康熙六十（1721）年，卒時不詳。工畫山水，喜用枯筆重墨。著有雪浪軒詩傳世。（見墨香居畫識、中國畫家人名大辭典）

童 鈺

名稱	形式	質地	色彩	尺寸 高x寬cm	創作時間	收藏處所	典藏號碼
梅花圖（為絳年作）	卷	紙	水墨	不詳	乾隆癸巳（三十八年，1773）春初	瀋陽 遼寧省博物館	
梅花圖	卷	紙	水墨	42.5 x 204		昆山 崑崙堂美術館	
梅花圖	卷	紙	水墨	不詳	乾隆辛卯（三十六年，1771）	寧波 浙江省寧波市天一閣文物保管所	
靈碧圖	軸	紙	水墨	127 x 89	甲申（乾隆二十九年，1764）春月	瀋陽 故宮博物館	
梅花圖	軸	紙	設色	不詳	辛卯（乾隆三十六年，1771）夏日	北京 故宮博物院	
雪梅圖	軸	紙	水墨	不詳	戊戌（乾隆四十三年，1778）十二月初八日	北京 故宮博物院	
梅花竹石圖	軸	紙	水墨	不詳		石家莊 河北省石家莊文物管理所	
梅花圖	軸	紙	水墨	不詳		太原 山西省博物館	
梅花竹石圖	軸	紙	水墨	97.5 x 36.5		濟南 山東省博物館	
梅花圖	軸	紙	水墨	不詳		鄭州 河南省博物館	
梅花明月圖（為鳴谷作）	軸	紙	水墨	不詳	辛丑（乾隆四十六年，1781）新秋	揚州 江蘇省揚州市博物館	
梅花圖	軸	絹	水墨	不詳	乾隆辛卯（三十六	蘇州 江蘇省蘇州博物館	

名稱	形式	質地	色彩	尺寸 高×寬㎝	創作時間	收藏處所	典藏號碼
					年，1771）		
梅花圖	軸	紙	水墨	206.5 x 95	乾隆辛卯（三十六年，1771）	杭州 浙江省杭州西泠印社	
梅花圖	軸	紙	水墨	不詳	戊戌（乾隆四十三年，1778）	紹興 浙江省紹興市博物館	
梅花圖	軸	紙	水墨	228 x 77	乾隆辛丑（四十年，1781）	廣州 廣東省博物館	
梅花圖	軸	紙	水墨	不詳		廣州 廣東省博物館	
梅花圖	軸	紙	水墨	不詳	丁酉（乾隆四十二年，1777）	廣州 廣州市美術館	
紅梅竹石圖（為皎園作）	橫幅	紙	設色	42.8 x 350	乾隆辛丑（四十六年，1781）初春	南寧 廣西壯族自治區博物館	
墨梅圖	軸	紙	水墨	53.8 x 29.3		日本 私人	
墨梅圖	軸	紙	水墨	86 x 27.3		美國 芝加哥大學藝術博物館	1988.7
梅花圖	軸	紙	設色	88.9 x 30.4		瑞典 斯德哥爾摩遠東古物館	NMOK380
花卉臨帖書畫（？幀）	冊	紙	設色	不詳	乾隆丁亥（三十二年，1767）六月十二日	北京 故宮博物院	
梅花圖（？幀）	冊	紙	設色	不詳	庚子（乾隆四十五年，1780）正月九日	北京 故宮博物院	
雜畫（8幀，為青屏作）	冊	紙	水墨	（每幀）20.2 x 27	乾隆癸巳（三十八年，1773）	杭州 浙江省杭州市文物考古所	
梅花圖（明清人畫冊之第2幀）	冊頁	綾	水墨	27.5 x 21.6		英國 倫敦大英博物館	1902.6.6.52-2（ADD352）
附：							
梅花圖	軸	紙	水墨	不詳	辛卯（乾隆三十六年，1771）	上海 朵雲軒	
松石圖	軸	紙	水墨	不詳	辛卯（乾隆三十六年，1771）	上海 朵雲軒	
梅花圖（為袁枚作）	軸	紙	設色	不詳	甲午（乾隆三十九年，1774）冬月	上海 朵雲軒	
梅花圖	軸	紙	水墨	不詳	庚子（乾隆四十五年，1780）	上海 朵雲軒	

名稱	形式	質地	色彩	尺寸 高×寬cm	創作時間	收藏處所	典藏號碼
梅花圖	軸	紙	水墨	164.5 × 93		紐約 佳士得藝品拍賣公司/拍賣目錄 1990,11,28.	
蘆葦螃蟹圖	軸	紙	水墨	97.1 × 39		洛杉磯 佳士得藝品拍賣公司/拍賣目錄 1998,05,20..	

畫家小傳：童鈺。字璞巖，又字二如。號二樹、借庵子。浙江山陰人。生於聖祖康熙六十（1721）年。卒於高宗乾隆四十七（1782）年。善畫山水、蘭竹、木石，均有功力，苦無超逸，筆乏變化。（見墨香居畫識、桐陰論畫、墨林今話、隨園詩話、雨窗消夏錄、夢中錄、感舊集、中國畫家人名大辭典）

華　浚

名稱	形式	質地	色彩	尺寸 高×寬cm	創作時間	收藏處所	典藏號碼
仿周文矩美人臨鏡圖	卷	紙	設色	37 × 125.8	戊申（乾隆五十三年，1788）小春	蘇州 江蘇省蘇州博物館	
八百千秋圖	軸	紙	設色	122.3 × 53.2	丙午（乾隆五十一年，1786）	北京 故宮博物院	
松鼠圖	軸	紙	設色	123 × 46	丙寅（乾隆十一年，1746）四月	南通 江蘇省南通博物苑	
海棠鸚鵡圖	軸	絹	設色	127.9 × 42.9	丙子（乾隆二十一年，1756）	寧波 浙江省寧波市天一閣文物保管所	

畫家小傳：華浚。字貞木（一字繩武）。福建臨汀（一作上杭）人，寓居錢塘。華嵒之子。高宗乾隆二十五（1760）年舉人，不仕。工書畫，得家傳。流傳署款紀年作品見於高宗乾隆十一（1746）至五十三（1788）年。（見福建通誌、福建畫人傳、畫傳編韻、中國美術家人名辭典）

茅　瀚

名稱	形式	質地	色彩	尺寸 高×寬cm	創作時間	收藏處所	典藏號碼
高樹溪亭圖	軸	絹	設色	不詳		成都 四川大學	
博古圖（為來翁作）	軸	紙	水墨	不詳	乾隆十六年（辛未，1751）小春	重慶 重慶市博物館	
山谷同遊圖	軸	絹	設色	不詳	丙寅（乾隆十一年，1746）	重慶 重慶市博物館	

畫家小傳：茅瀚。本姓陳。字靜遠。號竹村。浙江仁和人。工詩，善畫。畫擅水墨山水、白描人物，極為江淮燕趙人士珍寶。署款紀年作品見於高宗乾隆十一（1746）、十六（1751）年。（見梁文泓撰竹村傳略、杭州府志、中國畫家人名大辭典）

張　啓
附：

名稱	形式	質地	色彩	尺寸 高×寬cm	創作時間	收藏處所	典藏號碼
山水圖	軸	絹	設色	不詳	乾隆丙寅（十一年，1746）	上海 朵雲軒	

畫家小傳：張啟。畫史無載。流傳署款紀年作品見於高宗乾隆十一（1746）年。身世待考。

名稱	形式	質地	色彩	尺寸 高x寬cm	創作時間	收藏處所	典藏號碼
江大來							
山水圖	卷	紙	設色	25 × ?	乾隆丙寅（十一年，1746）秋日	日本 橫濱岡山美術館	
天台山圖	卷	絹	設色	56.8 × ?	聖清嘉慶己巳（十四年，1809）仲春	日本 中埜又左衛門先生	
仿倪瓚枯木竹石圖	軸	紙	設色	89.8 × 29.5		日本 仙台市博物館	
淺絳山水圖	軸	綾	設色	147.5 × 34.3		日本 仙台市博物館	
山水圖	軸	絹	設色	146.5 × 56.4		日本 仙台市博物館	
秋景山水圖	軸	紙	水墨	121.7 × 59.4		日本 仙台市博物館	
臨趙松雪山水圖	軸	紙	水墨	136.7 × 38.2	嘉慶甲子（九年，1804）	日本 東京帝室博物館	
水墨山水圖	軸	紙	水墨	242.2 × 121.6	乙丑（嘉慶十年，1805）仲夏	日本 東京國立博物館	
山水圖	軸	絹	設色	不詳	崇禎二年（己巳，1629）	日本 東京岩崎小彌太先生	
山水圖	軸	紙	設色	91.2 × 37		日本 東京加藤正治先生	
竹石靈芝圖	軸	絹	水墨	47.7 × 57	六十又三秋（？）	日本 京都國立博物館	A甲01115
蘭石瀑布圖	軸	絹	水墨	174.5 × 76.5	嘉慶乙丑（十年，1805）春二月	日本 京都泉屋博古館	
淺絳山水圖	軸	綾	設色	121.7 × 57.9	嘉慶乙丑（十年，1805）夏日	日本 京都泉屋博古館	
蘭竹圖（對幅，為士永先生作）	軸	絹	水墨	（每幅）104.6 × 27.6		日本 大阪市立美術館	
綠蔭讀書圖	軸	紙	水墨	93.6 × 26.5	乙丑（嘉慶十年，1805）夏日	日本 大阪橋本大乙先生	
清溪雲嶺圖（擬高尚書筆意）	軸	紙	設色	226 × 111.9	嘉慶庚午（十五年，1810）秋日	日本 大阪橋本大乙先生	
山水圖	軸	絹	設色	151.5 × 66.7		日本 大阪藤野隆三先生	
山水圖	軸	紙	設色	224.2 × 46.4		日本 松阪縣小津清左衛門先生	

名稱	形式	質地	色彩	尺寸 高x寬cm	創作時間	收藏處所	典藏號碼
溪山飛泉圖（擬沈周臨吳鎮作品）	軸	綾	水墨	108.5 x 37.3		日本 賀滋縣柴田源七先生	
水墨山水圖	軸	絹	水墨	172.7 x 95.8		日本 長崎縣立美術博物館	
墨蘭圖	軸	絹	水墨	47.5 x 28.7		日本 長崎縣立美術博物館	A1 □ 6
墨蘭圖	軸	綾	水墨	61.7 x 57.3		日本 長崎縣立美術博物館	A1 □ 49
臨柯九思山水圖	軸	絹	水墨	125.3 x 57.8	甲申（乾隆二十九年，1764）夏日	日本 鈴木功子、輝子女士	
墨竹圖（臨蘇東坡詩畫）	軸	絹	水墨	不詳	己巳（嘉慶十四年，1809）春	日本 組田昌平先生	
蘭蕙圖	軸	絹	水墨	不詳		日本 組田昌平先生	
松竹圖	軸	絹	水墨	不詳		日本 組田昌平先生	
仿小米錫山圖（為子蹟作）	軸	紙	設色	53.3 x 31.8	嘉慶己巳（十四年，1809）	日本 盛田昭夫先生	
問亭圖（為尾里伯仁作）	軸	絹	水墨	69.4 x 53.3	乙丑（嘉慶十年，1805）春日	日本 盛田昭夫先生	
山水圖	軸	綾	水墨	171.1 x 44.8		美國 聖路易斯市藝術館	82.1978
擬古山水圖（12幀）	冊	絹	設色	（每幀）24.9 x 39.7	己亥（乾隆四十四年，1779）麥秋	日本 中塋又左衛門先生	
松巖茅亭圖（清人名家書畫扇面冊之1幀)	摺扇面	紙	水墨	16.5 x 51	戊寅（乾隆二十三年，1758）桃月	日本 中塋又左衛門先生	
附：							
擬王原祁山水圖	軸	紙	設色	79.7 x 37.2		紐約 蘇富比藝品拍賣公司/拍賣目錄 1982,06,05.	
山水圖	軸	紙	水墨	183 x 92.5		紐約 佳士得藝品拍賣公司/拍賣目錄 1989.06.01	
山水圖	軸	絹	設色	91.4 x 36.8		紐約 蘇富比藝品拍賣公司/拍賣目錄 1989,09,28、29.	

畫家小傳：江大來。字連山。號稼圃。江蘇邗江人。善畫山水，筆力遒勁，氣概樸實。嘉慶中，東渡日本長崎，嘗為僧毫潮畫天台真景長卷，模刻行世，有益彼邦畫學流行。流傳署款紀年作品見於高宗乾隆十一（1746）年至仁宗嘉慶十五（1810）年。（見日本支那畫家人名辭書）

耕雲

補郖南像	卷	卷	設色	不詳	丙寅（？乾隆十一	杭州 浙江省杭州市文物考古	

名稱	形式	質地	色彩	尺寸 高×寬㎝	創作時間	收藏處所	典藏號碼
					年，1746)	所	

畫家小傳：耕雲。畫史無載。流傳署款作品紀年疑為高宗乾隆十一（1746）年。身世待考。

沈 容

名稱	形式	質地	色彩	尺寸 高×寬㎝	創作時間	收藏處所	典藏號碼
種榆仙館第三圖（張鏐、沈容 合作）	卷	紙	水墨	27.6 × 248.7		蘇州 江蘇省蘇州博物館	
荷花圖	軸	紙	設色	不詳	丁卯（乾隆十二年 ，1747）六月	鎮江 江蘇省鎮江市博物館	

畫家小傳：沈容。字二川。號春蘿。浙江錢塘人。沈敦善之弟。工詩話。善畫山水，亦善花卉。作品丰姿縹緲，凌空欲舞，無半點畫家習氣，堪稱逸品。流傳署款紀年作品見於高宗乾隆十二（1747）年。（見墨香居畫識、墨林今話、中國畫家人名大辭典）

傅 雯

名稱	形式	質地	色彩	尺寸 高×寬㎝	創作時間	收藏處所	典藏號碼
指畫西雅集圖	卷	紙	設色	不詳	乾隆十二年（丁卯 ，1747）	北京 故宮博物院	
岩壑幽居	軸	紙	水墨	163.7 × 65.6		台北 故宮博物院	中畫 00115
寒山蕭寺	軸	紙	水墨	175 × 70		台北 故宮博物院	中畫 00116
秋日山居	軸	紙	設色	168.9 × 73		台北 故宮博物院	中畫 00195
遠浦歸帆	軸	紙	設色	161 × 70.2		台北 故宮博物院	中畫 00196
溪山佳處	軸	紙	設色	160.4 × 64.7		台北 故宮博物院	中畫 00197
山林逸趣	軸	紙	設色	180 × 73.3		台北 故宮博物院	中畫 00198
出居圖	軸	紙	水墨	不詳		瀋陽 故宮博物院	
指畫羅漢圖	軸	紙	設色	不詳		瀋陽 故宮博物院	
指畫觀音變像圖	軸	紙	設色	不詳		瀋陽 遼寧省博物館	
指畫山亭賞雪圖	軸	絹	水墨	153.7 × 109.8		瀋陽 遼寧省博物館	
指畫觀瀑圖	軸	紙	設色	不詳		北京 首都博物館	
純陽呂仙師法像	軸	紙	設色	不詳		北京 首都博物館	
指畫梓潼帝君像	軸	絹	設色	126.8 × 69	甲戌（乾隆十九年 ，1754）	天津 天津市藝術博物館	
老子像	軸	紙	設色	96.5 × 50	乙酉（乾隆三十年 ，1765）	天津 天津市藝術博物館	
牧牛圖	軸	紙	水墨	116.8 × 53.9		天津 天津市藝術博物館	
指畫觀音圖	軸	紙	設色	121.5 × 60.5		天津 天津市藝術博物館	

名稱	形式	質地	色彩	尺寸 高×寬cm	創作時間	收藏處所	典藏號碼
指畫山水圖	軸	絹	設色	156.5 × 82		天津 天津市楊柳青畫社	
指畫目送飛鴻圖	軸	紙	水墨	不詳		杭州 浙江省博物館	
指畫三星圖	軸	絹	設色	不詳	壬午（乾隆二十七年，1762）	成都 四川大學	
達摩圖	軸	紙	設色	不詳	乾隆丁丑（二十二年，1757）	重慶 重慶市博物館	
指頭畫人物圖	軸	紙	設色	不詳		加拿大 多倫多皇家安大略博物館	921.1.182
指頭畫觀瀑圖	軸	紙	設色	132 × 60		德國 科隆東亞西亞藝術館	A10.30
指畫雜畫（10幀）	冊	紙	設色	（每幀）24.4 × 29.3		瀋陽 遼寧省博物館	
指畫人物圖	摺扇面	紙	設色	不詳	乾隆二十二年（丁丑，1757）新秋	北京 故宮博物院	
雜畫（12幀）	冊	紙	水墨	（每幀）23.5 × 34.2		北京 故宮博物院	
雜畫（10幀）	冊	紙	設色	不詳	乾隆辛未（十六年，1751）	南京 南京博物院	
附：							
指畫人物圖	軸	紙	設色	不詳		濟南 山東省濟南市文物商店	
鍾馗迎福圖	軸	絹	設色	不詳	丙子（乾隆二十一年，1756）	上海 朵雲軒	
山水圖（清丁觀鵬等人物山水冊10之1幀）	冊頁	絹	設色	不詳		上海 上海文物商店	

畫家小傳：傅雯。字紫來。號凱亭、香鱗。奉天廣寧（一作閬揚）人。工指頭畫，得高其佩法；又善畫鷹和佛像。高宗朝供奉畫院。流傳署款紀年作品見於高宗乾隆十二(1747)至三十(1765)年。（見墨林今話、古檀詩話、中國畫家人名大辭典）

易祖栻

名稱	形式	質地	色彩	尺寸 高×寬cm	創作時間	收藏處所	典藏號碼
山水圖（為昆甫作）	卷	紙	水墨	不詳	乾隆十二年(丁卯，1747)正月人日	北京 故宮博物院	
附：							
蘭石圖	軸	紙	水墨	120.7 × 17.7		北京 北京市工藝品進出口公司	
蘭竹石圖	軸	紙	水墨	不詳		上海 上海文物商店	

畫家小傳：易祖栻。字張有、淑南。號嘯溪。湖南湘鄉人。詩、書、畫俱妙。於畫最精蘭竹；兼畫山水。流傳署款紀年作品見於高宗乾隆十二(1747)年。（見國朝畫徵續錄、書畫紀略、中國畫家人名大辭典）

名稱	形式	質地	色彩	尺寸 高x寬cm	創作時間	收藏處所	典藏號碼

魚 俊

| 逸興軒雅集圖（虞巖作） | 卷 | 紙 | 設色 | 28.6 × 62 | 乾隆丁卯（十二年，1747）重九 | 常熟 江蘇省常熟市文物管理委員會 | |

畫家小傳：魚俊。字雲津。江蘇常熟人。善畫山水，師法楊晉。流傳署款紀年作品見於高宗乾隆十二(1747)年。（見虞山畫志、中國畫家人名大辭典）

章 錦

| 錫福圖 | 軸 | 綾 | 設色 | 127.4 × 51.2 | 乾隆丁卯（十二年，1747） | 日本 京都國立博物館 | A甲570 |

畫家小傳：章錦。字楳谷。江蘇寶應人。善用廣東線香炙畫，山水、人物花卉和鳥獸，皆臻精妙。流傳署款紀年作品見於高宗乾隆十二（1747）年。（見王敦化稿、中國畫家人名大辭典）

顧熾昌

| 摹睢陽五老圖（5幀） | 冊 | 絹 | 設色 | （每幀）41.2 × 26.6 | 乾隆丁卯（十二年，1747） | 上海 上海博物館 | |

畫家小傳：顧熾昌。畫史無載。流傳署款紀年作品見於高宗乾隆十二（1747）年。身世待考。

姜 桂

| 百合花圖 | 軸 | 紙 | 設色 | 66 × 44.7 | 丁卯（乾隆十二年，1747） | 天津 天津市藝術博物館 | |

畫家小傳：姜桂。女。字芳垂。號古硯道人。籍里不詳。許字張氏，未婚張卒，矢志不嫁。工詩，善畫山水，乾筆疎秀；間作花卉，亦佳。流傳紀年作品見於高宗乾隆十二（1747）年。（見國朝畫徵續錄、芝庭詩話、中國畫家人名大辭典）

楊 旭

| 秋花圖 | 軸 | 紙 | 設色 | 不詳 | 庚午（？乾隆十五年，1750） | 南京 南京博物院 | |
| 草蟲圖（12幀） | 冊 | 絹 | 設色 | 不詳 | 丁卯（乾隆十二年，1747） | 天津 天津市藝術博物館 | |

畫家小傳：楊旭。字曉村。號藘盧。昭文人。工畫花鳥。作畫能不用前人粉本，俱對花寫真，賦色妍冶，神采飛越，尤能善取偃仰，盡得側葉斜枝風露之態，誠妙品也。流傳署款紀年作品見於高宗乾隆十二（1747）、十五（1750）年。（見墨林今話、歷代畫史彙傳附錄、中國畫家領航員大辭典）

滑 璆

| 指畫雜畫 | 卷 | 絹 | 設色 | 22.5 × 212.7 | 丁卯（乾隆十二年，1747） | 天津 天津市藝術博物館 | |

名稱	形式	質地	色彩	尺寸 高×寬cm	創作時間	收藏處所	典藏號碼
					，1747)		
指畫老虎	軸	紙	設色	不詳		台北 故宮博物院	國贈 031072
人物山水圖（8幀，滑樛、李師中合作冊）	冊	紙	設色	（每幀）32.2×24.2	癸未（乾隆二十八年，1763）春三月	成都 四川大學	

畫家小傳：滑樛。字履將。浙江湖州人。工指頭畫，與金華杜鰲齊名。流傳署款紀年作品見於高宗乾隆十二（1747）至二十八（1763）年。（見墨香居畫識、中國畫家人名大辭典）

范 潤

名稱	形式	質地	色彩	尺寸 高×寬cm	創作時間	收藏處所	典藏號碼
八子拾玩圖	軸	絹	設色	153 × 107	乾隆十二年（丁卯，1747)	天津 天津市文化局文物處	
附：							
村民嬉樂圖	橫幅	絹	設色	66 × 117.5		紐約 佳士得藝品拍賣公司/拍賣目錄 1989.06.01.	

畫家小傳：范潤。畫史無載。流傳署款紀年作品見於高宗乾隆十二（1747）年。身世待考。

楊 舟

名稱	形式	質地	色彩	尺寸 高×寬cm	創作時間	收藏處所	典藏號碼
松鹿圖	軸	紙	設色	不詳	癸酉（乾隆十八年，1753)	婺源 江西省婺源縣博物館	
雜畫（4幅）	軸	紙	設色	不詳	丁卯（乾隆十二年，1747)	福州 福建省博物館	
山蹊於菟圖	軸	紙	設色	106.4 × 83.5		日本 沖繩縣吉戶直氏觀寶堂	

畫家小傳：楊舟。字漁為。福建莆田人。隱居苦竹山。善畫，寫鹿形神逼肖。又善能山水，風致近沈周。流傳署款紀年作品見於高宗乾隆十二（1747）、十八（1753）年。（見福建畫人傳、福建通誌、中國畫家人名大辭典）

張為邦

名稱	形式	質地	色彩	尺寸 高×寬cm	創作時間	收藏處所	典藏號碼
院本漢宮春曉圖（周鯤、丁觀鵬、姚文瀚、張為邦合繪）	卷	絹	設色	33.7 × 2038.5	乾隆十三年（戊辰，1748）八月	台北 故宮博物院	故畫 01050
狻猊圖	軸	絹	設色	165.9 × 236.4		台北 故宮博物院	故畫 03728
狻猊圖	軸	絹	設色	175 × 235.2		台北 故宮博物院	故畫 03729
歲朝圖	軸	絹	設色	不詳		北京 故宮博物院	
玉樓秋影（丁觀鵬、張為邦畫山水畫冊之2)	冊頁	絹	設色	33.8 × 32.9		台北 故宮博物院	故畫 03446-2
附：							
初定金川出師奏凱圖（2幅，張為邦、周鯤、姚文瀚合作）	卷	絹	設色	52 × 486.4；52 × 528.3		紐約 佳士得藝品拍賣公司/拍賣目錄 1993,12,01.	

名稱	形式	質地	色彩	尺寸 高x寬cm	創作時間	收藏處所	典藏號碼
花卉圖（張為邦花卉、汪由敦法書合冊8幀）	紈扇面	絹	設色	（每幀）直徑 13.5		紐約 佳士得藝品拍賣公司/拍賣目錄1992,12,02.	
山水圖（清丁觀鵬等人物山水冊10之1幀）	冊頁	絹	設色	不詳		上海 上海文物商店	
花卉圖（紈扇面8幀，對幅為汪由敦書詩）	冊	絹	設色	（每幀）13.5 x 13.5		紐約 佳士得藝品拍賣公司/拍賣目錄1994,06,01.	

畫家小傳：張為邦。籍里、身世不詳。工畫人物、翎毛。高宗乾隆初（1726），供奉畫院。流傳署款紀年作品晚至乾隆十三(1748)年。
　　　　（見國朝畫院錄、中國畫家人名大辭典）.

黃 溱

名稱	形式	質地	色彩	尺寸 高x寬cm	創作時間	收藏處所	典藏號碼
臨王翬山水圖	卷	紙	設色	不詳	己卯（乾隆二十四年，1759）仲春	北京 故宮博物院	
松圖（清徐堅等十九家畫松圖卷之1段）	卷	紙	水墨	不詳		北京 故宮博物院	
端午鍾馗圖	軸	紙	設色	不詳	乾隆戊辰（十三年，1748）天中節	北京 故宮博物院	
程兆熊像（丁皋畫像、黃溱補圖，華嵒添鶴）	軸	紙	設色	不詳	乾隆壬申（十七年，1752）春仲	北京 故宮博物院	
桐華盦主像（丁皋、黃溱、華嵒合作）	軸	紙	設色	93.1 x 37.5		北京 故宮博物院	
虎鬥圖	軸	紙	設色	不詳	乾隆己巳（十四年，1749）	天津 天津市藝術博物館	
山水圖	軸	絹	設色	90 x 48	庚辰（乾隆二十五年，1760）	天津 天津市歷史博物館	
山水圖	軸	紙	設色	不詳	乾隆己丑（三十四年，1769）秋九月中浣	南京 南京博物院	
山水圖（山林明淨圖）	軸	紙	設色	132.6 x 71.6	乾隆丁酉（四十二年，1777）秋九月下浣	美國 鳳凰市美術館（Mr.Roy And Marilyn Papp 寄存	
雲山圖（為岫雲作）	冊頁	紙	設色	不詳	乾隆壬辰（三十七年，1772）七月中浣	北京 故宮博物院	
春山野水圖（袁模等畫山水冊8之1幀）	冊頁	紙	設色	不詳		北京 中國歷史博物館	

名稱	形式	質地	色彩	尺寸 高×寬cm	創作時間	收藏處所	典藏號碼
山水圖（高翔等書畫集冊12之第5幀）	冊頁	絹	設色	不詳		上海 上海博物館	
仿古山水圖（8幀）	冊	絹	水墨	不詳		揚州 江蘇省揚州市博物館	

畫家小傳：黃溱。字正川。號山曤。江蘇揚州人。方士庶弟子。善畫山水，得虞山工派。流傳署款紀年作品見於高宗乾隆十三(1748)至四十二(1777)年。（見揚州畫舫錄、中國畫家人名大辭典）

汪繩煐

名稱	形式	質地	色彩	尺寸 高×寬cm	創作時間	收藏處所	典藏號碼
採芝圖（為二姪女補作，丁敬題）	卷	紙	設色		乾隆戊辰（十三年，1748）清和月	杭州 西湖西泠印社	
山水圖	軸	紙	設色	286.5 × 63.8		美國 紐約市布魯克林博物館	
萬壑千峰圖（名筆集勝圖冊12之第10幀）	冊頁	紙	設色	約23.9×32.8		上海 上海博物館	

畫家小傳：汪繩煐。字祖肩。一字靜巖。安徽休寧（一作新安）人，家住桐城。能詩，嗜畫，富收藏。畫善山水，得法於徐白洋，筆氣高遠。流傳署款紀年作品見於高宗乾隆十三(1748)年。（見國朝畫徵錄、國朝畫識、中國畫家人名大辭典）

張廷彥

名稱	形式	質地	色彩	尺寸 高×寬cm	創作時間	收藏處所	典藏號碼
平定烏什戰圖	橫幅	紙	設色	96.1 × 146.2		台北 故宮博物院	故畫03077
登瀛州圖	軸	紙	設色	169.2 × 87.9		台北 故宮博物院	故畫02878
中秋佳慶	軸	絹	設色	134.5 × 65.4		台北 故宮博物院	故畫02879
青女素娥	軸	紙	設色	195 × 63.2		台北 故宮博物院	中畫00183
松林樓閣圖（姚文瀚等繪山水樓台畫冊之13)	冊頁	絹	設色	不詳		台北 故宮博物院	故畫03575-13
平定烏什戰圖	冊頁	紙	設色	不詳		北京 故宮博物院	

畫家小傳：張廷彥。籍里、身世不詳。善畫人物。高宗朝供奉畫院。（見國朝畫院錄、中國畫家人名大辭典）

王幼學

名稱	形式	質地	色彩	尺寸 高×寬cm	創作時間	收藏處所	典藏號碼
慶豐圖（唐岱、孫祐、丁觀鵬、沈源、周鯤、吳桂、王幼學合作）	軸	絹	設色	39 3.6 × 234		台北 故宮博物院	故畫03704
新豐圖（唐岱、孫祐、丁觀鵬、沈源、周鯤、吳桂、王幼學	軸	絹	設色	203.8 × 96.4		台北 故宮博物院	故畫03122

名稱	形式	質地	色彩	尺寸 高×寬cm	創作時間	收藏處所	典藏號碼
合作）							
瑞樹圖	軸	絹	設色	339.1×197.8		台北 故宮博物院	故畫 03682

畫家小傳：王幼學。籍里、身世不詳。工畫花卉。高宗朝供奉畫院。（傳載國朝畫院錄、中國畫家人名大辭典）

張 鎬

連昌宮圖	軸	紙	設色	99.8 × 82.4		台北 故宮博物院	故畫 02720
繪高宗御題范成大燒火盆行	軸	紙	設色	112.8 × 28.6		台北 故宮博物院	故畫 02930

畫家小傳：張鎬。畫史無載。籍里、身世不詳。作品署款顯示，高宗朝供奉畫院。

陳士俊

畫高宗御書范成大照田蠶行	軸	紙	設色	112.7 × 28.7		台北故宮博物院	故畫 02929
福祿壽三星圖	軸	絹	設色	121.6 × 58.9		英國 倫敦大英博物館	1910.2.12.531 （ADD228）
附：							
歸城奏捷圖（與周鯤合作）	卷	絹	設色	53 × 576		紐約 蘇富比藝品拍賣公司/拍賣目錄 1984,06,13.	

畫家小傳：陳士俊。字獻廷。浙江山陰人，寄寓杭州。以善寫真知名兩浙。乾隆二年（1737）至京師為佛寺畫像，為張若靄推薦，供奉內廷。畫墨梅亦佳。（見讀畫輯略、懷古行篋書畫記、中國美術家人名辭典）

莊豫德

摹貫休補盧楞伽十八應真（18帖）	冊	絹	設色	（每幀）30.2 × 55		台北 故宮博物院	故畫 03392

畫家小傳：莊豫德。籍里、身世不詳。善畫。高宗朝供奉畫院。（傳載國朝畫院錄、中國畫家人名大辭典）

沈世勛

墨菊圖	軸	絹	水墨	87.5 × 29.8		香港 香港大學馮平山博物館	HKU.P.67.3

畫家小傳：沈世勛。號芳洲。江蘇長洲人。工書、詩畫。畫善山水、花鳥、人物，師法宋元，不專一家。高宗朝供奉畫院。（見墨林今話、中國畫家人名大辭典）

赫達資

吳西施（赫達資畫麗珠萃秀冊	冊頁	絹	設色	不詳		台北 故宮博物院	故畫 03412-1

名稱	形式	質地	色彩	尺寸 高x寬cm	創作時間	收藏處所	典藏號碼
之1）							
唐紅拂女（赫達資畫麗珠萃秀冊之2）	冊頁	絹	設色	不詳		台北 故宮博物院	故畫03412-2
秦弄玉（赫達資畫麗珠萃秀冊之3）	冊頁	絹	設色	不詳		台北 故宮博物院	故畫03412-3
漢李夫人（赫達資畫麗珠萃秀冊之4）	冊頁	絹	設色	不詳		台北 故宮博物院	故畫03412-4
漢卓文君（赫達資畫麗珠萃秀冊之5）	冊頁	絹	設色	不詳		台北 故宮博物院	故畫03412-5
漢蔡文姬（赫達資畫麗珠萃秀冊之6）	冊頁	絹	設色	不詳		台北 故宮博物院	故畫03412-6
吳麗君（赫達資畫麗珠萃秀冊之7）	冊頁	絹	設色	不詳		台北 故宮博物院	故畫03412-7
宋壽陽公主（赫達資畫麗珠萃秀冊之8）	冊頁	絹	設色	不詳		台北 故宮博物院	故畫03412-8
梁花木蘭（赫達資畫麗珠萃秀冊之9）	冊頁	絹	設色	不詳		台北 故宮博物院	故畫03412-9
唐公孫大娘（赫達資畫麗珠萃秀冊之10）	冊頁	絹	設色	不詳		台北 故宮博物院	故畫03412-10
唐紅線女（赫達資畫麗珠萃秀冊之11）	冊頁	絹	設色	不詳		台北 故宮博物院	故畫03412-11
秦羅敷（赫達資畫麗珠萃秀冊之12）	冊頁	絹	設色	不詳		台北 故宮博物院	故畫03412-12

畫家小傳：赫達資。滿洲人。籍里、身世不詳。供奉畫院。（見國朝院畫錄、中國美術家人名辭典）

潘是稷

名稱	形式	質地	色彩	尺寸 高x寬cm	創作時間	收藏處所	典藏號碼
竹堂重陽高會圖（張宗蒼、余省、潘是稷、王玖、余洋合作）	卷	紙	設色	50.3 x 306.7	乾隆十七年，壬申（1752）	天津 天津市藝術博物館	
梅石芝草圖	軸	紙	水墨	170 x 91		台北 黃君璧白雲堂	
梅花圖	軸	絹	水墨	不詳	庚午（乾隆十五年，1750）	天津 天津市藝術博物館	
山梁雙雉圖	軸	絹	設色	182.5 x 96.5	丙子（乾隆二十一年，1756）小春	濟南 山東省博物館	
雄渾（潘是稷畫司空圖二十四	冊頁	紙	水墨	63 x 41.8		台北 故宮博物院	故畫03647-1

名稱	形式	質地	色彩	尺寸 高x寬cm	創作時間	收藏處所	典藏號碼
詩品冊之1)							
冲淡（潘是稷畫司空圖二十四 詩品冊之2)	冊頁	紙	水墨	63 × 41.8		台北 故宮博物院	故畫 03647-2
纖穠（潘是稷畫司空圖二十四 詩品冊之3)	冊頁	紙	設色	63 × 41.8		台北 故宮博物院	故畫 03647-3
沉著（潘是稷畫司空圖二十四 詩品冊之4)	冊頁	紙	水墨	63 × 41.8		台北 故宮博物院	故畫 03647-4
高古（潘是稷畫司空圖二十四 詩品冊之5)	冊頁	紙	水墨	63 × 41.8		台北 故宮博物院	故畫 03647-5
典雅（潘是稷畫司空圖二十四 詩品冊之6)	冊頁	紙	設色	63 × 41.8		台北 故宮博物院	故畫 03647-6
洗鍊（潘是稷畫司空圖二十四 詩品冊之7)	冊頁	紙	水墨	63 × 41.8		台北 故宮博物院	故畫 03647-7
勁健（潘是稷畫司空圖二十四 詩品冊之8	冊頁	紙	水墨	63 × 41.8		台北 故宮博物院	故畫 03647-8
綺麗（潘是稷畫司空圖二十四 詩品冊之9)	冊頁	紙	設色	63 × 41.8		台北 故宮博物院	故畫 03647-9
自然（潘是稷畫司空圖二十四 詩品冊之10)	冊頁	紙	水墨	63 × 41.8		台北 故宮博物院	故畫 03647-10
含蓄（潘是稷畫司空圖二十四 詩品冊之11)	冊頁	紙	設色	63 × 41.8		台北 故宮博物院	故畫 03647-11
豪放（潘是稷畫司空圖二十四 詩品冊之12)	冊頁	紙	水墨	63 × 41.8		台北 故宮博物院	故畫 03647-12
精神（潘是稷畫司空圖二十四 詩品冊之13)	冊頁	紙	水墨	63 × 41.8		台北 故宮博物院	故畫 03647-13
縝密（潘是稷畫司空圖二十四 詩品冊之14)	冊頁	紙	水墨	63 × 41.8		台北 故宮博物院	故畫 03647-14
疎野（潘是稷畫司空圖二十四 詩品冊之15)	冊頁	紙	水墨	63 × 41.8		台北 故宮博物院	故畫 03647-15
清奇（潘是稷畫司空圖二十四 詩品冊之16)	冊頁	紙	水墨	63 × 41.8		台北 故宮博物院	故畫 03647-16
委曲（潘是稷畫司空圖二十四 詩品冊之17)	冊頁	紙	水墨	63 × 41.8		台北 故宮博物院	故畫 03647-17
實境（潘是稷畫司空圖二十四	冊頁	紙	水墨	63 × 41.8		台北 故宮博物院	故畫 03647-18

名稱	形式	質地	色彩	尺寸 高×寬cm	創作時間	收藏處所	典藏號碼
詩品冊之 18)							
悲慨（潘是稷畫司空圖二十四 詩品冊之 19)	冊頁	紙	水墨	63 × 41.8		台北 故宮博物院	故畫 03647-19
形容（潘是稷畫司空圖二十四 詩品冊之 20)	冊頁	紙	水墨	63 × 41.8		台北 故宮博物院	故畫 03647-20
超詣（潘是稷畫司空圖二十四 詩品冊之 21)	冊頁	紙	水墨	63 × 41.8		台北 故宮博物院	故畫 03647-21
飄逸（潘是稷畫司空圖二十四 詩品冊之 22)	冊頁	紙	水墨	63 × 41.8		台北 故宮博物院	故畫 03647-22
曠達（潘是稷畫司空圖二十四 詩品冊之 23)	冊頁	紙	水墨	63 × 41.8		台北 故宮博物院	故畫 03647-23
流動（潘是稷畫司空圖二十四 詩品冊之 24)	冊頁	紙	設色	63 × 41.8		台北 故宮博物院	故畫 03647-24
水仙圖（姚文瀚等繪山水樓台 畫冊之 10)	冊頁	絹	水墨	不詳		台北 故宮博物院	故畫 03575-10
山水圖（清李世倬等山水冊 12 之 1 幀)	冊頁	紙	設色	不詳		廣州 廣州市美術館	
附：							
歲朝清供圖	軸	紙	水墨	不詳		濟南 山東省文物商店	
蘭竹圖（8 幀)	冊	紙	水墨	（每幀）24 × 28.5		紐約 佳士得藝品拍賣公司/拍 賣目錄 1988,11,30.	

畫家小傳：潘是稷。字南田。號墨癡、劍門山人。江蘇常熟（一作秣陵）人。工畫花卉，兼善寫竹。流傳署款紀年作品見於高宗乾隆十五(1750)至二十一（1756）年。（見畫囊、秋山讀書錄、書畫紀略、常熟縣志、中國畫家人名大辭典）

沈映暉

附：							
山水圖	卷	紙	設色	14 × 136		紐約 佳士得藝品拍賣公司/拍 賣目錄 1991.05.29	

畫家小傳：沈映暉。字朗乾。號庚齋、雅堂。江蘇婁縣人。沈宗敬族子。工詩畫。畫山水，能傳家學，清矯拔俗，得宋元人風度。高宗南巡，獻詩畫，擢第一，給事禁中。（見國朝畫識、國朝畫徵續錄、淑芳齋詩話、中國畫家人名大辭典）

王致誠

萬樹園賜宴圖	橫幅	絹	設色	221.5 × 419		北京 故宮博物院	

畫家小傳：王致誠。外國人，籍里身世不詳。乾隆、嘉慶時，供奉畫院。工畫馬，作有十駿圖。（見國朝畫徵錄、中國畫家人名大辭典）

名稱	形式	質地	色彩	尺寸 高×寬㎝	創作時間	收藏處所	典藏號碼

薛 懷

名稱	形式	質地	色彩	尺寸 高×寬㎝	創作時間	收藏處所	典藏號碼
蘆雁圖	卷	紙	設色	30.5 × 611	庚辰（乾隆二十五年，1760）六月中浣八日	廣州 廣州市美術館	
蘆雁圖	軸	紙	設色	不詳		天津 天津市藝術博物館	
蘆雁圖	軸	紙	設色	不詳	戊子（乾隆三十三年，1768）	揚州 江蘇省揚州市博物館	
蘆雁圖	軸	紙	設色	不詳		上海 上海博物館	
空江宿雁圖	軸	紙	設色	不詳		南京 南京博物院	
蘆雁圖	軸	紙	設色	不詳		無錫 江蘇省無錫市博物館	
雜畫（邊壽民、薛懷雜畫合冊10之5幀）	冊	紙	設色	（每幀）34 × 30.5	戊辰（乾隆十三年，1748）	瀋陽 故宮博物院	
雜畫（10幀）	冊	紙	設色	不詳	甲子（嘉慶九年，1804）	北京 故宮博物院	
雜畫圖（12幀）	冊	紙	設色	不詳	戊寅（乾隆二十三年，1758）仲春上浣	北京 故宮博物院	
花果圖（10幀）	冊	紙	設色	不詳		北京 中央工藝美術學院	
雜畫（15幀）	冊	紙	設色	不詳		天津 天津市藝術博物館	
蘆雁圖（8幀）	冊	紙	設色	不詳		天津 天津市藝術博物館	
雜畫（10幀）	冊	紙	設色	不詳		天津 天津市歷史博物館	
雜畫圖（5幀）	冊	紙	設色	不詳	丙午（乾隆五十一年，1786）小春	揚州 江蘇省揚州市博物館	
蘆雁圖（12幀）	冊	紙	設色	（每幀）40.2 × 68.8	癸卯（乾隆四十八年，1783）小春	上海 上海博物館	
蘆雁圖（8幀）	冊	絹	設色	不詳	己丑（乾隆三十四年，1769）	成都 四川省博物院	
附：							
蟹籠圖	軸	紙	水墨	不詳	己卯（乾隆二十四年，1759）	上海 上海文物商店	
蘆雁圖通景（4幅）	軸	紙	設色	不詳		蘇州 蘇州市文物商店	
雜畫（12幀）	冊	紙	水墨	（每幀）21.6 × 26.7		紐約 佳士得藝品拍賣公司/拍賣目錄 1996,03,27.	

畫家小傳：薛懷。字竹君。號季思。山陽人。邊壽民甥。得舅傳，善畫蘆雁；至於花卉、禽蟲，別具秀逸之致，不落淮北宗派。署款紀年作品見於高宗乾隆十三(1748)年，至仁宗嘉慶九（1804）年。（見墨香居畫識、墨林今話、梧門詩話、中國畫家人名大辭典）

名稱	形式	質地	色彩	尺寸 高x寬㎝	創作時間	收藏處所	典藏號碼

江 瑛

| 採芝圖 | 卷 | 絹 | 設色 | 32.5 x 109.5 | 乾隆戊辰（十三年，1748） | 杭州 浙江省杭州西泠印社 | |

畫家小傳：江瑛。畫史無載。流傳署款紀年作品見於高宗乾隆十三（1748）年。身世待考。

沈謙模

| 荷池白鷺圖 | 軸 | 絹 | 設色 | 不詳 | 乾隆戊辰（十三年，1748） | 上海 上海博物館 | |

畫家小傳：沈謙模。畫史無載。流傳署款紀年作品見於高宗乾隆十三(1748)年。身世待考。

陳 桓

| 山水圖（8幀） | 冊 | 紙 | 水墨 | 不詳 | 戊辰（乾隆十三年，1748） | 瀋陽 遼寧省博物館 | |

畫家小傳：陳桓。字岱門。號石鶴。江蘇婁縣人。為陳桐之子，陳枚弟。生性孤潔，嗜酒好禪。承家行，能詩，精擅繪畫。作山水，規撫元之倪、黃，以天趣取勝。流傳署款紀年作品見於高宗乾隆十三(1748)年。（見婁縣志、國朝畫識、國朝畫徵錄、墨林今話、學福齋集、中國畫家人名大辭典）

陸 鼎

| 楚山秋曉圖 | 軸 | 絹 | 水墨 | 不詳 | | 南京 南京博物院 | |
| 羅漢圖（8幀） | 冊 | 絹 | 水墨 | 不詳 | 戊辰（？乾隆十三年，1748） | 瀋陽 遼寧省博物館 | |

畫家小傳：陸鼎。字子調。號鐵簫。江蘇吳縣（一作元和）人。工詩。嘗作「空山落梅葉」出名，因自號梅葉道人。善畫山水，宗法董、巨及元四家。間能花鳥、人物、佛像、仕女等，皆能本於古人，別具畫格。流傳署款紀年作品見於高宗乾隆十三(1748)年。（見墨香居畫識、墨林今話、隨園詩話、中華畫人室隨筆、中國畫家人名大辭典）

佟慶泰

| 秋山欲雨圖 | 軸 | 紙 | 水墨 | 76 x 49.2 | 戊辰（乾隆十三年，1748） | 天津 天津市藝術博物館 | |

畫家小傳：佟慶泰。畫史無載。流傳署款紀年作品見於高宗乾隆十三(1748)年。身世待考。

陸鳴謙

山村暮靄圖	軸	紙	水墨	132 x 57	乾隆丙寅（十一年，1746）長夏	台北 長流美術館	
雪景山水圖	軸	紙	設色	114 x 57.8		美國 耶魯大學藝術館	1984.20
山水圖（8幀）	冊	紙	設色	（每幀）41.7	乾隆戊辰（十三年	天津 天津市藝術博物館	

名稱	形式	質地	色彩	尺寸 高×寬cm	創作時間	收藏處所	典藏號碼
				× 60.6	，1748）		

畫家小傳：陸鳴謙。字南村。原籍浙江海鹽。善畫山水、林木，古趣盎然。流傳署款紀年作品見於高宗乾隆十三(1748)年。（見乍浦備誌、中國畫家人名大辭典）

裘尊生

| 將進酒圖 | 軸 | 絹 | 水墨 | 58 × 41 | 乾隆戊辰（十三年 ，1748） | 天津 天津市藝術博物館 | |

畫家小傳：裘尊生。字義門。浙江錢塘人。雍正間，客居維揚。工書法，學黃庭堅。善畫人物、花卉。流傳署款紀年作品見於高宗乾隆十三(1748)年。（見蝶隱園書畫雜綴、中國畫家人名大辭典）

黃焯

| 牡丹圖 | 軸 | 絹 | 設色 | 不詳 | 戊辰（乾隆十三年 ，1748） | 天津 天津市藝術博物館 | |

畫家小傳：黃焯。畫史無載。流傳署款紀年作品見於高宗乾隆十三(1748)年。身世待考。

陸鈺

附：

| 愛月夜眠遲圖 | 軸 | 絹 | 設色 | 不詳 | 戊辰（乾隆十三年 ，1748） | 天津 天津市文物公司 | |

畫家小傳：陸鈺。畫史無載。流傳署款紀年作品見於高宗乾隆十三(1748)年。身世待考。

沈挺

| 仿香光居士山水圖 | 軸 | 紙 | 設色 | 152 × 53 | 戊辰（乾隆十三年 ，1748） | 濟南 山東省博物館 | |

畫家小傳：沈挺。江蘇長洲人。身世不詳。善畫仙山樓閣，彷彿宋之趙千里。流傳署款紀年作品見於高宗乾隆十三(1748)年。（見耕硯田齋筆記、中國畫家人名大辭典）

蔡誥

| 百猴圖 | 軸 | 紙 | 設色 | 337 × 201 | 乾隆三十年，乙酉 （1765） | 婺源 江西省婺源縣博物館 | |

附：

| 山水圖（蔡誥等山水花卉冊12之4幀） | 冊頁 | 紙 | 設色 | （每幀）84.9 × 49.4 | 乾隆十三年（戊辰 ，1748 | 武漢 湖北省武漢市文物商店 | |

畫家小傳：蔡誥。畫史無載。流傳署款紀年作品見於高宗乾隆十三(1748)、三十（1765）年。身世待考。

名稱	形式	質地	色彩	尺寸 高×寬cm	創作時間	收藏處所	典藏號碼

俞光蕙

| 上林春色圖 | 卷 | 紙 | 設色 | 不詳 | 乾隆戊辰（十三年，1748） | 蘭州 甘肅省蘭州市博物館 | |

畫家小傳：俞光蕙。女。浙江海鹽人。俞兆晟之女。于敏中妻室。性好畫，年七歲即寫折枝花於壁，其祖見而異之，因使受業於南樓老人陳書，藝益進。作品筆致清穎古秀，布置亦雅。流傳署款紀年作品見於高宗乾隆十三(1748)年。（見國朝畫徵續錄、中國畫家人名大辭典）

江世清

附：

| 茅亭觀瀑圖 | 軸 | 絹 | 設色 | 不詳 | 戊辰（？乾隆十三年，1748） | 上海 朵雲軒 | |

畫家小傳：江世清。畫史無載。流傳署款作品紀年疑為高宗乾隆十三(1748)年。身世待考。

錢大昕

| 一枝春圖 | 軸 | 紙 | 水墨 | 不詳 | 己酉（乾隆五十四年，1789） | 杭州 浙江省杭州市文物考古所 | |

附：

| 松石圖 | 軸 | 紙 | 水墨 | 160 × 42.5 | | 紐約 佳士得藝品拍賣公司/拍賣目錄1989,12,04. | |

畫家小傳：錢大昕。字及之、曉徵。號辛楣、竹汀。江蘇嘉定人。生於清世宗雍正六（1728）年，卒於仁宗嘉慶九（1804）年。高宗乾隆十九（1754）年進士。勤於著述，博研金石，精於漢隸。間以書法作畫，善寫花卉（見墨林今話、昭代尺牘小傳、中國畫家人名大辭典）

團時根

松下煮羹圖	軸	絹	設色	不詳		旅順 遼寧省旅順博物館	
戲蟾圖	軸	絹	設色	不詳	丙戌（乾隆三十一年，1766）	天津 天津市藝術博物館	
漁父圖	軸	絹	設色	不詳	己巳（乾隆十四年，1749）仲秋	南通 江蘇省南通博物苑	
採芝圖	軸	絹	設色	151 × 102	乾隆辛未（十六年，1751）仲春	南通 江蘇省南通博物苑	
臨黃鶴山樵山水圖	軸	絹	水墨	不詳		杭州 浙江省杭州西泠印社	
山水圖（12幀）	冊	紙	設色	不詳		天津 天津市藝術博物館	
仿古山水圖（5幀）	冊	紙	設色	不詳	乾隆庚辰（二十五年，1760）	泰州 江蘇省泰州市博物館	

名稱	形式	質地	色彩	尺寸 高x寬cm	創作時間	收藏處所	典藏號碼

畫家小傳：團時根。江蘇泰州人。身世不詳。工詩畫。流傳署款紀年作品見於高宗乾隆十四(1749)至三十一(1766)年。（見墨林今
　　　　話、中國畫家人名大辭典）

周 昉

煙靄秋涉圖	軸	紙	設色	不詳	丙子（乾隆二十一年，1756）仲春	鎮江 江蘇省鎮江市博物館	
溪亭觀瀑圖（為燕築作）	摺扇面	紙	設色	不詳	己巳（乾隆十四年，1749）夏日	北京 首都博物館	
山水圖（十家書畫扇面冊10之1幀）	摺扇面	金箋	設色	16.2 x 48.6		北京 首都博物館	
蘆塘罷釣圖	摺扇面	金箋	設色	不評	丙子（乾隆二十一年，1756）	杭州 浙江省杭州市文物考古所	

畫家小傳：周昉。字浚明。江蘇崑山人，原籍浙江錢塘，流寓北京。雍正時，參與寫藏經、分校一統志。為人秉性孝友，奮志功名。卒
　　　　於四十八歲。工詩文，善書法、篆刻，兼善畫山水、人物、花鳥。流傳署款紀年作品見於高宗乾隆十四(1749)至二十一（1756）
　　　　年。（見崑新志稿、中國畫家人名大辭典）

宗 鋐

| 朱竹蒼石圖（4幅，為燠若作） | 軸 | 絹 | 紅色 | （每幅）214.5 x 96 | 乾隆己巳（十四年，1749）秋七月 | 福州 福建省博物館 | |

畫家小傳：宗鋐。號西侯。籍里不詳。善畫松竹。流傳署款紀年作品見於高宗乾隆十四(1749)年。（見福建畫人傳、中國美術家人名辭典）

梁 基

| 柏鹿圖 | 軸 | 絹 | 設色 | 131 x 82.3 | 己巳（乾隆十四年，1749） | 瀋陽 遼寧省博物館 | |
| 仿古山水圖（12幀） | 冊 | 紙 | 設色 | 不詳 | 丁酉（乾隆四十二年，1777） | 天津 天津市藝術博物館 | |

畫家小傳：梁基。畫史無載。字景誠。號竹庵。與沈銓同鄉且師事之。流傳署款紀年作品見於高宗乾隆十四(1749)至四十二（1777）年。

呂 琼

| 竹菊雙鵪圖 | 軸 | 絹 | 設色 | 不詳 | 乾隆三十四年（己丑，1769）九秋 | 北京 故宮博物院 | |
| 百合萱花圖 | 軸 | 絹 | 設色 | 112.5 x 50 | 己巳（乾隆十四年，1749） | 天津 天津市藝術博物館 | |

附：

| 山水圖（明袁尚統等書畫冊8 | 摺扇面 | 金箋 | 設色 | 不詳 | | 天津 天津市文物公司 | |

名稱	形式	質地	色彩	尺寸 高×寬cm	創作時間	收藏處所	典藏號碼

之幀）

畫家小傳：呂琮。字又周。江蘇婁縣人。善畫花卉，入能品。流傳署款紀年作品見於高宗乾隆十四（1749）至三十四(1769)年。（見婁縣志
　　　、中國畫家人名大辭典）

(釋)宗 欽

雪霽賞梅圖（12幀）	冊	紙	設色，（每幀）24			瀋陽 遼寧省博物館	
			水墨　　× 30				

畫家小傳：宗欽。僧。畫史無載。身世待考。

秦瑞熙

谿山春靄	卷	絹	設色	20.2 × 397.3		台北 故宮博物院	故畫 01741

畫家小傳：秦瑞熙。字輯五。江蘇無錫人。善畫花卉，得元人法。（見耕硯田齋筆記、中國畫家人名大辭典）

梁

觀榜圖	卷	絹	設色	30.7 × 430.8		台北 故宮博物院	故畫 01742
雙峰聽泉圖	軸	絹	設色	149 × 104.1		濟南 山東省濟南市博物館	

畫家小傳：梁亯（亨）。字迪叔。福建人。身世不詳。工畫山水、人物。（見閩中書畫姓氏錄、中國畫家人名大辭典）

張 昀
附：

仿倪瓚山水圖	軸	紙	水墨	不詳	乾隆乙亥（二十年　，1755）臘月十　日	北京 中國文物商店總店	
仿王翬山水圖	軸	紙	設色	不詳	乾隆庚午（十五年　，1750）夏五	上海 上海文物商店	

畫家小傳：張昀。字嵎寅。號友竹。江蘇婁縣人。張紹祖之弟。工詩。善畫山水，宗法董其昌。高宗乾隆十七(1752)年進畫，獲賜緞褒
　　　榮。署款紀年作品見於高宗乾隆十五(1750)至二十(1755)年。（見墨香居畫識、墨林今話、松江詩徵、中國畫家人名大辭典）

張 經

歲朝圖	軸	紙	設色	不詳	乾隆丁丑（二十二　年，1757）冬日	北京 故宮博物院	

名稱	形式	質地	色彩	尺寸 高×寬cm	創作時間	收藏處所	典藏號碼
畫山水（12幀）	冊	紙	設色	不詳		台北 故宮博物院	故畫 03239
附：							
秋景山水圖	摺扇面	紙	設色	不詳	乾隆庚午（十五年，1750）四月	北京 北京市文物商店	

畫家小傳：張經。字研夫。籍里、身世不詳。為張雨森之父。善畫。署款紀年作品見於高宗乾隆十五(1750)至廿二(1757)年。（見宋元明清書畫家年表、中國美術家人名辭典）

吳 栩

寫荷蔭靜寄圖像	卷	紙	設色	不詳	乾隆十五年（庚午，1750）春月	北京 故宮博物院	
朱竹圖	軸	紙	設色	109.3 × 42.6		上海 上海博物館	
牡丹花石圖	軸	絹	設色	146.6 × 82.1	庚午（乾隆十五年，1750）麥秋	荷蘭 阿姆斯特丹 Rijks 博物館	MAK291
雜畫（12幀）	冊	絹	設色	（每幀）34.8 × 27.1		瀋陽 遼寧省博物館	
花鳥圖（12幀）	冊	絹	設色	（每幀）27.1 × 34.6		上海 上海博物館	

畫家小傳：吳栩。字朝英。別字逸泉。江蘇無錫人。工畫，能以潑墨作竹雲圖，頗得天機。兼善人物、仕女，工致古雅可步唐寅、仇英。流傳署款紀年作品見於高宗乾隆十五(1750)年。（見桐陰論畫、大雅堂續稿、中國畫家人名大辭典）

程兆熊

梧桐柳蟬圖（華嵒、許濱、程兆熊合作）	軸	紙	設色	126.5 × 54.8	庚午（乾隆十五年，1750）	合肥 安徽省博物館	

畫家小傳：程兆熊。字孟飛。號香南，別號楓泉、滲泉、壽泉、小迂等。安徽歙縣人，占籍江蘇儀真。工詩詞，能書畫，與華嵒齊名。流傳署款紀年作品見於高宗乾隆十五(1750)年。（見揚州畫舫錄、中國畫家人名大辭典）

馬 賢

花卉圖（11幀）	冊	紙	設色	（每幀）27.3 × 40	乾隆庚午（十五年，1750）	北京 中央工藝美術學院	

畫家小傳：馬賢。畫史無載。流傳署款紀年作品見於高宗乾隆十五(1750)年。身世待考。

張錦芳

仿王冕梅花圖	軸	紙	水墨	122.4 × 34.4		香港 中文大學中國文化研究	73.125

名稱	形式	質地	色彩	尺寸 高x寬㎝	創作時間	收藏處所	典藏號碼
						所文物館	
梅花圖	軸	紙	水墨	73.5 × 24	庚午（乾隆十五年，1750）冬十二月	香港 香港美術館	FA1978.104
東軒圖（張錦芳、宋葆淳合作）	軸	紙	設色	130 × 62	乾隆丁未（五十二年，1787）	太原 山西省晉祠文物管理處	

附：

名稱	形式	質地	色彩	尺寸 高x寬㎝	創作時間	收藏處所	典藏號碼
花卉（10幀）	冊	紙	設色	（每幀）25.5 × 16.5		紐約 佳士得藝品拍賣公司/拍賣目錄1993,06,04.	

畫家小傳：張錦芳。字粲夫，一字花田。號藥房。廣東順德人。高宗乾隆乙酉進士。工詩，善書、畫。畫擅蘭、竹，寫梅尤工。流傳署款紀年作品見於高宗乾隆十五（1750）至五十二（1787）年。（見墨香居畫識、嶺南畫徵略、中國畫家人名大辭典）

曹 京

名稱	形式	質地	色彩	尺寸 高x寬㎝	創作時間	收藏處所	典藏號碼
唐人詩意圖	卷	紙	設色	不詳	庚午（乾隆十五年，1750）	寧波 浙江省寧波市天一閣文物保管所	

畫家小傳：曹京。畫史無載。流傳署款紀年作品見於高宗乾隆十五（1750）年。身世待考。

李豫得

名稱	形式	質地	色彩	尺寸 高x寬㎝	創作時間	收藏處所	典藏號碼
山水圖（12幀）	冊	紙	設色	不詳	庚辰（乾隆二十五年，1760）	瀋陽 故宮博物院	

附：

名稱	形式	質地	色彩	尺寸 高x寬㎝	創作時間	收藏處所	典藏號碼
仿倪瓚浦城春色圖	軸	紙	設色	94.5 × 49	庚午（乾隆十五年，1750）	武漢 湖北省武漢市文物商店	

畫家小傳：李豫得（一作豫德）。旌德人。李為憲子。工畫山水。流傳署款紀年作品見於高宗乾隆十五（1750）、二十五（1760）年。（見墨林今話、歷代畫史彙傳附錄、中國畫家人名大辭典）

上官周

名稱	形式	質地	色彩	尺寸 高x寬㎝	創作時間	收藏處所	典藏號碼
輕舟渡峽圖	卷	紙	設色	34.2 × 309.9		台南 石允文先生	
春耕圖	卷	絹	設色	32.6 × 213		天津 天津市藝術博物館	
漁樂圖	卷	絹	設色	31 × ?		美國 聖地牙哥藝術博物館	62.209
漁家樂圖	卷	紙	設色	32.8 × 493.5		英國 倫敦大英博物館	1965.7.24.012(ADD350)
山水	軸	紙	水墨	176.5 × 94.5		台北 國泰美術館	

名稱	形式	質地	色彩	尺寸 高×寬cm	創作時間	收藏處所	典藏號碼
林蔭清話圖	軸	紙	設色	175.9 × 46.3		台北 鴻禧美術館	C1-25
布袋行腳圖	軸	紙	設色	200.5×113.5	嘉慶己未（四年，1799）	香港 香港美術館	FA1977.021
山水人物圖	軸	紙	設色	90.3 × 71.1	乙卯（乾隆六十年，1765）	澳門 賈梅士美術館	A108
仿宋元山水圖（4幅）	軸	絹	設色	（每幅）80 × 21	癸亥（乾隆八年，1743）春	瀋陽 故宮博物館	
閉戶著書圖	軸	紙	設色	165.5 × 89.4	乾隆二年（丁巳，1737）春月	旅順 遼寧省旅順博物館	
崆峒秋色圖	軸	紙	設色	不詳		北京 中國歷史博物館	
古木寒煙圖	軸	絹	水墨	128.3 × 46	八十老人（嘉慶九年，甲子，1804）	天津 天津市藝術博物館	
探梅圖	大軸	紙	設色	329.7×116.8	丙寅（嘉慶十一年，1806）八十有二	天津 天津市藝術博物館	
片帆歸去圖	軸	絹	設色	不詳		泰州 江蘇省泰州市博物館	
臺閣春光圖（為德翁作）	軸	紙	設色	不詳	己未（乾隆四年，1739）三秋	上海 上海博物館	
水村歸棹圖	軸	紙	設色	182.8 × 50.6		南京 南京博物院	
草閣吟詩圖	軸	紙	設色	111 × 59.6		南京 南京博物院	
遠浦歸帆圖	軸	綾	水墨	不詳	乾隆十二年（丁卯，1747）	蘇州 江蘇省蘇州博物館	
人物圖（四幅）	軸	紙	水墨	（每幅）26 × 27		昆山 崑崙堂美術館	
山水圖	軸	紙	設色	不詳		桐鄉 浙江省桐鄉縣博物館	
八仙圖	軸	紙	設色	129 × 66	庚辰（乾隆十五年，1750）	成都 四川大學	
柴門月色圖	軸	絹	設色	184 × 47.6		成都 四川大學	
山水圖	軸	紙	設色	不詳		廈門 福建省廈門市博物館	
秋林野渡圖	軸	紙	設色	不詳		廣州 廣州市美術館	
三仙圖	軸	絹	設色	141 × 35		澄海 廣東省澄海縣博物館	
喬松竹石圖	軸	紙	水墨	不詳	八十五叟（嘉慶十四年，1809）	日本 東京張允中先生	

名稱	形式	質地	色彩	尺寸 高×寬 cm	創作時間	收藏處所	典藏號碼
達摩圖	軸	紙	設色	不詳		日本 東京村上與四郎先生	
春江待渡圖	軸	紙	設色	124.4 × 69.7		日本 私人	
故事人物圖	軸	絹	設色	26.3 × 28.5		美國 印地安那波里斯市藝術博物館（私人寄存）	
風俗圖	軸	綾	設色	210.8 × 129.5		美國 堪薩斯市納爾遜-艾金斯藝術博物館	53-42
歸牧圖	軸	紙	設色	26.6 × 28.1	時年八十（嘉慶九年，1804）	美國 勃克萊加州大學藝術館（高居翰教授寄存）	
午睡圖	軸	紙	設色	26.6 × 28.1		美國 勃克萊加州大學藝術館（高居翰教授寄存）	
山水圖	軸	紙	水墨	65.3 × 30.7	庚午（乾隆十五年，1750）秋日	美國 勃克萊加州大學藝術館（Gaenslen 先生寄存）	
山水圖並書詩（12幀，畫8、書4）	冊	紙	設色	（每幀）33 × 22	己未（嘉慶四年，1799）上巳日	瀋陽 故宮博物館	
荒洲孤艇圖	摺扇面	紙	設色	16.1 × 50		北京 故宮博物院	
人物故事圖（？幀）	冊	紙	設色	不詳	己未（乾隆四年，1739）夏日	北京 中國美術館	
雜畫（12幀）	冊	紙	設色	（每幀）26 × 46	八十二叟（嘉慶十一年，1806）	天津 天津市藝術博物館	
山水圖（10幀）	冊	紙	設色	（每幀）28 × 18.5	（乾隆九年，甲子，1744）	太原 山西省博物館	
山水圖（8幀）	冊	紙	設色	（每幀）32 × 21.5	八十三（嘉慶十二年，1807）	廣州 廣州市美術館	
山水人物圖（8幀）	冊	絹	設色、水墨	（每幀）26 × 20	乾隆十三年（戊辰，1748）秋	廣州 廣州市美術館	
山水人物圖（？幀）	冊	紙	設色	（每幀）31.5 × 38.5		日本 東京高島菊次郎槐安居	
人物山水圖（8幀）	冊	紙	設色、水墨	（每幀）27.6 × 45.8	乙丑（乾隆十年，1745）春三月	日本 東京橬崎都香佐先生	
山水圖	摺扇面	金箋	設色	18.3 × 53.7		日本 私人	
雪景人物	冊頁	紙	設色	27 × 23.8	戊午（乾隆三年，1738）仲春	美國 底特律市 Faxon 先生	
人物圖（四朝墨寶冊之14）	冊頁	紙	水墨	23.4 × 22.8		英國 倫敦大英博物館	1946.4.1314（ADD219）

附：

名稱	形式	質地	色彩	尺寸 高×寬㎝	創作時間	收藏處所	典藏號碼
艧篷出峽圖	軸	絹	設色	不詳	丙戌（乾隆三十一年，1766）冬日	北京 榮寶齋	
瑤島仙居圖	軸	紙	設色	不詳	甲子（乾隆九年，1744）	上海 上海文物商店	
秋山讀書圖	軸	紙	設色	不詳	己未（乾隆四年，1739）	蘇州 蘇州市文物商店	
谿山秋意圖	軸	絹	設色	160.2 × 44.1	乾隆辛酉（六年，1741）杪秋	紐約 佳士得藝品拍賣公司/拍賣目錄 1987,12,11.	
山水圖	軸	紙	設色	10.2 × 53.4		紐約 蘇富比藝品拍賣公司/拍賣目錄 1988,11,30.	
山水、人物（11幀）	冊	紙	設色	（每幀）28.5 × 18.8	八十三翁（嘉慶十二年，1807）	北京 北京市工藝品進出口公司	
山水人物圖（24幀）	冊	紙	設色、水墨	（每幀）20 × 30	年八十二（嘉慶十一年，1806）	上海 朵雲軒	
山水圖（7幀）	冊	紙	設色	（每幀）30.8 × 25.5	甲申（乾隆二十九年，1764）	蘇州 蘇州市文物商店	
人物故事圖（10幀）	冊	紙	設色	不詳	七十一歲（乾隆六十年，1795）	武漢 湖北省武漢市文物商店	
山水人物圖（6幀）	冊	紙	設色	不詳	丁卯（乾隆十二年，1747）	武漢 湖北省武漢市文物商店	
山水人物（12幀）	冊	紙	設色	（每幀）34.5 × 28.5	乾隆三年（戊午，1738）	紐約 佳士得藝品拍賣公司/拍賣目錄 1990,05,31.	
人物、山水（8幀）	冊	紙	水墨	（每幀）31.8 × 23	甲子（乾隆九年，1744）小春	香港 佳士得藝品拍賣公司/拍賣目錄 1991,03,18.	
山水人物（12幀）	冊	紙	設色、水墨	（每幀）26 × 20	八十三歲（嘉慶十二年，1807）	紐約 佳士得藝品拍賣公司/拍賣目錄 1992,06,02.	
山水（8幀）	冊	紙	設色	（每開）23 × 41.5	戊子（乾隆三十三年，1768）仲冬	香港 佳士得藝品拍賣公司/拍賣目錄 2001,04,29.	

畫家小傳：上官周。字文佐。號竹莊。福建長汀人。生於世宗雍正三（1725）年，仁宗嘉慶十四（1809）年八十五歲尚在世。能詩。善畫山水、人物，水墨暈章，煙嵐瀰漫。撰有晚笑堂畫譜行世。。（見國朝畫徵錄、桐陰論畫汀州府志、敬業堂集、中國畫家人名大辭典）

方元鹿

| 墨竹圖（為根培作） | 卷 | 紙 | 水墨 | 不詳 | 丙午（乾隆五十一 | 揚州 江蘇省揚州市博物館 | |

名稱	形式	質地	色彩	尺寸 高×寬cm	創作時間	收藏處所	典藏號碼
					年，1786）春正月		
竹石圖	軸	紙	水墨	114.5 x 59.1	辛卯（乾隆三十六年，1771）	上海 上海博物館	
菊花圖	軸	紙	水墨	不詳	壬寅（乾隆四十七年，1782）秋九月	揚州 江蘇省揚州市博物館	
花卉圖（12幀）	冊	紙	設色	不詳	辛亥（乾隆五十六年，1791）	太原 山西省博物館	
蘭竹石圖（12幀）	冊	紙	水墨	不詳	辛亥（乾隆五十六年，1791）	杭州 浙江省博物館	
山水花卉圖（？幀）	冊	紙	設色、水墨	不詳	庚寅（乾隆三十五年，1770）彩秋	廣州 廣州市美術館	

畫家小傳：方元鹿。字竹樓。安徽歙縣人，居鎮江。生於世宗雍正四（1726）年，高宗乾隆五十六（1791）年尚在世。能詩，善書，工畫。畫山水工細似李龍眠；墨竹特妙。（見墨香居畫識、墨林今話中國畫家人名大辭典）

徐 揚

名稱	形式	質地	色彩	尺寸 高×寬cm	創作時間	收藏處所	典藏號碼
日月合璧五星聯珠圖	卷	紙	設色	48.9 x 1342.6	乾隆二十六年（辛巳，1761）正月	台北 故宮博物院	故畫 01726
墨法集要圖（製墨法式）	卷	紙	設色	30.8 x 866.1	丙申（乾隆四十一年，1776）	台北 故宮博物院	故畫 01048
畫山水圖	卷	紙	設色	8.5 x 24.3		台北 故宮博物院	故畫 01767
西域圖	卷	紙	設色	不詳		哈爾濱 黑龍江省博物館	
姑蘇繁華圖	卷	紙	設色	35.9 x 1243.4	乾隆己卯（二十四年，1759）九月	瀋陽 遼寧省博物館	
乾隆南巡圖	卷	絹	設色	不詳	乾隆三十五年（庚寅，1770）夏五月	北京 故宮博物院	
補香雪讀書圖	卷	絹	設色	163 x 51.5		北京 故宮博物院	
王道蕩平圖	卷	紙	設色	不詳		北京 故宮博物院	
乾隆南巡圖	卷	絹	設色	不詳	乾隆己卯（二十四年，1759）九月	北京 中國歷史博物館	
乾隆南巡圖（12卷）	卷	紙	設色	（每卷）68.6 x 1988.6	乾隆四十二年（丁酉，1777）	北京 中國歷史博物館	
盛事滋生圖	卷	絹	設色	不詳		北京 中國歷史博物館	
臨大癡山水(高宗御題)	卷	紙	水墨	19.7 x 159.4		日本 東京林熊光先生	
山水圖	小卷	紙	設色	4.8 x 20.3		日本 東京細川護貞先生	

名稱	形式	質地	色彩	尺寸 高×寬cm	創作時間	收藏處所	典藏號碼
乾隆南巡圖（第四卷）	卷	絹	設色	68.7 × ？		美國 紐約大都會藝術博物館	1984.16
乾隆南巡圖（第六卷）	卷	絹	設色	68.6 × ？		美國 紐約大都會藝術博物館	1988.350
久安圖	卷	紙	設色	31.2 × ？		美國 耶魯大學藝術館	1988.27.1
澗筑松濤	軸	紙	設色	147.2 × 60.4		台北 故宮博物院	故畫 02831
雨景	軸	紙	設色	79 × 36.7		台北 故宮博物院	故畫 02832
應真像	軸	紙	水墨	94.1 × 67		台北 故宮博物院	故畫 02833
仿宋人畫天王像(4-1)	軸	紙	設色	128 × 51		台北 故宮博物院	故畫 02834
仿宋人畫天王像(4-2)	軸	紙	設色	128 × 51		台北 故宮博物院	故畫 02835
仿宋人畫天王像(4-3)	軸	紙	設色	128 × 51		台北 故宮博物院	故畫 02836
仿宋人畫天王像(4-4)	軸	紙	設色	128 × 51		台北 故宮博物院	故畫 02837
梨花白燕(高宗御題)	軸	紙	設色	110.5 × 68.5		台北 故宮博物院	故畫 02838
仿貫休畫羅漢(金)	軸	紙	設色	128.5 × 54.3		台北 故宮博物院	故畫 02839
仿貫休畫羅漢(石)	軸	紙	設色	128.5 × 54.3		台北 故宮博物院	故畫 02840
仿貫休畫羅漢(絲)	軸	紙	設色	128.5 × 54.3		台北 故宮博物院	故畫 02841
仿貫休畫羅漢(竹)	軸	紙	設色	128.5 × 54.3		台北 故宮博物院	故畫 02842
仿貫休畫羅漢(匏)	軸	紙	設色	128.5 × 54.3		台北 故宮博物院	故畫 02843
仿貫休畫羅漢(土)	軸	紙	設色	128.5 × 54.3		台北 故宮博物院	故畫 02844
仿貫休畫羅漢(革)	軸	紙	設色	128.5 × 54.3		台北 故宮博物院	故畫 02845
仿貫休畫羅漢(木)	軸	紙	設色	128.5 × 54.3		台北 故宮博物院	故畫 02846
鵝子圖(高宗御題，羲之寫經換鵝故事)	軸	紙	設色	140.6 × 104.6		台北 故宮博物院	故畫 03074
載梅圖	軸	紙	設色	157.1 × 147.1		台北 故宮博物院	故畫 03753
弄花香滿衣	軸	紙	水墨	125.7 × 73.5		台北 故宮博物院	中畫 00107
野老喜晴圖	軸	紙	設色	103.5 × 61.7		台北 故宮博物院	中畫 00108
赤松黃石二仙圖（松竹壽石圖）	軸	紙	設色	172.1 × 71		台北 故宮博物院	中畫 00191
竹杖成龍圖	軸	紙	設色	138.4 × 69.4		台北 故宮博物院	中畫 00192
壽字觀音（用壽字繪成觀音像）	軸	紙	設色	91.2 × 48.7		台北 故宮博物院	中畫 00193
漁樂圖	軸	紙	設色	不詳		長春 吉林省博物館	

名稱	形式	質地	色彩	尺寸 高×寬㎝	創作時間	收藏處所	典藏號碼
鳥巢問道圖	軸	紙	設色	187 × 101		瀋陽 故宮博物院	
奇峰競秀圖	軸	紙	水墨	134 × 70		瀋陽 故宮博物院	
牡丹山鷗圖	軸	紙	設色	117 × 55.8		瀋陽 遼寧省博物館	
祝壽圖	軸	絹	設色	不詳	丁丑（乾隆二十二年，1757）	天津 天津市藝術博物館	
祇支國入貢圖	軸	絹	設色	不詳	庚寅（乾隆三十五年，1770）	天津 天津市藝術博物館	
竹石水仙圖	軸	紙	設色	105.3 × 46		天津 天津市藝術博物館	
瀛海仙踪圖	軸	紙	設色	不詳		天津 天津市藝術博物館	
花鳥圖	軸	紙	設色	不詳		承德 河北省承德避暑山莊博物館	
蓮塘消暑圖（為師相作）	軸	絹	設色	85 × 54	癸巳（乾隆三十八年，1773）長夏	南通 江蘇省南通博物苑	
山水圖（元宵賞燈圖）	軸	絹	設色	141 × 94.4		英國 倫敦大英博物館	1910.2.12.553（ADD243）
桐陰煮茗圖	軸	絹	設色	58.9 × 33.9		瑞典 斯德哥爾摩遠東古物館	OM 31/81
犁（徐揚繪御題農具十詠冊之1）	冊頁	紙	設色	30.2 × 23.9		台北 故宮博物院	故畫 03449-1
耙（徐揚繪御題農具十詠冊之2）	冊頁	紙	設色	30.2 × 23.9		台北 故宮博物院	故畫 03449-2
耰車（徐揚繪御題農具十詠冊之3）	冊頁	紙	設色	34 × 23.2		台北 故宮博物院	故畫 03449-3
鋤（徐揚繪御題農具十詠冊之4）	冊頁	紙	設色	38.1 × 24.9		台北 故宮博物院	故畫 03449-4
碌碡（徐揚繪御題農具十詠冊之5）	冊頁	紙	設色	34 × 23.1		台北 故宮博物院	故畫 03449-5
銍艾（徐揚繪御題農具十詠冊之6）	冊頁	紙	設色	23.5 × 34.1		台北 故宮博物院	故畫 03449-6
水車（徐揚繪御題農具十詠冊之7）	冊頁	紙	設色	38.1 × 24.7		台北 故宮博物院	故畫 03449-7
連枷（徐揚繪御題農具十詠冊之8）	冊頁	紙	設色	33.5 × 23.4		台北 故宮博物院	故畫 03449-8
篦（徐揚繪御題農具十詠冊之9）	冊頁	紙	設色	30.5 × 23.6		台北 故宮博物院	故畫 03449-9

名稱	形式	質地	色彩	尺寸 高×寬㎝	創作時間	收藏處所	典藏號碼
杵臼（徐揚繪御題農具十詠冊之10)	冊頁	紙	設色	30.4 × 3.9		台北 故宮博物院	故畫 03449-10
山水圖（為多寶格內貯物）	冊頁	不詳	不詳	10.6 × 5.6		台北 故宮博物院	故畫 01766
平定兩金川戰圖（16幀）	冊	絹	設色	不詳		北京 故宮博物院	
山水人物圖（8幀）	冊	絹	設色	不詳		北京 中國歷史博物館	
附：							
南巡圖	卷	絹	設色	68.5 × 1686.5		紐約 蘇富比藝品拍賣公司/拍賣目錄 1984,12,05.	
南巡圖	卷	絹	設色	68.5 × 1961.3		紐約 蘇富比藝品拍賣公司/拍賣目錄 1988,11,30.	
仿黃公望山水圖	軸	紙	設色	126 × 51		紐約 佳士得藝品拍賣公司/拍賣目錄 1992,06,02.	
虎丘秋月圖	軸	紙	設色	138.4 × 63.5		紐約 佳士得藝品拍賣公司/拍賣目錄 1994,11,30.	
摹宋人八雜畫（8頻）	冊	紙	設色	（每幀）29 × 22		天津 天津市文物公司	

畫家小傳：徐揚。號雲亭。江蘇吳縣人。工畫山水、人物、梅花。高宗乾隆十六（1751）南巡，以呈畫獲供奉內廷。三十一（1767）年欽賜舉人，授內閣中書。供職乾隆畫院。（見國朝畫徵錄、畫囊、書畫紀略、中國畫家人名大辭典）

愛新覺羅弘

名稱	形式	質地	色彩	尺寸 高×寬㎝	創作時間	收藏處所	典藏號碼
畫村舍恰豐	卷	紙	設色	41.6 × 331.5		台北 故宮博物院	故畫 01672
松喬拱壽圖	卷	紙	設色	28.5 × 362.5		台北 故宮博物院	故畫 01673
畫萬邦綏屢圖	卷	紙	設色	36.1 × 1167.2		台北 故宮博物院	故畫 01674
紅旂三捷圖	卷	紙	設色	33.5 × 507		台北 故宮博物院	故畫 01675
松塢雲濤	卷	紙	設色	不詳		台北 故宮博物院	國贈 025205
降魔圖	卷	紙	水墨	不詳		瀋陽 遼寧省博物館	
大禹治水圖	卷	紙	設色	不詳		北京 故宮博物院	
川岳朝宗圖	卷	紙	設色	不詳		北京 故宮博物院	
知仁樂壽圖	卷	紙	設色	不詳		北京 故宮博物院	
梅竹水仙圖	卷	紙	水墨	不詳		北京 故宮博物院	
渭畎同春圖	卷	紙	設色	不詳		北京 故宮博物院	

名稱	形式	質地	色彩	尺寸 高x寬cm	創作時間	收藏處所	典藏號碼
詩龕圖（弘旿、錢楷、汪梅鼎、朱玗、張寶合卷5之1段）	卷	紙	水墨	不詳		北京 故宮博物院	
廓爾喀恭進象馬圖	卷	紙	設色	不詳		北京 故宮博物院	
壽山衍勝圖	卷	紙	設色	不詳		北京 故宮博物院	
京畿水利圖	卷	紙	設色	不詳		北京 中國歷史博物館	
閱武樓圖	卷	紙	設色	不詳		北京 中國歷史博物館	
涇清渭濁圖	卷	紙	設色	不詳		廣州 廣東省博物館	
翠巘高秋圖（仿楊昇筆意）	軸	紙	設色	122 × 56.6		台北 故宮博物院	故畫 00763
萬壑祥雲（仿范寬筆意）	軸	紙	設色	112.2 × 53		台北 故宮博物院	故畫 02497
雲岩錦樹	軸	紙	設色	120.5 × 50.9		台北 故宮博物院	故畫 02498
雲岑開錦	軸	紙	設色	136 × 67.2		台北 故宮博物院	故畫 02499
千林瑞雪（仿郭熙筆意）	軸	紙	設色	112.2 × 53		台北 故宮博物院	故畫 02500
林麓秋晴	軸	紙	青綠	120 × 22		台北 故宮博物院	故畫 02501
楓溪放艇	軸	紙	設色	127.1 × 63		台北 故宮博物院	故畫 02502
竹溪絢錦	軸	紙	設色	111.4 × 53.3		台北 故宮博物院	故畫 02503
菊磵霏甘	軸	紙	設色	111.5 × 53.2		台北 故宮博物院	故畫 02504
幽壑鳴泉	軸	紙	設色	97.7 × 65.4		台北 故宮博物院	中畫 00096
雨後鳴泉	軸	紙	水墨	186.8 × 91.7		台北 故宮博物院	中畫 00156
松竹梅石	軸	紙	水墨	178.4 × 65.3		台北 故宮博物院	中畫 00157
溪林清逸	軸	紙	水墨	91.2 × 56.1		台北 故宮博物院	中畫 00158
川嶽同春	軸	紙	水墨	117.8 × 57.2		台北 故宮博物院	中畫 00159
叢岩疊翠	軸	紙	水墨	223.4 × 117.7		台北 故宮博物院	中畫 00160
懸岩飛瀑	軸	紙	水墨	158.4 × 72.4		台北 故宮博物院	中畫 00161
秋山深秀	軸	紙	水墨	130 × 56.6		台北 故宮博物院	中畫 00162
林泉幽邃	軸	紙	水墨	135.4 × 69.4		台北 故宮博物院	中畫 00163
烟巒野屋	軸	紙	水墨	96.1 × 65.9		台北 故宮博物院	中畫 00164

名稱	形式	質地	色彩	尺寸 高×寬㎝	創作時間	收藏處所	典藏號碼
林泉幽居	軸	紙	水墨	114 × 74.3		台北 故宮博物院	中畫 00165
夏山幽居	軸	紙	設色	116 × 60		台北 歷史博物館	
山水（川岳騰輝圖）	軸	紙	設色	119.5 × 58.5		香港 張碧寒先生	
山水圖	軸	紙	水墨	不詳		瀋陽 故宮博物院	
萬木奇峰圖	軸	紙	水墨	不詳		瀋陽 遼寧省博物館	
梅花圖	軸	紙	水墨	不詳	乾隆庚午（十五年，1750）	北京 中國歷史博物館	
萱竹圖	軸	紙	水墨	不詳		上海 上海博物館	
高士觀瀑圖（為敬齋中堂作）	軸	紙	設色		乾隆十六年（辛未，1751）秋八月	日本 大阪市立美術館	
山巒村聚（弘旿畫山水（一）冊之1）	冊頁	紙	設色	24.6 × 31.9		台北 故宮博物院	故畫 03232-1
巒峯溪村（弘旿畫山水（一）冊之2）	冊頁	紙	設色	24.6 × 31.9		台北 故宮博物院	故畫 03232-2
松崖幽居（弘旿畫山水（一）冊之3）	冊頁	紙	設色	24.6 × 31.9		台北 故宮博物院	故畫 03232-3
遠浦歸帆（弘旿畫山水（一）冊之4）	冊頁	紙	設色	24.6 × 31.9		台北 故宮博物院	故畫 03232-4
層巒村居（弘旿畫山水（一）冊之5）	冊頁	紙	設色	24.6 × 31.9		台北 故宮博物院	故畫 03232-5
秋林孤渡（弘旿畫山水（一）冊之6）	冊頁	紙	設色	24.6 × 31.9		台北 故宮博物院	故畫 03232-6
深樹歸舟（弘旿畫山水（一）冊之7）	冊頁	紙	設色	24.6 × 31.9		台北 故宮博物院	故畫 03232-7
峽江帆影（弘旿畫山水（一）冊之8）	冊頁	紙	設色	24.6 × 31.9		台北 故宮博物院	故畫 03232-8
秋庭讀書（弘旿畫山水（一）冊之9）	冊頁	紙	設色	24.6 × 31.9		台北 故宮博物院	故畫 03232-9
林屋蕭寺（弘旿畫山水（一）冊之10）	冊頁	紙	設色	24.6 × 31.9		台北 故宮博物院	故畫 03232-10
崇閣飛泉（弘旿畫山水（一）冊之11）	冊頁	紙	設色	24.6 × 31.9		台北 故宮博物院	故畫 03232-11
雪窗讀易（弘旿畫山水（一）冊之12）	冊頁	紙	設色	24.6 × 31.9		台北 故宮博物院	故畫 03232-12

名稱	形式	質地	色彩	尺寸 高x寬㎝	創作時間	收藏處所	典藏號碼
江山無盡（弘旿畫山水（二）冊之1）	冊頁	紙	水墨	24.6 x 31.9		台北 故宮博物院	故畫 03233-1
草閣聽泉（弘旿畫山水（二）冊之2）	冊頁	紙	水墨	24.6 x 31.9		台北 故宮博物院	故畫 03233-2
江上帆影（弘旿畫山水（二）冊之3）	冊頁	紙	水墨	24.6 x 31.9		台北 故宮博物院	故畫 03233-3
古木寒泉（弘旿畫山水（二）冊之4）	冊頁	紙	水墨	24.6 x 31.9		台北 故宮博物院	故畫 03233-4
水閣松風（弘旿畫山水（二）冊之5）	冊頁	紙	水墨	24.6 x 31.9		台北 故宮博物院	故畫 03233-5
泉韻松聲（弘旿畫山水（二）冊之6）	冊頁	紙	水墨	24.6 x 31.9		台北 故宮博物院	故畫 03233-6
溪橋流泉（弘旿畫山水（二）冊之7）	冊頁	紙	水墨	24.6 x 31.9		台北 故宮博物院	故畫 03233-7
疏林遠岫（弘旿畫山水（二）冊之8）	冊頁	紙	水墨	24.6 x 31.9		台北 故宮博物院	故畫 03233-8
林泉高致（弘旿畫山水（二）冊之9）	冊頁	紙	水墨	24.6 x 31.9		台北 故宮博物院	故畫 03233-9
江上棹艇（弘旿畫山水（二）冊之10）	冊頁	紙	水墨	24.6 x 31.9		台北 故宮博物院	故畫 03233-10
溪山雨霽（弘旿畫山水（二）冊之11）	冊頁	紙	水墨	24.6 x 31.9		台北 故宮博物院	故畫 03233-11
臨流垂釣（弘旿畫山水（二）冊之12）	冊頁	紙	設色	24.6 x 31.9		台北 故宮博物院	故畫 03233-12
岱頂（弘旿畫岱巖標勝冊之1）	冊頁	紙	設色	25.2 x 36.1		台北 故宮博物院	故畫 03234-1
白觀峯（弘旿畫岱巖標勝冊之2）	冊頁	紙	設色	25.2 x 36.1		台北 故宮博物院	故畫 03234-2
文人峯（弘旿畫岱巖標勝冊之3）	冊頁	紙	設色	25.2 x 36.1		台北 故宮博物院	故畫 03234-3
朝陽洞（弘旿畫岱巖標勝冊之4）	冊頁	紙	設色	25.2 x 36.1		台北 故宮博物院	故畫 03234-4
壺天閣（弘旿畫岱巖標勝冊之5）	冊頁	紙	設色	25.2 x 36.1		台北 故宮博物院	故畫 03234-5
紅門（弘旿畫岱巖標勝冊之六6	冊頁	紙	設色	25.2 x 36.1		台北 故宮博物院	故畫 03234-6

名稱	形式	質地	色彩	尺寸 高×寬㎝	創作時間	收藏處所	典藏號碼
竹林寺（弘旿畫岱巖標勝冊之7）	冊頁	紙	設色	25.2 × 36.1		台北 故宮博物院	故畫 03234-7
經石峪（弘旿畫岱巖標勝冊之8）	冊頁	紙	設色	25.2 × 36.1		台北 故宮博物院	故畫 03234-8
萬玉開詔（弘旿畫元春萬圖冊之1）	冊頁	紙	設色	25.2 × 31.1		台北 故宮博物院	故畫 03235-1
萬林新綠（弘旿畫元春萬圖冊之2）	冊頁	紙	設色	25.2 × 31.1		台北 故宮博物院	故畫 03235-2
萬花飛閣（弘旿畫元春萬圖冊之3）	冊頁	紙	設色	25.2 × 31.1		台北 故宮博物院	故畫 03235-3
萬町麥浪（弘旿畫元春萬圖冊之4）	冊頁	紙	設色	25.2 × 31.1		台北 故宮博物院	故畫 03235-4
萬翩凌霄（弘旿畫元春萬圖冊之5）	冊頁	紙	設色	25.2 × 31.1		台北 故宮博物院	故畫 03235-5
萬絲煙柳（弘旿畫元春萬圖冊之6）	冊頁	紙	設色	25.2 × 31.1		台北 故宮博物院	故畫 03235-6
萬艇江漁（弘旿畫元春萬圖冊之7）	冊頁	紙	設色	25.2 × 31.1		台北 故宮博物院	故畫 03235-7
萬仙介品（弘旿畫元春萬圖冊之8）	冊頁	紙	設色	25.2 × 31.1		台北 故宮博物院	故畫 03235-8
萬頃清陰（弘旿畫元春萬圖冊之9）	冊頁	紙	設色	25.2 × 31.1		台北 故宮博物院	故畫 03235-9
萬方綏屨（弘旿畫元春萬圖冊之10）	冊頁	紙	設色	25.2 × 31.1		台北 故宮博物院	故畫 03235-10
萬峯聳秀（弘旿畫元春萬圖冊之11）	冊頁	紙	設色	25.2 × 31.1		台北 故宮博物院	故畫 03235-11
萬年拱祝（弘旿畫元春萬圖冊之12）	冊頁	紙	設色	25.2 × 31.1		台北 故宮博物院	故畫 03235-12
靈巖（弘旿畫齊甸採奇冊之1）	冊頁	紙	設色	25.2 × 36		台北 故宮博物院	故畫 03236-1
孔林（弘旿畫齊甸採奇冊之2）	冊頁	紙	設色	25.2 × 36		台北 故宮博物院	故畫 03236-2
泮池（弘旿畫齊甸採奇冊之3）	冊頁	紙	設色	25.2 × 36		台北 故宮博物院	故畫 03236-3
萬松山（弘旿畫齊甸採奇冊之4）	冊頁	紙	設色	25.2 × 36		台北 故宮博物院	故畫 03236-4
泉林（弘旿畫齊甸採奇冊之5）	冊頁	紙	設色	25.2 × 36		台北 故宮博物院	故畫 03236-5

名稱	形式	質地	色彩	尺寸 高×寬 cm	創作時間	收藏處所	典藏號碼
太白樓（弘旿畫齊甸採奇冊之6）	冊頁	紙	設色	25.2 × 36		台北 故宮博物院	故畫 03236-6
光嶽樓（弘旿畫齊甸採奇冊之7）	冊頁	紙	設色	25.2 × 36		台北 故宮博物院	故畫 03236-7
無為觀（弘旿畫齊甸採奇冊之8）	冊頁	紙	設色	25.2 × 36		台北 故宮博物院	故畫 03236-8
萬水朝宗（弘旿畫星次環周冊之1）	冊頁	紙	設色	25.3 × 31.1		台北 故宮博物院	故畫 03237-1
萬巖響雪（弘旿畫星次環周冊之2）	冊頁	紙	設色	25.3 × 31.1		台北 故宮博物院	故畫 03237-2
萬家春樹（弘旿畫星次環周冊之3）	冊頁	紙	設色	25.3 × 31.1		台北 故宮博物院	故畫 03237-3
萬壑雲泉（弘旿畫星次環周冊之4）	冊頁	紙	設色	25.3 × 31.1		台北 故宮博物院	故畫 03237-4
萬斛清聲（弘旿畫星次環周冊之5）	冊頁	紙	設色	25.3 × 31.1		台北 故宮博物院	故畫 03237-5
萬汀蘆月（弘旿畫星次環周冊之6）	冊頁	紙	設色	25.3 × 31.1		台北 故宮博物院	故畫 03237-6
萬樹秋雲（弘旿畫星次環周冊之7）	冊頁	紙	設色	25.3 × 31.1		台北 故宮博物院	故畫 03237-7
萬嶺天香（弘旿畫星次環周冊之8）	冊頁	紙	設色	25.3 × 31.1		台北 故宮博物院	故畫 03237-8
萬點歸鴉（弘旿畫星次環周冊之9）	冊頁	紙	設色	25.3 × 31.1		台北 故宮博物院	故畫 03237-9
萬山紅葉（弘旿畫星次環周冊之10）	冊頁	紙	設色	25.3 × 31.1		台北 故宮博物院	故畫 03237-10
萬戶豐盈（弘旿畫星次環周冊之11）	冊頁	紙	設色	25.3 × 31.1		台北 故宮博物院	故畫 03237-11
萬木駢羅（弘旿畫星次環周冊之12）	冊頁	紙	設色	25.3 × 31.1		台北 故宮博物院	故畫 03237-12
山水圖（10幀）	冊	紙	設色	不詳	癸丑（乾隆五十八年，1793）	天津 天津市藝術博物館	
摹古山水圖（12幀）	冊	紙	設色	不詳	己巳（嘉慶十四年，1809）	天津 天津市藝術博物館	
山水圖（12幀，為樹峰作）	冊	紙	設色	（每幀）27.9	甲寅（乾隆五十九	上海 上海博物館	

名稱	形式	質地	色彩	尺寸 高x寬cm	創作時間	收藏處所	典藏號碼
				× 57.4	年，1794）長夏		
九松圖	摺扇面	紙	設色	18.8 × 57.5		日本 京都國立博物館	A甲569
山水圖	摺扇面	藍箋	泥金	22.8 × 63		日本 東京細川護貞先生	
仿黃公望江山覽勝圖（清人扇面圖冊之第6幀）	摺扇面	紙	設色	17.8 × 51.8		韓國 私人	
擬古山水圖（8幀）	冊	紙	設色	（每幀）24.3 × 26.9	乾隆庚戌（五十五年，1790）嘉平月	美國 紐約市布魯克林藝術博物館	81.194.3a-h
附：							
臨惲壽平松竹菊圖	軸	紙	水墨	不詳	（嘉慶四年，己未，1799）	上海 朵雲軒	
松竹梅圖	軸	紙	水墨	不詳		上海 朵雲軒	
江山拱翠圖	軸	紙	設色	不詳		上海 上海友誼商店古玩分店	
仿倪黃筆意山水圖	軸	紙	水墨	94.5 × 45.7	丁酉（乾隆四十二年，1777）九秋	紐約 蘇富比藝品拍賣公司/拍賣目錄1980,12,18.	
山水圖（為竹軒制軍大人作）	軸	紙	水墨	125.7 × 46	癸卯（乾隆四十八年，1783）長至月	香港 蘇富比藝品拍賣公司/拍賣目錄1984,11,11.	
川嶽騰輝圖	軸	紙	設色	119 × 58.8		紐約 佳士得藝品拍賣公司/拍賣目錄1987,06,03.	
瀛海春深圖	軸	紙	水墨	120.5 × 55.3		紐約 佳士得藝品拍賣公司/拍賣目錄1990,05,31.	
繁祉呼三圖	軸	紙	設色	118 × 54		紐約 佳士得藝品拍賣公司/拍賣目錄1991,05,29.	
山水圖	軸	紙	水墨	117.5 × 45.7	乾隆甲午（三十九年，1774）秋九月	紐約 佳士得藝品拍賣公司/拍賣目錄1995,9,19.	
仿古山水圖（8幀）	冊	紙	水墨	不詳	庚戌（乾隆五十五年，1790）	瀋陽 遼寧省文物商店	
梅竹花卉圖（12幀）	冊	絹	設色	不詳	辛亥（乾隆五十六年，1791）	上海 朵雲軒	
仿古山水圖（8幀）	冊	紙	設色	不詳	戊辰（乾隆十三年，1748）	蘇州 蘇州市文物商店	
石湖億萬圖（10幀）	冊	絹	設色	（每幀）16.2 × 29.2		紐約 蘇富比藝品拍賣公司/拍賣目錄1984,12,05.	
山水圖（10幀）	冊	紙	設色、水墨	（每幀）29.1 × 33		紐約 蘇富比藝品拍賣公司/拍賣目錄1986,06,03.	

名稱	形式	質地	色彩	尺寸 高×寬㎝	創作時間	收藏處所	典藏號碼
紅蓮圖（為茹華親士作）	摺扇面	紙	設色	17.8 × 52		紐約 佳仕得藝品拍賣公司/拍賣目錄1987,06,03.	
石湖憶萬圖（10幀）	冊	紙	水墨、設色	（每幀）23 × 29.2		紐約 佳士得藝品拍賣公司/拍賣目錄1988,06,02.	
山水圖（10幀）	冊	紙	水墨、設色	（每幀）29 × 33	庚戌（乾隆五十五年，1790）秋	紐約 佳士得藝品拍賣公司/拍賣目錄1989,12,04.	
春山行旅圖	摺扇面	紙	設色	17.8 × 51		香港 佳士得藝品拍賣公司/拍賣目錄1991,03,18.	
山水、花卉、書法（24幀）	冊	紙	設色	（每幀）19 × 25	戊申（乾隆五十三年，1788）初秋	紐約 佳士得藝品拍賣公司/拍賣目錄1991,05,29.	
梅竹雙清（12幀）	冊	紙	設色	（每幀）33 × 40.7	辛亥（乾隆五十六年，1791）嘉平月上澣	紐約 佳士得藝品拍賣公司/拍目錄1993,06,04.	

畫家小傳：弘旿。宗室，姓愛新覺羅氏。為高宗堂弟。字恕齋，又字醉迂。號瑤華道人、一如居士。乾隆時封固山貝子。能詩，工畫。畫山水，得董（源）、黃（公望）之妙；作花木，有陳（淳）、陸（治）之法。流傳署款紀年作品見於乾隆十六（1751）至五十九（1794）年。（見遲鴻軒所見書畫錄、隨園詩話、中國畫家人名大辭典）

張　棟

名稱	形式	質地	色彩	尺寸 高×寬㎝	創作時間	收藏處所	典藏號碼
仿巨然茂林疊嶂圖	卷	紙	設色	不詳		長春 吉林省博物館	
松圖（清徐堅等十九家畫松圖卷之1段）	卷	紙	水墨	不詳		北京 故宮博物院	
大小龍渚圖	卷	紙	水墨	不詳	辛卯（乾隆三十六年，1771）	天津 天津市藝術博物館	
山水圖	卷	紙	水墨	不詳		南京 南京博物院	
仿王蒙山水圖	軸	紙	設色	不詳	乾隆己丑（三十四年，1769）	北京 故宮博物院	
松亭危石圖	軸	紙	設色	不詳		天津 天津市藝術博物館	
高崗叢樹圖	軸	紙	設色	82.8 × 34.8		天津 天津市藝術博物館	
松聲泉響圖	軸	紙	設色	不詳	甲午（乾隆三十九年，1774）二月	上海 上海古籍書店	
山水圖（10幀）	冊	紙	設色	不詳	屠維赤奮若（己丑，乾隆三十四年，1769）	杭州 浙江省杭州市文物考古所	
山水圖（？幀）	冊	紙	設色	（每幀）26.2 × 26.5		日本 私人	

名稱	形式	質地	色彩	尺寸 高×寬㎝	創作時間	收藏處所	典藏號碼
山水圖	冊頁	紙	水墨	32.4 × 47.8		美國 耶魯大學藝術館	1980.114
附：							
山水圖（明沈士充等山水合裝 冊9之1幀	摺扇面	金箋	設色	不詳		上海 朵雲軒	

畫家小傳：張棟。字鴻勛。號玉川、看雲山人。江蘇吳江人。工詩文。善畫山水，學王原祁，專用乾筆，不喜設色。高宗乾隆十六
　　　　　（1751），應聘纂修南巡盛典。（見國朝畫徵續錄、桐陰論畫、墨林今話、江震續志稿、古檀詩話、中國畫家人名大辭典）

李 德

名稱	形式	質地	色彩	尺寸 高×寬㎝	創作時間	收藏處所	典藏號碼
溪山無盡圖	卷	紙	設色	不詳	辛未（乾隆十六年，1751）夏仲	南京 南京博物院	

畫家小傳：李德。畫史無載。署款紀年作品見於高宗乾隆十六(1751)年。身世待考。

上官惠

名稱	形式	質地	色彩	尺寸 高×寬㎝	創作時間	收藏處所	典藏號碼
山水	軸	紙	水墨	不詳		台北 故宮博物院	國贈 025163
山水	軸	紙	水墨	不詳		台北 故宮博物院	國贈 025165
山水	軸	紙	水墨	不詳		台北 故宮博物院	國贈 025162
山水	軸	紙	水墨	不詳		台北 故宮博物院	國贈 025164
仿王叔明筆意雪景圖	軸	紙	設色	242 × 120.5		台北 長流美術館	
山水人物圖	軸	紙	設色	239 × 120	庚辰（二十五年，1760）小春之月	台北 長流美術館	
三友圖	軸	紙	設色	不詳		瀋陽 遼寧省博物館	
漁樂圖	軸	絹	設色	不詳		上海 上海博物館	
崇山疊嶺圖（為天翁作）	軸	紙	水墨	168 × 79.5	辛未（乾隆十六年，1751）秋	廣州 廣州市美術館	
山水、花卉圖（8幀）	冊	紙	設色	（每幀）25.6 × 35.5		南京 南京博物院	
山水圖（12幀）	冊	紙	設色	（每幀）44.2 × 32.7	丙申（乾隆四十一年，1776）	廣州 廣東省博物館	
法宋元人山水圖（？幀）	冊	絹	水墨、設色	（每幀）23.1 × 28.8		日本 私人	
山水圖（10幀）	冊	絹	水墨、設色	（每幀）32.1 × 21.5		美國 聖路易斯市藝術館	182.1986
山水人物圖	冊頁	紙	設色	30.7 × 25.5		德國 柏林東方藝術博物館	1977-11
附：							
山水圖（7幀）	冊	絹	設色、	不詳	乾隆二十九年（甲	蘇州 蘇州市文物商店	

名稱	形式	質地	色彩	尺寸 高×寬cm	創作時間	收藏處所	典藏號碼

| | | | 水墨 | | 申，1764）仲秋 | | |
| 仿古山水（10幀） | 冊 | 絹 | 設色 | （每幀）31.7 × 21.6 | 癸酉（乾隆十八年，1753）仲春 | 紐約 蘇富比藝品拍賣公司/拍賣目錄 1986,12,04. | |

畫家小傳：上官惠。福建汀州人。善畫。流傳署款紀年作品見於高宗乾隆十六(1751)至二十九(1764)年。（見閩中書畫姓氏錄、中國畫家人名大辭典）

蔣 棚

名稱	形式	質地	色彩	尺寸 高×寬cm	創作時間	收藏處所	典藏號碼
松竹梅（歲寒三友）	軸	紙	設色	228.7 × 59.5		台北 故宮博物院	中畫 00175
盆蘭	軸	紙	設色	98.8 × 45.4		台北 故宮博物院	中畫 00176
朱竹芙蓉圖	軸	紙	設色	96 × 41		美國 耶魯大學藝術館	1956.41.4
白雲青嶂（蔣棚畫疊翠效靈冊之1）	冊頁	紙	設色	17.8 × 23.5		台北 故宮博物院	故畫 03299-1
曲磴層巒（蔣棚畫疊翠效靈冊之2）	冊頁	紙	設色	17.8 × 23.5		台北 故宮博物院	故畫 03299-2
垂柳平堤（蔣棚畫疊翠效靈冊之3）	冊頁	紙	設色	17.8 × 23.5		台北 故宮博物院	故畫 03299-3
松厓古渡（蔣棚畫疊翠效靈冊之4）	冊頁	紙	設色	17.8 × 23.5		台北 故宮博物院	故畫 03299-4
清溪城廓（蔣棚畫疊翠效靈冊之5）	冊頁	紙	設色	17.8 × 23.5		台北 故宮博物院	故畫 03299-5
夏木樓台（蔣棚畫疊翠效靈冊之6）	冊頁	紙	設色	17.8 × 23.5		台北 故宮博物院	故畫 03299-6
松林蕭寺（蔣棚畫疊翠效靈冊之7）	冊頁	紙	設色	17.8 × 23.5		台北 故宮博物院	故畫 03299-7
澄江帆影（蔣棚畫疊翠效靈冊之8）	冊頁	紙	設色	17.8 × 23.5		台北 故宮博物院	故畫 03299-8
曦日朝霞（蔣棚畫疊翠效靈冊之9）	冊頁	紙	設色	17.8 × 23.5		台北 故宮博物院	故畫 03299-9
飛瀑晴岩（蔣棚畫疊翠效靈冊之10）	冊頁	紙	設色	17.8 × 23.5		台北 故宮博物院	故畫 03299-10
暝色秋林（蔣棚畫疊翠效靈冊之11）	冊頁	紙	設色	17.8 × 23.5		台北 故宮博物院	故畫 03299-11

名稱	形式	質地	色彩	尺寸 高×寬cm	創作時間	收藏處所	典藏號碼
雪嶺寒輝（蔣棚畫疊翠效靈冊之12）	冊頁	紙	設色	17.8 × 23.5		台北 故宮博物院	故畫 03299-12

畫家小傳：蔣棚。字作梅。江蘇常熟人。蔣溥之子。乾隆十六（1751）年進士。能承家學，工畫花卉。（見虞山畫志、中國畫家人名大辭典）

汪承霈

名稱	形式	質地	色彩	尺寸 高×寬cm	創作時間	收藏處所	典藏號碼
春祺集錦	卷	紙	設色	40.7 × 778.4		台北 故宮博物院	故畫 01702
萬年花甲	卷	紙	設色	37.5 × 549.8		台北 故宮博物院	故畫 01703
三春韶秀（四時花卉卷之1）	卷	紙	設色	27 × 232		台北 故宮博物院	中畫 00140
九如叶頌（四時花卉卷之2）	卷	紙	設色	27 × 235.1		台北 故宮博物院	中畫 00141
五雲濃馥（四時花卉卷之3）	卷	紙	設色	27 × 232.2		台北 故宮博物院	中畫 00142
群仙集祝（四時花卉卷之4）	卷	紙	設色	27 × 235.1		台北 故宮博物院	中畫 00143
蘭亭圖并書	卷	絹	設色	不詳		瀋陽 遼寧省博物館	
寫生	卷	紙	設色	27.9 × 171.8		日本 秩父宮家先生	
牡丹翠竹圖	軸	紙	設色	183 × 70.1		台北 故宮博物院	中畫 00179
群仙祝壽	軸	紙	設色	186 × 74.9		台北 故宮博物院	中畫 00180
歲寒三益圖	軸	紙	設色	166.5 × 82.8		台北 故宮博物院	故畫 02698
畫菊	軸	紙	設色	133.4 × 62.5		台北 故宮博物院	故畫 02699
繪御製詩意百福繁生圖	軸	紙	設色	129 × 62.2		台北 故宮博物院	故畫 02938
乾隆宮千叟宴圖	橫幅	紙	設色	不詳		北京 中國歷史博物館	
秋林晴靄圖	軸	絹	設色	不詳	乙丑（嘉慶十年，1805）	杭州 浙江省博物館	
花卉圖	軸	綾	設色	不詳	壬寅（乾隆四十七年，1782）	廣州 廣州市美術館	
洞天八仙圖	軸	絹	設色	190.4 × 129.4		英國 倫敦大英博物館	1910.2.12.554（ADD244）
蔬果四種（汪承霈寫生冊之1）	冊	紙	設色	12.5 × 46.3		台北 故宮博物院	故畫 03349-1
蔬果三種（汪承霈寫生冊之2）	冊	紙	設色	12.5 × 46.3		台北 故宮博物院	故畫 03349-2
蔬果三種（汪承霈寫生冊之3）	冊	紙	設色	12.5 × 46.3		台北 故宮博物院	故畫 03349-3
香櫞（汪承霈寫生冊之4）	冊	紙	設色	12.5 × 46.3		台北 故宮博物院	故畫 03349-4

名稱	形式	質地	色彩	尺寸 高×寬㎝	創作時間	收藏處所	典藏號碼
蔬果三種（汪承霈寫生冊之5）	冊	紙	設色	12.5 × 46.3		台北 故宮博物院	故畫 03349-5
石榴芋薺（汪承霈寫生冊之6）	冊	紙	設色	12.5 × 46.3		台北 故宮博物院	故畫 03349-6
水果三種（汪承霈寫生冊之7）	冊	紙	設色	12.5 × 46.3		台北 故宮博物院	故畫 03349-7
百合（汪承霈寫生冊之8）	冊	紙	設色	12.5 × 46.3		台北 故宮博物院	故畫 03349-8
梅花（汪承霈畫四時花卉冊之1）	冊	紙	設色	12.5 × 18.6		台北 故宮博物院	故畫 03350-1
碧桃（汪承霈畫四時花卉冊之2）	冊	紙	設色	12.5 × 18.6		台北 故宮博物院	故畫 03350-2
梔子（汪承霈畫四時花卉冊之3）	冊	紙	設色	12.5 × 18.6		台北 故宮博物院	故畫 03350-3
花魚（汪承霈畫四時花卉冊之4）	冊	紙	設色	12.5 × 18.6		台北 故宮博物院	故畫 03350-4
菊花（汪承霈畫四時花卉冊之5）	冊	紙	設色	12.5 × 18.6		台北 故宮博物院	故畫 03350-5
菊蝶（汪承霈畫四時花卉冊之6）	冊	紙	設色	12.5 × 18.6		台北 故宮博物院	故畫 03350-6
月季（汪承霈畫四時花卉冊之7）	冊	紙	設色	12.5 × 18.6		台北 故宮博物院	故畫 03350-7
水仙（汪承霈畫四時花卉冊之8）	冊	紙	設色	12.5 × 18.6		台北 故宮博物院	故畫 03350-8
花卉圖（12幀）	冊	紙	設色	不詳	乙巳（乾隆五十年，1785）	長春 吉林省博物館	
仿各家花卉圖（？幀）	冊	紙	設色	不詳		北京 首都博物館	
牡丹圖	摺扇面	紙	設色	不詳		日本 江田勇二先生	
附：							
松竹梅石圖	卷	紙	設色	27.8 × 169.3		紐約 蘇富比藝品拍賣公司/拍賣目錄 1986,06,03.	
九鷺圖	軸	紙	設色	174 × 69.8		紐約 佳士得藝品拍賣公司/拍賣目錄 1987,12,11.	
屏風仕女圖	軸	絹	設色	203 × 112.5		紐約 佳士得藝品拍賣公司/拍賣目錄 1989,06,01.	
畫傳奇人物（8幀）	冊	紙	設色	（每幀）28 × 31.5		紐約 佳士得藝品拍賣公司/拍賣目錄 1984,06,29.	
花卉（清各家山水花鳥書法扇	摺扇面	紙	設色	不詳		香港 佳士得藝品拍賣公司/拍	

名稱	形式	質地	色彩	尺寸 高x寬cm	創作時間	收藏處所	典藏號碼

面冊 10 之 1 幀）　　　　　　　　　　　　　　　　　　　　　賣目錄 1998,09,15.

花卉、草蟲（12幀，汪承霈、　冊　絹　設色　（每幀）26.2　　　　　紐約 佳士得藝品拍賣公司/拍
余省合筆）　　　　　　　　　　　　　　　x 22.1　　　　　　　　賣目錄 1998,09,15.

畫家小傳：汪承霈。字受時，一字春農。號時齋、蕉雪。安徽休寧人。高宗乾隆十二（1747）年舉人。卒於仁宗嘉慶十（1805）年。官
　　　　至戶部右侍郎。善詩、古文詞。工畫山水、人物、花卉，兼善指畫。（見墨香居畫識、耕硯田齋筆記、中國畫家人名大辭典）

愛新覺羅永恩

仿元人山水圖　　　　　　軸　紙　水墨　91 x 43.5　　　　　　　　台北 故宮博物院（蘭千山館寄
　　　　　　　　　　　　　　　　　　　　　　　　　　　　　　　　　　存）

畫家小傳：永恩。宗室。為高宗之子。字惠周。號蘭亭主人。雍正初封貝勒。乾隆十六（1751）年襲禮親王爵。性喜詩、工畫。畫山
　　　　水，用筆簡潔，深得金陵八家之奧。（見益齋集、姚鼐撰家傳、讀畫輯略、中國美術家人名辭典）

許 麗

附：

人物故實圖（16幀）　　　冊　紙　設色　（每幀）26　庚申（嘉慶五年，　紐約 佳士得藝品拍賣公司/拍
　　　　　　　　　　　　　　　　　　　　x 20.5　　1800）春分前二日　賣目錄 1995,9,19.

畫家小傳：許麗。字贊華。浙江杭州人。生於清世宗雍正六（1728）年。仁宗嘉慶五（1800）年尚有畫作在世。工畫人物、寫真。（見
　　　　畫傳編韻、中國美術家人名辭典）

黃彩鳳

鍾馗圖　　　　　　　　　軸　絹　設色　不詳　　乾隆辛未（十六年　徐州 江蘇省徐州市博物館
　　　　　　　　　　　　　　　　　　　　　　　，1751）

畫家小傳：黃彩鳳。畫史無載。流傳署款紀年作品見於高宗乾隆十六（1751）年。身世待考。

王述縉

山水圖　　　　　　　　　軸　絹　設色　150.6 x 104.2　　　　　　日本 東京竹內金平先生

畫家小傳：王述縉。字公紳。號石泉。江蘇婁東人。王原祁之孫。工畫山水，功力甚深，惟乏天資。（見墨香居畫識、墨林今話、中
　　　　國畫家人名大辭典、中國畫家人名大辭典）

萬其藩

墨竹圖（仿趙松雪筆）　　軸　綾　水墨　46.4 x 19.4　　　　　　　日本 東京帝室博物館

墨竹圖(明清書畫合綴帖之16)　摺扇面 金箋　設色　15.6 x 49.5　辛未（乾隆十六年　美國 聖路易斯市吳納孫教授
　　　　　　　　　　　　　　　　　　　　　　　　　，1751）

名稱	形式	質地	色彩	尺寸 高×寬㎝	創作時間	收藏處所	典藏號碼

畫家小傳：萬其藩。字伯瀚。福建人。善寫竹。兼工畫蘆雁。流傳署款紀年作品見於高宗乾隆十六(1751)年。（見閩中書畫姓名錄、中國畫家人名大辭典）

汪繩武

| 山水圖 | 軸 | 紙 | 水墨 | 不詳 | | 日本 私人 | |

畫家小傳：汪繩武。畫史無載。疑為前之汪繩燠兄弟。待考。

王 瑋

| 花卉圖（12幀） | 冊 | 絹 | 設色 | （每幀）25.8 × 22.6 | 辛未（乾隆十六年，1751） | 天津 天津市藝術博物館 | |

畫家小傳：王瑋。畫史無載。流傳署款紀年作品見於高宗乾隆十六(1751)年。身世待考。

戴 遠

| 海棠山禽圖 | 軸 | 絹 | 設色 | 176.5 × 47.5 | 辛未（乾隆十六年，1751） | 天津 天津市藝術博物館 | |

附：

| 花鳥圖 | 軸 | 紙 | 設色 | 114.3 × 38.1 | 乾隆六十年（乙卯，1795）中秋望 | 紐約 蘇富比藝品拍賣公司/拍賣目錄 1986,12,04. | |

畫家小傳：戴遠。字士弘。號毅齋。安徽新安人，僑寓江蘇吳門。工畫人物、花卉。早歲遊歷京師，曾與修高宗南巡盛典。流傳署款紀年作品見於高宗乾隆十六(1751)至六十(1795)年。（見墨香居畫識、中國畫家人名大辭典）

朱 山

| 牡丹秀石圖 | 軸 | 紙 | 水墨 | 不詳 | | 日本 江田勇二先生 | |

畫家小傳：朱山。字懷仁。號壽巖、蛻翁。浙江烏程人。高宗乾隆十六（1751）年進士。工畫水墨牡丹，用墨朗秀，雋英奪目。間寫山水，亦饒雅韻。（見國朝畫錄續徵、小倉山房文集、中國畫家人名大辭典）

沈 軾

| 菊竹圖（名人便面畫冊（二）之8） | 冊頁 | 紙 | 水墨 | 不詳 | | 台北 故宮博物院 | 故畫 03559-8 |

附：

| 五瑞圖 | 軸 | 紙 | 設色 | 不詳 | | 北京 中國文物商店總店 | |

畫家小傳：沈軾。字欽伯。號古雲。江蘇常熟人。高宗乾隆十六（1751）年傳臚。工八分書，善畫山水、花卉。（見墨香居畫識、中國畫家人名大辭典）

丁 皐

名稱	形式	質地	色彩	尺寸 高x寬cm	創作時間	收藏處所	典藏號碼
程兆熊像（丁皐畫像、黃溱補圖，華嵒添鶴）	軸	紙	設色	不詳	乾隆壬申（十七年，1752）春仲	北京 故宮博物院	
汪客吟像（丁皐畫像，康濤補長領僧服）	軸	紙	設色	不詳	乾隆丙子（二十一年，1756）初冬	北京 故宮博物院	
桐華盦主像（丁皐、黃溱、華嵒合作）	軸	紙	設色	93.1 x 37.5		北京 故宮博物院	
汪舸僧裝像（陳撰題，?幀）	冊	紙	設色	不詳	乾隆二十一年（丙子，1756）長至	北京 故宮博物院	

畫家小傳：丁皐。字鶴洲。江蘇丹揚人。丁新如之子。能傳家學，善傳真。運思落墨，直臻神妙，能得人美醜老少、喜怒哀樂之情。著有傳真心領二卷行世。流傳署款紀年作品見於高宗乾隆十七(1752)至二十一(1756)年。(見墨林今話、傳真心領序、中國畫家人名大辭典)

余 洋

名稱	形式	質地	色彩	尺寸 高x寬cm	創作時間	收藏處所	典藏號碼
寒林遠岫圖	卷	紙	設色	不詳	乾隆戊寅（二十三年，1758）小春	北京 故宮博物院	
竹堂重陽高會圖（張宗蒼、余省、潘是稷、王玖、余洋合作）	卷	紙	設色	50.3 x 306.7	乾隆十七年，壬申（1752）	天津 天津市藝術博物館	

畫家小傳：余洋。字莘園。自號江臯老漁。江南人。畫山水，初入唐宋入手，中年規摹元明，後館於允禧慎邸。始步趨王石谷，一草一木，皆必衣缽有自。流傳署款紀年作品見於高宗乾隆十七（1752）至二十三(1758)年。(見讀畫輯略、中國美術家人名辭典)

王 章

名稱	形式	質地	色彩	尺寸 高x寬cm	創作時間	收藏處所	典藏號碼
流臨選石圖（為立亭作）	軸	紙	設色	不詳	乾隆十七年（壬申，1752）秋七月	北京 中國歷史博物館	
蘭亭肖像圖（紀昀等題）	軸	紙	設色	不詳	乾隆壬申（十七年，1752）	北京 中國歷史博物館	

畫家小傳：王章。初名搏霄，一作搏雲。字風嵐。江蘇上元人。為諸生。工書畫。畫能山水、花卉，均超勁；偶作仕女，亦佳。流傳署款紀年作品見於高宗乾隆十七(1752)年。(見揚州畫苑錄、清畫家詩史。清代畫史補錄、清代碑傳文通檢、中國美術家人名辭典)

吳 俶

名稱	形式	質地	色彩	尺寸 高x寬cm	創作時間	收藏處所	典藏號碼
秋英圖	軸	紙	設色	不詳		南京 南京博物院	
花卉圖（11幀）	冊	紙	設色	不詳	庚辰（乾隆二十五年，1760）	北京 故宮博物院	
附：							
雜畫（8幀，各為：荷花；花鳥	冊	紙	設色	（每幀）27.3	壬申（乾隆十七年	上海 上海工藝品進出口公司	

名稱	形式	質地	色彩	尺寸 高x寬cm	創作時間	收藏處所	典藏號碼

；佛手柑；花卉草蟲；薔薇；　　　　　　　　　× 34.3　　　　，1752）

萊菔；木石角鷹；海濤孤雁，

為韶老表兄作）

畫家小傳：吳俶。字慎修。自號海鷗子。江蘇太倉人。善畫花卉、翎毛，秀雅生動。流傳署款紀年作品見於高宗乾隆十七（1752）至
二十五（1760）年。（見耕硯田齋筆記、三萬六千頃湖中畫船錄、中國畫家人名大辭典）

吳 翔

| 仿董巨山水圖 | 軸 | 紙 | 水墨 | 不詳 | 乾隆乙卯（六十年 ，1795）仲夏 | 北京 故宮博物院 | |
| 竹石水仙圖 | 摺扇面 紙 | | 設色 | 不詳 | 乾隆壬申（十七年 ，1752）冬日 | 北京 故宮博物院 | |

畫家小傳：吳翔。畫史無載。署款紀年作品見於高宗乾隆十七(1752)至六十(1795)年。身世待考。

巫 璀

桃花源圖	卷	絹	設色	34.2 × 515.8	乾隆壬申（十七年 ，1752）孟秋	福州 福建省博物館	
瓶梅圖	軸	紙	水墨	162 × 30.5		福州 福建省博物館	
人物圖（12幀）	冊	紙	設色	（每幀)23.8× 17.1		武漢 湖北省博物館	

畫家小傳：巫璀。字石溪。畫史無載。流傳署款紀年作品見於高宗乾隆十七(1752)年。身世待考。

王鎮衡

| 山水圖（6幀） | 冊 | 紙 | 設色 | （每幀)8.2 × 13.1 | | 台北 故宮博物院(蘭千山館寄 存) | |

畫家小傳：王鎮衡。字位南。江蘇太倉人。善畫山水，筆墨淋漓。曾作客固山貝子弘昕家，多倩其代筆，故流傳畫蹟不多。（見畫友
錄、中國畫家人名大辭典）

董茂泰

附：

| 十八羅漢（18幀） | 冊 | 貝葉 | 水墨 | 不詳 | | 紐約 佳士得藝品拍賣公司/拍 賣目錄 1995,03,22. | |

畫家小傳：董茂泰。畫史無載。身世待考。

顧 寧

名稱	形式	質地	色彩	尺寸 高x寬cm	創作時間	收藏處所	典藏號碼
山水圖（12幀）	冊	絹	設色	不詳	乾隆壬申（十七年，1752）	天津 天津市藝術博物館	

畫家小傳：顧寧。字東一。江蘇華亭人。身世不詳。工傳神寫照。流傳署款紀年作品見於高宗乾隆十七(1752)年。（見耕硯田齋筆記、中國畫家領航員大辭典）

葉 苻

名稱	形式	質地	色彩	尺寸 高x寬cm	創作時間	收藏處所	典藏號碼
風雨歸舟圖	軸	絹	設色	不詳	壬申（？乾隆十七年，1752）	鎮江 江蘇省鎮江市博物館	

畫家小傳：葉苻。畫史無載。流傳署款作品紀年疑為高宗乾隆十七（1752）年。身世待考。

融谷道人

名稱	形式	質地	色彩	尺寸 高x寬cm	創作時間	收藏處所	典藏號碼
紅梅圖	軸	紙	設色	不詳	壬申（？乾隆十七年，1752）	杭州 浙江省杭州市文物考古所	

畫家小傳：融谷道人。畫史無載。流傳署款作品紀年疑為高宗乾隆十七(1752)年。身世待考。

汪 恭

名稱	形式	質地	色彩	尺寸 高x寬cm	創作時間	收藏處所	典藏號碼
屯浦論畫	卷	紙	設色	32 × 137.5	乾隆癸酉（十八年，1753）嘉平	台北 張添根養和堂	
金山圖	卷	絹	設色	不詳	嘉慶乙丑（十年，1805）	天津 天津市藝術博物館	
隨園十三弟子湖樓請業圖（汪恭、尤詔合作）	卷	絹	設色	41 × 308.4	袁枚題跋於嘉慶元年（丙辰，1796）二月花朝日	蘇州 江蘇省蘇州博物館	
寫韻秋岸像	軸	紙	設色	不詳	嘉慶癸酉（十八年，1813）上巳日	北京 故宮博物院	
芭蕉梅禽圖	軸	絹	設色	不詳	辛巳（乾隆二十六年，1761）	黃山 安徽省黃山市博物館	
臨唐寅秋風紈扇圖	軸	絹	設色	90.5 × 37.7	嘉慶甲子（九年，1804）	上海 上海博物館	
葡萄圖	軸	絹	水墨	166.5 × 42.2		上海 上海博物館	
攜琴歸去圖	軸	絹	設色	不詳	戊申（乾隆五十三年，1788）	南京 南京博物院	
白頭萱椿圖	軸	絹	設色	164 × 67	嘉慶己巳（十四年	杭州 浙江省杭州西泠印社	

名稱	形式	質地	色彩	尺寸 高×寬㎝	創作時間	收藏處所	典藏號碼
					，1809）嘉平月之望		
秋林策杖圖	軸	金箋	設色	不詳		長興 浙江省長興縣博物館	
清溪漁影圖（摹梅華道人）	軸	絹	水墨	87.3 × 40	己未（嘉慶四年，1799）清明日	日本 東京河井荃廬先生	
山水圖	摺扇面	紙	設色	不詳	辛酉（嘉慶六年，1801）暮春	北京 故宮博物院	
臨倪瓚山水圖	冊頁	紙	水墨	不詳	道光元年（辛巳，1821）長至日	北京 故宮博物院	
木蓮圖	摺扇面	粉箋	設色	不詳	丁巳（嘉慶二年，1797）	合肥 安徽省博物館	
雜畫（12幀）	冊	紙	水墨	（每幀）33.3 × 26.3		合肥 安徽省博物館	
臨王翬山水并書（11幀）	冊	紙	設色	不詳		黃山 安徽省黃山市博物館	
書畫（16幀）	冊	紙	設色	不詳		上海 上海博物館	
山水圖（6幀）	冊	紙	設色	不詳	庚戌（乾隆五十五年，1790）	南京 南京博物院	
柳溪仕女圖	紈扇面	絹	設色	不詳		南京 南京師範大學	
附：							
王倫圖	軸	絹	設色	不詳	嘉慶九年（甲子，1804）	北京 中國文物商店總店	
臨王翬等蕉竹蘭石圖	軸	絹	設色	不詳		蘇州 蘇州市文物商店	

畫家小傳：汪恭。字恭壽。號竹坪。安徽休寧人。工書，仿梁同書、王文治。善畫山水，氾濫各家，於文徵明一派尤有心契。旁及人物、花卉、翎毛，亦佳。流傳署款紀年作品見於乾隆十八（1753）年，至宣宗道光元（1821）年。（見墨香居畫識、中國畫家人名大辭典）

周　皓

名稱	形式	質地	色彩	尺寸 高×寬㎝	創作時間	收藏處所	典藏號碼
西園雅集圖	軸	絹	設色	不詳	癸酉（乾隆十八年，1753）孟秋	無錫 江蘇省無錫市博物館	

畫家小傳：周皓。畫史無載。流傳署款紀年作品見於高宗乾隆十八（1753）年。身世待考。

宋孝真

名稱	形式	質地	色彩	尺寸 高×寬㎝	創作時間	收藏處所	典藏號碼
竹石圖	軸	絹	水墨	不詳		濟南 山東省博物館	
附：							
傲霜圖	軸	紙	設色	150 × 74	乾隆癸酉（十八年	青島 青島市文物商店	

名稱	形式	質地	色彩	尺寸 高x寬cm	創作時間	收藏處所	典藏號碼
					，1753）		

畫家小傳：宋孝真。畫史無載。流傳署款紀年作品見於高宗乾隆十八（1753）年。身世待考。

鄭 松

名稱	形式	質地	色彩	尺寸 高x寬cm	創作時間	收藏處所	典藏號碼
水閣聯吟圖	卷	絹	設色	不詳		北京 故宮博物院	
折枝花卉圖	卷	絹	設色	不詳		歙縣 安徽省歙縣博物館	
山齋讀書圖	軸	絹	設色	148.4 x 75.3		天津 天津市藝術博物館	
牡丹圖	軸	絹	設色	不詳	己卯（乾隆二十四年，1759）	濟南 山東省博物館	
雪景山水圖	軸	紙	設色	不詳	庚辰（？乾隆二十五年，1760）	南通 江蘇省南通博物苑	
山水圖	軸	絹	水墨	不詳		杭州 浙江省博物館	
憑欄觀瀑圖	軸	絹	設色	不詳		德清 浙江省德清縣博物館	
附：							
青綠山水圖	卷	絹	設色	不詳		上海 朵雲軒	
荷花圖	軸	絹	設色	129 x 50.5	癸酉（乾隆十八年，1753）	上海 上海文物商店	
山水圖	軸	絹	設色	不詳	癸未（乾隆二十八年，1763）	上海 上海文物商店	

畫家小傳：鄭松。字著巖。江蘇長洲人。家世不詳。善畫山水，專攻南宋馬遠、夏珪。流傳署款紀年作品見於高宗乾隆十八（1753）至二十八（1763）年。（見歷代畫史彙傳附錄、中國畫家人名大辭典）

許 逸

名稱	形式	質地	色彩	尺寸 高x寬cm	創作時間	收藏處所	典藏號碼
瑞氣千尋圖	軸	絹	設色	146 x 58.4	癸酉（乾隆十八年，1753）深秋日	天津 天津市藝術博物館	

畫家小傳：許逸。畫史無載。流傳署款紀年作品見於高宗乾隆十八（1753）年。身世待考。

湯 禾

名稱	形式	質地	色彩	尺寸 高x寬cm	創作時間	收藏處所	典藏號碼
花果圖（蔡嘉等花果圖合卷之1段）	卷	紙	設色	不詳		北京 故宮博物院	

畫家小傳：湯禾。字秋潁。江蘇江都人。善畫花卉。（見江都縣志、中國畫家人名大辭典）

端木恂

名稱	形式	質地	色彩	尺寸 高×寬㎝	創作時間	收藏處所	典藏號碼
花果圖（蔡嘉等花果圖合卷之1段）	卷	紙	設色	不詳		北京 故宮博物院	

畫家小傳：端木恂。畫史無載。身世待考。

道 聯

花果圖（蔡嘉等花果圖合卷之1段）	卷	紙	設色	不詳		北京 故宮博物院	

畫家小傳：道聯。畫史無載。身世待考。

敬 菴

花果圖（蔡嘉等花果圖合卷之1段）	卷	紙	設色	不詳		北京 故宮博物院	

畫家小傳：敬菴。姓名不詳。惟中國歷代書畫篆刻家字號索引載有吳捷者，號敬菴，乾隆、嘉慶間江蘇江寧人，工畫山水、花鳥，是否此人，待考。

王芋田

花果圖（蔡嘉等花果圖合卷之1段）	卷	紙	設色	不詳		北京 故宮博物院	

畫家小傳：王芋田。畫史無載。身世待考。

小 坡

花果圖（蔡嘉等花果圖合卷之1段）	卷	紙	設色	不詳		北京 故宮博物院	

畫家小傳：小坡。姓氏不詳，待考。

古 峻

花果圖（蔡嘉等花果圖合卷之1段）	卷	紙	設色	不詳		北京 故宮博物院	

畫家小傳：古峻。畫史無載。身世待考。

鍾 琦

花果圖（蔡嘉等花果圖合卷之1段）	卷	紙	設色	不詳		北京 故宮博物院	

畫家小傳：鍾琦。畫史無載。身世待考。

名稱	形式	質地	色彩	尺寸 高x寬㎝	創作時間	收藏處所	典藏號碼

馬又白

| 花果圖（蔡嘉等花果圖合卷之1段） | 卷 | 紙 | 設色 | 不詳 | | 北京 故宮博物院 | |

畫家小傳：馬又白。畫史無載。身世待考。

指 仙

| 花果圖（蔡嘉等花果圖合卷之1段） | 卷 | 紙 | 設色 | 不詳 | | 北京 故宮博物院 | |

畫家小傳：指仙。畫史無載。姓名、身世待考。

白 香

| 花果圖（蔡嘉等花果圖合卷之1段） | 卷 | 紙 | 設色 | 不詳 | | 北京 故宮博物院 | |

畫家小傳：白香。畫史無載。身世待考。

約 齋

| 花果圖（蔡嘉等花果圖合卷之1段） | 卷 | 紙 | 設色 | 不詳 | | 北京 故宮博物院 | |

畫家小傳：約齋。姓名不詳。惟中國歷代書畫篆刻家字號索引載有顧錦疇，乾隆、嘉慶間，江蘇崑山人，號約齋，工畫山水，是否其人，待考。

樵 逾

| 花果圖（蔡嘉等花果圖合卷之1段） | 卷 | 紙 | 設色 | 不詳 | | 北京 故宮博物院 | |

畫家小傳：樵逾。畫史無載。身世待考。

璉 瑀

| 花果圖（蔡嘉等花果圖合卷之1段） | 卷 | 紙 | 設色 | 不詳 | | 北京 故宮博物院 | |

畫家小傳：璉瑀。畫史無載。姓氏、身世待考。

張 楫

| 花果圖（蔡嘉等花果圖合卷之1段） | 卷 | 紙 | 設色 | 不詳 | | 北京 故宮博物院 | |

名稱	形式	質地	色彩	尺寸 高×寬㎝	創作時間	收藏處所	典藏號碼

畫家小傳：張楫。畫史無載。身世待考。

超 澂

| 仿大癡山水圖 | 軸 | 紙 | 水墨 | 不詳 | 癸酉（？乾隆十八
年，1753） | 南京 南京博物院 | |

畫家小傳：超澂。畫史無載。流傳署款作品紀年疑為高宗乾隆十八（1753）年。身世待考。

王廷綬

附：

| 山水圖（10幀） | 冊 | 絹 | 設色 | （每幀）28.1
× 28.8 | 癸酉（乾隆十八年
，1753） | 武漢 湖北省武漢市文物商店 | |

畫家小傳：王廷綬。畫史無載。流傳署款作品紀年疑為高宗乾隆十八（1753）年。身世待考。

顧 楠

| 飛雲洞圖 | 軸 | 絹 | 設色 | 不詳 | 乾隆癸酉（十八年
，1753） | 蘭州 甘肅省博物館 | |

畫家小傳：顧楠。畫史無載。流傳署款紀年作品見於高宗乾隆十八（1753）年。身世待考。

施養浩

| 松石圖 | 摺扇面 金箋 | | 水墨 | 不詳 | | 天津 天津市藝術博物館 | |

畫家小傳：施養浩。字靜波。號茗柯、西聲。浙江錢塘人。高宗乾隆十八（1753）年孝廉。工書，能詩，客京師，為公卿推重。曾任榮經知
縣，坐事，徙巴里坤贖罪，開渠築壁。以勞績免，得還。（見兩浙名畫記、中國畫家人名大辭典）

吳一麟

桃花柳燕圖	軸	絹	設色	不詳		上海 朵雲軒	
菊花圖	軸	絹	設色	不詳		常熟 江蘇省常熟市文物管理 委員會	
花卉圖（12幀）	冊	紙	設色	不詳	甲戌（乾隆十九年 ，1754）清和	南京 南京博物院	

畫家小傳：吳一麟。字聖徵。江蘇常熟人。工畫花鳥，得馬元馭法。流傳署款紀年作品見於高宗乾隆十九（1754）年。（見虞山畫志、
中國畫家人名大辭典）

姚應龍

| 四時佳興圖（？幀） | 冊 | 絹 | 設色 | 不詳 | 乾隆甲戌（十九年 | 北京 中國歷史博物館 | |

名稱	形式	質地	色彩	尺寸 高x寬cm	創作時間	收藏處所	典藏號碼
					，1754）九日		

畫家小傳：姚應龍。畫史無載。流傳署款紀年作品見於高宗乾隆十九(1754)年。身世待考。

殷 烺

名稱	形式	質地	色彩	尺寸 高x寬cm	創作時間	收藏處所	典藏號碼
山莊消夏圖	軸	絹	設色	不詳	甲戌（？乾隆十九年，1754）秋八月	鎮江 江蘇省鎮江市博物館	

畫家小傳：殷烺。畫史無載。流傳署款作品紀年疑為高宗乾隆十九（1754）年。身世待考。

閻世求

名稱	形式	質地	色彩	尺寸 高x寬cm	創作時間	收藏處所	典藏號碼
花卉圖	軸	絹	設色	不詳	甲戌（乾隆十九年，1754）	無錫 江蘇省無錫市博物館	
花鳥圖	軸	絹	設色	89.1 x 58.1		義大利 巴馬中國藝術館	
蓮荷（清花卉畫冊四冊之11）	冊頁	紙	設色	不詳		台北 故宮博物院	故畫 03520-11

畫家小傳：閻世求。字非凡。號墨磨老人。江蘇揚州邵伯人。專工畫荷，出於寫生，渲染鉤勒，務極精緻。晚年趨於潑墨，用筆神
　　　速，頃刻可成百枝。（見清畫家詩史、揚州畫苑錄、廣陵詩事、中國美術家人名辭典）

閔 貞

名稱	形式	質地	色彩	尺寸 高x寬cm	創作時間	收藏處所	典藏號碼
青柯坪圖像（王宸、閔貞合作，為柯坪作）	卷	紙	設色	35 x 295	乾隆丁酉（四十二年，1777）長夏	廣州 廣州市美術館	
人物（吹爐火圖）	軸	紙	設色	37 x 52		台北 長流美術館	
三老圖	軸	紙	設色	95 x 53.5		台北 長流美術館	
山水圖	軸	紙	水墨	152.5 x 44.6	乾隆壬寅（四十七年，1782）夏五	香港 徐伯郊先生	
三羊圖	軸	紙	水墨	99.1 x 62.5		香港 徐伯郊先生	
貓圖	軸	紙	水墨	85.7 x 30.4		香港 私人	
錢陳群六十小像	軸	紙	設色	133.5 x 68	乾隆戊寅（二十三年，1758）清和月	旅順 遼寧省旅順博物館	
三羊圖	軸	紙	設色	不詳		錦州 遼寧省錦州市博物館	
摹徐渭盆菊圖	軸	紙	水墨	不詳	乾隆己未（四年，1739）秋	北京 故宮博物院	
嬰戲圖	軸	紙	水墨	88.1 x 112.6	乾隆辛卯（三十六年，1771）冬至二日	北京 故宮博物院	
家慶圖像（為曹慕堂作）	軸	紙	設色	不詳	己亥（乾隆四十四	北京 故宮博物院	

名稱	形式	質地	色彩	尺寸 高×寬cm	創作時間	收藏處所	典藏號碼
					年，1779) 中秋		
巴慰祖像	軸	紙	設色	103 × 31.5		北京 故宮博物院	
鐵拐李像	軸	紙	設色	不詳		北京 中國歷史博物館	
雙魚圖	軸	紙	水墨	140 × 84		北京 中央美術學院	
嬰戲圖	軸	紙	設色	不詳		北京 中央美術學院	
捉蟹圖	軸	紙	水墨	不詳		天津 天津市藝術博物館	
雙童圖	軸	紙	設色	不詳		天津 天津市藝術博物館	
竹石圖	軸	紙	水墨	107.1 × 57.1		天津 天津市歷史博物館	
指點江山圖	軸	紙	水墨	177.5 × 103	乾隆丙午（五十一年，1786) 秋七月	濟南 山東省博物館	
放鶴圖	軸	紙	水墨	130 × 59		濟南 山東省博物館	
醉翁圖	軸	紙	設色	不詳		濟南 山東省博物館	
仕女圖	軸	紙	水墨	109 × 54.2		鄭州 鄭州市博物館	
鍾馗像	軸	紙	設色	不詳		鄭州 鄭州市博物館	
瓶梅水仙圖	軸	紙	水墨	不詳	乾隆己丑（三十四年，1769)	合肥 安徽省博物館	
麻姑獻壽圖	軸	紙	水墨	不詳	乾隆癸巳（三十年，1773)	合肥 安徽省博物館	
三老圖	軸	紙	設色	173 × 106	乾隆乙未（四十年，1775)	歙縣 安徽省歙縣博物館	
米顛拜石圖	軸	紙	設色	不詳	丙申（乾隆四十一年，1776)	揚州 江蘇省揚州市博物館	
八子嬉戲圖	軸	紙	設色	不詳		揚州 江蘇省揚州市博物館	
松鶴圖	軸	紙	設色	不詳		揚州 江蘇省揚州市博物館	
劉海戲蟾圖	軸	紙	設色	不詳		揚州 江蘇省揚州市博物館	
山水圖	軸	紙	設色	137 × 78.1	乾隆壬寅（四十七年，1782)	徐州 江蘇省徐州市博物館	
雞冠花雄雞圖	軸	紙	水墨	不詳		南通 江蘇省南通博物苑	
放鶴圖	軸	紙	設色	不詳		南通 江蘇省南通博物苑	
簪花仕女圖	軸	紙	設色	52.8 × 23	乾隆癸巳（三十八年，1773) 孟春	上海 上海博物館	
紈扇仕女圖	軸	紙	水墨	113.8 × 45.9	巳亥（乾隆四十四	上海 上海博物館	

名稱	形式	質地	色彩	尺寸 高x寬cm	創作時間	收藏處所	典藏號碼
					年，1779）初夏		
採菊圖	軸	紙	水墨	不詳		上海 上海博物館	
達摩像	軸	紙	水墨	不詳		上海 上海博物館	
蕉石圖	軸	紙	水墨	252.6 x 129.2		南京 南京博物院	
三嬰戲環圖	軸	紙	設色	不詳		南京 南京博物院	
劉海戲蟾圖	軸	紙	設色	不詳		南京 南京博物院	
人物圖	軸	紙	設色	不詳		無錫 江蘇省無錫市博物館	
梅花仕女圖	軸	紙	水墨	152.1 x 82.1		蘇州 江蘇省蘇州博物館	
採桑圖	軸	紙	水墨	162 x 45.5		杭州 浙江美術學院	
醉八仙圖	軸	紙	設色	不詳		杭州 浙江美術學院	
採桑圖	軸	絹	設色	72 x 22		杭州 浙江省杭州市文物考古所	
黑白雙貓圖	軸	紙	水墨	117 x 46.1		溫州 浙江省溫州博物館	
蘇武牧羊圖	軸	紙	設色	不詳		溫州 浙江省溫州博物館	
鍾馗圖	軸	紙	設色	108 x 46.5	己亥（乾隆四十四年，1779) 蒲節	成都 四川大學	
八仙圖	軸	紙	設色	116 x 71		成都 四川大學	
壽星圖	軸	紙	設色	不詳		成都 四川美術學院	
倚石圖	軸	紙	水墨	77.6 x 48.5		重慶 重慶市博物館	
人物圖	軸	紙	水土	77 x 53		廣州 廣東省博物館	
拐仙圖	軸	紙	水墨	81.7 x 31.5		廣州 廣東省博物館	
貓蝶圖	軸	紙	設色	131.5 x 54.5		廣州 廣州市美術館	
劉海戲蟾圖	軸	紙	設色	不詳		廣州 廣州市美術館	
貓蝶圖	軸	紙	水墨	61.5 x 29.2		南寧 廣西壯族自治區博物館	
太白醉酒圖	軸	紙	設色	122.5 x 69.2	乾隆辛卯（三十六年，1771）秋秒	藏處不詳	
歲寒清供圖	軸	紙	設色	不詳		日本 東京仁井田禮子先生	
荷花翠鳥圖	軸	紙	設色	119.8 x 34.1	丙寅（乾隆十一年，1746)）秋日	日本 東京柳孝藏先生	

名稱	形式	質地	色彩	尺寸 高×寬cm	創作時間	收藏處所	典藏號碼
鍾馗圖	軸	紙	設色	不詳		日本 京都藤井善助先生	
蝦蟆仙人圖	軸	紙	設色	133.2 × 70.2		日本 私人	
倦讀圖	軸	紙	水墨	142.4 × 43.9	己卯（乾隆二十四年，1759））十月廿三日	美國 普林斯頓大學藝術館	71-5
人物圖	軸	紙	設色	123.5 × 52.7		英國 倫敦大英博物館	1910.2.12.540（ADD322）
賣魚婦人圖	軸	紙	設色	162.5 × 79.4	壬寅（乾隆四十七年，1782））孟夏	英國 倫敦大英博物館	1910.2.12.556（ADD323）
枇杷百合圖	軸	紙	設色	94.9 × 31.8	乾隆甲子（九年，1744）天中	英國 倫敦大英博物館	1958.12.13.02（ADD296）
秉獅觀音圖	軸	藍箋	泥金	不詳		德國 柏林民俗博物館	1.D.37817
人物圖	軸	紙	水墨	205.8 × 95.9		義大利 巴馬中國藝術博物館	
藤花圖	摺扇面	紙	設色	15.2 × 48.6		北京 故宮博物院	
花卉圖（4幀）	冊	紙	水墨	（每幀）17.6 × 25.7		北京 首都博物館	
蘭竹石圖（11幀）	冊	紙	水墨	（每幀）23.3 × 28.5		天津 天津市藝術博物館	
洛神圖	摺扇面	紙	水墨	不詳		合肥 安徽省博物館	
花卉圖（廣陵十家集畫冊10之第8幀）	冊頁	紙	設色	26.2 × 18.3		上海 上海博物館	
茄子圖（鄭燮等雜畫冊12之第9幀）	冊頁	紙	設色	30.3 × 25		上海 上海博物館	
墨竹圖（鄭燮等花卉冊13之第11幀）	冊頁	紙	設色	23.7 × 31.3		上海 上海博物館	
蘭竹圖（12幀）	冊	紙	水墨	（每幀）26.6 × 35.2		貴陽 貴州省博物館	
附：							
八仙圖	軸	紙	設色	不詳		北京 北京市工藝品進出口公司	
梅花仕女圖	軸	紙	水墨	不詳		揚州 揚州市文物商店	
瓶梅水仙圖	軸	紙	水墨	124 × 56	乾隆己丑（三十四	上海 朵雲軒	

名稱	形式	質地	色彩	尺寸 高×寬㎝	創作時間	收藏處所	典藏號碼
					年，1769) 嘉平月		
梅花仕女圖	軸	紙	水墨	77 × 36	壬寅（乾隆四十七年，1782）夏五月	上海 朵雲軒	
貓石牡丹圖	軸	紙	水墨	不詳	乾隆丙午（五十一年，1786）	上海 朵雲軒	
二仙圖	軸	紙	設色	不詳		上海 朵雲軒	
王羲之換鵝圖	軸	紙	設色	不詳		上海 朵雲軒	
醉鍾馗圖	軸	紙	設色	不詳		上海 朵雲軒	
撫松圖	軸	紙	水墨	不詳		上海 上海文物商店	
高士賞梅圖	軸	紙	設色	90.8 × 41.2		紐約 佳士得藝品拍賣公司/拍賣目錄 1987,06,03.	
貓圖	軸	紙	水墨	85.8 × 30.2		紐約 蘇富比藝品拍賣公司/拍賣目錄 1988,06,01.	
盲人圖	軸	紙	水墨	56.5 × 30		紐約 佳士得藝品拍賣公司/拍賣目錄 1989,12,04.	
竹石圖	軸	紙	水墨	120 × 53.5		香港 佳士得藝品拍賣公司/拍賣目錄 1991,03,18.	
微雨歸途	軸	紙	水墨	140.4 × 33		紐約 佳士得藝品拍賣公司/拍賣目錄 1992,12,02.	
煉丹圖	軸	紙	設色	163.8 × 89.5		紐約 佳士得藝品拍賣公司/拍賣目錄 1997,09,19.	
竹石圖	軸	紙	水墨	94.6 × 33.6		香港 佳士得藝品拍賣公司/拍賣目錄 1998,09,15.	
雜畫（8幀）	冊	紙	水墨	（每幀）26 × 22		上海 朵雲軒	
為紫笠山人畫冊（12幀）	冊	紙	水墨	（每幀）28.6 × 18.4	戊申（乾隆五十三年，1788）六月六日	紐約 蘇富比藝品拍賣公司/拍賣目錄 1985,06,03.	
蘭石（清揚州名家花果冊8之第8幀）	冊頁	紙	設色	不詳		香港 蘇富比藝品拍賣公司/拍賣目錄 1999,10,31.	

畫家小傳：閔貞。字正齋。江西人，僑寓漢口。生於世宗雍正八（1730）年，高宗乾隆五十三（1788）年尚在世。善畫山水，氣勢沈雄；又工寫意人物、花鳥，兼能寫照。筆墨超逸，不拘常蹊。為「揚州八怪」之一。（見墨香居畫識、桐陰論畫、墨林今話、書畫閒評、中國畫家人名大辭典）

王文治

名稱	形式	質地	色彩	尺寸 高×寬 cm	創作時間	收藏處所	典藏號碼
柳燕圖	軸	紙	設色	69.1 × 32.3	癸卯（乾隆四十八年，1783）	南京 南京博物院	
梅花圖（為賓谷先生作）	軸	紙	設色	129 × 31	甲辰（乾隆四十九年，1784）秋八月	昆山 崑崙堂美術館	
芍藥圖	軸	紙	設色	不詳		杭州 浙江美術學院	
梅花圖	軸	紙	設色	90.9 × 27.3	辛亥（乾隆五十六年，1791）春日	日本 東京篠崎都香佐先生	

畫家小傳：王文治。字禹卿。號夢樓。江蘇丹徒人。生於世宗雍正八（1730）年，卒於仁宗嘉慶七（1802）年。乾隆廿五年進士。累官至雲南臨安知府。工書法，善詩，精音律。兼寫墨梅，清超拔俗，世人罕知。（見桐陰論畫、墨林今話、海上墨林、中國畫家人名大辭典）

畢 沅
附：

蔬果（8幀）	冊	紙	設色	（每幀）27 × 20.5		紐約 佳士得藝品拍賣公司/拍 賣目錄 1992.06.02.	

畫家小傳：畢沅。字纕蘅、秋帆。自號靈巖山人。鎮洋人。生於世宗雍正八（1730）年。卒於仁宗嘉慶二（1797）年。乾隆進士。家富收藏，嗜書畫，喜著述，博綜金石考證，間亦染翰，士氣盎然。（見清畫錄、中國畫家人名大辭典）

宋思仁

仿吳鎮作清芬自怡圖	卷	紙	水墨	23 × 384.5	嘉慶五年，庚申（1800）	南寧 廣西壯族自治區博物館	
百齡圖（清思上篤等五十二人合作）	卷	紙	水墨、設色	不詳	六十八叟（嘉慶二年，丁巳，1797）	日本 中埜又左衛門先生	

畫家小傳：宋思仁。字藹若。號汝和。江蘇長洲人。生於世宗雍正八（1730）年，卒於仁宗嘉慶十二（1807）年。能詩、善奕，好鑒古，精篆刻。工畫山水、花果，尤長寫蘭，作品以荒率勝人，品在明陳淳、徐渭之間。（見耕硯田齋筆記、墨林今話、蘇州府志、中國畫家人名大辭典）

呂元勳
附：

宮中行樂圖	卷	紙	設色	44.5 × 686	乾隆乙亥（二十年，1755）	紐約 佳士得藝品拍賣公司/拍 賣目錄 1993.06.04	

畫家小傳：呂元勳。字象周。福建浦城人。善畫仙佛，尤工傳神。流傳署款紀年作品見於高宗乾隆二十(1755)年。（見福建畫人傳、中國美術家人名辭典）

陳 鑌

名稱	形式	質地	色彩	尺寸 高x寬cm	創作時間	收藏處所	典藏號碼
花卉圖（10幀）	冊	紙	設色	不詳	乾隆乙亥（二十年，1755）	瀋陽 遼寧省博物館	
山水圖（清韓璧等山水人物冊5之1幀）	冊頁	紙	設危	不詳		泰州 江蘇省泰州市博物館	

畫家小傳：陳　鑌（一作璸）。江蘇吳縣人。陳均從子。工詩文。承家學，善書畫，長於寫生，著色花卉尤妙。流傳署款紀年作品見於高宗乾隆二十(1755)年。(見耕硯田齋筆記、中國畫家人名大辭典)

廷 楷

名稱	形式	質地	色彩	尺寸 高x寬cm	創作時間	收藏處所	典藏號碼
山水圖（清韓璧等山水人物冊5之1幀）	冊頁	紙	設危	不詳		泰州 江蘇省泰州市博物館	

畫家小傳：廷楷。畫史無載。身世待考。

薛 澱

名稱	形式	質地	色彩	尺寸 高x寬cm	創作時間	收藏處所	典藏號碼
秋溪蕭寺圖	軸	紙	設色	不詳	乙亥（乾隆二十年，1755)	瀋陽 遼寧省博物館	

畫家小傳：薛澱。畫史無載。流傳署款紀年作品見於高宗乾隆二十(1755)年。身世待考。

欽 照

名稱	形式	質地	色彩	尺寸 高x寬cm	創作時間	收藏處所	典藏號碼
雙鹿圖	軸	絹	設色	183.5 × 97	乾隆乙亥（二十年，1755)	瀋陽 遼寧省博物館	

畫家小傳：欽照。畫史無載。流傳署款紀年作品見於高宗乾隆二十(1755)年。身世待考。

周 璘

名稱	形式	質地	色彩	尺寸 高x寬cm	創作時間	收藏處所	典藏號碼
竹溪垂綸圖	卷	絹	設色	不詳	乾隆乙亥（二十年，1755)	杭州 浙江省博物館	
雞圖（吳歷等花竹禽魚圖冊12之1幀）	冊頁	紙	設色	26.2 × 23.8		上海 上海博物館	

畫家小傳：周璘。字子珉。長興人。工書及篆刻。間亦作畫，尤以畫蟹出名，推重者稱，箬溪許蟹而後，惟子珉先生可以繼席。流傳署款紀年作品見於高宗乾隆二十(1755)年。(見泉園隨筆、中國畫家人名大辭典)

叔 泰

名稱	形式	質地	色彩	尺寸 高x寬cm	創作時間	收藏處所	典藏號碼
山水圖（清陳懷等雜畫冊11之1幀）	冊頁	綾	設色	不詳		廣州 廣東市美術館	

畫家小傳：叔泰。畫史無載。身世待考。

名稱	形式	質地	色彩	尺寸 高x寬cm	創作時間	收藏處所	典藏號碼

潘 澗

山水圖（清陳懷等雜畫冊 11 冊頁　綾　設色　不詳　　　　　　　　　　　廣州 廣東市美術館
之 1 幀）

畫家小傳：潘澗。畫史無載。身世待考。

陳百川

山水圖（清陳懷等雜畫冊 11 冊頁　綾　設色　不詳　　　　　　　　　　　廣州 廣東市美術館
之 1 幀）

畫家小傳：陳百川。畫史無載。身世待考。

卜 奇

山水圖（清陳懷等雜畫冊 11 冊頁　綾　設色　不詳　　　　　　　　　　　廣州 廣東市美術館
之 1 幀）

畫家小傳：卜奇。畫史無載。身世待考。

竹 莊

山水圖（清陳懷等雜畫冊 11 冊頁　綾　設色　不詳　　　　　　　　　　　廣州 廣東市美術館
之 1 幀）

畫家小傳：竹莊。畫史無載。身世待考。

卜象垣

山水圖（清陳懷等雜畫冊 11 冊頁　綾　設色　不詳　　　　　　　　　　　廣州 廣東市美術館
之 1 幀）

畫家小傳：卜象垣。畫史無載。身世待考。

羅存理

附：

秋林讀易圖）　　　　　　軸　紙　設色　127 x 38.7　乾隆二十年，乙亥　紐約 蘇富比藝品拍賣公司/拍
　　　　　　　　　　　　　　　　　　　　　　　　（1755）夏六月　　　賣目錄 1988,06,01.

畫家小傳：羅存理。畫史無載。流傳署款作品紀年疑為高宗乾隆二十（1755）年。身世待考。

謝 畿

山水圖（清蔡嘉等山水冊 12 冊頁　紙　設色　不詳　　　　　　　　　　　天津 天津市藝術博物館
之 1 幀）

名稱	形式	質地	色彩	尺寸 高×寬㎝	創作時間	收藏處所	典藏號碼
花卉圖（？幀）	冊	絹	設色	不詳	丙子（？乾隆二十一年，1756）	北京 故宮博物院	

畫家小傳：謝畿。畫史無載。流傳署款作品紀年疑為高宗乾隆二十一（1756）年。身世待考。

馮洽

名稱	形式	質地	色彩	尺寸 高×寬㎝	創作時間	收藏處所	典藏號碼
青谿高士圖	卷	紙	水墨	不詳	戊辰（嘉慶十三年，1808）	天津 天津市藝術博物館	
歲寒三友圖	卷	紙	設色	不詳	庚午（嘉慶十五年，1810）嘉平朔日	南京 南京博物院	
臨沈周溪亭尋詩圖	軸	紙	設色	不詳	乙卯（乾隆六十年，1795）冬日	北京 故宮博物院	
雨耕圖	軸	紙	水墨	不詳	戊辰（嘉慶十三年，1808）五月	北京 首都博物館	
江天風景圖	軸	紙	設色	不詳	辛酉（嘉慶六年，1801）	杭州 浙江省博物館	
松雲流憩圖	軸	紙	設色	不詳	時年八十三，癸酉（嘉慶十八年，1813）	杭州 浙江省博物館	
仿北苑夏山圖（為墨樵作）	軸	紙	設色	不詳	丁卯（嘉慶十二年，1807）重陽日	杭州 浙江美術學院	
孤鶴瀑布	軸	紙	設色	35.1 × 19.1	年已八十（嘉慶十五年，庚午，1810）	日本 東京河井荃盧先生	
仿項聖謨松石圖	摺扇面	紙	設色	15.6 × 48.2		香港 劉作籌虛白齋	155
山水圖（為壽平作）	摺扇面	紙	設色	不詳	辛未（嘉慶十六年，1811）重九日	北京 故宮博物院	
附：							
春江放鴨圖	軸	紙	設色	不詳	辛巳（乾隆二十六年，1761）	蘇州 蘇州市文物商店	
山水圖（為二如作）	冊頁	紙	設色	不詳	庚午（嘉慶十五年，1810）春仲	北京 中國文物商店總店	
山水圖（8幀）	冊	紙	設色	不詳		上海 朵雲軒	
山水圖（10幀）	冊	紙	水墨	（每幀）25.4 × 28		紐約 佳士得藝品拍賣公司/拍賣目錄 1992,12,02.	

名稱	形式	質地	色彩	尺寸 高×寬㎝	創作時間	收藏處所	典藏號碼

畫家小傳：馮浩。號秋鶴。浙江秀水人。生於世宗雍正九（1731）年，卒於仁宗嘉慶二十四（1819）年。能承繼祖父馮景夏、父伯陽業，工畫山水，宗法宋元諸；兼寫松石、花卉。（見墨香居畫識、墨林今話、中國畫家人名大辭典）

馮 寧

名稱	形式	質地	色彩	尺寸 高×寬㎝	創作時間	收藏處所	典藏號碼
人物	卷	紙	設色	24.5 × 99.8		台北 故宮博物院	故畫 01736
仿宋院本金陵圖	卷	紙	設色	不詳	甲寅（乾隆五十九年，1794）十一月	北京 故宮博物院	
二仙圖	軸	紙	設色	173.5 × 68.9		台北 故宮博物院	中畫 00117
桃園圖	軸	絹	設色	不詳		北京 首都博物館	
四時山水（4幀）	冊	紙	設色	不詳		台北 故宮博物院	故畫 03398
撫序延清（8幀）	冊	紙	設色	不詳		台北 故宮博物院	故畫 03399
賞叶瑤精（？幀）	冊	紙	設色	不詳		台北 故宮博物院	故畫 03400
翊琛貌俊（？幀）	冊	紙	設色	不詳		台北 故宮博物院	故畫 03401
九成宮圖（馮寧、蔣懋德畫九成宮圖冊之1）	冊頁	紙	設色	不詳		台北 故宮博物院	故畫 03426-1
待漏圖	摺扇面	紙	設色	19.1 × 55.7		北京 故宮博物院	
仿古山水圖（12幀）	冊	紙	設色	（每幀）29.5 × 32.2	丙子（乾隆二十一年，1756）	天津 天津市藝術博物館	

畫家小傳：馮寧。籍里、身世不詳。乾隆朝供奉畫院，工畫人物。流傳署款紀年作品見於高宗乾隆二十一（1756）至五十九（1794）年。（見國朝畫院錄、中國畫家人名大辭典）

沈宗騫

名稱	形式	質地	色彩	尺寸 高×寬㎝	創作時間	收藏處所	典藏號碼
松山古寺圖	卷	紙	水墨	不詳	乾隆甲寅（五十九年，1794）	瀋陽 故宮博物院	
竹軒行樂圖	卷	絹	設色	35 × 120	乾隆丙戌（三十一年，1766）	瀋陽 遼寧省博物館	
西塞山莊（為壽泉作，第2圖）	卷	紙	水墨	26.7 × 281.9	庚子（乾隆四十五年，1780）十月	旅順 遼寧省旅順博物館	
孫瑤圃長江萬里圖像	卷	紙	設色	不詳	乾隆癸巳（三十八年，1773）夏五	北京 故宮博物院	
石門觀瀑圖	卷	紙	水墨	37 × 137.6	乾隆己丑（三十四年，1769）冬十月	北京 中國歷史博物館	
苗民嫁娶圖	卷	卷	設色	29.3 × 210	乾隆戊寅（二十三	石家莊 河北省博物館	

名稱	形式	質地	色彩	尺寸 高x寬㎝	創作時間	收藏處所	典藏號碼
					年，1758）		
深柳讀書堂圖（為益堂作）	卷	紙	設色	不詳	乾隆戊戌（四十三年，1778）秋八月	南京 南京博物院	
源頭活水圖	卷	絹	設色	29.2 x 38	戊寅（乾隆二十三年，1758）正月	蘇州 江蘇省蘇州博物館	
水墨出水	軸	紙	水墨	不詳		台北 故宮博物院（蘭千山館寄存）	
千巖重岡圖	軸	紙	水墨	140 x 77.3	乾隆己亥（四十四年，1779）春二月	台北 長流美術館	
仕女圖	軸	絹	設色	97.5 x 42.5		台北 清玩雅集	
洛神圖像	軸	絹	設色	不詳	乾隆庚寅（三十五年，1770）清和	北京 故宮博物院	
琵琶行詩意圖	軸	紙	水墨	93.5 x 36.3	乙巳（乾隆五十年，1785）	天津 天津市歷史博物館	
為陳焯作山水圖	軸	紙	水墨	82 x 31.6	乾隆辛卯（三十六年，1771）	濟南 山東省博物館	
竹林聽泉圖	軸	紙	設色	不詳	乾隆辛卯（三十六年，1771）	上海 上海博物館	
中庭步月圖	軸	紙	設色	不詳	乾隆庚寅（三十五年，1770）九月十二日	南京 南京博物院	
東坡夜遊承天寺圖	軸	紙	水墨	89.3 x 34.5	乾隆三十五年（庚寅，1770）	南京 南京博物院	
山市晴嵐圖	軸	紙	水墨	不詳	丙午（乾隆五十一年，1786）	南京 南京博物院	
山房清坐圖	軸	紙	設色	123.5 x 60.3		南京 南京博物院	
京江送遠圖	軸	絹	設色	不詳	乾隆庚辰（二十五年，1760）冬月	南京 南京市博物館	
泉聲嵐影圖	軸	紙	設色	不詳	戊申（乾隆五十三年，1788）春二月	杭州 浙江省博物館	
洛神圖	軸	紙	設色	不詳		杭州 浙江省博物館	
溪橋閑步圖	軸	紙	水墨	113.5 x 59	乾隆乙卯（六十年，1795）	杭州 浙江省圖書館	
泉聲嵐影圖	軸	紙	水墨	176 x 67	戊申（乾隆五十三年，1788）	湖州 浙江省湖州市博物館	

名稱	形式	質地	色彩	尺寸 高×寬㎝	創作時間	收藏處所	典藏號碼
捫蝨圖	軸	紙	水墨	195 × 92	乾隆戊申（五十三年，1788）	廣州　廣東省博物館	
城南山色圖	軸	紙	水墨	145.5 × 63	己亥（乾隆四十四年，1779）夏五	廣州　廣州市美術館	
山水圖	軸	紙	水墨	139.1 × 47.6		日本　東京河井荃廬先生	
山水圖	軸	紙	水墨	112.4 × 47	壬寅（乾隆三十九年，1772）夏五	日本　東京內野皎亭先生	
人物圖（蕭翼賺蘭亭）	軸	絹	設色	53.6 × 28.5		日本　京都圓山淳一先生	
人物圖（淵明受粟）	軸	絹	設色	53.6 × 28.5		日本　京都圓山淳一先生	
人物圖（孟母三遷）	軸	絹	設色	53.6 × 28.5		日本　京都圓山淳一先生	
人物圖（草廬三顧）	軸	絹	設色	53.6 × 28.5		日本　京都圓山淳一先生	
謝家池館圖	軸	絹	設色	173.6 × 88.8	丙午（乾隆五十一年，1786）長至	日本　京都桑名鐵城先生	
仿大癡筆意山水圖	軸	紙	設色	174 × 88	乾隆癸丑（五十八年，1793）清和月	日本　京都貝塚茂樹先生	
法九龍山人山水圖	軸	紙	水墨	123 × 45.3	甲辰（乾隆四十九年，1784）春二月	日本　大阪市立美術館	
山水圖（3幅）	軸	紙	設色	135.1 × 63.5		日本　大阪橋本大乙先生	
仿倪雲林筆意山水（為樂郊詞長作）	軸	紙	水墨	66 × 29		日本　大阪橋本大乙先生	
謝家池館圖	軸	絹	水墨	172.8 × 88.8	丙午（乾隆五十一年，1786）長至	日本　奈良大和文華堂	
仿唐寅維摩說法圖	軸	絹	水墨	136.6 × 63.8		日本　私人	
山水圖	軸	紙	水墨	84.8 × 31.1		日本　私人	
枯木竹石圖	軸	紙	水墨	95.4 × 42.4		日本　私人	
歸去來辭圖（16幀）	冊	絹	設色	不詳	甲辰（乾隆四十九年，1784）夏五月	北京　故宮博物院	
仕女圖（12幀）	冊	紙	水墨	不詳	乙亥（乾隆四十四年，1779）	天津　天津市歷史博物館	
山水圖（沈宗騫、董邦達、畢	冊頁	紙	水墨	不詳		天津　天津市歷史博物館	

名稱	形式	質地	色彩	尺寸 高x寬cm	創作時間	收藏處所	典藏號碼
瀧山水冊 10 之 3 幀）							
山水圖（8 幀）	冊	紙	水墨	不詳	乙丑（嘉慶十年，1805）	上海 中國美術家協會上海分會	
仿古山水圖（12 幀）	冊	紙	設色	（每幀）18.6 x 25.4	乾隆戊子（三十三年，1768）秋七月	南京 南京博物院	
山水圖（24 幀）	冊	紙	水墨	（每幀）25 x 18	戊子（乾隆三十三年，1768）夏五	常熟 江蘇省常熟市文物管理委員會	
山水圖（12 幀）	冊	紙	水墨	（每幀）20.6 x 15.7	甲辰（乾隆四十九年，1784）冬十月	日本 東京細川護貞先生	
附：							
名山讀書圖	軸	紙	水墨	132 x 55	乾隆庚寅（三十五年，1770）	上海 朵雲軒	
賞菊圖	軸	紙	設色	不詳	乾隆丙子（二十一年，1756）	上海 上海文物商店	
獨聽寒鴉圖	軸	紙	水墨	96.5 x 45.7	壬申（嘉慶十七年，1812）重九	香港 蘇富比藝品拍賣公司/拍賣目錄 1984,11,11.	
山水圖	軸	紙	水墨	145 x 77.3	乾隆己亥（四十四年，1779）春三月	紐約 蘇富比藝品拍賣公司/拍賣目錄 1985,06,03.	
洛神賦圖并書	軸	紙	水墨	90.8 x 33.6	乾隆乙巳（五十年，1785）春	紐約 蘇富比藝品拍賣公司/拍賣目錄 1986,12,04.	
仿王蒙山水圖	軸	紙	水墨	46.5 x 31.5		紐約 佳士得藝品拍賣公司/拍賣目錄 1989,12,04.	
山水圖	軸	紙	水墨	110.5 x 47.6	乾隆癸丑（五十八年，1793）	紐約 佳士得藝品拍賣公司/拍賣目錄 1995,09,19.	
洛神圖	軸	紙	設色	94 x 34	乾隆三十有三年（戊子，1768）孟冬之月	紐約 佳士得藝品拍賣公司/拍賣目錄 1996,09,18.	
人物圖（？幀）	冊	紙	設色	不詳	乾隆甲午（三十九年，1774）	北京 北京市工藝品進出口公司	

畫家小傳：沈宗騫。字熙遠。號芥舟、研灣老圃。浙江烏程人。工書畫。畫山水、人物、傳神，無不精妙。並長畫論，有芥舟學畫行世。流傳署款紀年作品見於高宗乾隆二十（1756）年，至仁宗嘉慶十七（1812）年。（見墨香居畫識、墨林今話、中國畫家人名大辭典）

何 藩

名稱	形式	質地	色彩	尺寸 高×寬㎝	創作時間	收藏處所	典藏號碼
雜畫（12幀，牟義、何藩合裝）	冊	絹	設色	不詳	丙子（乾隆二十一年，1756）	天津 天津市藝術博物館	

畫家小傳：何藩。畫史無載。流傳署款作品約見於高宗乾隆二十一（1756）年。身世待考。

王 岡

三仙圖	軸	絹	設色	不詳		北京 故宮博物院	
花鳥圖	軸	紙	設色	不詳	乾隆二十一年丙子（1756）	上海 上海博物館	
芭蕉竹石圖	軸	紙	設色	不詳		南京 南京博物院	
花鳥圖（12幅）	軸	絹	設色	不詳		衢州 浙江省衢州市博物館	
三教圖	軸	絹	設色	121.5 × 96.8		美國 普林斯頓大學藝術館	46-142

畫家小傳：王岡。字南石。號旅雲山人。江蘇南匯人。工畫花卉、人物，並善寫照，初學新安黃仙源，後能出己意；亦善山水畫，曾為客董邦達家，凡畫院供奉之作，多出其代筆。流傳署款紀年作品見於高宗乾隆二十一（1756）年。（見墨香居畫識、墨林今話、海上墨林、中國畫家人名大辭典）

施 原

騎驢圖	軸	紙	設色	116.5 × 60	甲午（乾隆三十九，1774）	瑞典 斯德哥爾摩遠東古物館	NMOK310
策蹇圖（？幀）	冊	紙	設色	不詳	庚寅（乾隆三十五年，1770）秋月	北京 中國美術館	
寫驢圖（？幀）	冊	紙	設色	不詳	甲午（乾隆三十九年，1774）立春	南寧 廣西壯族自治區博物館	
驢背尋詩圖	冊頁	紙	水墨	28.7 × 57		日本 私人	
附：							
行旅圖（為玉翁作）	軸	紙	設色	不詳	丙子（乾隆二十一年，（1756）仲冬	上海 上海文物商店	
秋溪行旅圖	軸	絹	設色	不詳	丙子（乾隆二十一年，1756）	上海 上海文物商店	

畫家小傳：施原。字民牧。江蘇揚州人。工畫山水；好蓄驢，故而畫驢，成神品，人呼「施驢兒」。流傳署款紀年作品見於高宗乾隆二十一（1756）至三十九（1774）年。（見揚州畫舫錄、清畫家詩史、中國畫家人名大辭典）

崔蘅湘

仕女圖	軸	絹	設色	不詳	乾隆二十一年（丙子，1756）夏日	北京 故宮博物院	

名稱	形式	質地	色彩	尺寸 高x寬cm	創作時間	收藏處所	典藏號碼

畫家小傳：崔蘅湘。字嶽麓。三韓（今內蒙古喀剌沁旗）人。崔鏵之子。能繼父藝。工書，善畫，皆極雅秀。流傳署款紀年作品見於
　　　　高宗乾隆二十一(1756)年。（見讀畫輯略、中國美術家人名辭典）

許 謙

| 寫澹園三多餘慶圖像 | 軸 | 紙 | 設色 | 不詳 | 乾隆丙子（二十一
年，1756）冬日 | 北京 故宮博物院 | |

畫家小傳：許謙。字在亭。江蘇婁縣人。為張鶉弟子。工寫真，兼善花卉。流傳署款紀年作品見於高宗乾隆二十一(1756)年。（見婁
　　　　縣志、中國畫家人名大辭典）

楊 法

| 寫生花卉圖（8幀） | 冊 | 紙 | 水墨 | 不詳 | 乾隆丙子（二十一
年，1756）冬日 | 北京 故宮博物院 | |

畫家小傳：楊法。畫史無載。流傳署款紀年作品見於高宗乾隆二十一(1756)年。身世待考。

趙成穆

| 指畫柳蔭騎驢圖 | 軸 | 絹 | 設色 | 165.4 x 32.3 | 丙子（乾隆二十一
年，1756） | 石家莊 河北省博物館 | |

畫家小傳：趙成穆。字敬儀。號鹿坪。江蘇吳人。為高其佩弟子。指畫人物、花卉、雨山，頗窮其技。流傳署款紀年作品見於高宗
　　　　乾隆二十一(1756)年。（見國朝畫徵錄、歷代畫史彙傳、中華畫人室隨筆、中國畫家人名大辭典）

周 拔

竹石圖	軸	紙	水墨	不詳	丙子（乾隆二十一 年，1756）	太原 山西省博物館	
竹雀圖	軸	紙	設色	不詳		合肥 安徽省博物館	
清泉竹石圖	軸	紙	水墨	不詳		黃山 安徽省黃山市博物館	
雪滿山林圖	軸	紙	設色	不詳		南通 江蘇省南通博物苑	
竹石圖	軸	紙	水墨	不詳		南京 南京博物院	

畫家小傳：周拔。字清漢。號挺生。江蘇通州人。善畫，寫蘭法元鄭所南，畫竹師北宋蘇東坡，皆能深造自得，另寫梅菊亦佳。流傳
　　　　署款紀年作品見於高宗乾隆二十一(1756)年。（見墨香居畫識、中國畫家人名大辭典）

賀師誠

附：

| 臨百蝶圖 | 卷 | 綾 | 設色 | 不詳 | 丙子（？乾隆二十
一年，1756） | 上海 朵雲軒 | |

名稱	形式	質地	色彩	尺寸 高x寬㎝	創作時間	收藏處所	典藏號碼

畫家小傳：賀師誠。畫史無載。流傳署款作品紀年疑為高宗乾隆二十一(1756)年。身世待考。

龔玻

名稱	形式	質地	色彩	尺寸 高x寬㎝	創作時間	收藏處所	典藏號碼
山水圖	摺扇面 金箋		設色	15.1 x 46	丙子（？乾隆二十一年，1756）冬日	德國 科隆東亞藝術博物館	A55.11

畫家小傳：龔玻。畫史無載。流傳署款作品紀年疑似高宗乾隆二十一（1756）年。身世待考。

畢涵

名稱	形式	質地	色彩	尺寸 高x寬㎝	創作時間	收藏處所	典藏號碼
仿石谷山水圖（為炳若作）	卷	紙	設色	不詳	己亥（乾隆四十四年，1779）春日	瀋陽 遼寧省博物館	
仿黃公望山水圖	卷	紙	設色	不詳	戊寅（乾隆二十三年，1758）仲春	北京 故宮博物院	
臨沈周山水圖	卷	紙	水墨	33.5 x 295	己酉（乾隆五十四年，1789）秋仲	重慶 重慶市博物館	
臨王翬山水圖（為漆初作）	卷	紙	水墨	29.5 x 373.2	辛亥（乾隆五十六年，1791）十月	廣州 廣東省博物館	
詩龕圖（七家詩龕圖合卷之1段）	卷	紙	設色	27.3 x 33.3		日本 東京高島菊次郎先生	
陰巖飛瀑圖（擬陳惟允法）	軸	綾	設色	288.7x136.8	乙丑（嘉慶十年，1805）二月	台北 國泰美術館	
溪山訪友圖	軸	紙	設色	不詳		長春 吉林省博物館	
仿王原祁山水圖	軸	紙	設色	不詳	丙辰（嘉慶元年，1796）仲秋	北京 故宮博物院	
仿王原祁山水圖	軸	紙	水墨	125.1 x 50.4		天津 天津市藝術博物館	
溪碓圖	軸	紙	設色	130.5 x 48.5		天津 天津市藝術博物館	
秋山古木圖	軸	紙	水墨	96.2 x 42.7		天津 天津市歷史博物館	
浮巒暖翠圖	軸	紙	設色	98 x 30	戊申（乾隆五十三年，1788）	太原 山西省博物館	
林亭秋晚圖	軸	紙	水墨	157.1 x 47.3		南京 南京博物院	
疏林平遠圖（擬徐幼文意）	軸	紙	設色	121.8 x 32.1	戊午（嘉慶三年，1798）秋仲	日本 東京河井荃廬先生	

名稱	形式	質地	色彩	尺寸 高×寬㎝	創作時間	收藏處所	典藏號碼
仿大癡富春大嶺一角圖（為學愚作）	摺扇面	紙	水墨	17.3 × 51.5	乙丑（嘉慶十年，1805）秋仲	台北 故宮博物院（蘭千山館寄存）	
臨卜文瑜山水圖	冊頁	紙	設色	26.9 × 35.6		台南 石允文先生	
仿古山水圖（12幀）	冊	紙	設色	（每幀）27.3 × 38	戊午（嘉慶三年，1798）小春	北京 首都博物館	
山水圖（8幀）	冊	紙	水墨	（每幀）44.5 × 30	辛亥（乾隆五十六年，1791）	天津 天津市藝術博物館	
山水圖（8幀）	冊	紙	設色	不詳		天津 天津市藝術博物館	
仿古山水圖（10幀）	冊	紙	設色	不詳	己巳（嘉慶十四年，18.9）	無錫 江蘇省無錫市博物館	
仿倪瓚山水圖	摺扇面	粉箋	水墨	不詳		長沙 湖南省博物館	
附：							
松蔭懸瀑圖	軸	紙	水墨	不詳		上海 朵雲軒	
山水圖	軸	紙	水墨	116.2 × 38.3	嘉慶丁卯（十二年，1807）中秋後三日	紐約 蘇富比藝品拍賣公司/拍賣目錄 1987,12,08.	
仿南田筆意山水圖	摺扇面	紙	水墨	16.5 × 51.4		紐約 蘇富比藝品拍賣公司/拍賣目錄 1981,11,05.	
仿古山水圖（8幀）	冊	紙	水墨	（每幀）22.8 × 15.5		紐約 佳士得藝品拍賣公司/拍賣目錄 1992,12,02.	

畫家小傳：畢涵。字有涵。號焦麓、止庵道人、萊竹居士等。江蘇陽湖人。生於世宗雍正十（1732）年，卒於仁宗嘉慶十二（1807）年。善畫山水，遠宗古法，近師惲格，晚年清曠有致。曾入館禮親王府。（見墨香居畫識、桐陰論畫、墨林今話、中國畫家人名大辭典）

尤 蔭

名稱	形式	質地	色彩	尺寸 高×寬㎝	創作時間	收藏處所	典藏號碼
蘭花竹石圖	軸	絹	水墨	109.5 × 33.3	癸丑（乾隆五十八年，1793）秋八月	瀋陽 遼寧省博物館	
種梅圖	軸	紙	設色	不詳	癸未（乾隆二十八年，1763）	北京 中央工藝美術學院	
仿高克恭山水圖	軸	紙	水墨	不詳	乾隆甲寅（五十九年，1794）	濟南 山東省博物館	
墨竹圖（為冠三作）	軸	紙	水墨	不詳	甲子（嘉慶九年，1804）新正	上海 上海博物館	
墨竹圖	軸	紙	水墨	不詳	辛亥（乾隆五十六年，1791）	南京 南京市博物館	

名稱	形式	質地	色彩	尺寸 高×寬㎝	創作時間	收藏處所	典藏號碼
四友圖	軸	綾	設色	不詳		南京 南京市博物館	
山水圖（4幅）	軸	絹	設色	不詳	八十一（嘉慶十六年，辛未，1811）	重慶 重慶市博物館	
瓶榴盆蘭圖	軸	綾	設色	101.2 × 34.9	八十老人（嘉慶十五年，1810）	日本 中埜又左衛門先生	
蘭花圖	摺扇面	紙	水墨	不詳	嘉慶丁卯（十二年，1807）	北京 中國歷史博物館	
疏樹溪亭圖（袁模等畫山水冊8之1幀）	冊頁	紙	設色	不詳		北京 中國歷史博物館	
花卉圖（書畫集錦冊14之1幀）	冊頁	絹	設色	不詳		北京 中國歷史博物館	
梅花水仙圖	摺扇面	紙	設色	18 × 52	丙寅（嘉慶十一年，1806）時年七十五	天津 天津市藝術博物館	
雜畫（8幀）	冊	紙	水墨	不詳		揚州 江蘇省揚州市博物館	
消寒九品圖（19幀）	冊	紙	設色	不詳		上海 上海博物館	
隨園餽贈圖	冊頁	紙	設色	不詳	壬子（乾隆五十七年，1792）	南京 南京博物院	
仿古山水圖（8幀）	冊	紙	設色	不詳	辛卯（乾隆三十六年，1771）中秋前三日	鎮江 江蘇省鎮江市博物館	
梅竹石圖（10幀）	冊	紙	設色	不詳		廣州 廣州市美術館	
附：							
梅花圖	軸	紙	水墨	不詳	乾隆甲寅（五十九年，1794）	上海 上海文物商店	
花卉圖（10幀）	冊	紙	設色	不詳	乾隆癸巳（三十八年，1773）	北京 中國文物商店總店	
修竹圖	摺扇面	紙	水墨	不詳		北京 中國文物商店總店	
蘭石圖（12幀）	冊	紙	設色	不詳	甲午（乾隆三十九年，1774）	上海 朵雲軒	

畫家小傳：尤蔭。字貢父。號水村，晚居白沙之半灣，自稱半灣詩老，後得痼疾，又稱半人。江蘇儀徵人。生於世宗雍正十（1732）年，辛於仁宗嘉慶十七（1812）年。善畫山水、花鳥，入逸品；尤長寫竹，得文、蘇法，蒼古渾厚，用筆兼得金錯刀遺意。（見墨香居畫識、桐陰論畫、墨林今話、中國畫家人名大辭典）

曹　銳

名稱	形式	質地	色彩	尺寸 高x寬cm	創作時間	收藏處所	典藏號碼
書畫	卷	紙	水墨	不詳	乙未（乾隆四十年，1775）	南京 南京博物院	
附：							
吳中勝境（10幀）	冊	紙	水墨	（每幀）21 × 27.3		紐約 佳士得藝品拍賣公司/拍賣目錄 1994.11.30.	

畫家小傳：曹銳。字鍔堂。號友梅。安徽休寧人，寓居江蘇吳門。生於世宗雍正十（1732）年。卒於高宗乾隆五十八（1793）年。善畫山水，親得王愫指授。（見墨香居畫識、中國畫家人名大釋典）

方畹儀

名稱	形式	質地	色彩	尺寸 高x寬cm	創作時間	收藏處所	典藏號碼
梅花圖（羅聘、方畹儀合作）	卷	紙	設色	不詳	癸未（乾隆二十八年，1763）四月	上海 上海博物館	
竹石圖	卷	紙	水墨	9 × 112		上海 上海博物館	
畫鵝圖（方畹儀、羅聘合繪）	軸	紙	設色	118.3 × 34.2	癸酉（乾隆十八年，1753）秋九月初旬	香港 黃仲方先生	
竹石芭蕉圖	軸	紙	設色	117 × 46	丙午（乾隆五十一年，1786）	武漢 湖北省博物館	
梅竹圖	摺扇面	紙	水墨	18.6 × 54.2		美國 火魯奴奴 Hutchinson 先生	
附：							
花鳥圖	卷	絹	設色	29.2 × 203.8		紐約 佳士得藝品拍賣公司/拍賣目錄 1989,06,01.	
桃竹石圖（羅聘、方婉儀合作）	軸	紙	設色	112.9 × 29	辛丑（乾隆四十六年，1781）	上海 上海文物商店	

畫家小傳：方畹儀。女。號白蓮居士。安徽歙縣人。為羅聘之妻。生於世宗雍正十（1732）年，卒於高宗乾隆四十四（1779）年。善繪梅蘭、竹石，山水亦佳。（見墨林今話、道古堂集、擷芳集、中國畫家人名大辭典）

張述渠

名稱	形式	質地	色彩	尺寸 高x寬cm	創作時間	收藏處所	典藏號碼
仿大癡山水圖	軸	絹	設色	180.8 × 96.8	乾隆丁丑（二十二年，1757）	天津 天津市藝術博物館	

畫家小傳：張述渠。字筠谷。江蘇吳縣人。張宗蒼從子。能畫山水，筆意老秀，不失家風。流傳署款紀年作品見於高宗乾隆二十二（1757）年。（見國朝畫徵續錄、墨林今話、中國畫家人名大辭典）

王鳳儀

名稱	形式	質地	色彩	尺寸 高×寬 cm	創作時間	收藏處所	典藏號碼
仿元人山水圖	軸	紙	水墨	不詳	乾隆丁丑（二十二年，1757）	上海　上海博物館	
仿古山水（12幀）	冊	紙	設色	不詳	乾隆癸巳（三十八年，1773）嘉平月	上海　上海博物館	

畫家小傳：王鳳儀。字審淵。江蘇太倉人。王原祁曾孫。高宗乾隆十二（1747）年孝廉。工畫山水，筆墨淡逸，不變宗風。流傳署款紀年作品見於高宗乾隆二十二（1757）、三十八（1773）年。（見墨香居畫識、墨林今話、桐陰論畫、中國畫家人名大辭典）

彭　進

周鼎臣行樂圖	冊頁	紙	設色	不詳		北京　故宮博物院	

畫家小傳：彭進。字浚民。號愚谷。江蘇長洲人。彭啟豐族弟。善畫山水，喜乾皴，取法宋元。亦間畫人物。高宗乾隆二十二（1757）年南巡，獻畫稱旨。晚年瞖目不明，猶能作畫。（見墨香居畫識、彭氏宗譜、中國畫家人名大辭典）

沈尚卿

人物圖	摺扇面 金箋	設色	16 × 49.9		德國　柏林東亞藝術博物館	1988.275

畫家小傳：沈尚卿。籍里不詳。工畫山水、人物，筆鏡雅韻。（見歷代畫史彙傳附錄、中國畫家人名大辭典）

張　嶒

柳鴨圖	軸	紙	設色	116.5 × 54.5	乾隆丁丑（二十二年，1757）	婺源　江西省婺源縣博物館	

畫家小傳：張嶒。畫史無載。流傳署款紀年作品見於高宗乾隆二十二（1757）。身世待考。

王樹銘

四季芳鮮圖（蔬果圖）	冊頁	紙	設色	30.9 × 45.2	丁丑（？乾隆二十二年，1757）夏五月	美國　哈佛大學福格藝術館	1923.150C

畫家小傳：王樹銘。畫史無載。字意亭。流傳署款作品紀年疑似高宗乾隆二十二（1757）。身世待考。

羅　聘

仿王冕墨梅圖	卷	絹	水墨	29 × ？		台北　鴻禧美術館	C2-613
鬼趣圖	卷	紙	設色	26.7 × 257.2		香港　劉作籌虛白齋	
鬼趣圖（8段合裝）	卷	紙	設色	38.1 × 365.8		香港　霍寶材先生	
松楸丙舍圖	卷	紙	設色	不詳		長春　吉林省博物館	

名稱	形式	質地	色彩	尺寸 高x寬㎝	創作時間	收藏處所	典藏號碼
鬼雄圖	卷	紙	水墨	21.5 × 46.5		長春 吉林省博物館	
清溪舊院圖（為渭川作）	卷	紙	設色	65.3 × 166.9	辛丑（乾隆四十六年，1781）秋九月	瀋陽 遼寧省博物館	
七子過關圖	卷	紙	設色	不詳	乾隆己酉（五十四年，1789）	瀋陽 遼寧省博物館	
仿趙氏三馬圖	卷	紙	設色	不詳	乾隆壬午（三十七年，1762）	北京 故宮博物院	
梅花圖	卷	紙	水墨	34.7 × 270.3	庚子（乾隆四十五年，1780）	北京 故宮博物院	
桃花庵圖	卷	紙	水墨	不詳	辛丑（乾隆四十六年，1781）	北京 故宮博物院	
積水潭雅集圖（羅聘、馬履泰、孔傳薪、笪立樞合作）	卷	紙	設色	不詳		北京 故宮博物院	
紅白梅花圖	卷	紙	設色	不詳		北京 故宮博物院	
梅花圖	卷	紙	水墨	34.7 × 272.1		北京 故宮博物院	
梅花圖	卷	紙	設色	不詳		北京 故宮博物院	
颳風圖	卷	紙	設色	不詳		北京 故宮博物院	
鍾馗出遊圖（2段）	卷	紙	設色	27.3×12.5 ；27.3 × 56.7		北京 故宮博物院	
鎖諫圖	卷	紙	水墨	32.1 × 208.8		北京 故宮博物院	
小姑山圖（為秉國作）	卷	紙	設色	不詳	丙申（乾隆四十一年，1776）夏六月中旬	北京 中國歷史博物館	
鬼趣圖	卷	絹	設色	不詳		北京 中國美術館	
移居圖	卷	紙	水墨	18.4 × ？		北京 中國美術館	
小艇橋水詩意圖（為樂毓秀作）	卷	紙	水墨	不詳	壬辰（乾隆三十七年，1772）九月既望	北京 首都博物館	
蘭石圖	卷	紙	設色	不詳	乾隆戊申（五十三年，1788）	天津 天津市藝術博物館	
水仙竹石圖	卷	紙	水墨	14.8 × 113.3		天津 天津市藝術博物館	

名稱	形式	質地	色彩	尺寸 高×寬cm	創作時間	收藏處所	典藏號碼
梅竹雙清圖	卷	紙	水墨	25.1 × 324.5		天津 天津市藝術博物館	
花卉圖（羅聘等四人四季花卉圖卷4之1段）	卷	紙	設色	不詳		揚州 江蘇省揚州市博物館	
梅花圖	卷	紙	水墨	不詳		揚州 江蘇省揚州市博物館	
梅花圖（羅聘、方婉儀夫婦合作）	卷	紙	設色	22 × 128.1	癸未（乾隆二十八年，1763）四月	上海 上海博物館	
梅花圖（羅聘、方婉儀夫婦合作）	卷	紙	設色	不詳	甲申（乾隆二十九年，1764）春月	上海 上海博物館	
梅花圖（6段，為翥堂作）	卷	紙	設色	18.2 × 59.7	丁酉（乾隆四十二年，1777）獻歲	上海 上海博物館	
坡石偃竹圖（蘇軾等六君子圖卷之第6幅）	卷	紙	水墨	23.4 × 50.9 不等	庚子（乾隆四十五年，1780）春日	上海 上海博物館	
得石圖	卷	紙	設色	不詳		上海 上海博物館	
梅花圖	卷	絹	設色	18.1 × 107.2		無錫 江蘇省無錫市博物館	
梅花圖（為亥白作）	卷	紙	水墨	28.5 × 263.4	丙辰（嘉慶元年，1796）初冬	成都 四川省博物院	
研山圖（清羅聘等研山圖卷5之1段）	卷	紙	水墨	19.7 × 762		重慶 重慶市博物館	
登岱圖	卷	絹	設色	52.2 × 307.8	癸巳（乾隆三十八年，1773）	廣州 廣東省博物館	
三友圖	卷	紙	水墨	20 × 1012	庚子（乾隆四十五年，1780）殘臘	廣州 廣東省博物館	
盆蘭圖	卷	紙	水墨	28.5 × 123	庚子（乾隆四十五年，1780）春二月	南寧 廣西壯族自治區博物館	
法式善瀛州亭圖	卷	紙	設色	24.5 × 125.1	乾隆壬子（五十七年，1792）	日本 東京國立博物館	
飲中八仙圖	卷	絹	設色	24 × 167		日本 大阪橋本末吉先生	
寫寒山掃葉圖	軸	紙	設色	不詳		台北 故宮博物院	國贈 006534
人物圖（金農蕉蔭午睡圖）	軸	紙	設色	93 × 46	（庚辰長夏，乾隆二十五年，1760）	台北 故宮博物院（蘭千山館寄存）	

名稱	形式	質地	色彩	尺寸 高x寬cm	創作時間	收藏處所	典藏號碼
佛像	軸	紙	設色	80 × 40		台北 故宮博物院（蘭千山館寄存）	
蘇小小像	軸	紙	設色	134 × 59.2	辛丑（乾隆四十六年，1781）	台北 故宮博物院（蘭千山館寄存）	
梅花	軸	紙	設色	127 × 63		台北 歷史博物館	
墨竹圖	軸	紙	水墨	86 × 50.3	壬寅（乾隆四十七年，1782）夏五月	台北 國泰美術館	
古木禪師圖	軸	紙	設色	115.2 × 36.6		台北 林陳秀蓉女士	140
蘭石圖	軸	絹	水墨	42.6 × 45.4		台北 陳啟斌畏罍堂	
嗅梅圖	軸	紙	設色	180 × 47.4		香港 劉作籌虛白齋	109
怪石圖	軸	紙	設色	200.5 × 63.5		香港 葉承耀先生	K92.33
葫蘆圖	軸	紙	水墨	28.7 × 37.9		香港 葉承耀先生	
畫鵝圖（方婉儀、羅聘合繪）	軸	紙	設色	118.3 × 34.2	癸酉（乾隆十八年，1753）秋九月初旬	香港 黃仲方先生	
梅圖	軸	紙	設色	70.8 × 29.6		香港 徐伯郊先生	
柳蔭雙鵝圖	軸	紙	水墨	不詳		哈爾濱 黑龍江省博物館	
三色梅圖	軸	紙	設色	118.4 × 51.2		長春 吉林省博物館	
陶淵明像	軸	紙	設色	81 × 31.3		長春 吉林省博物館	
雙馬圖	軸	絹	設色	33.8 × 23.6		長春 吉林省博物館	
梅花圖	軸	紙	水墨	不詳	癸巳（乾隆三十八年，1773）初春	瀋陽 故宮博物院	
真人圖	軸	紙	設色	31 × 44		瀋陽 故宮博物院	
梅花圖	軸	紙	水墨	104.5 × 49.1		瀋陽 故宮博物院	
梅蘭竹石圖	軸	紙	水墨	166.9 × 65.3		瀋陽 遼寧省博物館	
指畫團扇徘徊圖	軸	絹	設色	98 × 31.9	甲寅（乾隆五十九年，1794）	旅順 遼寧省旅順博物館	
晚秋佳色圖	軸	紙	設色	不詳		旅順 遼寧省旅順博物館	
醉鍾馗圖（為硯農作）	軸	紙	設色	57 × 39	壬午(乾隆二十七	北京 故宮博物院	

名稱	形式	質地	色彩	尺寸 高×寬㎝	創作時間	收藏處所	典藏號碼
					年，1762）午日		
深谷幽蘭圖	軸	紙	水墨	不詳	壬辰（乾隆三十七年，1772）冬十月	北京 故宮博物院	
荔枝圖（為賓六作）	軸	紙	設色	157.4 × 90.5	甲午(乾隆三十九年，1774）元旦	北京 故宮博物院	
梅花圖（為雪峰作）	軸	紙	水墨	125.4 × 40.4	己亥（乾隆四十四年，1779）孟冬	北京 故宮博物院	
摹元金粟道人像	軸	紙	水墨	63.8 × 24.6	乾隆庚子（四十五年，1780）五月	北京 故宮博物院	
自畫簑笠圖像	軸	紙	設色	不詳	庚子（乾隆四十五年，1780）秋日	北京 故宮博物院	
荔枝圖（為法時帆作）	軸	紙	設色	不詳	癸丑（乾隆五十八年，1793)	北京 故宮博物院	
劍閣圖（為張渥作）	軸	紙	設色	100.1 × 27.1	甲寅（乾隆五十九年，1794)	北京 故宮博物院	
梅花圖（與羅允紹合作）	軸	紙	設色	125.4 × 42.4	癸未（嘉慶三年，1798）六月十八日	北京 故宮博物院	
竹石圖（對幅）	軸	紙	水墨	不詳		北京 故宮博物院	
幽篁奇石圖	軸	紙	水墨	不詳		北京 故宮博物院	
梅花圖	軸	紙	水墨	99.8 × 33		北京 故宮博物院	
梅花圖	軸	絹	設色	243.1 × 65.7		北京 故宮博物院	
藥根和尚像	軸	紙	水墨	120.5 × 59.3		北京 故宮博物院	
鄧石如登岱圖	軸	紙	水墨	83.5 × 51.5		北京 故宮博物院	
雙色梅花圖	軸	紙	水墨	126.7 × 23		北京 故宮博物院	
葡萄圖	軸	紙	水墨	不詳		北京 故宮博物院	
法式善四十四歲像（潘大琨、馮桂芬、羅聘合作）	軸	紙	設色	不詳		北京 故宮博物院	
雙鉤竹石圖	軸	紙	水墨	92 × 64.6		北京 中國歷史博物館	
鍾馗醉酒圖（為時齋汪承霈作）	軸	紙	設色	不詳	乾隆癸丑（五十八年，1793) 地臘日	北京 中國美術館	
麻姑獻壽圖	軸	綾	設色	不詳		北京 中國美術館	

名稱	形式	質地	色彩	尺寸 高×寬cm	創作時間	收藏處所	典藏號碼
達摩圖	軸	紙	設色	103.2 × 95		北京 中國美術館	
梅花圖	軸	紙	設色	126.5 × 59.6		北京 首都博物館	
雙色梅花圖	橫幅	絹	水墨	261 × 127		北京 北京畫院	
松鶴圖	軸	紙	設色	不詳	乙未（乾隆四十年，1775）	北京 中央工藝美術學院	
竹石圖（為麗堂作）	軸	紙	水墨	167 × 45	乾隆甲寅（五十九年，1794）伏中	北京 中央工藝美術學院	
調羹消息圖	軸	紙	水墨	123.2 × 52		北京 中央工藝美術學院	
韋陀尊天像	軸	紙	水墨	不詳		北京 中央工藝美術學院	
枯木禪師像	軸	紙	設色	101.4 × 32.3		北京 中央工藝美術學院	
三元圖	軸	紙	設色	112.5 × 54.2	癸巳（乾隆三十八年，1773）	天津 天津市藝術博物館	
壽星圖	軸	紙	設色	95.4 × 44.5	乙未（乾隆四十年，1775）	天津 天津市藝術博物館	
窠石水仙圖	軸	紙	水墨	78.8 × 22.3	丁未（乾隆五十二年，1787）	天津 天津市藝術博物館	
蘭竹圖	軸	紙	水墨	135.2 × 77.6	乾隆己酉（五十四年，1789）	天津 天津市藝術博物館	
紫藤圖	軸	紙	設色	不詳	辛亥（乾隆五十六年，1791）	天津 天津市藝術博物館	
紈扇仕女圖	軸	紙	水墨	54 × 29		天津 天津市歷史博物館	
得子圖	軸	絹	設色	107.5 × 47.5		太原 山西省博物館	
仿石濤竹石圖	軸	紙	水墨	94.5 × 44		太原 山西省博物館	
梅蘭竹石圖（羅聘、孔繼檊、薛雨驪、汪灝、吳悟亭合作，羅寫竹）	軸	紙	水墨	136 × 50	乾隆戊申（五十三年，1788）五月廿三日	濟南 山東省博物館	
桂兔圖	軸	紙	水墨	82.5 × 46		濟南 山東省博物館	
騎虎羅漢圖	軸	絹	設色	98 × 47		濟南 山東省濟南市博物館	
筠圃獨立圖	軸	紙	水墨	85 × 39		煙臺 山東省煙臺市博物館	
古柏蘭石圖	軸	紙	水墨	163 × 50		合肥 安徽省博物館	
幽篁蘭石圖	軸	紙	水墨	140.1 × 62.2		合肥 安徽省博物館	

名稱	形式	質地	色彩	尺寸 高×寬㎝	創作時間	收藏處所	典藏號碼
指畫唐人詩意圖	軸	紙	設色	62 × 30.5		揚州 江蘇省揚州市博物館	
墨竹圖	軸	絹	水墨	不詳		揚州 江蘇省揚州市博物館	
雙鉤竹圖	軸	紙	水墨	不詳		揚州 江蘇省揚州市博物館	
觀音像	軸	紙	設色	131 × 56.7	乾隆三十三年（戊子，1768）六月十九日	南通 江蘇省南通博物苑	
梅花圖	軸	灑金箋	水墨	163.7 × 75.2	戊寅（乾隆二十三年，1758）	上海 上海博物館	
壺蝶會圖（冊頁裝）	軸	紙	設色	23.8 × 30.9	甲申（乾隆二十九年，1764）	上海 上海博物館	
嬰戲圖	軸	絹	設色	130.7 × 63.5	壬辰（乾隆三十七年，1772）十一月廿五日	上海 上海博物館	
人物圖	橫幅	紙	水墨	不詳	癸巳（乾隆三十八年，1773）	上海 上海博物館	
玉照春暉圖	軸	紙	水墨	234 × 136.8	乾隆癸巳（三十八年，1773）十二月	上海 上海博物館	
梅花圖	軸	紙	水墨	不詳	丁未（乾隆五十二年，1787）	上海 上海博物館	
竹石圖	軸	紙	水墨	202.4 × 45.9	乾隆戊申（五十三年，1788）四月下浣	上海 上海博物館	
梅花圖（為北溟作）	軸	紙	設色	163.5 × 87	乾隆癸丑（五十八年，1793）六月	上海 上海博物館	
二色梅圖	軸	粉箋	水墨	55.7 × 55.7		上海 上海博物館	
山茶臘梅圖	軸	紙	設色	94.8 × 44.5		上海 上海博物館	
斗笠先生像	軸	紙	水墨	100.5 × 46.5		上海 上海博物館	
天山積雪圖	軸	絹	設色	92.7 × 43.4		上海 上海博物館	
玉暖珠香圖	軸	紙	設色	99.5 × 35.2		上海 上海博物館	
紈扇仕女圖	軸	紙	水墨	82.7 × 27.6		上海 上海博物館	
梅花圖	軸	紙	水墨	96.4 × 37.6		上海 上海博物館	
湘潭秋意圖	軸	紙	水墨	168.3 × 88.6		上海 上海博物館	
普賢菩薩像	軸	紙	設色	127 × 55.1		上海 上海博物館	
雲天矗立圖	軸	紙	水墨	不詳		上海 上海博物館	

名稱	形式	質地	色彩	尺寸 高x寬cm	創作時間	收藏處所	典藏號碼
藥玉船圖	軸	紙	水墨	120.8 × 31.3		上海 上海博物館	
醉鍾馗圖	軸	紙	設色	不詳		上海 上海博物館	
醉鍾馗圖	軸	紙	設色	98.4 × 38.3		上海 上海博物館	
羅漢圖	軸	紙	設色	不詳		上海 上海博物館	
蘇齋圖	軸	紙	水墨	110.3 × 37.2		上海 上海博物館	
蘭竹圖	軸	紙	水墨	92.1 × 49.1		上海 上海博物館	
鶴石圖	軸	紙	水墨	不詳		上海 上海博物館	
觀音像	軸	紙	設色	不詳		上海 上海博物館	
梅竹圖	軸	紙	水墨	180.1 × 18.8		上海 上海博物館	
歸牧圖	軸	紙	設色	76.5 × 30		上海 上海畫院	
秋蘭文石圖（為麗堂作）	軸	紙	水墨	149 × 32.2	甲寅（乾隆五十九年，1794）重陽後一日	南京 南京博物院	
古木霜筠圖	軸	紙	水墨	91.5 × 20		南京 南京博物院	
竹石圖	軸	紙	水墨	121.8 × 53.8		南京 南京博物院	
臨沈周竹堂寺觀梅圖（為介人作）	軸	紙	水墨	129.3 × 331	己亥（乾隆四十四年，1779）春	無錫 江蘇省無錫市博物館	
歲朝圖	軸	紙	設色	不詳		蘇州 江蘇省蘇州博物館	
筤谷像	軸	紙	水墨	91.7 × 53		蘇州 江蘇省蘇州博物館	
坦禪師露坐圖	軸	紙	設色	84.4 × 39	癸未（乾隆二十八年，1763）上元	蘇州 靈巖山寺	
蘭竹圖	軸	紙	水墨	不詳		蘇州 靈巖山寺	
金農像	軸	紙	設色	113.7 × 59.3		杭州 浙江省博物館	
丁敬像	軸	紙	設色	108.1 × 60.7		杭州 浙江省博物館	
仙鶴圖（為持公作）	軸	紙	水墨	101 × 28	甲午（乾隆三十九年，1774）十二月朔日	杭州 浙江美術學院	

名稱	形式	質地	色彩	尺寸 高×寬㎝	創作時間	收藏處所	典藏號碼
竹石圖	軸	紙	水墨	103.5 × 46.5		杭州 浙江美術學院	
蕉石古佛圖	軸	絹	設色	63.3 × 24.9		杭州 浙江省杭州市文物考古所	
竹石梅花圖	軸	紙	水墨	175 × 100	壬寅（乾隆四十七年，1782）	杭州 浙江省杭州西泠印社	
仿王元章梅月圖	軸	紙	水墨	不詳		寧波 浙江省寧波市天一閣文物保管所	
羅漢圖	軸	紙	設色	126 × 53.3		寧波 浙江省寧波市天一閣文物保管所	
鍾馗圖	軸	紙	水墨	91 × 41.5		南昌 江西省博物館	
梅花圖	軸	紙	水墨	69 × 29		成都 四川省博物院	
梅蘭圖	軸	紙	水墨	不詳		成都 四川省博物院	
濟公像	軸	紙	水墨	85.2 × 36.5		成都 四川省博物院	
牡丹水仙圖	橫幅	絹	水墨	52 × 127.6		成都 四川省博物院	
濟公像	軸	絹	設色	94 × 47.5	嘉慶戊午（三年，1798）	成都 四川大學	
二色梅花圖	軸	紙	設色	71.5 × 28.2	嘉慶戊午（三年，1798）春二月	重慶 重慶市博物館	
仿黃子久山水圖	軸	絹	設色	103 × 53		重慶 重慶市博物館	
二色梅花圖通景（4幅）	軸	紙	設色	不詳	乾隆戊申（五十三年，1788）	廣州 廣東省博物館	
海棠圖	軸	紙	設色	132 × 23.5		廣州 廣東省博物館	
高僧乞米圖	軸	紙	設色	110 × 42.2		廣州 廣東省博物館	
草亭兩峰圖	軸	紙	水墨	77.5 × 23.6		廣州 廣東省博物館	
梅花圖	軸	絹	水墨	98 × 31.5		廣州 廣東省博物館	
菖蒲圖	軸	紙	水墨	106 × 30		廣州 廣東省博物館	
蒲草圖	軸	紙	水墨	106 × 43		廣州 廣東省博物館	
溪月黃昏圖	軸	紙	水墨	68.5 × 37		廣州 廣東省博物館	
蘭竹石圖	軸	紙	水墨	187 × 88		廣州 廣東省博物館	
蘭蕙竹石圖	軸	紙	水墨	161 × 90	癸卯（乾隆四十八年，1783）八月	廣州 廣州市美術館	
梅花圖（扇面裝成）	軸	紙	水墨	不詳	嘉慶戊午（三年，1798）四月八日	廣州 廣州市美術館	

名稱	形式	質地	色彩	尺寸 高×寬㎝	創作時間	收藏處所	典藏號碼
水仙圖	軸	紙	水墨	不詳		廣州 廣州市美術館	
松梅圖（4幅，為惇書作）	軸	紙	水墨	（每幅）129 × 26	乾隆乙未（四十年，1775)春二月十七日	南寧 廣西壯族自治區博物館	
五瑞圖	軸	紙	設色	91 × 48.5	乙未（乾隆四十年，1775）天中節	南寧 廣西壯族自治區博物館	
萼綠仙葩圖	軸	紙	水墨	100 × 31.5		南寧 廣西壯族自治區博物館	
墨梅圖	軸	紙	水墨	134.2 × 39		日本 東京高島菊次郎槐安居	
淨名居士像	軸	紙	白描	84.8 × 35.5		日本 東京山本悌二郎先生	
鍾馗飯鬼圖	軸	絹	水墨	56.1 × 29.4		日本 東京山本悌二郎先生	
袁枚像	軸	紙	設色	158.3 × 65.9		日本 京都國立博物館	A甲790
墨梅	軸	紙	水墨	不詳		日本 京都守屋正先生	
墨梅圖	軸	紙	水墨	119.9 × 28.6		日本 奈良大和文華館	1137
三清圖（竹石蘭草）	軸	紙	水墨	167.5 × 85.5	丙申（乾隆四十一年，1776）九月	日本 江田勇二先生	
觀醜音瀉水圖	軸	紙	水墨	96.2 × 42.3		日本 私人	
梅圖	軸	紙	設色	151.4 × 42.2		日本 私人	怡875
墨蘭圖	軸	紙	水墨	69.7 × 30.6		韓國 首爾月田美術館	
村居圖（閉門露坐圖）	軸	紙	設色	37.9 × 56		美國 普林斯頓大學藝術館	78-43
豐干圖	軸	紙	朱色	91 × 31.7		美國 普林斯頓大學藝術館（Edward Elliott 先生寄存）	L216.70
篠園讌集圖	軸	紙	設色	79.8 × 54.7		美國 紐約大都會藝術博物館	13.220.34
睡頭陀小照	軸	紙	水墨	107 × 47.5	辛亥(乾隆五十六年，1791）春	美國 紐約王季遷明德堂	
觀瀑圖	軸	紙	設色	125 × 57	乾隆甲申（二十九年，1764）	美國 克利夫蘭藝術博物館	
鍾馗醉歸圖	軸	紙	設色	96.5 × 48.9		美國 克利夫蘭藝術博物館	59.185
蜀道行旅圖	軸	紙	設色	不詳		美國 明尼納波里斯市藝術中心	
桂樹綬帶圖	軸	紙	設色	168.9 × 99	壬戌（嘉慶七年，1802）夏初」	美國 明尼納波里斯市藝術中心	

名稱	形式	質地	色彩	尺寸 高x寬cm	創作時間	收藏處所	典藏號碼
觀瀑圖（為守堂作）	軸	紙	設色	不詳	甲申（乾隆二十九年，1764）二月七日	美國 堪薩斯市納爾遜-艾金斯藝術博物館	
寒山拾得圖	軸	紙	設色	78.2 x 51.3		美國 堪薩斯市納爾遜-艾金斯藝術博物館	
雲天聳立圖	軸	紙	水墨	96.4 x 24.3	丙申（乾隆四十一年，1776））天中節	美國 舊金山亞洲藝術館	B74 D18
孟浩然圖（畫贈翼庵七兄先生）	軸	紙	設色	119.5 x 43.8	嘉慶戊午（三年，1798）初冬	美國 勃克萊加州大學藝術館（高居翰教授寄存）	
古木孤亭圖	軸	紙	設色	33.9 x 25.1		美國 火魯奴奴 Hutchinson 先生	
王漁洋、朱彝尊合像圖	軸	紙	設色	101.8 x 35.1	乾隆三十八年癸巳（1773）四月二十日	英國 倫敦大英博物館	1975.3.3.03（ADD389）
墨蘭圖（對幅）	軸	紙	水墨	（每幅）128.5 x 26.9		德國 柏林東亞藝術博物館	5341
水墨蘭圖	軸	紙	水墨	83.4 x 44		德國 柏林東亞藝術博物館	1988-422
羅漢圖	軸	紙	設色	125.9 x 55.2		德國 科隆東亞藝術博物館	A56.4
葡萄圖（應潼江大叔索作）	軸	紙	水墨	142.5 x 48.9	乾隆辛卯（三十六年，1771）七月下浣	瑞典 斯德哥爾摩遠東古物館	NMOK57
指畫（10幀）	冊	紙	水墨	（每幀）22 x 27	辛丑（乾隆四十六年，1781）冬日	台北 李鴻球先生	
蘭石圖	摺扇面	紙	水墨	23 x 65		台北 王靄雲先生	
淨墨梅花圖	摺扇面	紙	水墨	18.5 x 53.2		香港 莫華釗承訓堂	K92.62
山水花鳥圖（24幀，畫12幀書12幀）	冊	紙	設色	（每幀）23.2 x 30.1	乾隆丁亥（三十二年，1767）三月	香港 招署東先生	
指畫墨蘭（8幀）	冊	紙	水墨	（每幀）28 x 34.3	丁酉（乾隆四十二年，1777）九月	香港 鄭德坤木扉	
雜畫圖（10幀，與項均合作）	冊	紙	水墨	不詳	乾隆二十七年（壬午，1762）秋月	香港 王南屏先生	
雜品圖（12幀）	冊	紙	水墨	（每幀）21.7 x 26.9		香港 私人	
山水圖	摺扇面	紙	設色	不詳		瀋陽 故宮博物院	

名稱	形式	質地	色彩	尺寸 高x寬cm	創作時間	收藏處所	典藏號碼
花卉果品圖（12幀）	冊	紙	設色	（每幀）24.1 × 30.6	辛巳（乾隆二十六年，1761）	北京 故宮博物院	
蘭花圖（8幀）	冊	絹	水墨	不詳	乾隆己丑（三十四年，1769）	北京 故宮博物院	
梅花圖（6幀）	冊	紙	設色	（每幀）23.1 × 27.7	乾隆壬辰（三十七年，1772）	北京 故宮博物院	
昆蟲鳥獸圖（10幀）	冊	紙	水墨	（每幀）20.6 × 27.4	甲午（乾隆三十九年，1774）	北京 故宮博物院	
雜畫（10幀）	冊	紙	水墨	（每幀）32.6 × 53.2	戊戌（乾隆四十三年，1778）	北京 故宮博物院	
金農詩意圖（12幀）	冊	紙	設色	（每幀）21.7 × 27	辛丑（乾隆四十六年，1781）七月	北京 故宮博物院	
花卉松竹圖（6幀）	冊	紙	水墨	不詳	乾隆庚戌（五十五年，1790）	北京 故宮博物院	
山水圖	摺扇面	紙	水墨	19.3 × 54.4	乾隆癸丑（五十八年，1793）	北京 故宮博物院	
人物山水圖（12幀）	冊	紙	設色	（每幀）24.3 × 30.7		北京 故宮博物院	
仿陳淳花卉圖（10幀）	冊	紙	水墨	不詳		北京 故宮博物院	
仿趙彝齋水仙圖（12幀）	冊	紙	水墨	（每幀）35 × 60.6		北京 故宮博物院	
指畫果蔬花卉圖（8幀）	冊	紙	水墨	（每幀）20.5 × 27.4		北京 故宮博物院	
指畫花果圖（8幀）	冊	紙	水墨	（每幀）21.6 × 27		北京 故宮博物院	
指畫雜畫（12幀）	冊	紙	設色	不詳		北京 故宮博物院	
獨步圖	冊頁	紙	水墨	不詳		北京 故宮博物院	
雜畫（10幀）	冊	紙	水墨	不詳		北京 故宮博物院	
羅漢圖（12幀）	冊	紙	設色	（每幀）24.5 × 31.5		北京 故宮博物院	
梅花圖	摺扇面	紙	水墨	不詳		北京 故宮博物院	
荷亭消夏圖（袁模等畫山水冊8之1幀）	冊頁	紙	設色	不詳		北京 中國歷史博物館	
竹笋圖	冊頁	紙	水墨	不詳	壬辰（乾隆三十七	北京 中國歷史博物館	

名稱	形式	質地	色彩	尺寸 高x寬cm	創作時間	收藏處所	典藏號碼
					年，1772)		
蘭石圖（8幀）	冊	紙	水墨	（每幀）22.5 × 28.2		北京 中國美術館	
人物圖（清周笠等雜畫冊8之1幀）	冊頁	紙	設色	不詳		天津 天津市藝術博物館	
山水、蘭竹（羅聘、祝昌山水蘭竹冊11之6幀）	冊	紙	設色	（每幀）24 × 30.8	甲午（乾隆三十九年，1774)	天津 天津市藝術博物館	
雜畫圖	冊頁	紙	設色	24 × 30.8		天津 天津市藝術博物館	
梅花圖（10幀）	冊	紙	水墨	（每幀）17 × 22.1		天津 天津市藝術博物館	
花卉圖（8幀）	冊	紙	水墨	（每幀）25 × 18.5	丙戌（乾隆三十一年，1766)	天津 天津市歷史博物館	
梅花圖	摺扇面	粉箋	設色	不詳	壬子（乾隆五十七年，1792）夏日	合肥 安徽省博物館	
雜畫（與金農畫合冊，？幀）	冊	紙	水墨	不詳	庚辰（乾隆二十五年，1760）九月	上海 上海博物館	
山水圖（6幀）	軸	紙	設色	不詳	丙戌（乾隆三十一年，1766）二月	上海 上海博物館	
山水、花卉圖（18幀）	冊	紙	設色	（每幀）11.7 × 16.8不等	丙戌（乾隆三十一年，1766)	上海 上海博物館	
花鳥圖（12幀）	冊	紙	設色	不詳	戊戌（乾隆四十三年，1778)	上海 上海博物館	
九秋圖（9幀）	冊	紙	設色	（每幀）15.5 × 20.7		上海 上海博物館	
指畫雜畫（？幀）	冊	紙	設色	（每幀）29 × 50		上海 上海博物館	
山水、花卉圖（10幀）	冊	紙	設色	（每幀）24.2 × 31.6		上海 上海博物館	
梅花圖（10幀）	冊	紙	設色	不詳		上海 上海博物館	
蠶尾曉望圖	冊頁	紙	水墨	19.5 × 25.3		上海 上海博物館	
花卉圖（高鳳翰、汪士慎等山水花卉冊）	冊頁	紙	設色	17 × 82.5		上海 上海博物館	
花卉圖（名筆集勝圖冊12之第8幀）	冊頁	紙	設色	約23.9×32.8		上海 上海博物館	

名稱	形式	質地	色彩	尺寸 高x寬cm	創作時間	收藏處所	典藏號碼
葫蘆圖（廣陵十家集畫冊10之第2幀）	冊頁	紙	設色	26.2 x 18.3		上海 上海博物館	
蘭花靈芝圖（鄭燮等雜畫冊12之第1幀）	冊頁	紙	設色	30.3 x 25		上海 上海博物館	
指畫蘭花圖（鄭燮等花卉冊13之第4幀）	冊頁	紙	設色	23.7 x 31.3		上海 上海博物館	
花卉蔬果圖（12幀）	冊	紙	設色	（每幀）24.5 x 31.6	辛巳（乾隆二十六年，1761）	南京 南京博物院	
蘭花圖（8幀）	冊	紙	水墨	（每幀）24.1 x 31.2	乙酉（乾隆三十年，1765）三月八日	蘇州 江蘇省蘇州博物館	
蘭竹石圖（12幀）	冊	紙	水墨	不詳		蘇州 江蘇省蘇州博物館	
葡萄圖	摺扇面	金箋	水墨	不詳		寧波 浙江省寧波市天一閣文物保管所	
蘭竹石圖（為小松作）	摺扇面	紙	水墨	16 x 49.8	乾隆庚戌（五十五年，1790）六月六日	重慶 重慶市博物館	
梧竹清宵圖	冊頁	紙	水墨	不詳		廣州 廣東省博物館	
羅漢圖（8幀）	冊	絹	設色	不詳		廣州 廣東省博物館	
蘭竹圖（12幀，羅聘、富春山合作）	冊	紙	水墨	（每幀）22.9 x 26		廣州 廣州市美術館	
水仙文石（清人書畫扇冊之8）	摺扇面	紙	水墨	不詳		日本 東京橋本辰二郎先生	
雜畫（金農、羅聘合璧畫冊10之5幀）	冊頁	絹	水墨	（每幀）34.5 x 24.5		日本 兵庫縣黑川古文化研究所	
秋景山水圖	冊頁	紙	設色	30.7 x 22.3		日本 兵庫縣黑川古文化研究所	
花鳥圖（10幀）	冊	紙	水墨	（每幀）27 x 30.5	辛丑（乾隆四十六年，1781）冬夜	日本 山口良夫先生	
墨蘭圖（7幀）	冊	紙	水墨	（每幀）23.5 x 30		日本 金岡酉三先生	
北魏石造圖（清人扇面圖冊之1幀）	摺扇面	紙	設色	15.7 x 48.7		韓國 私人	
蜘蛛圖	摺扇面	紙	設色	18.4 x 50.9		美國 耶魯大學藝術館	1979.67
山水圖（10幀）	冊	紙	設色	（每幀）19.1		美國 普林斯頓大學藝術館	58-50

名稱	形式	質地	色彩	尺寸 高×寬cm	創作時間	收藏處所	典藏號碼
雜畫（12幀）	冊	紙	設色	（每幀）24.1 × 12.1 × 30.5	乾隆甲午（三十九年，1774）六月	美國 華盛頓特區弗瑞爾藝術館	64.5
墨竹（花卉圖冊之1幀）	冊頁	紙	水墨	24.5 × 31		加拿大 多倫多皇家安大略博物館	
附：							
古刺水歌圖（為慕堂作）	卷	紙	水墨	不詳	庚子（乾隆四十五年，1780）新秋	上海 朵雲軒	
梅花圖	卷	紙	水墨	24 × 314	嘉慶四年（己未，1799）	上海 上海文物商店	
遊上方寺圖	卷	紙	水墨	30.5 × 86.5		紐約 佳士得藝品拍賣公司/拍賣目錄 1996,03,27.	
布袋和尚圖	軸	紙	設色	77 × 43		大連 遼寧省大連市文物商店	
墨梅圖（為筠村作）	軸	紙	水墨	96.5 × 36.3	癸巳（乾隆三十八年，1773）三月	北京 中國文物商店總店	
鍾馗醉吟圖	軸	紙	設色	77 × 32	乾隆壬子（五十七年，1792）	天津 天津市文物公司	
人物圖	軸	紙	設色	78.5 × 33		天津 天津市文物公司	
雙勾竹圖	軸	紙	設色	126 × 55	乾隆三十四年己丑（1769）六月廿一日	上海 朵雲軒	
採茶圖	橫幅	絹	設色	不詳		上海 朵雲軒	
桃竹石圖（羅聘、方婉儀合作）	軸	紙	設色	112.9 × 29	辛丑（乾隆四十六年，1781）	上海 上海文物商店	
蜀葵圖	軸	紙	設色	98.2 × 33.3		上海 上海文物商店	
楓樹扁舟圖	軸	紙	設色	71.5 × 41.1	壬辰（乾隆三十七年，1772）	上海 上海友誼商店古玩分店	
柳燕圖	軸	紙	設色	66 × 30.8		上海 上海友誼商店古玩分店	
慧持法師像	軸	紙	設色	56 × 33		上海 上海工藝品進出口公司	
慧持法師像	軸	紙	設色	51 × 25.5		上海 上海工藝品進出口公司	
端午即景圖	軸	紙	設色	不詳	戊戌（乾隆四十三年，1778）	武漢 湖北省武漢市文物商店	
鍾馗圖	軸	絹	設色	129 × 49		武漢 湖北省武漢市文物商店	

名稱	形式	質地	色彩	尺寸 高×寬cm	創作時間	收藏處所	典藏號碼
禪定圖	軸	紙	設色	58.7 × 28		武漢 湖北省武漢市文物商店	
墨竹圖	軸	紙	水墨	110.5 × 29.9		紐約 蘇富比藝品拍賣公司/拍賣目錄 1981,05,08.	
樹穴羅漢圖	軸	紙	設色	83.8 × 43.5		紐約 蘇富比藝品拍賣公司/拍賣目錄 1981,11,07.	
雙鉤蘭竹圖	軸	紙	水墨	140 × 72.5		紐約 佳士得藝品拍賣公司/拍賣目錄 1984,06,29.	
鍾馗圖	軸	紙	設色	72 × 37	乾隆甲午（三十九年，1774）午日	紐約 佳士得藝品拍賣公司/拍賣目錄 1984,06,29.	
詩夢草堂圖	軸	紙	設色	152.4 × 46.3	丙申（乾隆四十一年，1776）	紐約 蘇富比藝品拍賣公司/拍賣目錄 1984,06,13.	
古木竹石圖	軸	紙	水墨	150 × 43		紐約 佳仕得藝品拍賣公司/拍賣目錄 1986,06,04.	
東方朔圖	軸	錦	設色	199 × 67.3		紐約 佳仕得藝品拍賣公司/拍賣目錄 1986,12,01.	
蓮藕圖	軸	紙	水墨	92.3 × 42		紐約 佳仕得藝品拍賣公司/拍賣目錄 1986,12,01.	
墨梅圖	軸	紙	水墨	28 × 31		紐約 佳仕得藝品拍賣公司/拍賣目錄 1986,12,01.	
歲寒三友圖	軸	紙	水墨	126.3 × 39.3		紐約 蘇富比藝品拍賣公司/拍賣目錄 1986,12,04.	
白衣觀音圖	軸	紙	水墨	108 × 28.6	乾隆癸丑（五十八年，1793）九月十九日	紐約 蘇富比藝品拍賣公司/拍賣目錄 1988,06,01.	
達摩圖	軸	紙	水墨	124.5 × 35.6		紐約 蘇富比藝品拍賣公司/拍賣目錄 1988,06,01.	
蘭石圖	軸	絹	水墨	42.5 × 45.5		紐約 佳士得藝品拍賣公司/拍賣目錄 1988,06,02.	
仿古人物圖	軸	紙	設色	49.5 × 36		紐約 佳士得藝品拍賣公司/拍賣目錄 1989,06,01.	
午瑞圖	軸	紙	設色	53.3 × 40		紐約 佳士得藝品拍賣公司/拍賣目錄 1989,12,04.	
普賢菩薩像	軸	紙	設色	102 × 38		紐約 佳士得藝品拍賣公司/拍賣目錄 1989,12,04.	

名稱	形式	質地	色彩	尺寸 高x寬cm	創作時間	收藏處所	典藏號碼
蕉陰坐佛	軸	紙	設色	87.5 × 31		紐約 佳士得藝品拍賣公司/拍賣目錄 1990,05,31.	
雙鉤竹石圖	軸	紙	設色	139 × 73.5		香港 佳士得藝品拍賣公司/拍賣目錄 1991,03,18.	
羅漢圖	軸	紙	設色	123 × 35.5		紐約 佳士得藝品拍賣公司/拍賣目錄 1992,06,02.	
葡萄圖	軸	紙	水墨	129.5 × 50		紐約 佳士得藝品拍賣公司/拍賣目錄 1992,12,02.	
竹石圖	軸	紙	水墨	175.8 × 41.9	辛丑（乾隆四十六年，1781）秋七月	紐約 佳士得藝品拍賣公司/拍賣目錄 1993,12,01.	
紅葉佳人圖	軸	紙	設色	128 × 33		紐約 佳士得藝品拍賣公司/拍賣目錄 1994,06,01.	
梅花圖	軸	紙	水墨	96.5 × 28		紐約 佳士得藝品拍賣公司/拍賣目錄 1994,06,01.	
梅花圖	軸	紙	水墨	162 × 25.4	壬寅（乾隆四十七年，1782）春二月	紐約 佳士得藝品拍賣公司/拍賣目錄 1994,11,30.	
蘭石圖	軸	紙	水墨	88 × 46.5	乾隆癸丑（五十八年，1793）蒲節	紐約 佳士得藝品拍賣公司/拍賣目錄 1994,11,30.	
紈扇仕女圖	軸	紙	設色	76.8 × 26.7		紐約 佳士得藝品拍賣公司/拍賣目錄 1995,03,22.	
貴人辟邪圖	軸	紙	設色	96 × 47.5	嘉慶戊午（三年，1798）地臘日	紐約 佳士得藝品拍賣公司/拍賣目錄 1995,10,29.	
羅漢圖	軸	紙	設色	87.6 × 30.5		紐約 佳士得藝品拍賣公司/拍賣目錄 1996,03,27.	
天寒雅集圖	軸	紙	設色	78.8 × 46.3		紐約 佳士得藝品拍賣公司/拍賣目錄 1997,09,19.	
古樹老僧圖	軸	紙	設色	55.9 × 33		紐約 佳士得藝品拍賣公司/拍賣目錄 1997,09,19.	
鬼趣圖（2幀）	冊	紙	設色	不詳		北京 北京市工藝品進出口公司	
蘭花畫譜（10幀）	冊	紙	水墨	不詳	乾隆癸卯（四十八年，1783）	武漢 湖北省武漢市文物商店	
花果圖（8幀）	冊	紙	設色	（每幀）16.5 × 12	壬申（乾隆十七年，1752）初秋	紐約 佳士得藝品拍賣公司/拍賣目錄 1987,12,11.	

名稱	形式	質地	色彩	尺寸 高×寬cm	創作時間	收藏處所	典藏號碼
雜畫（11幀）	冊	紙	水墨	（每幀）21.5 × 27	辛丑（乾隆四十六年，1781）	紐約 蘇富比藝品拍賣公司/拍賣目錄1988,06,01.	
墨梅圖	摺扇面	紙	水墨	19.5 × 53.3	丙辰（嘉慶元年，1796）秋中	紐約 佳士得藝品拍賣公司/拍賣目錄1988,11,30.	
淡香疏影（梅花圖）	摺扇面	紙	設色	20 × 54		紐約 佳士得藝品拍賣公司/拍賣目錄1990,05,31.	
梅竹、山水圖（12幀）	冊	紙	水墨	（每幀）23.3 × 30.2	癸巳（乾隆三十八年，1773）	紐約 佳士得藝品拍賣公司/拍賣目錄1992,12,02.	
三壽作朋圖（6幀）	冊	紙	設色	（每幀）19 × 12.8		紐約 佳士得藝品拍賣公司/拍賣目錄1995,10,29.	
群鬼變相圖（16幀）	冊	紙	設色、水墨	（每幀）23.5 × 41.2		紐約 佳士得藝品拍賣公司/拍賣目錄1997,09,19.	
竹筍（清揚州名家花果冊8之第5幀）	冊頁	紙	設色	不詳		香港 蘇富比藝品拍賣公司/拍賣目錄1999,10,31.	

畫家小傳：羅聘。字兩峰。號花之寺僧。江蘇揚州人。生於世宗雍正十一（1733）年，卒於仁宗嘉慶四（1799）年。為金農學生，工詩、善畫。擅畫道釋、人物、山水、花卉等，無不臻妙，所作鬼趣圖尤馳名海內。為「揚州八怪」之一。（見墨香居畫識、桐陰論畫、揚州畫苑錄、墨林今話、張船山詩草、中國畫家人名大辭典）

富春山

| 蘭竹圖（12幀，羅聘、富春山合作） | 冊 | 紙 | 水墨 | （每幀）22.9 × 26 | | 廣州 廣州市美術館 | |

畫家小傳：富春山。畫史無載。與羅聘同時。身世待考。

蔣　錦

| 山水樓閣圖 | 軸 | 紙 | 設色 | 93.3 × 36.1 | 辛巳（乾隆二十六年，1761） | 北京 中央工藝美術學院 | |

畫家小傳：蔣錦。字秋堂。浙江嘉興人。生於世宗雍正十一（1733）年，高宗乾隆二十六（1761）年尚在世。善畫，學唐李昭道金碧山水，近世僅見；又工畫人物。（見寒松閣談藝瑣錄、中國畫家人名大辭典）

翁方綱

| 王漁洋小像 | 軸 | 紙 | 設色 | 66 × 24 | 嘉慶丙寅（十一年，1806）秋仲 | 台北 歷史博物館 | |

畫家小傳：翁方綱。字正三。號覃谿。晚號蘇齋。順天大興人。生於清世宗雍正十一（1733）年，卒於仁宗嘉慶廿三（1818）年。乾隆十七年進士。仕官至內閣學士。長於金石考證。善書，初法顏真卿，繼學歐陽詢。能詩文。兼能繪畫。（見夢園叢說、履園叢話、昭代尺牘小傳、湖海詩傳、中國美術家人名辭典）

名稱	形式	質地	色彩	尺寸 高x寬㎝	創作時間	收藏處所	典藏號碼

徐 鵬

| 花卉 | 軸 | 紙 | 設色 | 126.5 x 20.5 | 戊寅（乾隆二十三年，1758）秋菊月 | 台北　私立中國文化大學華岡博物館 | 1/848 |

畫家小傳：徐鵬。號雲程。江蘇江寧人。工畫人物、寫照；兼寫山水。流傳署款紀年作品見於乾隆二十三（1758）年。（見莫愁湖志、中國畫家人名大辭典）

吳淑蘭

| 罌粟草蟲圖 | 軸 | 絹 | 設色 | 103.5 x 51.2 | 乾隆戊寅（二十三年，1758）荷月之上浣 | 德國　科隆東亞藝術博物館 | A81 |

畫家小傳：吳淑蘭。畫史無載。流傳署款紀年作品見於高宗乾隆二十三(1758)年。身世待考。

蔡 器

紫薇山雀圖	軸	絹	設色	133.2 x 65.3		上海　上海博物館	
寒雀幽篁圖	軸	絹	設色	不詳		鎮江　江蘇省鎮江市博物館	
柳下雙鳧圖	軸	紙	設色	138 x 75	戊寅（乾隆二十三年，1758）	長沙　湖南省博物館	

附：

| 桃柳雙禽圖 | 軸 | 絹 | 設色 | 122 x 63 | | 鎮江　鎮江市文物商店 | |

畫家小傳：蔡器。字晴江。籍里、身世不詳。善畫花鳥，極工緻精巧，惟欠缺韻者。流傳署款紀年作品見於高宗乾隆二十三(1758)年。（見墨香居畫識、中國畫家人名大辭典）

鄭紫城

| 折桂圖 | 軸 | 絹 | 設色 | 74.3 x 43.3 | 乾隆戊寅（二十三年，1758） | 天津　天津市藝術博物館 | A81 |

畫家小傳：鄭紫城。字方回。浙江錢塘人。鄭岱猶子。善畫花卉，克承家學，作品精整中饒有逸氣。惜中年去世，未造老境。流傳署款紀年作品見於高宗乾隆二十三(1758)年。（見墨香居畫識、墨林今話、歷代畫史彙傳、中華畫人室隨筆、中國畫家人名大辭典）

謝 丹

| 雪景寒林圖 | 軸 | 絹 | 設色 | 109 x 59 | | 泰州　江蘇省泰州市博物館 | |
| 山水圖（清蔡嘉等山水冊 12 之 1 幀） | 冊頁 | 紙 | 設色 | 不詳 | | 天津　天津市藝術博物館 | |

附：

名稱	形式	質地	色彩	尺寸 高x寬cm	創作時間	收藏處所	典藏號碼
青綠山水圖	軸	絹	設色	154 x 223	乾隆戊寅（二十三年，1758）	天津 天津市文物公司	

畫家小傳：謝丹。字雲谷。江蘇長洲人。善畫山水，能得宋人法。流傳署款紀年作品見於高宗乾隆二十三(1758)年。（見歷代畫史彙傳附錄、中國畫家人名大辭典）

黃琛

南湖秋望圖	卷	紙	設色	32 x 126.5	乾隆戊寅（二十三年，1758）	杭州 浙江省杭州西泠印社	

畫家小傳：黃琛。畫史無載。流傳署款紀年作品見於高宗乾隆二十三(1758)年。身世待考。

陸鋐

西園雅集圖	軸	絹	設色	不詳	戊寅（乾隆二十三年，1758）	杭州 浙江省杭州市文物考古所	
花卉圖（6幀）	冊	絹	設色	不詳		南京 南京博物院	

畫家小傳：陸鋐。畫史無載。流傳署款紀年作品見於高宗乾隆二十三(1758)年。身世待考。

程在嵊

山水圖（10幀）	冊	紙	水墨	（每幀）31.5 x 24.1	乾隆戊寅（二十三年，1758）	瀋陽 遼寧省博物館	

畫家小傳：程在嵊。畫史無載。流傳署款紀年作品見於高宗乾隆二十三(1758)年。身世待考。

筠嗩

花卉（高鳳翰、汪士慎等山水花卉冊之1幀）	冊頁	紙	設色	17 x 82.5		上海 上海博物館	

畫家小傳：筠嗩。畫史無載。身世待考。

鄭延杰

四時折枝花卉圖	卷	紙	水墨	不詳	戊寅（？乾隆二十三年，1758）	南京 南京市博物館	

畫家小傳：鄭延杰。字春生。號子俊。江蘇江寧人。善行楷書。工畫著色花卉及水墨梅竹。流傳署款作品紀年疑為高宗乾隆二十三(1758)年。（見莫愁湖志、中國畫家人名大辭典）

陸棠

花卉草蟲圖	摺扇面	紙	設色	不詳	戊寅（乾隆二十三	日本 江田勇二先生	

名稱	形式	質地	色彩	尺寸 高×寬cm	創作時間	收藏處所	典藏號碼
					年，1758)		

畫家小傳：陸棠。字書常。號淯裳。江蘇青浦人。善畫禽魚、花鳥，神韻生動。流傳署款紀年作品見於高宗乾隆二十三年。(見青浦
　　　縣志、中國畫家人名大辭典)

朱 招

| 擬王石谷白雲紅樹圖意山水 | 軸 | 紙 | 設色 | 149.2 × 74.6 | 戊寅 (？乾隆二十 | 加拿大 多倫多皇家安大略博 | 921.17 |
| (畫似乾若老年臺) | | | | | 三年，1758) 秋日 | 物館 | |

畫家小傳：朱招。畫史無載。流傳署款作品紀年疑似高宗乾隆二十三 (1758) 年。身世待考。

張 敔

寒夜授經圖	卷	絹	設色	31.1 × 190.5		台南 石允文先生	
花卉圖	卷	絹	水墨	不詳	乾隆辛卯 (三十六 年，1771)	北京 故宮博物院	
蘭亭修禊圖	卷	紙	水墨	31.7 × 131	乾隆四十七年 (壬 寅，1782)	天津 天津市藝術博物館	
仿沈周湖中落雁圖	卷	紙	設色	34 × 280		石家莊 河北省博物館	
花卉草蟲圖	卷	紙	水墨	不詳	戊午 (嘉慶三年，1798)	上海 上海博物館	
法沈周松石藤蘿圖	軸	紙	水墨	233.8 × 56		台南 石允文先生	
指畫鍾馗圖	軸	紙	水墨	不詳	乾隆壬寅 (四十七 年，1782)	長春 吉林省博物館	
陳震像	軸	紙	水墨	不詳	乾隆五十六年 (辛 亥，1791) 五月廿 九日	北京 故宮博物院	
山水圖 (為鄧石如作)	軸	紙	設色	不詳	嘉慶三年 (戊午，1798)	北京 故宮博物院	
雞菊圖	軸	紙	設色	不詳	乾隆丁亥 (三十二 年，1767)	天津 天津市藝術博物館	
牧牛圖	軸	紙	水墨	114 × 44.2	辛亥 (乾隆五十六 年，1791)	天津 天津市藝術博物館	
萱花秋葵圖	軸	紙	設色	58 × 23	癸丑 (乾隆五十八 年，1793)	天津 天津市藝術博物館	
天竺水仙圖	軸	紙	水墨	不詳		石家莊 河北省石家莊文物管 理所	

名稱	形式	質地	色彩	尺寸 高x寬㎝	創作時間	收藏處所	典藏號碼
指畫荔枝鸚鵡圖	軸	紙	設色	不詳		石家莊 河北省石家莊文物管理所	
花鳥圖（8幅）	軸	綾	設色	不詳	乾隆甲寅（五十九年，1794）	唐山 河北省唐山市博物館	
仿方方壺山水圖	軸	紙	設色	不詳		青島 山東省青島市博物館	
芙蓉雙鴨圖	軸	絹	設色	149.4 × 49.3		合肥 安徽省博物館	
蕉陰竹石圖	軸	紙	水墨	不詳		揚州 江蘇省揚州市博物館	
鍾馗圖	軸	紙	設色	不詳	乾隆癸丑（五十八年，1793）	南京 南京博物院	
三秋圖	軸	紙	水墨	不詳	丙辰（嘉慶元年，1796）	南京 南京市博物館	
海棠綬帶圖	軸	紙	水墨	95 × 41		南京 南京市博物館	
五瑞圖	軸	紙	水墨	94.5 × 69.5	丁未（乾隆五十四年，1789）	武漢 湖北省博物館	
雛雞、貓蝶圖（冊頁二幀合裝）	軸	絹	水墨	（每幀）26.5 × 32.7		日本　中埜又左衛門先生	
荷鷺圖	軸	絹	設色	158.1 × 47.7		美國 紐約 Hobart 先生	
畫菊圖（8幀）	冊	紙	水墨	（每幀）31 × 45		台南 石允文先生	
花卉圖（12幀，為苣林作）	冊	紙	水墨	不詳	乾隆甲寅（五十九年，1794）仲冬	旅順 遼寧省旅順博物館	
雜畫圖（8幀）	冊	紙	設色	不詳	甲寅（乾隆五十九年，1794）仲冬	北京 故宮博物院	
蘭花圖	冊頁	紙	水墨	不詳	乾隆丁亥（三十二年，1767）	北京 北京市文物局	
花卉圖	冊頁	紙	水墨	不詳		北京 北京市文物局	
花卉圖（12幀，為耐庵作）	冊	紙	水墨	不詳	己亥（乾隆四十四年，1779）臘月廿一日	上海 上海博物館	
芍藥圖	摺扇面	紙	水墨	不詳	甲寅（乾隆五十九年，1794）	南京 南京博物院	
花鳥圖（12幀）	冊	絹	水墨	不詳	乾隆己酉（五十四	南京 南京市博物館	

名稱	形式	質地	色彩	尺寸 高×寬㎝	創作時間	收藏處所	典藏號碼
					年，1789）秋八月		
雜畫（12幀）	冊	紙	水墨	不詳	嘉慶六年（辛酉，1801）	南京 南京市博物館	
紫薇圖	書局面	紙	水墨	不詳		南京 南京市博物館	
花鳥圖	摺扇面	紙	水墨	不詳		重慶 重慶市博物館	
附：							
指畫竹石圖	卷	紙	水墨	不詳	己亥（乾隆四十四年，1770）	北京 中國文物商店總店	
花卉圖（4幅）	軸	紙	水墨	不詳		上海 朵雲軒	
竹圖	軸	紙	水墨	不詳		上海 上海文物商店	
牡丹蘭石圖	軸	紙	水墨	不詳		上海 上海文物商店	
蘭蕙圖	軸	紙	水墨	131 × 40.7		上海 上海文物商店	
澗壁懸松圖	軸	紙	水墨	152.4 × 48.2	癸卯（乾隆四十八年，1783）仲夏之朝	紐約 蘇富比藝品拍賣公司/拍賣目錄1981.10.25.	
芙蓉水禽圖	軸	紙	水墨	120 × 59.6	己酉（乾隆五十四年，1789）秋七月	紐約 蘇富比藝品拍賣公司/拍賣目錄1981,11,07.	
古木鷹石圖	軸	紙	水墨	112.7 × 45.7		紐約 蘇富比藝品拍賣公司/拍賣目錄1985,04,17.	
牡丹鴿子圖	軸	紙	設色	160.5 × 90	丙辰（嘉慶元年，1796）九月重陽後一日	紐約 佳士得藝品拍賣公司/拍賣目錄1990,11,28.	
山水花卉圖（12幀）	冊	紙	設色	不詳	乾隆三十一（丙戌，1766）年夏五月	北京 北京市文物商店	
花卉圖（清人雜畫扇面冊之一幀）	摺扇面	紙	水墨	不詳		北京 北京市工藝品進出口公司	
鸚鴒柏樹圖	摺扇面	紙	水墨	不詳	戊午（嘉慶三年，1798）	揚州 揚州市文物商店	
竹圖	摺扇面	紙	水墨	不詳	辛酉（嘉慶六年，1801）	常州 常州市文物商店	

畫家小傳：張敔。字芑園、芷沅。號雪鴻、木者。安徽潮城人，占籍山東歷城。生於世宗雍正十二（1734）年，辛於仁宗嘉慶八（1803）年。乾隆廿七年孝廉。善畫，人物、山水、花鳥、禽蟲，無一不妙；寫真更神肖。（見墨香居畫識、桐陰論畫、墨林今話、耕硯田齋筆記、履園叢話、中國畫家人名大辭典）

德　敏

名稱	形式	質地	色彩	尺寸 高x寬cm	創作時間	收藏處所	典藏號碼

附：

| 山水圖（？幀） | 冊 | 紙 | 設色 | 不詳 | 乾隆丁酉（四十二 年，1777）秋九月 | 北京 中國文物商店總店 | |

畫家小傳：德敏。字敬庵。號芷崖。興漢兵備道岳禮之子。生於世宗雍正十二(1734)年，高宗乾隆四十二(1777)年尚在世。工畫山水，嘗仿范寬秋山行旅圖，細筆設色，筆墨秀潔，頗似王翬作品。又工詩，有清籟閣集行世。(見繪境軒讀畫記、存素堂集、中國美術家人名辭典)

史兆增

附：

| 採芝圖（史兆增、沈銓合作） | 軸 | 紙 | 設色 | 不詳 | 乾隆己卯（二十四 年，1759） | 上海 上海文物商店 | |

畫家小傳：史兆增。畫史無載。與沈銓同時。流傳署款紀年作品見於乾隆二十四（1759）年。身世待考。

張若澄

名稱	形式	質地	色彩	尺寸 高x寬cm	收藏處所	典藏號碼
仿吳鎮溪山深秀	卷	紙	水墨	25.9 x 356.3	台北 故宮博物院	中畫 00138
仿黃公望溪山無盡圖	卷	紙	水墨	33.2 x 321.3	台北 故宮博物院	中畫 00139
蓮池書院	卷	紙	設色	35.6 x 215.5	台北 故宮博物院	故畫 01700
江村漁捕圖	卷	紙	水墨	21.6 x ？	日本 東京國立博物館	TA-503
山水圖（江山無盡圖）	卷	紙	設色	不詳	美國 洛杉磯郡藝術博物館	M.81.21
葛洪山圖	軸	紙	設色	168.3 x 75.1	台北 故宮博物院	故畫 02677
鎮海寺雪景	軸	紙	設色	103.4 x 56.9	台北 故宮博物院	故畫 02678
翠嶂觀泉（法王蒙筆意）	軸	紙	水墨	93.9 x 47.2	台北 故宮博物院	故畫 02679
笠亭嵐靄	軸	紙	水墨	118.1 x 66.3	台北 故宮博物院	故畫 02680
繪高宗臨書范成大打灰堆詞	軸	紙	設色	113 x 28.8	台北 故宮博物院	故畫 02933
雪浪石圖	軸	紙	水墨	183.4 x 93.1	台北 故宮博物院	故畫 03027
哈納紅葉(秋山紅葉)	軸	紙	設色	117.1 x 59	台北 故宮博物院	中畫 00101
撒圍圖(木蘭秋獮)	軸	紙	水墨	135 x 73.4	台北 故宮博物院	中畫 00171

名稱	形式	質地	色彩	尺寸 高×寬㎝	創作時間	收藏處所	典藏號碼
待圍圖(木蘭秋獮)	軸	紙	設色	135 × 73.4		台北 故宮博物院	中畫 00172
合圍圖(木蘭秋獮)	軸	紙	水墨	135 × 73.4		台北 故宮博物院	中畫 00173
罷圍圖(木蘭秋獮)	軸	紙	設色	135 × 73.4		台北 故宮博物院	中畫 00174
松崖苔磴圖	軸	紙	水墨	117 × 44.2		天津 天津市藝術博物館	
枯木竹石圖	軸	絹	水墨	不詳		合肥 安徽省博物館	
松澗鳴泉圖	軸	紙	水墨	61.2 × 33.3	庚辰（乾隆二十五年，1760）	上海 上海博物館	
木落秋雲圖（為魯堂作）	軸	絹	設色	82.5 × 38	乾隆己丑（三十四年，1769）中秋後一日	廣州 廣東省博物館	
松陰高士(張若澄畫御製題畫詩上冊之1)	冊頁	紙	水墨	15 × 18.7		台北 故宮博物院	故畫 03452-1
飛閣流泉(張若澄畫御製題畫詩上冊之2)	冊頁	紙	設色	15 × 18.7		台北 故宮博物院	故畫 03452-2
蒼崖烟磴(張若澄畫御製題畫詩上冊之3)	冊頁	紙	水墨	15 × 18.7		台北 故宮博物院	故畫 03452-3
松雲溪館(張若澄畫御製題畫詩上冊之4)	冊頁	紙	設色	15 × 18.7		台北 故宮博物院	故畫 03452-4
萬木森秋(張若澄畫御製題畫詩上冊之5)	冊頁	紙	水墨	15 × 18.7		台北 故宮博物院	故畫 03452-5
蒼松紅樹(張若澄畫御製題畫詩上冊之6)	冊頁	紙	設色	15 × 18.7		台北 故宮博物院	故畫 03452-6
梧館新秋(張若澄畫御製題畫詩上冊之7)	冊頁	紙	水墨	15 × 18.7		台北 故宮博物院	故畫 03452-7
秋塘漁艇(張若澄畫御製題畫詩上冊之8)	冊頁	紙	設色	15 × 18.7		台北 故宮博物院	故畫 03452-8
蒼崖古樹(張若澄畫御製題畫詩上冊之9)	冊頁	紙	水墨	15 × 18.7		台北 故宮博物院	故畫 03452-9
萬峯層雪(張若澄畫御製題畫詩上冊之10)	冊頁	紙	水墨	15 × 18.7		台北 故宮博物院	故畫 03452-10
松澗雲嵐(張若澄畫御製題畫詩下冊之1)	冊頁	紙	水墨	15 × 18.7		台北 故宮博物院	故畫 03451-1
雲林煙艇(張若澄畫御製題畫詩下冊之2)	冊頁	紙	設色	15 × 18.7		台北 故宮博物院	故畫 03451-2

名稱	形式	質地	色彩	尺寸 高×寬㎝	創作時間	收藏處所	典藏號碼
溪亭漱玉(張若澄畫御製題畫詩下冊之3)	冊頁	紙	水墨	15 × 18.7		台北 故宮博物院	故畫 03451-3
秋林曳杖(張若澄畫御製題畫詩下冊之4)	冊頁	紙	設色	15 × 18.7		台北 故宮博物院	故畫 03451-4
絕壁精藍(張若澄畫御製題畫詩下冊之5)	冊頁	紙	水墨	15 × 18.7		台北 故宮博物院	故畫 03451-5
竹亭觀瀑(張若澄畫御製題畫詩下冊之6)	冊頁	紙	設色	15 × 18.7		台北 故宮博物院	故畫 03451-6
雲峯登眺 (張若澄畫御製題畫詩下冊之7)	冊頁	紙	水墨	15 × 18.7		台北 故宮博物院	故畫 03451-7
千岩萬壑(張若澄畫御製題畫詩下冊之8)	冊頁	紙	設色	15 × 18.7		台北 故宮博物院	故畫 03451-8
松壑携琴(張若澄畫御製題畫詩下冊之9)	冊頁	紙	水墨	15 × 18.7		台北 故宮博物院	故畫 03451-9
雪谿飛瀑(張若澄畫御製題畫詩下冊之10)	冊頁	紙	設色	15 × 18.7		台北 故宮博物院	故畫 03451-10
松林高崗(姚文瀚等繪山水樓台畫冊之11)	冊頁	絹	設色			台北 故宮博物院	故畫 03575-11
塞外花卉圖（24幀）	冊	紙	水墨	（每幀）22.7 × 19.8		北京 故宮博物院	
山水圖（10幀）	冊	紙	水墨	不詳		天津天津市藝術博物館	
山水圖（12幀）	冊	紙	水墨	不詳		合肥 安徽省博物館	
山水圖（3幀）	摺扇面	金箋	設色	6.5 × 18.6		日本 東京細川護貞先生	
山水圖（8幀）	冊	絹	設色	（每幀）17.5 × 11.7		美國 堪薩斯州立大學藝術館	
有清音圖（12幀）	冊	紙	水墨	（每幀）2.8 × 4.1		美國 史坦福大學藝術博物館	82.214.4
附：							
江村漁浦圖	卷	紙	水墨	21.5 × 260.3		紐約 蘇富比藝品拍賣公司/拍賣目錄 1985,06,03.	
秋江漁隱圖	卷	紙	水墨	29.2 × 130.5		紐約 蘇富比藝品拍賣公司/拍賣目錄 1986,06,03.	
應奉作山水圖	軸	紙	設色	154 × 36.2		紐約 蘇富比藝品拍賣公司/拍賣目錄 1987,12,08.	

名稱	形式	質地	色彩	尺寸 高×寬cm	創作時間	收藏處所	典藏號碼
山水圖（12幀）	冊	紙	設色	（每幀）12.8 × 24.2		紐約 佳士得藝品拍賣公司/拍賣目錄 1995,03,22.	

畫家小傳：張若澄。字鏡壑，一字練雪。安徽桐城人。高宗乾隆十（1745）年進士。與兄若靄俱以善畫，侍奉內廷。善畫梅，並工翎毛。流傳署款紀年作品見於乾隆二十四（1759）年。(見國朝名畫續錄、香樹齋文集、中國畫家人名大辭典)

陸遵書

名稱	形式	質地	色彩	尺寸 高×寬cm	創作時間	收藏處所	典藏號碼
春景山水圖	卷	絹	設色	不詳		北京 故宮博物院	
松壑流泉圖	軸	紙	水墨	不詳	己卯（乾隆二十四年，1759）	南京 南京博物館	
山水圖（12幀）	冊	紙	水墨	不詳	丙午（乾隆五十一年，1786）	北京 故宮博物院	
山水圖（12幀）	冊	紙	水墨	不詳	辛丑（乾隆四十六年，1781）菊序	廣州 廣州市美術館	
山水圖	摺扇面	藍箋	泥金	15.6 × 48.9		日本 京都貝塚茂樹先生	
擬宋元諸家山水圖（16幀）	冊	紙	設色	（每幀）25.5 × 19.8	己卯（乾隆二十四年，1759）夏初	美國 聖路易斯市吳納孫教授	
附：							
山水圖	軸	紙	設色	65.4 × 37.2		紐約 佳士得藝品拍賣公司/拍賣目錄 1995,09,19.	
山水圖（陸遵書、宋葆淳山水合冊8之4幀）	冊頁	紙	水墨	（每開）11.4 × 17.8	庚辰（乾隆二十五年，1760）	紐約 佳士得藝品拍賣公司/拍賣目錄 1996,03,27.	

畫家小傳：陸遵書。字扶遠。號芙苑、即仙。江蘇嘉定人。乾隆三十三（1768）年舉人。以繪事祗候內廷。工畫山水、梅竹、松石、雜卉，畫山水學王原祁一派。流傳署款紀年作品見於高宗乾隆二十四（1759）至四十六(1781)年。(見墨香居畫識、墨林今話、中國畫家人名大辭典)

沈　朗

名稱	形式	質地	色彩	尺寸 高×寬cm	創作時間	收藏處所	典藏號碼
戈紀二老比肩圖	軸	絹	設色	51.5 × 98	乾隆己卯（二十四年，1759）	石家莊 河北省博物館	

畫家小傳：沈朗。畫史無載。流傳署款紀年作品見於高宗乾隆二十四（1759）年。身世待考。

丁以誠

名稱	形式	質地	色彩	尺寸 高×寬cm	創作時間	收藏處所	典藏號碼
王溥泉擁書圖像（丁以誠寫照，張皐補景）	卷	紙	設色	不詳	嘉慶元年（丙辰，1796）臘月	北京 故宮博物院	
小濂載書圖（丁以誠、管希寧	卷	紙	設色	不詳		南京 南京博物院	

名稱	形式	質地	色彩	尺寸 高x寬cm	創作時間	收藏處所	典藏號碼
合作）							
仿王蒙山水圖	軸	紙	設色	不詳	己卯（乾隆二十四年，1759）夏月	北京 故宮博物院	
丹書竹潤流泉圖	軸	紙	設色	不詳	甲寅（乾隆五十九年，1794）	北京 故宮博物院	
黃介圍像	軸	紙	設色	不詳		北京 故宮博物院	
鐵保像	軸	紙	設色	不詳		北京 故宮博物院	
仿倪山水圖	軸	絹	水墨	不詳		南京 南京博物院	
山水圖	軸	紙	設色	115,1 × 36.8	嘉慶庚辰（二十五年，1820）	日本 東京林宗毅先生	

畫家小傳：丁以誠。字義門。江蘇丹揚人。丁皐之子。承家學，善傳真；兼工山水，下筆丘壑多有深致。續父著有傳真心領四卷傳世。
　　　署款紀年作品見於高宗乾隆二十四(1759)年至仁宗嘉慶二十五(1820)年。（見墨林今話、傳真心領序、中國畫家人名大辭典）

朱 烜

名稱	形式	質地	色彩	尺寸 高x寬cm	創作時間	收藏處所	典藏號碼
梅花九九圖	軸	紙	水墨	不詳	庚辰（乾隆二十五年，1760）春日	揚州 揚州市博物館	
墨梅圖	軸	紙	水墨	116.3 × 28.4		杭州 浙江省博物館	
梅樹圖	軸	絹	水墨	88.7 × 34.8	己卯（乾隆二十四年，1759）小春月上浣	美國 芝加哥大學藝術館	1974.96

附：

名稱	形式	質地	色彩	尺寸 高x寬cm	創作時間	收藏處所	典藏號碼
春風紅梅圖	軸	紙	設色	135 × 62	乾隆己酉（五十四年，1789）小春	紐約 佳士得藝品拍賣公司/拍賣目錄 1983,11,30.	

畫家小傳：朱烜。字丙南。浙江杭州人。善畫山水、花卉，尤工梅花。流傳署款紀年作品見於高宗乾隆二十四(1759)至五十四（1789）
　　　（年。見揚州畫舫錄、中國美術家人名辭典）

陳嘉樂

名稱	形式	質地	色彩	尺寸 高x寬cm	創作時間	收藏處所	典藏號碼
西園清曉圖	軸	絹	設色	81.5 × 44.3	乾隆乙未（四十年，1775）仲春	杭州 浙江省杭州市文物考古所	
山水圖（10幀）	冊	紙	設色	不詳		北京 故宮博物院	
花卉圖（10幀）	冊	紙	設色	（每幀）22.8 × 27		天津 天津市藝術博物館	

附：

名稱	形式	質地	色彩	尺寸 高×寬cm	創作時間	收藏處所	典藏號碼
江村秋曉圖	卷	絹	設色	不詳		上海 上海文物商店	
花卉圖（10幀）	冊	紙	設色	不詳	己卯（乾隆二十四 年，1759）菊月	北京 北京市文物商店	

畫家小傳：陳嘉樂。字子顯。號東原。山東人。善畫。與朱文震為畫友，朱嘗倣吳偉業「畫中十友歌」，作「畫中十哲歌」，嘉樂即為
　　　　　其一。流傳署款紀年作品見於高宗乾隆二十四(1759)至四十(1775)年。（見墨林今話、中國畫家人名大辭典）

李 瑤

名稱	形式	質地	色彩	尺寸 高×寬cm	創作時間	收藏處所	典藏號碼
文姬歸漢圖	軸	紙	水墨	不詳	丙戌（乾隆三十一 年，1766）	上海 上海博物館	
山水人物圖（8幀） 附：	冊	絹	設色	不詳		南京 南京博物院	
山水圖（12幀）	冊	紙	設色	（每幀）15.5 × 23.8	己卯（乾隆二十四 年，1759）清明後 二日	紐約 佳士得藝品拍賣公司/拍 賣目錄 1987.12.11	

畫家小傳：李瑤。字寶珠。江蘇吳縣人。工詩，能書畫。書法趙孟頫。畫山水，得文伯仁筆意，作品秀韻。署款紀年作品見於高宗
　　　　　乾隆二十四（1759）至三十一(1766)年。（見耕硯田齋筆記、中國畫家人名大辭典）

超 源

名稱	形式	質地	色彩	尺寸 高×寬cm	創作時間	收藏處所	典藏號碼
夏景山水圖	軸	絹	設色	164.8 × 42.7	己卯（？乾隆二十 四年，1759）小春	日本 京都柳孝先生	

畫家小傳：超源。畫史無載。自署「梅里」人。流傳署款作品紀年疑為高宗乾隆二十四（1759）年。身世待考。

黃葉初

名稱	形式	質地	色彩	尺寸 高×寬cm	創作時間	收藏處所	典藏號碼
山水圖（奉壽君全仁兄七秩）	軸	絹	水墨	不詳	己卯（？乾隆二十 四年，1759）臘月	日本 江田勇二先生	

畫家小傳：黃葉初。畫史無載。流傳署款作品紀年疑為高宗乾隆二十四（1759）年。身世待考。

嚴宏滋

名稱	形式	質地	色彩	尺寸 高×寬cm	創作時間	收藏處所	典藏號碼
白描羅漢	卷	紙	白描	33 × 60.4	乾隆庚辰（二十五 年，1760）	台北 故宮博物院	中畫 00237
上元錫福圖	卷	紙	水墨	不詳		美國 波士頓美術館	
中元普渡圖	卷	紙	水墨	不詳		美國 波士頓美術館	
下元靈祐圖	卷	紙	水墨	不詳		美國 波士頓美術館	
採芝仙圖	軸	紙	設色	96.3 × 118.3		台北 故宮博物院	故畫 03078

名稱	形式	質地	色彩	尺寸 高x寬cm	創作時間	收藏處所	典藏號碼

畫家小傳：嚴宏滋。字丕緒。江蘇江陰人。善書畫。高宗兩次南巡，獻畫，均稱旨。流傳署款紀年作品見於乾隆二十五（1760）年。
（見清朝書畫家筆錄、中國畫家人名大辭典）

賀清泰

名稱	形式	質地	色彩	尺寸 高x寬cm	創作時間	收藏處所	典藏號碼
白海青	軸	絹	設色	180.7 × 99	乾隆四十八年（癸卯，1783）三月廿三日	台北 故宮博物院	故畫 03088
白鷹	軸	絹	設色	157.4 × 95.8	乾隆五十年（乙巳，1785）十月十二日	台北 故宮博物院	故畫 03089
白海青	軸	絹	設色	164.5 × 95.5	乾隆五十年（乙巳，1785）十二月廿二日	台北 故宮博物院	故畫 03087
黃鷹	軸	紙	設色	176.6 × 95	乾隆五十六年（辛亥，1791）二月	台北 故宮博物院	故畫 03090
貢鹿圖	軸	絹	設色	不詳	乾隆五十五年（庚戌，1790）九月	北京 故宮博物院	

畫家小傳：賀清泰。西洋人。籍里不詳。生當世宗雍正十三（1735）年，卒於仁宗嘉慶十九（1814）年。乾隆時，供奉畫院，工畫翎毛。（見國朝畫院錄、中國畫家人名大辭典）

朱孝純

名稱	形式	質地	色彩	尺寸 高x寬cm	創作時間	收藏處所	典藏號碼
荷花圖	軸	紙	水墨	不詳		北京 首都博物館	
倚松圖	軸	絹	水墨	不詳	戊戌（乾隆四十三年，1778）	上海 上海博物館	
牡丹圖	軸	紙	水墨	80 × 80		武漢 湖北省博物館	
縹緲漁舟圖	軸	紙	水墨	不詳		重慶 重慶市博物館	
指畫山水、花鳥（10幀）	冊	紙	設色	不詳	乾隆癸未（二十八年，1763）	瀋陽 故宮博物院	
雜畫（10幀，為西峰道人作）	冊	紙	設色	（每幀）26.5 × 34	乾隆三十八年（癸巳，1773）立秋後三日	上海 上海博物館	
附：							
遊廬山圖	卷	絹	設色	49 × 112	乾隆戊戌（四十三年，1778）初夏前三日	紐約 佳士得藝品拍賣公司/拍賣目錄 1993,12,01.	

名稱	形式	質地	色彩	尺寸 高×寬cm	創作時間	收藏處所	典藏號碼
山水圖（朱孝純、石莊山水冊 7之4幀）	冊頁	紙	設色	（每幀）24 ×18.5		天津 天津市文物公司	

畫家小傳：朱孝純。明宗室，隸奉天正紅旗漢軍籍。字子穎。號海愚。山東歷城人。朱倫瀚之子。生於世宗雍正十三（1735）年，卒於仁宗嘉慶六（1801）年。為人倜儻奇偉。承家學，工畫山水，作詩亦為人傳誦。（見墨香居畫識、墨林今話、隨園詩話、中國畫家人名大辭典）

金廷標

名稱	形式	質地	色彩	尺寸 高×寬cm	創作時間	收藏處所	典藏號碼
秋江漁艇	卷	絹	設色	22.3 × 56.6		台北 故宮博物院	故畫 01719
暮津問渡	卷	紙	設色	60 × 224		台北 故宮博物院	故畫 01720
洗硯烹茶圖	卷	紙	設色	17.8 × 45.2		台北 故宮博物院	故畫 01721
臨馬遠商山四皓	卷	紙	水墨	45.3 × 215.3		台北 故宮博物院	故畫 01722
採梅圖	小卷	紙	設色	7 × 128		台北 故宮博物院	故畫 01723
職貢圖	卷	紙	設色	不詳		北京 中國歷史博物館	
竹溪六逸圖	卷	絹	設色	38.7 × 122.6		美國 堪薩斯市納爾遜-艾金斯 藝術博物館	
仙山樓閣	橫幅	絹	設色	153.5 × 188.5		台北 故宮博物院	故畫 03706
移桃圖	軸	紙	設色	187.3 × 63.2		台北 故宮博物院	故畫 00795
寒山拾得	軸	紙	設色	184.1 × 68.1		台北 故宮博物院	故畫 02808
楓林晚坐	軸	絹	設色	46.6 × 36.3		台北 故宮博物院	故畫 02809
曳杖看雲	軸	紙	設色	135.6 × 68.1		台北 故宮博物院	故畫 02810
春野新耕	軸	絹	設色	97.8 × 47.1		台北 故宮博物院	故畫 02811
濠梁圖	軸	紙	設色	165.4 × 95.4		台北 故宮博物院	故畫 02812
長至添線	軸	紙	設色	144.5 × 55.1		台北 故宮博物院	故畫 02813
高賢遇隱圖	軸	紙	設色	178 × 63.8		台北 故宮博物院	故畫 02814
瑤池獻壽	軸	紙	設色	90.7 × 56.5		台北 故宮博物院	故畫 02815
絲綸圖	軸	紙	設色	87 × 61.7		台北 故宮博物院	故畫 02816
柳陰童戲	軸	紙	設色	145.1 × 74.1		台北 故宮博物院	故畫 02817

名稱	形式	質地	色彩	尺寸 高x寬cm	創作時間	收藏處所	典藏號碼
採藥圖	軸	紙	設色	160.1 x 66.1		台北 故宮博物院	故畫 02818
品泉圖	橫幅	紙	設色	58 x 73.8		台北 故宮博物院	故畫 02819
松陰牧馬	軸	紙	設色	176.3 x 55.3		台北 故宮博物院	故畫 02820
秋華（高宗御題）	軸	紙	設色	156.1 x 81.6		台北 故宮博物院	故畫 02821
歲朝圖	軸	紙	設色	96 x 65.9		台北 故宮博物院	故畫 02822
仙舟笛韻	圓幅	紙	設色	直徑 71.4		台北 故宮博物院	故畫 02823
護花壽石	軸	紙	設色	94.6 x 88.2		台北 故宮博物院	故畫 02824
墨牡丹	軸	紙	水墨	150 x 52		台北 故宮博物院	故畫 02825
芍藥	軸	紙	設色	147.4 x 29.9		台北 故宮博物院	故畫 02826
採蘭圖(高宗御題)	軸	紙	設色	136.4 x 86		台北 故宮博物院	故畫 02827
鍾馗探梅	軸	紙	設色	154.6 x 78.9		台北 故宮博物院	故畫 02828
碧桃	軸	紙	設色	179.7 x 62.6		台北 故宮博物院	故畫 02829
罌粟	軸	紙	設色	148 x 29.7		台北 故宮博物院	故畫 02830
竹溪六逸圖	軸	紙	設色	151.4 x 138		台北 故宮博物院	故畫 03063
撈泥圖	軸	紙	設色	142.3 x 89.7		台北 故宮博物院	故畫 03064
拜石圖	軸	紙	設色	156.4 x 90.1		台北 故宮博物院	故畫 03065
曹大家授書圖	軸	紙	設色	90.5 x 90.1		台北 故宮博物院	故畫 03066
孟母移居	軸	紙	設色	148.3 x 118.6		台北 故宮博物院	故畫 03067
戲嬰圖	橫幅	紙	設色	73.6 x 113.3		台北 故宮博物院	故畫 03068
歸猿洞故事	軸	紙	設色	193.1 x 94.2		台北 故宮博物院	故畫 03069
吹簫召鶴	軸	紙	設色	181.1 x 91		台北 故宮博物院	故畫 03070
放鶴圖	軸	紙	設色	156 x 106.4		台北 故宮博物院	故畫 03071

名稱	形式	質地	色彩	尺寸 高×寬㎝	創作時間	收藏處所	典藏號碼
遙圃採芝圖	軸	紙	設色	188.2 × 87.9		台北 故宮博物院	故畫 03072
探梅圖	軸	紙	設色	204.1 × 88.4		台北 故宮博物院	故畫 03073
仙館澄秋	橫幅	紙	設色	140.5 × 167.4		台北 故宮博物院	故畫 03755
探梅圖	軸	紙	設色	151 × 47		香港 香港美術館・虛白齋	XB1992.162
觀音大士圖	軸	絹	設色	不詳	乾隆二十六年（辛巳，1761）	瀋陽 故宮博物院	
婕妤擋熊圖	軸	紙	設色	不詳		北京 故宮博物院	
負擔圖	軸	紙	設色	140.9 × 55.5		北京 故宮博物院	
虎溪三笑圖	軸	紙	設色	不詳		北京 中國歷史博物館	
歲朝圖	軸	紙	設色	不詳	丙午（乾隆五十一年，1786）	北京 首都博物館	
仙踪欽伏圖	軸	紙	設色	190 × 109		承德 河北省承德避暑山莊博物館	
蓮塘納涼圖	軸	絹	設色	56.9 × 65.1	乾隆甲戌（十九年，1754）秋日	上海 上海博物館	
仕女投壺圖	軸	紙	設色	不詳		上海 上海博物館	
聞喜圖	軸	紙	設色	177.5 × 64.5		廣州 廣東省博物館	
園苑書簡圖	軸	紙	設色	不詳	壬午（乾隆二十七年，1762）秋仲	日本 東京張允中先生	
春元兆瑞圖	軸	紙	設色	154.8 × 84.3		日本 大阪市立美術館	
師夏珪畫意山水圖	軸	紙	水墨	157.5 × 46.1		日本 私人	
古木修篁（金廷標仿陳書畫冊之1）	冊頁	紙	水墨	不詳		台北 故宮博物院	故畫 03384-1
萊菔霜松（金廷標仿陳書畫冊之2）	冊頁	紙	設色	不詳		台北 故宮博物院	故畫 03384-2
仙果珍禽（金廷標仿陳書畫冊之3）	冊頁	紙	設色	不詳		台北 故宮博物院	故畫 03384-3

名稱	形式	質地	色彩	尺寸 高x寬cm	創作時間	收藏處所	典藏號碼
雜果（金廷標仿陳書畫冊之4）	冊頁	紙	設色	不詳		台北 故宮博物院	故畫 03384-4
眠犬（金廷標仿陳書畫冊之5）	冊頁	紙	設色	不詳		台北 故宮博物院	故畫 03384-5
蝴蝶鳳仙牡丹（金廷標仿陳書畫冊之6）	冊頁	紙	設色	不詳		台北 故宮博物院	故畫 03384-6
古柏奇石（金廷標仿陳書畫冊之7）	冊頁	紙	水墨	不詳		台北 故宮博物院	故畫 03384-7
春溪水族（金廷標仿陳書畫冊之8）	冊頁	紙	設色	不詳		台北 故宮博物院	故畫 03384-8
梅溪（金廷標仿陳書畫冊之9）	冊頁	紙	設色	不詳		台北 故宮博物院	故畫 03384-9
花籃（金廷標仿陳書畫冊之10）	冊頁	紙	設色	不詳		台北 故宮博物院	故畫 03384-10
琴歌南風（金廷標畫人物事蹟十二幀冊之1）	冊頁	紙	設色	不詳		台北 故宮博物院	故畫 03385-1
喬梓喻教（金廷標畫人物事蹟十二幀冊之2）	冊頁	紙	設色	不詳		台北 故宮博物院	故畫 03385-2
漢陰抱甕（金廷標畫人物事蹟十二幀冊之3）	冊頁	紙	設色	不詳		台北 故宮博物院	故畫 03385-3
遇仙翀舉（金廷標畫人物事蹟十二幀冊之4）	冊頁	紙	設色	不詳		台北 故宮博物院	故畫 03385-4
子猷移竹（金廷標畫人物事蹟十二幀冊之5）	冊頁	紙	設色	不詳		台北 故宮博物院	故畫 03385-5
青溪邀笛（金廷標畫人物事蹟十二幀冊之6）	冊頁	紙	設色	不詳		台北 故宮博物院	故畫 03385-6
折梅寄友（金廷標畫人物事蹟十二幀冊之7）	冊頁	紙	設色	不詳		台北 故宮博物院	故畫 03385-7
廬山觀瀑（金廷標畫人物事蹟十二幀冊之8）	冊頁	紙	設色	不詳		台北 故宮博物院	故畫 03385-8
蕉葉臨書（金廷標畫人物事蹟十二幀冊之9）	冊頁	紙	設色	不詳		台北 故宮博物院	故畫 03385-9
彈鬱輪袍（金廷標畫人物事蹟十二幀冊之10）	冊頁	紙	設色	不詳		台北 故宮博物院	故畫 03385-10
金蓮歸院（金廷標畫人物事蹟十二幀冊之11）	冊頁	紙	設色	不詳		台北 故宮博物院	故畫 03385-11

名稱	形式	質地	色彩	尺寸 高x寬cm	創作時間	收藏處所	典藏號碼
映雪讀書（金廷標畫人物事蹟十二幀冊之12）	冊頁	紙	設色	不詳		台北 故宮博物院	故畫03385-12
秋林牧笛（金廷標畫人物冊之1）	冊頁	紙	設色	不詳		台北 故宮博物院	故畫03386-1
岩壑觀瀑（金廷標畫人物冊之2）	冊頁	紙	設色	不詳		台北 故宮博物院	故畫03386-2
楓林策蹇（金廷標畫人物冊之3）	冊頁	紙	色	不詳		台北 故宮博物院	故畫03386-3
映雪讀書（金廷標畫人物冊之4）	冊頁	紙	色	不詳		台北 故宮博物院	故畫03386-4
白描羅漢（12幀）	冊	紙	水墨	不詳		台北 故宮博物院	故畫03387
竹林酣飲（金廷標畫高宗御製瘦信體詠畫屏風詩冊之1）	冊頁	紙	設色	71.8 x 41.3		台北 故宮博物院	故畫03579-1
太湖采蓮（金廷標畫高宗御製瘦信體詠畫屏風詩冊之2）	冊頁	紙	設色	71.8 x 41.3		台北 故宮博物院	故畫03579-2
梅山高士（金廷標畫高宗御製瘦信體詠畫屏風詩冊之3）	冊頁	紙	設色	71.8 x 41.3		台北 故宮博物院	故畫03579-3
松下雅客（金廷標畫高宗御製瘦信體詠畫屏風詩冊之4）	冊頁	紙	設色	71.8 x 41.3		台北 故宮博物院	故畫03579-4
讌客圖（金廷標畫高宗御製瘦信體詠畫屏風詩冊之5）	冊頁	紙	設色	71.8 x 41.3		台北 故宮博物院	故畫03579-5
宮樂圖（金廷標畫高宗御製瘦信體詠畫屏風詩冊之6）	冊頁	紙	設色	71.8 x 41.3		台北 故宮博物院	故畫03579-6
麗人行（金廷標畫高宗御製瘦信體詠畫屏風詩冊之7）	冊頁	紙	設色	71.8 x 41.3		台北 故宮博物院	故畫03579-7
習禪圖（金廷標畫高宗御製瘦信體詠畫屏風詩冊之8）	冊頁	紙	設色	71.8 x 41.3		台北 故宮博物院	故畫03579-8
山林高士（金廷標畫高宗御製瘦信體詠畫屏風詩冊之9）	冊頁	紙	設色	71.8 x 41.3		台北 故宮博物院	故畫03579-9
秋庭寄懷（金廷標畫高宗御製瘦信體詠畫屏風詩冊之10）	冊頁	紙	設色	71.8 x 41.3		台北 故宮博物院	故畫03579-10
訪賢圖（金廷標畫高宗御製瘦信體詠畫屏風詩冊之11）	冊頁	紙	設色	71.8 x 41.3		台北 故宮博物院	故畫03579-11
柳陰樓台（金廷標畫高宗御製瘦信體詠畫屏風詩冊之12）	冊頁	紙	設色	71.8 x 41.3		台北 故宮博物院	故畫03579-12

名稱	形式	質地	色彩	尺寸 高x寬cm	創作時間	收藏處所	典藏號碼
傑閣熙春（金廷標畫高宗御製瘦信體詠畫屏風詩冊之 13）	冊頁	紙	設色	71.8 x 41.3		台北 故宮博物院	故畫 03579-13
釣綸圖（金廷標畫高宗御製瘦信體詠畫屏風詩冊之 14）	冊頁	紙	設色	71.8 x 41.3		台北 故宮博物院	故畫 03579-14
泉韻溪聲（金廷標畫高宗御製瘦信體詠畫屏風詩冊之 15）	冊頁	紙	設色	71.8 x 41.3		台北 故宮博物院	故畫 03579-15
樓觀仕女（金廷標畫高宗御製瘦信體詠畫屏風詩冊之 16）	冊頁	紙	設色	71.8 x 41.3		台北 故宮博物院	故畫 03579-16
高士圖（金廷標畫高宗御製瘦信體詠畫屏風詩冊之 17）	冊頁	紙	設色	71.8 x 41.3		台北 故宮博物院	故畫 03579-17
資戒圖（金廷標畫高宗御製瘦信體詠畫屏風詩冊之 18）	冊頁	紙	設色	71.8 x 41.3		台北 故宮博物院	故畫 03579-18
行旅圖（金廷標畫高宗御製瘦信體詠畫屏風詩冊之 19）	冊頁	紙	設色	71.8 x 41.3		台北 故宮博物院	故畫 03579-19
幂林蒼匡（金廷標畫高宗御製瘦信體詠畫屏風詩冊之 20）	冊頁	紙	設色	71.8 x 41.3		台北 故宮博物院	故畫 03579-20
深山齋館（金廷標畫高宗御製瘦信體詠畫屏風詩冊之 21）	冊頁	紙	設色	71.8 x 41.3		台北 故宮博物院	故畫 03579-21
樓閣仕女（金廷標畫高宗御製瘦信體詠畫屏風詩冊之 22）	冊頁	紙	設色	71.8 x 41.3		台北 故宮博物院	故畫 03579-22
曲江風帆（金廷標畫高宗御製瘦信體詠畫屏風詩冊之 23）	冊頁	紙	設色	71.8 x 41.3		台北 故宮博物院	故畫 03579-23
松屋書翰（金廷標畫高宗御製瘦信體詠畫屏風詩冊之 24）	冊頁	紙	設色	71.8 x 41.3		台北 故宮博物院	故畫 03579-24
花卉山水人物圖（12 幀）	冊	紙	水墨	不詳	乾隆戊寅（二十三年，1758）清和月	上海 上海博物館	
道釋人物圖（10 幀）	冊	紙	水墨	（每幀）6.7 x 12.8		美國 史坦福大學藝術博物館	82.214.3

附：

名稱	形式	質地	色彩	尺寸 高x寬cm	創作時間	收藏處所	典藏號碼
溪灼扶筇圖（高宗御題）	橫幅	紙	設色	129.5 x 64.4	高宗題於丁亥（乾隆三十二年，1767）	香港 蘇富比藝品拍賣公司/拍賣目錄 1999,10,31.	

畫家小傳：金廷標。字士揆。浙江烏程人。生年不詳，卒於高宗乾隆三十二（1767）年。善畫人物、山水、花卉，亦能寫照。高宗乾隆二十五（1760）南巡，以呈畫獲賞入奉內廷，見重於高宗。（見國朝畫徵錄、墨香居畫識、熙朝名畫錄、芝庭詩稿、中國畫家人名大辭典）

名稱	形式	質地	色彩	尺寸 高×寬㎝	創作時間	收藏處所	典藏號碼

余　穉

端陽景圖	軸	紙	設色	不詳		北京 故宮博物院	
五友圖（余省、馬逸、余穉、馬栩、蒼谷子合作）	軸	絹	設色	不詳		揚州 江蘇省揚州市博物館	
虞美人雙蝶（繪山水樓台冊之第4幀）	冊頁	絹	設色	不詳		台北 故宮博物院	故畫 03575-4
花鳥圖（12幀）	冊	絹	設色	不詳		北京 故宮博物院	
杞菊圖	摺扇面	紙	設色	不詳	庚辰（乾隆二十五年，1760）	常熟 江蘇省常熟市文物管理委員會	

附：

| 歲朝圖 | 軸 | 紙 | 設色 | 不詳 | 乾隆二十九年（甲申，1764）元旦 | 蘇州 蘇州市文物商店 | |

畫家小傳：余穉。字南州。江蘇常熟人。余省之弟。亦善畫花鳥。同時供奉高宗畫院。流傳署款紀年作品見於高宗乾隆二十五（1760）、二十九（1764）年。（見國朝畫識、歷代畫史彙傳、中國畫家人名大辭典）

馬　栩

| 五友圖（余省、馬逸、余穉、馬栩、蒼谷子合作） | 軸 | 絹 | 設色 | 不詳 | | 揚州 江蘇省揚州市博物館 | |

畫家小傳：馬栩。畫史無載。與余省、余穉同時。身世待考。

蒼谷子

| 五友圖（余省、馬逸、余穉、馬栩、蒼谷子合作） | 軸 | 絹 | 設色 | 不詳 | | 揚州 江蘇省揚州市博物館 | |

畫家小傳：蒼谷子。畫史無載。與余省、余穉同時。身世待考。

彭　棨

| 白描九歌圖（13幀） | 冊 | 紙 | 水墨 | 不詳 | 乾隆庚辰（二十五年，1760）秋 | 上海 上海博物館 | |
| 山水圖（8幀） | 冊 | 紙 | 水墨 | 不詳 | 丁亥（乾隆三十二年，1767） | 杭州 浙江省博物館 | |

畫家小傳：彭棨。字亦堂。湖北漢陽人。彭湘懷子。承家學，亦工詩畫。流傳署款紀年作品見於高宗乾隆二十五（1760）、三十二（1767）年。（見墨林今話、中國畫家人名大辭典）

吳博垕

名稱	形式	質地	色彩	尺寸 高x寬㎝	創作時間	收藏處所	典藏號碼
柳塘魚影圖	軸	絹	設色	不詳	乾隆己丑（三十四年，1769）仲春	南京 南京博物院	
長林秋日圖	軸	紙	設色	91.8 x 43.8	庚辰（乾隆二十五年，1760）秋	蘇州 江蘇省蘇州博物館	
花鳥圖（12幀）	冊	絹	設色	不詳	乾隆戊子（三十三年，1768）	天津 天津市藝術博物館	

畫家小傳：吳博垕。號補齋。江蘇松陵人，僑寓吳門。初託業於寫真。已而棄攻花鳥，尤善草蟲、鯰魚，點綴生動，有荒野之趣。為王武、惲壽平之後繼。流傳署款紀年作品見於高宗乾隆二十五(1760)至三十四(1769)年。（見墨香居畫識、墨林今話、中國畫家人名大辭典）

張 騱

| 艮泉十二景圖（清謝蘭生等艮泉十二景圖二卷之1段） | 2卷 | 紙 | 設色 | 不詳 | 乙亥（嘉慶二十年1815） | 廣州 廣州市美術館 | |
| 山水（張鏐、張騱山水合璧冊8之4幀） | 冊頁 | 紙 | 設色 | 不詳 | 庚辰（乾隆二十五年，1760） | 上海 上海博物館 | |

畫家小傳：張騱。畫史無載。流傳署款紀年作品約見於高宗乾隆二十五(1760)年至仁宗嘉慶二十（1815）年。身世待考。

張如芝

山水圖	軸	絹	設色	134.7 x 52	庚辰（乾隆二十五年，1760）	香港 何耀光至樂樓	
山水人物圖	軸	絹	水墨	111.5 x 57		香港 中文大學中國文化研究所文物館	
為嗣裕作山水圖	軸	絹	設色	120.5 x 50	辛未（嘉慶十六年，1811）九秋	香港 香港美術館	FA1973.029
山水圖	軸	絹	設色	不詳	辛未（嘉慶十六年，1811）秋七月	北京 中央工藝美術學院	
山水圖（謝蘭生山水圖冊之9，與謝蘭生合作）	冊頁	絹	淺設色	不詳		香港 潘祖堯小聽颿樓	CP26i
山水圖（謝蘭生山水圖冊之10，與謝蘭生合作）	冊頁	絹	水墨	不詳		香港 潘祖堯小聽颿樓	CP26j
仿藍瑛山水圖（謝蘭生山水圖冊之11，與謝蘭生合作）	冊頁	絹	設色	不詳		香港 潘祖堯小聽颿樓	CP26k
竹石圖（謝蘭生山水圖冊之12，與謝蘭生合作）	冊頁	絹	設色	不詳		香港 潘祖堯小聽颿樓	CP261

名稱	形式	質地	色彩	尺寸 高×寬㎝	創作時間	收藏處所	典藏號碼
山水圖（清宋葆淳等山水冊12之2幀	冊頁	紙	設色	44 × 25.5		廣州 廣州市美術館	
附：							
柳波春褉圖	卷	絹	水墨	不詳	甲戌（嘉慶十九年 上海 朵雲軒，1814）		

畫家小傳：張如芝。字墨地，一字默遲。號默道人。廣東順德人。生年不詳。卒於宣宗道光四（1824）年。高宗乾隆五十三（1788）年舉人。工書，善畫。畫山水，由王翬、王原祁上追黃公望、董源，秀潤中有書卷氣。流傳署款紀年作品見於高宗乾隆二十五（1760）年，至仁宗嘉慶十九（1814）年。（見墨林今話、嶺南畫徵錄、中國畫家人名大辭典）

戴應宏

幽峪荷風圖	軸	絹	設色	225 × 130.3	庚辰（乾隆二十五年，1760）	天津 天津市藝術博物館	

畫家小傳：戴應宏。揚州人。身世不詳。善畫山水，淹潤有致。流傳署款紀年作品見於高宗乾隆二十五（1760）年。（見歷代畫史彙傳附錄、中國畫家人名大辭典）

高

指畫鍾馗圖	軸	紙	水墨	118.3 × 66	庚辰（乾隆二十五年，1760）	天津 天津市藝術博物館	
山水圖（12幀）	冊	絹	設色	不詳	嘉慶丁卯（十二年，1807）	天津 天津市歷史博物館	

畫家小傳：高蔵。字蒼巖。東北遼陽人。隸滿籍漢軍。為高其佩從孫。善畫山水，指畫得家傳。流傳署款紀年作品見於高宗乾隆二十五（1760）年至仁宗嘉慶十二（1807）年。（見劍光樓筆記、中國畫家人名大辭典）

佘國觀

竹石圖（12幀）	冊	紙	水墨	不詳	庚辰（乾隆二十五年，1760）	石家莊 河北省博物館	
蘭竹石圖（7幀）	冊	紙	水墨	不詳	壬寅（乾隆四十七年，1782）五月	杭州 浙江省博物館	

畫家小傳：佘國觀。字顯若。號石癡、竹西。江蘇揚州人，寄居宛平。父佘熙璋為王原祁弟子。生而機巧，通習六藝，善篆刻，工寫蘭竹，喜作新篁，令見者心爽。流傳署款紀年作品見於高宗乾隆二十五（1760）至四十七（1782）年。（見墨香居畫識、墨林今話、讀畫閒評、中國畫家人名大辭典）

黃 洲

騎驢圖	軸	紙	設色	121 × 60.5	庚辰（乾隆二十五年	天津 天津市歷史博物館	

名稱	形式	質地	色彩	尺寸 高x寬cm	創作時間	收藏處所	典藏號碼

年，1760）

畫家小傳：黃洲。畫史無載。流傳署款紀年作品見於高宗乾隆二十五(1760)年。身世待考。

王孫耀

| 仿大癡山水圖 | 軸 | 紙 | 水墨 | 不詳 | | 南京 南京博物院 | |

畫家小傳：王孫耀。字鳳超。號秦樵。江蘇松江人。父王香谷善寫生，承家學，早擅畫名。工花卉，兼及山水，臨摹沈周、文徵明等人手蹟，幾欲亂真。（見墨香居畫識、中國畫家人名大辭典）

張應均

| 岳南森秀圖 | 軸 | 紙 | 水墨 | 不詳 | 庚戌（乾隆五十五
年，1790） | 長春 吉林省博物館 | |
| 雁山紀游圖（12幀） | 冊 | 紙 | 水墨 | 不詳 | | 蘇州 江蘇省蘇州博物館 | |

畫家小傳：張應均。字星纏。號東畬。浙江元和人。乾隆廿五(1760)、二十七年，聯舉京兆副車。工詩，能畫山水。初得董邦達指授，筆法醇正。後官蜀中，得體會自然山水之助，則專趨濃厚，深得米家畫旨。又畫墨梅，則彷彿陳嘉言。流傳署款紀年作品見於高宗乾隆五十五(1790)年。（見墨香居畫識、墨林今話、中國畫家人名大辭典）

桂 馥

| 自寫行看子像（紀昀、翁方綱
等人題跋） | 軸 | 紙 | 水墨 | 不詳 | 乾隆乙卯（六十年
，1795）歲除 | 北京 故宮博物院 | |

畫家小傳：桂馥。字冬卉。號未谷、老苔。山東曲阜人。生於高宗乾隆元(1736)年，卒於嘉慶十(1805)年。乾隆五十五(1790)年進士。學問該博。精考據，善漢隸、篆刻。晚年好寫生，間作墨竹，別饒古韻，意趣橫溢。（見墨林今話、桐陰論畫、中國畫家人名大辭典）

趙 森

| 白描十八羅漢圖 | 軸 | 紙 | 水墨 | 不詳 | 嘉慶己巳（十四年
，1809）春三月望
後二日 | 南京 南京博物院 | |

畫家小傳：趙森。字楚山。號松麓。浙江仁和人。生於高宗乾隆元 1736）年，仁宗嘉慶十四(1809)年尚在世。性至孝。年四十始學畫。山水、人物俱入妙品。（見杭郡詩輯、清畫家詩史、中國美術家人名辭典）

方 薰

聽竹軒圖	卷	紙	水墨	20.5 × 88.7		台南 石允文先生	
四時花卉圖	卷	紙	水墨	19.8 × ？		香港 劉作籌虛白齋	128
守歲圖	卷	紙	設色	不詳	壬子（乾隆五十七 年，1792）	北京 故宮博物院	

名稱	形式	質地	色彩	尺寸 高×寬㎝	創作時間	收藏處所	典藏號碼
春水居圖	卷	紙	水墨	27.1 × 66.8	壬子（乾隆五十七年，1792）	北京 故宮博物院	
閩嶠紀遊圖	卷	紙	設色	不詳	戊申（乾隆五十三年，1788）	北京 中國歷史博物館	
臨倪瓚貞松介石圖	卷	紙	水墨	29.6 × 68.5	乾隆四十七年（壬寅，1782）	天津 天津市藝術博物館	
南湖小景圖	卷	紙	設色	不詳	辛亥（乾隆五十六年，1791）	天津 天津市藝術博物館	
前後赤壁賦圖（2段）	卷	紙	水墨	不詳		天津 天津市藝術博物館	
摹杜菫崆峒子藩邸宴歸圖	卷	紙	水墨	15.1 × 123.5		天津 天津市藝術博物館	
藩邸宴歸圖	卷	紙	水墨	15.2 × 124.2		天津 天津市藝術博物館	
花卉圖	卷	紙	設色	29.5 × 551.3	辛丑（乾隆四十六年，1781）秋七月上浣	上海 上海博物館	
仿錢選四季花卉圖	卷	灑金箋	設色	不詳	嘉慶丙辰（元年，1796）秋日	上海 上海博物館	
張士榮肖像	卷	紙	設色	不詳	戊午（嘉慶三年，1798）	上海 上海博物館	
蜀江山水（2段（	卷	紙	設色	23.5 × 69.2 不等		上海 上海博物館	
詩龕圖（黃均、方薰、朱鶴年、朱昂之、朱本、張崟、朱文新、嚴鈺、吳應年等作詩龕圖合璧卷之1）	卷	紙	設色	不詳	嘉慶丙寅（十一年，1806）	鎮江 江蘇省鎮江市博物館	
南湖泛舟圖	卷	絹	設色	不詳		鎮江 江蘇省鎮江市博物館	
仿倪瓚枯木竹石圖	卷	紙	水墨	不詳	壬寅（乾隆四十七年，1782）	瑞安 浙江省瑞安縣文管會	
壽雪山房圖	卷	紙	水墨	27.3 × 97		日本 東京河井荃廬先生	
秋山行旅圖	軸	紙	設色	176.2 × 93.2		台北 國泰美術館	
倣陸廣山居清適圖	軸	紙	設色	62.1 × 24.7		香港 鄭德坤木扉	
南瓜葫蘆圖	橫披	紙	水墨	18 × 67.6		香港 李潤桓心泉閣	

名稱	形式	質地	色彩	尺寸 高×寬㎝	創作時間	收藏處所	典藏號碼
補李珂亭像	軸	紙	設色	不詳	乾隆壬子（五十七年，1792）	北京 故宮博物院	
映花書屋圖	軸	紙	設色	125.6 × 33.2	乾隆乙卯（六十年，1795）	北京 故宮博物院	
朱鴻猷傳像（張璿華、方薰合作）	軸	紙	設色	不詳		北京 故宮博物院	
花鳥圖	軸	絹	設色	不詳	甲午（乾隆三十九年，1774）	上海 上海博物館	
墨竹圖	軸	紙	水墨	不詳	乾隆丙午（五十一年，1786）	上海 上海博物館	
仿曹知白山水圖	軸	絹	水墨	不詳	壬子（乾隆五十七年，1792）	上海 上海博物館	
桃花圖	軸	紙	設色	128.5 × 42.4	乾隆甲寅（五十九年，1794）	上海 上海博物館	
仿吳鎮山水圖	軸	紙	水墨	不詳	嘉慶丙辰（元年，1796）	上海 上海博物館	
春蔬圖	軸	絹	設色	不詳	嘉慶戊午（三年，1798）	上海 上海博物館	
仿王蒙松泉圖	軸	紙	水墨	不詳		上海 上海博物館	
古寺白雲圖	軸	紙	水墨	不詳		上海 上海博物館	
竹圖	軸	紙	水墨	不詳		上海 上海博物館	
陡壑密林圖	軸	紙	水墨	120.3 × 33.8		上海 上海博物館	
鍾馗像	軸	紙	設色	不詳		上海 上海博物館	
梅竹圖	軸	絹	設色	不詳		南京 南京博物院	
海闊天空圖	軸	紙	設色	84.5 × 32.7	乙卯（乾隆六十年，1795）	蘇州 江蘇省蘇州博物館	
柏樹靈芝圖	軸	紙	設色	不詳		蘇州 江蘇省蘇州博物館	
芙蓉幽石圖	軸	紙	設色	不詳	丙午（乾隆五十一年，1786）夏日	杭州 浙江省博物館	
松、桂、竹、梅圖（4幅）	軸	絹	設色	不詳	乾隆甲寅（五十九年，1794）	杭州 浙江省博物館	
赤壁夜遊圖	軸	紙	設色	不詳	嘉慶戊午（三年，1798）秋八月既望	杭州 浙江省博物館	

名稱	形式	質地	色彩	尺寸 高×寬cm	創作時間	收藏處所	典藏號碼
白衣大士圖	軸	紙	水墨	不詳		杭州 浙江省博物館	
松風月影圖	軸	絹	水墨	不詳		杭州 浙江省博物館	
蘭竹石圖	軸	紙	設色	119.5 × 43.9		杭州 浙江省博物館	
花卉圖（4幅）	軸	紙	設色	不詳		杭州 浙江省博物館	
秋葵圖	軸	絹	設色	不詳		杭州 浙江省杭州西泠印社	
百二十齡圖	軸	紙	設色	不詳		嘉興 浙江省嘉興市博物館	
桃榴橘三多圖	軸	絹	設色	92 × 36.5	乾隆甲寅（五十九年，1794）秋日	平湖 浙江省平湖縣博物館	
盆蘭竹石圖	軸	紙	設色	不詳	乾隆己酉（五十四年，1789）	廣州 廣東省博物館	
芭蕉竹石圖	軸	紙	設色	121.5 × 40.5	嘉慶戊午（三年，1798）	廣州 廣東省博物館	
富春山居圖	軸	紙	設色	122 × 44.5	乾隆辛丑（四十六年，1781）秋日	廣州 廣州市美術館	
新篁寒菊圖	軸	紙	設色	147.2 × 36.1		日本 京都國立博物館（上野有竹齋寄贈）	A甲216
山水（觀瀑圖）	軸	紙	水墨	116.5 × 29.7	乾隆五十九年甲寅（1794）首夏	日本 東京細川護貞先生	
長松芝石圖	軸	紙	設色	不詳		日本 兵庫縣藪本莊五郎先生	
紅梅孤鶴圖	軸	絹	設色	135.2 × 42.9		日本 私人	
水仙竹石圖	軸	紙	水墨	141.7 × 49.3		美國 印地安阿波里斯市藝術博物館	TR8145
桐陰書屋圖	軸	紙	設色	100.5 × 32.7		美國 夏威夷火魯奴奴藝術學院	5512.1
吳派山水圖	軸	紙	設色	不詳		美國 火魯奴奴 Hutchinson 先生	
蘭荷圖（清花卉畫冊六冊5）	冊頁	紙	設色	16.3 × 50		台北 故宮博物院	故畫03522-5
山水圖（12幀）	冊	紙	設色	（每幀）24 × 20	戊子（乾隆三十三年，1768）秋七月望後三日	台北 長流美術館	
菊石圖	摺扇面	紙	水墨	不詳		北京 中國歷史博物館	
花卉圖（12幀）	冊	紙	設色	不詳	辛亥（乾隆五十六年，1791）	天津 天津市藝術博物館	

名稱	形式	質地	色彩	尺寸 高x寬㎝	創作時間	收藏處所	典藏號碼
仿元人山水圖	冊	紙	水墨	（每幀）15.1 x 15	嘉慶戊午（三年，1798）	天津 天津市藝術博物館	
山水圖（清張賜寧等山水冊12之1幀）	冊頁	紙	設色	不詳		天津 天津市藝術博物館	
蜀道歸裝圖（2幀，為柘田作）	冊	紙	水墨	（每幀）23.4 x 29.5	乾隆辛卯（三十六年，1771）	上海 上海博物館	
山水圖（10幀）	冊	紙	水墨	不詳		上海 上海博物館	
花卉圖（7幀）	冊	絹	設色	不詳		南京 南京博物院	
花卉圖	冊頁	絹	設色	不詳		南京 江蘇省美術館	
花卉圖	冊頁	絹	設色	不詳		南京 江蘇省美術館	
仿古山水圖（12幀）	冊	紙	設色	（每幀）28 x 21	乾隆甲午（三十九年，1774）首夏	常州 江蘇省常州市文物管理委員會	
山水圖（8幀）	冊	紙	設色	不詳	辛酉（嘉慶六年，1801）	杭州 浙江省博物館	
花果圖（12幀）	冊	絹	設色	不詳		杭州 浙江省博物館	
仿范中立法山水圖	摺扇面	紙	設色	16.9 x 51.8	嘉慶丙辰（元年，1796）秋日	日本 東京國立博物館	
山水圖（10幀）	冊	紙	水墨、設色	不詳		美國 火魯奴奴 Hutchinson 先生	
牡丹萱花圖	摺扇面	紙	設色	19.5 x 54.2		德國 柏林東亞藝術博物館	1988-217

附：

名稱	形式	質地	色彩	尺寸 高x寬㎝	創作時間	收藏處所	典藏號碼
張用里廬墓圖	卷	紙	水墨	不詳	乾隆乙巳（五十年，1785）	上海 上海文物商店	
秋寺尋詩圖	卷	紙	設色	30.5 x 126	乾隆乙卯（六十年，1795）	無錫 無錫市文物商店	
四季花果圖	卷	紙	設色	24.5 x 252	己酉（乾隆五十四年，1789）秋日	紐約 佳士得藝品拍賣公司/拍賣目錄 1989,06,01.	
為西汀像補灌蘭圖	軸	紙	設色	不詳	辛亥（乾隆五十六年，1791）冬日	北京 榮寶齋	
湖渚山房圖	軸	紙	設色	不詳	嘉慶戊午（三年，1798）	上海 朵雲軒	
擬徐崇嗣牡丹圖	軸	絹	設色	不詳		上海 朵雲軒	
說研圖	軸	紙	設色	不詳	戊戌（乾隆四十三年，1778）夏五月	上海 上海文物商店	

名稱	形式	質地	色彩	尺寸 高×寬㎝	創作時間	收藏處所	典藏號碼
法宋人瓜蔬圖	軸	紙	設色	86.2 × 52.6		紐約 蘇富比藝品拍賣公司/拍賣目錄 1981.10.25.	
竹石水仙圖	軸	紙	水墨	141 × 49.5		紐約 蘇富比藝品拍賣公司/拍賣目錄 1984,06,13.	
仿王蒙山水圖	軸	紙	設色	131.5 × 52.7	戊申（乾隆五十三年，1788）秋七月既望	紐約 佳士得藝品拍賣公司/拍賣目錄 1994,06,01.	
竹石圖（錢載、方薰合作）	軸	絹	水墨	162.5 × 42.8	乙巳（乾隆五十年，1785）秋仲	紐約 佳士得藝品拍賣公司/拍賣目錄 1994,06,01.	
李子圖	軸	絹	設色	99.3 × 25.8		香港 佳士得藝品拍賣公司/拍賣目錄 1995,10,29.	
山水圖（清人雜畫扇面冊之1幀）	摺扇面	紙	水墨	不詳		北京 北京市工藝品進出口公司	
山水圖（12幀）	冊	紙	設色	（每幀）28.5 × 34	嘉慶二年（丁巳，1797）初春	紐約 佳士得藝品拍賣公司/拍賣目錄 1990,05,31.	

畫家小傳：方薰。字蘭士，亦字懶儒。號蘭坻、蘭如、樗盦生、語兒鄉農等。浙江石門人。方楘之子。生於高宗乾隆元（1736）年，仁宗嘉慶八（1803）年尚在世。工詩詞。善畫，山水、花鳥、人物、草蟲，悉臻其勝，筆趣直追元人。（見墨香居畫識、桐陰論畫、墨林今話、讀畫閒評、懷舊集、中國畫家人名大辭典）

黃 呂

名稱	形式	質地	色彩	尺寸 高×寬㎝	創作時間	收藏處所	典藏號碼
曲阿小築圖	軸	紙	水墨			合肥 安徽省博物館	
秋海棠圖	軸	紙	設色			合肥 安徽省博物館	
溪山晴霽圖	軸	紙	設色			合肥 安徽省博物館	
山水圖	軸	絹	設色	63.3 × 31.2		日本 東京河井荃廬先生	
黃山異卉圖（？幀）	冊	絹	設色	不詳		北京 故宮博物院	
山水圖（13幀）	冊	紙	設色	（每幀）22.5 × 15.5		合肥 安徽省博物館	
花卉圖（12幀）	冊	絹	設色	不詳	辛巳（乾隆二十六年，1761）	杭州 浙江省博物館	
潭度八景圖（8幀）	冊	紙	設色	不詳		杭州 浙江省博物館	
草亭煙雨（潭上人畫冊之1）	冊頁	紙	設色	16.3 × 19.5		日本 東京細川護貞先生	
高橋新柳（潭上人畫冊之2）	冊頁	紙	設色	16.3 × 19.5		日本 東京細川護貞先生	
水殿寒香（潭上人畫冊之3）	冊頁	紙	設色	16.3 × 19.5		日本 東京細川護貞先生	
土嶺耕雲（潭上人畫冊之4）	冊頁	紙	設色	16.3 × 19.5		日本 東京細川護貞先生	

名稱	形式	質地	色彩	尺寸 高×寬㎝	創作時間	收藏處所	典藏號碼
濱虹反照（潭上人畫冊之5）	冊頁	紙	設色	16.3 × 19.5		日本 東京細川護貞先生	
砂田秋色（潭上人畫冊之6）	冊頁	紙	設色	16.3 × 19.5		日本 東京細川護貞先生	
北麓通樵（潭上人畫冊之7）	冊頁	紙	設色	16.3 × 19.5		日本 東京細川護貞先生	
臨皋待月（潭上人畫冊之8）	冊頁	紙	設色	16.3 × 19.5		日本 東京細川護貞先生	
石磵鳴泉（潭上人畫冊之9）	冊頁	紙	設色	16.3 × 19.5		日本 東京細川護貞先生	
後歸藏春（潭上人畫冊之10）	冊頁	紙	設色	16.3 × 19.5		日本 東京細川護貞先生	
川原寒食（潭上人畫冊之11）	冊頁	紙	設色	16.3 × 19.5		日本 東京細川護貞先生	
屏山列翠（潭上人畫冊之12）	冊頁	紙	設色	16.3 × 19.5		日本 東京細川護貞先生	
中洲散牧（潭上人畫冊之13）	冊頁	紙	設色	16.3 × 19.5		日本 東京細川護貞先生	
湖漲觀漁（潭上人畫冊之14）	冊頁	紙	設色	16.3 × 19.5		日本 東京細川護貞先生	
古社松濤（潭上人畫冊之15）	冊頁	紙	設色	16.3 × 19.5		日本 東京細川護貞先生	
寒山踏雪（潭上人畫冊之16）	冊頁	紙	設色	16.3 × 19.5		日本 東京細川護貞先生	
附：							
山水（10幀）	冊	紙	設色	（每幀）14.5 × 19		紐約 佳士得藝品拍賣公司/拍賣目錄 1989,12,04.	

畫家小傳：黃呂。字次黃。號六鳳山人。安徽歙縣人。承繼家學，工詩文，精繪事，凡山水、花鳥、蟲魚，縱筆臻妙。每畫作自題詩、自鐫印，有「四美具」之稱。流傳署款紀年作品見於高宗乾隆二十六(1761)年。（見墨香居畫識、中國畫家人名大辭典）

王古山

山水圖	軸	綾	設色	98.5 × 28.8	乾隆辛巳（二十六年，1761）春二月	日本 大阪橋本大乙先生	

畫家小傳：王古山。畫史無載。流傳署款紀年作品見於高宗乾隆二十六(1761)年。身世待考。

高　秉

指畫雜畫（12幀）	冊	紙	設色	（每幀）24 × 30.5	乾隆辛巳（二十六年，1761）夏五月	瀋陽 故宮博物館	

畫家小傳：高秉。字青疇。號澤公。晚號蒙叟。漢軍鑲黃旗人。為高其佩從孫。由官學生得恩監。遂托志丹青，逍遙詩酒。又善摹印。撰有指頭畫說行世。流傳署款紀年作品見於高宗乾隆二十六(1761)年。（見八旗畫錄、飛鴻堂印人傳、中國美術家人名辭典）

徐　岡

花鳥圖	卷	紙	設色	27.2 × ?		日本 私人	
竹石麻雀圖	軸	紙	水墨	不詳	辛巳（乾隆二十六年，1761）	北京 故宮博物院	
秋樹鵯鴿圖	軸	紙	設色	132.7 × 29.6		天津 天津市藝術博物館	

名稱	形式	質地	色彩	尺寸 高×寬㎝	創作時間	收藏處所	典藏號碼
海棠白頭圖	軸	紙	設色	168.7 × 42.9		天津 天津市藝術博物館	
秋曉翠羽圖	軸	紙	設色	131.9 × 63	甲戌（乾隆二十九年，1764）初秋	上海 上海博物館	
櫻桃畫眉圖	軸	紙	設色	179.5 × 47.4		杭州 浙江省博物館	
花鳥圖（8幀）	冊	絹	設色	（每幀）37.9 × 27.7		上海 上海博物館	
附：							
石榴雙雀圖	軸	紙	設色	122.1 × 29.5		上海 上海文物商店	
菊石畫眉圖	軸	紙	設色	114.9 × 29.8		紐約 佳士得藝品拍賣公司/拍賣目錄 1995,09,19.	

畫家小傳：徐岡。字九成。號瓶山。浙江錢塘人。家貧，以賣畫為生。善畫山水、人物、花鳥，一以華喦為師。流傳署款紀年作品見於高宗乾隆二十六（1761）、二十九(1764)年。（見墨林今話、中國畫家人名大辭典）

瞿　麐

名稱	形式	質地	色彩	尺寸 高×寬㎝	創作時間	收藏處所	典藏號碼
百尺高崖圖	軸	紙	設色	不詳	辛巳（乾隆二十六年，1761）	無錫 江蘇省無錫市博物館	
松崖書屋圖	軸	紙	設色	160 × 65	壬午（乾隆二十七年，1762）立夏後二日	南寧 廣西壯族自治區博物館	
山水圖	軸	紙	設色	不詳	道光壬午（二年，1822）立夏後二日	南寧 廣西壯族自治區博物館	

畫家小傳：瞿麐。字翠巖。昭文人。善畫山水，初從姜松山學，後專臨王石谷，學力並深。鉤勒渲染，秀潤沉厚。流傳署款紀年作品見於高宗乾隆二十六（1761）年，至宣宗道光二(1822)年。（見墨香居畫識、墨林今話、海上墨林、中國畫家人名大辭典）

莊盤珠

名稱	形式	質地	色彩	尺寸 高×寬㎝	創作時間	收藏處所	典藏號碼
牡丹圖	軸	紙	水墨	不詳	辛巳（乾隆二十六年，1761）	無錫 江蘇省無錫市博物館	

畫家小傳：莊盤珠。畫史無載。流傳署款紀年作品見於高宗乾隆廿六(1761)年。身世待考。

曹於道

名稱	形式	質地	色彩	尺寸 高×寬㎝	創作時間	收藏處所	典藏號碼

附：

| 蘭亭圖 | 軸 | 絹 | 水墨 | 不詳 | 乾隆辛巳（二十六年，1761） | 上海 上海文物商店 | |

畫家小傳：曹於道。畫史無載。流傳署款紀年作品見於高宗乾隆二十六(1761)年。身世待考。

邱 鑑

| 芙蓉蘆雁圖 | 軸 | 絹 | 設色 | 不詳 | | 合肥 安徽省博物館 | |
| 梅竹雙鶴圖 | 軸 | 紙 | 設色 | 170 × 95 | 乾隆辛巳（二十六年，1761） | 杭州 浙江省博物館 | |

畫家小傳：邱鑑。畫史無載。流傳署款紀年作品見於高宗乾隆二十六(1761)年。身世待考。

李秉德

百齡圖（清思上篤等五十二人合作）	卷	紙	水墨、設色	不詳		日本 中埜又左衛門先生	
木樨花圖	軸	紙	設色	不詳		上海 上海博物館	
茶花（李秉德臨張偉花果魚鳥冊之1）	冊頁	絹	設色	不詳		台北 故宮博物院	故畫03397-1
梨花（李秉德臨張偉花果魚鳥冊之2）	冊頁	絹	設色	不詳		台北 故宮博物院	故畫03397-2
桃花（李秉德臨張偉花果魚鳥冊之3）	冊頁	絹	設色	不詳		台北 故宮博物院	故畫03397-3
海棠（李秉德臨張偉花果魚鳥冊之4）	冊頁	絹	設色	不詳		台北 故宮博物院	故畫03397-4
牡丹（李秉德臨張偉花果魚鳥冊之5）	冊頁	絹	設色	不詳		台北 故宮博物院	故畫03397-5
石榴（李秉德臨張偉花果魚鳥冊之6）	冊頁	絹	設色	不詳		台北 故宮博物院	故畫03397-6
紫藤（李秉德臨張偉花果魚鳥冊之7）	冊頁	絹	設色	不詳		台北 故宮博物院	故畫03397-7
月季（李秉德臨張偉花果魚鳥冊之8）	冊頁	絹	設色	不詳		台北 故宮博物院	故畫03397-8
櫻桃（李秉德臨張偉花果魚鳥冊之9）	冊頁	絹	設色	不詳		台北 故宮博物院	故畫03397-9
罌粟（李秉德臨張偉花果魚鳥	冊頁	絹	設色	不詳		台北 故宮博物院	故畫03397-10

名稱	形式	質地	色彩	尺寸 高×寬㎝	創作時間	收藏處所	典藏號碼
冊之10）							
剪秋羅（李秉德臨張偉花果魚鳥冊之11）	冊頁	絹	設色	不詳		台北 故宮博物院	故畫03397-11
百合花（李秉德臨張偉花果魚鳥冊之12）	冊頁	絹	設色	不詳		台北 故宮博物院	故畫03397-12
金風花（李秉德臨張偉花果魚鳥冊之13）	冊頁	絹	設色	不詳		台北 故宮博物院	故畫03397-13
凌霄花（李秉德臨張偉花果魚鳥冊之14）	冊頁	絹	設色	不詳		台北 故宮博物院	故畫03397-14
蜀葵（李秉德臨張偉花果魚鳥冊之15）	冊頁	絹	設色	不詳		台北 故宮博物院	故畫03397-15
豆花螽斯（李秉德臨張偉花果魚鳥冊之16）	冊頁	絹	設色	不詳		台北 故宮博物院	故畫03397-16
秋海棠（李秉德臨張偉花果魚鳥冊之17）	冊頁	絹	設色	不詳		台北 故宮博物院	故畫03397-17
菊花（李秉德臨張偉花果魚鳥冊之18）	冊頁	絹	設色	不詳		台北 故宮博物院	故畫03397-18
佛手（李秉德臨張偉花果魚鳥冊之19）	冊頁	絹	設色	不詳		台北 故宮博物院	故畫03397-19
野雉（李秉德臨張偉花果魚鳥冊之20）	冊頁	絹	設色	不詳		台北 故宮博物院	故畫03397-20
魚藻（李秉德臨張偉花果魚鳥冊之21）	冊頁	絹	設色	不詳		台北 故宮博物院	故畫03397-21
臘梅（李秉德臨張偉花果魚鳥冊之22）	冊頁	絹	設色	不詳		台北 故宮博物院	故畫03397-22
水仙（李秉德臨張偉花果魚鳥冊之23）	冊頁	絹	設色	不詳		台北 故宮博物院	故畫03397-23
天竺（李秉德臨張偉花果魚鳥冊之24）	冊頁	絹	設色	不詳		台北 故宮博物院	故畫03397-24
附：							
山茶臘梅圖	軸	紙	設色	不詳	乾隆癸丑（五十八年，1793）	北京 中國文物商店總店	
梅茶水仙圖	軸	紙	設色	不詳	乾隆癸丑（五十八年，1793）長至日	北京 中國文物商店總店	

名稱	形式	質地	色彩	尺寸 高×寬㎝	創作時間	收藏處所	典藏號碼

畫家小傳：李秉德。字蕙紉。號浯江、龍池山人。祖籍遂寧，僑寓江蘇吳縣。生於高宗乾隆二（1737）年，卒於仁宗嘉慶十五（1810）年。以諸生獻畫，供奉乾隆畫院。工畫花卉、翎毛，頗能意態秀逸。（見墨香居畫識、墨林今話、中國畫家人名大辭典）

程 琳

名稱	形式	質地	色彩	尺寸 高×寬㎝	創作時間	收藏處所	典藏號碼
職貢圖（黎明、程琳、沈煥、沈慶蘭合作）	卷	絹	設色	不詳		北京 故宮博物院	
紅梅竹綬帶（清程琳畫花鳥甲冊之1）	冊頁	紙	設色	不詳		台北 故宮博物院	故畫 03430-1
紫丁香麻雀（清程琳畫花鳥甲冊之2）	冊頁	紙	設色	不詳		台北 故宮博物院	故畫 03430-2
竹菊麻雀（清程琳畫花鳥甲冊之3）	冊頁	紙	設色	不詳		台北 故宮博物院	故畫 03430-3
臘梅山雀（清程琳畫花鳥甲冊之4）	冊頁	紙	設色	不詳		台北 故宮博物院	故畫 03430-4
牡丹（清程琳畫花鳥乙冊之1）	冊頁	紙	設色	不詳		台北 故宮博物院	故畫 03431-1
荷花（清程琳畫花鳥乙冊之2）	冊頁	紙	設色	不詳		台北 故宮博物院	故畫 03431-2
芙蓉（清程琳畫花鳥乙冊之3）	冊頁	紙	設色	不詳		台北 故宮博物院	故畫 03431-3
水仙（清程琳畫花鳥乙冊之4）	冊頁	紙	設色	不詳		台北 故宮博物院	故畫 03431-4
牡丹（清程琳畫四時花卉冊之1）	冊頁	紙	設色	不詳		台北 故宮博物院	故畫 03432-1
蓮花蘆葦（清程琳畫四時花卉冊之2）	冊頁	紙	設色	不詳		台北 故宮博物院	故畫 03432-2
蘭花（清程琳畫四時花卉冊之3）	冊頁	紙	設色	不詳		台北 故宮博物院	故畫 03432-3
芙蓉（清程琳畫四時花卉冊之4）	冊頁	紙	設色	不詳		台北 故宮博物院	故畫 03432-4
菊花（清程琳畫四時花卉冊之5）	冊頁	紙	設色	不詳		台北 故宮博物院	故畫 03432-5
月季水仙（清程琳畫四時花卉冊之6）	冊頁	紙	設色	不詳		台北 故宮博物院	故畫 03432-6

名稱	形式	質地	色彩	尺寸 高×寬cm	創作時間	收藏處所	典藏號碼
白雉（清程琳瑞表金英冊之2）	冊頁	紙	設色	不詳		台北 故宮博物院	故畫 03577-2

附：

全蜀山水圖	卷	紙	設色	36.8 × 823.1		紐約 佳士得藝品拍賣公司/拍 賣目錄 1987,12,11.	
柳陰放棹	軸	紙	水墨	110.5 × 45.7	壬午（乾隆二十七 年，1762）新秋	紐約 佳士得藝品拍賣公司/拍 賣目錄 1991,05,29.	

畫家小傳：程琳。字雲來。安徽歙縣人，徙居浙江嘉興。善畫花草，尤工水墨牡丹。流傳署款紀年作品見於高宗乾隆廿七（1762）年。
（見國朝畫徵續纂、中國畫家人名大辭典）

文　熹

魚藻圖	軸	紙	水墨	不詳	乾隆壬午（二十七 年，1762）	鎮江 江蘇省鎮江市博物館	

畫家小傳：文熹。畫史無載。流傳署款紀年作品見於高宗乾隆二十七(1762)年。身世待考。

蘇　鶴

附：

出獵圖	軸	絹	設色	不詳	乾隆壬午（二十七 年，1762）	上海 上海文物商店	

畫家小傳：蘇鶴。畫史無載。流傳署款紀年作品見於高宗乾隆二十七(1762)年。身世待考。

朱方靄

梅石圖	軸	紙	水墨	不詳		平湖 浙江省平湖縣博物館	

畫家小傳：朱方靄。字吉人。號春橋。浙江秀水人。朱彝尊族孫。工詩文，為沈德潛高弟。善畫山水，文質相宣，有大家風範；兼工
花卉。高宗乾隆二十七（1762）年，以畫花卉進呈南巡行在，受賞賜，時以為榮。（見墨香居畫識、墨林今話、懷舊稿、中
國畫家人名大辭典）

項　均

梅花圖	軸	紙	設色	不詳	壬辰（乾隆三十七 `年，1772）春暮	北京 故宮博物院	
雜畫圖（10幀，項均、羅聘合 作）	冊	紙	設色、 水墨	不詳	壬午（乾隆二十七 年，1762）秋月	香港 王南屏先生	
梅花圖（12幀）	冊	紙	水墨	（每幀）26 × 30	乙卯（乾隆六十年 ，1795）秋日	北京 故宮博物院	

畫家小傳：項均。籍里、身世不詳。工詩畫。嘗從金農遊，學畫梅，有古意。有時為金農代筆，精鑑別者不能辨。流傳署款紀年作品

名稱	形式	質地	色彩	尺寸 高×寬㎝	創作時間	收藏處所	典藏號碼

見於高宗乾隆二十七（1762）至六十（1795）年。（見冬心先生題跋、萍踪閒記、中國畫家人名大辭典）

王聖火

名稱	形式	質地	色彩	尺寸 高×寬㎝	創作時間	收藏處所	典藏號碼
耆隱曳杖（王聖火畫冊之1）	冊頁	紙	水墨	26.9 × 32.6		台北 故宮博物院	故畫 03416-1
巖間仙境（王聖火畫冊之2）	冊頁	紙	水墨	26.9 × 32.6		台北 故宮博物院	故畫 03416-2
湖村牧牘（王聖火畫冊之3）	冊頁	紙	水墨	26.9 × 32.6		台北 故宮博物院	故畫 03416-3
柳岸帆檣（王聖火畫冊之4）	冊頁	紙	水墨	26.9 × 32.6		台北 故宮博物院	故畫 03416-4
山茵花蛤（王聖火畫冊之5）	冊頁	紙	水墨	26.9 × 32.6		台北 故宮博物院	故畫 03416-5
玉浪天瀉（王聖火畫冊之6）	冊頁	紙	水墨	26.9 × 32.6		台北 故宮博物院	故畫 03416-6
三瞽偕行（王聖火畫冊之7）	冊頁	紙	水墨	26.9 × 32.6		台北 故宮博物院	故畫 03416-7
渡頭斜陽（王聖火畫冊之8）	冊頁	紙	水墨	26.9 × 32.6		台北 故宮博物院	故畫 03416-8
夏蔭飲驥（王聖火畫冊之9）	冊頁	紙	水墨	26.9 × 32.6		台北 故宮博物院	故畫 03416-9
醉臥江干（王聖火畫冊之10）	冊頁	紙	水墨	26.9 × 32.6		台北 故宮博物院	故畫 03416-10
松鶴（王聖火畫冊之11）	冊頁	紙	水墨	26.9 × 32.6		台北 故宮博物院	故畫 03416-11
寒林幽棲（王聖火畫冊之12）	冊頁	紙	水墨	26.9 × 32.6		台北 故宮博物院	故畫 03416-12

畫家小傳：王聖火。畫史無載。身世待考。

張燕昌

名稱	形式	質地	色彩	尺寸 高×寬㎝	創作時間	收藏處所	典藏號碼
雙白印心圖（張燕昌、汪安合作）	軸	紙	水墨	83.5 × 32	丙戌（乾隆三十一年，1766）	天津 天津市藝術博物館	
蘭花圖	軸	紙	水墨	不詳		上海 上海古籍書店	
蘭花圖	軸	紙	水墨	不詳	丙寅（嘉慶十一年，1806）	海鹽 浙江省海鹽縣博物館	
菊花圖	軸	紙	設色	89.7 × 37.6	丁未（乾隆五十二年，1787）清明日	日本 東京河井荃廬先生	
蘭石（仿松雪翁筆）	橫披	紙	水墨	127.3 × 57.6	嘉慶己巳（十四年，1809）嘉平月，時年七十有二	日本 東京河井荃廬先生	
花卉（項穆之、醒甫等雜畫冊22之1幀）	冊頁	紙	設色	約38.5 × 23		上海 上海博物館	

附：

名稱	形式	質地	色彩	尺寸 高×寬㎝	創作時間	收藏處所	典藏號碼
松下清齋圖	摺扇面	紙	水墨	不詳	嘉慶五年（庚申，1800）	常州 常州市文物商店	
山水圖（8幀）	冊	紙	水墨	（每幀）16.9	嘉慶癸亥（八年，	紐約 蘇富比藝品拍賣公司/拍	

名稱	形式	質地	色彩	尺寸 高×寬cm	創作時間	收藏處所	典藏號碼
				× 19.6	1803）九月	賣目錄 1981.10.25.	

畫家小傳：張燕昌。字芑堂。號文漁、金粟山人。浙江海鹽人。生於高宗乾隆三(1738)年，卒於仁宗嘉慶十九(1810)年。乾隆四十二年優貢。嘉慶元年舉考廉方正，為浙西名士。善書工畫。山水、人物兼能，脫俗而饒意趣。(見墨香居畫識、耕硯田齋筆記、墨林今話、桂馨堂集、鷗波漁話、中國畫家人名大辭典)

余 集

名稱	形式	質地	色彩	尺寸 高×寬cm	創作時間	收藏處所	典藏號碼
柳亭水榭圖	軸	紙	設色	66.5 × 27	嘉慶乙丑（十年，1805）春三月	台北 張添根養和堂	
仿唐寅洛神圖	軸	紙	水墨	57.3 × 29.2		香港 羅桂祥先生	
陶淵明像	軸	紙	設色	不詳	辛亥（乾隆五十六年，1791）	瀋陽 遼寧省博物館	
雪漁像（余集、陸槐合作）	軸	紙	設色	不詳	乾隆己酉（五十四年，1789）夏四月上浣	北京 故宮博物院	
月夜弄簫圖	軸	紙	設色	不詳	乙卯（乾隆六十年，1795）夏六月	青島 山東省青島市博物館	
仕女圖	軸	絹	設色	不詳	丁酉（乾隆四十二年，1777）仲夏	南通 江蘇省南通博物苑	
仕女圖	軸	絹	設色	不詳		南通 江蘇省南通博物苑	
姮娥圖	軸	紙	設色	不詳	辛未（嘉慶十六年，1811）	上海 上海博物館	
錦秋集福圖	軸	絹	設色	不詳	辛亥（乾隆五十六年，1791）春正	南京 南京博物院	
宋人詞意圖	軸	絹	設色	93.4 × 34		南京 南京博物院	
畢秋帆像（余集、吳堅合作）	軸	絹	設色	68 × 79		杭州 浙江省杭州市文物考古所	
蘭竹石圖	軸	絹	水墨	不詳	壬寅（乾隆四十七年，1782）	紹興 浙江省紹興市博物館	
散花天女圖	軸	紙	設色	150 × 74		成都 四川大學	
吹簫仕女圖（為閬翁作）	軸	絹	設色	95 × 31	丙辰（嘉慶元年，1796）四月	重慶 重慶市博物館	
墨蘭	軸	金箋	水墨	130.9 × 30.3		日本 東京河井荃盧先生	
冰盤進荔圖	軸	紙	設色	172.7 × 47		美國 密歇根大學藝術博物館	1990/1.188

名稱	形式	質地	色彩	尺寸 高×寬cm	創作時間	收藏處所	典藏號碼
竹雀圖	摺扇面	紙	設色	不詳	癸丑（乾隆五十八年，1793）六月	北京 故宮博物院	
仿陳玉几梅花	摺扇面	紙	水墨	不詳		北京 中國歷史博物館	
棗香書塾授讀圖（為卜臣作）	冊頁	紙	水墨	不詳	甲子（嘉慶九年，1804）冬日	太原 山西省博物館	
虞美人圖	摺扇面	紙	設色	不詳	戊申（康熙五十三年，1740）	寧波 浙江省寧波市天一閣文物保管所	
魚蓮圖	摺扇面	紙	設色	不詳	癸丑（乾隆五十八年，1793）秋月	日本 東京河井荃廬先生	
蘭石圖	摺扇面	金箋	水墨	15.5 x 49		日本 京都國立博物館	A甲577c
三秋集錦圖	摺扇面	紙	設色	不詳	己巳（嘉慶十四年，1809）秋八月	日本 江田勇二先生	
附：							
仕女圖	軸	紙	設色墨	103 x 31.5		北京 中國文物商店總店	
臘梅山茶圖	軸	紙	設色	不詳	辛亥（乾隆五十六年，1791）	濟南 山東省濟南市文物商店	
荷苑消夏圖	軸	紙	設色	127 x 33		紐約 蘇富比藝品拍賣公司/拍賣目錄1981,05,07.	
紐祜祿氏（乾隆帝母親）像	軸	紙	設色	89.5 x 70.5		紐約 佳士得藝品拍賣公司/拍賣目錄1997,09,19.	
春開燕喜圖	軸	紙	設色	89.5 x 41.2	嘉慶乙亥（二十年，1815）冬十月	紐約 蘇富比藝品拍賣公司/拍賣目錄1987,12,08.	
薔薇圖	摺扇面	紙	設色	不詳		揚州 揚州市文物商店	

畫家小傳：余集。字蓉裳。號秋室。浙江仁和人。生於高宗乾隆三（1738）年。卒於宣宗道光三（1823）年。乾隆三十一年進士。官翰林院編修。工書及詩畫。畫善山水、蘭竹，尤擅仕女，筆致秀逸，有「余美人」之目。（見墨香居畫識、桐陰論畫、耕硯田齋筆記、墨林今話、中國畫家人名大辭典）

吳　堅

名稱	形式	質地	色彩	尺寸 高×寬cm	創作時間	收藏處所	典藏號碼
畢秋帆像（余集、吳堅合作）	軸	絹	設色	68 x 79		杭州 浙江省杭州市文物考古所	

畫家小傳：吳堅。畫史無載。與余集同時。身世待考。

袁　樹

名稱	形式	質地	色彩	尺寸 高×寬cm	創作時間	收藏處所	典藏號碼
小倉山房圖（為袁枚作）	卷	紙	設色	39 x 400	癸未（乾隆二十八年，1763）十月	日本 東京國立博物館	

名稱	形式	質地	色彩	尺寸 高×寬cm	創作時間	收藏處所	典藏號碼
蕭寺雲深圖	軸	紙	水墨	126.5 x 29.5		濟南 山東省博物館	

畫家小傳：袁樹。字豆村。號香亭。浙江錢塘人，居江寧。為袁枚從弟。高宗乾隆二十八（1763）年進士。官至廣東肇慶府知府。工詩
　　　詞，精鑒別。善畫山水，筆墨饒自然之趣，簡淨灑脫，有士氣。（見桐陰論畫、墨香居畫識、墨林今話、中國畫家人名大辭典）

華 冠

名稱	形式	質地	色彩	尺寸 高×寬cm	創作時間	收藏處所	典藏號碼
西園重到圖（為青雷作）	卷	紙	水墨	31 x 166.8	戊子（乾隆三十三年，1768）冬日	瀋陽 遼寧省博物館	
閒過竹林院圖	卷	紙	設色	46.4 x 164.2	辛亥（乾隆五十六年，1791）秋日	瀋陽 遼寧省博物館	
綠筠清晝圖	卷	紙	設色	38.2 x 87.6		瀋陽 遼寧省博物館	
鐵保兄弟聯床對雨圖像	卷	紙	設色	不詳	乙巳（乾隆五十年，1785）六月	北京 故宮博物院	
明阿得春圖像	卷	紙	設色	不詳	庚戌（乾隆五十五年，1790）秋日	北京 故宮博物院	
熊枚江春曉鏡圖像	卷	紙	設色	不詳	甲寅（乾隆五十九年，1794）春日	北京 故宮博物院	
費公甘雨應祈圖像	卷	紙	設色	不詳	嘉慶戊午（三年，1798）七月	北京 故宮博物院	
石緣圖	卷	絹	設色	不詳	道光壬午（二年，1822）	北京 北京畫院	
春郊習射圖	卷	紙	設色	39 x 119	乾隆癸未（二十八年，1763）	天津 天津市藝術博物館	
永忠像（永忠自題）	卷	絹	設色	38.1 x 58.2	戊戌（乾隆四十三年，1778）	南京 南京博物院	
香嬰室圖（為伯生作）	卷	紙	設色	不詳	癸酉（嘉慶十八年，1813）立春前一日	南京 南京博物院	
昔醉圖（為詠春作）	卷	紙	設色	不詳	戊辰（嘉慶十三年，1808）	南京 南京博物院	
蔣士銓歸舟安穩圖	卷	紙	設色	不詳		南京 南京博物院	
聽其所止圖（為聽泉作）	卷	紙	設色	不詳	辛亥（乾隆五十六年，1791）六月	無錫 江蘇省無錫市博物館	
楓蔭迎客圖	軸	紙	設色	120 x 53	丙寅（嘉慶十一年，1806）夏仲	台北 張添根養和堂	

名稱	形式	質地	色彩	尺寸 高x寬cm	創作時間	收藏處所	典藏號碼
禮佛圖	軸	紙	水墨	不詳		瀋陽 故宮博物院	
為介亭畫像	軸	紙	設色	不詳		瀋陽 遼寧省博物館	
永瑢水竹風荷圖像	軸	紙	設色	不詳	乙巳（乾隆五十年，1785）	北京 故宮博物院	
芳庭詩意圖	軸	紙	設色	不詳	壬子（乾隆五十七年，1792）	北京 故宮博物院	
余世芩菽水圖	軸	紙	設色	不詳		北京 故宮博物院	
西溪漁隱圖（華冠、張賜寧合作）	軸	紙	設色	194 x 94.5		北京 故宮博物院	
擬古外景圖	軸	紙	設色	不詳	嘉慶己未（四年，1799）	北京 首都博物館	
芑堂圖	軸	紙	設色	不詳	壬戌（嘉慶七年，1802）	合肥 安徽省博物館	
周元理盤山扈蹕圖	軸	紙	設色	不詳		南京 南京博物院	
歲寒三友圖	軸	紙	水墨	不詳	壬戌（嘉慶七年，1802）秋日	無錫 江蘇省無錫市博物館	
立馬看山圖（華冠、華乾合作）	軸	紙	設色	不詳		富陽 浙江省富陽縣文管會	
山水（仿雲林筆意）	軸	紙	水墨	60.6 x 25.1	甲子（嘉慶九年，1804）春夜	日本 東京篠崎都香佐先生	
山水小幅	軸	紙	設色	不詳		日本 京都河野秋邨先生	
法式善像	冊頁	紙	水墨	不詳		北京 故宮博物院	
山水圖（10幀）	冊	紙	設色	（每幀）17 x 22	己亥（乾隆四十四年，1779）初冬	廣州 廣州市美術館	
附：							
方勤襄公宮保竹韻流泉圖	卷	紙	設色	40.6 x 90.8		紐約 蘇富比藝品拍賣公司/拍賣目錄 1984,06,13.	
永瑢小影（時年十七歲）	卷	紙	水墨	31.7 x 104.4	己卯（嘉慶二十四年，1759）	香港 蘇富比藝品拍賣公司/拍賣目錄 1999,10,31.	
仿倪瓚山水圖	軸	絹	水墨	不詳	壬子（乾隆五十七年，1792）小春月	上海 朵雲軒	

畫家小傳：華冠。原名慶冠。字慶吉。號吉崖。江蘇無錫人。工寫照。兼善山水、木石及花卉。高宗南巡，恭寫御容稱旨，被徵入京供奉繪事。後官廣東佛山黃岡同知。流傳署款紀年作品見於高宗乾隆二十八（1763）年，王仁宗嘉慶二十四(1759)年，至文宗咸豐九(1859)年。（見墨香居畫識、墨林今話、清朝書畫家筆記、中國畫家人名大辭典）

名稱	形式	質地	色彩	尺寸 高x寬cm	創作時間	收藏處所	典藏號碼

吳 驥

附：

名稱	形式	質地	色彩	尺寸 高x寬cm	創作時間	收藏處所	典藏號碼
揭缽圖	卷	紙	水墨	29.5 x 437.9	乾隆癸未（二十八年，1763）	上海 上海文物商店	

畫家小傳：吳驥。畫史無載。流傳署款紀年作品見於高宗乾隆二十八(1763)年。身世待考。

杜世綬

名稱	形式	質地	色彩	尺寸 高x寬cm	創作時間	收藏處所	典藏號碼
山水圖（12幀）	冊	紙	水墨	（每幀）23 x 28.3	乾隆癸未（二十八年，1763）	廣州 廣州市美術館	

畫家小傳：杜世綬。畫史無載。流傳署款紀年作品見於高宗乾隆二十八（1763）年。身世待考。

董 潮

名稱	形式	質地	色彩	尺寸 高x寬cm	創作時間	收藏處所	典藏號碼
紅樹秋帆圖	冊頁	紙	設色	不詳		南京 南京博物院	

畫家小傳：董潮。字瞻滄。號東亭、曜仙。江蘇武進人，移居浙江海鹽。高宗乾隆二十八（1763）年進士。工詩畫。與朱琰最善，故亦善畫山水。（見墨香居畫識、讀畫輯略、墨林今話、耕硯田齋筆錄、中國畫家人名大辭典）

錢維喬

名稱	形式	質地	色彩	尺寸 高x寬cm	創作時間	收藏處所	典藏號碼
秋山訪菊圖	卷	紙	設色	不詳	乾隆辛亥（五十六年，1791）	北京 故宮博物院	
自作竹初庵圖	卷	紙	設色	45.8 x 428.5	乾隆己酉（五十四年，1782）七月六日	北京 首都博物館	
溪山無盡圖	卷	紙	設色	45.8 x 690		天津 天津市藝術博物館	
詩龕圖（錢維喬、陳森、朱本、奚岡、黃鉞、王澤、多慶等合作詩龕圖合璧卷之1段）	卷	紙	設色	不詳	己未（嘉慶四年，1799）	鎮江 江蘇省鎮江市博物館	
香蘇草堂圖	卷	紙	水墨	26.7 x 109.3	乾隆戊申（乾隆五十三年，1788）九月二日	美國 鳳凰市美術館（Mr.Roy And Marilyn Papp 寄存）.	
秋林泉韻圖	軸	紙	設色	198 x 53		瀋陽 故宮博物院	
山居幽賞圖	軸	紙	設色	不詳	己酉（乾隆五十四年，1789）初夏	北京 故宮博物院	
仿黃公望山水	軸	紙	設色	不詳	乾隆辛亥（五十六年，1791）	北京 中國歷史博物館	

名稱	形式	質地	色彩	尺寸 高×寬cm	創作時間	收藏處所	典藏號碼
仿王蒙竹籟松濤圖	軸	紙	設色	95 × 46	乾隆庚子（四十五年，1780）	鄭州 河南省博物館	
江山秀絕圖（為梅葉作）	軸	紙	設色	128.5 × 49.3	己酉（乾隆五十四年，1789）四月	上海 上海博物館	
秋江帆影圖	軸	紙	設色	121 × 417.6	己酉（乾隆五十四年，1789）	上海 上海博物館	
天光雲影圖	軸	紙	設色	132.4 × 64.6		上海 上海博物館	
天光雲影圖	軸	紙	水墨	102.5 × 53	乾隆癸巳（三十八年，1773）	常州 江蘇省常州市博物館	
山水圖	軸	紙	水墨	不詳	乾隆己亥（四十四年，1779）	寧波 浙江省寧波市天一閣文物保管所	
仿倪黃筆意圖（為伴槃作）	軸	紙	水墨	122 × 46	乙巳（乾隆五十年，1785）新秋	廣州 廣州市美術館	
山水圖（24幀）	冊	紙	設色	（每幀）18.5 × 22.2		台南 石允文先生	
山水圖	摺扇面	紙	設色	不詳		香港 劉作籌虛白齋	156
山水圖（12幀）	冊	紙	設色	（每幀）19.5 × 24.7	乾隆癸卯（四十八年，1783）	北京 故宮博物院	
山水圖	摺扇面	紙	水墨	19.3 × 57.7		北京 故宮博物院	
遠岫澄雲圖	摺扇面	紙	水墨	21 × 59.7		北京 故宮博物院	
山水圖（8幀）	冊	紙	設色	（每幀）21.1 × 26.5	乾隆己亥（四十四年，1779）	天津 天津市藝術博物館	
山水圖	摺扇面	紙	水墨	16.8 × 50	嘉慶丙辰（元年，1796）	天津 天津市藝術博物館	

附：

名稱	形式	質地	色彩	尺寸 高×寬cm	創作時間	收藏處所	典藏號碼
山水（清各家山水花鳥書法扇面冊 10 之 1 幀）	摺扇面	金箋	設色	不詳		香港 佳士得藝品拍賣公司/拍賣目錄 1998,09,15.	

畫家小傳：錢維喬。字樹參（一作曙參）。號竹初。江蘇武進人。錢維城之弟。生於高宗乾隆四（1739）年。卒於仁宗嘉慶十一（1806）年。善畫山水，不專一家。（見墨香居畫識、桐陰論畫、墨林今話、懷舊堂、中國畫家人名大辭典）

林朝英

名稱	形式	質地	色彩	尺寸 高×寬cm	創作時間	收藏處所	典藏號碼
蕉石白鷺	軸	紙	水墨	56 × 79	嘉慶十五年（庚午，1810）	台北 徐瀛洲先生	

名稱	形式	質地	色彩	尺寸 高×寬cm	創作時間	收藏處所	典藏號碼
荷塘秋鷺	軸	紙	水墨	不詳	嘉慶十有七年（王申，1812）春	台中 許作鏞先生	
墨荷圖	橫幅	紙	水墨	71 × 104.3	歲在昭陽大淵獻維（嘉慶八年，癸亥，1803）九月既望	台南 楊文富先生	
墨竹圖	橫幅	紙	水墨	59.4 × 106	年七十有四（嘉慶十七年，1812）	台南 楊文富先生	
雙鷥圖	軸	紙	水墨	不詳	乙亥（嘉慶二十年，1815）	台南 蔡燦坤先生	
墨梅圖	軸	紙	水墨	114 × 28.7		台南 沈坤山先生	
自畫像	軸	紙	設色	150.3 × 87.7	元默閹茂（嘉慶七年，王戌，1802）暮春月二日	台北 林叔屏先生	
雙鷺圖	軸	紙	水墨	172 × 112	乙亥（嘉慶二十年，1815）元月，時年七十又七	台南 呂再添先生	

畫家小傳：林朝英。字伯彥。號一峰亭、鯨湖英。台灣台南人。生於高宗乾隆四（1739）年。卒於仁宗嘉慶廿一（1816）年。乾隆五十四年為貢成均，後授以中書銜。工書。善畫花鳥、竹石、墨荷等，雅逸瀟灑。（見清代台南府城書畫展覽專集）

劉權之

名稱	形式	質地	色彩	尺寸 高×寬cm	創作時間	收藏處所	典藏號碼
畫泰運宣韶（12幀）	冊	紙	設色	不詳		台北 故宮博物院	故畫 03308
繪九夏安穌（9幀）	冊	紙	設色	不詳		台北 故宮博物院	故畫 03309
萬戶春聲（劉權之億春書瑞冊之1）	冊頁	紙	設色	不詳		台北 故宮博物院	故畫 03310-1
萬畦甘雨（劉權之億春書瑞冊之2）	冊頁	紙	設色	不詳		台北 故宮博物院	故畫 03310-2
萬家絃誦（劉權之億春書瑞冊之3）	冊頁	紙	設色	不詳		台北 故宮博物院	故畫 03310-3
萬派安瀾（劉權之億春書瑞冊之4）	冊頁	紙	設色	不詳		台北 故宮博物院	故畫 03310-4
萬驛○弓（劉權之億春書瑞冊之5）	冊頁	紙	設色	不詳		台北 故宮博物院	故畫 03310-5
萬艘通漕（劉權之億春書瑞冊之6）	冊頁	紙	設色	不詳		台北 故宮博物院	故畫 03310-6

名稱	形式	質地	色彩	尺寸 高×寬cm	創作時間	收藏處所	典藏號碼
萬馬蕃蔗（劉權之億春書瑞冊之7）	冊頁	紙	設色	不詳		台北 故宮博物院	故畫03310-7
萬鹿秋肥（劉權之億春書瑞冊之8）	冊頁	紙	設色	不詳		台北 故宮博物院	故畫03310-8
萬井豐登（劉權之億春書瑞冊之9）	冊頁	紙	設色	不詳		台北 故宮博物院	故畫03310-9
萬邦獻賚（劉權之億春書瑞冊之10）	冊頁	紙	設色	不詳		台北 故宮博物院	故畫03310-10
八風調豫（8幀）	冊	紙	設色	不詳		台北 故宮博物院	故畫03311
瀛洲玉雨（劉權之畫花卉冊之1）	冊頁	紙	設色	不詳		台北 故宮博物院	故畫03312-1
望舒呈瑞（劉權之畫花卉冊之2）	冊頁	紙	設色	不詳		台北 故宮博物院	故畫03312-2
涵風馨潔（劉權之畫花卉冊之3）	冊頁	紙	設色	不詳		台北 故宮博物院	故畫03312-3
浥露願齡（劉權之畫花卉冊之4）	冊頁	紙	設色	不詳		台北 故宮博物院	故畫03312-4

畫家小傳：劉權之。字德輿。號雲房。湖南長沙人。生於高宗乾隆四（1739）年，卒於仁宗嘉慶二十三（1818）年。嘉慶五年翰林，官至大學士。工詩、古文詞。善書畫。（見尚友錄、韜養齋筆記、中國畫家人名大辭典）

萬上遴

名稱	形式	質地	色彩	尺寸 高×寬cm	創作時間	收藏處所	典藏號碼
山水圖	卷	絹	設色	28 × 247.8		北京 故宮博物院	
谷園書屋圖	卷	絹	設色	31.3 × 67.5		天津 天津市藝術博物館	
江上泛舟圖	卷	紙	設色	不詳		上海 上海博物館	
艮泉十二景圖（清謝蘭生等艮泉十二景圖二卷之1段）	卷	紙	設色	不詳	乙亥（嘉慶二十年1815）	廣州 廣州市美術館	
溪橋詩思圖	卷	紙	設色	31.5 × 150		日本 東京國立博物館	
山水圖	卷	紙	設色	35.6 × ？		美國 夏威夷火魯奴奴藝術學院	
山水圖	軸	紙	水墨	54 × 36.5	庚午（嘉慶十五年，1810）清和月廿二日	香港 香港大學馮平山博物館	HKU.P.67.2
百道飛泉圖	軸	紙	設色	129 × 31.4		瀋陽 遼寧省博物館	
摹宋犖五十四歲像	軸	紙	設色	148 × 54.2	乾隆丁未（五十二	北京 故宮博物院	

名稱	形式	質地	色彩	尺寸 高x寬cm	創作時間	收藏處所	典藏號碼
					年，1787）		
青綠山水圖	軸	絹	設色	不詳		北京 中國歷史博物館	
三友圖（李錫、萬上遴、吳照合作）	軸	絹	水墨	不詳		北京 中央美術學院	
指畫梅花圖	軸	紙	水墨	139.2 × 36.6		天津 天津市歷史博物館	
茂林峻嶺圖	軸	絹	設色	不詳		濟南 山東省博物館	
疏林曲岸圖	軸	絹	設色	不詳	壬申（嘉慶十七年，1812）	濟南 山東省濟南市博物館	
紅梅圖	軸	絹	設色	不詳		煙臺 山東省煙臺市博物館	
漁家樂圖	軸	絹	設色	179 × 99		鄭州 河南省博物館	
指畫梅花圖	軸	紙	水墨	不詳	嘉慶甲戌（十九年，1814）	合肥 安徽省博物館	
漁家樂圖	軸	絹	設色	191.1 × 101	丙子（嘉慶二十一年，1816）	合肥 安徽省博物館	
秋山騎驢圖	軸	絹	設色	195 × 100.5		合肥 安徽省博物館	
秋山白雲圖	軸	紙	設色	不詳	嘉慶元年，丙辰（1796）臘月	南通 江蘇省南通博物苑	
九秋圖	軸	紙	設色	170.7 × 92.5	嘉慶己未（四年，1799）	上海 上海博物館	
紅梅圖	軸	絹	設色	不詳	嘉慶壬戌（七年，1802）	上海 上海博物館	
指畫仙人圖	軸	紙	設色	不詳	嘉慶丙寅（十一年，1806）	南京 南京市博物館	
梅花圖	軸	紙	水墨	不詳	壬申（嘉慶十七年，1812）	無錫 江蘇省無錫市博物館	
梅花圖	軸	紙	設色	173.3 × 97.8		杭州 浙江省博物館	
山水圖	軸	紙	設色	不詳		嘉興 浙江省嘉興市博物館	
指畫東坡笠屐圖（關嵐、萬上遴合作）	軸	絹	設色	161.4 × 85		成都 四川省博物院	
指畫攜琴觀泉圖	軸	絹	設色	162 × 99		成都 四川大學	
青山行旅圖	軸	絹	設色	199 × 108	戊辰（嘉慶十三年，1808）小春	廣州 廣州市美術館	
雲山疏樹圖	軸	紙	設色	不詳		廣州 廣州市美術館	

名稱	形式	質地	色彩	尺寸 高×寬cm	創作時間	收藏處所	典藏號碼
踏雪尋梅圖	軸	紙	設色	不詳	丁卯（嘉慶十二年，1807）	廣州 廣州美術學院	
墨梅圖	軸	紙	水墨	169.4 × 92.1	庚申（嘉慶五年，1800）九月下浣	日本 東京平田為次先生	
雪景山水圖	軸	絹	水墨	97 × 30.3	嘉慶癸巳（？）年春三月中浣	日本 東京河井荃廬先生	
秋景山水圖	軸	紙	設色	238.4×119.7	辛未（乾隆二十六年，1761））肇秋	日本 京都國立博物館	
梅花壽石圖	軸	絹	水墨	175.3 × 77.5		日本 私人	
秋雲飛瀑圖	軸	絹	設色	121.8 × 32.3		日本 私人	
山水圖	軸	紙	設色	124.5 × 31		美國 普林斯頓大學藝術館	46-23
山水圖	軸	紙	水墨	178.9 × 51.5		美國 聖路易斯市藝術館	120.1990
枯木竹石圖	軸	紙	水墨	111.7 × 44.1		美國 夏威夷火魯奴奴藝術學院	6220.1
谿山行旅圖	軸	絹	設色	191 × 100.5	嘉慶戊辰（十三年，1808）肇秋	美國 鳳凰市美術館（Mr.Roy And Marilyn Papp 寄存）.	
畫（項穆之、醒甫等雜畫冊22之1幀）附：	冊頁	紙	設色	約38 × 23.6		上海 上海博物館	
指畫梅花圖	卷	紙	水墨	不詳		北京 北京市工藝品進出口公司	
天冠山詩圖（與翁初綱書詩合卷）	卷	絹	設色	（畫）28.7 × 414		天津 天津市文物公司	
西溪漁隱圖	卷	紙	設色	30 × 147.5		香港 佳士得藝品拍賣公司/拍賣目錄2001,04,29.	
山水圖（冊頁2幀裝）	軸	紙	設色	49 × 47		濟南 山東省文物商店	
梅花圖	軸	紙	水墨	不詳		上海 朵雲軒	
梅花圖	軸	絹	設色	不詳		上海 上海文物商店	
山水圖	軸	絹	設色	不詳		上海 上海文物商店	
山水圖	軸	紙	設色	不詳		武漢 湖北省武漢市文物商店	
紅梅圖	軸	絹	設色	181 × 40.9		武漢 湖北省武漢市文物商店	
指畫梅花圖	軸	紙	水墨	不詳		武漢 湖北省武漢市文物商店	
攜琴訪寺圖	軸	紙	設色	94 × 40.6	乙丑（嘉慶十年，1805）嘉平上浣	紐約 蘇富比藝品拍賣公司/拍賣目錄1981.10.25.	
仿倪瓚山水圖	軸	紙	水墨	118 × 37.8		紐約 蘇富比藝品拍賣公司/拍	

名稱	形式	質地	色彩	尺寸 高×寬㎝	創作時間	收藏處所	典藏號碼
梅花圖	軸	紙	水墨	111 × 33		紐約 佳士得藝品拍賣公司/拍	賣目錄 1984,06,13. 賣目錄 1992,12,02.

畫家小傳：萬上遴。字輞岡。江西南昌人。生於高宗乾隆四（1739）年，卒於仁宗嘉慶十八（1813）年。為南昌拔貢生。工畫山水，尤以畫梅得名。（見畫林新詠、中國畫家人名大辭典）

張四教

名稱	形式	質地	色彩	尺寸	創作時間	收藏處所	
臨錢選七賢渡關圖	卷	紙	水墨	31 × 231	乾隆戊子（三十三年，1768）	天津 天津市藝術博物館	
採菱圖	軸	紙	設色	不詳	乾隆丁酉（四十二年，1777）秋九月	北京 故宮博物院	
補張瓠谷像	軸	紙	設色	不詳	乾隆甲申（二十九年，1764）	北京 故宮博物院	
追寫華新羅小像	軸	紙	設色	63.1 × 53	乾隆丁亥（三十二年，1767）七月	天津 天津市藝術博物館	
橅仇英畫倪雲林像	軸	絹	設色	不詳	庚子（乾隆四十五年，1780）春三月	成都 四川大學	

畫家小傳：張四教。字宣傳。號石民。祖先本秦人，占籍甘泉。家蓄法書、名畫頗多，昕夕晤對，遂能點染。書法，學二王。畫作花卉，以徐、黃為歸。流傳署款紀年作品見於高宗乾隆二十九（1764）至四十五（1780）年。（見墨香居畫識、中國畫家人名大辭典）

李 錫

名稱	形式	質地	色彩	尺寸	創作時間	收藏處所	
三友圖（李錫、萬上遴、吳照合作）	軸	絹	水墨	不詳		北京 中央美術學院	

畫家小傳：李錫。畫史無載。與萬上遴、吳照同時。身世待考。

周尚文

名稱	形式	質地	色彩	尺寸	創作時間	收藏處所	
山水圖	卷	紙	設色	不詳		北京 故宮博物院	
九如圖	軸	絹	設色	73.3 × 41	癸未（乾隆二十八年，1763）	天津 天津市藝術博物館	
烟浮遠岫圖	軸	絹	設色	不詳	甲申（乾隆二十九年，1764）長夏	鎮江 江蘇省鎮江市博物館	
仿石田筆意山水圖（為廷老作）	軸	紙	設色	不評	乙酉（乾隆三十年，1765）秋仲	日本 東京張允中先生	
山水圖（8幀）	冊	紙	水墨	不詳	癸巳（乾隆三十八年，1773）	廣州 廣州市美術館	

名稱	形式	質地	色彩	尺寸 高x寬㎝	創作時間	收藏處所	典藏號碼

附：

| 湖鄉清夏圖 | 軸 | 絹 | 設色 | 193 x 45.7 | | 紐約 佳士得藝品拍賣公司/拍
賣目錄 1995,09,19. | |

畫家小傳：周尚文。字素堅。號石湖。江蘇吳縣人。善畫山水，師法王翬、王原祁，善用淺絳，得黃公望法。高宗南巡，為設計龍井
　　　行宮，並寫龍泓秋霽圖紀其勝。晚年畫筆益淹潤。署款紀年作品見於高宗乾隆二十八(1763)至三十八 (1773 年。(見墨香居
　　　畫識、墨林今話、中國畫家人名大辭典)

程蔭桂

附：

| 仿黃公望山水圖 | 軸 | 紙 | 水墨 | 86.5 x 32 | 甲申(乾隆二十九
年，1764)長夏 | 上海 上海文物商店 | |

畫家小傳：程蔭桂。字燕山。江蘇吳人。高宗乾隆六十(1795)年孝廉。工畫山水，得董邦達神骨。流傳署款紀年作品見於高宗乾隆
　　　二十九(1764)年。(見墨香居畫識、中國畫家人名大辭典)

沈宗維

| 竹圖 (8幀) | 冊 | 紙 | 水墨 | 不詳 | | 天津 天津市藝術博物館 | |

附：

| 喬松圖 | 軸 | 紙 | 水墨 | 不詳 | 乾隆甲申(二十九
年，1764)長夏 | 上海 朵雲軒 | |
| 松下仕女圖 | 軸 | 紙 | 設色 | 不詳 | | 蘇州 蘇州市文物商店 | |

畫家小傳：沈宗維。字朗山。江蘇吳江人。善畫，人物遠師五代石恪，山水宗法北宗，作品觀之雄健。流傳署款紀年作品見於高宗
　　　乾隆二十九(1764)年。(見畫友錄、墨香居畫識、中國畫家人名大辭典)

董 椿

| 寫彭金度劍門細雨圖像 | 卷 | 紙 | 設色 | 不詳 | 壬辰(乾隆三十七
年，1772)長夏 | 北京 故宮博物院 | |

附：

| 西山挹爽圖 | 卷 | 絹 | 設色 | 不詳 | 甲申(乾隆二十九
年，1764) | 上海文物商店 | |

畫家小傳：董椿。初名乾，後改名椿。字耕雲。江蘇青浦人。善畫山水，頗穎秀，後得董邦達指授，藝益精進。流傳署款紀年作品見
　　　於高宗乾隆二十九(1764)、三十七(1772)年。(見墨香居畫識、中國畫家人名大辭典)

董 誥

| 洞天蔚秀 | 卷 | 紙 | 設色 | 30.8 x 522.3 | | 台北 故宮博物院 | 中畫 00210 |

名稱	形式	質地	色彩	尺寸 高×寬㎝	創作時間	收藏處所	典藏號碼
仙圃恆春	卷	紙	設色	30.8 × 514.8		台北 故宮博物院	中畫 00211
雲岩薈翠	卷	紙	水墨	27.7 × 377.5		台北 故宮博物院	中畫 00250
仙壑探奇	卷	紙	水墨	27.7 × 378.3		台北 故宮博物院	中畫 00251
綺蘭絢采	卷	紙	設色	27.7 × 374.1		台北 故宮博物院	中畫 00252
瓊圃霏香	卷	紙	設色	27.7 × 358.4		台北 故宮博物院	中畫 00253
平遠山川	卷	紙	設色	29.5 × 276.5		台北 故宮博物院	故畫 01701
白塔山圖	卷	紙	設色	不詳		天津 天津市藝術博物館	
山水圖	卷	絹	水墨	7.4 × 57.9		杭州 浙江省博物館	
山水	軸	紙	設色	171.5 × 61.8		台北 故宮博物院	故畫 00791
山水	軸	紙	設色	160.9 × 54.1		台北 故宮博物院	故畫 02692
寶檻天香（牡丹）	軸	紙	設色	90.3 × 38.2		台北 故宮博物院	故畫 02693
仙源瑞實（桃花）	軸	紙	設色	90.4 × 38.2		台北 故宮博物院	故畫 02694
瑤岑鶴壽	軸	紙	設色	90.4 × 38.2		台北 故宮博物院	故畫 02695
鄜泉益壽（菊花）	軸	紙	設色	90.3- × 38.2		台北 故宮博物院	故畫 02696
繪清高宗御筆甲午雪後即事成詠詩意	軸	紙	設色	93.5 × 46.7		台北 故宮博物院	故畫 02697
繪高宗御製癸己仲冬二雪詩意	軸	紙	設色	76.4 × 72.8		台北 故宮博物院	故畫 02934
靜怡軒梅花	軸	紙	設色	80.6 × 121		台北 故宮博物院	故畫 03029
雲山飛瀑	軸	紙	設色	143.5 × 67.8		台北 故宮博物院	中畫 00102
夏季花石圖	軸	紙	設色	120 × 66		承德 河北省承德避暑山莊博物館	
竹石圖	軸	紙	設色	88 × 57	庚戌（乾隆五十五年，1790）長夏	昆山 崑崙堂美術館	
紅梅竹圖	軸	紙	設色	不詳		寧波 浙江省寧波市天一閣文物保管所	
仿元人筆意山水圖	軸	綾	水墨	不詳	庚子（乾隆四十五年，1780）清和下浣	日本 東京村上與四郎先生	

名稱	形式	質地	色彩	尺寸 高×寬㎝	創作時間	收藏處所	典藏號碼
梅花圖	軸	紺紙	泥金	106.1 × 30.3		日本 東京岩村成允先生	
稱意迎韶圖	軸	紙	設色	81.9 × 31.5		日本 京都國立博物館	A甲 566
仿王蒙山水圖	軸	絹	設色	99.8 × 44.3		美國 密歇根大學藝術博物館	1966/2.30
仿古山水（8幀）	冊	紙	設色	不詳		台北 故宮博物院	故畫 03313
春景山水（10幀）	冊	紙	設色	不詳		台北 故宮博物院	故畫 03314
夏景山水（10幀）	冊	紙	設色	不詳		台北 故宮博物院	故畫 03315
秋景山水（10幀）	冊	紙	設色	不詳		台北 故宮博物院	故畫 03316
冬景山水（10幀）	冊	紙	設色	不詳		台北 故宮博物院	故畫 03317
開韶集慶（8幀）	冊	紙	設色	不詳		台北 故宮博物院	故畫 03318
開韶集勝（12幀）	冊	紙	設色	不詳		台北 故宮博物院	故畫 03319
韶景敷芳（8幀）	冊	紙	設色	不詳		台北 故宮博物院	故畫 03320
餞臘迎祥（8幀）	冊	紙	設色	不詳		台北 故宮博物院	故畫 03321
蓬壺集勝（10幀）	冊	紙	設色	不詳		台北 故宮博物院	故畫 03322
益壽霏香（10幀）	冊	紙	設色	不詳		台北 故宮博物院	故畫 03323
芳敷綺序（8幀）	冊	紙	設色	不詳		台北 故宮博物院	故畫 03324
綺序舒芳（22幀）	冊	紙	設色	不詳		台北 故宮博物院	故畫 03325
清音薈景（22幀）	冊	紙	設色	不詳		台北 故宮博物院	故畫 03326
履端紀麗（10幀）	冊	紙	設色	不詳		台北 故宮博物院	故畫 03327
十雨徵祥（10幀）	冊	紙	設色	不詳		台北 故宮博物院	故畫 03328
夏山（10幀）	冊	紙	設色	不詳		台北 故宮博物院	故畫 03329
瑤圃光春（12幀）	冊	紙	設色	不詳		台北 故宮博物院	故畫 03330
春台益壽（10幀）	冊	紙	設色	不詳		台北 故宮博物院	故畫 03331
平安春喜（10幀）	冊	紙	設色	不詳		台北 故宮博物院	故畫 03332
萬春集慶（10幀）	冊	紙	設色	不詳		台北 故宮博物院	故畫 03333
壽春衍慶（12幀）	冊	紙	設色	不詳		台北 故宮博物院	故畫 03334
壽寓登豐（12幀）	冊	紙	設色	不詳		台北 故宮博物院	故畫 03335
小寒一候：梅花（董誥二十四番花信風圖冊之1）	冊頁	紙	設色	不詳		台北 故宮博物院	故畫 03336-1
小寒二候：山茶（董誥二十四番花信風圖冊之2）	冊頁	紙	設色	不詳		台北 故宮博物院	故畫 03336-2
小寒三候：水仙（董誥二十四番花信風圖冊之3）	冊頁	紙	設色	不詳		台北 故宮博物院	故畫 03336-3
大寒一候：瑞香（董誥二十四	冊頁	紙	設色	不詳		台北 故宮博物院	故畫 03336-4

名稱	形式	質地	色彩	尺寸 高×寬cm	創作時間	收藏處所	典藏號碼
番花信風圖冊之4）							
大寒二候：蘭花（董誥二十四 番花信風圖冊之5）	冊頁	紙	設色	不詳		台北 故宮博物院	故畫 03336-5
大寒三候；山礬（董誥二十四 番花信風圖冊之6）	冊頁	紙	設色	不詳		台北 故宮博物院	故畫 03336-6
立春一候：迎春（董誥二十四 番花信風圖冊之7）	冊頁	紙	設色	不詳		台北 故宮博物院	故畫 03336-7
立春二候：櫻桃（董誥二十四 番花信風圖冊之8）	冊頁	紙	設色	不詳		台北 故宮博物院	故畫 03336-8
立春三候：望春（董誥二十四 番花信風圖冊之9）	冊頁	紙	設色	不詳		台北 故宮博物院	故畫 03336-9
雨水一候：茶花（董誥二十四 番花信風圖冊之10）	冊頁	紙	設色	不詳		台北 故宮博物院	故畫 03336-10
雨水二候：杏花（董誥二十四 番花信風圖冊之11）	冊頁	紙	設色	不詳		台北 故宮博物院	故畫 03336-11
雨水三候：李花（董誥二十四 番花信風圖冊之12）	冊頁	紙	設色	不詳		台北 故宮博物院	故畫 03336-12
驚蟄一候：桃花（董誥二十四 番花信風圖冊之13）	冊頁	紙	設色	不詳		台北 故宮博物院	故畫 03336-13
驚蟄二候：棠棣（董誥二十四 番花信風圖冊之14）	冊頁	紙	設色	不詳		台北 故宮博物院	故畫 03336-14
驚蟄三候：薔薇（董誥二十四 番花信風圖冊之15）	冊頁	紙	設色	不詳		台北 故宮博物院	故畫 03336-15
春分一候：海棠（董誥二十四 番花信風圖冊之16）	冊頁	紙	設色	不詳		台北 故宮博物院	故畫 03336-16
春分二候：梨花（董誥二十四 番花信風圖冊之17）	冊頁	紙	設色	不詳		台北 故宮博物院	故畫 03336-17
春分三候：木蘭（董誥二十四 番花信風圖冊之18）	冊頁	紙	設色	不詳		台北 故宮博物院	故畫 03336-18
清明一候：桐花（董誥二十四 番花信風圖冊之19）	冊頁	紙	設色	不詳		台北 故宮博物院	故畫 03336-19
清明二候：麥花（董誥二十四 番花信風圖冊之20）	冊頁	紙	設色	不詳		台北 故宮博物院	故畫 03336-20
清明三候：柳花（董誥二十四	冊頁	紙	設色	不詳		台北 故宮博物院	故畫 03336-21

名稱	形式	質地	色彩	尺寸 高x寬㎝	創作時間	收藏處所	典藏號碼
番花信風圖冊之21)							
穀雨一候：牡丹（董誥二十四番花信風圖冊之22）	冊頁	紙	設色	不詳		台北 故宮博物院	故畫 03336-22
穀雨二候：茶（董誥二十四番花信風圖冊之23）	冊頁	紙	設色	不詳		台北 故宮博物院	故畫 03336-23
穀雨三候：棟花（董誥二十四番花信風圖冊之24）	冊頁	紙	設色	不詳		台北 故宮博物院	故畫 03336-24
杏花梨花（董誥畫花卉冊之1）	冊頁	紙	設色	不詳		台北 故宮博物院	故畫 03337-1
石榴梔子（董誥畫花卉冊之2）	冊頁	紙	設色	不詳		台北 故宮博物院	故畫 03337-2
菊花海棠（董誥畫花卉冊之3）	冊頁	紙	設色	不詳		台北 故宮博物院	故畫 03337-3
臘梅山茶（董誥畫花卉冊之4）	冊頁	紙	設色	不詳		台北 故宮博物院	故畫 03337-4
芍藥月季（董誥夏花十幀冊之1）	冊頁	紙	設色	不詳		台北 故宮博物院	故畫 03338-1
杜鵑梔子（董誥夏花十幀冊之2）	冊頁	紙	設色	不詳		台北 故宮博物院	故畫 03338-2
鳶尾月季（董誥夏花十幀冊之3）	冊頁	紙	設色	不詳		台北 故宮博物院	故畫 03338-3
百合石竹（董誥夏花十幀冊之4）	冊頁	紙	設色	不詳		台北 故宮博物院	故畫 03338-4
金絲桃（董誥夏花十幀冊之5）	冊頁	紙	設色	不詳		台北 故宮博物院	故畫 03338-5
蜀葵（董誥夏花十幀冊之6）	冊頁	紙	設色	不詳		台北 故宮博物院	故畫 03338-6
夾竹桃（董誥夏花十幀冊之7）	冊頁	紙	設色	不詳		台北 故宮博物院	故畫 03338-7
荷花（董誥夏花十幀冊之8）	冊頁	紙	設色	不詳		台北 故宮博物院	故畫 03338-8
玉簪山丹（董誥夏花十幀冊之9）	冊頁	紙	設色	不詳		台北 故宮博物院	故畫 03338-9
荷花（董誥夏花十幀冊之10）	冊頁	紙	設色	不詳		台北 故宮博物院	故畫 03338-10
桃花蘭花（董誥春景花卉冊之1）	冊頁	紙	設色	22.1 x 27.1		台北 故宮博物院	中畫 00042-1
桃花李花（董誥春景花卉冊之2）	冊頁	紙	設色	22.1 x 27.1		台北 故宮博物院	中畫 00042-2
桃花茶花（董誥春景花卉冊之3）	冊頁	紙	設色	22.1 x 27.1		台北 故宮博物院	中畫 00042-3
薔薇（董誥春景花卉冊之4）	冊頁	紙	設色	22.1 x 27.1		台北 故宮博物院	中畫 00042-4
櫻桃（董誥春景花卉冊之5）	冊頁	紙	設色	22.1 x 27.1		台北 故宮博物院	中畫 00042-5

名稱	形式	質地	色彩	尺寸 高×寬㎝	創作時間	收藏處所	典藏號碼
繡球桃花（董誥春景花卉冊之6）	冊頁	紙	設色	22.1 x 27.1		台北 故宮博物院	中畫 00042-6
紫薇薔薇（董誥春景花卉冊之7）	冊頁	紙	設色	22.1 x 27.1		台北 故宮博物院	中畫 00042-7
紫藤玫瑰（董誥春景花卉冊之8）	冊頁	紙	設色	22.1 x 27.1		台北 故宮博物院	中畫 00042-8
玉蘭燈籠花（董誥春景花卉冊之9）	冊頁	紙	設色	22.1 x 27.1		台北 故宮博物院	中畫 00042-9
薔薇（董誥春景花卉冊之10）	冊頁	紙	設色	22.1 x 27.1		台北 故宮博物院	中畫 00042-10
罌粟花（董誥夏景花卉冊之1）	冊頁	紙	設色	22.1 x 27.1		台北 故宮博物院	中畫 00043-1
木芙蓉（董誥夏景花卉冊之2）	冊頁	紙	設色	22.1 x 27.1		台北 故宮博物院	中畫 00043-2
石竹（董誥夏景花卉冊之3）	冊頁	紙	設色	22.1 x 27.1		台北 故宮博物院	中畫 00043-3
梔子萱花（董誥夏景花卉冊之4）	冊頁	紙	設色	22.1 x 27.1		台北 故宮博物院	中畫 00043-4
夾竹桃（董誥夏景花卉冊之5）	冊頁	紙	設色	22.1 x 27.1		台北 故宮博物院	中畫 00043-5
鳳仙百合（董誥夏景花卉冊之6）	冊頁	紙	設色	22.1 x 27.1		台北 故宮博物院	中畫 00043-6
榴花（董誥夏景花卉冊之7）	冊頁	紙	設色	22.1 x 27.1		台北 故宮博物院	中畫 00043-7
扁豆花（董誥夏景花卉冊之8）	冊頁	紙	設色	22.1 x 27.1		台北 故宮博物院	中畫 00043-8
茉莉花薔薇（董誥夏景花卉冊之9）	冊頁	紙	設色	22.1 x 27.1		台北 故宮博物院	中畫 00043-9
芙蓉萱花（董誥夏景花卉冊之10）	冊頁	紙	設色	22.1 x 27.1		台北 故宮博物院	中畫 00043-10
蘭花雛菊（董誥秋景花卉冊之1）	冊頁	紙	設色	22.1 x 27.1		台北 故宮博物院	中畫 00044-1
桂花紫丁香（董誥秋景花卉冊之2）	冊頁	紙	設色	22.1 x 27.1		台北 故宮博物院	中畫 00044-2
秋海棠（董誥秋景花卉冊之3）	冊頁	紙	設色	22.1 x 27.1		台北 故宮博物院	中畫 00044-3
秋葵石竹（董誥秋景花卉冊之4）	冊頁	紙	設色	22.1 x 27.1		台北 故宮博物院	中畫 00044-4
美人蕉（董誥秋景花卉冊之5）	冊頁	紙	設色	22.1 x 27.1		台北 故宮博物院	中畫 00044-5
牽牛花（董誥秋景花卉冊之6）	冊頁	紙	設色	22.1 x 27.1		台北 故宮博物院	中畫 00044-6
秋葵（董誥秋景花卉冊之7）	冊頁	紙	設色	22.1 x 27.1		台北 故宮博物院	中畫 00044-7
鳳仙雞冠花（董誥秋景花卉冊	冊頁	紙	設色	22.1 x 27.1		台北 故宮博物院	中畫 00044-8

名稱	形式	質地	色彩	尺寸 高x寬cm	創作時間	收藏處所	典藏號碼
之8）							
玉簪（董誥秋景花卉冊之9）	冊頁	紙	設色	22.1 x 27.1		台北 故宮博物院	中畫 00044-9
薑花（董誥秋景花卉冊之10）	冊頁	紙	設色	22.1 x 27.1		台北 故宮博物院	中畫 00044-10
山楂蘭花（董誥冬景花卉冊之1）	冊頁	紙	設色	22.1 x 27.1		台北 故宮博物院	中畫 00045-1
菊花（董誥冬景花卉冊之2）	冊頁	紙	設色	22.1 x 27.1		台北 故宮博物院	中畫 00045-2
枇杷菊花（董誥冬景花卉冊之3）	冊頁	紙	設色	22.1 x 27.1		台北 故宮博物院	中畫 00045-3
紅蓼芙蓉（董誥冬景花卉冊之4）	冊頁	紙	設色	22.1 x 27.1		台北 故宮博物院	中畫 00045-4
山楂綠萼梅（董誥冬景花卉冊之5）	冊頁	紙	設色	22.1 x 27.1		台北 故宮博物院	中畫 00045-5
月季花（董誥冬景花卉冊之6）	冊頁	紙	設色	22.1 x 27.1		台北 故宮博物院	中畫 00045-6
松天竹梅（董誥冬景花卉冊之7）	冊頁	紙	設色	22.1 x 27.1		台北 故宮博物院	中畫 00045-7
水仙（董誥冬景花卉冊之8）	冊頁	紙	設色	22.1 x 27.1		台北 故宮博物院	中畫 00045-8
蠟梅（董誥冬景花卉冊之9）	冊頁	紙	設色	22.1 x 27.1		台北 故宮博物院	中畫 00045-9
天竹（董誥冬景花卉冊之10）	冊頁	紙	設色	22.1 x 27.1		台北 故宮博物院	中畫 00045-10
山水圖（8幀）	冊	紙	設色	（每幀）16.5 x 10		台北 私人	
仿董源溪橋訪友圖（為荷屋作）	摺扇面	紙	設色	15 x 48.7	己未（嘉慶四年，1799）小春	香港 香港美術館	FA1991.070
山水圖（8幀）	冊	紙	設色	（每幀）16.6 x 9.9		瀋陽 遼寧省博物館	
樵具、漁具十詠圖并書（20幀）	2冊	紙	水墨	不詳		北京 故宮博物院	
名勝圖（16幀）	冊	絹	設色	不詳		北京 中央工藝美術學院	
樵具十詠圖（10幀）	冊	紙	設色	（每幀）16 x 9		上海 上海博物館	
山水圖	摺扇面	紙	水墨	18 x 53	壬辰(乾隆三十七年，1772)秋杪	日本 東京高島菊次郎槐安居	
山水圖（扇面畫冊之第10幀）	摺扇面	紙	設色	15.4 x 47.6		美國 華盛頓特區弗瑞爾藝術館	80.142j
山水圖	摺扇面	金箋	水墨	16.4 x 51		美國 加州 Richard Vinograd	

名稱	形式	質地	色彩	尺寸 高×寬㎝	創作時間	收藏處所	典藏號碼

先生

附：

名稱	形式	質地	色彩	尺寸 高×寬㎝	創作時間	收藏處所	典藏號碼
山水圖（12幀）	冊	紙	設色	不詳		北京 北京市工藝品進出口公司	
良辰樂事圖（16幀）	冊	紙	設色	（每幀）16.5×10		紐約 佳士得藝品拍賣公司/拍賣目錄 1989,06,01.	
御製漁具十詠圖（10開）	冊	紙	設色	（每開）15.9×9		紐約 佳士得藝品拍賣公司/拍賣目錄 1993,12,01.	

畫家小傳：董誥。字西京。號蕉林。浙江富陽人。董邦達之子。生於高宗乾隆五（1740）年，卒於仁宗嘉慶二十三（1818）年。歷官至戶部尚書。深得家傳，善畫山水，承繼董、巨、華亭、婁東一脈。（見墨香居畫識、桐陰論畫、墨林今話、中國畫家人名大辭典）

程 鬐

名稱	形式	質地	色彩	尺寸 高×寬㎝	創作時間	收藏處所	典藏號碼
花鳥雜畫（?幀）	冊	絹	設色	（每幀）32.5×42		日本 私人	

畫家小傳：程鬐。字梧岡。祖籍安徽歙縣。生於揚州。工畫花鳥、人物，作品古秀清逸，論者推為華喦後一人。（見揚州畫苑錄、中國畫家人名大辭典）

賀永鴻

名稱	形式	質地	色彩	尺寸 高×寬㎝	創作時間	收藏處所	典藏號碼
貓太圖	軸	絹	設色	100.5 × 50	甲申（乾隆二十九年，1764）	石家莊 河北省博物館	

畫家小傳：賀永鴻。號秋水。浙江杭州人。工畫花卉、翎毛，姿態妍麗，色澤鮮華，名噪一時，被稱南田後身；或謂其畫猶帶畫工習氣，由於胸中書卷之味少故。流傳署款紀年作品見於高宗乾隆二十九（1764）年。（見墨香居畫識、墨林今話、中國畫家領航員大辭典）

姚 仔

名稱	形式	質地	色彩	尺寸 高×寬㎝	創作時間	收藏處所	典藏號碼
博古圖	軸	絹	設色	96.2 × 64	乾隆戊子（三十三年，1768）	天津 天津市藝術博物館	
九老圖	軸	絹	設色	不詳	乾隆丁酉（四十二年，1777）仲夏	太原 山西省博物館	
三星圖	軸	絹	設色	不詳	乾隆甲申（二十九年，1764）	南京 南京市博物館	

畫家小傳：姚仔。字歷山。號笠子。江蘇無錫人。工畫。畫人物學明吳偉；花卉得鄒一桂法。流傳署款紀年作品見於高宗乾隆二十九（1764）至四十二（1777）年。（見墨香居畫識、中國畫家人名大辭典）

費肇陽

名稱	形式	質地	色彩	尺寸 高x寬㎝	創作時間	收藏處所	典藏號碼
仿巨然山水圖	軸	絹	水墨	40.8 x 26		日本 福岡縣石詢道雄先生	36

畫家小傳：費肇陽。畫史無載。身世待考。

潘奕雋

墨蘭圖（撫宋人法）	軸	紙	水墨	90 x 37.5	乾隆丙寅（十一年，1746）仲冬	日本 東京高島菊次郎槐安居	
墨梅圖（潘奕雋、潘遵祁雜畫扇面冊之2）	摺扇看 紙		水墨	15.8 x 50.7		日本 私人	
水仙圖（潘奕雋、潘遵祁雜畫扇面冊之4）	摺扇面 紙		水墨	16.8 x 50.7		日本 私人	
蘭圖（潘奕雋、潘遵祁雜畫扇面冊之6）	摺扇面 金箋		水墨	15.6 x 49.7		日本 私人	
蘭圖（潘奕雋、潘遵祁雜畫扇面冊之8）	摺扇面 紙		水墨	17.6 x 52.6		日本 私人	
蘭圖（潘奕雋、潘遵祁雜畫扇面冊之10）	摺扇面 紙		水墨	16.9 x 50.5		日本 私人	
蘭圖（潘奕雋、潘遵祁雜畫扇面冊之12）	摺扇面 紙		水墨	16.2 x 49.4		日本 私人	
蘭圖（潘奕雋、潘遵祁雜畫扇面冊之14）	摺扇面 紙		水墨	16.1 x 50.9		日本 私人	
蘭圖（潘奕雋、潘遵祁雜畫扇面冊之16）	摺扇面 紙		水墨	17.7 x 58.1		日本 私人	
蘭圖（潘奕雋、潘遵祁雜畫扇面冊之18）	摺扇面 紙		水墨	16.6 x 49.9		日本 私人	
蘭圖（潘奕雋、潘遵祁雜畫扇面冊之20）	摺扇面 紙		水墨	16.1 x 49.5		日本 私人	
附：							
蘭花圖	軸	紙	水墨	不詳	乾隆六十年，乙卯（1795）	上海 朵雲軒	

畫家小傳：潘奕雋。字守愚。號榕皋、水雲漫士、三松老人等。江蘇吳人。生於高宗乾隆五(1740)年。卒於宣宗道光十(1830)年。乾隆三十四（1769）年進士。官至戶部主事。道光九年重與瓊林，年已九旬。工詩文。善書畫。畫山水，師法倪、黃；寫意花卉、梅蘭等。尤得天趣。(見墨香居畫識、墨林今話、耕硯田齋筆記、清畫家詩史、見聞隨筆、中國美術家人名辭典)

錢 澧

畫馬	軸	紙	水墨	不詳		台北 故宮博物院	國贈 006535

名稱	形式	質地	色彩	尺寸 高×寬㎝	創作時間	收藏處所	典藏號碼
山水圖	軸	紙	水墨	125.5 × 34.8		台北 故宮博物院（蘭千山館寄存）	
牧馬圖	軸	紙	水墨	97 × 31.5		台北 故宮博物院（蘭千山館寄存）	
馬圖	軸	紙	設色	122.6 × 65.7		台北 林陳秀蓉女士	154
雙馬圖（秋風歸牧圖）	軸	紙	水墨	106.5 × 38.5	丙午（乾隆五十一年，1786）清和月	新加坡 Dr.E.Lu	
馬圖	軸	紙	水墨	97.3 × 53.5	丙申（乾隆四十一年，1776）	上海 上海博物館	
秋風歸牧圖（為澄懷作）	軸	紙	水墨	140.7 × 73	戊戌（乾隆四十三年，1778）六月十八日	上海 上海博物館	
五馬圖	軸	紙	設色	11.4 × 52.4	己亥（乾隆四十四年，1779）臘月	上海 上海博物館	
雙馬圖（為芝翁作）	軸	紙	水墨	92.9 × 47	丙午（乾隆五十一年，1786）三月	上海 上海博物館	
三馬圖（為心田作）	軸	紙	水墨	66.7 × 47.6	乙卯（乾隆六十年，1795）三月	上海 上海博物館	
二馬圖	軸	絹	設色	52 × 32.3		成都 四川大學	
萬松圖（為東墅先生作）	軸	紙	水墨	42.5 × 13.5	壬寅（乾隆四十七年，1782）秋月	美國 紐約 Hobart 先生	
古木駿馬圖	軸	紙	水墨	38.5 × 18.5		美國 紐約 Hobart 先生	
萬松圖	軸	紙	水墨	不詳		美國 舊金山亞洲藝術館	
萬松圖（為東墅先生作）	軸	紙	水墨	109.2 × 34.3	壬寅（乾隆四十七年，1782）秋日	美國 鳳凰市美術館（Mr.Roy And Marilyn Papp 寄存）.	
山水圖	軸	紙	水墨	不詳	甲辰（乾隆四十九年，1784）清明後三日	美國 夏威夷火魯奴奴藝術學院	
附：							
八駿圖	軸	紙	設色	143.8 × 83.8		紐約 佳仕得藝品拍賣公司/拍賣目錄 1986,06,04.	
古木雙駿圖	軸	紙	設色	123 × 51.5	癸丑（乾隆五十八年，1793）新秋	紐約 佳士得藝品拍賣公司/拍賣目錄 1989,12,04.	
相馬圖（吳昌碩癸亥十月題）	軸	紙	設色	101 × 30.5		香港 佳士得藝品拍賣公司/拍賣目錄 1991,03,18.	

名稱	形式	質地	色彩	尺寸 高×寬㎝	創作時間	收藏處所	典藏號碼
春風駿馬圖（2幅）	軸	紙	設色	（每幅）172 × 91.5		紐約 佳士得藝品拍賣公司/拍 賣目錄 1992,12,02.	

畫家小傳：錢灃。字南園。雲南昆明人。生於高宗乾隆五（1740）年，卒於乾隆六十（1795）年。乾隆進士。工書法，善畫馬。（見耕硯田齋筆記、中國畫家人名大辭典）

方　琮

名稱	形式	質地	色彩	尺寸 高×寬㎝	創作時間	收藏處所	典藏號碼
江山勝概圖	卷	紙	設色	32 × 603.3		台北 故宮博物院	故畫 01731
攜琴入山圖	卷	紙	設色	不詳		長春 吉林省博物館	
沿溪崇山圖	卷	紙	設色	27.5 × 165.1		瀋陽 故宮博物院	
山水圖	卷	紙	設色	32 × 224		北京 首都博物館	
溪橋深翠圖	卷	紙	設色	31.5 × 135.1		廣州 廣東省博物館	
山水（高宗御題）	軸	紙	設色	140.5 × 83.3		台北 故宮博物院	故畫 02881
秋山紅葉	軸	紙	設色	79.1 × 36.5		台北 故宮博物院	故畫 02882
石壁秋林	軸	紙	設色	72.9 × 40.6		台北 故宮博物院	故畫 02883
松巖飛瀑	軸	紙	設色	150.2 × 56		台北 故宮博物院	故畫 02884
松閣聽泉	軸	紙	設色	165.2 × 78.1		台北 故宮博物院	故畫 02885
竹窗晴雪（高宗御題）	軸	紙	設色	113.4 × 71.5		台北 故宮博物院	故畫 02886
山堂清課	軸	綾	設色	172 × 66.8		台北 故宮博物院	中畫 00109
溪山書屋	橫幅	紙	水墨	118 × 176.8		台北 故宮博物院	中畫 00110
山水圖	軸	紙	設色	不詳		台北 故宮博物院	國贈 031071
夏嶺含雲圖	軸	紙	設色	119.2 × 81.7		長春 吉林省博物館	
溪堂山色圖	軸	紙	設色	不詳		長春 吉林省博物館	
靜明園十六景（8幅）	軸	紙	設色	不詳		瀋陽 故宮博物院	
春山過雨圖	軸	紙	設色	122.2 × 81		天津 天津市藝術博物館	
秋山紅樹圖	軸	紙	設色	160.6 × 91.2		天津 天津市藝術博物館	
雲棲寺圖	軸	綾	設色	不詳		天津 天津市藝術博物館	

名稱	形式	質地	色彩	尺寸 高×寬cm	創作時間	收藏處所	典藏號碼
青溪漱玉圖	軸	紙	設色	123 × 56.5		天津 天津市楊柳青畫社	
坐聽松風圖	軸	紙	設色	91.5 × 59.9		廣州 廣東省博物館	
策杖歸舍圖	軸	紙	設色	107 × 51.5		廣州 廣州市美術館	
山水圖（高宗御題）	軸	紙	設色	109.4 × 69.4		日本 東京林宗毅先生	
擬王蒙大意山水圖	軸	紙	設色	117.6 × 48.3		美國 華盛頓特區弗瑞爾藝術館	80.113
山水圖（10幀）	冊	紙	設色	（每幀）31.8 × 45.5		瀋陽 遼寧省博物館	
花卉圖（12幀）	冊	紙	設色	不詳	乾隆乙酉（三十年，1765）	瀋陽 魯迅美術學院	
山水圖（清陳治等書畫冊之1幀）	摺扇面	金箋	水墨	不詳		南京 南京市博物館	
附：							
山水圖（6聯屏）	軸	紙	設色	（每屏）167.6 × 55.9		紐約 佳士得藝品拍賣公司/拍賣目錄 1989,06,01.	
棲巖古寺圖（高宗御題）	軸	紙	設色	203 × 91.5	高宗題於己丑(乾隆三十四年，1769)季夏下浣	紐約 佳士得藝品拍賣公司/拍賣目錄 1991,05,29.	

畫家小傳：方琮。字黃山。籍里不詳。按讀畫輯略記載，作字友璜，號石顚，浙江人。為張宗蒼學生。工畫山水，宗法黃公望。高宗乾隆時供奉畫院。流傳署款紀年作品見於乾隆三十（1765）年。(見熙朝名畫錄、盛京故宮書畫錄、中國美術家人名辭典)

吳 履

名稱	形式	質地	色彩	尺寸 高×寬cm	創作時間	收藏處所	典藏號碼
山水圖（汪梅鼎、吳履山水合卷2之1段）	卷	紙	設色	不詳		北京 故宮博物院	
金、焦二山圖	軸	紙	設色	不詳	乾隆乙卯（六十年，1795）新夏	北京 故宮博物院	
滿城風雨圖（為晴村作）	軸	紙	水墨	不詳	癸丑（乾隆五十八年，1793）九月廿二日	杭州 浙江省博物館	
秋閣看雲圖	軸	紙	設色	91.3 × 60	嘉慶庚申（五年，1800）秋日	嘉興 浙江省嘉興市博物館	
梅林圖（李鱓、吳履、鄭士芳花鳥山水合冊12之1幀）	冊	紙	設色	23 × 31	（乙未，乾隆四十年，1775）	瀋陽 故宮博物院	
蓮藕菊蟹圖（李鱓、吳履、鄭	冊	紙	設色	23 × 31	乙未（乾隆四十年	瀋陽 故宮博物院	

名稱	形式	質地	色彩	尺寸 高×寬㎝	創作時間	收藏處所	典藏號碼
士芳花鳥山水合冊 12 之 1 幀）					，1775）七月		
檐華夜酌圖	冊頁	紙	設色	不詳	嘉慶庚申（五年，1800）	北京 故宮博物院	
畫（張開福等 24 人雜畫冊 24 之 1 幀）	冊頁	紙	設色	不詳		上海 上海博物館	
附：							
阿翁圖	軸	紙	設色	不詳	乾隆甲辰（四十九年，1784）	北京 北京市工藝品進出口公司	
執扇美人圖	軸	糸	設色	85.7 × 31.4	乾隆己酉（五十四年，1789）潤月廿一日	紐約 蘇富比藝品拍賣公司/拍賣目錄 1988,06,01.	

畫家小傳：吳履。字公之坦。號竹虛、瓦山野老、苦茶和尚等。浙江嘉興（一作秀水）人。生於高宗乾隆五（1740）年，仁宗嘉慶五（1800）年尚在世。工詩、能書、精篆刻。善畫人物、花草，尤長山水，筆墨幽逸疏簡，可與黃易、奚岡相上下。（見墨林今話、蜨隱園書畫雜綴、中國畫家人名大辭典）

錢中鈺

| 花卉 | 卷 | 紙 | 設色 | 不詳 | | 台北 故宮博物院 | 故畫 01750 |

畫家小傳：錢中鈺。字守之。江蘇武進人。錢維城次子。善畫山水，承家法，以筆力見長。（見墨林今話、中國畫家人名大辭典）

陶貞元

| 指畫松枝雙喜圖 | 軸 | 絹 | 設色 | 164.6 × 93.4 | | 濟南 山東省博物館 | |

畫家小傳：陶貞元。畫史無載。身世待考。

張 儼

| 蕉蔭吹簫圖 | 軸 | 絹 | 設色 | 132 × 41.5 | | 天津 天津市藝術博物館 | |
| 麻姑仙圖 | 軸 | 綾 | 設色 | 87.1 × 47.5 | | 日本 中埜又左衛門先生 | |

畫家小傳：張儼。字幼華。江蘇婁縣人。張超之子。善畫人物，尤精仕女，得唐寅、仇英風格。惟性懶散，雖多金，不能強之畫。至窘甚，乃閉戶作數幅，攜就質庫易錢。其冷僻如此。（見墨香居畫識、墨林今話、中國畫家人名大辭典）

吳叔元

| 仿石濤山水圖 | 軸 | 紙 | 設色 | 101.6 × 33.8 | | 香港 劉作籌虛白齋 | XB1992.188 |
| 芝蘭松柏圖 | 軸 | 紙 | 設色 | 20.5 × 26.9 | 乾隆三十年（乙酉 | 天津 天津市藝術博物館 | |

名稱	形式	質地	色彩	尺寸 高x寬cm	創作時間	收藏處所	典藏號碼
					，1765）		
山水圖（12幀）	冊	紙	設色	不詳	乾隆丙申（四十一年，1776）冬十月	北京 故宮博物院	
附：							
山水圖	卷	紙	水墨	29.2 x 93.5	丙午（乾隆五十一年，1786）春仲	紐約 佳士得藝品拍賣公司/拍 賣目錄 1994,06,01.	
山水圖	軸	紙	設色	不詳		南通 南通市文物商店	

畫家小傳：吳叔元。字思白。自號思翁、思堂。安徽休寧人，流寓江蘇儀徵。能詩，工書。善畫山水，筆力蒼渾。流傳署款紀年作品見於高宗乾隆三十（1765）至五十一（1786）年。（見墨香居畫識、墨林今話、中國畫家人名大辭典）

朱黼

高崗亭子圖	軸	絹	設色	不詳	乙未（乾隆四十年，1775）	南京 南京市博物館	
山水圖	軸	紙	水墨	不詳	乙酉（乾隆三十年，1765）	無錫 江蘇省無錫市博物館	
附：							
山水圖（清顧鶴慶等山水合裝冊12之1幀）	冊頁	紙	水墨	20 x 25		上海 朵雲軒	

畫家小傳：朱黼。字與村。號畫亭。江蘇江陰人。工詩畫。作山水，蒼潤朗秀，深得王翬風致。高宗乾隆三十（1765）年，曾獻賦與畫，稱旨。流傳署款紀年作品見於乾隆三十（1765）至四十（1775）年。（見墨香居畫識、中國畫家人名大辭典）

俞榕

附：							
水墨山水（清名家山水花鳥冊16之1開）	冊頁	紙	水墨	不詳		香港 蘇富比藝品拍賣公司/拍 賣目錄 1999.10.31.	
山水（清名家山水花鳥冊16之2幀）	冊頁	紙	設色	不詳		紐約 佳士得藝品拍賣公司/拍 賣目錄 1996,09,18.	

畫家小傳：俞榕。字範倫。號學禪。江蘇嘉定人。高宗乾隆三十（1765）年，以詩畫進獻得旨，供奉內廷。善畫山水，臨摹宋元人筆無不逼真，畫竟繫之以詩，四方走求，得寸楮尺縑者為快。（見墨香居畫識、中國畫家人名大辭典）

李荃

| 鶴墀香雪圖 | 軸 | 紙 | 水墨 | 45.8 x 60.4 | | 瀋陽 遼寧省博物館 | |

畫家小傳：李荃。畫史無載。身世待考。

唐桂凝

名稱	形式	質地	色彩	尺寸 高x寬cm	創作時間	收藏處所	典藏號碼
花卉圖（10幀）	冊	絹	設色	不詳		瀋陽 遼寧省博物館	

畫家小傳：唐桂凝。畫史無載。身世待考。

陸承宗

貓蝶萱花圖	軸	絹	設色	不詳		瀋陽 魯迅美術學院	

畫家小傳：陸承宗。畫史無載。身世待考。

周 典

袁枚像	軸	紙	水墨	不詳		北京 故宮博物院	

畫家小傳：周典。畫史無載。身世待考。

姚 眉

游春晚歸圖	軸	絹	設色	不詳		北京 中國歷史博物館	

畫家小傳：姚眉。畫史無載。身世待考。

孫喬立

山水圖（孫喬立、袁瑣合作）	軸	紙	設色	不詳		北京 中國歷史博物館	

畫家小傳：孫喬立。畫史無載。身世待考。

袁 瑣

山水圖（孫喬立、袁瑣合作）	軸	紙	設色	不詳		北京 中國歷史博物館	

畫家小傳：袁瑣。畫史無載。身世待考。

興隆阿

獵獵圖	橫軸	紙	設色	不詳		北京 中國歷史博物館	

畫家小傳：興隆阿。畫史無載。身世待考。

田茂德

仕女圖	軸	紙	設色	不詳		北京 中央工藝美術學院	

畫家小傳：田茂德。畫史無載。身世待考。

施 靜

起蛟圖	軸	絹	設色	不詳		北京 中央工藝美術學院	

畫家小傳：施靜。畫史無載。身世待考。

名稱	形式	質地	色彩	尺寸 高x寬cm	創作時間	收藏處所	典藏號碼

黃 盛

東坡事跡圖（10幀）	冊	紙	設色	不詳		北京 中央工藝美術學院	

畫家小傳：黃盛。畫史無載。身世待考。

長 陰

行樂圖	卷	絹	設色	38 x 50		天津 天津市歷史博物館	

畫家小傳：長陰。畫史無載。身世待考。

俞 蘭

觀潮圖	卷	絹	設色	不詳		天津 天津市歷史博物館	

畫家小傳：俞蘭。畫史無載。身世待考。

高凌雲

菊石圖	軸	紙	設色	不詳		濟南 山東省博物館	

畫家小傳：高凌雲。畫史無載。。身世待考。

楊 鳳

陳潽坐像	軸	絹	設色	132 x 80		濟南 山東省博物館	

畫家小傳：楊鳳。畫史無載。。身世待考。

王仲謙

呂洞賓鍾漢離（清王仲謙仙真童子冊之1）	冊頁	絹	設色	不詳		台北 故宮博物院	故畫 03418-1
李鐵拐曹國舅（清王仲謙仙真童子冊之2）	冊頁	絹	設色	不詳		台北 故宮博物院	故畫 03418-2
藍采和張果老（清王仲謙仙真童子冊之3）	冊頁	絹	設色	不詳		台北 故宮博物院	故畫 03418-3
韓湘子何仙姑（清王仲謙仙真童子冊之4）	冊頁	絹	設色	不詳		台北 故宮博物院	故畫 03418-4
仙真調鳥（清王仲謙仙真童子冊之5）	冊頁	絹	設色	不詳		台北 故宮博物院	故畫 03418-5
仙真扮戲（清王仲謙仙真童子冊之6）	冊頁	絹	設色	不詳		台北 故宮博物院	故畫 03418-6
仙真戲魚（清王仲謙仙真童子冊之7）	冊頁	絹	設色	不詳		台北 故宮博物院	故畫 03418-7

名稱	形式	質地	色彩	尺寸 高×寬㎝	創作時間	收藏處所	典藏號碼
仙真讀書（清王仲謙仙真童子 冊之8）	冊頁	絹	設色	不詳		台北 故宮博物院	故畫 03418-8

畫家小傳：王仲謙。畫史無載。身世待考。

王　逸

| 仙山樓閣圖 | 軸 | 紙 | 設色 | 不詳 | | 太原 山西省博物館 | |

畫家小傳：王逸。畫史無載。身世待考。

陳　楫

| 虎阜十二景圖（12幀） | 冊 | 紙 | 設色 | （每幀）28.5
× 26.3 | | 上海 上海博物館 | |

畫家小傳：陳楫。畫史無載。身世待考。

張　尚

| 秋山樓閣圖 | 軸 | 絹 | 設色 | 不詳 | | 南通 江蘇省南通博物苑 | |

畫家小傳：張尚。畫史無載。身世待考。

顧　震

| 歸漁圖 | 軸 | 紙 | 設色 | 不詳 | | 南通 江蘇省南通博物苑 | |
| 墨蘭圖 | 冊頁 | 紙 | 水墨 | 28.4 × 35.2 | | 英國 倫敦大英博物館 | 1947.7.12.025(ADD245) |

畫家小傳：顧震。字大震。號瀲雷。江蘇南通州人。顧述亭之子。承家學，善畫梅；又工寫竹，作萬竿煙雨景，令人起瀟湘之思。（見墨香
　　　　　居畫識、中國畫家人名大辭典）

周　儀

| 嬰戲圖 | 軸 | 絹 | 設色 | 97.5 × 53 | | 南京 南京市博物館 | |

畫家小傳：周儀。畫史無載。身世待考。

唐庭楷

| 蓮花圖 | 軸 | 紙 | 水墨 | 不詳 | | 鎮江 江蘇省鎮江市博物館 | |

畫家小傳：唐庭楷。浙江山陰人。善製琴，因自號琴巖居士。為人工韻語，善飲酒。學畫於錢塘孫志皐，有出藍之譽，最工敗荷蘆雁，
　　　　　地齊名於邊壽民。（見讀畫閒評、中國畫家人名大辭典）

張鵬翼

| 山水圖 | | 絹 | 設色 | 不詳 | | 鎮江 江蘇省鎮江市博物館 | |

名稱	形式	質地	色彩	尺寸 高x寬cm	創作時間	收藏處所	典藏號碼

畫家小傳：張鵬翼。畫史無載。身世待考。

吳省曾

| 雙嬛伴讀圖 | 卷 | 紙 | 設色 | 不詳 | | 無錫 江蘇省無錫市博物館 | |

畫家小傳：吳省曾。字身三。江蘇吳錫人。善貌人像。（見小倉山房文集、中國畫家人名大辭典）

龔　梁

| 蓉湖餞行圖 | 卷 | 絹 | 設色 | 不詳 | | 無錫 江蘇省無錫市博物館 | |

畫家小傳：龔梁。畫史無載。身世待考。

姚世俊

| 白鷺紅葉圖 | 軸 | 絹 | 設色 | 125.7 x 61.7 | | 杭州 浙江省博物館 | |

畫家小傳：姚世俊。畫史無載。疑似活動於高宗乾隆中期畫家。身世待考。

史　典

附：

| 追遠圖 | 卷 | 紙 | 設色 | 不詳 | | 上海 上海文物商店 | |

畫家小傳：史典。畫史無載。身世待考。

馬　瓊

| 花鳥通景圖（12幅，馬瓊等多人合作） | 軸 | 絹 | 設色 | （每幅）153 x 52 | | 泰州 江蘇省泰州市博物館 | |

畫家小傳：馬瓊。身世待考。

王尚湄

| 指畫松石圖 | 軸 | 絹 | 水墨 | 不詳 | | 合肥 安徽省博物館 | |

畫家小傳：王尚湄。畫史無載。身世待考。

趙繼濂

| 指畫松鶴圖 | 軸 | 絹 | 設色 | 不詳 | | 黃山 安徽省黃山市博物館 | |

畫家小傳：趙繼濂。畫史無載。身世待考。

孔守訓

| 人物圖 | 軸 | 絹 | 設色 | 93 x 51 | | 成都 四川大學 | |

名稱	形式	質地	色彩	尺寸 高×寬㎝	創作時間	收藏處所	典藏號碼

畫家小傳：孔守訓。畫史無載。身世待考。

雪 翁

| 梅石水仙圖 | 軸 | 紙 | 水墨 | 85 × 40.5 | | 桂林 廣西壯族自治區桂林市 博物館 | |
| 騎驢圖 | 軸 | 紙 | 設色 | 106.8 × 50.3 | | 日本 仙台市博物館 | |

畫家小傳：雪翁。畫史無載。身世待考。

王 鈞

| 尋春歸晚圖 | 軸 | 絹 | 設色 | 不詳 | | 蘭州 甘肅省博物館 | |

畫家小傳：王鈞。畫史無載。身世待考。

朱 輪

| 草蟲圖（16幀） | 冊 | 絹 | 設色 | （每幀）29 × 25.7 | | 日本 岡山市藤原祥宏先生 | |

畫家小傳：朱輪。畫史無載。身世待考。

汪 泉

附：

| 五百羅漢圖 | 卷 | 絹 | 設色 | 24.3 × 274 | | 紐約 佳士得藝品拍賣公司/拍 賣目錄 1998.09.15 | |

畫家小傳：汪泉。畫史無載。身世待考。

王 緒

附：

| 指畫鳳凰立石圖 | 軸 | 絹 | 設色 | 230 × 114.2 | | 紐約 蘇富比藝品拍賣公司/拍 賣目錄 1981.10.25. | |

畫家小傳：王緒。字雪舟。無為州人。善畫山水、人物，冠於一時。（見無為州志、中國畫家人名大辭典）

沈 謙

| 人物山水圖 | 卷 | 絹 | 設色 | 不詳 | 戊戌（？乾隆四十 三年，1778） | 北京 故宮博物院 | |

附：

名稱	形式	質地	色彩	尺寸 高x寬cm	創作時間	收藏處所	典藏號碼
山水人物圖	軸	絹	設色	144.8 x 54	（？乾隆三十年，1765）	紐約 蘇富比藝品拍賣公司/拍賣目錄 1987.12.08.	

畫家小傳：沈謙。畫史無載。流傳署款作品約見於高宗乾隆三十（1765）至四十三（1778）年。身世待考。

潘恭壽

名稱	形式	質地	色彩	尺寸 高x寬cm	創作時間	收藏處所	典藏號碼
江皐望遠圖	卷	紙	設色	26.4 x 185.4		台南 石允文先生	
臨各家蘭石圖	卷	紙	水墨	22.8 x 302.3		瀋陽 遼寧省博物館	
山居垂釣圖	卷	紙	設色	33.4 x 139.2	辛亥（乾隆五十六年，1791）	北京 故宮博物院	
西湖佳景圖	卷	紙	水墨	不詳		北京 故宮博物院	
臨米元暉五洲煙雨圖	卷	紙	設色	22.7 x 233		天津 天津市藝術博物館	
臨董其昌仿米山雨欲來圖	卷	綾	水墨	31.9 x 187.1	乾隆辛亥（五十六年，1791）	上海 上海博物館	
舸齋圖（為翌和作）	卷	紙	設色	不詳	戊申（乾隆五十三年，1788）七月	南京 南京博物院	
臨倪瓚獅子林圖	卷	綾	水墨	不詳	癸巳（乾隆三十八年，1773）四月	鎮江 江蘇省鎮江市博物館	
青山白雲圖	卷	金箋	設色	不詳	癸丑（乾隆五十八年，1793）十月	鎮江 江蘇省鎮江市博物館	
瀟湘夜雨圖	卷	紙	水墨	24.1 x 157.1		日本 私人	
畫陸治仿郭熙林屋洞天圖	軸	紙	設色	不詳		台北 故宮博物院	國贈 027018
探梅圖	軸	紙	設色	148 x 40.5	乙巳（乾隆五十年，1785）元日	台北 故宮博物院（蘭千山館寄存）	
臨子昂畫中峰和尚像	軸	紙	設色	83.2 x 28.2		台北 故宮博物院（蘭千山館寄存）	
花卉圖	軸	紙	設色	不詳		台北 故宮博物院（蘭千山館寄存）	
長林消夏（仿黃子久）	軸	紙	設色	178 x 46		台北 歷史博物館	
仿關何思松石	軸	紙	設色	140 x 35		台北 歷史博物館	
秋潭垂釣圖（仿石田真蹟）	軸	紙	設色	151.5 x 45	壬子（乾隆五十七年，1792）正月	台北 張添根養和堂	
臨文徵明翠淙閣待月圖	軸	紙	水墨	91.4 x 32.2		台北 王靄雲先生	

名稱	形式	質地	色彩	尺寸 高×寬㎝	創作時間	收藏處所	典藏號碼
臨文徵明翠淙閣圖	軸	紙	水墨	63.8 × 32.5		台北 陳啟斌畏墨堂	
臨陸治秋荷鷝鷞圖	軸	紙	設色	130.8 × 36.2		台南 石允文先生	
杜麗娘像（為漱泉作）	軸	紙	設色	147 × 59.8	乾隆辛丑（四十六年，1781)) 冬十一月	香港 香港美術館・虛白齋	XB1992.196
湖上讀書堂圖（為徐朗齋作）	軸	紙	設色	117.2 × 31.3		香港 香港美術館・虛白齋	XB1992.203
翠淙閣待月圖	軸	紙	水墨	64 × 32.5	丙午（乾隆五十一年，1786）初冬	香港 張碧寒先生	
山水圖（為自圃六十壽作）	軸	紙	設色	136 × 70.3	王文治題於癸卯（乾隆四十八年（1783）六月望後	香港 招署東先生	
溪山高逸圖	軸	絹	設色	138 × 37	乙巳（乾隆五十年，1785）小暑前二日	瀋陽 故宮博物館	
幽澗泉聲圖	軸	紙	設色	不詳	辛亥（乾隆五十六年，1791）	瀋陽 故宮博物館	
仿黃鶴山樵山水圖	軸	紙	設色	141 × 40.6	己酉（乾隆五十四年，1789）四月	瀋陽 遼寧省博物館	
仿沈周槐雨亭圖	軸	紙	設色	不詳	壬子（乾隆五十七年，1792）正月十九日	瀋陽 遼寧省博物館	
芭蕉仕女圖	軸	紙	設色	63 × 26		瀋陽 遼寧省博物館	
寫蘭圖	軸	紙	設色	不詳		北京 故宮博物院	
耕亭獨立像（華鍾英、潘恭壽合作）	軸	絹	設色	不詳	嘉慶元年（丙辰，1796)	北京 故宮博物院	
烟雲閣圖	軸	紙	水墨	58.5 × 31.5	辛丑（乾隆四十六年，1781) 冬日	北京 中國美術館	
林屋洞天圖	軸	紙	設色	64 × 31		北京 中央美術學院	
寫柳永雨淋閣詞意圖（作贈梅嶼）	軸	紙	設色	60.6 × 34.3	乙未（乾隆四十年，1775）初春	天津 天津市藝術博物館	
五月江深草閣寒圖	軸	紙	設色	不詳	己酉（乾隆五十四年，1789)	天津 天津市藝術博物館	

名稱	形式	質地	色彩	尺寸 高×寬㎝	創作時間	收藏處所	典藏號碼
荷花小鳥圖	軸	紙	設色	不詳	辛亥（乾隆五十六年，1791）	天津 天津市藝術博物館	
仿董其昌山水圖	軸	紙	水墨	不詳		天津 天津市歷史博物館	
清溪放櫂圖	軸	紙	設色	135.5 × 43.5		天津 天津市歷史博物館	
玩蒲圖	軸	紙	設色	176 × 53	乾隆庚戌（五十五年，1790）	合肥 安徽省博物館	
寶晉齋研山圖	軸	紙	水墨	98.9 × 45.6		合肥 安徽省博物館	
仿陸包山梅花水仙圖	軸	紙	設色	不詳	庚戌（乾隆五十五年，1790）冬日	揚州 江蘇省揚州市博物館	
重巖暮靄圖	軸	紙	設色	不詳	乾隆甲辰（四十九年，1784）臘月	泰州 江蘇省泰州市博物館	
松蔭圖	軸	紙	設色	不詳	辛丑（乾隆四十六年，1781）	上海 上海博物館	
松柏梧桐圖（為儆齋作）	軸	紙	設色	不詳	辛亥（乾隆五十六年，1791）	上海 上海博物館	
採芝圖（為開翁作）	軸	紙	設色	不詳	癸丑（乾隆五十八年，1793）九秋	上海 上海博物館	
仿文嘉山水圖	軸	紙	設色	99.6 × 30.8		上海 上海博物館	
古柏萱壽圖	軸	紙	設色	不詳		上海 上海博物館	
杜麗娘小像	軸	紙	設色	不詳		上海 上海博物館	
谿山訪友圖	軸	紙	設色	179.4 × 94		上海 上海博物館	
羅漢圖	軸	紙	水墨	不詳	乾隆四十四年（己亥，1779）	上海 上海古籍書店	
幽亭秀木圖	軸	紙	設色	124.6 × 42.8		南京 南京博物院	
山水圖（4幅）	軸	紙	設色	不詳		南京 南京博物院	
桐圃圖	軸	紙	設色	87.5 × 30	甲辰（乾隆四十九年，1784）三月四日	鎮江 江蘇省鎮江市博物館	
荷花鸂鶒圖	軸	絹	設色	151 × 411		鎮江 江蘇省鎮江市博物館	
荷亭消夏圖	軸	紙	設色	151 × 41		鎮江 江蘇省鎮江市博物館	
秋山紅樹圖	軸	紙	設色	不詳		鎮江 江蘇省鎮江市博物館	
山閣琴聲圖	軸	紙	設色	161.5 × 42,5	丙午（乾隆五十一年，1786）秋九月	昆山 崑崙堂美術館	

名稱	形式	質地	色彩	尺寸 高x寬㎝	創作時間	收藏處所	典藏號碼
仿黃鶴山樵山水圖	軸	紙	設色	不詳	丙午（乾隆五十一年，1786）	杭州 浙江省博物館	
臨仇英東坡像	軸	絹	設色	104 × 30.5		長沙 湖南省博物館	
雷峰像（華其凡、潘恭壽合作）	軸	絹	設色	不詳	乾隆四十五年（庚子，1780）	成都 四川大學	
深雲庵探梅圖	軸	紙	設色	136.5 × 447	乾隆乙巳（五十年，1785）二月朔日	廣州 廣東省博物館	
臨項聖謨蕙石圖	軸	紙	水墨	不詳	己酉（乾隆五十四年，1789）	廣州 廣東省博物館	
秋山蕭寺圖	軸	紙	設色	不詳		廣州 廣東省博物館	
山水圖	軸	紙	設色	76.4 × 27.3	嘉慶二年歲次丁巳（1797）春日	日本 東京尾崎洵盛先生	
雪中山水圖（王文治題）	軸	絹	設色	135.4 × 32.4		日本 大阪市立美術館	
溪山亭子圖	軸	紙	設色	66.4 × 32.2		日本 兵庫縣黑川古文化研究所	
寫少陵詩意圖（對幅）	軸	紙	設色	165.2 × 32.7		日本 兵庫縣黑川古文化研究所	
秋潭歸棹圖（畫奉梅巖大兄）	軸	紙	設色	168.7 × 51.1		日本 兵庫縣黑川古文化研究所	
寒巖圖	軸	紙	設色	126.1 × 38.8		日本 山口良夫先生	
仿文伯仁山水圖	軸	紙	設色	103.7 × 31.5		英國 耶魯大學藝術館	1956.41.8
倣文嘉山水圖（為西野七兄作）	軸	紙	設色	98.2 × 30.2	戊申（乾隆五十三年，1788）九月	美國 堪薩斯市納爾遜-艾金斯藝術博物館	
江天霽雪圖（仿董文敏筆，為王文治作）	軸	紙	設色	不詳		加拿大 多倫多皇家安大略博物館	
仿董其昌江天霽雪圖	軸	紙	設色	70.3 × 29.6		加拿大 大維多利亞藝術館	88.26.2
檜蒼堂填詞圖（為懷庭作）	軸	紙	水墨	86.7 × 38.6	乾隆辛丑（四十六年，1781）四月廿七日	荷蘭 阿姆斯特丹 Rijks 博物館	RAK1910-14
山水圖	摺扇面	紙	設色	不詳		台北 故宮博物館	國贈 005382
花卉圖	摺扇面	紙	設色	17 × 47		台北 歷史博物館	

名稱	形式	質地	色彩	尺寸 高×寬㎝	創作時間	收藏處所	典藏號碼
湖山梵剎圖（12幀）	冊	紙	設色	（每幀）35.2×23.5	丙午（乾隆五十一年，1786）	北京 故宮博物院	
垂柳圖	摺扇面	紙	水墨	18 × 54	辛丑（乾隆四十六年，1781）	北京 中國歷史博物館	
山水圖（12幀）	冊	紙	設色	不詳	己丑（乾隆三十四年，1769）	上海 上海博物館	
畫中詩（12幀）	冊	紙	設色	（每幀）24×28.2		上海 上海博物館	
花卉圖（6幀）	冊	紙	設色	不詳		南京 南京博物院	
山水、花卉圖（12幀）	冊	紙	設色	不詳		鎮江 江蘇省鎮江市博物館	
山水圖	摺扇面	紙	水墨	不詳	己酉（道光二十九年，1849）	廣州 廣州市美術館	
附：							
山水圖	卷	紙	設色	不詳	庚子（乾隆四十五年，1780）	北京 中國文物商店總店	
仿沈石田山水圖	卷	紙	設色	不詳	庚戌（乾隆五十五年，1790）長夏	濟南 山東省濟南市文物商店	
山水圖	卷	紙	設色	不詳		濟南 山東省濟南市文物商店	
江皋望遠圖（王文治題詩并識）	卷	紙	設色	26.5 × 181.5	辛丑（乾隆四十六年，1781）冬至前五日	紐約 佳士得藝品拍賣公司/拍賣目錄 1990,05,31.	
花鳥圖（王文治題）	卷	紙	設色	29.2 × 606.5		紐約 佳士得藝品拍賣公司/拍賣目錄 1994,06,01.	
雪山圖	卷	紙	水墨	32 × 115.5	癸丑（乾隆五十八年，1793）五月	紐約 佳士得藝品拍賣公司/拍賣目錄 1994,11,30.	
關山行旅圖	卷	紙	設色	33.5 × 204.5	戊戌（乾隆四十三年，1778）長至後三日	紐約 佳士得藝品拍賣公司/拍賣目錄 1996,09,18.	
水仙圖（為喆成作）	軸	紙	水墨	不詳	辛亥（乾隆五十六年，1791）嘉平月	北京 北京市文物商店	
臨陳洪綬人物圖	軸	紙	設色	不詳	癸丑（乾隆五十八年，1793）	北京 北京市文物商店	
山堂懷恩圖	軸	紙	水墨	95.3 × 43		北京 北京市文物商店	
仿惲壽平山水圖	軸	紙	設色	不詳	癸丑（乾隆五十八	北京 北京市工藝品進出口公	

名稱	形式	質地	色彩	尺寸 高x寬cm	創作時間	收藏處所	典藏號碼
					年，1793）	司	
青山騎驢圖	軸	絹	設色	不詳		揚州 揚州市文物商店	
綠蓋樓消夏圖	軸	紙	設色	126 x 57	乾隆壬寅（四十七年，1782）夏六月八日	上海 朵雲軒	
花卉圖	軸	紙	設色	不詳		上海 朵雲軒	
仿錢叙鍾馗圖	軸	絹	設色	不詳		上海 朵雲軒	
岑樓霜白圖	軸	紙	設色	173.1 x 77.6		上海 上海文物商店	
黃葉詩意圖	軸	紙	設色	107.2 x 38.4		上海 上海文物商店	
滄溪圖	軸	紙	設色	120 x 54.6	戊申（乾隆五十三年，1788）	武漢 湖北省武漢市文物商店	
雲林野興圖	軸	紙	設色	91.4 x 48.2	乙巳（乾隆五十年，1785）首夏	紐約 蘇富比藝品拍賣公司/拍賣目錄1980,12,18.	
山水圖（王文治題）	軸	紙	設色	134.7 x 89.7	癸卯（乾隆四十八年，1783）六月	紐約 佳士得藝品拍賣公司/拍賣目錄1984,06,29.	
文會圖	軸	絹	設色	24 x 143		紐約 佳士得藝品拍賣公司/拍賣目錄1984,06,29.	
仿文徵明山水圖（王文治題）	軸	紙	設色	116.8 x 33.6		香港 蘇富比藝品拍賣公司/拍賣目錄1984,11,11.	
仿米芾山水圖（王文治題）	軸	紙	設色	115 x 33	乾隆辛丑（四十六年，1781）秋七月	香港 蘇富比藝品拍賣公司/拍賣目錄1984,11,11.	
掄元圖（王文治題）	軸	紙	水墨	93.3 x 36.8		紐約 蘇富比藝品拍賣公司/拍賣目錄1985,06,03.	
觀音圖	軸	紙	設色	87 x 26.3	乾隆五十一年（丙午，1786）九月	紐約 蘇富比藝品拍賣公司/拍賣目錄1986,12,04.	
松石圖	軸	紙	設色	138.4		紐約 蘇富比藝品拍賣公司/拍賣目錄1986,12,04.	
仿陸治花鳥圖	軸	紙	設色	147.4 x 35.6		紐約 蘇富比藝品拍賣公司/拍賣目錄1987,12,08.	
仿董其昌仙掌峰	軸	紙	設色	193.6 x 52.4		紐約 蘇富比藝品拍賣公司/拍賣目錄1987,12,08.	
荷花雙鳥圖	軸	紙	設色	130.8 x 26.2		紐約 蘇富比藝品拍賣公司/拍賣目錄1987,12,08.	

名稱	形式	質地	色彩	尺寸 高x寬cm	創作時間	收藏處所	典藏號碼
仿文徵明山水圖	軸	紙	水墨	63.8 × 32.4	丙午（乾隆五十一年，1786）初冬	紐約 蘇富比藝品拍賣公司/拍賣目錄 1988,11,30.	
秋山圖	軸	紙	設色	185.4 × 47		紐約 蘇富比藝品拍賣公司/拍賣目錄 1988,06,01.	
溪山話舊圖（王文治題）	軸	紙	設色	149 × 53.5	丙午（乾隆五十一年，1786）初冬	紐約 佳士得藝品拍賣公司/拍賣目錄 1990,11,28.	
柳湖泛舟圖	軸	紙	設色	131.5 × 47	乾隆己亥（四十四年，1779）孟春既望	香港 佳士得藝品拍賣公司/拍賣目錄 1991,03,18.	
仿王蒙山水圖	軸	紙	設色	135.9 × 36.5	壬子（乾隆五十七年，1792）閏月	紐約 佳士得藝品拍賣公司/拍賣目錄 1994,11,30..	
鍾馗圖	軸	絹	設色	106 × 47.6		紐約 佳士得藝品拍賣公司/拍賣目錄 1995,09,19.	
仿文五峰寒巖飛瀑圖	軸	絹	設色	193 ×50		香港 佳士得藝品拍賣公司/拍賣目錄 1996,04,28.	
翠淙閣待月圖	軸	紙	水墨	64.4 × 32.7	丙午（乾隆五十一年，1786）初冬	香港 蘇富比藝品拍賣公司/拍賣目錄 1999,10,31.	
春山水閣圖	摺扇面 紙		設色	不詳	壬子（乾隆五十七年，1792）	揚州 揚州市文物商店	
荷花圖	摺扇面 紙		設色	17 × 47		紐約 佳仕得藝品拍賣公司/拍賣目錄 1986,06,04.	
花卉圖（6幀）	冊	紙	設色	（每幀）28.3 × 20.6		紐約 蘇富比藝品拍賣公司/拍賣目錄 1987,12,08.	
仿明賢筆意山水圖（14幀）	冊	紙本	設色	（每幀）23 × 20.5	乾隆辛丑（四十六年，1781）冬至日	香港 佳士得藝品拍賣公司/拍賣目錄 1991,03,18.	
山水圖	摺扇面 紙		設色	21.5 × 65.5	乙巳（乾隆五十年，1785）二月二日	紐約 佳士得藝品拍賣公司/拍賣目錄 1992,06,02.	
仿古山水圖（2冊，14幀）	冊	紙	設色	（每幀）22.8 × 17.4	癸卯（乾隆四十八年，1783）嘉平	紐約 佳士得藝品拍賣公司/拍賣目錄 1994,11,30.	

畫家小傳：潘恭壽。字慎夫。號蓮巢。江蘇丹徒人。生於高宗乾隆六（1741）年，卒於乾隆五十九（1794）年。能詩好畫。畫山水規摹文徵明；花卉取法惲壽平；佛像出入丁雲鵬；其它仕女、竹石亦饒古意。作品常得王文治題識，有「潘畫王書」之諺。
（見墨香居畫識、墨林今話、桐陰論畫、中國畫家人名大辭典）

孔傳薪

名稱	形式	質地	色彩	尺寸 高×寬㎝	創作時間	收藏處所	典藏號碼
積水潭雅集圖（羅聘、馬履泰、孔傳薪、笪立樞合作）	卷	紙	設色	不詳		北京 故宮博物院	

畫家小傳：孔傳薪。江蘇句容人。乾隆三十（1765）年拔貢。善畫花卉，得明陸治、周之冕兩家筆意。（見墨香居畫識、中國畫家人名大辭典）

笪立樞

名稱	形式	質地	色彩	尺寸 高×寬㎝	創作時間	收藏處所	典藏號碼
積水潭雅集圖（羅聘、馬履泰、孔傳薪、笪立樞合作）	卷	紙	設色	不詳		北京 故宮博物院	
西涯圖（瑛寶、笪立樞、王霖合作）	卷	紙	設色	不詳	丁巳（嘉慶二年，1797）	北京 故宮博物院	

畫家小傳：笪立樞。字繩齋。江蘇丹徒人。笪重光裔孫。繼繼祖風，善畫山水，品高者，能得宋元人氣骨；下者，僅及明藍瑛、宋旭之輩。（見墨香居畫識、中國畫家人名大辭典）

沈 驤

名稱	形式	質地	色彩	尺寸 高×寬㎝	創作時間	收藏處所	典藏號碼
蜂猴圖	軸	絹	設色	168 × 99.5		上海 上海博物館	
柏鹿圖	軸	紙	設色	177 × 95	乾隆癸巳（三十八年，1773）春三月	南京 南京博物院	
芭蕉仙鶴圖	軸	紙	設色	161 × 88	乾隆癸巳（三十八年，1773）	德清 浙江省德清縣博物館	
柏鹿喜鵲圖	軸	紙	水墨	122 × 63.5	乾隆戊子（三十三年，1768）秋日	成都 四川大學	
老柏喜鵲圖	軸	紙	設色	172.7 × 82.4		日本 東京竹內金平先生	
受天百祿圖	軸	絹	設色	139.4 × 66.7	乾隆丙戌（三十一年，1766）長至	日本 京都桑名鐵城先生	

附：

名稱	形式	質地	色彩	尺寸 高×寬㎝	創作時間	收藏處所	典藏號碼
松虎圖	軸	絹	設色	58.2 × 34.1	乾隆丙子（二十一年，1756）	武漢 湖北省武漢市文物商店	

畫家小傳：沈驤。一名天驤。字駕干。號石耕。浙江德清人。沈銓（南蘋）從子。工畫花鳥，能世家法。流傳署款紀年作品見於乾隆三十一（1766）至三十八(1773)年。（見清代畫史、新市鎮續志、中國畫家人名大辭典）

余尚焜

名稱	形式	質地	色彩	尺寸 高×寬㎝	創作時間	收藏處所	典藏號碼
山水圖（12幀，為蘭旂作）	冊	紙	設色	不詳	乾隆丙戌前一年（三十年，1765）清	上海 上海博物館	

名稱	形式	質地	色彩	尺寸 高x寬㎝	創作時間	收藏處所	典藏號碼

明後一日

畫家小傳：余尚焜。字晴江（一作姓江）。號青樵、晚多。浙江仁和人。善畫山水，宗法元倪瓚，間遠中寓沉著痛快之致，不像世之貌
　　　似雲林者。流傳署款紀年作品見於高宗乾隆三十（1765）年。（見墨香居畫識、耕硯田齋筆記、中國畫家人名大辭典）

杜 鰲

| 指畫天際歸舟圖 | 軸 | 絹 | 設色 | 14.5 x 41.5 | 乾隆壬辰（三十七年，1772）冬日 | 成都 四川大學 | |
| 指畫山水圖（8幀） | 冊 | 紙 | 設色 | （每幀）20.5 x 28.7 | 乾隆丙戌（三十一年，1766）冬月 | 瀋陽 遼寧省博物館 | |

附：

| 指畫山水圖 | 軸 | 紙 | 設色 | 不詳 | 乾隆丁亥（三十二年，1767）秋日 | 北京 榮寶齋 | |
| 指畫山水（枯木老屋圖） | 軸 | 紙 | 設色 | 不詳 | 乾隆戊戌（四十三年，1778）春日 | 北京 中國文物商店總店 | |

畫家小傳：杜鰲。字海山。號一齋。浙江金華人。工詩、善書。能以指頭畫山水、花卉，極精雅；畫石亦妙。流傳署款紀年作品見於
　　　高宗乾隆三十一（1766）至四十三（1778）年。（見墨香居畫識、中國畫家人名大辭典、中國畫家人名大辭典）

徐 維

| 東村消夏圖像 | 卷 | 紙 | 設色 | 不詳 | 乾隆丙戌（三十一年，1766）秋九月 | 北京 故宮博物院 | |

畫家小傳：徐維。字鹿逸。籍里、身世不詳。工畫山水。流傳署款紀年作品見於高宗乾隆三十一（1766）年。（見歷代畫史彙傳附錄、
　　　中國畫家人名大辭典）

袁 模

| 立馬看秋山圖（袁模等畫山水冊8之1幀） | 冊頁 | 紙 | 設色 | 不詳 | 乾隆丙戌（三十一年，1766）七月 | 北京 中國歷史博物館 | |

畫家小傳：袁模。畫史無載。流傳署款紀年作品見於高宗乾隆三十一（1766）年。身世待考。

錢 樹

| 仿王蒙山水圖 | 軸 | 紙 | 設色 | 不詳 | 乾隆丙戌（三十一年，1766）立夏後二日 | 北京 故宮博物院 | |
| 枯木竹石圖 | 軸 | 綾 | 水墨 | 不詳 | | 杭州 浙江省博物館 | |

畫家小傳：錢樹。字梅籤。浙江錢塘人。錢杜之兄。少嘗從丁敬習篆隸，遂工鐵筆。善詩畫。山水學元黃公望、王蒙，筆墨蒼潤，非
　　　時人所能學步。流傳署款紀年作品見於高宗乾隆三十一（1766）年。（見墨香居畫識、墨林今話、中國畫家人名大辭典）

名稱	形式	質地	色彩	尺寸 高×寬cm	創作時間	收藏處所	典藏號碼

易懷端

名稱	形式	質地	色彩	尺寸 高×寬cm	創作時間	收藏處所	典藏號碼
山水人物圖	軸	絹	設色	134 × 31.8	丙戌（乾隆三十一年，1766）	香港 中文大學中國文化研究所文物館	

畫家小傳：易懷端。畫史無載。流傳署款紀年作品見於高宗乾隆三十一(1766)年。生平待考。

翟大坤

名稱	形式	質地	色彩	尺寸 高×寬cm	創作時間	收藏處所	典藏號碼
臨倪雲林山水圖	卷	紙	水墨	38 × 207.6	辛丑（乾隆四十六年，1781）仲夏	上海 上海博物館	
摹惲、王山水圖	卷	紙	水墨	22.5 × 108.5	嘉慶癸亥（八年，1803）	上海 上海博物館	
秋山讀書圖	卷	紙	設色	31.5 × 360	庚子（乾隆四十五年，1780）	成都 四川省博物院	
虎邱三賢祠圖	卷	紙	設色	37 × 132.9		日本 京都國立博物館	A甲594
山水圖	卷	紙	設色	25.7 × ?	壬寅（乾隆四十七年，1782）春夏之交	日本 東京熊全壽先生	
山水（春渚漁舟圖）	軸	紙	設色	156.6 × 42.5		新加坡 Dr.E.Lu	
仿大癡山水圖	軸	紙	設色	不詳	壬戌（嘉慶九年，1802）	長春 吉林省博物館	
松芝桃花圖	軸	絹	設色	不詳		瀋陽 故宮博物院	
浮巒暖翠圖	軸	紙	設色	不詳		瀋陽 故宮博物院	
煙林谿閣圖	軸	紙	設色	不詳	乾隆癸丑（五十八年，1793）	天津 天津市藝術博物館	
虎丘後山圖（古寺停舟圖）	軸	紙	設色	不詳	癸卯（乾隆四十八年，1783）小春十八日	烟臺 山東省烟臺市博物館	
溪山春靄圖	軸	紙	設色	135.3 × 27.4	嘉慶戊午（三年，1798）長夏	上海 上海博物館	
漢川修竹圖	軸	紙	水墨	不詳		上海 上海博物館	
仿巨然山水圖（為魯翁作）	軸	紙	設色	不詳	乙未（乾隆四十年，1775）仲冬	南京 南京博物院	
仿大癡山水圖	軸	絹	設色	不詳	乾隆乙未（四十年，1775）	南京 南京博物院	
竹石圖	軸	紙	水墨	不詳	壬戌（嘉慶七年，1802）	南京 南京博物院	
仿高房山山水圖	軸	紙	設色	77.4 × 52.1	壬寅（乾隆四十七	無錫 江蘇省無錫市博物館	

名稱	形式	質地	色彩	尺寸 高×寬cm	創作時間	收藏處所	典藏號碼
					年，1782）長夏		
遠山近村圖	軸	紙	設色	不詳	嘉慶戊午（三年，1798）立夏前二日	無錫 江蘇省無錫市博物館	
草堂賞泉圖	軸	紙	水墨	132 × 54	辛丑（乾隆四十六年，1781）立秋後三日	蘇州 江蘇省蘇州博物館	
雲白山青圖	軸	紙	設色	不詳		蘇州 江蘇省蘇州博物館	
墨竹圖	軸	紙	水墨	79.5 × 36.5	己丑（乾隆三十四年，1769）	杭州 浙江省博物館	
仿王蒙山水圖	軸	紙	設色	132 × 63.5	辛卯（乾隆三十六年，1771）	嘉興 浙江省嘉興市博物館	
朱竹壽石圖	軸	紙	設色	不詳		嘉興 浙江省嘉興市博物館	
秋山讀書圖（為松庭作）	軸	紙	設色	不詳	庚子（乾隆四十五年，1780）九秋	成都 四川省博物館	
賞雪圖	軸	紙	設色	不詳	乾隆壬子（五十七年，1792）	廣州 廣東省博物館	
高士聽泉圖	軸	紙	水墨	156.8 × 47		日本 大阪市立美術館	
擬方方壺山水圖	軸	紙	水墨	120.6 × 34.2	丙戌（乾隆三十一年，1766）秋日	日本 東京本間鋼太郎先生	
仿李營邱筆意山水圖	軸	紙	水墨	不詳	甲戌（嘉慶十九年，1814）冬日	日本 東京張允中先生	
仿董源山水圖	軸	紙	水墨	131.6 × 39.7		日本 私人	
摹沈周漁笛滄浪圖	軸	紙	設色	90.3 × 51		日本 私人	
擬九龍山人筆意山水圖	軸	金箋	水墨	156.6 × 45.8		美國 芝加哥大學藝術博物館	1974.85
仿古山水圖（12幀）	冊	紙	設色、水墨	（每幀）53 × 36	乙未（乾隆四十年，1775）仲春	瀋陽 故宮博物館	
山水圖（16幀）	冊	紙	設色	（每幀）34.5 × 27	辛卯（乾隆三十六年，1771）	天津 天津市歷史博物館	
橅古山水圖（6幀）	冊	紙	設色、水墨	不詳	乙巳（乾隆五十年，1785）仲春	蘇州 江蘇省蘇州博物館	
仿李希筆意山水（為倦濤學長作）	摺扇面	紙	設色	15 × 49	甲午(乾隆三十九年，1774)中秋	昆山 崑崙堂美術館	
臨古山水圖（10幀）	冊	紙	設色、水墨	（每幀）19 × 14	壬辰（乾隆三十七年，1772）秋日	廣州 廣東省博物館	
江南春色圖	摺扇面	紙	設色	20 × 56.1	癸巳（乾隆三十八	日本 東京岩崎小彌太先生	

名稱	形式	質地	色彩	尺寸 高×寬㎝	創作時間	收藏處所	典藏號碼
					年，1773）孟冬		
花卉雜畫（12幀）	冊	紙	水墨、設色	（每幀）16.6 × 20.9		日本 京都山岡泰造先生	
山水圖（8幀）	冊	紙	設色	（每幀）27.9 × 29.3	乾隆戊申（五十三年，1788）冬日	美國 勃克萊加州大學藝術館（高居翰教授寄存）	
倣元明清諸家山水圖（10幀）	冊	紙	設色、水墨	（每幀）30.1 × 16.2		美國 火魯奴奴Hutchinson先生	
仿古山水圖（12幀）	冊	紙	設色、水墨	不詳	嘉慶九年歲在甲子（1804）暮春	美國 紐約孔達先生	
附：							
停琴觀瀑圖	軸	紙	設色	不詳		北京 中國文物商店總店	
山水圖	軸	紙	設色	不詳	嘉慶己未（四年，1799）	上海 朵雲軒	
仿陸治江南春圖	軸	紙	設色	133.8 × 64.6	王戌（嘉慶七年，1802）孟夏	上海 上海文物商店	
賞月圖	軸	紙	設色	不詳	辛丑（乾隆四十六年，1781）	蘇州 蘇州市文物商店	
山水圖	軸	紙	設色	117.4 × 40.6	戊戌（乾隆四十三年，1778）臘月廿三日	紐約 蘇富比藝品拍賣公司/拍賣目錄1984,12,05.	
仿北苑筆意山水圖	軸	紙	水墨	85.5 × 29.2	庚寅（乾隆三十五年，1770）孟秋	紐約 佳仕得藝品拍賣公司/拍賣目錄1986,06,04.	
竹徑煙雲圖	軸	紙	設色	108.6 × 41.2	辛酉（嘉慶六年，1801）小春	紐約 佳士得藝品拍賣公司/拍賣目錄1987,12,11.	
雲山圖	軸	紙	設色	188 × 65	己未（嘉慶四年，1799）新秋	紐約 佳士得藝品拍賣公司/拍賣目錄1995,03,22.	
仿大癡道人法山水圖	軸	紙	設色	105 × 45.5		紐約 佳士得藝品拍賣公司/拍賣目錄1997,09,19.	

畫家小傳：翟大坤。字子厚。號雲屏、無聞子。浙江嘉興人，寄寓吳門。生年不詳，辛於仁宗嘉慶九（1804）年。秉性蕭散。工畫山水，兼綜各家。流傳署款紀年作品見於高宗乾隆三十一（1766）年，至仁宗嘉慶十九（1814）年。（見墨香居畫識、桐陰論畫、墨林今話、中國畫家人名大辭典）

黃 璧

名稱	形式	質地	色彩	尺寸 高×寬㎝	創作時間	收藏處所	典藏號碼
狩獵圖	卷	紙	設色	41 × 1002.		昆山 崑崙堂美術館	

名稱	形式	質地	色彩	尺寸 高×寬cm	創作時間	收藏處所	典藏號碼
四季山水圖	卷	紙	設色	30.7 × 768	辛卯（乾隆三十六年，1771）	長沙 湖南省博物館	
煙雨耕田圖	軸	紙	水墨	不詳	庚子（乾隆四十五年，1780）夏	台北 長流美術館	
秋山行旅圖	軸	紙	設色	160 × 80.9		香港 中文大學中國文化研究所文物館	73.92
山水圖	軸	紙	水墨	168.5 × 53		香港 香港美術館	F A1972.020
山澗休憩圖（為雪翁作）	軸	紙	水墨	183 × 74.5	甲午（乾隆三十九年，1774）蒲月	香港 香港美術館・虛白齋	XB1992.164
險灘渡舟圖	軸	紙	設色	194 × 45.5		泰州 江蘇省泰州市博物館	
小景山水圖	軸	綾	水墨	29.7 × 21.2		日本 東京國立博物館	
煙雨耕田圖	軸	紙	水墨	108.8 × 41.8	庚子（乾隆四十五年，1780）夏	日本 東京鈴木茂兵衛先生	
山水圖（16幀）	冊	紙	設色	（每幀）31 × 22.5	丙戌（乾隆三十一年，1766）冬日	香港 香港美術館	FA1983.003
附：							
漁樵耕讀圖	卷	紙	設色	47.5 × 1199	壬寅（道光二十二年，1842）秋月	紐約 佳士得藝品拍賣公司/拍賣目錄 1992,12,02.	
山水人物圖	軸	紙	設色	不詳		北京 中國文物商店總店	

畫家小傳：黃璧。號小癡。廣東潮州人。善畫山水，專法元吳鎮。署款紀年作品見於高宗乾隆三十一（1766）年至宣宗道光二十二（1842）年。（見國朝畫徵續錄、中國畫家人名大辭典）

汪志周

名稱	形式	質地	色彩	尺寸 高×寬cm	創作時間	收藏處所	典藏號碼
仿宋人山水圖	卷	紙	設色	不詳	丙戌（乾隆三十一年，1766）	福州 福建省博物館	
米法山水圖	軸	紙	設色	218 × 56		日本 私人	

畫家小傳：汪志周。字瘦石。福建詔安人。善墨畫花鳥，清雅如華嵒。流傳署款紀年作品見於高宗乾隆三十一（1766）（見福建畫人傳、中國畫家人名大辭典）

喻　蘭

名稱	形式	質地	色彩	尺寸 高×寬cm	創作時間	收藏處所	典藏號碼
思園雅集圖	卷	絹	設色	不詳		天津 天津市藝術博物館	
附：							
長恨歌圖	卷	紙	設色	不詳	乙卯（乾隆六十年，1795）夏日	蘇州 蘇州市文物商店	
富貴平安圖	軸	紙	設色	110.8 × 62.2	丙戌（乾隆三十一	香港 蘇富比藝品拍賣公司/拍	

名稱	形式	質地	色彩	尺寸 高x寬cm	創作時間	收藏處所	典藏號碼
					年，1766）清明前五日	賣目錄 1999,10,31.	

畫家小傳：喻蘭。字少蘭。浙江桐廬人。曾供奉內廷。工畫人物、仕女，用筆濃重，所作樓臺殿閣，不用界畫隨手為之，動中規矩位置，所畫器用物具，皆博古圖中物而非草草杜撰，識者以「院體」目之，然功力極深。流傳署款紀年作品見於高宗乾隆三十一（1766）至六十（1795）年。（見墨林今話、中國畫家人名大辭典）

汪 安

名稱	形式	質地	色彩	尺寸 高x寬cm	創作時間	收藏處所	典藏號碼
雙白印心圖（張燕昌、汪安合作）	軸	紙	水墨	83.5 x 32	丙戌（乾隆三十一年，1766）	天津 天津市藝術博物館	

畫家小傳：汪安。畫史無載。與張燕昌同時。流傳署款紀年作品見於高宗乾隆三十一（1766）年。身世待考。

陳登龍

名稱	形式	質地	色彩	尺寸 高x寬cm	創作時間	收藏處所	典藏號碼
仿黃公望戀雲圖	卷	綾	水墨	不詳	嘉慶甲戌（十九年，1814）重九	福州 福建省博物館	

畫家小傳：陳登龍。號秋坪。生於高宗乾隆七（1742）年，仁宗嘉慶十九（1814）年尚在世。畫史無載。身世待考。

嚴 鈺

名稱	形式	質地	色彩	尺寸 高x寬cm	創作時間	收藏處所	典藏號碼
詩龕圖（為法式善作）	卷	紙	設色	不詳	丙寅（嘉慶十一年，1806）	北京 故宮博物院	
補聘堂先生像	卷	紙	設色	不詳	嘉慶四年（己未，1799）	天津 天津市藝術博物館	
臨朱耷四季長春圖	卷	紙	水墨	29.8 x 355.6	壬戌（嘉慶七年，1802）	天津 天津市藝術博物館	
詩龕圖（黃均、方薰、朱鶴年、朱昂之、朱本、張崟、朱文新、嚴鈺、吳應年等作詩龕圖合璧卷之4）	卷	紙	設色	不詳	嘉慶丙寅（十一年，1806）	鎮江 江蘇省鎮江市博物館	
宋人詩句山水圖	卷	紙	水墨	11.8 x 138.8	癸亥（嘉慶八年，1803）端陽節	日本 東京高島菊次郎槐安居	
詩龕圖（五家詩龕圖合卷之第5幅）	卷	紙	設色	26.9 x 103.9		日本 東京高島菊次郎槐安居	
春明話舊圖（為晴崖作）	軸	紙	水墨	不詳	丙寅（嘉慶十一年，1806）天中節	濟南 山東省博物館	
餞春圖（與？合作）	軸	紙	設色	不詳	丁卯（嘉慶十二年，1807）三月廿八	重慶 重慶市博物館	

名稱	形式	質地	色彩	尺寸 高×寬㎝	創作時間	收藏處所		典藏號碼
山水圖（9幀）	冊	紙	設色	（每幀）30.2 ×50.8	庚申（嘉慶五年， 1800）夏	上海	上海博物館	
法源寺圖（清朱鶴年等法源寺 書畫冊14之1幀）	冊頁	紙	設色	不詳		上海	上海博物館	
山水圖（嚴鈺、張鵬翀山水合 冊10之5幀）	冊	紙	設色	不詳	辛卯（乾隆三十六 年，1771）	蘇州	江蘇省蘇州博物館	
山水圖（10幀）	冊	紙	水墨	不詳		廣州	廣州市美術館	
附：								
崇山峻嶺圖	軸	紙	水墨	不詳		濟南	山東省文物商店	
仿高其佩溪山竹居圖	軸	紙	水墨	不詳	甲申（道光四年， 1824）	上海	朵雲軒	
溪山村舍圖	軸	紙	設色	104.7×46.3		紐約	蘇富比藝品拍賣公司/拍 賣目錄1981.10.25.	
山水圖	軸	紙	水墨	84.5×63	嘉慶壬戌（七年， 1802）初冬	紐約	佳士得藝品拍賣公司/拍 賣目錄1984,06,29.	
仿古山水圖（12幀）	冊	紙	水墨、 設色	（每幀）12 ×19.5	嘉慶六年（辛酉， 1801）	紐約	佳士得藝品拍賣公司/拍 賣目錄1989,06,01.	

畫家小傳：嚴鈺。字式如。號香府。江蘇嘉定人。生於高宗乾隆七（1742）年，宣宗道光四（1824）年尚在世。工詩詞。善畫山水。
　　　　高宗乾隆三十年南巡，獻畫蒙恩賜，召入內廷供奉。後放維揚閘官。山水筆意挺拔。（見墨香居畫識、墨林今話、中國畫家
　　　　人名大辭典）

繆　椿

名稱	形式	質地	色彩	尺寸 高×寬㎝	創作時間	收藏處所		典藏號碼
圍香春霽牡丹圖	軸	絹	設色	不詳	乾隆乙巳（五十年 ，1785）仲夏	開封	河南省開封市博物館	
仿宋元諸家花鳥圖（16幀）	冊	絹	設色	（每幀）34.2 ×30.9		台南	石允文先生	
附：								
花卉圖	卷	絹	設色	不詳	乾隆丙申（四十一 年，1776）	北京	北京市工藝品進出口公 司	
梅茶八哥圖	軸	絹	設色	不詳	乾隆癸丑（五十八 年，1793）冬日	上海	上海市文物商店	
梅竹鸚鴿圖	軸	紙	設色	不詳	乾隆丁亥（三十二 年，1767）桂月	常州	常州市文物商店	
花鳥草蟲（12幀）	冊	絹	設色	（每幀）34.3	丙午（乾隆五十一	紐約	蘇富比藝品拍賣公司/拍	

名稱	形式	質地	色彩	尺寸 高x寬cm	創作時間	收藏處所	典藏號碼
				× 23.8	1786）新秋	賣目錄 1986,12,04.	

畫家小傳：繆椿。字丹林。號東白。江蘇吳縣人。工畫花卉、翎毛，師惲壽平而稍易其法，名噪一時，有繆派之目。流傳署款紀年作品見於高宗乾隆三十二(1767)至五十八(1793)年。（見墨香居畫識、墨林今話、中國畫家人名大辭典）

項穆之

名稱	形式	質地	色彩	尺寸 高x寬cm	創作時間	收藏處所	典藏號碼
山水圖	卷	紙	水墨	不詳		北京 故宮博物院	
補羅聘一門竹林諸影圖	卷	紙	設色	不詳		北京 故宮博物院	
山水圖	軸	紙	設色	不詳	乾隆戊戌（四十三年，1778）初冬	北京 故宮博物院	
竹塢草堂圖	摺扇面	紙	設色	不詳	乾隆丁亥（三十二年，1767）七月	北京 故宮博物院	
畫（項穆之、醒甫等雜畫冊22之1幀）	冊頁	紙	設色	約38 × 23.6		上海 上海博物館	
附：							
春草閒房圖（？幀，為仙嶷作）	冊	紙	設色	不詳	乾隆戊子（三十三年，1768）新秋	北京 中國文物商店總店	
山水、花鳥圖（12幀）	冊	紙	設色	不詳	丙申（乾隆四十一年，1776）秋日	上海 朵雲軒	

畫家小傳：項穆之。字莘甫。江蘇上元人。項適庵之孫。能繼祖業，善畫山水。高宗南巡，大府延入畫局，主裁一切名勝圖繪。流傳署款紀年作品見於高宗乾隆三十二(1767)至四十三(1778)年。（見小倉山房文集、中國畫家人名大辭典）

醒 甫

名稱	形式	質地	色彩	尺寸 高x寬cm	創作時間	收藏處所	典藏號碼
畫（項穆之、醒甫等雜畫冊22之1）	冊頁	紙	設色	約38.5 × 24		上海 上海博物館	

畫家小傳：醒甫。畫史無載。身世待考。

王 索

名稱	形式	質地	色彩	尺寸 高x寬cm	創作時間	收藏處所	典藏號碼
畫（項穆之、醒甫等雜畫冊22之1）	冊頁	紙	設色	約38.5 × 24		上海 上海博物館	

畫家小傳：王索。畫史無載。身世待考。

葉 琦

名稱	形式	質地	色彩	尺寸 高x寬cm	創作時間	收藏處所	典藏號碼
蘭花圖（12幀）	冊	紙	水墨	不詳	乾隆丁亥（三十二年，1767）暮春	太原 山西省博物館	

名稱	形式	質地	色彩	尺寸 高×寬cm	創作時間	收藏處所	典藏號碼

畫家小傳：葉琦。字滿林。畫史無載。流傳署款紀年作品見於高宗乾隆三十二(1767)年。身世待考。

錢 恕

雪山行旅圖	卷	紙	設色	不詳	嘉慶二十年（乙亥，1815）春正月	南通 江蘇省南通博物苑	
深山風樹圖	軸	紙	水墨	不詳	丁亥（乾隆三十二年，1767）春二月	南通 江蘇省南通博物苑	
柴門相送圖	軸	紙	設色	178 × 95		南通 江蘇省南通博物苑	
爛柯對弈圖	軸	紙	設色	不詳	道光六年（丙戌，1826）夏六月	南京 南京博物院	

畫家小傳：錢恕。字達中。號心齋。江蘇南通人。善畫山水。流傳署款紀年作品見於高宗乾隆三十二(1767)年，至宣宗道光六(1826)年。
（見榆園畫誌、崇川詩鈔彙存、中國美術家人名辭典）

楊允升
附：

| 攜琴訪友圖 | 軸 | 綾 | 水墨 | 167.7 × 49.5 | 丁亥（乾隆三十二年，1767）初春 | 紐約 佳士得藝品拍賣公司/拍賣目錄 1996,09,18. | |

畫家小傳：楊允升。畫史無載。流傳署款紀年作品見於高宗乾隆三十二(1767)年。身世待考。

其 堅
附：

| 葡萄圖 | 軸 | 紙 | 水墨 | 不詳 | 乾隆丁亥（三十二年，1767） | 北京 中國文物商店總店 | |

畫家小傳：其堅。畫史無載。流傳署款紀年作品見於高宗乾隆三十二(1767)年。身世待考。

張僧乙

| 墨菊圖 | 摺扇面 | 紙 | 水墨 | 不詳 | | 日本 東京河井荃廬先生 | |
| 老梅圖 | 摺扇面 | 金箋 | 設色 | 17.6 × 52.8 | | 日本 福岡縣石詢道雄先生 | 16 |

畫家小傳：張僧乙。字西友。江蘇嘉定人。為人風流落魄。工詩、善畫。擅畫花鳥、禽魚，尤精寫梅。不循規矩，自得天趣。著有缺雨樓。（見國朝畫徵續錄、畫囊、中國畫家人名大辭典）

愛新覺羅永瑢

長江帆影圖	卷	紙	設色	不詳		瀋陽 遼寧省博物館	
遠浦連帆圖	卷	紙	設色	不詳		北京 中國歷史博物館	
揚州瘦西湖圖	卷	紙	水墨	不詳		上海 上海古籍書店	

名稱	形式	質地	色彩	尺寸 高×寬㎝	創作時間	收藏處所	典藏號碼
山水圖	卷	紙	設色	不詳		杭州 浙江省博物館	
水墨花卉（蔬果雜品圖）	卷	紙	水墨	32 × 184		日本 東京國立博物館	
山水圖	卷	紙	設色	14.6 × 64.5		美國 加州史坦福大學藝術博物館	81.214.5
山水	軸	紙	設色	130.8 × 63.9		台北 故宮博物館	故畫 00790
山水	軸	紙	設色	129.9 × 64.4		台北 故宮博物館	故畫 02683
山水	軸	紙	設色	156.7 × 69.3		台北 故宮博物館	故畫 02684
春山遊騎	軸	紙	設色	143.4 × 61.8		台北 故宮博物館	故畫 02685
山村秋樹	軸	紙	設色	124.7 × 43.6		台北 故宮博物館	故畫 02686
秋寺鳴泉	軸	紙	設色	143.2 × 58.1		台北 故宮博物館	故畫 02687
松塹層軒	軸	紙	設色	134.9 × 62.5		台北 故宮博物館	故畫 02688
松塹探奇	軸	紙	設色	137.5 × 61.9		台北 故宮博物館	故畫 02689
松溪仙館	軸	紙	設色	135.1 × 57.5		台北 故宮博物館	故畫 02690
春潭漁集	軸	紙	設色	134.7 × 47.5		台北 故宮博物館	故畫 02691
竹溪消夏	軸	紙	設色	137.7 × 62		台北 故宮博物館	中畫 00105
春山飛瀑	軸	紙	水墨	54 × 37		台北 歷史博物館	
芳園高韻圖	軸	紙	設色	不詳		瀋陽 故宮博物院	
仿倪山水圖	軸	紙	水墨	不詳	乾隆戊子（三十三年，1768）	天津 天津市藝術博物館	
仿董其昌山水圖（永瑆、永瑢合作）	軸	紙	水墨	59.5 × 33	癸卯（乾隆四十八年，1783）	天津 天津市藝術博物館	
竹林雲峰圖	軸	紙	設色	135.5 × 41		天津 天津市藝術博物館	
四時嘉卉圖	軸	紙	水墨	不詳		廣州 廣東省博物館	
楓溪垂釣圖	軸	紙	設色	26.4 × 65.5	庚寅（乾隆三十五年，1770）	烏魯木齊 新疆維吾爾自治區博物館	
山水圖	軸	絹	設色	123.2 × 616		日本 東京出光美術館	
山水圖	軸	紙	水墨	79.5 × 55.5		日本 東京高島菊次郎槐安居	
山水圖（為金圃作）	軸	紙	設色	110.1 × 40.7	戊辰（？）仲冬	日本 京都國立博物館	
山水圖	軸	絹	設色	不詳		美國 波士頓美術館	
山水圖	軸	絹	設色	215 × 55.4		瑞士 蘇黎士黎得堡博物館	RCH.1166
畫山水（上冊、8幀）	冊	紙	設色	不詳		台北 故宮博物館	故畫 03300
畫山水（下冊、8幀）	冊	紙	設色	不詳		台北 故宮博物館	故畫 03301

名稱	形式	質地	色彩	尺寸 高×寬㎝	創作時間	收藏處所	典藏號碼
畫山水（12幀）	冊	紙	水墨、設色	不詳		台北 故宮博物館	故畫03302
畫山水（12幀）	冊	紙	水墨、設色	不詳		台北 故宮博物館	故畫03303
仿荊浩山水（永瑢仿諸家山水冊之1）	冊頁	紙	設色	不詳		台北 故宮博物館	故畫03304-1
仿關仝山水（永瑢仿諸家山水冊之2）	冊頁	紙	設色	不詳		台北 故宮博物館	故畫03304-2
仿董源山水（永瑢仿諸家山水冊之3）	冊頁	紙	水墨	不詳		台北 故宮博物館	故畫03304-3
仿巨然山水（永瑢仿諸家山水冊之4）	冊頁	紙	水墨	不詳		台北 故宮博物館	故畫03304-4
仿王蒙山水（永瑢仿諸家山水冊之5）	冊頁	紙	設色	不詳		台北 故宮博物館	故畫03304-5
仿黃公望山水（永瑢仿諸家山水冊之6）	冊頁	紙	設色	不詳		台北 故宮博物館	故畫03304-6
仿倪瓚山水（永瑢仿諸家山水冊之7）	冊頁	紙	水墨	不詳		台北 故宮博物館	故畫03304-7
仿吳鎮山水（永瑢仿諸家山水冊之8）	冊頁	紙	水墨	不詳		台北 故宮博物館	故畫03304-8
仿文璧山水（永瑢仿諸家山水冊之9）	冊頁	紙	設色	不詳		台北 故宮博物館	故畫03304-9
仿沈周山水（永瑢仿諸家山水冊之10）	冊頁	紙	設色	不詳		台北 故宮博物館	故畫03304-10
仿唐寅山水（永瑢仿諸家山水冊之11）	冊頁	紙	設色	不詳		台北 故宮博物館	故畫03304-11
仿仇英山水（永瑢仿諸家山水冊之12）	冊頁	紙	設色	不詳		台北 故宮博物館	故畫03304-12
畫雲巒絢錦（12幀）	冊	紙	設色	不詳		台北 故宮博物館	故畫03305
繪大雲輪請雨經結壇儀軌圖說（10幀）	冊	絹	設色	不詳		台北 故宮博物館	故畫03306
畫蘭藻延輝（12幀）	冊	紙	設色	不詳		台北 故宮博物館	故畫03307
山水圖（8幀）	冊	紙	設色	（每幀）23.3 × 27	癸巳（乾隆三十八年，1773）	瀋陽 遼寧省博物館	
仿古山水圖（8幀）	冊	紙	設色	不詳	乾隆戊子（三十三	天津 天津市藝術博物館	

名稱	形式	質地	色彩	尺寸 高×寬cm	創作時間	收藏處所	典藏號碼
					年，1768）		
山水圖（2冊16幀）	冊	紙	設色	不詳	壬辰（乾隆三十七年，1772）	天津 天津市藝術博物館	
山水圖（？幀）	冊	紙	設色	（每幀）8.5×5.75		英國 倫敦維多利亞-艾伯特博物館	F.E.8-1973
附：							
溪山清遠圖	卷	紙	水墨	30×547.2		紐約 蘇富比藝品拍賣公司/拍賣目錄1985,06,03.	
竹石水仙圖	軸	紙	設色	不詳	乾隆丁未（五十二年，1787）	北京 北京市工藝品進出口公司	
梅竹圖	軸	紙	水墨	不詳		上海 朵雲軒	
柳溪放棹圖	軸	絹	設色	72×33.5		紐約 佳士得藝品拍賣公司/拍賣目錄1992,06,02.	
山水圖	軸	紙	水墨	54.2×38.5		紐約 佳士得藝品拍賣公司/拍賣目錄1992,12,02.	
蘆岸輕舟圖	軸	紙	水墨	82×40	辛卯（乾隆三十六年，1771）初伏	紐約 佳士得藝品拍賣公司/拍賣目錄1994,11,30.	
青綠山水圖	摺扇面	紙	設色	13.5×43	癸卯（乾隆四十八年，1787）夏六月	紐約 佳士得藝品拍賣公司/拍賣目錄1988,11,30.	
山水（8幀）	冊	紙	設色	（每幀）22.5×35.3		紐約 佳士得藝品拍賣公司/拍賣目錄1994,06,01.	

畫家小傳：永瑢。宗室。為高宗第六子，封質莊親王。號九思主人。生於高宗乾隆八（1743）年，卒於乾隆五十五（1790）年。工詩，能書，善畫。畫擅山水，學黃堅；花木學陸治。有九思堂詩鈔行世。（見熙朝雅頌集、八旗畫錄、甌缽羅室書畫過目考、歷代畫史彙傳、中國畫家人名大辭典）

張賜寧

仿沈石田山水圖	卷	紙	設色	39.7×685.6	丙寅（嘉慶十一年，1806）秋杪	天津 天津市藝術博物館	
仿石濤雲海松濤圖	卷	紙	水墨	28×185.5		天津 天津市藝術博物館	
李文藻聽泉圖像	卷	紙	設色	55.5×126.8		濟南 山東省博物館	
花卉圖（羅聘等四人四季花卉圖卷4之1段）	卷	紙	設色	不詳		揚州 江蘇省揚州市博物館	
山水圖	卷	紙	水墨	不詳	丁卯（嘉慶十二年，1807）	廣州 廣東省博物館	

名稱	形式	質地	色彩	尺寸 高x寬cm	創作時間	收藏處所	典藏號碼
平山秋泛圖	卷	絹	設色	45 x 345		南寧 廣西壯族自治區博物館	
歲寒三友圖	軸	紙	設色	178.5 x 48		台北 張添根養和堂	
夕陽帆影圖	軸	絹	設色	152.5 x 64.5	乙卯（乾隆六十年，1795）秋日	台北 張添根養和堂	
寒巖秀木圖	軸	紙	設色	165.3 x 90.4		台南 石允文先生	
清江放舟圖（為松亭作）	軸	紙	水墨	118.5 x 64.5	戊午（嘉慶三年，1798）大雪後二日	長春 吉林省博物館	
仿大癡山水圖	軸	紙	墨	不詳		長春 吉林省博物館	
山水圖	軸	紙	水墨	不詳	嘉慶甲戌（十九年，814）秋九月九日	北京 故宮博物院	
雲腳飛帆圖	軸	紙	水墨	不詳	嘉慶乙亥（二十年，815）穀日	北京 故宮博物院	
西溪漁隱圖（華冠、張賜寧合作）	軸	紙	設色	194 x 94.5		北京 故宮博物院	
溪山泛舟圖	軸	絹	設色	不詳		北京 中國歷史博物館	
竹石天竺圖	軸	紙	設色	不詳		北京 首都博物館	
摹濟顛僧像	軸	紙	設色	95.7 x 77.7	乾隆己亥（四十四年，1779）	天津 天津市藝術博物館	
山水圖	軸	紙	水墨	153.5 x 49.5	壬申（嘉慶十七年，1812）	天津 天津市藝術博物館	
山水圖	軸	絹	設色	不詳	嘉慶丙子（二十一年，1816）時年七十有四	天津 天津市藝術博物館	
花卉圖（4幅）	軸	紙	設色	不詳		天津 天津市藝術博物館	
花卉圖（4幅）	軸	紙	設色	不詳		天津 天津市藝術博物館	
梅竹蘭石圖	軸	絹	設色	130.5 x 56.1	嘉慶癸亥（八年，1803）長至後	石家莊 河北省博物館	
松屋遙亭圖	軸	紙	設色	132.5 x 30.8	戊辰（嘉慶十三年，1808）	石家莊 河北省博物館	
亂山雜樹圖	軸	紙	設色	不詳		石家莊 河北省博物館	
石榴蕙石圖	軸	絹	設色	不詳		石家莊 河北省博物館	
花卉圖	軸	紙	設色	不詳		石家莊 河北省博物館	

名稱	形式	質地	色彩	尺寸 高×寬㎝	創作時間	收藏處所	典藏號碼
柳石圖	軸	紙	設色	不詳		石家莊 河北省博物館	
菊石圖	軸	紙	設色	不詳		石家莊 河北省博物館	
古樹寒鴉圖（羅聘等六家題）	軸	紙	水墨	不詳	辛亥（乾隆五十六年，1791）	揚州 江蘇省揚州市博物館	
湖莊清夏圖	軸	紙	水墨	不詳	癸丑（乾隆五十八年，1793）五月	揚州 江蘇省揚州市博物館	
南徐山色圖	軸	紙	設色	146 × 76.2	嘉慶七年，壬戌（1802）夏四月	揚州 江蘇省揚州市博物館	
秋山林屋圖	軸	紙	設色	237.8×121.2	嘉慶丁卯（十二年，1807）秋七月	揚州 江蘇省揚州市博物館	
荇菊同插圖	軸	轎	設色	不詳	丁丑（嘉慶二十二年，1817）	揚州 江蘇省揚州市博物館	
枯樹寒鴉圖	軸	紙	水墨	162.5 × 40.1		揚州 江蘇省揚州市博物館	
枇杷圖	軸	紙	設色	不詳		南通 江蘇省南通博物苑	
泛舟圖	軸	紙	水墨	148.7 × 39.7	辛酉（嘉慶六年，1801）	上海 上海博物館	
荷花圖	軸	紙	設色	不詳	壬申（嘉慶十七年，1812）	上海 上海博物館	
荷花圖	軸	紙	水墨	不詳	嘉慶甲戌（十九年，1814）	上海 上海博物館	
雲影泉聲圖	軸	紙	設色	不詳	丙子（嘉慶二十一年，1816）	上海 上海博物館	
九秋圖	軸	絹	設色	不詳		南京 南京博物院	
山島靈草圖	軸	絹	設色	不詳		南京 南京博物院	
片帆風雨圖	軸	紙	設色	135.7 × 31.3		南京 南京博物院	
江村水閣圖	軸	紙	設色	不詳	嘉慶壬戌（七年，1802）	鎮江 江蘇省鎮江市博物館	
桂花圖	軸	紙	設色	不詳		無錫 江蘇省無錫市博物館	
菊花圖	軸	紙	設色	不詳		無錫 江蘇省無錫市博物館	
花石修篁圖	軸	紙	設色	不詳		重慶 重慶市博物館	
黃薔薇圖	軸	紙	水墨	133 × 37		重慶 重慶市博物館	
蘿蔔圖	軸	紙	設色	不詳		重慶 重慶市博物館	
秋山靜寂圖	軸	紙	設色	138 × 36.8	甲子（嘉慶九年，	廣州 廣東省博物館	

名稱	形式	質地	色彩	尺寸 高x寬㎝	創作時間	收藏處所	典藏號碼
					1804）冬月		
紅絲硯館彈琴賦詩圖（為省存作）	軸	紙	設色	138.8 x 66	丙子（嘉慶二十一年，1816）冬月	廣州 廣東省博物館	
荷花圖	軸	紙	水墨	不詳		廣州 廣東省博物館	
買舟訪友圖	軸	紙	水墨	不詳	嘉慶十年，乙丑（1805）	廣州 廣州市美術館	
撫甌香館畫本花卉圖	軸	紙	設色	130 x 49	嘉慶十年歲乙丑（1805）夏首桂	日本 東京國立博物館	
谿亭松秀圖	橫披	絹	水墨	48.5 x 139.4		日本 東京河井荃廬先生	
山水圖	軸	紙	水墨	92.7 x 29.7	甲戌（嘉慶十九年，1814）歲朝	日本 東京河井荃廬先生	
秀發春巒圖	軸	紙	水墨	93.6 x 63.9		日本 東京河井荃廬先生	
燕子磯圖	軸	紙	水墨	74.8 x 37.9		日本 東京河井荃廬先生	
水墨山水圖	軸	紙	水墨	121.8 x 58.2		日本 東京河井荃廬先生	
雁來紅圖	軸	紙	設色	127.3 x 32.1	嘉慶六年（辛酉，1801）中秋前二日	日本 東京河井荃廬先生	
桑蠶詩意圖	軸	紙	設色	172.4 x 45.6		日本 大阪市立美術館	
蕉石圖	軸	紙	水墨	85.7 x 43.5	嘉慶辛酉（六年，1801）二月	日本 大阪橋本大乙先生	
仿王武筆意松石綬帶圖	軸	紙	設色	133 x 27		日本 大阪橋本大乙先生	
花卉圖	摺扇面	紙	設色	不詳	庚午（嘉慶十五，1810）夏五月	北京 故宮博物院	
桂巖百合圖	摺扇面	紙	設色	不詳	己酉（乾隆五十四年，1789）	北京 中國歷史博物館	
山水圖（12幀）	冊	絹	設色	不詳	乙亥（嘉慶二十年，1815）	北京 中國歷史博物館	
梅竹圖	摺扇面	紙	水墨	不詳		北京 中國歷史博物館	
花卉、山水圖（12幀）	冊	紙	設色	（每幀）25.9 x 28	丙午（乾隆五十一年，1786）	天津 天津市藝術博物館	
山水圖（清張賜寧等山水冊12之1幀）	冊頁	紙	設色	不詳		天津 天津市藝術博物館	

名稱	形式	質地	色彩	尺寸 高×寬cm	創作時間	收藏處所	典藏號碼
碧桃繡球圖	摺扇面	紙	設色	不詳		揚州 江蘇省揚州市博物館	
柴門夕陽圖	摺扇面	紙	設色	不詳		南通 江蘇省南通博物苑	
山水圖（徐枋等山水冊10之1幀）	冊頁	紙	設色	約24 × 34.7		上海 上海博物館	
蓮花圖	摺扇面	紙	水墨	不詳	丙子（嘉慶二十一年，1816）	日本 江田勇二先生	
蓮花圖（扇面圖冊之第12幀）	摺扇面	紙	設色	18.2 × 50		美國 聖地牙哥藝術博物館	68.731
附：							
雲山松屋圖	軸	絹	設色	不詳		天津 天津市文物公司	
松屋遙亭圖	軸	紙	水墨	不詳	戊辰（嘉慶十三年，1808）秋日	石家莊 石家莊市文物商店	
山水圖	軸	紙	設色	不詳	辛酉（嘉慶六年，1801）	上海 朵雲軒	
山水圖	軸	紙	設色	不詳		上海 朵雲軒	
蘭菊圖	軸	紙	水墨	不詳		上海 朵雲軒	
荷花圖	軸	紙	水墨	不詳	丙寅（嘉慶十一年，1806）	上海 上海文物商店	
白蓮圖	軸	紙	設色	不詳	甲戌（嘉慶十九年，1814）	上海 上海文物商店	
登馬鞍山圖	軸	紙	設色	不詳		上海 上海友誼商店	
山水圖	軸	紙	設色	132.1 × 27.6	嘉慶丙寅（十一年，1806）夏首	紐約 蘇富比藝品拍賣公司/拍賣目錄1982,06,05.	
蘭菊圖	軸	紙	水墨	120 × 52		紐約 佳士得藝品拍賣公司/拍賣目錄1993,06,04.	
水墨山水圖	軸	紙	水墨	144.8 × 22.2	嘉慶丁丑（二十二年，1817）秋仲	紐約 佳士得藝品拍賣公司/拍賣目錄1995,9,19.	

畫家小傳：張賜寧。字坤一。號桂巖、十三峰老人。河北滄縣人。生於高宗乾隆八（1743）年，仁宗嘉慶二十二（1817）年尚在。曾官通州管河通判。晚寓維揚。工畫花鳥、人物、山水等。法古而不泥古，超然拔俗。（見墨香居畫識、桐陰論畫、墨林今話、中國畫家人名大辭典）

許 觀

名稱	形式	質地	色彩	尺寸 高×寬cm	創作時間	收藏處所	典藏號碼
人物圖	軸	紙	設色	不詳	乾隆戊子（三十三年，1768）秋七月	北京 故宮博物院	
仕女圖	軸	絹	設色	不詳		天津 天津市文化局文物處	

名稱	形式	質地	色彩	尺寸 高×寬㎝	創作時間	收藏處所	典藏號碼

畫家小傳：許觀。字瀾伯。畫史無載。流傳署款紀年作品見於高宗乾隆三十三(1768)年。身世待考。

陳國治

臨西谿圖	卷	紙	設色	不詳	乾隆戊子（三十三年，1768）春	北京 故宮博物院	

畫家小傳：陳國治。高宗乾隆間人。籍里、身世不詳。工於瓷雕，所作精細中饒有畫意，其仿木、仿竹、仿象牙之製，尤極神似。流傳署款紀年作品見於高宗乾隆三十三(1768)年。（見飲流齋說瓷、中國美術家人名辭典）

華 乾

立馬看山圖（華冠、華乾合作）	軸	紙	設色	不詳		富陽 浙江省富陽縣文管會	

畫家小傳：華乾。畫史無載。約與華冠同時。身世待考。

陸 燦

桃花鴛鴦圖	軸	絹	設色	173 × 83		瀋陽 遼寧省博物館	
郭麐陶然圖像（陸燦寫照，周松泉補景）	軸	絹	設色	不詳	嘉慶丁丑（二十二年，1817）冬十月二十八日	北京 故宮博物院	
雲華惜花圖（陸燦、薛疇合作）	軸	紙	設色	135 × 58	乾隆戊子（三十二年，1768）	北京 故宮博物院	

畫家小傳：陸燦。字慕雲。號星山。江蘇婁東人。善傳神，嘗繪高宗御容稱旨；兼工花卉，媲美惲南田。流傳署款紀年作品見於高宗乾隆三十二（1768）年至仁宗嘉慶二十二（1817）年。（見國朝畫識、畫友錄、中國畫家人名大辭典）

秦 儀

草堂秋爽圖（為藝圃作）	卷	紙	設色	38.5 × 241	乾隆甲午（三十九年，1774）嘉平	廣州 廣州市美術館	
山村秋霽圖	軸	紙	設色	不詳	王辰（乾隆三十七年，1772）	天津 天津市藝術博物館	
柳村書屋圖	軸	紙	設色	94.8 × 45.5	乾隆乙巳（五十年，1785）	天津 天津市藝術博物館	
柳塘春遊圖	軸	紙	水墨	不詳	乾隆乙卯（六十年，1795）春仲月前三日	烟臺 山東省烟臺市博物館	
柳溪釣艇圖	軸	紙	設色	不詳	己酉（乾隆五十四年，1789）	黃山 安徽省黃山市博物館	

名稱	形式	質地	色彩	尺寸 高x寬cm	創作時間	收藏處所	典藏號碼
秋江歸棹圖	軸	紙	設色	不詳	乾隆戊子（三十三年，1768）	南京 南京博物院	
寒汀秋柳圖	軸	絹	設色	不詳	己酉（乾隆五十四年，1789）	無錫 江蘇省無錫市博物館	
深柳讀書堂圖	軸	紙	設色	不詳	辛亥（乾隆五十六年，1791）春仲	無錫 江蘇省無錫市博物館	
雪景山水圖	軸	絹	設色	不詳	乾隆己丑（三十四年，1769）	長沙 湖南省博物館	
詩畫山水圖	軸	紙	水墨	93.5 × 33.8	癸巳（乾隆三十八年，1773）春日	日本 東京細川護貞先生	
淺絳山水圖（臥聽秋聲）	軸	絹	設色	194.3 × 47.2		日本 中埜又左衛門先生	
放棹聽鶯圖	摺扇面	紙	設色	不詳	庚戌（乾隆五十五年，1790）秋仲	北京 故宮博物院	
柳溪游艇圖	摺扇面	紙	設色	不詳	甲寅（乾隆五十九年，1794）二月	北京 故宮博物院	
山水圖（12幀）	冊	紙	設色	不詳	庚子（乾隆四十五年，1780）	天津 天津市藝術博物館	
仿古山水圖（12幀）	冊	紙	水墨	不詳	乾隆甲辰（四十九年，1784）秋九月上浣	南京 南京博物院	
溪亭讀書圖	摺扇面	紙	設色	不詳	丁酉（乾隆四十二年，1777）	常熟 江蘇省常熟市文物管理委員會	
山水圖（8幀）	冊	紙	設色	不詳	癸巳（乾隆三十八年，1773）	杭州 浙江省博物館	
柳圖（14幀）	冊	紙	設色	不詳	乾隆甲午（三十九年，1774）小春	日本 東京張允中先生	
附：							
山水圖	軸	紙	設色	不詳		北京 中國文物商店總店	
曉雨煙靄圖	橫幅	絹	設色	不詳	乙巳（乾隆五十年，1785）	上海 上海文物商店	
柳蔭放犢圖	軸	絹	設色	不詳	辛卯（乾隆三十六年，1771）立夏後三日	上海 上海市工藝品進出口公司	

名稱	形式	質地	色彩	尺寸 高×寬cm	創作時間	收藏處所	典藏號碼
仿趙大年山水圖	軸	紙	設色	117.5 × 45.7	乾隆癸丑（五十八年，1793）夏六月中浣	紐約 蘇富比藝品拍賣公司/拍賣目錄 1980,12,18.	
山水圖（12幀）	冊	紙	水墨、設色	不詳	戊戌（乾隆四十三年，1778）秋仲	北京 中國文物商店總店	

畫家小傳：秦儀。字梧園。江蘇無錫人，居吳門。高宗乾隆三十六(1771)年舉人。善畫山水，宗法王石谷，長於水村小景，尤善作點葉柳，人稱「秦楊柳」。流傳署款紀年作品見於高宗乾隆三十三(1768)至六十(1795)年。（見墨香居畫識、墨林今話、桐陰論畫、中國畫家人名大辭典）

年王臣

名稱	形式	質地	色彩	尺寸 高×寬cm	創作時間	收藏處所	典藏號碼
竹坡疎樹圖	軸	絹	水墨	92.4 × 46.4	癸卯（乾隆四十八年，1783）	天津 天津市藝術博物館	
仿倪瓚竹樹圖	軸	紙	水墨	106.9 × 46.5		石家莊 河北省博物館	
聽秋圖	軸	紙	設色	不詳	乾隆癸巳（三十八年，1773）	合肥 安徽省博物館	
撫查士標法山水圖	軸	紙	設色	85 × 33		昆山 崑崙堂美術館	
山水圖	軸	紙	水墨	不詳	乾隆戊子（三十三年，1768）	溫州 浙江省溫州博物館	
附：							
虞山勝概圖	軸	紙	水墨	41.1 × 59		北京 中國文物商店總店	
寂寥圖	軸	紙	設色	不詳	乾隆丁未（五十二年，1787）	上海 朵雲軒	

畫家小傳：年王臣。字瘦生。號采玉山人。北平人，寓居揚州。工畫山水，生平雅慕元倪瓚，故落筆輒似之。又能詩，亦得雲林家法。案揚州畫舫錄另載有年汝鄰，字寄濤，號瘦生，又號不朽居士，作古木竹石，彷彿雲林；墨林今話則載有年王臣傳如前，兩者所述相近，中國畫家人名大辭典，疑為同一人，此從其說。流傳署款紀年作品見於高宗乾隆三十三(1768)至五十二(1787)年。（見墨香居畫識、揚州畫舫錄、墨林今話、歷代畫史彙傳、中國畫家人名大辭典）

黃 增

名稱	形式	質地	色彩	尺寸 高×寬cm	創作時間	收藏處所	典藏號碼
退食尋樂圖（為五峰作）	卷	絹	設色	不詳	乾隆丁酉（四十二年，1777）夏五月	北京 中國歷史博物館	
百齡圖（清思上篤等五十二人合作）	卷	紙	水墨、設色	不詳		日本 中埜又左衛門先生	
王穀原像	軸	紙	設色	159 × 50	乾隆甲戌（十九年	台北 歷史博物館	

名稱	形式	質地	色彩	尺寸 高x寬㎝	創作時間	收藏處所	典藏號碼
					，1754）閏四月		
夏日洗桐（清人物一冊之1）	冊頁	紙	設色	33.5 x 48.9		台北 故宮博物院	中畫 00133-1
松下賞菊（清人物一冊之2）	冊頁	紙	設色	33.5 x 48.9		台北 故宮博物院	中畫 00133-2
竹林納涼（清人物一冊之3）	冊頁	紙	設色	33.5 x 48.9		台北 故宮博物院	中畫 00133-3
山巔觀雲（清人物一冊之4）	冊頁	紙	設色	33.5 x 48.9		台北 故宮博物院	中畫 00133-4
松陰博古（清人物一冊之5）	冊頁	紙	設色	33.5 x 48.9		台北 故宮博物院	中畫 00133-5
烹茶（清人物一冊之6）	冊頁	紙	設色	33.5 x 48.9		台北 故宮博物院	中畫 00133-6
賞梅（清人物一冊之7）	冊頁	紙	設色	33.5 x 48.9		台北 故宮博物院	中畫 00133-7
松嶺探幽（清人物一冊之8）	冊頁	紙	設色	33.5 x 48.9		台北 故宮博物院	中畫 00133-8
賞雪（清人物一冊之9）	冊頁	紙	設色	33.5 x 48.9		台北 故宮博物院	中畫 00133-9
觀瀑（清人物二冊之1）	冊頁	紙	設色	33.5 x 48.9		台北 故宮博物院	中畫 00134-1
揮毫（清人物二冊之2）	冊頁	紙	設色	33.5 x 48.9		台北 故宮博物院	中畫 00134-2
山齋讀書（清人物二冊之3）	冊頁	紙	設色	33.5 x 48.9		台北 故宮博物院	中畫 00134-3
松陰讀易（清人物二冊之4）	冊頁	紙	設色	33.5 x 48.9		台北 故宮博物院	中畫 00134-4
竹溪訪勝（清人物二冊之5）	冊頁	紙	設色	33.5 x 48.9		台北 故宮博物院	中畫 00134-5
月夜展讀（清人物二冊之6）	冊頁	紙	設色	33.5 x 48.9		台北 故宮博物院	中畫 00134-6
蕉陰高士（清人物二冊之7）	冊頁	紙	設色	33.5 x 48.9		台北 故宮博物院	中畫 00134-7
雪景人物（清人物二冊之8）	冊頁	紙	設色	33.5 x 48.9		台北 故宮博物院	中畫 00134-8
觀鶴（清人物三冊之1）	冊頁	紙	設色	33.5 x 48.9		台北 故宮博物院	中畫 00135-1
賞梅（清人物三冊之2）	冊頁	紙	設色	33.5 x 48.9		台北 故宮博物院	中畫 00135-2
觀瀑（清人物三冊之3）	冊頁	紙	設色	33.5 x 48.9		台北 故宮博物院	中畫 00135-3
戴山畫扇（清人物三冊之4）	冊頁	紙	設色	33.5 x 48.9		台北 故宮博物院	中畫 00135-4
遠水揚帆（清人物三冊之5）	冊頁	紙	設色	33.5 x 48.9		台北 故宮博物院	中畫 00135-5
松溪橫舟（清人物三冊之6）	冊頁	紙	設色	33.5 x 48.9		台北 故宮博物院	中畫 00135-6
江上賞月（清人物三冊之7）	冊頁	紙	設色	33.5 x 48.9		台北 故宮博物院	中畫 00135-7
雪山行旅（清人物三冊之8）	冊頁	紙	設色	33.5 x 48.9		台北 故宮博物院	中畫 00135-8
農家樂事（清人物四冊之1）	冊頁	紙	設色	33.5 x 48.9		台北 故宮博物院	中畫 00136-1
茅亭清夏（清人物四冊之2）	冊頁	紙	設色	33.5 x 48.9		台北 故宮博物院	中畫 00136-2
溪橋訪勝（清人物四冊之3）	冊頁	紙	設色	33.5 x 48.9		台北 故宮博物院	中畫 00136-3
風雨歸舟（清人物四冊之4）	冊頁	紙	設色	33.5 x 48.9		台北 故宮博物院	中畫 00136-4
松巖探幽（清人物四冊之5）	冊頁	紙	設色	33.5 x 48.9		台北 故宮博物院	中畫 00136-5
山林歸樵（清人物四冊之6）	冊頁	紙	設色	33.5 x 48.9		台北 故宮博物院	中畫 00136-6

名稱	形式	質地	色彩	尺寸 高x寬cm	創作時間	收藏處所	典藏號碼
蒔花圖（清人物四冊之7）	冊頁	紙	設色	33.5 × 48.9		台北 故宮博物院	中畫 00136-7
雪山歸樵（清人物四冊之8）	冊頁	紙	設色	33.5 × 48.9		台北 故宮博物院	中畫 00136-8

畫家小傳：黃增。字為舟。號筠谷。江蘇長洲人。工畫山水、寫真。高宗乾隆三十三（1768）年被徵赴京，供奉畫院，曾寫高宗六旬御容。乾隆三十七年告養歸里。流傳紀年作品見於乾隆十九至四十二年。（見墨香居畫識、中國畫家人名大辭典）

張尚思

| 滿堂春色圖 | 軸 | 絹 | 設色 | 151 × 65 | 戊子（乾隆三十三年，1768） | 濟南 山東省博物館 | |
| 仿宋人院本蓮池水禽圖 | 軸 | 絹 | 設色 | 212 × 95 | 庚子（乾隆四十五年，1780）小春 | 英國 倫敦大英博物館 | 1910.2.12.518（ADD 50） |

畫家小傳：張尚思。江蘇武進人。善畫花鳥、人物，取法元人。流傳署款紀年作品見於高宗乾隆三十三（1768）至四十五（1780）年。（見歷代畫史彙傳附錄、中國畫家人名大辭典）

章戩功

| 山水圖 | 軸 | 絹 | 水墨 | 不詳 | | 日本 組田昌平先生 | |

畫家小傳：章戩功。字服伯。浙江錢塘人。善畫山水，師法董、巨。（見錢塘縣志、中國畫家人名大辭典）

馬元欽

| 關雲長像 | 軸 | 紙 | 設色 | 103 × ？ | 戊子（？乾隆三十三年，1768）夏五月 | 日本 大阪橋本大乙先生 | |

畫家小傳：馬元欽。字三峰。畫史無載。身世待考。

巴慰祖

秋山圖	軸	紙	設色	58.5 × 27.2	丁未（乾隆五十二年，1787）	上海 上海博物館	
仿方從義作松亭山色圖	軸	紙	設色	119 × 44.5	乾隆甲辰（四十九年，1784）立秋日	杭州 浙江省杭州西泠印社	
書、畫（各4幀）	冊	紙	設色	不詳	癸卯（乾隆四十八年，1783）	杭州 浙江省博物館	

附：

| 仿石田山水圖 | 軸 | 紙 | 設色 | 不詳 | | 上海 朵雲軒 | |

畫家小傳：巴慰祖。字予籍，又字子安。號晉堂（一作雋堂），又號蓮舫。安徽歙縣人。生於高宗乾隆九（1744）年，卒於乾隆五十八（1793）年。少讀書，無所不好，無所不能。家富收藏。工篆刻、摹印。能畫山水、花鳥，然不耐皴染。（見黃鉞畫友錄、中國畫家人名大辭典）

名稱	形式	質地	色彩	尺寸 高×寬㎝	創作時間	收藏處所	典藏號碼

張 莘

名稱	形式	質地	色彩	尺寸 高×寬㎝	創作時間	收藏處所	典藏號碼
四君子圖	卷	紙	水墨	33.6 × ?		日本 長崎縣立美術博物館	AI 口 17
水墨崎陽山館圖	卷	紙	水墨	32.3 × 147.4		日本 長崎縣立美術博物館	AI 口 66
仿王元章梅花（張廷濟題）	軸	紙	水墨	101.4 × 31.7		台北 故宮博物院（蘭千山館寄存）	
水墨山水圖	軸	絹	水墨	161.3 × 36.8		台北 張建安先生	
石榴梔子圖	軸	紙	設色	不詳	甲子（嘉慶九年，1804）	杭州 浙江省博物館	
丹桂秋卉圖	軸	紙	設色	131.2 × 31.8		日本 東京國立博物館	
歲寒三友圖	軸	紙	設色	131.2 × 31.8		日本 東京國立博物館	
蓮花圖	軸	絹	設色	130.3 × 32.4		日本 東京鈴木茂兵衛先生	
墨竹圖	軸	紙	水墨	142.4 × 45.4		日本 京都國立博物館	A甲 667
墨竹圖	軸	紙	水墨	103.6 × 27.8		日本 京都國立博物館	A甲 748
榮貴聯芳圖（芙蓉桂樹）	軸	紙	設色	130.4 × 31.7		日本 京都國立博物館	A甲 01116
紫藤花石圖	軸	絹	設色	125.7 × 35.7	七十四老人（嘉慶二十二年,丁丑,1817）	日本 京都泉屋博物館	
茶花梅石圖	軸	絹	設色	125.7 × 35.7	丁丑（嘉慶二十二年，1817）春初	日本 京都泉屋博物館	
梅花圖	軸	紙	水墨	138 × 35		日本 大阪橋本大乙先生	
花卉圖（6 摺屏風、1 對）	軸	紙	設色	（每幅）130.9 × 30.5		日本 長崎縣立美術博物館	A1-3
水墨山水圖	軸	紙	水墨	147 × 32.1		日本 長崎縣立美術博物館	AI 口 57
紫陽花圖	軸	紙	設色	130.2 × 31.8		日本 長崎縣立美術博物館	A1-107
仿吳鎮松石不老圖	軸	紙	水墨	112 × 33		日本 仙台市博物館	
牡丹圖	軸	紙	設色	112.4 × 33.3		日本 大連原田光次郎先生	
歲寒三友圖（臨元王淵舊本）	軸	絹	設色	131.5 × 31.8		日本 繭山龍泉堂	
桂樹牡丹圖	軸	絹	設色	131.5 × 31.8		日本 繭山龍泉堂	
法趙昌施色法花卉圖	軸	紙	設色	不詳		日本 組田昌平先生	
法陸治水墨寫生法花卉圖	軸	紙	設色	不詳		日本 組田昌平先生	
秋花圖（擬王穀祥筆意）	軸	紙	設色	129.3 × 30.3		日本 金岡西三先生	
牡丹圖	軸	絹	設色	122.6 × 34.2	辛未（嘉慶十六年	日本 金岡西三先生	

名稱	形式	質地	色彩	尺寸 高×寬㎝	創作時間	收藏處所	典藏號碼
					，1811）長夏		
牡丹圖	軸	紙	水墨	110.2 × 35.	癸卯（乾隆四十八年，1783）新春	日本 中埜又左衛門先生	
碧桃月季（清花卉畫冊六冊之10）	摺扇面	紙	設色	18.6 × 54.9		台北 故宮博物院	故畫 03522-10
花卉圖（12幀）	冊	絹	設色	不詳	七十二老人（嘉慶二十年，，1815）	湖州 浙江省湖州市博物館	
白描花卉圖	冊頁	紙	水墨	22 × 13.2		日本 中埜又左衛門先生	
柳蔭游魚圖（2幀）	冊頁	紙	水墨	22 × 13.2		日本 中埜又左衛門先生	
水仙圖（2幀）	冊頁	紙	水墨	22 × 13.2		日本 中埜又左衛門先生	
花卉圖（16幀）	冊	絹	設色	（每幀）28.8 × 39.3	時年七十有三（嘉慶二十一年，丙子，1816）	日本 中埜又左衛門先生	

附：

九秋圖	卷	紙	設色	23.5 × 118	戊辰（嘉慶十三年，1808）臘月	紐約 佳士得藝品拍賣公司/拍 賣目錄 1990,05,31.	
荇塘白鷺圖	軸	紙	設色	128 × 44.2	戊辰（嘉慶十三年，1808）清和既望	紐約 蘇富比藝品拍賣公司/拍 賣目錄 1981,11,07.	

畫家小傳：張莘。初名崑，字秋谷。改名後，更字秋穀。號西泠釣徒。浙江仁和人，僑寓吳縣。生於高宗乾隆九（1744）年，嘉慶二十二（1817）年七十四歲尚在世。善畫，山水宗倪瓚；蘭竹師吳鎮；花卉學惲壽平；墨梅學王冕。中年渡海遊歷琉球、日本，被譽舶日清人「四大家」之一。歸後，杜門專研畫學。（見墨香居畫識、墨林今話、清畫家詩史、澄懷堂書畫目錄、中國美術家人名辭典）

黃　易

山水（鐵山勝概圖）	卷	紙	水墨	33.5 × 182		台北 長流美術館	
仿惲壽平漁灣送別圖（為子善作）	卷	紙	設色	28 × 130		香港 香港美術館	FA1982.004
捫碑讀畫圖（為兼齋作）	卷	紙	設色	21.4 × 78.5	乾隆甲寅（五十九年，1794）七夕	瀋陽 遼寧省博物館	
攜琴訪友圖	卷	紙	水墨	26.7 × 90.1	辛卯（乾隆三十六年，1771）九月	北京 故宮博物院	
詩書畫三絕	卷	紙	設色	21.2 × 292.4	乾隆乙卯（六十年，1795）	北京 故宮博物院	
詩書畫三絕（冊裝卷）	卷	紙	水墨	不詳	嘉慶元年（丙辰，1796）五月	北京 故宮博物院	

名稱	形式	質地	色彩	尺寸 高×寬㎝	創作時間	收藏處所	典藏號碼
寒松疊翠圖	卷	紙	水墨	不詳		美國 波士頓美術館	
山水圖	軸	紙	水墨	不詳		台北 故宮博物院（蘭千山館寄存）	
竹趣圖	軸	紙	水墨	77 × 32.5		台北 國泰美術館	
梅花圖	軸	紙	水墨	37.5 × 29		台北 黃君璧白雲堂	
葛林園文會圖	軸	紙	水墨	88.3 × 35.7		台南 石允文先生	
古木幽篁圖	軸	紙	水墨	不詳		長春 吉林省博物館	
雙槐圖（為素軒作）	軸	紙	設色	不詳	嘉慶元年（丙辰，1796）二月	北京 故宮博物院	
武億像	軸	紙	水墨	不詳	嘉慶二年（丁巳，1797）二月	北京 故宮博物院	
竹石圖	軸	紙	水墨	62.7 × 99	嘉慶元年（丙辰，1796）四月下浣	北京 中國歷史博物館	
梅花圖	軸	紙	水墨	105 × 24.7	乾隆癸丑（五十八年，1793	天津 天津市藝術博物館	
山水（2冊頁裝成）	軸	紙	水墨	不詳	嘉慶三年（戊午，1798）	上海 上海博物館	
功德頂訪碑圖	橫幅	紙	水墨	26.7 × 54.8	嘉慶五年（庚申，1800）	上海 上海博物館	
梅石水仙圖（為梅村作）	軸	紙	水墨	122 × 53	乾隆丙午（五十一年，1786）五月	無錫 江蘇省無錫市博物館	
秋林讀易圖	軸	紙	水墨	23.3 × 29.6		杭州 浙江省博物館	
枯木竹石圖（黃易、奚岡、高樹程合作	軸	紙	水墨	不詳	戊午（嘉慶三年，1798）	杭州 浙江省杭州西泠印社	
荷塘游魚圖	軸	紙	水墨	109 × 31.5		廣州 廣東省博物館	
松篁仙館圖	軸	金箋	設色	104 × 32.5	嘉慶五年（庚申，1800）春二月	日本 東京國立博物館	
園林圖（擬唐子華筆意）	軸	紙	水墨	60.6 × 33.3	嘉慶二年戊午（1797）冬日	日本 東京尾崎洵盛先生	
元人觀瀑圖	軸	紙	設色	97 × 30.4		日本 東京細川護貞先生	怡874
秋溪繫舟圖	軸	紙	設色	79.5 × 25.4	嘉慶五年（庚申，1800）夏至前二日	日本 大阪橋本大乙先生	
仿倪雲林山水圖	軸	紙	水墨	73.4 × 31.7	嘉慶五年（庚申，1800）秋七月既	日本 大阪橋本大乙先生	

望

名稱	形式	質地	色彩	尺寸 高×寬㎝	創作時間	收藏處所	典藏號碼
摹趙千里秋江圖	軸	紙	水墨	24.8 × 11.6		日本 兵庫縣黑川古文化研究所	
仿倪疏林亭子圖	軸	紙	水墨	72.1 × 29.2	乾隆庚戌（五十五年，1790）夏四月中浣	日本 兵庫縣黑川古文化研究所	
觀瀑圖	軸	紙	水墨	不詳	乾隆六十年（乙卯，1795）十月八日	日本 兵庫縣武居綾藏先生	
法柯敬仲古木竹石圖	軸	紙	水墨	109.7 × 38.6		日本 江田勇二先生	
山水圖	軸	絹	設色	92.5 × 37.5		韓國 首爾月田美術館	
菊竹圖（與奚岡合作）	軸	紙	設色	111.8 × 30.4		韓國 私人	
山水圖	軸	紙	設色	99.8 × 23.3		韓國 私人	
看雲圖	軸	紙	設色	98.2 × 23.6		美國 舊金山蝸居齋	
一瓶清供圖	軸	紙	水墨	121.3 × 42.1		英國 倫敦維多利亞-艾伯特博物館	F.E.6-1970
訪古紀遊圖（12幀）	冊	紙	水墨	（每幀）17.4 × 50.6	乾隆辛卯（三十六年，1771）十二月二十日	北京 故宮博物院	
無聲詩意山水圖（10幀）	冊	紙	水墨	不詳	乾隆壬辰（三十七年，1772）臘月	北京 故宮博物院	
無聲詩意圖（10幀）	冊	紙	水墨	不詳	乾隆癸巳（三十八年，1773）五月	北京 故宮博物院	
仿惲壽平竹石圖	摺扇面	紙	水墨	不詳	乾隆癸丑（五十八年，1793）五月下浣	北京 故宮博物院	
訪古紀遊圖（12幀）	冊	紙	水墨	不詳	乾隆六十年（乙卯，1795）十二月	北京 故宮博物院	
嵩洛訪碑圖（24幀）	冊	紙	設色	（每幀）17.4 × 50.8	嘉慶元年（丙辰，1796）	北京 故宮博物院	
岱麓訪碑圖（24幀）	冊	紙	設色	（每幀）17.4 × 50.8	嘉慶二年（丁巳，1797）七月廿五日	北京 故宮博物院	
山水圖	摺扇面	紙	水墨	15.8 × 52		北京 故宮博物院	
梅花圖	冊頁	紙	水墨	不詳		北京 中國歷史博物館	

名稱	形式	質地	色彩	尺寸 高×寬cm	創作時間	收藏處所	典藏號碼
溪山入夢圖	摺扇面	紙	水墨	不詳		北京 中國美術館	
得碑十二圖（12幀）	冊	紙	設色	（每幀）51.5 × 17.8	乾隆癸丑（五十八年，1793）	天津 天津市藝術博物館	
枯木竹石圖	摺扇面	金箋	水墨	不詳	乾隆甲寅（五十九年，1794）	天津 天津市藝術博物館	
北河紀遊圖（10幀）	冊	紙	水墨	（每幀）9.4 × 19.5	乾隆戊戌（四十三年，1778）秋桂	上海 上海博物館	
臨惲壽平山水圖（？幀）	冊	紙	水墨	不詳	嘉慶六年（辛酉，1801）秋	上海 上海博物館	
詩龕圖（為時帆作，曹岳、戴子來等十人山水合冊10之1幀）	冊頁	紙	設色	22.8 × 18.9	嘉慶元年（丙辰，1796）長至日	上海 上海博物館	
山水圖（13幀）	冊	紙	設色	17.7 × 51		上海 上海博物館	
訪碑圖（10幀）	冊	紙	水墨	不詳		上海 上海博物館	
漁父圖（2幀）	冊	紙	設色	不詳		無錫 江蘇省無錫市博物館	
山水圖（6幀）	冊	紙	水墨	（每幀）23.3 × 27.7	丙戌（乾隆三十一年，1766）	杭州 浙江省博物館	
水仙竹圖	摺扇面	紙	水墨	不詳		重慶 重慶市博物館	
茅屋虯松圖	冊頁	紙	水墨	19.4 × 15.6	辛亥（乾隆五十六年，1791）夏	日本 東京住友寬一先生	
山水圖（12幀）	冊	紙	設色	（每幀）29 × 20.4	乾隆庚戌（五十五年，1790）夏四月中浣	日本 東京林宗毅先生	
訪碑圖（？幀）	冊	紙	水墨	（每幀）22.2 × 10.2		日本 京都國立博物館	A甲567
瓶梅圖	冊頁	紙	水墨	19.4 × 23.5		日本 兵庫縣黑川古文化研究所	
山水圖	摺扇面	紙	設色	18.3 × 52.3		美國 耶魯大學藝術館	1985.54.4
溪山觀瀑圖	摺扇面	紙	水墨	19.7 × 55.1		美國 紐約Mr.& Mrs Weill	
山水圖（10幀）	冊	紙	設色	不詳	癸巳（乾隆三十八年，1773）十月	美國 勃克萊加州大學藝術館（高居翰教授寄存）	
附：							
篷窗雅集圖（為凝龕作）	卷	紙	水墨	15.3 × 97	乾隆辛亥（五十六年，1791）仲秋後一日	濟南 山東省濟南市文物商店	

名稱	形式	質地	色彩	尺寸 高×寬cm	創作時間	收藏處所	典藏號碼
紫雲山探碑圖	卷	紙	水墨	31 × 701.5	乾隆辛亥（五十六年，1791）三月六日	紐約 佳仕得藝品拍賣公司/拍賣目錄 1986,12,01.	
薛公祠圖	卷	紙	水墨	28 × 1205	乾隆癸丑（五十八年，1793）三月八日	紐約 佳士得藝品拍賣公司/拍賣目錄 1990,05,31.	
山水圖	卷	紙	水墨	26.6 × 239.7	嘉慶五年（庚申，1800）冬月望	紐約 佳士得藝品拍賣公司/拍賣目錄 1994,06,01.	
仿方從義仙山圖	卷	紙	水墨	23 × 115	乙未（乾隆四十年，1775）元夕	紐約 佳士得藝品拍賣公司/拍賣目錄 1995,03,22.	
溪山煙靄圖	卷	紙	水墨	25.7 × 236.2	嘉慶六年（辛酉，1801）五月六日	紐約 佳士得藝品拍賣公司/拍賣目錄 1995,09,19.	
摹李流芳山水圖	軸	紙	水墨	不詳	乾隆辛丑（四十六年，1781）花朝	上海 上海文物商店	
秋巒嶂靄圖	軸	紙	設色	134 × 53.2	嘉慶甲子（九年，1804）仲夏月	紐約 蘇富比藝品拍賣公司/拍賣目錄 1981,11,07.	
山水圖	軸	紙	水墨	108 × 30.5		紐約 蘇富比藝品拍賣公司/拍賣目錄 1984,12,05.	
山水圖（仿查士標法，似蓮舸三兄大人）	軸	紙	設色	64.7 × 31.2		紐約 蘇富比藝品拍賣公司/拍賣目錄 1985,06,03.	
山水圖	軸	灑金箋	水墨	103.5 × 38.7	嘉慶五年（庚申，1800）冬	紐約 蘇富比藝品拍賣公司/拍賣目錄 1985,06,03.	
仿白雲外史竹趣圖	軸	紙	水墨	99.5 × 32.5		紐約 佳士得藝品拍賣公司/拍賣目錄 1988,06,02.	
竹石枯木圖	軸	紙	水墨	76.3 × 32.5		紐約 佳士得藝品拍賣公司/拍賣目錄 1988,11,30.	
瓶梅圖	軸	紙	水墨	73 × 33.5		紐約 佳士得藝品拍賣公司/拍賣目錄 1992,12,02.	
松陰共話圖	軸	紙	水墨	73.8 × 33	嘉慶丁巳（二年，1797）閏六月朔日	紐約 佳士得藝品拍賣公司/拍賣目錄 1996,09,18.	
山水（12幀）	冊	紙	設色	（每幀）23.5 × 29	乾隆甲寅（四十九年，1784）三月一日	紐約 佳士得藝品拍賣公司/拍賣目錄 1990,11,28.	
泰岱訪碑圖（6幀）	冊	紙	水墨	（每幀）12.5	嘉慶元年（丙辰，	紐約 佳士得藝品拍賣公司/拍	

名稱	形式	質地	色彩	尺寸 高x寬㎝	創作時間	收藏處所	典藏號碼
				× 14	1796）十月	賣目錄 1993,12,01.	

畫家小傳：黃易。字大易。號小松。浙江仁和人。黃樹穀之子。生於高宗乾隆九（1744）年，卒於仁宗嘉慶七（1802）年。工詩文。精篆刻，為西泠八家之一，善畫山水，得董、巨正眼法藏，筆墨簡淡，為清中期山水四家之一。（見墨香居畫識、桐陰論畫、墨林今話、耕硯田齋筆記、中國畫家人名大辭典）

王廷元

名稱	形式	質地	色彩	尺寸 高x寬㎝	創作時間	收藏處所	典藏號碼
寫唐解元詩意圖	軸	紙	設色	不詳	己丑（乾隆三十四年，1769）九秋	鎮江 江蘇省鎮江市博物館	

畫家小傳：王廷元。字贊明。江蘇虞山人。王玖長子，王翬玄孫。善畫山水，承家學而稍變祖法，然作品清雅可觀。流傳署款紀年作品見於高宗乾隆三十四（1769）年。（見墨香居畫識、耕硯田齋筆記、中國畫家人名大辭典）

吳澐

名稱	形式	質地	色彩	尺寸 高x寬㎝	創作時間	收藏處所	典藏號碼
方觀承等小像（12幀）	冊	紙	設色	（每幀）30 × 25	乾隆己丑（三十四年，1769）	天津 天津市歷史博物館	
附：							
秋林高士圖	軸	絹	設色	不詳	八十有一（？）	濟南 山東省文物商店	

畫家小傳：吳澐。畫史無載。流傳署款紀年作品見於高宗乾隆三十四(1769)年。身世待考。

徐三易

名稱	形式	質地	色彩	尺寸 高x寬㎝	創作時間	收藏處所	典藏號碼
花卉圖（12幀）	冊	紙	設色	（每幀）21.9 × 26.5	己丑（？乾隆三十四年，1769）冬月	日本 東京國立博物館	

畫家小傳：徐三易。畫史無載。字竹堂。流傳署款作品紀年疑似高宗乾隆三十四（1769）年。身世待考。

袁瑛

名稱	形式	質地	色彩	尺寸 高x寬㎝	創作時間	收藏處所	典藏號碼
山水圖	卷	紙	設色	13.3 × 121.7		日本 大阪橋本大乙先生	
盤山圖（與妣文瀚合筆）	軸	絹	設色	440 × 315		台北 故宮博物院	故畫 03719
仿趙宗漢山水	軸	紙	設色	93.9 × 34.8	乾隆四十一年（丙申，1776）二月	台北 故宮博物院	故畫 02876
溪山放棹	軸	紙	設色	99.4 × 75.9		台北 故宮博物院	中畫 00111
翠巖錦嶂圖	軸	紙	設色	234.2 × 112.5		天津 天津市藝術博物館	
摹趙文度初冬燕居圖	軸	紙	設色	不詳	道光四年（甲申，1824）仲夏	南京 南京博物院	

名稱	形式	質地	色彩	尺寸 高×寬㎝	創作時間	收藏處所	典藏號碼
擬北苑作春溪泛艇圖	軸	紙	設色	不詳	道光甲申（四年，1824）仲夏	南京 南京博物院	
山水圖	軸	絹	設色	190.7 × 81.1		日本 私人	
桃花源記（袁瑛畫山水一冊之1）	冊頁	紙	設色	33.5 × 48.8		台北 故宮博物院	中畫 00129-1
山堂讀易（袁瑛畫山水一冊之2）	冊頁	紙	設色	33.5 × 48.8		台北 故宮博物院	中畫 00129-2
柳屋清夏（袁瑛畫山水一冊之3）	冊頁	紙	設色	33.5 × 48.8		台北 故宮博物院	中畫 00129-3
青山村聚（袁瑛畫山水一冊之4）	冊頁	紙	設色	33.5 × 48.8		台北 故宮博物院	中畫 00129-4
崇山疊嶂（袁瑛畫山水一冊之5）	冊頁	紙	設色	33.5 × 48.8		台北 故宮博物院	中畫 00129-5
山林訪勝（袁瑛畫山水一冊之6）	冊頁	紙	設色	33.5 × 48.8		台北 故宮博物院	中畫 00129-6
歸渡圖（袁瑛畫山水一冊之7）	冊頁	紙	設色	33.5 × 48.8		台北 故宮博物院	中畫 00129-7
雪景山水（袁瑛畫山水一冊之8）	冊頁	紙	設色	33.5 × 48.8		台北 故宮博物院	中畫 00129-8
桃花尋勝（袁瑛畫山水二冊之1）	冊頁	紙	設色	33.5 × 48.8		台北 故宮博物院	中畫 00130-1
竹叢書屋（袁瑛畫山水二冊之2）	冊頁	紙	設色	33.5 × 48.8		台北 故宮博物院	中畫 00130-2
看江鴨戲（袁瑛畫山水二冊之3）	冊頁	紙	設色	33.5 × 48.8		台北 故宮博物院	中畫 00130-3
佛堂訪道（袁瑛畫山水二冊之4）	冊頁	紙	設色	33.5 × 48.8		台北 故宮博物院	中畫 00130-4
山溪待渡（袁瑛畫山水二冊之5）	冊頁	紙	設色	33.5 × 48.8		台北 故宮博物院	中畫 00130-5
崇嶺煙雲（袁瑛畫山水二冊之6）	冊頁	紙	設色	33.5 × 48.8		台北 故宮博物院	中畫 00130-6
溪橋訪客（袁瑛畫山水二冊之7）	冊頁	紙	設色	33.5 × 48.8		台北 故宮博物院	中畫 00130-7
山林隱含（袁瑛畫山水二冊之8）	冊頁	紙	設色	33.5 × 48.8		台北 故宮博物院	中畫 00130-8

名稱	形式	質地	色彩	尺寸 高×寬㎝	創作時間	收藏處所	典藏號碼
松陰山堂（袁瑛畫山水三冊之1）	冊頁	紙	設色	33.5 × 48.8		台北 故宮博物院	中畫 00131-1
溪橋觀瀑（袁瑛畫山水三冊之2）	冊頁	紙	設色	33.5 × 48.8		台北 故宮博物院	中畫 00131-2
風雨歸農（袁瑛畫山水三冊之3）	冊頁	紙	設色	33.5 × 48.8		台北 故宮博物院	中畫 00131-3
山頂遠眺（袁瑛畫山水三冊之4）	冊頁	紙	設色	33.5 × 48.8		台北 故宮博物院	中畫 00131-4
山村訪友（袁瑛畫山水三冊之5）	冊頁	紙	設色	33.5 × 48.8		台北 故宮博物院	中畫 00131-5
關山行旅（袁瑛畫山水三冊之6）	冊頁	紙	設色	33.5 × 48.8		台北 故宮博物院	中畫 00131-6
蒼巖歸客（袁瑛畫山水三冊之7）	冊頁	紙	設色	33.5 × 48.8		台北 故宮博物院	中畫 00131-7
雪景山水（袁瑛畫山水三冊之8）	冊頁	紙	設色	33.5 × 48.8		台北 故宮博物院	中畫 00131-8
山林古墅（袁瑛畫山水四冊之1）	冊頁	紙	設色	33.5 × 48.8		台北 故宮博物院	中畫 00132-1
溪橋歸農（袁瑛畫山水四冊之2）	冊頁	紙	設色	33.5 × 48.8		台北 故宮博物院	中畫 00132-2
荷塘消暑（袁瑛畫山水四冊之3）	冊頁	紙	設色	33.5 × 48.8		台北 故宮博物院	中畫 00132-3
松崖隱舍（袁瑛畫山水四冊之4）	冊頁	紙	設色	33.5 × 48.8		台北 故宮博物院	中畫 00132-4
夜訪僧院（袁瑛畫山水四冊之5）	冊頁	紙	設色	33.5 × 48.8		台北 故宮博物院	中畫 00132-5
山溪春色（袁瑛畫山水四冊之6）	冊頁	紙	設色	33.5 × 48.8		台北 故宮博物院	中畫 00132-6
松巖觀渡（袁瑛畫山水四冊之7）	冊頁	紙	設色	33.5 × 48.8		台北 故宮博物院	中畫 00132-7
山寺訪道（袁瑛畫山水四冊之8）	冊頁	紙	設色	33.5 × 48.8		台北 故宮博物院	中畫 00132-8
水榭花香圖	摺扇面	紙	設色	不詳	道光六年（丙戌，1826）夏五月	南寧 廣西壯族自治區博物館	

名稱	形式	質地	色彩	尺寸 高×寬cm	創作時間	收藏處所	典藏號碼
附：							
攜尊問事圖	軸	紙	設色	不詳	戊申（乾隆五十三年，1788）	蘇州 蘇州市文物商店	
山水聯屏（6幅）	軸	絹	設色	（每幅）168.8 × 64.4		紐約 佳士得藝品拍賣公司/拍賣目錄1998,03,24.	

畫家小傳：袁瑛。字近華。號二峰。江蘇元和（或作長洲）人。生於高宗乾隆十（1745）年，宣宗道光六（1826）年尚在世。為袁鉞從子。承父學，善畫山水，並工寫意花卉。高宗乾隆三十（1765）進入畫院供奉。五十（1785）年告養歸里。（見墨香居畫識、墨林今話、中國畫家人名大辭典）

王　炳

名稱	形式	質地	色彩	尺寸 高×寬cm	創作時間	收藏處所	典藏號碼
仿趙伯駒桃源圖	卷	紙	設色	35.1 × 497.3		台北 故宮博物院	故畫01706
松路仙岩	軸	紙	青綠	134.1 × 62.1		台北 故宮博物院	中畫00113
雲峯煙樹	軸	紙	設色	95.5 × 83.5		台北 故宮博物院	中畫00114
天平山景	軸	綾	設色	145.9 × 59.4		台北 故宮博物院	故畫02722
澄波月泛	軸	紙	設色	167 × 72		台北 故宮博物院	故畫02723
仿趙伯駒春山圖	軸	紙	設色	266.7 × 137.4		台北 故宮博物院	故畫03761
山村煙雨	圓幅	紙	設色	直徑71.5		台北 故宮博物院	故畫02721
仿王原祁山水圖	軸	紙	設色	不詳		北京 中國歷史博物館	
松巖（王炳畫山水冊之1）	冊頁	紙	水墨	16.1 × 22		台北 故宮博物院	故畫03371-1
柳溪（王炳畫山水冊之2）	冊頁	紙	設色	16.1 × 22		台北 故宮博物院	故畫03371-2
雲崖（王炳畫山水冊之3）	冊頁	紙	設色	16.1 × 22		台北 故宮博物院	故畫03371-3
林屋（王炳畫山水冊之4）	冊頁	紙	設色	16.1 × 22		台北 故宮博物院	故畫03371-4
雨山（王炳畫山水冊之5）	冊頁	紙	水墨	16.1 × 22		台北 故宮博物院	故畫03371-5
泉磴（王炳畫山水冊之6）	冊頁	紙	水墨	16.1 × 22		台北 故宮博物院	故畫03371-6
峰巒（王炳畫山水冊之7）	冊頁	紙	設色	16.1 × 22		台北 故宮博物院	故畫03371-7
雲徑（王炳畫山水冊之8）	冊頁	紙	水墨	16.1 × 22		台北 故宮博物院	故畫03371-8
蒨園八景圖（8幀）	冊	紙	水墨	（每幀）15.2 × 27		台北 陳啟斌畏罍堂	
名勝八景圖（8幀）	冊	紙	設色	（每幀）15.3 × 26.9		台北 陳啟斌畏罍堂	
附：							

名稱	形式	質地	色彩	尺寸 高×寬cm	創作時間	收藏處所	典藏號碼
蒨園八景圖（2冊8幀）	冊	紙	設色	（每幀）15.2 × 27		紐約 蘇富比藝品拍賣公司/拍賣目錄 1986,12,04.	

畫家小傳：王炳。畫史無載。工畫山水，為張宗蒼學生，高宗乾隆時供奉畫院。

楊大章

名稱	形式	質地	色彩	尺寸 高×寬cm	創作時間	收藏處所	典藏號碼
仿宋院本金陵圖	卷	紙	設色	34.1 × 1088.3	乾隆五十六年（辛亥，1791）	台北 故宮博物院	故畫 01732
春花六種圖	卷	紙	設色	14.6 × 83.4		台北 故宮博物院	故畫 01733
山水圖	卷	紙	設色	15.5 × 107		昆山 崑崙堂美術館	
秋渚眠禽圖	軸	紙	設色	126.7 × 99.6		台北 故宮博物院	故畫 02887
額摩鳥圖	軸	紙	設色	149.8 × 101		台北 故宮博物院	故畫 03079
白鷹圖	軸	紙	設色	194.8 × 93.4		台北 故宮博物院	故畫 03080
白鷹圖	軸	紙	設色	188.4 × 93.8		台北 故宮博物院	故畫 03081
白鷹圖	軸	紙	設色	173.7 × 97.8	乾隆五十六年（辛亥，1791）十二月	台北 故宮博物院	故畫 03082
白鷹圖	軸	紙	設色	184 × 93.7		台北 故宮博物院	故畫 03083
鳳凰梧桐圖	軸	紙	設色	337.3 × 123.6		台北 故宮博物院	故畫 03742
松梅文禽圖	軸	紙	設色	128 × 36		台北 故宮博物院	中畫 00111
梅林評話（觀鳥圖）	軸	紙	設色	133.7 × 89.7		台北 故宮博物院	中畫 00121
甘露大士圖	軸	紙	水墨	131.7 × 64.5		台北故宮博物院	中畫 00194
江行初雪圖	軸	紙	設色	129.5 × 52.7	乾隆戊戌（四十三年，1778）	天津 天津市藝術博物館	
海棠燕子（楊大章花鳥冊之1）	冊頁	紙	設色	不詳		台北 故宮博物院	故畫 03395-1
豆花絡緯（楊大章花鳥冊之2）	冊頁	紙	設色	不詳		台北 故宮博物院	故畫 03395-2
山茶相思鳥(楊大章花鳥冊之3)	冊頁	紙	設色	不詳		台北 故宮博物院	故畫 03395-3
稻穗螳螂（楊大章花鳥冊之4）	冊頁	紙	設色	不詳		台北 故宮博物院	故畫 03395-4
牡丹黃雀（楊大章花鳥冊之5）	冊頁	紙	設色	不詳		台北 故宮博物院	故畫 03395-5
荔枝蜻蜓（楊大章花鳥冊之6）	冊頁	紙	設色	不詳		台北 故宮博物院	故畫 03395-6

名稱	形式	質地	色彩	尺寸 高×寬㎝	創作時間	收藏處所	典藏號碼
薔薇子規（楊大章花鳥冊之7）	冊頁	紙	設色	不詳		台北 故宮博物院	故畫 03395-7
剪秋羅蜜蜂（楊大章花鳥冊之8）	冊頁	紙	設色	不詳		台北 故宮博物院	故畫 03395-8
蓼花翠鳥（楊大章花鳥冊之9）	冊頁	紙	設色	不詳		台北 故宮博物院	故畫 03395-9
秋海棠蝴蝶（楊大章花鳥冊之10）	冊頁	紙	設色	不詳		台北 故宮博物院	故畫 03395-10
綠梅黃雀（楊大章花鳥冊之11）	冊頁	紙	設色	不詳		台北 故宮博物院	故畫 03395-11
藍雀花蜜蜂（楊大章花鳥冊之12）	冊頁	紙	設色	不詳		台北 故宮博物院	故畫 03395-12
仿刁光胤寫生（10幀）	冊	紙	設色	不詳	乾隆三十六年（辛卯，1771）六月	台北 故宮博物院	故畫 03396

畫家小傳：楊大章。籍里、身世不詳。乾隆時供奉畫院。工畫人物。流傳署款紀年作品見於乾隆三十六（1771）至五十六（1791)年。
（見國朝畫院錄、中國畫家人名大辭典）

賈 全

名稱	形式	質地	色彩	尺寸 高×寬㎝	創作時間	收藏處所	典藏號碼
二十七老圖(沈初書詩)	卷	紙	設色	39.9 × 819.1	乾隆三十七年（壬辰，1772）九月奉敕摹	台北 故宮博物院	故畫 01554
八駿圖	卷	紙	設色	34.1 × 270.6	乾隆四十一年（丙申，1776）冬月	台北 故宮博物院	故畫 01730
八駿圖	卷	紙	設色	34.1 × 213.8	乾隆四十一年（丙申，1776）冬月	台北 故宮博物院	中畫 00238
詠梅圖	軸	紙	設色	128.4 × 64.5		台北 故宮博物院	故畫 02880
桃實仙人(嬰兒採果)	軸	紙	設色	180.7 × 64.6		台北 故宮博物院	中畫 00106
平定烏什戰圖	冊頁	紙	設色	不詳		北京 故宮博物院	

畫家小傳：賈全。籍里、身世不詳。乾隆朝供奉畫院。工畫人物。流傳署款作品見於乾隆三十七（1772）至四十一（1776）年。(見國朝畫院錄、中國畫家人名大辭典）

錫 林

名稱	形式	質地	色彩	尺寸 高×寬㎝	創作時間	收藏處所	典藏號碼
雪景人物（高宗御題）	軸	紙	設色	112.5 × 28.9		台北 故宮博物院	故畫 02710

畫家小傳：錫林。滿洲旗籍。作品題署顯示，為高宗時畫院供奉。(見國朝畫院錄、石渠寶笈三編、中國美術家人名辭典）

馮 翊

名稱	形式	質地	色彩	尺寸 高×寬㎝	創作時間	收藏處所	典藏號碼
大士像（高宗御題）	軸	紙	設色	64 × 32.5		台北 故宮博物院	故畫 03674

名稱	形式	質地	色彩	尺寸 高x寬cm	創作時間	收藏處所	典藏號碼
人物圖（清陳孚等雜畫冊8之1幀）	冊頁	紙	設色	不詳		太原 山西省博物館	

畫家小傳：馮翊。字漢來。江蘇崑山人。工畫人物，筆墨工妙；兼擅寫照。高宗朝供奉畫院。（見崑山志稿、中國畫家人名大辭典）

朱憲章

名稱	形式	質地	色彩	尺寸 高x寬cm	創作時間	收藏處所	典藏號碼
花卉	卷	紙	設色	不詳		台北 故宮博物院	故畫 01725
護竹鳴禽	軸	紙	設色	不詳		台北 故宮博物院	中畫 00199

畫家小傳：朱憲章。畫史無載。作品署款顯示，為乾隆時畫院畫家。待考。

周 槐

名稱	形式	質地	色彩	尺寸 高x寬cm	創作時間	收藏處所	典藏號碼
松溪垂釣圖	橫幅	紙	設色	169 x 113	上章攝提格（乾隆三十五年，庚寅，1770）黃鐘月上浣	寧化 福建省寧化縣紀念館	

畫家小傳：周槐。字翠雲。畫史無載。流傳署款紀年作品見於高宗乾隆三十五(1770)年。身世待考。

張 寶

名稱	形式	質地	色彩	尺寸 高x寬cm	創作時間	收藏處所	典藏號碼
盧溝曉發圖	卷	紙	設色	不詳	庚寅（乾隆三十五年，1770）	北京 故宮博物院	
詩龕圖（弘旿、錢楷、汪梅鼎、朱王、張寶合卷5之1段）	卷	紙	水墨	不詳		北京 故宮博物院	
山水圖（16幀）	冊	紙	設色	不詳	道光甲午（十四年，1834）	天津 天津市藝術博物館	

畫家小傳：張寶。字仙槎。江蘇江寧人。工畫山水。喜以遊蹤所歷名勝寫成泛槎圖冊，遍徵名流題詠。流傳署款紀年作品見於高宗乾隆三十五(1770)年、宣宗道光十四（1834）年。（見畫林新詠、中國畫家人名大辭典）

黃 鶴

名稱	形式	質地	色彩	尺寸 高x寬cm	創作時間	收藏處所	典藏號碼
花鳥圖	軸	絹	設色	不詳	戊申（乾隆五十三年，1788）	南京 南京博物院	
荷花圖	軸	紙	水墨	不詳	庚寅（乾隆三十五年，1770）	鎮江 江蘇省鎮江市博物館	
芙蓉鴛鴦圖	軸	紙	設色	不詳		鎮江 江蘇省鎮江市博物館	
荷蟹圖	軸	紙	水墨	140 x 77.5		鎮江 江蘇省鎮江市博物館	
雜畫（12幀）	冊	紙	設色	不詳	己酉（乾隆五十四年，1789）	天津 天津市藝術博物館	

名稱	形式	質地	色彩	尺寸 高×寬cm	創作時間	收藏處所	典藏號碼

畫家小傳：黃鶴。字石屏。江蘇丹徒人。為王文治妹婿。工畫花卉、翎毛，皆生動有致。署款紀年作品見於高宗乾隆三十五(1770)
　　　至五十四(1798)年。（見墨香居畫識、墨林今話、中國畫家人名大辭典）

程　謨
附：

| 仿徐崇嗣花鳥圖 | 軸 | 絹 | 設色 | 不詳 | 庚寅（乾隆三十五年，1770） | 北京 北京市工藝品進出口公司 | |

畫家小傳：程謨。畫史無載。流傳署款紀年作品見於高宗乾隆三十五(1770)年。身世待考。

黃　溥

| 山水、花卉圖（10幀） | 冊 | 紙 | 水墨 | 不詳 | 乾隆庚寅（三十五年，1770） | 天津 天津市藝術博物館 | |

畫家小傳：黃溥。畫史無載。流傳署款紀年作品見於高宗乾隆三十五（1770）年。身世俟考。

陳　心

| 雜圖（清陳孚等雜畫冊8之1幀） | 冊頁 | 紙 | 設色 | 不詳 | | 太原 山西省博物館 | |

畫家小傳：陳心。畫史無載。身世俟考。

陳　弘

| 雜圖（清陳孚等雜畫冊8之1幀） | 冊頁 | 紙 | 設色 | 不詳 | | 太原 山西省博物館 | |

畫家小傳：陳弘。畫史無載。身世俟考。

甘天寵

山水圖	卷	紙	設色	31.2 × 526.1	己亥（乾隆四十四年，1779）	香港 中文大學中國文化研究所文物館	
山水圖	卷	紙	設色	不詳	乾隆癸卯（四十八年，1783）	廣州 廣東省博物館	
蓮花翡翠圖	軸	紙	水墨	137.9 × 46.5		香港 中文大學中國文化研究所文物館	73.500
菊石圖（為相瓊作）	軸	紙	水墨	155.3 × 43	乾隆丙午（五十一年，1786）夏六月	香港 香港美術館	FA1969.004
竹石百合圖（為卓老作）	軸	紙	水墨	102.5 × 39.5	己亥（乾隆四十四年，1779）仲冬	香港 香港美術館・虛白齋	XB1992.112

名稱	形式	質地	色彩	尺寸 高×寬㎝	創作時間	收藏處所	典藏號碼
山水圖	軸	紙	水墨	119.7 x 56.5		香港 葉承耀先生	K92.35
漫遊圖	軸	紙	水墨	142.5 x 45		香港 許晉義崇宜齋	AG96
花鳥圖	軸	紙	水墨	108.2 x 28.4		香港 鄭德坤木扉	
秋山訪道圖	軸	紙	水墨	不詳		廣州 廣東省博物館	

畫家小傳：甘天寵。字僑鶴。廣東人。高宗乾隆三十五（1770）年舉人。工畫山水、花鳥、竹石。流傳署款紀年作品見於乾隆四十四（1779）年。（見嶺南畫徵略、中國畫家人名大辭典）

莊敬夫

名稱	形式	質地	色彩	尺寸 高×寬㎝	創作時間	收藏處所	典藏號碼
松鹿圖	橫披	紙	設色	109 x 124		台南 楊文富先生	
侯祿壽喜圖	軸	紙	設色	不詳		台南 楊文富先生	
福祿朝陽圖	橫披	紙	設色	75 x 113		嘉義 張振翔先生	
松鹿圖	軸	紙	設色	118.5 x 121	庚寅（乾隆三十五年，1770）秋日	台南 莊紹銘先生	

畫家小傳：莊敬夫。名朝欽。字敬夫，以字行。號桂園。台南西定坊人。善畫山水、人物、花鳥、草木，以水墨見長，意到筆隨，俱臻其妙。流傳署款紀年作品見於高宗乾隆三十五（1770）年台灣總兵顏鳴皋題跋，（見清代台南府城書畫展覽專集）

文恐庸

名稱	形式	質地	色彩	尺寸 高×寬㎝	創作時間	收藏處所	典藏號碼
四時山水圖	卷	紙	設色	29.6 x 727.4	辛卯（乾隆三十六年，1771年）	香港 中文大學中國文化研究所文物館	73.691

畫家小傳：文恐庸。廣東南海（一作鶴山）人。身世不詳。工繪事。流傳署款紀年作品見於高宗乾隆三十六(1771)年。（見嶺海詩鈔、中國美術家人名辭典）

王 溶

名稱	形式	質地	色彩	尺寸 高×寬㎝	創作時間	收藏處所	典藏號碼
松下泉聲圖	軸	絹	設色	223.5 x 102		合肥 安徽省博物館	

畫家小傳：王溶。字潤蒼。號鶴艇，又自署老梅。安徽黟縣人。工畫山水、人物。（見墨香居畫識、黟縣志、中國畫家人名大辭典）

褚 章

名稱	形式	質地	色彩	尺寸 高×寬㎝	創作時間	收藏處所	典藏號碼
寒林圖	軸	紙	水墨	259 x 138.2	庚寅（乾隆三十五年，1770）	上海 上海博物館	
黛色蒼松圖	軸	紙	設色	155 x 62	甲辰（乾隆四十九年，1784）秋七月	日本 大阪橋本大乙先生	
花果（12幀）	冊	紙	水墨	不詳	丙申（乾隆四十一年，1776）	上海 上海博物館	

畫家小傳：褚章。畫史無載。流傳署款紀年作品見於高宗乾隆三十五（1770）至四十九（1784）年。身世待考。

名稱	形式	質地	色彩	尺寸 高×寬㎝	創作時間	收藏處所	典藏號碼

馬履泰

名稱	形式	質地	色彩	尺寸 高×寬㎝	創作時間	收藏處所	典藏號碼
積水潭雅集圖（羅聘、馬履泰、孔傳薪、笪立樞合作）	卷	紙	設色	不詳		北京 故宮博物院	
聽雨樓圖	卷	紙	設色	不詳	嘉慶二年（丁巳，1797）	鎮江 江蘇省鎮江市博物館	
詩龕圖（顧鶴慶、朱鶴年、孫銓、朱本、馬履泰、張問陶、宋葆淳、陳詩庭、吳文徵、王霖、吳煊等詩龕圖合璧卷之1）	卷	紙	設色	不詳	嘉慶己未（四年，1799）	鎮江 江蘇省鎮江市博物館	
湖山秋霽圖（為吳榮光作）	卷	紙	設色	不詳	嘉慶戊辰（十三年，1808）	廣州 廣東省博物館	
詩意圖（五家詩龕圖合卷之第3幅）	卷	紙	淺設色	29 × 113	嘉慶癸亥（八年，1803）二月三日	日本 東京高島菊次郎先生	
法式善像（潘大琨、馮桂芬、馬履泰、黃恩發、顧玉霖合作）	軸	紙	設色	155.5 × 60.5	嘉慶元年（丙辰，1796）	北京 故宮博物院	
秋山樓閣圖	軸	紙	水墨	不詳	嘉慶丁卯（十二年，1807	上海 上海博物館	
花卉圖	摺扇面	紙	設色	不詳	嘉慶戊辰（十三年，1808）後五月	北京 故宮博物院	
續西涯雜詠圖（續西涯雜詠圖冊15幀部分）	冊	紙	設色	不詳	嘉慶甲戌（十九年，1814）	北京 中國歷史博物館	

畫家小傳：馬履泰。字叔安。號秋藥。浙江仁和人。生於高宗乾隆十一（1746）年，卒於宣宗道光九（1829）年。乾隆五十二年進士。以文章、氣節重於時。工書法。善畫山水，得元黃公望神理。（見桐陰論畫、墨林今話、蜨隱園書畫雜綴、中國畫家人名大辭典）

奚　岡

名稱	形式	質地	色彩	尺寸 高×寬㎝	創作時間	收藏處所	典藏號碼
夕照庵圖	卷	紙	水墨	20.6 × 114.4		台南 石允文先生	
江干折柳圖	卷	紙	水墨	28.3 × 109.7		台南 石允文先生	
洛浦仙裳圖	卷	絹	設色	30 × 138	己未（嘉慶四年，1799）秋日	瀋陽 故宮博物館	
摹陳繼儒寫生花卉圖	卷	紙	水墨	不詳	乾隆丁酉（四十二年，1777）	北京 故宮博物院	
留春舫讀書圖	卷	紙	設色	27 × 179.8	戊申（乾隆五十三年，1788）五月	北京 故宮博物院	
蕉林學書圖	卷	紙	水墨	不詳	丙寅（嘉慶元年，	北京 故宮博物院	

名稱	形式	質地	色彩	尺寸 高×寬㎝	創作時間	收藏處所	典藏號碼
					1796）九日		
補柳泉讀書秋樹根圖	卷	紙	水墨	不詳	丁巳（嘉慶二年，1797）春日	北京 故宮博物院	
寫經樓圖（為梅溪作）	卷	紙	水墨	39.8 × 128.2	戊午（嘉慶三年，1798）春日	北京 故宮博物院	
碧梧山館圖（奚岡、錢杜合裝卷2之1卷）	卷	紙	水墨	34.4 × 138	（嘉慶五年，庚申，1800）	北京 故宮博物院	
題襟館圖	卷	紙	水墨	38.2 × 95.3	庚申（嘉慶五年，1800）	北京 故宮博物院	
西湖餞春圖	卷	紙	水墨	不詳		北京 故宮博物院	
秋江載菊圖	卷	紙	設色	24.2 × 73		北京 故宮博物院	
桓水山莊圖	卷	紙	水墨	不詳		北京 故宮博物院	
繞屋梅花圖	卷	絹	設色	不詳		揚州 江蘇省揚州市博物館	
寫生花卉圖	卷	紙	設色	28.3 × 419.4	嘉慶丙辰（元年，1796）清和	上海 上海博物館	
雲峰晚翠圖	卷	紙	設色	30.2 × 140.7	乾隆乙卯（六十年，1795）閏春	南京 南京博物院	
詩龕圖（奚岡、陳森、錢維喬、朱本、黃鉞、王澤、多慶合作詩龕圖合璧卷之1段）	卷	紙	設色	不詳	嘉慶己未（四年，1799）	鎮江 江蘇省鎮江市博物館	
花卉圖	卷	紙	設色	不詳		杭州 浙江省杭州市文物考古所	
仿黃公望富春大嶺圖	卷	紙	水墨	30 × ？		美國 聖路易斯市藝術館（米蘇里州梅林先生寄存）	
江山無盡圖	橫幅	紙	不詳	不詳		台北 故宮博物院	國贈 024604
著色山水（仿大痴秋山圖）	軸	紙	設色	131 × 32.5		台北 故宮博物院（蘭千山館寄存）	
春山幽居	軸	紙	水墨	115 × 39		台北 歷史博物館	
仿西廬老人谿亭清話圖	軸	絹	水墨	113 × 33.3	癸丑（乾隆五十八年，1793）九秋	台北 國泰美術館	
仿大癡筆意山水圖	軸	紙	水墨	132.4 × 29.2		台北 長流美術館	
谿亭山色圖（為潤薌作）	軸	紙	水墨	99.7 × 40.5		台北 張建安先生	
秋光清艷圖	軸	紙	設色	185.4 × 47		台南 石允文先生	
翠竹幽蘭圖	軸	紙	水墨	106.2 × 44.8		台南 石允文先生	

名稱	形式	質地	色彩	尺寸 高×寬 cm	創作時間	收藏處所	典藏號碼
溪山人家圖	軸	紙	設色	163.6 × 45		香港 香港美術館・虛白齋	XB1992.175
秋溪烟舍圖	軸	紙	水墨	133 × 68	乾隆乙巳（五十年，1785）十一月十二日	瀋陽 故宮博物館	
幽居圖	軸	紙	水墨	120 × 32.5	丙午（乾隆五十一年，1786）長夏	瀋陽 故宮博物館	
仿倪瓚遠水平林圖	軸	紙	水墨	136 × 41.5	戊午（嘉慶三年，1798）小春	瀋陽 故宮博物館	
仿趙雍楓江漁隱圖	軸	紙	設色	116.5 × 41.7	乙巳（乾隆五十年，1785）春日	瀋陽 遼寧省博物館	
仿沈否田山水圖	軸	紙	水墨	不詳	乙巳（乾隆五十年，1785）冬夜	瀋陽 遼寧省博物館	
玫園行樂圖（張崟、王州元等人合作，奚補物）	軸	絹	設色	58.1 × 92.6	辛亥（乾隆五十六年，1791）夏日	瀋陽 遼寧省博物館	
雨中春山圖	軸	紙	水墨	102 × 33.5	乙卯（乾隆六十年，1795）	瀋陽 遼寧省博物館	
杞菊圖	軸	紙	設色	136.4 × 37.9	丁巳（嘉慶二年，1797）暮春	瀋陽 遼寧省博物館	
鳳篁溪閣圖	軸	絹	水墨	135.4 × 30.4		瀋陽 遼寧省博物館	
仿黃子久浮嵐暖翠圖	軸	紙	水墨	137 × 32		瀋陽 遼寧省博物館	
溪山深秀圖	軸	紙	水墨	不詳	乾隆乙未（四十年，1775）小春	北京 故宮博物院	
補二雅秋泉清聽圖像	軸	紙	設色	不詳	乾隆丁未（五十二年，1787）小春	北京 故宮博物院	
松壑高閑圖	軸	紙	水墨	不詳	乾隆丁未（五十二年，1787）冬日	北京 故宮博物院	
紫微梔子圖	軸	紙	水墨	133 × 34.4	丙辰（嘉慶元年，1796）冬日	北京 故宮博物院	
巖居秋爽圖	軸	紙	設色	113.2 × 48.7	嘉慶丙辰（元年，1796）	北京 故宮博物院	
山水圖	軸	紙	水墨	不詳	嘉慶己未（四年，1799）暮春	北京 故宮博物院	
溪風山館圖	軸	紙	水墨	不詳	嘉慶辛酉（六年，1801）秋日	北京 故宮博物院	
雲山小隱圖	軸	紙	水墨	116.5 × 39	乙卯（乾隆六十年	天津 天津市歷史博物館	

名稱	形式	質地	色彩	尺寸 高×寬cm	創作時間	收藏處所	典藏號碼
					，1795）		
蘆荻漁釣圖	軸	紙	水墨	117 × 35	丁巳（嘉慶二年，1797）九秋	石家莊 河北省博物館	
溪山煙靄圖	軸	紙	水墨	不詳		太原 山西省博物館	
梅竹水仙圖	軸	紙	水墨	不詳	己酉（乾隆五十四年，1789）九月	濟南 山東省濟南市博物館	
溪山訪隱圖	軸	紙	水墨	不詳	癸丑（乾隆五十八年，1793）	濟南 山東省藝術學院	
松塍幽居圖	軸	紙	水墨	不詳	戊戌（乾隆四十三年，1778）十一月	青島 山東省青島市博物館	
依巖結廬圖	軸	紙	水墨	不詳	丙辰（嘉慶元年，1796）	青島 山東省青島市博物館	
四山煙翠圖	軸	紙	設色	118.8 × 34.3		青島 山東省青島市博物館	
玉洞尋真圖	軸	紙	設色	不詳	己未（嘉慶四年，1799）	鄭州 河南省博物館	
仿倪瓚山水圖	軸	紙	水墨	不詳		鄭州 河南省博物館	
蘭花圖	軸	絹	水墨	不詳		合肥 安徽省博物館	
桐蔭仕女圖	軸	紙	設色	177 × 40.2		揚州 江蘇省揚州市博物館	
仿吳仲圭山水圖	軸	灑金箋	水墨	不詳	乾隆己亥（四十四年，1779）	上海 上海博物館	
海棠玉蘭圖	軸	紙	設色	128.2 × 32.8	庚戌（乾隆五十五年，1790）	上海 上海博物館	
觀瀑圖	軸	紙	水墨	不詳	癸丑（乾隆五十八年，1793）	上海 上海博物館	
竹石水仙圖（高樹程、奚岡合作）	軸	紙	水墨	不詳	甲寅（乾隆五十九年，1794）	上海 上海博物館	
蕉竹蘭花圖	軸	紙	水墨	不詳	乾隆乙卯（六十年，1795）九秋	上海 上海博物館	
谿陰山色圖	軸	紙	水墨	不詳	嘉慶元年丙辰（1796）	上海 上海博物館	
牡丹柏靈圖	軸	絹	設色	137 × 51	嘉慶丙辰（元年，1796）	上海 上海博物館	
複嶺重巒圖	軸	紙	水墨	133.3 × 34	嘉慶己未（四年，	上海 上海博物館	

名稱	形式	質地	色彩	尺寸 高×寬㎝	創作時間	收藏處所	典藏號碼
					1799）七月		
秋柳芙蓉圖	軸	紙	設色	不詳	庚申（嘉慶五年，1800）	上海 上海博物館	
仿黃公望墨筆山水圖	軸	紙	水墨	128 × 30	辛酉（嘉慶六年，1801）四月	上海 上海博物館	
雲巒觀瀑圖	軸	紙	水墨	不詳	癸亥（嘉慶八年，1803）	上海 上海博物館	
仿大癡山水圖	軸	紙	水墨	不詳		上海 上海博物館	
仿大癡山水圖	軸	紙	水墨	116.2 × 51.1		上海 上海博物館	
摹王翬古木寒鴉圖	軸	紙	水墨	74 × 24.7		上海 上海博物館	
仿米雲山圖	軸	紙	水墨	120.7 × 33.6		上海 上海博物館	
竹石蘭花圖	軸	紙	設色	不詳		上海 上海博物館	
牡丹桃花圖	軸	紙	設色	不詳		上海 上海博物館	
花卉圖	軸	紙	設色	125 × 42		上海 上海博物館	
溪山秋曉圖	軸	紙	水墨	不詳		上海 上海博物館	
溪山漁舍圖	軸	紙	水墨	不詳		上海 上海博物館	
荷花圖	軸	紙	設色	不詳		上海 上海博物館	
觀音像	軸	紙	水墨	129.3 × 36.2		上海 上海博物館	
雙松圖	軸	絹	設色	不詳	乾隆癸丑（五十八年，1793）冬日	南京 南京博物院	
仿倪雲林山水圖	軸	紙	設色	不詳		鎮江 江蘇省鎮江市博物館	
松溪高逸圖（為小松作）	軸	紙	水墨	103.7 × 34.2	乾隆癸卯（四十八年，1783）九月	無錫 江蘇省無錫市博物館	
梅花圖	軸	紙	水墨	不詳	乾隆丁未（五十二年，1787）春三月	無錫 江蘇省無錫市博物館	
秋山水亭圖	軸	紙	水墨	不詳	戊申（乾隆五十三年，1788）	無錫 江蘇省無錫市博物館	
仿董其昌山水圖	軸	紙	設色	不詳	丙辰（嘉慶元年，1786）	無錫 江蘇省無錫市博物館	
柳陰人物圖（顧洛、奚岡合作）	軸	紙	設色	101.6 × 42		無錫 江蘇省無錫市博物館	
陂塘秋水圖	軸	紙	設色	不詳	乙巳（乾隆五十年	蘇州 江蘇省蘇州博物館	

名稱	形式	質地	色彩	尺寸 高x寬cm	創作時間	收藏處所	典藏號碼
					，1785）		
仿姚雲東山水圖	軸	紙	設色	104 × 30		昆山 崑崙堂美術館	
兒童樂事圖（顧洛、奚岡合作）	軸	絹	設色	76.5 × 99.8	甲寅（乾隆五十九年，1794）	杭州 浙江省博物館	
仿井西富春圖	軸	紙	水墨	111.8 × 30.3	丁巳（嘉慶二年，1797）	杭州 浙江省博物館	
梅竹水仙圖（奚岡、高樹程、余鍔、陳豫鍾合作）	軸	紙	水墨	109.4 × 35.2	戊午（嘉慶三年，1798）	杭州 浙江省博物館	
歲朝清供圖	軸	紙	設色	不詳	庚申（嘉慶五年，1800）	杭州 浙江省博物館	
花卉圖（奚岡、姚嗣懋合作）	軸	紙	設色	不詳	嘉慶辛酉（六年，1801）	杭州 浙江省博物館	
古柏幽篁圖	軸	紙	設色	138.2 × 41.3		杭州 浙江省博物館	
桃花圖	軸	紙	設色	不詳		杭州 浙江省博物館	
南峰秋靄圖	軸	紙	水墨	不詳		杭州 浙江省博物館	
寒林歸鴉圖	軸	紙	水墨	不詳		杭州 浙江省博物館	
遠水歸雲圖	軸	紙	水墨	130.9 × 33.6		杭州 浙江省博物館	
溪山無盡圖	軸	紙	水墨	不詳		杭州 浙江美術學院	
溪山無盡圖	軸	紙	水墨	不詳		杭州 浙江省杭州市文物考古所	
林壑清深圖	軸	紙	水墨	136 × 32	乙卯（乾隆六十年，1795）	杭州 浙江省杭州西泠印社	
枯木竹石圖（黃易、奚岡、高樹程合作）	軸	紙	水墨	不詳	戊午（嘉慶三年，1798）	杭州 浙江省杭州西泠印社	
菜花圖	軸	紙	設色	不詳		杭州 浙江省杭州西泠印社	
溪山暖翠圖	軸	絹	水墨	145 × 30.8	癸丑（乾隆五十八年，1793）	長沙 湖南省博物館	
雲根草屋圖	軸	紙	水墨	不詳	嘉慶庚申（五年，1800）	長沙 湖南省博物館	
仿檀園山水圖	軸	絹	水墨	不詳		長沙 湖南省博物館	
仿大癡果育齋圖	軸	紙	水墨	140.5 × 33.2		成都 四川省博物院	
山水圖	軸	紙	設色	不詳	戊申（乾隆五十三	廣州 廣東省博物館	

名稱	形式	質地	色彩	尺寸 高x寬㎝	創作時間	收藏處所	典藏號碼
					年，1788）		
水居圖	軸	紙	設色	不詳	辛亥（乾隆五十六年，1791）	廣州 廣東省博物館	
松喬雲壑圖	軸	紙	設色	162.3 x 46	甲寅（乾隆五十九年，1794）首春	廣州 廣東省博物館	
梅竹山茶圖	軸	紙	設色	130 x 46	嘉慶戊午（三年，1798）	廣州 廣東省博物館	
松泉高士圖	軸	紙	水墨	114.8 x31.+2	嘉慶己未（四年，1799）	廣州 廣東省博物館	
烟樹雲山圖	軸	紙	水墨	不詳	乾隆甲辰（四十九年，1784）夏日	廣州 廣州市美術館	
蘆艇秋色圖	軸	紙	設色	112 x 33	庚戌（乾隆五十五年，1790）	廣州 廣州市美術館	
竹林觀音圖	軸	瓷青紙	泥金	不詳	乾隆癸丑（五十八年，1793）九秋	廣州 廣州市美術館	
修竹遠山圖	軸	紙	水墨	不詳		廣州 廣州市美術館	
蜀葵梔子圖（奚岡、姚嗣懋合作，為小岫作）	軸	紙	設色	不詳	嘉慶辛酉（六年，1801）	南寧 廣西壯族自治區博物館	
仿董源筆意圖	軸	紙	水墨	不詳	癸亥（嘉慶八年，1803）秋日	南寧 廣西壯族自治區博物館	
秋原散策圖	軸	絹	水墨	113 x 34.2	嘉慶己未（四年，1799）小春	日本 東京河井荃廬先生	
老木溪亭圖	軸	絹	設色	227.2 x 54.5		日本 東京河井荃廬先生	
山水圖	軸	紙	水墨	166.7 x 39.4	乙卯（乾隆六十年，1795）嘉年	日本 東京河井荃廬先生	
松崖飛瀑圖	軸	紙	水墨	116.7 x 33.3	乾隆癸丑（五十八年，1793）春	日本 東京河井荃廬先生	
山水圖	軸	紙	水墨	127.3 x 33.3		日本 東京河井荃廬先生	
米氏雲山圖	軸	紙	水墨	179.7 x 90	己酉（乾隆五十四年，1789）小春	日本 東京河井荃廬先生	
溪亭山色圖（仿倪高士）	軸	紙	水墨	不詳	辛丑（乾隆四十五年，1781）二月	日本 東京河井荃廬先生	
山水圖	軸	紙	水墨	127.9 x 38.8	辛亥（乾隆五十六年，1791）春日	日本 東京河井荃廬先生	

名稱	形式	質地	色彩	尺寸 高x寬cm	創作時間	收藏處所	典藏號碼
水竹居圖	軸	絹	水墨	106.4 × 32.1		日本 東京河井荃盧先生	
松塈高賢圖	軸	紙	設色	139.5 × 34.5	嘉慶戊午（三年，1798）小春	日本 東京高島菊次郎槐安居	
仿董山水（秋山煙靄圖）	軸	紙	水墨	136 × 46.2	庚申（嘉慶五年，1800）秋日	日本 東京高島菊次郎槐安居	
看泉圖	軸	紙	設色	96.7 × 47.3		日本 東京高島菊次郎槐安居	
竹林高士圖	軸	絹	設色	159.4 × 45.5		日本 東京高島菊次郎槐安居	
松林山水圖	軸	紙	水墨	44.5 × 21.5	乾隆丙申（四十一年，1776）臘月	日本 東京吉武鶴次郎先生	
山水圖	軸	絹	水墨	不詳		日本 東京村上與四郎先生	
山水圖	軸	紙	設色	117.6 × 36.5	丁巳（嘉慶二年，1797）首春	日本 東京永青文庫	
佛像	軸	紙	水墨	137.1 × 39.4		日本 京都小栗秋堂先生	
倣黃鶴山樵修竹遠山軸	軸	紙	水墨	143.9 × 42.4	甲午（乾隆三十九年，1774）九月	日本 京都泉屋博古館	
倣大癡秋山圖	軸	紙	水墨	129.8 × 36.2	戊午（嘉慶三年，1798）春日	日本 大阪市立美術館	
春江棹舟圖	軸	紙	水墨	128 × 41.1	丙午（乾隆五十一年，1786）十二月	日本 大阪橋本大乙先生	
仿王蒙松風流水圖	軸	絹	水墨	77.5 × 47.9		日本 福岡縣石訽道雄先生	17
梅竹水仙圖	軸	絹	設色	不詳	丁巳（嘉慶二年，1797）新秋	日本 江田勇二先生	
觀音大士像	軸	紙	水墨	120.1 × 31		美國 耶魯大學藝術館	1956.41.1
倣陳淳筆意花卉圖	軸	紙	設色	70.7 × 30.5	壬子（乾隆五十七年，1792）新秋	美國 普林斯敦大學藝術館（私人寄存）	
三清圖	軸	紙	設色	121.2 × 33		美國 華盛頓特區弗瑞爾藝術館	77.7
山水圖	軸	絹	水墨	81.3 × 26.2		美國 堪薩斯州立大學藝術館	
米法山水圖	軸	紙	水墨	121.8 × 29.6		美國 加州史坦福大學藝術博物館	81.269
仿吳鎮溪山秋靄圖	軸	紙	設色	145.3 × 32.4		英國 夏威夷火魯奴奴藝術學院	5516.1
仿古花卉圖（10幀）	冊	紙	設色	（每幀）18.		台南 石允文先生	

名稱	形式	質地	色彩	尺寸 高x寬cm	創作時間	收藏處所	典藏號碼
				9 x 26.3			
花卉圖（清奚岡等花卉冊8之1幀）	冊頁	紙	水墨	20.5 x 27		長春 吉林省博物館	
荷花圖（清奚岡等花卉冊8之1幀）	冊頁	紙	水墨	20.5 x 27		長春 吉林省博物館	
山水圖（清奚岡等書畫冊10之第1幀）	冊頁	紙	設色	不詳		瀋陽 遼寧省博物館	
烟竹圖（為小松作）	摺扇面	紙	水墨	不詳	壬辰（乾隆三十七年，1772）七月	北京 故宮博物院	
仿古山水圖（12幀）	冊	紙	水墨、設色	不詳	甲辰（乾隆四十九年，1784）秋	北京 故宮博物院	
山水圖（10幀）	冊	紙	水墨、設色	不詳	壬子（乾隆五十七年，1792）小春	北京 故宮博物院	
梅竹圖樣 12幀）	冊	紙	水墨、設色	不詳	癸丑（乾隆五十八年，1793）秋日	北京 故宮博物院	
黃葉村居圖（?幀，為渭符作）	冊	紙	設色	不詳	丙辰（嘉慶元年，1796）春日	北京 故宮博物院	
山水圖	摺扇面	紙	水墨	不詳		北京 中國歷史博物館	
山水圖（12幀，為雪巖作）	冊	紙	設色	不詳	丙申（乾隆四十一年，1776）二月	北京 北京畫院	
山水圖（8幀）	冊	紙	水墨	（每幀）26 x 17	乙卯（乾隆六十年1795）	天津 天津市藝術博物館	
仿古山水圖（12幀）	冊	紙	水墨	（每幀）27 x 15		天津 天津市藝術博物館	
山水圖（清張賜寧等山水冊12之1幀）	冊頁	紙	設色	不詳		天津 天津市藝術博物館	
山水圖并自題（12幀）	冊	紙	水墨	（每幀）24.2 x 31	癸卯（乾隆四十八年，1783）九月	上海 上海博物館	
花卉圖（12幀）	冊	紙	設色	不詳	壬戌（嘉慶七年，1802）冬日	上海 上海博物館	
畫（項穆之、醒甫等雜畫冊22之1幀）	冊頁	紙	設色	約38.5 x 23.6		上海 上海博物館	
山水圖（2幀）	冊頁	紙	水墨	（每幀）22 x 14.5		昆山 崑崙堂美術館	

名稱	形式	質地	色彩	尺寸 高×寬㎝	創作時間	收藏處所	典藏號碼
山水圖	摺扇面	紙	設色	不詳	壬子（乾隆五十七年，1792）	杭州 浙江省杭州市文物考古所	
擬黃子久天池石壁圖	摺扇面	紙	水墨	不詳		杭州 浙江省杭州市文物考古所	
紅梅圖	摺扇面	紙	設色	不詳		寧波 浙江省寧波市天一閣文物保管所	
山水圖（8幀）	冊	絹	水墨	不詳		廣州 廣東省博物館	
山水圖（8幀）	冊	紙	設色	（每幀）25.8 × 22.2	乙巳（乾隆五十年，1785）	廣州 廣州市美術館	
仿各家山水圖（12幀）	冊	絹	設色	不詳	己酉（乾隆五十四年，1789）	廣州 廣州市美術館	
菊花翠竹圖	摺扇面	紙	設色	不詳		南寧 廣西壯族自治區博物館	
仿吳鎮山水圖	摺扇面	紙	水墨	不詳		桂林 廣西壯族自治區桂林市博物館	
山色含煙圖	摺扇面	紙	設色	不詳	丁巳（嘉慶二年，1797）冬日	日本 京都園田湖城先生	
山水圖（8幀）	冊	紙	水墨	（每幀）22.5 × 26.9		日本 京都貝塚茂樹先生	
仿古山水圖（12幀）	冊	紙	設色	（每幀）23.6 × 30.6	甲寅（乾隆五十九年，1794）九秋	日本 兵庫縣黑川古文化研究所	
山水圖	摺扇面	紙	水墨	不詳	丙申（乾隆四十一年，1776）	日本 江田勇二先生	
仿董其昌山水圖（清人扇面圖冊之第8幀）	摺扇面	紙	水墨	16.8 × 49.3		韓國 私人	
山水圖（？幀）	冊	紙	水墨	（每幀）25.4 × 21.3		美國 耶魯大學藝術館	
蕭湘亭趣圖	冊頁	紙	水墨	27 × 21.9		美國 底特律市Faxson先生	
松圖	摺扇挈	紙	設色	不詳	癸未（乾隆二十八年，1763）春月	美國 密歇根大學艾瑞慈教授	
山水圖（10幀）	冊	紙	設色	（每幀）26.5 × 19.5		美國 火魯奴奴Hutchinson先生	
樹木圖(明清人畫冊之1幀)	冊頁	紙	水墨	17.7 × 37.8	丙辰（嘉慶元年，1796）秋日	英國 倫敦大英博物館	1902.6.6.52-1（ADD352）
古木幽篁圖(四朝墨寶冊之15)	冊頁	絹	設色	22.6 × 21.4		英國 倫敦大英博物館	1946.4.13..5

名稱	形式	質地	色彩	尺寸 高×寬cm	創作時間	收藏處所	典藏號碼
山水圖（6幀）	冊	紙	水墨	（每幀）22.4 × 15.9		德國 科隆東亞藝術博物館	（ADD219） A55.56
附：							
奇石圖（奚岡、徐鈇合作）	卷	紙	水墨	不詳		上海 朵雲軒	
仿黃公望筆意山水圖	卷	紙	水墨	26.6 × 237.5	丙午（乾隆五十一年，1786）秋日	紐約 蘇富比藝品拍賣公司/拍賣目錄1980,12,19.	
菊圃圖	卷	紙	設色	33 × 247.6		紐約 佳士得藝品拍賣公司/拍賣目錄1987,06,03.	
靈石圖	卷	紙	水墨	27.5 × 127		紐約 佳士得藝品拍賣公司/拍賣目錄1993,12,01.	
水南村圖	卷	紙	水墨	20.3 × 139.6	戊午（嘉慶三年，1798）十一月十日	紐約 佳士得藝品拍賣公司/拍賣目錄1993,12,01.	
梅竹雙清圖	卷	絹	設色	12.8 × 167		紐約 佳士得藝品拍賣公司/拍賣目錄1995,03,22.	
牡丹蘭竹圖（為慎庵作）	軸	紙	設色	118.1 × 34.2	庚申（嘉慶五年，1800）清和	北京 中國文物商店總店	
松壑幽居圖	軸	紙	水墨	不詳		北京 中國文物商店總店	
溪上草堂圖	軸	紙	水墨	145 × 34	乾隆癸丑（五十八年，1793）	天津 天津市文物公司	
仿董其昌山水圖	軸	紙	水墨	不詳		天津 天津市文物公司	
仿趙仲穆山水圖	軸	紙	設色	不詳		天津 天津市文物公司	
臨陳道復花卉圖	軸	紙	設色	不詳		濟南 山東省濟南市文物商店	
秋山雨意圖	軸	絹	水墨	不詳		揚州 揚州市文物商店	
仿雲林山水圖	軸	紙	水墨	不詳	乙巳（乾隆五十年，1785）	上海 朵雲軒	
摹子久山水圖	軸	紙	設色	不詳	壬子（乾隆五十七年，1792）	上海 朵雲軒	
觀音像	軸	紙	水墨	不詳	乾隆壬子（五十七年，1792）長夏	上海 朵雲軒	
為西疇作山水圖	軸	紙	水墨	不詳	丙辰（嘉慶元年，1796）春暮	上海 朵雲軒	
雙松圖	軸	紙	水墨	不詳		上海 朵雲軒	
歲寒圖	軸	絹	設色	不詳	辛亥（乾隆五十六	上海 上海文物商店	

名稱	形式	質地	色彩	尺寸 高×寬㎝	創作時間	收藏處所	典藏號碼
					年，1791）		
林和靖詩意圖	軸	紙	設色	121 × 33.5	丙辰（嘉慶元年，1796）	上海 上海文物商店	
仿大癡山水圖	軸	紙	設色	不詳	乾隆乙卯（六十年，1795）	蘇州 蘇州市文物商店	
深山策杖圖	軸	紙	水墨	不詳		武漢 湖北省武漢市文物商店	
松石萱花圖	軸	紙	設色	101.5 × 47.6		武漢 湖北省武漢市文物商店	
法董北苑山水圖	軸	灑金箋	水墨	113 × 33		紐約 蘇富比藝品拍賣公司/拍賣目錄 1980,12,18.	
仿石田老人歲寒三友圖	軸	紙	水墨	114.2 × 33	己酉（乾隆五十四年，1789）嘉平月	紐約 蘇富比藝品拍賣公司/拍賣目錄 1980,12,19.	
秋山深遠圖	軸	紙	水墨	141 × 78.8	辛巳（乾隆二十六年，1761）重秋	紐約 蘇富比藝品拍賣公司/拍賣目錄 1981,05,07.	
山水圖	軸	紙	水墨	115 × 39		紐約 佳仕得藝品拍賣公司/拍賣目錄 1986,06,04.	
秋葵圖	軸	紙	水墨	113.7 × 39	丙辰（嘉慶元年，1796）夏五月	紐約 佳仕得藝品拍賣公司/拍賣目錄 1986,12,01.	
秋景山水圖	軸	紙	水墨	124 × 38	己未（嘉慶四年，1799）長夏	紐約 佳士得藝品拍賣公司/拍賣目錄 1989,06,01.	
山水圖	軸	紙	水墨	130 × 30		紐約 佳士得藝品拍賣公司/拍賣目錄 1991,05,29.	
仿黃公望山水圖	軸	絹	設色	115 × 32	辛亥（乾隆五十六年，1791）清和	紐約 佳士得藝品拍賣公司/拍賣目錄 1991,05,29.	
山水圖	軸	紙	水墨	143.5 × 30.5	辛酉（嘉慶六年，1801）暑夏	香港 佳士得藝品拍賣公司/拍賣目錄 1991,03,18.	
山水圖	軸	紙	水墨	137.8 × 34.3	嘉慶戊午（三年，1798）春二月	紐約 佳士得藝品拍賣公司/拍賣目錄 1994,06,01.	
山水圖	軸	絹	水墨	113 × 48.2		紐約 佳士得藝品拍賣公司/拍賣目錄 1995,09,19.	
山水圖	軸	紙	水墨	95 × 31	乾隆丁酉（四十二年，1777）早春	紐約 佳士得藝品拍賣公司/拍賣目錄 1995,09,19.	
雪梅、芭蕉、牡丹、梔子圖（4幅）	軸	紙	設色	（每幅）20.3 × 26.6		紐約 佳士得藝品拍賣公司/拍賣目錄 1996,03,27.	
秋江獨棹圖	軸	絹	水墨	119.7 × 51.8		紐約 佳士得藝品拍賣公司/拍	

名稱	形式	質地	色彩	尺寸 高×寬㎝	創作時間	收藏處所	典藏號碼
						賣目錄 1998,03,24.	
三清圖	軸	紙	水墨	110 × 42	乾隆丁丑（二十二年，1757）嘉平月	香港 佳士得藝品拍賣公司/拍賣目錄 1998,09,15.	
山居清課圖	軸	紙	設色	134.3 × 31		香港 蘇富比藝品拍賣公司/拍賣目錄 1999,10,31.	
仿王時敏溪亭清話圖	軸	紙	水墨	113 × 33.3	癸丑（乾隆五十八年，1793）九秋	香港 蘇富比藝品拍賣公司/拍賣目錄 1999,10,31.	
仿董其昌山水圖	摺扇面	紙	水墨	17 × 52.5	己酉（乾隆五十四年，1789）九秋	紐約 佳士得藝品拍賣公司/拍賣目錄 1984,06,29.	
仿董其昌山水圖	摺扇面	紙	水墨	不詳		武漢 湖北省武漢市文物商店	
仿古山水圖	冊頁	紙	水墨	25 × 32.4		紐約 蘇富比藝品拍賣公司/拍賣目錄 1980,12,18.	
山水圖（12幀）	冊	紙	水墨、設色	（每幀）25 × 33	丙辰（嘉慶元年，1796）春日	紐約 佳士得藝品拍賣公司/拍賣目錄 1995,03,22.	
山水圖（8幀）	冊	紙	水墨、設色	（每幀）24.1 × 16.8	辛酉（嘉慶六年，1801）長至	香港 佳士得藝品拍賣公司/拍賣目錄 1998,09,15.	

畫家小傳：奚岡。字純章。號鐵生。蒙泉外史、蒙道士、蝶野子、鶴渚生、散木居士等。安徽新安人，占籍錢塘。生於高宗乾隆十一（1746）年，卒於仁宗嘉慶八（1803）年。工詩、書、篆刻、繪畫。畫擅山水、花卉、蘭竹。為清中期山水四家之一。（見墨香居畫識、桐陰論畫、墨林今話、冬花庵燼餘稿本傳、杭郡詩續集、中國畫家人名大辭典）

塗岫

名稱	形式	質地	色彩	尺寸 高×寬㎝	創作時間	收藏處所	典藏號碼
雅集圖	卷	絹	設色	不詳	辛卯（乾隆三十六年，1771）	石家莊 河北省博物館	

畫家小傳：塗岫。畫史無載。流傳署款紀年作品見於高宗乾隆三十六（1771）年，身世待考。

朱棟

名稱	形式	質地	色彩	尺寸 高×寬㎝	創作時間	收藏處所	典藏號碼
荷花圖	軸	紙	設色	不詳	乙未（乾隆四十年，1792）長夏	合肥 安徽省博物館	
運鷗圖	軸	絹	設色	39.5 × 30		日本 福岡縣石訽道雄先生	34
午瑞清供圖	軸	紙	水墨	128 × 45.3	壬子（乾隆五十七年，1792）長夏	日本 中埜又左衛門先生	
附：							
煮茶圖	軸	絹	設色	不詳	壬戌（嘉慶七年，1802）	蘇州 蘇州市文物商店	

名稱	形式	質地	色彩	尺寸 高×寬㎝	創作時間	收藏處所	典藏號碼

畫家小傳：朱棟。字東巨。號聽泉。安徽休寧人，僑居吳門。生於高宗乾隆十一（1746）年，卒時不詳。善畫人物、花卉，尤工寫荷。
　　　　（見墨香居畫識、墨林今話、中國畫家人名大辭典）

尚 友

| 湖山書屋圖 | 軸 | 絹 | 水墨 | 155.3 × 47. | 辛卯（乾隆三十六 年，1771） | 杭州 浙江省圖書館 | |

畫家小傳：尚友。畫史無載。流傳署款紀年作品見於高宗乾隆三十六（1771）年。身世待考。

李 孝

| 秋園草蟲圖 | 軸 | 絹 | 設色 | 不詳 | | 臨海 浙江省臨海市博物館 | |
| 秋聲圖 | 軸 | 絹 | 設色 | 不詳 | 辛卯（乾隆三十六 年，1771） | 寧波 浙江省寧波市天一閣文 物保管所 | |

畫家小傳：李孝。安徽無為人。李亨之子。能詩畫，善傳父藝，工畫山水、花鳥、蟲魚。流傳署款紀年作品見於高宗乾隆三十六（1771）
　　　　年。（見黃鉞畫友錄、中國畫家人名大辭典）

史鑑宗

| 一曲湖亭圖 | 軸 | 綾 | 設色 | 76.2 × 45.9 | | 景德鎮 江西省景德鎮博物館 | |

畫家小傳：史鑑宗。字遠公。江蘇金壇人。'高宗乾隆三十六（1771）年孝廉。生而多才藝。善奕，能詩，工字學，兼精丹青，凡智巧
　　　　事人不解者，一見輒悟。（見國朝畫識、今世說、中國畫家人名大辭典）

謝 晉

| 蓮塘鴛鴦圖 | 軸 | 紙 | 設色 | 168.9 × 46.9 | 嘉慶戊寅（二十三 年，1818）八月 | 美國 洛杉磯郡藝術博物館 | M.78.39 |

畫家小傳：謝晉。道士。字雲屏。江蘇震澤人。住持吳江樓真道院。生於高宗乾隆十二（1747）年，卒於仁宗嘉慶二十四（1819）年。
　　　　初學畫人物，棄而專力於花鳥，師法惲南田；後與奚岡訂交，復寄興山水。（見墨林今話、中國畫家人名大辭典）

黎 簡

山水圖	卷	紙	設色	30.9 × 3.1		香港 何耀光至樂樓	
倣北苑雲山圖	軸	紙	設色	98 × 43.7	丁巳（嘉慶二年， 1797）秋九月	台北 國泰美術館	
寒窗雪意圖	軸	絹	水墨	130.5 × 42	壬戌（嘉慶七年， 1802）歲冬望	台北 長流美術館	
山水圖	軸	紙	設色	114.3 × 47	癸丑（乾隆五十八 年，1793）三月九 日	台北 蘭千山館	

名稱	形式	質地	色彩	尺寸 高×寬㎝	創作時間	收藏處所	典藏號碼
大烏峰圖	軸	絹	設色	68 × 41.5		台北 王壯為先生	
山水圖	軸	絹	設色	108.5 × 47.1	癸丑（乾隆五十八年，1793）九月	香港 香港大學馮平山博物館	HKU.P.66.15
大烏峰圖	軸	紙	設色	76.3 × 47.3	庚戌（乾隆五十五年，1790）	香港 中文大學中國文化研究所文物館	95.433
設色山水（小烏峰圖）	軸	紙	設色	85 × 42.7	已酉（乾隆五十四年，1789）	香港 中文大學中國文化研究所 文物館	95.426
山人人物圖	軸	紙	設色	83 × 33		香港 中文大學中國文化研究所 文物館	73.759
老人觀書圖	軸	絹	設色	71.4 × 36.2		香港 中文大學中國文化研究所 文物館	73.758
山水圖	軸	紙	設色	195 × 84.6		香港 香港美術館	F A73.22
泉聲危石圖（為諾三作）	軸	紙	設色	104 × 40.5	已酉（乾隆五十四年，1789）夏六月	香港 香港美術館	FA1978.103
倣北苑雲山圖意	軸	絹	設色	123.2 × 48	辛丑（乾隆四十六年，1781）	香港 利榮森北山堂	
水仙操圖	軸	絹	設色	40.5 × 37.5	乙巳（乾隆五十年，1785）	香港 何耀光至樂樓	
山水圖	軸	紙	設色	120.4 × 61.8	已亥（乾隆四十四年，1779）	香港 何耀光至樂樓	
秋景山水圖	軸	紙	水墨	129.4 × 59.7		香港 許晉義崇宜齋	AG238
擬倪瓚小景圖	軸	紙	水墨	71 × 32.9		香港 許晉義崇宜齋	AG100
古木秋亭圖	軸	紙	水墨	78.2 × 36.8		香港 許晉義崇宜齋	AG101
秋景山水圖	軸	紙	設色	67.3 × 38		香港 許晉義崇宜齋	AG241
煙水孤舟圖	軸	紙	水墨	123.5 × 56.8		香港 許晉義崇宜齋	AG236
春山行旅圖	軸	紙	設色	242.3 × 102.2	辛丑（乾隆四十六年，1781）	香港 霍寶材先生	
摹石濤山水圖	軸	紙	設色	50.6 × 29.6	甲寅（乾隆五十九年，1794）	香港 鄭若林先生	
仿雲林意象山水圖	軸	紙	水墨	69.5 × 38	已卯（乾隆二十四年，1759）	香港 劉作籌虛白齋	
山水圖（作似介石二兄）	軸	紙	設色	99.3 × 28.5	嘉慶壬申（十七年，1812）仲春	澳門 賈梅士博物院	A53
山水圖	軸	絹	設色	195.5 × 42.7		澳門 賈梅士博物院	A50
學黃鶴山樵山水圖	軸	絹	設色	196 × 42.7		澳門 賈梅士博物院	A48

名稱	形式	質地	色彩	尺寸 高×寬㎝	創作時間	收藏處所	典藏號碼
嶺南春色圖	軸	紙	設色	77.3 × 30.8	乙巳（乾隆五十年，1785）十二月望日之夜	澳門 賈梅士博物院	A51
幽壑德松圖	軸	絹	設色	70.6 × 35.8		澳門 賈梅士博物院	A55
小山水圖	軸	絹	設色	44.5 × 57.9		澳門 賈梅士博物院	A54
逃虛圖	軸	紙	設色	160.6 × 73.2	辛亥（乾隆五十六年，1791）九秋	澳門 賈梅士博物院	A56
春谿讀書圖（寫似仰富大兄）	軸	絹	設色	111 × 54.8	庚戌（乾隆五十五年，1790）冬十一月	澳門 賈梅士博物院	A52
雨後飛泉圖	軸	紙	設色	不詳	庚戌（乾隆五十五年，1790）	瀋陽 故宮博物院	
山水圖（4幅）	軸	絹	設色	不詳	丁巳（嘉慶二年，1797）	天津 天津市藝術博物館	
秋山閒坐圖	軸	紙	設色	不詳	辛丑（乾隆四十六年，1781）	上海 上海博物館	
江瀨山光圖	軸	紙	水墨	137.5 × 59	己未（嘉慶四年，1799）	上海 上海博物館	
高崗曳杖圖詩畫	軸	絹	水墨	畫：79.6×41		廣州 廣州美術學院	
仿北苑山水圖	軸	絹	設色	不詳		廣州 廣州美術學院	
山水圖（清宋葆淳等雜畫冊10之1幀）	冊頁	紙	水墨	不詳	（甲寅，乾隆五十九年，1794）	上海 上海博物館	
山水圖	軸	紙	設色	不詳	甲辰（乾隆四十九年，1784）	杭州 浙江省博物館	
驢背觀泉圖	軸	絹	設色	不詳	丙戌（乾隆三十一年，1766）	廈門 福建省廈門市博物館	
溪橋秋興圖（為璞園作）	軸	紙	水墨	90.8 × 38.7	戊申（乾隆五十三年，1788）六月八日	廣州 廣東省博物館	
仿王蒙山水圖	軸	紙	設色	不詳	壬子（乾隆五十七年，1792）十二月	廣州 廣東省博物館	
林泉幽致圖（為泰明作）	軸	紙	設色	110 × 43.5	丙辰（嘉慶元年，1796）四月二日	廣州 廣東省博物館	

名稱	形式	質地	色彩	尺寸 高×寬㎝	創作時間	收藏處所	典藏號碼
山水圖	軸	紙	水墨	93 × 32.5	乙卯（乾隆六十年，1795）	廣州 廣州市美術館	
山水圖	軸	紙	水墨	102 × 32	戊戌（乾隆四十三年，1778）	佛山 廣東省佛山市博物館	
錦樹秋色圖	軸	絹	設色	不詳	癸丑（乾隆五十八年，1793）	佛山 廣東省佛山市博物館	
為致中和尚作山水圖	軸	紙	設色	235 × 118	癸丑（乾隆五十八年，1793）	佛山 廣東省佛山市博物館	
秋亭喬木圖	軸	紙	設色	不詳	甲寅（乾隆五十九年，1794）	佛山 廣東省佛山市博物館	
仿倪山水圖	軸	紙	水墨	不詳		佛山 廣東省佛山市博物館	
秋夜詩意圖	軸	紙	設色	97 × 34.5	庚戌（乾隆五十五年，1790）	汕頭 廣東省汕頭市博物館	
唐人詩意圖	軸	紙	水墨	152.7 × 59.4	戊申（乾隆五十三年，1788）	日本 東京山本悌二郎先生	
擬巨然山水圖	軸	紙	設色	95.3 × 40.6		日本 私人	
白雲紅樹圖	軸	絹	設色	126.2 × 52.7	戊申（乾隆五十三年，1788）春月	美國 克利夫蘭藝術博物館	72.42
山水圖	軸	絹	設色	不詳		美國 舊金山亞洲藝術館	B69 D53
秋山覓句圖	冊頁	紙	設色	24.5 × 32		台北 黃君璧白雲堂	
山水圖（4幀）	冊	絹	設色	23.4 × 18.7		香港 中文大學中國文化研究所文物館	73.763
嘯傲煙霞圖（10幀）	冊	紙	設色	（每幀）35.8 × 25.3	已酉（乾隆五十四年，1789）	香港 中文大學中國文化研究所文物館	73.764
曉瓏春明圖（山水冊2之1）	冊頁	絹	設色	25 × 19		香港 香港美術館	FA1983.215
江天梅雪圖（山水冊2之2）	冊頁	絹	設色	25 × 19	甲辰（乾隆四十九年，1784）秋七月	香港 香港美術館	FA1983.215
山水圖（12幀）	冊	紙	水墨	不詳		天津 天津市歷史博物館	
山水圖（12幀，為雲隱作）	冊	紙	設色	（每幀）26 × 32.5	辛丑（乾隆四十六年，1781）七夕	廣州 廣東省博物館	
附：							
戴笠策杖圖（為嘯泉作）	軸	紙	水墨	65 × 61	甲寅（乾隆五十九年，1794）七月十二日	上海 朵雲軒	

名稱	形式	質地	色彩	尺寸 高×寬㎝	創作時間	收藏處所	典藏號碼
江天秋意圖	軸	絹	設色	不詳	己酉（乾隆五十四年，1789）	上海 上海文物商店	
江上烟霞圖	軸	紙	設色	77.4 × 46.3	庚戌（乾隆五十五年，1790）四月	上海 上海文物商店	
山水圖	軸	紙	水墨	98.4 × 36.2	癸丑（乾隆五十八年，1793）三月九日	紐約 蘇富比藝品拍賣公司/拍賣目錄 1986,12,04.	
山水圖	軸	紙	設色	63.5 × 39	己酉（乾隆五十四年，1789）閏月七日	紐約 佳仕得藝品拍賣公司/拍賣目錄 1986,12,01.	
五峰積雪圖	軸	紙	水墨	102.2 × 44.5	丙辰（嘉慶元年，1796）夏五月	紐約 蘇富比藝品拍賣公司/拍賣目錄 1988,11,30.	
雙泉圖	軸	紙	水墨	20.3 × 27.3		紐約 蘇富比藝品拍賣公司/拍賣目錄 1988,11,30.	
山水圖	軸	紙	設色	86.5 × 35		紐約 佳士得藝品拍賣公司/拍賣目錄 1990,05,31.	
仿髡殘山水圖	軸	紙	設色	34.3 × 29.5	戊戌（乾隆四十三年，1778）	紐約 佳士得藝品拍賣公司/拍賣目錄 1993,12,01.	
江天秋色圖	軸	紙	設色	125.1 × 38.7		紐約 佳士得藝品拍賣公司/拍賣目錄 1994,11,30.	
雅士觀日圖	軸	絹	設色	101 × 46.5		香港 佳士得藝品拍賣公司/拍賣目錄 1998,04,26.	
青綠山水圖	軸	絹	設色	166 × 100		紐約 佳士得藝品拍賣公司/拍賣目錄 1998,09,15.	
山水圖（4幀）	冊	紙	設色	（每幀）23 × 34		紐約 蘇富比藝品拍賣公司/拍賣目錄 1988,11,30.	
山水圖（12幀）	冊	紙	設色	（每幀）22.8 × 29.8		紐約 佳士得藝品拍賣公司/拍賣目錄 1993,06,04.	

畫家小傳：黎簡。字簡民。號二樵。廣東順德人。生於高宗乾隆十二（1747）年，卒於仁宗嘉慶四（1799）年。曾中拔貢。為人狂簡。工詩，善書，精六法。善畫山水，筆墨簡淡鬆秀，有逸致。（見桐陰論畫、墨林今話、嶺南畫徵略、廣東通志、劍光樓筆記、中國畫家人名大辭典）

錢 淳
附：

名稱	形式	質地	色彩	尺寸 高×寬㎝	創作時間	收藏處所	典藏號碼
花鳥圖	軸	絹	設色	不詳	辛卯（乾隆三十六年，1771）	上海 朵雲軒	

名稱	形式	質地	色彩	尺寸 高×寬cm	創作時間	收藏處所	典藏號碼

畫家小傳：錢淳。字勝文。江蘇常熟人。為余珣門人。工畫花鳥，長於鉤染。流傳署款紀年作品見於高宗乾隆三十六(1771)年。（見虞山畫志、中國畫家人名大辭典）

吳東發

松梅圖	軸	紙	水墨	100.1 × 38.5	屠維作噩（己酉，乾隆五十四年，1789）	上海 上海博物館	
花卉圖（8幀）附：	冊	紙	設色	不詳		天津 天津市藝術博物館	
山水圖	卷	紙	水墨	14.5 × 57		紐約 佳士得藝品拍賣公司/拍賣目錄 1989.06.01	
山水、花卉、書法（12幀）	冊	紙	水墨、設色	不詳		紐約 佳士得藝品拍賣公司/拍賣目錄 1997.09.19	

畫家小傳：吳東發。字侃叔。號耘廬、耘父。浙江海鹽人。生於清高宗乾隆十二（1747）年。卒於仁宗嘉慶八（1803）年。為經學名家，兼精金石之學，餘事作畫。畫工山水，師法吳鎮、沈周，深得蒼莽之致；又善草蟲。（見墨林今話、兩浙名畫記、耕硯田齋筆記、中國畫家人名大辭典）

碧　眼

| 游魚荇藻圖 | 軸 | 紙 | 水墨 | 不詳 | 乾隆辛卯（三十六年，1771） | 南京 南京博物院 | |

畫家小傳：碧眼。畫史無載。姓名不詳。流傳署款紀年作品見於高宗乾隆三十六(1771)年。身世待考。

顧　銓

| 摹馬遠四皓圖 | 卷 | 紙 | 水墨 | 35.2 × 216 | | 台北 故宮博物院 | 故畫01729 |
| 摹阮郜女仙圖 | 軸 | 紙 | 設色 | 46.1 × 186.1 | 乾隆三十七年（壬辰，1772）十月朔 | 台北 故宮博物院 | 中畫00239 |

畫家小傳：顧銓。字載衡。號易亭。籍里不詳。高宗乾隆時，供奉畫院。流傳署款紀年作品見於乾隆三十七 1772）至四十一（1776）年。（見國朝畫院錄、中國畫家人名大辭典、宋元明清書畫家年表））

錢　球

三隻作朋圖	軸	絹	設色	不詳		北京 首都博物館	
曲江村舍圖	軸	絹	設色	不詳	丙午（乾隆五十一年，1786）	天津 天津市藝術博物館	
老屋密林圖	軸	紙	設色	177.5 × 91.3		天津 天津市藝術博物館	

名稱	形式	質地	色彩	尺寸 高x寬cm	創作時間	收藏處所	典藏號碼
群山牧牛圖	軸	絹	設色	不詳		天津 天津市藝術博物館	
騎驢過橋圖	軸	紙	設色	170.5 × 92	乙卯（乾隆六十年，1795）	南通 江蘇省南通博物苑	
松屋讀書圖	軸	絹	設色	不詳		南京 南京博物院	
雪山行旅圖	軸	絹	設色	不詳		南京 南京博物院	
山閣雲峰圖	軸	絹	設色	不詳		常州 江蘇省常州市博物館	
萬松樓閣圖	軸	絹	設色	181.9 × 97.8		杭州 浙江省博物館	
山水圖	軸	絹	設色	不詳	乾隆壬辰（三十七，1772）	杭州 浙江省杭州市文物考古所	
山村網魚圖	軸	絹	設色	19.5 × 95		成都 四川省博物院	
雪山行旅圖	軸	紙	設色	128.5 × 51.2		日本 東京帝室博物館	
附：							
松林尋藥圖	軸	絹	設色	不詳		蘇州 蘇州市文物商店	

畫家小傳：錢球。字石亭。江蘇如皋人。工畫山水、人物，筆墨超軼。流傳署款紀年作品見於高宗乾隆三十七（1772）至六十（1795）年。（見墨香居畫識、中國畫家人名大辭典）

蕭九成

名稱	形式	質地	色彩	尺寸 高x寬cm	創作時間	收藏處所	典藏號碼
歸帆圖（為榕臯作）	卷	紙	水墨	不詳	乾隆戊申（五十三年，1788）秋杪	蘇州 江蘇省蘇州博物館	
岡陵松柏圖	軸	絹	水墨	不詳	乾隆丙午（五十一年，1786）	青島 山東省青島市博物館	

畫家小傳：蕭九成。字韶亭。山東日照人。高宗乾隆三十七（1772）年進士。善畫山水，謹守南宗家法，深得王原祁筆意。被譽山左第一。流傳署款紀年作品見於高宗乾隆五十一（1786）、五十三（1788）年。（見墨香居畫識、中國畫家人名大辭典）

錢 瑩

名稱	形式	質地	色彩	尺寸 高x寬cm	創作時間	收藏處所	典藏號碼
看泉圖	軸	紙	水墨	238 × 117		南通 江蘇省南通博物苑	
青綠山水圖	軸	絹	設色	不詳		鎮江 江蘇省鎮江市博物館	

畫家小傳：錢瑩。畫史無載。身世待考。

譚 鳴

名稱	形式	質地	色彩	尺寸 高x寬cm	創作時間	收藏處所	典藏號碼
蘭亭修禊圖	軸	紙	設色	91.6 × 35.1		香港 中文大學中國文化研究所文物館	73.723

畫家小傳：譚鳴。廣東人。工畫人物，有巧思。黎簡嘗為人寫照作釣隱圖，譚鳴為補漁笠釣竿。（見劍光樓筆記、味蔗齋隨筆、中國畫家人名大辭典）

名稱	形式	質地	色彩	尺寸 高×寬cm	創作時間	收藏處所	典藏號碼

范利仁

| 桃花飛鳥圖（祝默翁八十壽作） | 軸 | 絹 | 設色 | 190 × 104 | 壬辰（乾隆三十七年，1772）朔日 | 南通 江蘇省南通博物苑 | |
| 水閣聽泉圖 | 軸 | 絹 | 設色 | 178.5 × 92.5 | 辛丑（乾隆四十六年，1781） | 南通 江蘇省南通博物苑 | |

畫家小傳：范利仁。字山茨。別號物外閒人。江蘇南通人。乾隆朝與當地范篪齊名，號稱二范。工畫花鳥、禽魚，取法南唐徐熙父子。作品工緻華麗，活潑生動，為時所重。流傳署款紀年作品見於高宗乾隆三十七（1772）、四十六（1781）年。（見南通州誌、中國美術家人名辭典）

張道渥

梅華草堂圖	卷	紙	設色	33.7 × 137.4		美國 西雅圖市藝術館	52.120
戒壇、潭柘圖（二幅）	軸	紙	設色	28 × 35	辛亥（乾隆五十六年，1791）秋日	北京 首都博物館	
臨漁洋秋林讀書圖	軸	絹	設色	不詳	嘉慶丙寅（十一年，1806）	太原 山西省博物館	
山寺飛泉圖	軸	紙	設色	不詳	壬午（道光二年，1822）	太原 山西省晉祠文物管理處	
水閣坐對圖	軸	紙	設色	95.5 × 43.5		太原 山西省晉祠文物管理處	
秋山曲徑圖	軸	紙	設色	不詳		合肥 安徽省博物館	
法源寺圖（清朱鶴年等法源寺書畫冊 14 之 1 幀）	冊頁	紙	設色	不詳		上海 上海博物館	
詩龕消暑圖（與竹西合作，為法時帆作）	冊頁	紙	設色	不詳	壬子（乾隆五十七年，1792）五月	蘇州 江蘇省蘇州博物館	
山水圖（12 幀）	冊	紙	設色、水墨	（每幀）20.5 × 15.3	乾隆壬辰（三十七年，1772）	成都 四川省博物院	

畫家小傳：張道渥。字水屋（一字封紫）。號竹畦、張風子、騎驢公子。山西浮山（一作渾源）人。以明經官至蔚州知州。工畫山水，筆墨秀潤，脫盡窠臼。又善書、詩，時稱三絕。流傳署款紀年作品見於高宗乾隆三十七（1772）年，至宣宗道光二（1822）年。（見墨林今話、耕硯田齋筆記、揚州畫舫錄、桐陰論畫、清畫家詩史、中國美術家辭典）

王續增

附：

| 平沙落雁圖 | 軸 | 紙 | 設色 | 不詳 | 壬辰（乾隆三十七年，1772） | 上海 上海友誼商店 | |

名稱	形式	質地	色彩	尺寸 高x寬㎝	創作時間	收藏處所	典藏號碼

畫家小傳：王續增。畫史無載。流傳署款紀年作品見於高宗乾隆三十七(1772)年。身世待考。

高械
附：

名稱	形式	質地	色彩	尺寸	創作時間	收藏處所	
指畫山水圖	軸	絹	設色	154.3 × 97.7	壬辰（乾隆三十七年，1772）小春望後	紐約 蘇富比藝品拍賣公司/拍賣目錄 1984.06.13.	

畫家小傳：高械。浙江海澄人。身世不詳。工畫山水。流傳署款紀年作品見於高宗乾隆三十七(1772)年。（見海澄縣志、中國畫家人名大辭典）

江林

名稱	形式	質地	色彩	尺寸	創作時間	收藏處所	
水墨竹石圖（對幅）	軸	紙	水墨	不詳	壬辰（？乾隆三十七年，1772）九月	荷蘭 阿姆斯特丹 Rijks 博物館	

畫家小傳：江林。畫史無載。流傳署款作品紀年疑為高宗乾隆三十七（1772）年。身世待考。

宋葆淳

名稱	形式	質地	色彩	尺寸	創作時間	收藏處所	典藏號碼
書巢先生移居圖	卷	紙	設色	20.2 × 44.3		香港 劉作籌虛白齋	137
秋山積翠圖（2段）	卷	紙	設色	31.2 × 104；25 × 145.5	嘉慶丁卯（十二年，1807）	瀋陽 遼寧省博物館	
西湖泛月圖	卷	紙	水墨	不詳	嘉慶壬申（十七年，1812）中秋後一日	天津 天津市藝術博物館	
山村圖	卷	紙	設色	不詳		天津 天津市藝術博物館	
四槐堂圖（為琢如作）	卷	紙	設色	不詳	嘉慶癸酉（十八年，1813）九月朔日	太原 山西省博物館	
春水綠波圖	卷	紙	設色	不詳	庚辰（嘉慶二十五年，1820）	上海 上海博物館	
詩龕圖（顧鶴慶、朱鶴年、孫銓、朱本、馬履泰、張問陶、宋葆淳、陳詩庭、吳文徵、王霖、吳煊等詩龕圖合璧卷之1）	卷	紙	設色	不詳	嘉慶己未（四年，1799）	鎮江 江蘇省鎮江市博物館	
山水圖	卷	紙	設色	不詳	嘉慶元年（丙辰，1796）七月十九日	廣州 廣東省博物館	
水墨山水	軸	紙	水墨	123 × 31	嘉慶辛酉（六年，	台北 故宮博物院（蘭千山館	

名稱	形式	質地	色彩	尺寸 高×寬cm	創作時間	收藏處所	典藏號碼
					1801）上元	寄存）	
溪流疏木圖	軸	紙	水墨	64 × 35.7	乾隆乙巳（五十年，1785）夏日	香港 香港美術館・虛白齋	XB1992.183
秋山積翠圖（為功甫作）	軸	紙	設色	不詳	嘉慶癸亥（八年，1803）	瀋陽 遼寧省博物館	
隰州山色圖	軸	紙	設色	不詳		瀋陽 遼寧省博物館	
為官巢補叠石圖像景	軸	紙	設色	不詳	嘉慶甲戌（十九年，1814）八月七日	北京 故宮博物院	
東軒圖（張錦芳、宋葆淳合作）	軸	紙	設色	130 × 62	乾隆丁未（五十二年，1787）	太原 山西省晉祠文物管理處	
山村水石圖	軸	紙	設色	不詳		太原 山西省晉祠文物管理處	
太白樓圖	橫幅	紙	水墨	22.6 × 48.2		上海 上海博物館	
山水圖	軸	紙	設色	121.2 × 40.9	乾隆丁未（五十二年，1787）十月四日	日本 東京河井荃廬先生	
梅花書屋圖	軸	紙	設色	117.8 × 34.8	乾隆癸丑（五十八年，1793）四月	日本 東京高島菊次郎槐安居	
守寒梅鶴圖	軸	紙	設色	138 × 53.3		日本 東京高島菊次郎槐安居	
山水圖	摺扇面	紙	設色	不詳	嘉慶壬戌（七年，1802）四月	北京 故宮博物院	
山水圖（為思亭作）	摺扇面	紙	設色	不詳	嘉慶癸亥（八年，1803）十二月廿二日	北京 故宮博物院	
山水圖（12幀）	冊	紙	水墨	不詳		天津 天津市藝術博物館	
山水圖	摺扇面	紙	水墨	不詳		天津 天津市藝術博物館	
山水圖（5幀）	冊	紙	設色	（每幀）14 × 10	乾隆壬辰（三十七年，1772）	太原 山西省博物館	
山水圖（10幀）	冊	紙	設色	不詳	嘉慶甲子（九年，1804）	太原 山西省博物館	
仿古山水圖（12幀）	冊	紙	設色、水墨	不詳	嘉慶丁巳（二年，1797）五月	上海 上海博物館	
山水圖（清宋葆淳等雜畫冊10之1幀）	冊頁	紙	水墨	不詳	（甲寅，乾隆五十九年，1794）	上海 上海博物館	
山水圖（12幀）	冊	紙	設色	（每幀）59	己酉（乾隆五十四	重慶 重慶市博物館	

名稱	形式	質地	色彩	尺寸 高×寬㎝	創作時間	收藏處所	典藏號碼
				× 38	年，1789）		
山水圖（清宋葆淳等山水冊 12 之 2 幀	冊頁	紙	設色	44 × 25.5		廣州 廣州市美術館	
附：							
江天暮雪圖	卷	紙	水墨	30 × 103	嘉慶丁卯（十二年，1807）上元日	上海 朵雲軒	
松下清齋圖（王宸、宋葆淳 合卷之第 2 段）	卷	紙	設色	28 × 91.5		香港 佳士得藝品拍賣公司/拍賣目錄 1995,04,30.	
憶寫富春道中山水	軸	紙	水墨	39.2 × 28.9	庚寅（乾隆三十五年，1770）五月十七日	紐約 蘇富比藝品拍賣公司/拍賣目錄 1981.10.25.	
山水圖	摺扇面	紙	設色	17.5 × 52	嘉慶癸亥（八年，1803）	紐約 佳士得藝品拍賣公司/拍賣目錄 1983,11,30.	
芸素館品畫圖（8 幀）	冊	紙	水墨、設色	（每幀）25.5 × 30	乾隆己亥（四十四年，1779）九月四日	紐約 佳士得藝品拍賣公司/拍賣目錄 1988,11,30.	
山水圖	摺扇面	紙	設色	15 × 46.5	嘉慶壬戌（七年，1802）八月廿三日	紐約 佳士得藝品拍賣公司/拍賣目錄 1993,06,04.	
山水圖	摺扇面	紙	設色	16.5 × 52	嘉慶壬戌（七年，1802）八月廿三日	紐約 佳士得藝品拍賣公司/拍賣目錄 1993,06,04.	
山水圖（陸遵書、宋葆淳山水 合冊 8 之 4 幀）	冊頁	紙	水墨	（每幀）11.4 × 17.8		紐約 佳士得藝品拍賣公司/拍賣目錄 1996,03,27.	

畫家小傳：宋葆淳。字帥初。號芝山、倦陬。陝西西安人。生於高宗乾隆十三（1748）年，卒於仁宗嘉慶二十三（1818）年。曾官隰州，以性傲不羈，年餘離去。長於金石考據，善鑑別。工畫山水，得北宋人法。（見墨香居畫識、桐陰論畫、墨林今話、中國畫家人名大辭典）

吳　楷

名稱	形式	質地	色彩	尺寸 高×寬㎝	創作時間	收藏處所	典藏號碼
折枝花卉圖	軸	金箋	設色	不詳		南京 南京博物院	
花卉圖（8 幀）	冊	紙	設色	不詳		北京 故宮博物院	
花鳥圖（12 幀，為菊所作）	冊	紙	設色	不詳	癸巳（乾隆三十八年，1773）二月	上海 上海博物館	
蘭花圖（10 幀）	冊	紙	設色	不詳		上海 上海博物館	
花卉圖（12 幀）	冊	絹	設色	不詳	辛丑（乾隆四十六年，1781）	蘇州 江蘇省蘇州博物館	

名稱	形式	質地	色彩	尺寸 高×寬㎝	創作時間	收藏處所	典藏號碼
山水圖	摺扇面	紙	設色	17.5 × 54.3		日本 私人	

畫家小傳：吳楷（一名允楷、元楷）。字辛生。江蘇吳縣人。工畫花卉、蘭石，兼善山水。天資既高，又多臨摹元、明祕笈，故布置用筆靡不勝人。署款紀年作品見於高宗乾隆三十八(1773)、四十六（1781）年。（見墨林今話、澄懷堂書畫目錄、中國美術家人名辭典）

錢 湄

附：

| 仿王蒙寒山萬木圖 | 軸 | 紙 | 設色 | 不詳 | 乾隆三十八年（癸巳，1773）仲冬 | 北京 中國文物商店總店 | |

畫家小傳：錢湄。女。後更名珏，字雙玉。江蘇常熟人。適太倉沈氏。工詩畫。受業於楊晉，善畫花鳥。流傳署款紀年作品見於高宗乾隆三十八(1773)年。（見虞山畫志、海虞畫苑略、中國畫家人名大辭典）

項佩魚

| 慧照寺看黃葉圖 | 卷 | 紙 | 設色 | 22.3 × 101.7 | 乾隆丁未（五十二年，1787）十月 | 上海 上海博物館 | |
| 秋江獨釣圖 | 軸 | 紙 | 水墨 | 133.2 × 57.5 | 乾隆癸巳（三十八年，1773） | 天津 天津市藝術博物館 | |

附：

| 山水圖（6幀） | 冊 | 紙 | 水墨 | （每幀）37.8 × 55.5 | | 紐約 佳士得藝品拍賣公司/拍賣目錄 1994,06,01. | |

畫家小傳：項佩魚。字小溪。號孔亭。安徽休寧人。工畫山水、花卉，俱精緻。流傳署款紀年作品見於高宗乾隆三十八（1773）至五十二(1787)年。（見墨香居畫識、耕硯田齋筆記、中國畫家人名大辭典）

袁 桐

| 翠竹芬蘭圖（為蘭士作） | 軸 | 絹 | 設色 | 不詳 | 癸巳（乾隆三十八年，1773）十月廿五 | 南京 南京博物院 | |
| 柳蟲圖（扇面畫冊之第8幀） | 摺扇面 | 紙 | 設色 | 17.4 × 61.9 | | 美國 華盛頓特區弗瑞爾藝術館 | 80.142h |

畫家小傳：袁桐。字琴材。號琴甫（一作琴圃）、琴居士。浙江錢塘人。袁枚族子。能詩，工書，精篆刻。善畫金碧山水，得仇英遺意；亦能設色花卉。流傳署款紀年作品見於高宗乾隆三十八(1773)年。（見墨林今話、甌缽羅室書畫過目考、清朝書畫家筆錄、中國畫家人名大辭典）

陳 銓

附：

名稱	形式	質地	色彩	尺寸 高×寬㎝	創作時間	收藏處所	典藏號碼

花卉圖（12幀）　　　　　　冊　　紙　　水墨　　不詳　　　　乾隆癸巳（三十八　上海 朵雲軒
　　　　　　　　　　　　　　　　　　　　　　　　　　　　　年，1773）

畫家小傳：陳銓。畫史無載。流傳署款紀年作品見於高宗乾隆三十八(1773)年。身世待考。

王玉海

山中高士圖（與沈如岡合作）　橫幅　絹　　設色　　64 × 121.6　　　　　　　　日本 私人

花鳥圖（12幀）　　　　　　冊　　絹　　設色　　不詳　　　　癸巳（乾隆三十八　天津 天津市藝術博物館
　　　　　　　　　　　　　　　　　　　　　　　　　　　　　年，1773）

畫家小傳：王玉海。畫史無載。流傳署款紀年作品見於高宗乾隆三十八(1773)年。身世待考。

沈如岡

山中高士圖（與王玉海合作）　橫幅　絹　　設色　　64 × 121.6　　　　　　　　日本 私人

畫家小傳：沈如岡。畫史無載。與王玉海同時。身世待考。

陶錦中

花鳥圖（14幀）　　　　　　冊　　絹　　設色　　不詳　　　　癸巳（乾隆三十八　天津 天津市藝術博物館
　　　　　　　　　　　　　　　　　　　　　　　　　　　　　年，1773）

畫家小傳：陶錦中。畫史無載。流傳署款紀年作品見於高宗乾隆三十八(1773)年。身世待考。

趙 頔

山閣賞秋圖　　　　　　　　軸　　紙　　設色　　不詳　　　　癸巳（乾隆三十八　濟南 山東省博物館
　　　　　　　　　　　　　　　　　　　　　　　　　　　　　年，1773）

畫家小傳：趙頔。畫史無載。流傳署款紀年作品見於高宗乾隆三十八(1773)年。身世待考。

鄭 斌

赤壁夜遊圖　　　　　　　　軸　　絹　　設色　　不詳　　　　癸巳（乾隆三十八　煙臺 山東省煙臺市博物館
　　　　　　　　　　　　　　　　　　　　　　　　　　　　　年，1773）

山水圖（高岑等山水冊14之　冊頁　紙　　設色　　不詳　　　　　　　　　　　　北京 故宮博物院
1幀）

畫家小傳：鄭斌。字德純。號雪漁。江蘇長洲人。工詩畫山水，宗法董黃昌；尤擅繪洛神。流傳署款紀年作品見於高宗乾隆三十八
　　　　(1773)年。（見蘇州府志、中國畫家人名大辭典）

鄒擴祖

秋山行旅圖（秋山行旅圖合卷　卷　　紙　　設色　　29.9 × ?　　　　　　　　　香港 劉作籌虛白齋　　　114

名稱	形式	質地	色彩	尺寸 高×寬 cm	創作時間	收藏處所	典藏號碼

之3）

水村訪友圖	軸	紙	設色	不詳	癸巳（乾隆三十八年，1773）	天津　天津市藝術博物館	
人物、花卉圖樣 12幀）	冊	紙	設色	（每幀）22.1 × 29.1		瀋陽　遼寧省博物館	
花鳥圖（10幀）	冊	紙	設色	不詳		天津　天津市藝術博物館	
山水圖（12幀）	冊	紙	設色	（每幀）21.3 × 14.1	辛丑（乾隆四十六年，1781）春日	上海　上海博物館	
風俗畫（擬上官周，10幀）	冊	紙	設色	（每幀）22.5 × 26.7	甲午（乾隆三十九年，1774）秋日	日本　東京國立博物館	

畫家小傳：鄒擴祖。字若泉。巢縣人，寓居金陵。工畫山水、花鳥，蒼潤有法；又寫意人物，尤蕭散有致。流傳署款紀年作品見於高宗乾隆三十八（1773）至四十六(1781)年。（見墨香居畫識、墨林今話、中國畫家人名大辭典）

仰 之

| 葡萄（清花卉畫冊之3） | 摺扇面 紙 | | 水墨 | 16.5 × 53.4 | | 台北　故宮博物館 | 故畫 03521-3 |

畫家小傳：仰之。姓氏不詳。身世待考。

叔 平

| 芙蓉圖（清花卉畫冊六冊之6） | 冊頁 | 紙 | 設色 | 16.3 × 50 | | 台北　故宮博物院 | 故畫 03522-6 |

畫家小傳：叔平。姓氏不詳。身世待考。

賀隆錫

| 紅蓼鴨雛圖（清花卉畫冊六冊之7） | 冊頁 | 紙 | 設色 | 16.3 × 50 | | 台北　故宮博物院 | 故畫 03522-7 |

畫家小傳：賀隆錫。字康侯。號晉人。曲沃人，僑寓江陵。工詩及書畫。畫善山水、人物，兼擅蘭竹。因家多儲藏，善鑑別外，多所臨習，故其畫無一筆不從古人出，而於王紱、王蒙兩家筆意，更為酷似。（見墨香居畫識、莫愁湖志、中國畫家人名大辭典）

朱 濼

| 柳鴨圖（清花卉畫冊六冊之11） | 摺扇面 紙 | | 設色 | 19 × 55.1 | | 台北　故宮博物館 | 故畫 03522-11 |

畫家小傳：朱濼。畫史無載。身世待考。

黃 念

| 畫春郊挈榼 | 卷 | 紙 | 設色 | 14.6 × 80.1 | | 台北　故宮博物院 | 故畫 01746 |

名稱	形式	質地	色彩	尺寸 高×寬cm	創作時間	收藏處所	典藏號碼
仿明人清明上河圖	卷	絹	設色	不詳	乾隆三十九年（甲午，1774）五月	瀋陽 遼寧省博物館	

畫家小傳：黃念。籍里、身世不詳。作品署款顯示，為乾隆時畫院畫家。流傳署款紀年作品見於高宗乾隆三十九(1774)年。待考。

鍾圻

名稱	形式	質地	色彩	尺寸 高×寬cm	創作時間	收藏處所	典藏號碼
山水圖（徐枋等山水冊10之1幀）	冊頁	紙	設色	約24 × 34.7		上海 上海博物館	

畫家小傳：鍾圻。字敬和。號午峰。江蘇吳江震澤人。與趙西林同里，並同善繪事。工畫山水，初以董北苑為法，繼參以華亭、婁東二派，作品筆簡意足，樸老沉厚。晚年益精，深得天成理趣。（見墨林今話、中國畫家人名大辭典）

朱九齡

名稱	形式	質地	色彩	尺寸 高×寬cm	創作時間	收藏處所	典藏號碼
梅花圖	軸	紙	水墨	不詳	乾隆三十九年甲午（1774）二月二日	南通 江蘇省南通博物苑	
附：							
花卉圖（4幀）	冊	紙	設色	（每幀）28 × 21		上海 朵雲軒	

畫家小傳：朱九齡。字曲江。烏江人。工畫花卉、山水，皆得明陳淳遺法，遒逸有氣骨。流傳署款紀年作品見於高宗乾隆三十九(1774)年。（見左田畫友錄、中國畫家人名大辭典）

徐柱

名稱	形式	質地	色彩	尺寸 高×寬cm	創作時間	收藏處所	典藏號碼
秋山行旅圖（秋山行旅圖合卷之第2段）	卷	紙	設色	29.9 × ？		香港 劉作籌虛白齋	114
煙村水灘圖	軸	紙	設色	不詳	甲午（乾隆三十九年，1774）	天津 天津市藝術博物館	
疊嶂迎秋圖	軸	絹	設色	197 × 50		天津 天津市楊柳青畫社	
南山樵隱圖	軸	紙	設色	129 × 34.7		合肥 安徽省博物館	
荔枝圖	軸	紙	設色	不詳		合肥 安徽省博物館	
疏林策杖圖	軸	紙	水墨	129.5 × 35.6		合肥 安徽省博物館	
驪珠滿架（葡萄圖）	軸	紙	水墨	101.3 × 33.1		日本 森暢先生	

畫家小傳：徐柱。字鋼立。號石滄、南山樵人。籍里不詳。工詩。善畫山水，得小獅道人嫡傳。流傳署款紀年作品見於高宗乾隆三十九(1774)年。（見墨香居畫識、墨林今話、揚州畫舫錄、中國畫家人名大辭典）

王蓀

名稱	形式	質地	色彩	尺寸 高×寬cm	創作時間	收藏處所	典藏號碼
山水圖（8幀）	冊	紙	水墨	不詳		上海 上海博物館	
附：							

名稱	形式	質地	色彩	尺寸 高×寬㎝	創作時間	收藏處所	典藏號碼
仿王原祁山水圖	軸	紙	水墨	93.1 × 43.5	甲午（乾隆三十九年，1774）	武漢 湖北省武漢市文物商店	

畫家小傳：王蓀。女。號琴言居士。江蘇吳縣人。適薛氏為副室。善畫墨竹。流傳署款紀年作品見於高宗乾隆三十九(1774)年。（見清代畫史補遺、中國畫家人名大辭典）

黃鉞

名稱	形式	質地	色彩	尺寸 高×寬㎝	創作時間	收藏處所	典藏號碼
喜起賡歌圖	卷	紙	設色	不詳		長春 吉林省博物館	
寒山大獵圖	卷	絹	設色	不詳	嘉慶丁丑（二十二年，1817）	瀋陽 故宮博物院	
春雨軒圖	卷	絹	設色	34 × 60		瀋陽 故宮博物院	
漕河禱冰圖（為雲汀作）	卷	絹	設色	不詳	嘉慶戊寅（二十三年，1818）	北京 中國歷史博物館	
詩龕圖（朱本、陳森、錢維喬、奚岡、黃鉞、王澤、多慶等合作詩龕圖合璧卷之一）	卷	紙	設色	不詳	嘉慶己未（四年，1799）	鎮江 江蘇省鎮江市博物館	
西泠惜別圖	卷	絹	設色	不詳	嘉慶庚午（十五年，1810）	常熟 江蘇省常熟市文物管理委員會	
山水圖	卷	紙	水墨	不詳	嘉慶壬戌（七年，1802）	廣州 廣東省博物館	
時華紀瑞	軸	絹	設色	125 × 48.2		台北 故宮博物院	故畫 02705
節卉迎薰	軸	絹	設色	124.6 × 48.2		台北 故宮博物院	故畫 02706
晬柯軒圖	軸	絹	設色	不詳		台北 故宮博物院	國贈 024576
佳果名花圖	軸	紙	設色	112.9 × 31.8		台北 吳峰彰先生	
山水圖	軸	紙	水墨	62.2 × 25.2		香港 劉作籌虛白齋	90
山水圖	軸	紙	水墨	不詳	嘉慶丁丑（二十二年，1817）	瀋陽 故宮博物院	
歲朝清供圖	軸	紙	設色	不詳	嘉慶戊寅（二十三年，1818）	瀋陽 故宮博物院	
秋林鳴泉圖	軸	紙	設色	不詳		瀋陽 故宮博物院	
晬柯軒圖	軸	絹	設色	不詳	嘉慶己未（四年，1799）初冬	北京 故宮博物院	
補黃鉞八十像	圓幅	絹	設色	直徑 26.2	道光己丑（九年，1829）	北京 故宮博物院	

名稱	形式	質地	色彩	尺寸 高x寬cm	創作時間	收藏處所	典藏號碼
仿董其昌山水圖（為卜崖作）	軸	絹	水墨	不詳	癸卯（乾隆四十八年，1783）七月	太谷 山西省太谷縣文管處	
桂蓼菊花圖（為季高作）	軸	紙	設色	不詳	道光乙酉（五年，1825）中秋	太谷 山西省太谷縣文管處	
山水圖	軸	絹	水墨	不詳	乾隆癸卯四十八年（1783）	杭州 浙江省博物館	
秋山蕭寺圖（為心農作）	軸	紙	設色	不詳	嘉慶壬申（十七年，1812）春三月上休	南寧 廣西壯族自治區博物館	
夏木垂陰圖	軸	紙	水墨	116 × 41	嘉慶戊辰（十三年，1808）	桂林 廣西壯族自治區桂林市博物館	
擬巨然筆法山水圖	軸	紙	設色	不詳	辛卯（道光十一年，1831）春仲	日本 東京張允中先生	
山水圖（2幅）	軸	紙	設色	不譚		美國 火魯奴奴 Hutchinson 先生	
春侶鳴和（4幀）	冊	紙	設色	不詳		台北 故宮博物院	故畫 03355
春林茁秀（12幀）	冊	紙	設色	不詳		台北 故宮博物院	故畫 03356
春嶸瑤圖（4幀）	冊	紙	設色	不詳		台北 故宮博物院	故畫 03357
春台熙皋（16幀）	冊	紙	設色	不詳		台北 故宮博物院	故畫 03358
壽世徵祥（10幀）	冊	紙	設色	不詳		台北 故宮博物院	故畫 03359
樂郊慶歲（10幀）	冊	紙	設色	不詳		台北 故宮博物院	故畫 03361
沃壤歌康（10幀）	冊	紙	設色	不詳		台北 故宮博物院	故畫 03362
穌豐協象（12幀）	冊	紙	設色	不詳		台北 故宮博物院	故畫 03363
祥徵協慶（12幀）	冊	紙	設色	不詳		台北 故宮博物院	故畫 03364
徵符康阜（16幀）	冊	紙	設色	不詳		台北 故宮博物院	故畫 03365
京輦春熙（12幀）	冊	紙	設色	不詳		台北 故宮博物院	故畫 03366
草花奇石（黃鉞畫群葩藻夏冊1）	冊	紙	設色	不詳		台北 故宮博物院	故畫 03360-1
繡球海棠（黃鉞畫群葩藻夏冊2）	冊	紙	設色	不詳		台北 故宮博物院	故畫 03360-2
薔薇（黃鉞畫群葩藻夏冊3）	冊	紙	設色	不詳		台北 故宮博物院	故畫 03360-3
萱榴枇杷（黃鉞畫群葩藻夏冊4）	冊	紙	設色	不詳		台北 故宮博物院	故畫 03360-4
紫藤（黃鉞畫群葩藻夏冊5）	冊	紙	設色	不詳		台北 故宮博物院	故畫 03360-5

名稱	形式	質地	色彩	尺寸 高×寬㎝	創作時間	收藏處所	典藏號碼
牡丹（黃鉞畫群葵藻夏冊6）	冊	紙	設色	不詳		台北 故宮博物院	故畫 03360-6
芍藥（黃鉞畫群葵藻夏冊7）	冊	紙	設色	不詳		台北 故宮博物院	故畫 03360-7
梔石荔枝（黃鉞畫群葵藻夏冊）	冊	紙	設色	不詳		台北 故宮博物院	故畫 03360-8
蜀葵桑椹（黃鉞畫群葵藻夏冊9）	冊	紙	設色	不詳		台北 故宮博物院	故畫 03360-9
石榴菖蒲（黃鉞畫群葵藻夏冊10）	冊	紙	設色	不詳		台北 故宮博物院	故畫 03360-10
荷花蘆葦（黃鉞畫群葵藻夏冊11）	冊	紙	設色	不詳		台北 故宮博物院	故畫 03360-11
荔枝香穗（黃鉞畫群葵藻夏冊12）	冊	紙	設色	不詳		台北 故宮博物院	故畫 03360-12
春酒聽鶯（黃鉞畫冊之1）	冊頁	紙	設色	不詳		台北 故宮博物院	故畫 03367-1
春潭修禊（黃鉞畫冊之2）	冊頁	紙	設色	不詳		台北 故宮博物院	故畫 03367-2
春社竇市（黃鉞畫冊之3）	冊頁	紙	設色	不詳		台北 故宮博物院	故畫 03367-3
春甸餳蕭（黃鉞畫冊之4）	冊頁	紙	設色	不詳		台北 故宮博物院	故畫 03367-4
萬春紀籌（卉林臚瑞冊之1）	冊頁	紙	設色	33.5 × 47		台北 故宮博物院	故畫 03503-1
庾嶺長春（卉林臚瑞冊之2）	冊頁	絹	設色	33.5 × 47		台北 故宮博物院	故畫 03503-2
月殿秋香（卉林臚瑞冊之3）	冊頁	絹	設色	33.5 × 47		台北 故宮博物院	故畫 03503-3
仙囊玉粟（卉林臚瑞冊之4）	冊頁	絹	設色	33.5 × 47		台北 故宮博物院	故畫 03503-4
甘泉益壽（卉林臚瑞冊之5）	冊頁	絹	設色	33.5 × 47		台北 故宮博物院	故畫 03503-5
三秀呈祥（卉林臚瑞冊之6）	冊頁	絹	設色	33.5 × 47		台北 故宮博物院	故畫 03503-6
仙圃恒春（卉林臚瑞冊之7）	冊頁	絹	設色	33.5 × 47		台北 故宮博物院	故畫 03503-7
瑤池香雨（卉林臚瑞冊之8）	冊頁	絹	設色	33.5 × 47		台北 故宮博物院	故畫 03503-8
金杯捧日（卉林臚瑞冊之9）	冊頁	絹	設色	33.5 × 47		台北 故宮博物院	故畫 03503-9
玉井朱華（卉林臚瑞冊之10）	冊頁	絹	設色	33.5 × 47		台北 故宮博物院	故畫 03503-10
石榴（清花卉畫冊六冊之8）	摺扇面	紙	設色	17.3 × 50.6		台北 故宮博物院	故畫 03522-8
擬古山水（4幀）	冊	紙	水墨	不詳	戊申（乾隆五十三年，1788）三月	台北 長流美術館	
山水圖（黃鉞、王澤、金鐸花卉山水圖冊之1）	冊頁	紙	設色	27.8 × 33.8		香港 劉作籌虛白齋	145b
仿趙隱君山水圖（黃鉞、王澤、金鐸花卉山水圖冊之2）	冊頁	紙	水墨	27.8 × 33.8		香港 劉作籌虛白齋	145c
水仙圖（黃鉞、王澤、金鐸花	冊頁	紙	水墨	27.8 × 33.8		香港 劉作籌虛白齋	145d

名稱	形式	質地	色彩	尺寸 高x寬㎝	創作時間	收藏處所	典藏號碼

卉山水圖冊之3）

名稱	形式	質地	色彩	尺寸 高x寬㎝	創作時間	收藏處所	典藏號碼
山水圖（？幀，為松嵐作）	冊	紙	水墨	不詳	嘉慶戊辰（十三年，1808）端三日	北京 故宮博物院	
山水圖	摺扇面	紙	設色	17 × 49.4		韓國 私人	

附：

名稱	形式	質地	色彩	尺寸 高x寬㎝	創作時間	收藏處所	典藏號碼
鷲嶺敷春圖	卷	紙	設色	不詳	嘉慶辛未（十六年，1811）閏春	瀋陽 遼寧省文物商店	
仿王蒙山水圖	卷	紙	水墨	24.8 × 248.3	道光乙酉（五年，1825）二月	紐約 蘇富比藝品拍賣公司/拍賣目錄 1988,06,01.	
扁舟看山圖	軸	紙	水墨	106.7 × 45	甲辰（乾隆四十九年，1784）秋仲	紐約 佳仕得藝品拍賣公司/拍賣目錄 1986,12,01.	
花果草蟲圖	軸	絹	設色	63 × 30.5		紐約 佳士得藝品拍賣公司/拍賣目錄 1989,06,01.	
畫唐司空徒廿四詩品（24幀）	冊	紙	設色	（每幀）16.5 × 6.7		紐約 佳仕得藝品拍賣公司/拍賣目錄 1986,06,04.	

畫家小傳：黃鉞。字左田。一字左君。安徽當塗人。生於高宗乾隆十五（1750）年，卒於宣宗道光二十一（1841）年。乾隆五十五年進士。善畫山水，師學蕭從雲、王原祁法；兼善花卉、畫梅。又精畫理，有畫友錄、畫品等行世。（見墨香居畫識、桐陰論畫、墨林今話、中國畫家人名大辭典）

謝 遂

名稱	形式	質地	色彩	尺寸 高x寬㎝	創作時間	收藏處所	典藏號碼
仿宋院本金陵圖	卷	紙	設色	32.3 × 937.9	乾隆五十二年（丁未，1787）二月	台北 故宮博物院	故畫 01734
職貢圖(4-1)	卷	紙	設色	33.9 × 1481.4		台北 故宮博物院	中畫 00046
職貢圖(4-2)	卷	紙	設色	33.8 × 1410.4		台北 故宮博物院	中畫 00047
職貢圖(4-3)	卷	紙	設色	33.9 × 1836.1		台北 故宮博物院	中畫 00048
職貢圖(4-4)	卷	紙	設色	33.8 × 1707	高宗題於乾隆乙未（四十年，1775）嘉平月	台北 故宮博物院	中畫 00049
仿唐人大禹治水圖	軸	紙	設色	160.7 × 89.8	乾隆四十一年（丙申，1776）十月	台北 故宮博物院	故畫 02888
人物	軸	紙	設色	134.6 × 70		台北 故宮博物院	故畫 02889

名稱	形式	質地	色彩	尺寸 高×寬cm	創作時間	收藏處所	典藏號碼

畫家小傳：謝遂。籍里、身世不詳。高宗乾隆時，供奉畫院。工畫人物。流傳署款紀年作品見於乾隆四十（1775）至五十二（1787）
　　　　　年。（見國朝畫院錄、中國畫家人名大辭典）

毛上炅

靈巖讀書圖	卷	紙	設色	不詳	己未（乾隆四十年 ，1775）	北京 故宮博物院	
小築幽居圖（為澹泉作）	軸	紙	水墨	121 × 50	丁酉（乾隆四十二年，1777）春仲	瀋陽 故宮博物館	
夜半鐘聲圖	軸	紙	水墨	不詳		瀋陽 遼寧省博物館	

畫家小傳：毛上炅。字羅照。號宿亭。江蘇太倉人。高宗乾隆三十七(1772)年進士。詩、書、畫，稱「三絕」。畫山水，初師王原
　　　　　祁，居京師，與王宸齊名。乾隆四十年，隨扈南巡，繪畫靈巖山稱旨。（見墨香居畫識、蒲褐山房詩話、中國畫人名大辭典）

思上篤

百齡圖（清思上篤等五十二人合作）	卷	紙	水墨、設色	不詳		日本 中埜又左衛門先生	

畫家小傳：思上篤。字肯堂。畫史無載。約為活動於高宗乾隆中、後期時人。身世待考。

六 橋

百齡圖（清思上篤等五十二人合作）	卷	紙	水墨、設色	不詳		日本 中埜又左衛門先生	

畫家小傳：六橋。畫史無載。約為活動於高宗乾隆中、後期時人。身世待考。

于方經

百齡圖（清思上篤等五十二人合作）	卷	紙	水墨、設色	不詳		日本 中埜又左衛門先生	

畫家小傳：于方經。山東膠西人。自號接歷山人。畫史無載。約為活動於高宗乾隆中、後期時人。身世待考。

俞 煥

百齡圖（清思上篤等五十二人合作）	卷	紙	水墨、設色	不詳		日本 中埜又左衛門先生	

畫家小傳：俞煥。琴川人。自號耕霞散人。畫史無載。約為活動於高宗乾隆中、後期時人。身世待考。

黃 嘉

百齡圖（清思上篤等五十二人	卷	紙	水墨、	不詳		日本 中埜又左衛門先生	

名稱	形式	質地	色彩	尺寸 高×寬㎝	創作時間	收藏處所	典藏號碼
合作)			設色				

畫家小傳：黃嘉。江蘇邗江人。畫史無載。約為活動於高宗乾隆中、後期時人。身世待考。

金 鐸

名稱	形式	質地	色彩	尺寸 高×寬㎝	創作時間	收藏處所	典藏號碼
登高圖（黃裳等七人合作）	卷	紙	設色	不詳	乾隆四十三年（戊戌，1778)	廣州 廣東省博物館	
百齡圖（清思上篤等五十二人合作）	卷	紙	水墨、設色	不詳		日本 中埜又左衛門先生	
花卉圖（為柳村作）	軸	紙	設色	不詳	嘉慶乙亥（二十年，1815) 中秋	南寧 廣西壯族自治區博物館	
山水圖（黃鉞、王澤、金鐸花卉山水圖冊之 10)	冊頁	紙	水墨	27.8 × 33.8		香港 劉作籌虛白齋	145k
山水圖（黃鉞、王澤、金鐸花卉山水圖冊之 11)	冊頁	紙	水墨	27.8 × 33.8		香港 劉作籌虛白齋	145l
擬蕭韶山水圖（黃鉞、王澤、金鐸花卉山水圖冊之 12)	冊頁	紙	水墨	27.8 × 33.8		香港 劉作籌虛白齋	145m
山水圖	摺扇面	紙	淺設色	15.4 × 49		韓國 私人	
附：							
仿吳鎮山水圖	軸	紙	水墨	不詳	乾隆庚戌（五十五年，1790) 端陽日	北京 中國文物商店總店	

畫家小傳：金鐸。字葉山。江蘇吳縣人。生於高宗乾隆十五（1750）年，仁宗嘉慶二十（1815）年尚在世。與兄金輝俱善畫，輝工花卉，鐸工山水、花鳥。（見墨林今話、蜨隱園書畫雜綴、清代畫史、中國畫家人名大辭典）

楊 �
名稱	形式	質地	色彩	尺寸 高×寬㎝	創作時間	收藏處所	典藏號碼
百齡圖（清思上篤等五十二人合作）	卷	紙	水墨、設色	不詳		日本 中埜又左衛門先生	

畫家小傳：楊鎂。浙江錢塘人。畫史無載。約為活動於高宗乾隆中、後期時人。身世待考。

鐵簫生
名稱	形式	質地	色彩	尺寸 高×寬㎝	創作時間	收藏處所	典藏號碼
百齡圖（清思上篤等五十二人合作）	卷	紙	水墨、設色	不詳		日本 中埜又左衛門先生	

畫家小傳：鐵簫生。畫史無載。約為活動於高宗乾隆中、後期時人。身世待考。

吳 岳
名稱	形式	質地	色彩	尺寸 高×寬㎝	創作時間	收藏處所	典藏號碼
百齡圖（清思上篤等五十二人合作）	卷	紙	水墨、	不詳		日本 中埜又左衛門先生	

名稱	形式	質地	色彩	尺寸 高x寬cm	創作時間	收藏處所	典藏號碼
合作)			設色				

畫家小傳：吳岳。字蒼崖。畫史無載。約為活動於高宗乾隆中、後期時人。身世待考。

馮金伯

山水圖	軸	紙	水墨	97.2 x 35.2	庚申（嘉慶五年，1800）暑月望後十日	成都 四川省博物院	
棲碧山莊圖	軸	絹	水墨	60.6 x 51.5	乾隆乙卯（六十年，1795）上元前三日	日本 東京河井荃廬先生	
螺峰茅舍圖（為漼叟作）	軸	絹	水墨	101.6 x 39.6	甲寅（乾隆五十九年，1794）暑月既望	日本 私人	
幻園八景圖（8幀，為爛漁作）	冊	絹	設色	（每幀）31.5 x 26	嘉慶二年，丁巳（1797）春	南寧 廣西壯族自治區博物館	

畫家小傳：馮金伯。字冶堂。號南岑、墨香。江蘇南匯人。明經出身。曾官句容訓導。高宗乾隆四十（1775）年主持蒲陽書院。工詩。
　　　精鑑賞。善畫山水，宗法董、巨、吳鎮諸家。又精畫理，著有墨香居畫識一書行世。署款紀年作品見於乾隆五十九（1794）
　　　年，至仁宗嘉慶五（1800）年。（見桐陰論畫、墨林今話、耕硯田齋筆記、海上墨林、中國畫家人名大辭典）

徐 鎬

張昀僧裝半身像	軸	絹	設色	61.2 x 43.2	乾隆乙未（四十年，1775）秋日	北京 故宮博物院	

畫家小傳：徐鎬。字奇峰。江蘇婁縣人。乾隆畫院供奉徐璋之子。承家學，善畫，寫真尤工妙。流傳署款紀年作品見於高宗乾隆四十
　　　（1775）年。（見墨香居畫識、中國畫家人名大辭典）

黃 震

靈巖讀書圖	卷	紙	設色	32.6 x ?		香港 劉作籌虛白齋	
金德興兄弟怡園圖像	卷	紙	設色	不詳	乾隆四十年（乙未，1775）新秋	北京 故宮博物院	
臨范雪儀澹仙三友圖（為竹嶼主人作）	軸	絹	設色	不詳	乾隆四十一年（丙申，1776）四月上浣	北京 故宮博物院	
關羽像圖	軸	紙	設色	不詳	乾隆甲辰（四十九年，1784）仲秋	北京 故宮博物院	

名稱	形式	質地	色彩	尺寸 高x寬㎝	創作時間	收藏處所	典藏號碼
雜畫（8幀）	冊	紙	設色	不詳	乾隆丁酉（四十二年，1777）	上海 上海博物館	

附：

補圖文徵明書西園雅集圖記	卷	紙	水墨	29.2 x 193		紐約 佳士得藝品拍賣公司/拍賣目錄 1987,12,11.	

畫家小傳：黃震。字振宇。號竹廬。江蘇太倉布衣。雅擅三絕。書工分隸。畫善人物兼寫真；尤長山水。畢沅制陝，曾入其幕下，趁便瀏覽圖寫關中形勝。流傳署款紀年作品見於高宗乾隆四十（1775）至四十九（1784）年。（見墨香居畫識、墨林今話、清畫家詩史、中國畫家人名大辭典）

李 燦

名稱	形式	質地	色彩	尺寸 高x寬㎝	創作時間	收藏處所	典藏號碼
荷花雙鴨圖	軸	紙	設色	不詳		黃山 安徽省黃山市博物館	
鐵拐仙圖	軸	紙	設色	109.5 x 49.5		福州 福建省博物館	
騎驢過橋圖	軸	紙	設色	不詳		福州 福建省博物館	
山水人物圖（20幀）	冊	紙	設色	（每幀）32.8 x 50	乙未（乾隆四十年，1775）春月	上海 上海博物館	

畫家小傳：李燦。字珠園。福建武平監生。善畫人物、山水，宗法黃慎。兼工書法，亦能詩。學使陸耳山按臨汀州，以畫試獲得第一。流傳署款紀年作品見於高宗乾隆四十（1775）年。（見福建通誌、福建畫人傳、中國美術家人名辭典）

張大鵬

名稱	形式	質地	色彩	尺寸 高x寬㎝	創作時間	收藏處所	典藏號碼
指畫荷鴨圖	橫幅	絹	水墨	不詳	乾隆乙未（四十年，1775）春月	徐州 江蘇省徐州市博物館	

畫家小傳：張大鵬。畫史無載。流傳署款紀年作品見於高宗乾隆四十（1775）年。身世待考。

邵曾詔

名稱	形式	質地	色彩	尺寸 高x寬㎝	創作時間	收藏處所	典藏號碼
菊石圖	軸	絹	設色	不詳	乙未（乾隆四十年，1775）	南京 南京博物院	
菊石圖	軸	絹	設色	114 x 52.2		長沙 湖南省博物館	

畫家小傳：邵曾詔。字衷綸。江蘇無錫人。邵曾復（一作曾訓）族弟。承家學，善畫，與兄曾復時稱雙絕。其畫花鳥師法惲壽平，秀麗軼倫，游京師，公卿交相推重之，許為南田之繼。流傳署款紀年作品見於高宗乾隆四十（1775）年。（見無錫縣志、中國畫家人名大辭典）

陳 玖

名稱	形式	質地	色彩	尺寸 高x寬㎝	創作時間	收藏處所	典藏號碼
山崖釣舟圖	摺扇	金箋	水墨	不詳	乙未（乾隆四十年	南京 南京博物院	

名稱	形式	質地	色彩	尺寸 高x寬cm	創作時間	收藏處所	典藏號碼

， 1775)

畫家小傳：陳玖。畫史無載。流傳署款紀年作品見於高宗乾隆四十(1775)年。身世待考。

井玉樹

| 荷花圖 | 軸 | 紙 | 設色 | 不詳 | 乾隆乙未（四十年 | 天津 天津市藝術博物館 | |

， 1775)

畫家小傳：井玉樹。字丹木。號柏亭。順天文安人。工八分書，精篆刻，善畫山水。畫巨幅尤佳，每飲酒半酣，揮灑淋漓，若有神助。
　　　流傳署款紀年作品見於高宗乾隆四十(1775)年。（見墨香居畫識、中國畫家人名大辭典）

張百祿

| 松樹牡丹圖 | 軸 | 紙 | 設色 | 不詳 | | 上海 上海博物館 | |
| 竹圖 | 軸 | 紙 | 設色 | 不詳 | | 無錫 江蘇省無錫市博物館 | |

畫家小傳：張百祿。字傳山。直隸滄州人。張賜寧之子。克傳家學，善畫，仁花卉，蒼老淡逸，趣在白石、白陽之間。（見墨林今話、
　　　耕硯田齋筆記、中國畫家人名大辭典）

孫 琰

| 秋風樓閣圖 | 軸 | 絹 | 設色 | 107 × 57 | | 泰州 江蘇省泰州市博物館 | |

附：

| 山水圖 | 軸 | 紙 | 水墨 | 不詳 | | 北京 中國文物商店總店 | |

畫家小傳：孫琰。身世、籍里不詳。高宗乾隆時，供奉內廷。善畫山水，嘗繪仙山樓閣圖呈進，得獲高宗睿題。（見熙朝名畫錄、中國畫家
　　　人名大辭典）

徐 甲

附：

| 十二金釵圖 | 卷 | 絹 | 設色 | 不詳 | | 北京 北京市工藝品進出口公司 | |

畫家小傳：徐甲。字木齋。高宗乾隆時人。工畫山水，得文氏筆意。（見耕硯田齋筆記、中國畫家人名大辭典）

邱學

| 青綠山水圖 | 軸 | 絹 | 設色 | 不詳 | | 上海 上海古籍書店 | |

畫家小傳：邱學劻。畫史無載。身世待考。

郎秉中

| 竹石圖 | 軸 | 絹 | 水墨 | 不詳 | | 上海 上海古籍書店 | |

名稱	形式	質地	色彩	尺寸 高x寬cm	創作時間	收藏處所	典藏號碼

畫家小傳：郎秉中。畫史無載。身世待考。

陸寶仁

附：

| 遠浦歸帆圖 | 軸 | 絹 | 水墨 | 不詳 | 乙未（？乾隆四十年，1775） | 上海 朵雲軒 | |

畫家小傳：陸寶仁。畫史無載。流傳署款作品紀年疑為高宗乾隆四十(1775)年。身世待考。

黃 棓

附：

| 八仙人物圖 | 軸 | 絹 | 水墨 | 不詳 | | 上海 朵雲軒 | |

畫家小傳：黃棓。畫史無載。身世待考。

邵 偉

附：

| 松樹圖 | 軸 | 紙 | 水墨 | 不詳 | | 上海 上海文物商店 | |

畫家小傳：邵偉。畫史無載。身世待考。

俞 鯨

附：

| 松鹿圖 | 軸 | 絹 | 設色 | 不詳 | | 上海 上海文物商店 | |

畫家小傳：俞鯨。畫史無載。身世待考。

蔣宏業

附：

| 竹屋雲峰圖 | | 紙 | 設色 | 不詳 | | 上海 上海文物商店 | |

畫家小傳：蔣宏業。畫史無載。身世待考。

潘 林

| 臨韓滉五牛圖 | 軸 | 紙 | 設色 | 不詳 | | 重慶 重慶市博物館 | |

畫家小傳：潘林。畫史無載。身世待考。

嚴文石

| 梅花竹石圖 | 軸 | 紙 | 水墨 | 不詳 | | 天津 天津市藝術博物館 | |

名稱	形式	質地	色彩	尺寸 高x寬cm	創作時間	收藏處所	典藏號碼

畫家小傳：嚴文石。畫史無載。身世待考。

王 畿

| 竹石圖 | 軸 | 絹 | 水墨 | 187.8 × 97.3 | 丙申（乾隆四十一年，1776）夏 | 杭州 浙江省博物館 | |
| 竹石圖（4幅） | 軸 | 紙 | 水墨 | 不詳 | | 德清 浙江省德清縣博物館 | |

畫家小傳：王畿。字郇雨。畫史無載。流傳署款紀年作品見於高宗乾隆四十一(1776)年。身世待考。

顧 廉

| 山水圖 | 軸 | 紙 | 水墨 | 不詳 | | 台北 故宮博物院（蘭千山館寄存） | |
| 山水圖（高翔等書畫集冊12之1幀） | 冊頁 | 絹 | 設色 | 不詳 | | 上海 上海博物館 | |

畫家小傳：顧廉。字又簡。號頑夫。山東莒人。工畫山水，善摹古，意致鍊淨。流傳署款作品約見於高宗乾隆四十一（1776）年前後。
　　　　（見墨香居畫識、中國畫家人名大辭典）

華期凡

| 石民像（華其凡、管希寧合作） | 軸 | 紙 | 設色 | 不詳 | 乾隆丙申（四十一年，1776）夏四月 | 北京 故宮博物院 | |
| 雷峰像（華其凡、潘恭壽合作） | 軸 | 絹 | 設色 | 不詳 | 乾隆四十五年（庚子，1780） | 成都 四川大學 | |

畫家小傳：華期凡。畫史無載。流傳署款紀年作品見於高宗乾隆四十一(1776)、四十五（1780）年。身世待考。

關 槐

迎歲蒸霞	卷	紙	設色	14.5 × 66.9		台北 故宮博物院	故畫01704
香山九老圖	卷	紙	設色	37.6 × 182.1		台北 故宮博物院	中畫00212
仙嶠長春圖	卷	紙	設色	不詳		寧波 浙江省寧波市天一閣文物保管所	
紫藤花圖（為閬峰作）	卷	紙	設色	32.5 × 95.5	嘉慶元年（丙辰，1796）夏四月	廣州 廣東省博物館	
山水圖	卷	紙	設色	不詳		日本 東京張允中先生	
山水圖（2卷合裝）	卷	紙	設色	（每卷）10.1 × 102.9		日本 岡山藤原祥宏先生	

名稱	形式	質地	色彩	尺寸 高×寬㎝	創作時間	收藏處所	典藏號碼
紫薇金桂	軸	紙	設色	189.5 × 71.9		台北 故宮博物院	中畫 00177
桃花楊柳	軸	紙	設色	178.5 × 66.7		台北 故宮博物院	中畫 00178
花卉圖	軸	紙	設色	98.7 × 86.3		台北 故宮博物院	中畫 00103
叢山古剎	軸	紙	設色	207.2 × 73.4		台北 故宮博物院	中畫 00104
群峰積玉	軸	紙	設色	134.5 × 67.2		台北 故宮博物院	故畫 02700
洞天仙聚	軸	紙	設色	82.5 × 60.8		台北 故宮博物院	故畫 02701
黃鶴樓圖	軸	紙	設色	162.5 × 70.1		台北 故宮博物院	故畫 02702
群仙環祝	軸	紙	設色	82.8 × 55		台北 故宮博物院	故畫 02703
健節恒春	軸	紙	設色	162.5 × 81.3		台北 故宮博物院	故畫 02704
繪像高宗御製程敏政觀音寺訂訛	軸	紙	白描	122.5 × 42.	乾隆四十三年（戊戌，1778）十月	台北 故宮博物院	故畫 02937
西湖圖	軸	紙	設色	168.1×168.1		台北 故宮博物院	故畫 03744
上塞錦林圖	軸	紙	設色	不詳		北京 故宮博物院	
溪閣納涼圖	軸	紙	水墨	149.6 × 64.7	乙卯（乾隆六十年，1795）	杭州 浙江省博物館	
竹閣鳴琴（關槐竹苞臚頌冊 1）	冊頁	紙	設色	不詳		台北 故宮博物院	故畫 03351-1
竹屋春霖（關槐竹苞臚頌冊 2）	冊頁	紙	設色	不詳		台北 故宮博物院	故畫 03351-2
竹院聞鐘（關槐竹苞臚頌冊 3）	冊頁	紙	設色	不詳		台北 故宮博物院	故畫 03351-3
竹逕歸樵（關槐竹苞臚頌冊 4）	冊頁	紙	設色	不詳		台北 故宮博物院	故畫 03351-4
竹澗垂綸（關槐竹苞臚頌冊 5）	冊頁	紙	設色	不詳		台北 故宮博物院	故畫 03351-5
竹亭月干（關槐竹苞臚頌冊 6）	冊頁	紙	設色	不詳		台北 故宮博物院	故畫 03351-6
竹林清籟（關槐竹苞臚頌冊 7）	冊頁	紙	設色	不詳		台北 故宮博物院	故畫 03351-7
竹崖晴翠（關槐竹苞臚頌冊 8）	冊頁	紙	設色	不詳		台北 故宮博物院	故畫 03351-8
綬帶紫（關槐畫洋菊冊 1）	冊頁	紙	設色	不詳		台北 故宮博物院	故畫 03352-1
鶴翎素蜜臘蓮（關槐畫洋菊冊 2）	冊頁	紙	設色	不詳		台北 故宮博物院	故畫 03352-2
檔粉（關槐畫洋菊冊 3）	冊頁	紙	設色	不詳		台北 故宮博物院	故畫 03352-3
蝶翅叢（關槐畫洋菊冊 4）	冊頁	紙	設色	不詳		台北 故宮博物院	故畫 03352-4

名稱	形式	質地	色彩	尺寸 高×寬㎝	創作時間	收藏處所	典藏號碼
奪錦標（關槐畫洋菊冊 5）	冊頁	紙	設色	不詳		台北 故宮博物院	故畫 03352-5
萬點紅（關槐畫洋菊冊 6）	冊頁	紙	設色	不詳		台北 故宮博物院	故畫 03352-6
桂叢紫（關槐畫洋菊冊 7）	冊頁	紙	設色	不詳		台北 故宮博物院	故畫 03352-7
杏子黃（關槐畫洋菊冊 8）	冊頁	紙	設色	不詳		台北 故宮博物院	故畫 03352-8
為芝堂作山水圖	摺扇面	紙	水墨	不詳	丙申（乾隆四十一年，1776）春日	日本 江田勇二先生	

畫家小傳：關槐。字晉卿。浙江仁和人。乾隆四十五（1780）年進士。能文。善畫山水，得董誥指授，入宋元人之室，筆墨蒼潤恬靜，逾於董誥。流傳署款紀年作品見於高宗乾隆四十一（1776）年至仁宗嘉慶元(1796)年。（見墨香居畫識、桐陰論畫、中國畫家人名大辭典）

周　本

名稱	形式	質地	色彩	尺寸 高×寬㎝	創作時間	收藏處所	典藏號碼
袁紓亭像	軸	紙	設色	不詳	乾隆丙申（四十一年，1776）	南京 南京市博物館	

畫家小傳：周本。畫史無載。流傳署款紀年作品見於高宗乾隆四十一(1776)年。身世待考。

童　衡

名稱	形式	質地	色彩	尺寸 高×寬㎝	創作時間	收藏處所	典藏號碼
孔雀圖（擬北宋人筆）	軸	絹	設色	184 × 97.2	乾隆丙申（四十一年，1776）長至	瀋陽 遼寧省博物館	
桃花春禽圖	軸	紙	設色	100.7 × 42.8		天津 天津市藝術博物館	
秋葵雙兔圖（擬宋人筆）	軸	絹	設色	不詳	戊戌（乾隆四十三年，1777）麥秋	南京 南京博物院	
松鹿圖（擬北宋人筆）	軸	紙	設色	172 × 90	乾隆丙申（四十一年，1776）清和	杭州 浙江省博物館	
梧桐九鶉圖	軸	絹	設色	不詳		杭州 浙江省博物館	
秋菊佳色圖	軸	紙	設色	116.5 × 37.9	嘉慶丁巳（二年，1797）秋日	杭州 浙江省博物館	
牡丹玉蘭圖	軸	紙	設色	不詳		杭州 浙江省博物館	
松鶴圖	軸	紙	設色	179.6 × 91.5		杭州 浙江省博物館	
秋花雞雛圖	軸	絹	設色	96.4 × 43.6		杭州 浙江省博物館	
雙鹿圖	軸	紙	設色	不詳		德清 浙江省德清縣博物館	
松鶴圖	軸	紙	設色	不詳	丙午（乾隆五十一年，1786）	廣州 廣東省博物館	
雙鹿圖	軸	紙	設色	209.5 × 106	乾隆丙午（五十一	廣州 廣州市美術館	

名稱	形式	質地	色彩	尺寸 高×寬㎝	創作時間	收藏處所	典藏號碼
					年，1786）		
仿元人花鳥圖	軸	絹	設色	132.4 × 64.1		美國 聖路易斯市藝術館	14.1985
附：							
五倫圖	軸	絹	設色	不詳		上海 上海文物商店	
牡丹錦雞圖	軸	絹	設色	145.5 × 84		紐約 佳士得藝品拍賣公司/拍	
						賣目錄 1994,11,30.	

畫家小傳：童衡。號儒潭。畫史無載。善畫。流傳署款紀年作品見於高宗乾隆四十一(1776)年，至仁宗嘉慶二(1797)年。身世待考。

胡 璞

名稱	形式	質地	色彩	尺寸 高×寬㎝	創作時間	收藏處所	典藏號碼
歲朝清供圖	軸	絹	設色	92 × 46.5	丙申（乾隆四十一 年，1776）	杭州 浙江省博物館	

畫家小傳：胡璞。畫史無載。流傳署款作品紀年疑似高宗乾隆四十一(1776)年。身世待考。

王元勳

名稱	形式	質地	色彩	尺寸 高×寬㎝	創作時間	收藏處所	典藏號碼
流觴圖	卷	綾	設色	不詳		杭州 浙江省博物館	
鍾馗遊獵圖	卷	紙	設色	不詳	癸卯（乾隆四十八 年，1783）	瀋陽 故宮博物院	
柳蔭狸奴圖	軸	紙	設色	130 × 70		台北 歷史博物館	
和合二仙圖	軸	絹	設色	不詳		杭州 浙江省博物館	
達摩渡海圖	軸	紙	水墨	不詳	丙申（乾隆四十一 年，1776）	普陀山 浙江省舟山普陀山文 物館	
附：							
耕牧圖（20幀）	冊	絹	設色	不詳		北京 北京市工藝品進出口公 司	

畫家小傳：王元勳。號湘洲。浙江山陰人。工畫仕女、山水、花鳥，尤以傳神擅名。流傳署款紀年作品見於高宗乾隆四十一（1776）、
　　　　四十八(1783)年（見墨香居畫識、墨林今話、履園畫學、讀畫閒評、中國畫家人名大辭典）

許宗渾

名稱	形式	質地	色彩	尺寸 高×寬㎝	創作時間	收藏處所	典藏號碼
山水圖	軸	紙	設色	124 × 39.3		日本 私人	

畫家小傳：許宗渾。字箕山（一作其山）。江蘇青浦人。工詩。善書畫。畫山水法王蒙，雖未臻純熟，喜無俗塵。（見清畫家詩史、今
　　　　畫偶錄、青浦縣誌、中國畫家人名大辭典）

陸 泉

名稱	形式	質地	色彩	尺寸 高×寬㎝	創作時間	收藏處所	典藏號碼
附：							
仿雲林山水圖	軸	紙	設色	不詳	丙申（？乾隆四十	上海 朵雲軒	

名稱	形式	質地	色彩	尺寸 高×寬㎝	創作時間	收藏處所	典藏號碼

一年，1776）

| 山水圖 | 摺扇面 | 紙 | 設色 | 不詳 | | 北京 首都博物館 | |

畫家小傳：陸泉。畫史無載。流傳署款作品紀年疑為高宗乾隆四十一（1776）年。身世待考。

黃 沅
附：

| 仿大癡老人谿居圖 | 軸` | 紙 | 水墨 | 136.5 × 31 | | 紐約 佳士得藝品拍賣公司/拍賣目錄 1989.06.01 | |

畫家小傳：黃沅。字芷香。號湘南。浙江仁和人。工詩畫。為南屏寺松光上人所推譽。（見清畫家詩史、杭郡詩三集、中國美術家人名辭典）

程宿松
附：

| 蓮藕圖 | 軸 | 紙 | 設色 | 107 × 54.6 | | 紐約 佳仕得藝品拍賣公司/拍賣目錄 1986.12.01 | |

畫家小傳：程宿松。畫史無載。身世待考。

錢 東

自畫擬從軍圖像	卷	紙	設色	不詳	嘉慶元年（丙辰，1796）九月	北京 故宮博物院	
廣陵春色圖（4段）	卷	紙	水墨	28.3 × 83.4	戊寅（嘉慶二十三年，1818）長夏	杭州 浙江省博物館	
四時春圖	軸	絹	設色	不詳	嘉慶辛未（十六年，1811）	長春 吉林省博物館	
牡丹圖（清花卉畫冊六冊之9）	摺扇面	紙	設色	19 × 55.1		台北 故宮博物館	故畫 03522-9
蔬果圖（？幀）	冊	紙	設色	不詳	嘉慶九年（甲子，1804）	北京 故宮博物院	
牡丹圖	摺扇面	紙	設色	不詳		北京 中國歷史博物館	
蔬果圖（8幀）	冊	紙	水墨	不詳	戊寅（嘉慶二十三年，1818）；己卯（1819）	杭州 浙江省博物館	

附：

| 萬卷書樓圖 | 摺扇面 | 紙 | 設色 | 不詳 | | 揚州 揚州市文物商店 | |

名稱	形式	質地	色彩	尺寸 高×寬cm	創作時間	收藏處所	典藏號碼

畫家小傳：錢東。字東皋。號袖海、玉魚生。浙江仁和人。生於高宗乾隆十七（1752）年，仁宗嘉慶二十三(1818)年尚在世。工詩、詞。善書、畫。擅畫花卉，得惲壽平法，筆致雋逸，設色妍雅。（見墨香居畫識、桐陰論畫、墨林今話、隨園詩話、中國畫家人名大辭典）

陶 成

| 松林策蹇圖 | 軸 | 紙 | 設色 | 不詳 | 丙申（？乾隆四十一年，1776） | 常熟 江蘇省常熟市文物管理委員會 | |

畫家小傳：陶成。畫史無載。流傳署款作品紀年疑為高宗乾隆四十一（1776）年。身世待考。

愛新覺羅永琦

| 柏樹靈芝（清花卉畫一冊之1） | 冊頁 | 紙 | 水墨 | 不詳 | | 台北 故宮博物院 | 故畫03517-1 |

畫家小傳：永琦。畫史無載。清皇室。身世毛考。

愛新覺羅永瑆

葦絮圖	卷	紙	設色	28 × 136		瀋陽 故宮博物院	
臨文嘉秋江行色圖（為竹軒作）	卷	絹	設色	不詳	癸卯（乾隆四十八年，1783）新春	瀋陽 遼寧省博物館	
宣城見梅圖	卷	絹	水墨	21 × 124.2	丁酉（乾隆四十二年，1777）	北京 故宮博物院	
雙鉤蘭石圖	卷	紙	設色	21.4 × 273.4		蘇州 江蘇省蘇州博物館	
仿董其昌山水圖（永瑆、永瑢合作）	軸	紙	水墨	59.5 × 33	癸卯（乾隆四十八年，1783）	天津 天津市藝術博物館	
幽蘭（清花卉畫一冊之2）	冊頁	紙	水墨	不詳		台北 故宮博物院	故畫03517-2
山水圖（7幀）	冊	絹	設色	不詳	丙午（乾隆一年，1786）	瀋陽 遼寧省博物館	
蘭花圖	摺扇面	紙	水墨	不詳	王子（乾隆五十七年，1792）	無錫 江蘇省無錫市博物館	

附：

梅竹青蘭圖	卷	紙	水墨	不詳		北京 中國文物商店總店	
枇杷圖（摹石田本）	軸	紙	設色	115.5 × 47	辛丑（乾隆四十六年，1781）四月	紐約 佳士得藝品拍賣公司/拍賣目錄1991.05.29.	
秋林亭子	軸	絹	水墨	121.5 × 57.5		紐約 佳士得藝品拍賣公司/拍賣目錄1992.12.02.	

名稱	形式	質地	色彩	尺寸 高×寬㎝	創作時間	收藏處所	典藏號碼

梅蘭竹（8幀）　　　　　冊　紙　水墨　（每幀）26　辛丑（乾隆四十六　香港 佳士得藝品拍賣公司/拍
　　　　　　　　　　　　　　　　　　　× 37　　年，1781）三月　　賣目錄 1991.03.18.

畫家小傳：永瑆。宗室。高宗第十一子。號少厂、鐵泉、詒晉齋主人。封成親王。生於高宗乾隆十七（1752）年，卒於宣宗道光三
　　　　（1823）年。能詩。工書法，造詣極深。兼善畫蘭、竹，山水，筆墨蒼潤，空靈超妙。（見清畫家詩史、習苦齋畫絮、繪
　　　　境軒讀畫記、嘯亭雜錄、中國美術家人名辭典）

鐵　保
附：

書畫（12幀，與妻瑩川合作）　冊　紙　水墨　（每幀）38　嘉慶丁巳（二年，　紐約 佳士得藝品拍賣公司/拍
　　　　　　　　　　　　　　　　　　　× 63　　1797）七月　　　賣目錄 1983,11,30.

畫家小傳：鐵保。姓覺羅氏。字冶亭。號梅庵、鐵卿。滿洲正黃旗人。生於高宗乾隆十七（1752）年，卒於宣宗道光四（1824）年。
　　　　乾隆三十七年進士。官至兩江總督、吏部尚書。工書法。亦善畫梅。（見耕硯硯田齋筆記、小滄浪筆談、湖海詩傳、神道碑、
　　　　中國美術家人名辭典）

畢　瀧

枯木竹石圖　　　　　　軸　紙　水墨　不詳　　　　　　　　　　　天津 天津市藝術博物館

竹石圖　　　　　　　　軸　紙　水墨　52.1 × 28.8　　　　　　　上海 上海博物館

萱花竹石圖　　　　　　軸　紙　水墨　120 × 48.5　乾隆乙卯（六十年　廣州 廣東省博物館
　　　　　　　　　　　　　　　　　　　　　　　，1795）

山水圖（沈宗騫、董邦達、畢　冊頁　紙　水墨　不詳　　　　　　　　天津 天津市歷史博物館
瀧山水冊10之3幀）
附：

深山避暑圖　　　　　　軸　紙　設色　176.5 × 91.4　乙卯（乾隆六十年　香港 蘇富比藝品拍賣公司/拍
　　　　　　　　　　　　　　　　　　　　　　，1795）初夏　　　賣目錄 1984.11.11.

畫家小傳：畢瀧。字澗飛。號竹癡。為畢沅弟。亦富收藏，精鑒賞，遇翰墨精粹，不惜重價購之，故亦能畫。作山水、竹石，蒼潤深
　　　　秀，頗得元曹知白遺意。署款紀年作品見於高宗乾隆四十二（1777）至六十（1795）年，（見墨香居畫識、墨林今話、桐陰
　　　　論畫、盛子履臥遊錄、中國畫家人名大辭典、宋元明清書畫家年表）

江　浩

壽海圖　　　　　　　　軸　絹　設色　不詳　　　　　　　　　　　台北 故宮博物院　　　國贈 027028
梅竹幽禽圖　　　　　　軸　紙　水墨　不詳　　　　　　　　　　　北京 故宮博物院

畫家小傳：江浩。字靜涵。昭文人。工畫仕女、花鳥，用筆設色，流麗可喜。（見墨香居畫識、中國畫家人名大辭典）

劉　悚

名稱	形式	質地	色彩	尺寸 高×寬㎝	創作時間	收藏處所	典藏號碼

| 山水 | 卷 | 絹 | 水墨 | 22.1 x 116.7 | | 日本 東京帝室博物館 | |

畫家小傳：劉懷。字東標。號鶴海（一作鶴山）。江蘇常熟人。畫山水，學宋江參；兼善人物。（見墨香居畫識、虞山畫志、中國畫家人名大辭典）

王 鍾

鶴壽圖	軸	紙	設色	153.4 x 41.7		韓國 首爾月田美術館	60
菊竹圖（與翁□合作）	軸	紙	水墨	134.9 x 33.4		韓國 首爾月田美術館	59
仙人圖	軸	紙	淺設色	152.5 x 39.8		韓國 首爾月田美術館	

畫家小傳：王鍾。字一亭。乾隆時人。能詩。工書。善畫。（見海上墨林、中國畫家人名大辭典）

呂學東

| 東方朔負桃圖 | 軸 | 紙 | 設色 | 不詳 | | 台北 故宮博物院 | 國贈 031065 |

畫家小傳：呂學東。畫史無載。身世待考。

保 映

| 梅花圖 | 軸 | 紙 | 水墨 | 不詳 | 乾隆四十二年（丁酉，1777） | 南通 江蘇省南通博物苑 | |

畫家小傳：保映。畫史無載。流傳署款紀年作品見於高宗乾隆四十二(1777)年。身世待考。

朱瑞青

| 仕女圖（12幀） | 冊 | 絹 | 設色 | 不詳 | 丁酉（乾隆四十二年，1777） | 天津 天津市藝術博物館 | |

畫家小傳：朱瑞青。畫史無載。流傳署款紀年作品見於高宗乾隆四十二(1777)年。身世待考。

吳 俊

| 村谷論心圖 | 軸 | 紙 | 設色 | 不詳 | | 北京 故宮博物院 | |
| 寫黃易像 | 摺扇面 | 紙 | 設色 | 不詳 | 乾隆四十二年（丁酉，1777） | 北京 故宮博物院 | |

畫家小傳：吳俊。字竹圃。江蘇長洲人。善以指潑墨為山水，有米氏風。流傳署款紀年作品見於高宗乾隆四十二(1777)年。（見耕硯田齋筆記、中國美術家人名辭典）

名稱	形式	質地	色彩	尺寸 高×寬cm	創作時間	收藏處所	典藏號碼

李三畏

名稱	形式	質地	色彩	尺寸 高×寬cm	創作時間	收藏處所	典藏號碼
墨荷圖	軸	紙	水墨	不詳	乾隆壬子（五十七年，1792）	南京 南京博物院	
竹石圖	軸	紙	水墨	不詳		南京 南京博物院	
竹石圖（8幀）	冊	紙	水墨	不詳	丁酉（乾隆四十二年，1777）春王	南京 南京博物院	

畫家小傳：李三畏。字吉六。號伯阜。江蘇崇明（一作海門）人。工寫墨竹，間以蘭石，自覺清灑可愛；兼善山水，設色布置，亦復工雅淹潤；間作墨龍香火畫，人多寶藏之。署款紀年作品見於高宗乾隆四十二(1777)至五十七（1792）年。（見墨香居畫識、墨林今話、明齋小識、中國畫家人名大辭典）

汪　溥

名稱	形式	質地	色彩	尺寸 高×寬cm	創作時間	收藏處所	典藏號碼
山水人物圖	軸	紙	設色	不詳	嘉慶庚申（五年，1800）	北京 故宮博物院	
山水圖（12幀）	冊	紙	設色	不詳	丁酉（乾隆四十二年，1777）	北京 故宮博物院	

附：

名稱	形式	質地	色彩	尺寸 高×寬cm	創作時間	收藏處所	典藏號碼
秋水野航圖	軸	紙	設色	不詳		上海 上海文物商店	

畫家小傳：汪溥。字永思。號芝田、問政山樵。江蘇鎮洋（一作太倉）人。善畫山水，意致清潤冷雋。流傳署款紀年作品見於高宗乾隆四十二（1777）年，至仁宗嘉慶五(1800)年。（見國朝畫識、國朝畫徵續錄、鎮洋縣志、中國畫家人名大辭典）

法式善

名稱	形式	質地	色彩	尺寸 高×寬cm	創作時間	收藏處所	典藏號碼
畫李東陽像(翁方綱補竹)	軸	紙	設色	不詳		台北 故宮博物院	國贈 006160
山水（巒峒譯秋圖）	軸	紙	設色	108 × 33.1		日本 東京高島菊次郎槐安居	

畫家小傳：法式善。姓伍堯氏。原名運昌，字開文。號時帆、梧門。蒙古正紅旗人。生於高宗乾隆十八（1753）年，卒於仁宗嘉慶十八（1813）年。仕官至祭酒。工詩。善書法。兼能繪畫。（見頤蘇羅室書畫過目考、中國畫家人名大辭典）

袁　杓

名稱	形式	質地	色彩	尺寸 高×寬cm	創作時間	收藏處所	典藏號碼
山水圖	卷	綾	設色	41.8 × 207	戊戌（乾隆四十三年，1778）	北京 故宮博物院	

畫家小傳：袁杓。畫史無載。流傳署款紀年作品見於高宗乾隆四十三(1778)年。身世待考。

汪　莃

名稱	形式	質地	色彩	尺寸 高×寬cm	創作時間	收藏處所	典藏號碼
山水	軸	紙	設色	不詳		台北 故宮博物院(蘭千山館寄	

名稱	形式	質地	色彩	尺寸 高×寬㎝	創作時間	收藏處所	典藏號碼
						存）	
扁舟太乙圖	軸	紙	設色	不詳	道光廿八年（戊申，1848）	北京 故宮博物院	
仿大癡山水圖	軸	紙	設色	131 × 62.6	戊戌（乾隆四十三年，1778）	天津 天津市藝術博物館	
溪亭清話圖	軸	紙	設色	不詳	己亥（乾隆四十四年，1779）	濟南 山東省博物館	
仿董源山水圖	軸	紙	設色	不詳		南京 南京博物院	
仿古山水圖（12幀）	冊	紙	設色	不詳	乾隆丁未（五十二年，1787）春二月	太原 山西省博物館	
仿王蒙山水圖	軸	紙	設色	不詳		上海 上海文物商店	

畫家小傳：汪夑，初名封。字玉書，一字松崖，號芥亭。為周怡山甥。善畫山水，近規王翬、王原祁，上溯元明，蒼潤渾厚，卓然成家。流傳署款紀年作品見於高宗乾隆四十三(1778)年，至宣宗道光二十八(1848)年。（見墨香居畫識、中國畫家人名大辭典）

江 恂

寫生花鳥、草蟲圖（20幀）	冊	紙	水墨	（每幀）20.2 × 28	乾隆戊戌（四十三年，1778）仲冬	南昌 江西省博物館	

畫家小傳：江恂。字于九。號蕉田（一修蕉畦）。江蘇江都人。工詩，能隸書。於畫喜寫藕花，筆意華港可愛。流傳署款紀年作品見於高宗乾隆四十三(1778)年。（見墨香居畫識、花間笑話、中國畫家人名大辭典）

黃 裳

登高圖（黃裳等七人合作）	卷	紙	設色	不詳	乾隆四十三年（戊戌，1778）	廣州 廣東省博物館	
柳溪待渡圖	摺扇面	金箋	設色	不詳	丙戌（乾隆三十一年，1766）	北京 故宮博物院	

畫家小傳：黃裳。字思蔭。號蔭人。浙江仁和人。學治印於丁敬，能得其法。兼精六法；而寫真尤妙。流傳署款紀年作品見於高宗乾隆三十一(1766)、四十三(1778)年。（見廣印人傳、中國畫家人名大辭典）

黃 瑛

登高圖（黃裳等七人合作）	卷	紙	設色	不詳	乾隆四十三年（戊戌，1778）	廣州 廣東省博物館	

畫家小傳：黃瑛。畫史無載。流傳署款紀年作品見於高宗乾隆四十三(1778)年。身世待考。

邵士爕

登高圖（黃裳等七人合作）	卷	紙	設色	不詳	乾隆四十三年（戊	廣州 廣東省博物館	

名稱	形式	質地	色彩	尺寸 高×寬㎝	創作時間	收藏處所	典藏號碼

戊，1778)

畫家小傳：邵士燮。字友園。號范村、桑棗園丁。安徽休寧人，占籍蕪湖。工詩，善書及篆刻，又嗜畫。工畫山水，作品頗為人稱
　　　賞。流傳署款紀年作品見於高宗乾隆四十三(1778)年。(見墨林今話、畫友錄、中國畫家人名大辭典)

邵士開

| 登高圖（黃裳等七人合作） | 卷 | 紙 | 設色 | 不詳 | 乾隆四十三年（戊 | 廣州 廣東省博物館 | |

戊，1778)

畫家小傳：邵士開。畫史無載。疑為邵士燮兄弟輩。流傳署款紀年作品見於高宗乾隆四十三(1778)年。身世待考。

施道光

| 登高圖（黃裳等七人合作） | 卷 | 紙 | 設色 | 不詳 | 乾隆四十三年（戊 | 廣州 廣東省博物館 | |

戊，1778)

畫家小傳：施道光。畫史無載。流傳署款紀年作品見於高宗乾隆四十三(1778)年。身世待考。

黃 戊

| 登高圖（黃裳等七人合作） | 卷 | 紙 | 設色 | 不詳 | 乾隆四十三年（戊 | 廣州 廣東省博物館 | |
| 山水圖（清張賜寧等山水冊12 之1幀） | 冊頁 | 紙 | 設色 | 不詳 | | 天津 天津市藝術博物館 | |

戊，1778)

畫家小傳：黃戊。畫史無載。流傳署款紀年作品見於高宗乾隆四十三(1778)年。身世待考。

湯 謙

| 擬古山水圖（12幀） | 冊 | 紙 | 設色 | 不詳 | 乾隆四十三年（ | 瀋陽 故宮博物館 | |

戊戌，1778) 夏日

畫家小傳：湯謙。字松阿。江蘇江寧人。為金陵邑廟道士。工畫山水，宗法元黃公望，落筆縱橫蒼翠。賣畫京師，頗為貴人所賞識。
　　　流傳署款紀年作品見於高宗乾隆四十三(1778)年。(見墨香居畫識、談畫閒評、中國畫家人名大辭典)

李兌孚

| 山水圖 | 軸 | 紙 | 設色 | 不詳 | 乾隆戊戌（四十三 | 成都 四川省博物院 | |

年，1778)

畫家小傳：李兌孚。畫史無載。署款紀年畫作見於高宗乾隆四十三(1778)年。身世待考。

袁紹美

| 天香書屋圖 | 軸 | 絹 | 設色 | 不詳 | 戊戌（？乾隆四十 | 北京 中國歷史博物館 | |

名稱	形式	質地	色彩	尺寸 高×寬cm	創作時間	收藏處所	典藏號碼

三年，1778）小春

畫家小傳：袁紹美。流傳署款作品紀年疑為高宗乾隆四十三（1778）年。身世待考。

王學浩

名稱	形式	質地	色彩	尺寸 高×寬cm	創作時間	收藏處所	典藏號碼
仿黃公望山水圖	卷	紙	水墨	30.9 × 179.2		台南 石允文先生	
青藜館圖（青藜館圖合卷之1）	卷	紙	水墨	32.4 × 135.4		台南 石允文先生	
仿王原祁山水圖	卷	紙	水墨	25.4 × 759	壬申（嘉慶十七年，1812）	瀋陽 遼寧省博物館	
江亭錄別圖	卷	紙	設色	不詳	甲子（嘉慶九年，1804）二月	北京 故宮博物院	
序詩圖	卷	絹	設色	不詳	乙亥（嘉慶二十年，1815）	北京 故宮博物院	
鳳橋像圖（楚白庵畫像，王學浩補景）	卷	紙	水墨	不詳	辛巳（道光元年，1821）七月	北京 故宮博物院	
馬鞍山圖	卷	絹	設色	不詳	道光庚寅（十年，1830）	北京 故宮博物院	
涵恩歸棹圖	卷	紙	設色	不詳		北京 故宮博物院	
宣南詩會圖（為恭甫作）	卷	紙	水墨	不詳	道光甲申（四年，1824）仲冬	北京 中國歷史博物館	
文選樓圖（為阮元作）	卷	紙	設色	不詳	戊辰（嘉慶十三年，1808）	北京 中國美術館	
華陽新築圖（為桂舲作，戴熙、王學浩、程庭鷺合卷之1）	卷	紙	設色	不詳	丁亥（道光七年，1827）正月	北京 首都博物館	
湖樓秋思圖（王霖、徐釚、屠倬、陳均、王學浩作）	卷	絹	設色	不詳		天津 天津市藝術博物館	
括蒼桃隝圖（為阮元作）	卷	紙	設色	不詳	壬戌（嘉慶七年，1802）正月廿日	天津 天津市藝術博物館	
山水圖	卷	紙	設色	23.8 × 228.5	嘉慶己未（四年，1799）	天津 天津市藝術博物館	
春山仙隱圖	卷	紙	水墨	不詳		天津 天津市藝術博物館	
寒碧莊十二峰圖	卷	絹	設色	不詳	嘉慶壬戌（七年，1802）	上海 上海博物館	

名稱	形式	質地	色彩	尺寸 高×寬 cm	創作時間	收藏處所	典藏號碼
種榆仙館（為曼生作，第2圖）	卷	紙	設色	30.7 × 106.8	辛未（嘉慶十六年，1811）九日	蘇州 江蘇省蘇州博物館	
區田觀穫圖	卷	紙	水墨	不詳		蘇州 江蘇省蘇州博物館	
萍跡圖	卷	紙	設色	不詳	庚申（嘉慶五年，1800）	廣州 廣州市美術館	
富春寄隱圖	卷	紙	設色	32 × 276	道光元年（辛巳，1821）	廣州 廣州市美術館	
富春歸隱圖	卷	紙	設色	32.7 × 227.3	道光元年（辛巳，1821）五月	日本 東京高島菊次郎槐安居	
琴塢舊廬說詩圖	卷	紙	水墨	27.9 × 146.7	丁卯（嘉慶十二年，1807）九秋	日本 東京高島菊次郎槐安居	
仿大癡畫山水圖	軸	紙	水墨	152 × 80.5	道光丙戌（六年，1826）夏	台北 清玩雅集	
歲朝清供圖	軸	紙	設色	89.2 × 44		長春 吉林大學	
為雷塘庵主(阮元)補像	軸	紙	設色	不詳	戊辰（嘉慶十三年，1808）冬日	北京 故宮博物院	
仿倪、王山水圖	軸	紙	水墨	不詳	丙子（嘉慶二十一年，1816）夏五	北京 故宮博物院	
山水圖	軸	紙	水墨	不詳	庚寅（道光十年，1830）暮春	北京 故宮博物院	
仿元人山水圖	軸	灑金箋	設色	不詳	己酉（道光五年，1825）	天津 天津市藝術博物館	
山水花卉圖（王學浩、際昌、夏翬、江介合作4之1幅）	軸	紙	設色	不詳	乙卯（嘉慶二十四年，1819）	天津 天津市藝術博物館	
仿王蒙山水圖	軸	紙	水墨	105 × 29	丁丑（嘉慶二十二年，1817）	石家莊 河北省博物館	
仿巨然山水圖（為雨寰作）	軸	絹	水墨	134 × 49	辛卯（道光十一年，1831）六月	太原 山西省博物館	
補雷塘莼主像	軸	紙	設色	不詳	戊辰（嘉慶十三年，1808）	揚州 江蘇省揚州市博物館	
浮巒暖翠圖（為荊庵作）	軸	紙	設色	不詳	庚午（嘉慶十五年，1810）六月	揚州 江蘇省揚州市博物館	
仿黃公望山水圖	軸	紙	水墨	129.8 × 33.1	癸亥（嘉慶八年，1803）	上海 上海博物館	
仿王蒙山水圖	軸	紙	設色	154.4 × 48.8	癸酉（喜慶十八年	上海 上海博物館	

名稱	形式	質地	色彩	尺寸 高×寬cm	創作時間	收藏處所	典藏號碼
					，1813）		
層巒古刹圖	軸	紙	設色	148.9 × 47.4	甲戌（喜慶十九年，1814）	上海 上海博物館	
仿雲林山水圖	軸	紙	水墨	不詳	道光辛卯（十一年，1831）	上海 上海博物館	
仿大癡山水圖	軸	絹	水墨	不詳	壬子（乾隆五十七年，1792）	上海 上海古籍書店	
仿倪黃山水圖	軸	紙	水墨	不詳		上海 上海古籍書店	
溪山野屋圖	軸	紙	水墨	118 × 39.2	壬戌（喜慶七年，1802）	南京 南京博物院	
仿王蒙山水圖	軸	絹	水墨	不詳	壬戌（喜慶七年，1802）	南京 南京博物院	
補雷塘莽主小像	軸	紙	設色	不詳	戊辰（喜慶十三年，1808）	南京 南京博物院	
仿梅道人山水圖	軸	紙	水墨	不詳		南京 南京博物院	
仿黃鶴山樵山水圖	軸	紙	設色	不詳	庚辰（嘉慶二十五年，1820）長夏	無錫 江蘇省無錫市博物館	
仿高克恭山水圖	軸	紙	水墨	不詳	甲申（道光四年，1824）	無錫 江蘇省無錫市博物館	
山水圖	軸	紙	設色	不詳	丁亥（道光七年，1827）	無錫 江蘇省無錫市博物館	
仿梅道人山水圖	軸	紙	水墨	不詳	丙辰（嘉慶元年，1796）	蘇州 江蘇省蘇州博物館	
南山晚翠圖	軸	紙	設色	203.7 × 51.5	辛未（嘉慶十六年，1811）	蘇州 江蘇省蘇州博物館	
松壑鳴泉圖	軸	紙	設色	67.5 × 30	戊辰（嘉慶十三年，1808）初夏	昆山 崑崙堂美術館	
入山訪碑圖（為圭堂十三兄先生作）	橫幅	絹	水墨	30.5 × 40.5	癸酉（嘉慶十八年，1813）嘉平中浣	昆山 崑崙堂美術館	
仿一峰山水圖	軸	紙	設色	80.1 × 42.5		昆山 崑崙堂美術館	
仿巨然山水圖	軸	紙	設色	136 × 46.1	甲申（道光四年，1824）新秋	昆山 崑崙堂美術館	
仿大癡山水圖（為鏡巖大兄先	軸	紙	設色	117 × 43.5	戊寅（嘉慶二十三	昆山 崑崙堂美術館	

名稱	形式	質地	色彩	尺寸 高x寬 cm	創作時間	收藏處所	典藏號碼
生作）					年，1818）新正		
仿吳鎮山水圖	軸	紙	水墨	118 x 40.5		昆山　崑崙堂美術館	
夢萱圖（為鐵卿三兄作）	橫幅	紙	設色	17 x 52	道光庚寅（十年，1830）三月	昆山　崑崙堂美術館	
仿王蒙山水圖	軸	紙	設色	175 x 93.5	七十七歲（道光十年，庚寅，1830）	昆山　崑崙堂美術館	
仿方方壺山水圖	橫幅	紙	水墨	32 x 41.5	戊辰（嘉慶十三年，1808）春仲廿有八日	昆山　崑崙堂美術館	
仿趙鷗波山水圖	軸	紙	設色	不詳	丁亥（道光七年，1827）	杭州　浙江省圖書館	
仿巨然山水圖	軸	紙	水墨	140.4 x 33.6	丁亥（道光七年，1827）	杭州　浙江省圖書館	
浮巒暖翠圖	軸	紙	水墨	不詳	庚午（嘉慶十五年，1810）	杭州　浙江省杭州市文物考古所	
山水圖	軸	紙	水墨	不詳	辛巳（道光元年，1821）	成都　四川省博物院	
千山濃綠圖	軸	紙	設色	不詳	道光辛卯（十一年，1831）	重慶　重慶市博物館	
仿元人山水圖	軸	紙	設色	不詳		重慶　重慶市博物館	
仿元人山水圖	軸	絹	水墨	54.2 x 42	乾隆癸丑（五十八年，1793）	廣州　廣東省博物館	
仿董其昌山水圖	軸	紙	水墨	不詳	庚辰（嘉慶十三年，1808）	廣州　廣東省博物館	
仿元人山水圖	軸	紙	設色	141.1 x 64.2		廣州　廣東省博物館	
秋山白雲圖	軸	紙	設色	不詳	道光庚寅（十年，1830）	廣州　廣州市美術館	
仿大癡山水圖	軸	紙	水墨	不詳	七十八（道光十一年，辛卯，1831）	廣州　廣州市美術館	
梅竹圖	軸	紙	設色	62.4 x 40.9	壬戌（嘉慶七年，1802）秋日	日本　東京石川寅吉先生	
山水圖（仿元人法）	軸	紙	水墨	53.3 x 71.8	丙戌（道光六年，	日本　東京河井荃廬先生	

名稱	形式	質地	色彩	尺寸 高×寬㎝	創作時間	收藏處所	典藏號碼
					1826）新正試華		
山水圖	軸	絹	設色	139.4 × 32.1		日本 東京岩崎小彌太先生	
山水圖	軸	金箋	水墨	130.9 × 30.9	丁亥（道光七年，1827）三月	日本 大阪齋藤悅藏先生	
嶺嶠看雲圖（為穡齋作）	軸	紙	水墨	不詳	戊辰（嘉慶十三年，1808）九秋望日	日本 江田勇二先生	
仿江貫道法山水圖	軸	紙	水墨	144.2 × 39.5	乙酉（道光五年，1825）秋初	日本 江田勇二先生	
仿王晉卿層巒古剎圖意山水	軸	紙	水墨	不詳	癸酉（嘉慶十八年，1813）夏五	日本 江田勇二先生	
擬吳鎮山水圖	軸	紙	設色	136.5 × 38.9		日本 私人	
仿梅道人墨法山水圖	軸	絹	水墨	148.2 × 83.6	丙子（嘉慶二十一年，1816）夏五	日本 私人	
仿黃公望富春寄隱圖	軸	紙	設色	145 × 47.1		美國 夏威夷火魯奴奴藝術學院	5517.1
山水圖	軸	紙	設色	不詳	丙子（嘉慶廿一年，1816）	美國 火魯奴奴 Hutchinson 先生	
仿巨然吳鎮筆意山水圖	軸	紙	水墨	不詳	丁亥（道光七年，1827）三月	美國 私人	
山水圖（？幀）	冊	紙	不詳	不詳		台北 故宮博物院	國贈 031073
花卉、山水圖（24幀，為雲巢作）	冊	紙	設色、水墨	（每幀）29.6 × 44.3	庚辰（嘉慶二十五年，1820）三月廿日	瀋陽 遼寧省博物館	
牡丹圖	摺扇面	紙	設色	不詳	戊午（嘉慶三年，1798）九秋	北京 故宮博物院	
仿王晉卿層巒古剎圖	摺扇面	紙	設色	不詳	庚寅（道光十年，1830）夏五	北京 故宮博物院	
仿楊昇山水圖	摺扇面	紙	設色	不詳	壬辰（道光十二年，1832）二月	北京 故宮博物院	
山水圖（名筆集勝冊12之1幀）	冊頁	紙	設色	不詳		北京 故宮博物院	

名稱	形式	質地	色彩	尺寸 高x寬cm	創作時間	收藏處所	典藏號碼
仿董源山水圖	摺扇面	紙	設色	不詳	七十八歲（道光十一年，1831）	北京 中國歷史博物館	
仿宋元各家山水圖（10幀，為蘭汀作）	冊	紙	設色	不詳	甲戌（嘉慶十九年，1814）仲冬	太原 山西省博物館	
寫杜甫詩意山水圖（8幀）	冊	紙	設色	（每幀）34.4 x 56.6	戊午（嘉慶三年，1798）九月十九日	上海 上海博物館	
月潭八景圖（8幀，為椒堂作）	冊	紙	設色	（每幀）29.5 x 21.6	癸亥（嘉慶八年，1803）正月	上海 上海博物館	
仿古山水圖（10幀）	冊	紙	設色	不詳		南京 江蘇省美術館	
仿董北苑山水圖	摺扇面	紙	設色	不詳	丙戌（道光六年，1826）	無錫 江蘇省無錫市博物館	
仿倪雲林山水圖	摺扇面		水墨	不詳	庚寅（道光十年，1830）	常熟 江蘇省常熟市文物管理委員會	
南鄰感舊圖（王學浩、錢杜合冊2之1幀）	冊頁	灑金箋	設色	不詳	丙戌（道光六年，1826）	杭州 浙江省杭州市文物考古所	
山水圖	摺扇面	紙	設色	不詳		長沙 湖南省博物館	
山水圖（10幀，為竹嶼作）	冊	紙	水墨	不詳	庚午（嘉慶十五年，1810）四月	廣州 廣東省博物館	
山水圖	摺扇面	紙	設色	17.5 x 53.5	丁亥（道光七年，1827）初夏	日本 東京高島菊次郎槐安居	
倣北苑夏山圖	摺扇面	紙	設色	不詳		日本 東京河井荃廬先生	
碧梧夜月圖	摺扇面	紙	設色	不詳		日本 東京河井荃廬先生	
赤壁圖意	摺扇面	紙	設色	不詳	壬申（嘉慶十七年，1812）九秋望前一日	日本 東京河井荃廬先生	
仿大癡山水圖（為竹嶼作）	摺扇面（殘）	紙	水墨	16.6 x ？	壬申（嘉慶十七年，1812）仲秋	日本 東京細川護貞先生	
仿黃鶴山樵關山蕭寺圖（為竹嶼作）	摺扇面（殘）	紙	水墨	16.6 x ？	庚午（嘉慶十五年，1810）春日	日本 東京細川護貞先生	
仿荊關法山水圖（為竹嶼作）	摺扇面（殘）	紙	水墨	16.6 x ？	庚午（嘉慶十五年，1810）二月	日本 東京細川護貞先生	
仿趙孟頫法青綠山水圖	軸	絹	設色	155.1 x 40.7	己卯（嘉慶二十四年，1819）閏四月	日本 東京林宗毅先生	
仿王蒙山水圖（臥遊圖冊之9）	冊頁	紙	水墨	22.6 x 29.1		日本 京都國立博物館	A甲804

名稱	形式	質地	色彩	尺寸 高×寬cm	創作時間	收藏處所	典藏號碼
仿吳鎮山水圖（臥遊圖冊之10）	冊頁	紙	水墨	22.6 × 29.1		日本 京都國立博物館	A甲804
仿倪瓚山水圖（臥遊圖冊之11）	冊頁	紙	水墨	22.6 × 29.1		日本 京都國立博物館	A甲804
仿李成山水圖（臥遊圖冊之12）	冊頁	紙	水墨	22.6 × 29.1		日本 京都國立博物館	A甲804
仿黃公望山水圖（清人扇面合裝冊之第6幀）	摺扇面	幾	設色	17.4 × 52.2		日本 私人	
仿惠崇設色山水圖	冊頁	紙	設色	41.9 × 34.6	癸酉（嘉慶十八年，1813）四月	美國 哈佛大學福格藝術館	
山水圖	摺扇面	紙	水墨	16.5 × 51.3		美國 紐約沙可樂先生	
仿九龍山人筆意山水圖（為香霖作）	摺扇面	紙	水墨	16.5 × 51.3	辛卯（道光十一年，1831）夏五	美國 普林斯頓大學藝術館	68-222
秋山讀易圖（扇面畫冊之1）	摺扇面	紙	設色	17.2 × 45.8		美國 華盛頓特區弗瑞爾藝術館	80.142a
仿古山水（12幀）	冊	紙	水墨、設色	（每幀）25.3 × 32.2	丁丑（嘉慶二十二年，1817）新正	美國 鳳凰市美術館（Mr.Roy And Marilyn Papp 寄存）.	
附：							
琅環仙館圖（為芸臺作）	卷	絹	設色	28 × 83	甲子（嘉慶九年，1804）二月十日	上海 朵雲軒	
清儀閣圖（為叔未作）	卷	紙	水墨	不詳	道光庚寅（十年，1830）九月	上海 上海文物商店	
青藜館圖（與袁沛畫合裝）	卷	絹	設色	32.5 × 135.6		上海 上海文物商店	
少峰讀書堂圖（為少峰作）	卷	絹	水墨	34 × 69.5	嘉慶十七年壬申（1812）	蘇州 蘇州市文物商店	
仿大癡山水圖	軸	紙	設色	不詳	癸酉（嘉慶十八年，1813）	上海 朵雲軒	
層巒浮翠圖	軸	紙	設色	不詳	戊寅（嘉慶二十三年，1818）	上海 朵雲軒	
仿北苑山水圖	軸	絹	水墨	不詳	乙酉（道光五年，1825）	上海 朵雲軒	
仿大癡山水圖	軸	紙	水墨	151 × 29.2	壬申（嘉慶十七年，1812）	上海 上海文物商店	

名稱	形式	質地	色彩	尺寸 高x寬cm	創作時間	收藏處所	典藏號碼
仿元人山水圖	軸	紙	水墨	不詳	乙酉（道光五年，1825）	上海 上海文物商店	
仿大癡山水圖	軸	紙	水墨	不詳	道光丙戌（六年，1826）	上海 上海文物商店	
楓林夕照圖	軸	紙	設色	135.2 × 31		紐約 蘇富比藝品拍賣公司/拍賣目錄 1980,12,18.	
秋山紅樹圖	軸	紙	設色	162.5 × 43.2	丁亥（道光七年，1827）長夏	紐約 蘇富比藝品拍賣公司/拍賣目錄 1980,12,18.	
臨高尚書意山水圖	軸	紙	水墨	198 × 61.5		紐約 蘇富比藝品拍賣公司/拍賣目錄 1984,06,13.	
仿吳鎮山水圖	軸	紙	水墨	134 × 62.5	壬申（嘉慶十七年，1812）八月望前二日	紐約 佳仕得藝品拍賣公司/拍賣目錄 1986,06,04.	
仿大癡法山水圖	軸	紙	水墨	132.7 × 32.3	癸未（道光三年，1823）初秋	紐約 佳仕得藝品拍賣公司/拍賣目錄 1986,12,01.	
仿黃鶴山樵法山水圖	軸	論	水墨	48 × 35		紐約 佳士得藝品拍賣公司/拍賣目錄 1987,12,11.	
靈芝壽石圖	軸	紙	設色	54 × 27.3	嘉慶丙子（二十一年，1816）冬日	紐約 佳士得藝品拍賣公司/拍賣目錄 1987,12,11.	
仿王蒙山水田	軸	絹	設色	309.2 × 83.8	丙寅（嘉慶十一年 1806）初夏	紐約 蘇富比藝品拍賣公司/拍賣目錄 1988,11,30.	
仿黃鶴山樵關山蕭寺圖	軸	紙	設色	156 × 44.5	甲戌（嘉慶十九年，1814）仲夏	紐約 佳士得藝品拍賣公司/拍賣目錄 1988,11,30.	
仿大癡山水圖	軸	紙	水墨	145.5 × 48.2	戊寅（嘉慶二十三年，1818）夏日	紐約 佳士得藝品拍賣公司/拍賣目錄 1988,11,30.	
仿大癡淺絳山水圖	軸	紙	設色	167 × 46.5	道光辛卯（十一年，1831）五月上浣	紐約 佳士得藝品拍賣公司/拍賣目錄 1989,12,04.	
花谿圖	軸	紙	水墨	87 × 39	庚申（嘉慶五年，1800）長夏	紐約 佳士得藝品拍賣公司/拍賣目錄 1990,11,28.	
雨後空林圖	軸	紙	水墨	83 × 47.5	丙午（乾隆五十一年，1786）小春	紐約 佳士得藝品拍賣公司/拍賣目錄 1991,05,29.	
仿宋元名家山水圖（4幅）	軸	紙	設色	（每幅）175 × 44	道光丁亥（七年，1827）九秋	紐約 佳士得藝品拍賣公司/拍賣目錄 1991,05,29.	
仿倪雲林山水圖	軸	紙	設色	136 × 46.4	甲申（道光四年，	紐約 佳士得藝品拍賣公司/拍	

名稱	形式	質地	色彩	尺寸 高×寬㎝	創作時間	收藏處所	典藏號碼
					1824）七月	賣目錄 1993,06,04.	
仿巨然山水圖	軸	紙	設色	135.9 × 45.7	甲申（道光四年，1824）新秋	紐約 佳士得藝品拍賣公司/拍 賣目錄 1995,09,19.	
仿董源山水圖	軸	紙	設色	132.1 × 62.9	道光乙酉（五年，1825）春日	紐約 佳士得藝品拍賣公司/拍 賣目錄 1995,09,19.	
仿黃公望山水圖	軸	紙	設色	180 × 91	道光辛卯（十一年，1831）冬日	香港 佳士得藝品拍賣公司/拍 賣目錄 1995,10,29.	
山水圖	軸	絹	水墨	99 × 45	辛巳（道光元年，1821）冬日	紐約 佳士得藝品拍賣公司/拍 賣目錄 1998,03,24..	
仿宋元各家山水圖（8幀，為 糜叔作）	冊	紙	設色	（每幀）41 × 24	丙戌（道光六年，1826）四月	上海 朵雲軒	
山水圖（12幀）	冊	紙	水墨	不詳	丙戌（道光六年，1826）	上海 上海文物商店	
山水圖（12幀）	冊	紙	設色	（每幀）26 × 35.5	庚午（嘉慶十五年，1810）長夏	蘇州 蘇州市文物商店	
山水圖	摺扇面	紙	設色	19 × 58	道光壬辰（十二年，1832）	紐約 佳士得藝品拍賣公司/拍 賣目錄 1988,11,30.	
擬西廬老人山水圖	摺扇面	紙	設色	18 × 52		紐約 佳士得藝品拍賣公司/拍 賣目錄 1993,12,01.	
耳畫室圖（嘉道名家耳畫室圖 并序冊第10之3開）	冊頁	紙	水墨	25.7 × 36.8	癸酉（嘉慶十八年，1813）三月廿有 六日	紐約 佳士得藝品拍賣公司/拍 賣目錄 1995,10,29.	
山水圖（清名家山水花鳥冊16 之第6幀）	冊頁	紙	水墨	不詳		紐約 佳士得藝品拍賣公司/拍 賣目錄 1996,09,18.	
水墨山水圖（清名家山水花鳥 冊16之1幀）	冊頁	紙	水墨	不詳		香港 蘇富比藝品拍賣公司/拍 賣目錄 1999,10,31.	

畫家小傳：王學浩。字孟養。號椒畦。江蘇昆山人。生於高宗乾隆十九（1754）年，卒於宣宗道光十二（1832）年。乾隆五十一年孝
　　　廉。工畫山水，得王原祁正傳；中年兼涉寫生。能得元人蒼古之趣。（見墨香居畫識、桐陰論畫、墨林今話、耕硯田齋筆記、
　　　履園畫學、中國畫家人名大辭典）

伊秉綬

仿大癡富春大嶺圖	軸	紙	水墨	114 × 36.5	嘉慶乙丑（十年，1805）二月	台北 故宮博物院（蘭千山館寄 存）	
荷花	軸	紙	設色	不詳		台北 故宮博物院（蘭千山館寄 存）	

名稱	形式	質地	色彩	尺寸 高×寬㎝	創作時間	收藏處所	典藏號碼
盆梅圖	軸	絹	水墨	不詳	嘉慶十二年（丁卯，1807）	太原 山西省博物館	
孤鶴圖	軸	紙	水墨	73.2 × 26.9	乙亥歲（嘉慶二十年，1815）六月朔	日本 大阪市立美術館	
墨梅圖	軸	紙	設色	119.3 × 53.6		美國 夏威夷火魯奴奴藝術學院	5388.1
書畫（為小山作）	摺扇面	紙	水墨	18 × 53.5	嘉慶甲子（九年，1804）六月朔	北京 中國歷史博物館	
山水圖（與盛惇大合作，清盛惇大等山水冊8之4幀）	冊頁	紙	水墨	（每幀）26.4 × 38.5		重慶 重慶市博物館	
山水圖	摺扇面	紙	水墨	11.5 × 52.5		日本 東京高島菊次郎槐安居	
竹石圖	摺扇面	紙	水墨	18 × 52	壬申（嘉慶十七年，1812）五月十九	日本 東京高島菊次郎槐安居	
附：							
松泉圖	軸	紙	水墨	89.1 × 40.1	嘉慶乙丑（十年，1805）	上海 上海友誼商店古玩分店	
畫贈法式善山水圖	軸	紙	水墨	100.5 × 32	嘉慶乙丑（十年，1805）三月十一日	紐約 佳士得藝品拍賣公司/拍賣目錄 1988,11,30.	
佛像	軸	紙	水墨	89 × 32.5	嘉慶改元（丙辰，1796）四月浴佛日	紐約 佳士得藝品拍賣公司/拍賣目錄 1990,05,31.	
梅花圖	軸	紙	水墨	65.1 × 27.3		紐約 佳士得藝品拍賣公司/拍賣目錄 1995,09,19.	
山水圖	摺扇面	紙	設色	16 × 46.2	嘉慶八年（癸亥，1803）三月望日	紐約 佳士得藝品拍賣公司/拍賣目錄 1989,12,04.	

畫家小傳：伊秉綬。字組似。號墨卿。福建寧化人。生於高宗乾隆十九（1754）年，卒於仁宗嘉慶二十（1815）年。乾隆五十五年進士。官揚州知府。工書法。善畫山水、墨梅，不泥成法，簡淡古秀。（見桐陰論畫、墨林今話、中國畫家人名大辭典）

盛惇大

名稱	形式	質地	色彩	尺寸 高×寬㎝	創作時間	收藏處所	典藏號碼
幽澗寒梅圖	軸	紙	設色	不詳	丁卯（嘉慶十二年，1807）	天津 天津市藝術博物館	
仿米黃山水圖	摺扇面	紙	設色	不詳	丙子（嘉慶二十一年，1816）仲夏	北京 故宮博物院	
山水圖（10幀）	冊	紙	設色	不詳		天津 天津市歷史博物館	
撫山樵筆意山水（清盛惇大等	冊頁	紙	設色	26.4 × 38.5	嘉慶乙丑（十年，	重慶 重慶市博物館	

名稱	形式	質地	色彩	尺寸 高x寬㎝	創作時間	收藏處所	典藏號碼
山水冊之 1 幀）					1805）小春		
擬雲西老人山水（清盛惇大等 山水冊之 1 幀）	冊頁	紙	設色	26.4 x 38.5		重慶 重慶市博物館	
江岸疏林圖（清盛惇大等山水 冊之 1 幀）	冊頁	紙	設色	26.4 x 38.5		重慶 重慶市博物館	
擬大癡法山水圖（清盛惇大等 山水冊之 1 幀）	冊頁	紙	設色	26.4 x 38.5		重慶 重慶市博物館	
松壑吟泉圖（仿黃鶴山樵意）	摺扇面	金箋	設色	不詳		日本 東京村上與四郎先生	
山水圖	摺扇面	金箋	設色	不詳		日本 東京村上與四郎先生	
仿王叔明筆意山水（為菊叟作）	摺扇面	金箋	設色	不詳	甲子（嘉慶九年， 1804）長至日	日本 東京村上與四郎先生	
秋山行旅圖（仿黃子久筆法）	摺扇面	金箋	設色	不詳	嘉慶庚申（五年， 1800）秋八月	日本 東京村上與四郎先生	
仿子久筆意山水圖	摺扇面	金箋	設色	不詳	甲子（嘉慶九年， 1804 ）小春	日本 東京村上與四郎先生	
附：							
黔江並權圖、秦關聯騎圖（2 幅合裱）	卷	紙	設色	39.4 x 137； 39. x 135.7	乾隆乙卯（六十年 ，1795）仲春上澣	紐約 佳士得藝品拍賣公司/拍 賣目錄 1995,10,29.	

畫家小傳：盛惇大。字甫山。江蘇武進人。生於乾隆乾隆十九（1754）年，卒於宣宗道光五（1825）年。嘉慶二年進士。善書、畫。
　　　　書學董其昌，畫學黃公望，聲重藝林。（見墨林今話、讀畫輯略、萍驪閒記、中國畫家人名大辭典）

史 周

名稱	形式	質地	色彩	尺寸 高x寬㎝	創作時間	收藏處所	典藏號碼
秋山旅騎圖	軸	紙	設色	不詳	乾隆己亥（四十四 年，1779）	北京 首都博物館	

畫家小傳：史周。字世衡。畫史無載。流傳署款紀年作品見於高宗乾隆四十四(1779)年。身世待考。

王圻

名稱	形式	質地	色彩	尺寸 高x寬㎝	創作時間	收藏處所	典藏號碼
柳岸捕魚圖	軸	綾	水墨	不詳	己未（嘉慶四年， 1679）	鄭州 河南省博物館	
仕女圖	軸	絹	設色	不詳	乾隆己亥（四十四 年，1779）	南京 南京市博物館	
竹石圖	軸	紙	水墨	不詳		德清 浙江省德清縣博物館	

畫家小傳：王圻。字西溪。號鄰雨。安徽新安人，寄居浙江湖州。能詩，工書，善畫蘭竹。流傳署款紀年作品見於高宗乾隆四十四
　　　　(1779)年至仁宗嘉慶四（1679）年。（見墨香居畫識、兩浙名畫記、墨林今話、中國畫家人名大辭典）

名稱	形式	質地	色彩	尺寸 高x寬cm	創作時間	收藏處所	典藏號碼

金樹荃

山水圖	軸	紙	水墨	57.6 x 33.4		德國 科隆東亞藝術博物館	A86.1

畫家小傳：金樹荃。字香亭。號沉思。湖北雲夢廩生。嘗受業於許香嚴、許秋嚴兄弟。能詩。工書。善畫山水，工細有神韻。（見墨香
　　　居畫識、中國畫家人名大辭典）

朱 琰

竹林談道圖	軸	紙	設色	不詳		青島 山東省青島市博物館	
漁翁圖	軸	紙	設色	不詳	乾隆己亥（四十四 年，1779）	南京 南京博物院	

畫家小傳：朱琰（或作炎）。字桐川。號笠亭、樊桐山人。浙江海鹽人。工詩、古文，兼善畫山水。結交震澤張看雲，得其用筆用墨
　　　之法；又與秀水張瓜田游，究論畫理，復識宗派之正。流傳署款紀年作品見於高宗乾隆四十四(1779)年。（見墨香居畫識、
　　　墨林今話、中國畫家人名大辭典）

浦文璿

蘭花圖	軸	絹	設色	不詳	己亥（乾隆四十四 年，1779）	南京 南京博物院	

畫家小傳：浦文璿。畫史無載。流傳署款紀年作品見於高宗乾隆四十四(1779)年。身世待考。

徐 佐

雜畫（徐佐、譚爾進、張迪、 張延年、秦漢雜畫冊11之2 幀）	冊頁	紙	設色	不詳		北京 故宮博物院	

畫家小傳：徐佐。畫史無載。流傳作品約作於高宗乾隆四十四（1779）至四十七（1782）年間。身世待考。

譚爾進

雜畫（徐佐、譚爾進、張迪、 張延年、秦漢雜畫冊11之 2幀）	冊頁	紙	設色	不詳		北京 故宮博物院	

畫家小傳：譚爾進。畫史無載。流傳作品約作於高宗乾隆四十四（1779）至四十七（1782）年間。身世待考。

張 迪

雜畫（徐佐、譚爾進、張迪、 張延年、秦漢雜畫冊11之 2幀）	冊頁	紙	設色	不詳		北京 故宮博物院	

畫家小傳：張迪。畫史無載。流傳作品約作於高宗乾隆四十四（1779）至四十七（1782）年間。身世待考。

名稱	形式	質地	色彩	尺寸 高x寬cm	創作時間	收藏處所	典藏號碼

張延年

| 雜畫（徐佐、譚爾進、張迪、張延年、秦漢雜畫冊11之2幀） | 冊頁 | 紙 | 設色 | 不詳 | | 北京 故宮博物院 | |

畫家小傳：張延年。畫史無載。流傳作品約作於高宗乾隆四十四（1779）至四十七（1782）年間。身世待考。

秦 漢

| 花鳥圖（徐佐、譚爾進、張迪、張延年、秦漢雜畫冊11之2幀） | 冊頁 | 紙 | 設色 | 不詳 | | 北京 故宮博物院 | |

畫家小傳：秦漢。字淮夏。江蘇常熟人。善畫花鳥。流傳作品約作於高宗乾隆四十四（1779）至四十七（1782）年間。（見虞山畫志、中國畫家人名大辭典）

龔有融

山水圖（4幅）	軸	紙	水墨	（每幅）162.7 x 44.1	七十五（道光八年，戊子，1828）	成都 四川省博物院	
芭蕉圖	軸	紙	水墨	118.3 x 28		成都 四川省博物院	
山水圖（4幅）	軸	紙	水墨	（每幅）23.3 x 27.6		成都 四川省博物院	
水墨山水	軸	紙	水墨	119 x 28.2		重慶 重慶市博物館	
山水圖（4幅，為仰山作）	軸	紙	水墨、設色	（每幅）130 x 31	庚午（嘉慶十五年，1810）冬	成都 四川大學	

畫家小傳：龔有融。字晴皋。四川巴縣人。生於高宗乾隆十九（1754）年，卒時不詳。乾隆四十四年，官山西崞縣知縣。工畫山水，宗法北宋，善畫雲峰棧道，培用乾筆，饒有生趣。。（見墨林今話、益州書畫錄、歷代畫史彙傳補編、中國畫家人名大辭典、宋元明清書畫家年表）

戴衢亨

梅蕊綻詩意圖	卷	紙	設色	不詳		天津 天津市藝術博物館	
夏荷八景（8幀）	冊	紙	設色	不詳		台北 故宮博物院	故畫 03339
夏槐八景（8幀）	冊	紙	設色	不詳		台北 故宮博物院	故畫 03340
小春熙景（16幀）	冊	紙	設色	不詳		台北 故宮博物院	故畫 03341
長瀛瑞景（12幀）	冊	紙	設色	不詳		台北 故宮博物院	故畫 03342
芝英紀瑞（8幀）	冊	紙	設色	不詳		台北 故宮博物院	故畫 03343
珍府集慶（16幀）	冊	紙	設色	不詳		台北 故宮博物院	故畫 03344

名稱	形式	質地	色彩	尺寸 高×寬 cm	創作時間	收藏處所	典藏號碼
壽侶熙春（8幀）	冊	紙	設色	不詳		台北 故宮博物院	故畫 03345
壽宇咸熙（12幀）	冊	紙	設色	不詳		台北 故宮博物院	故畫 03346
中天臚勝（10幀）	冊	紙	設色	不詳		台北 故宮博物院	故畫 03347
一枝春早（戴衢亨畫歲朝衍萬圖冊之1）	冊頁	紙	設色	不詳		台北 故宮博物院	故畫 03348-1
二麥培霙（戴衢亨畫歲朝衍萬圖冊之2）	冊頁	紙	設色	不詳		台北 故宮博物院	故畫 03348-2
三陽肇泰（戴衢亨畫歲朝衍萬圖冊之3）	冊頁	紙	設色	不詳		台北 故宮博物院	故畫 03348-3
四野農祥（戴衢亨畫歲朝衍萬圖冊之4）	冊頁	紙	設色	不詳		台北 故宮博物院	故畫 03348-4
五鳳晴雲（戴衢亨畫歲朝衍萬圖冊之5）	冊頁	紙	設色	不詳		台北 故宮博物院	故畫 03348-5
六街超爆（戴衢亨畫歲朝衍萬圖冊之6）	冊頁	紙	設色	不詳		台北 故宮博物院	故畫 03348-6
七種蔬香（戴衢亨畫歲朝衍萬圖冊之7）	冊頁	紙	設色	不詳		台北 故宮博物院	故畫 03348-7
八風啟淑（戴衢亨畫歲朝衍萬圖冊之8）	冊頁	紙	設色	不詳		台北 故宮博物院	故畫 03348-8
九曲恬波（戴衢亨畫歲朝衍萬圖冊之9）	冊頁	紙	設色	不詳		台北 故宮博物院	故畫 03348-9
十洲韶慶（戴衢亨畫歲朝衍萬圖冊之10）	冊頁	紙	設色	不詳		台北 故宮博物院	故畫 03348-10
百卉含滋（戴衢亨畫歲朝衍萬圖冊之11）	冊頁	紙	設色	不詳		台北 故宮博物院	故畫 03348-11
千條綠意（戴衢亨畫歲朝衍萬圖冊之12）	冊頁	紙	設色	不詳		台北 故宮博物院	故畫 03348-12
萬家煙雨（戴衢亨畫歲朝衍萬圖冊之13）	冊頁	紙	設色	不詳		台北 故宮博物院	故畫 03348-13
億兆同熙（戴衢亨畫歲朝衍萬圖冊之14）	冊頁	紙	設色	不詳		台北 故宮博物院	故畫 03348-14
山水圖	冊頁	紙	設色	不詳		台北 故宮博物院	故畫 03771
附：							
人物故實（8開）	冊	紙	設色	（每開）17×33		紐約 佳士得藝品拍賣公司/拍賣目錄 1993,06,04.	

名稱	形式	質地	色彩	尺寸 高×寬cm	創作時間	收藏處所	典藏號碼

畫家小傳：戴衢亨。字蓮士、荷之。江西大庾人。生於高宗乾隆二十（1755）年，卒於仁宗嘉慶十六（1811）年。乾隆四十三年進
　　　　士。累官至尚書，以繪事見重內廷。善畫山水。（見毗陵畫徵錄、知魚堂古畫錄、中國美術家人名辭典）

袁 枝

| 山水圖 | 軸 | 絹 | 設色 | 不詳 | 己亥（？乾隆四十
四年，1779） | 上海 上海博物館 | |

畫家小傳：袁枝。畫史無載。流傳署款作品紀年疑為高宗乾隆四十四（1779）年。身世待考。

余鵬翀

| 椒花吟舫圖（為朱筠作） | 卷 | 金箋 | 水墨 | 不詳 | 乾隆辛丑（四十六
年，1781）夏四月 | 北京 故宮博物院 | |

畫家小傳：余鵬翀。字少雲。號月邨。安徽懷寧人。生於高宗乾隆二十（1755）年，卒於乾隆四十九（1784）年。與兄余鵬年，俱工
　　　　詩文、精繪事。喜作水墨山水，逸情遠韻，不落時蹊。（見墨香居畫識、墨林今話、耕硯田齋筆記、中國畫家人名大辭典）

吳 照

墨竹圖	卷	紙	水墨	不詳	癸亥（嘉慶八年， 1803）春三月	北京 故宮博物院	
盤谷圖	卷	紙	水墨	不詳	嘉慶癸亥（八年， 1803）孟秋	廣州 廣州市美術館	
三友圖（李錫、萬上遴、吳 照合作）	軸	絹	水墨	不詳		北京 中央美術學院	
蘭竹石圖	軸	紙	水墨	不詳	庚午（嘉慶十五年 ，1810）	南京 南京市博物館	
蘭竹圖	軸	紙	水墨	179.7 × 47.3		日本 東京尾崎洵盛先生	
朱竹圖	軸	絹	朱色	112.1 × 32.1	嘉慶九年（甲子， 1804）八月二十五 日	日本 京都國立博物館	

附：

| 竹石圖 | 軸 | 絹 | 水墨 | 110.5 × 49 | 乾隆五十七年（王
子，1792） | 武漢 湖北省武漢市文物商店 | |
| 山水人物（明清名人山水冊之
1幀） | 冊頁 | 金箋 | 設色 | 34 × 26 | 丁丑（嘉慶二十二
年，1817）春日 | 紐約 佳士得藝品拍賣公司/拍
　　賣目錄 1994.06.01 | |

畫家小傳：吳照。字照南。號白厂、白盦道人。南城人。吳煊之子。生於高宗乾隆二十（1755）年，卒於嘉慶十六（1811）年。為人

名稱	形式	質地	色彩	尺寸 高x寬cm	創作時間	收藏處所	典藏號碼

通六書。工詩。善畫山水、人物。尤長蘭竹，筆力勁利，人比之「金錯刀」。署款紀年作品見於仁宗嘉慶八（1803）至廿二（1817）年。（見墨香居畫識、墨林今話、懷舊集、耕硯田齋筆記、中國畫家人名大辭典）

吳 鼒

寒林蕭寺圖	軸	紙	設色	84.3 × 36.5		上海 上海博物館	
水仙圖	摺扇面	紙	設色	不詳		北京 中國歷史博物館	
補曾燠詩意圖（10幀）	冊	紙	設色	不詳	丁巳（嘉慶二年， 1797）夏五月	上海 上海博物館	
墨竹圖	冊頁	紙	水墨	不詳		德國 科隆遠東藝術博物館	
附：							
菊石圖	軸	紙	設色	65.5 × 31		香港 佳士得藝品拍賣公司/拍 賣目錄1991,03,18.	

畫家小傳：吳鼒。字及之（一字山尊）。號抑庵、南禺山樵。全椒人。生於高宗乾隆二十（1755）年，卒於宣宗道光元（1821）年。仁宗嘉慶四（1799）年進士。以詩、古文詞名，亦工書畫。畫山水，純學王原祁；兼善花卉，筆意清挺，近明陳淳。（見墨林今話、耕硯田齋筆記、中國畫家人名大辭典）

賀 銓

| 玉蘭錦鷄圖 | 軸 | 絹 | 設色 | 163.5 × 90.5 | 庚子（乾隆四十五
年，1780）嘉平 | 杭州 浙江美術學院 | |

畫家小傳：賀銓。字廷衡。籍里不詳。工畫人物。乾隆時，供奉內廷。流傳署款紀年作品見於高宗乾隆四十五（1780）年。（見國朝畫院錄、中國畫家人名大辭典）

閔世昌

| 一亭晴雪圖 | 軸 | 絹 | 設色 | 145 × 50 | | 南通 江蘇省南通博物苑 | |
| 雪景山水圖 | 軸 | 紙 | 設色 | 不詳 | 乾隆庚子（四十五
年，1780）秋七月 | 南京 南京博物院 | |

畫家小傳：閔世昌。字鳳見。江南通州人。為張宗蒼從婿。工畫山水、人物。張宗蒼供奉內廷時，欲薦入畫院，世昌雅不願。應舉屢不第，遂隱居，作畫以自娛。流傳署款紀年作品見於高宗乾隆四十五年。（見墨香居畫識、中國畫家人名大辭典）

周 霭

| 仿黃子久山水圖 | 軸 | 紙 | 水墨 | 不詳 | 乾隆庚子（四十五
年，1780） | 南京 南京博物院 | |

畫家小傳：周霭。初名詔。字鳳卿。號湘湄。江蘇南匯人。善畫山水，筆致渾厚。流傳署款紀年作品見於高宗乾隆四十五（1780）年。（見墨香居畫識、中國畫家人名大辭典）

名稱	形式	質地	色彩	尺寸 高×寬㎝	創作時間	收藏處所	典藏號碼

呂 禧

| 松芝圖 | 軸 | 紙 | 設色 | 不詳 | | 台北 故宮博物院 | 國贈 025295 |

畫家小傳：呂禧。畫史無載。身世待考。

范 榕

| 梅竹圖 | 軸 | 紙 | 設色 | 184.3 × 96 | 庚子（乾隆四十五 年，1780） | 天津 天津市藝術博物館 | |

畫家小傳：范榕。字蔚南。號野君。江蘇丹陽人。善畫花卉、翎毛，墨香絢爛，生氣滿紙；作山水，亦蒼秀。流傳署款紀年作品見於高宗乾隆四十五（1780）年。（見墨香居畫識、墨林今話、中國畫家人名大辭典）

顧兆蘭

| 抱琴調絃圖 | 軸 | 紙 | 設色 | 不詳 | | 南通 江蘇省南通博物苑 | |

畫家小傳：顧兆蘭。女。號紫琅。江蘇南通州人。顧震之女。承家學，工畫花卉、魚蟲，筆墨娟秀；又常寫洛神，明璫翠羽，深得古法。（見墨香居畫識、中國畫家人名大辭典）

顧 昺

| 靈壽圖 | 軸 | 紙 | 水墨 | 不詳 | | 南京 南京博物院 | |

畫家小傳：顧昺。字品山。號松南。江蘇婁縣人。為張昀弟子。初工寫照，旋棄而專精山水，暈墨彰神，清骨重深，乃得王時敏、王鑑兩家嫡派正傳；間作設色花卉，雖穠艷而不入俗，另人物、界畫亦佳。（見墨香居畫識、墨林今畫、歷代畫史彙傳、中國畫家人名大辭典）

唐 璉

| 海屋添籌圖 | 軸 | 紙 | 設色 | 不詳 | | 南京 南京市博物館 | |

畫家小傳：唐璉。字汝器。甘肅皋蘭人。工書，善畫。作山水，點染雲山，蒼茫古秀，陝人目之為小子畏。（見墨香居畫識、中國畫家人名大辭典）

卞 忠

| 秋閣依欄圖 | 軸 | 紙 | 設色 | 不詳 | 庚子（乾隆四十五 年，1780） | 濟南 山東省博物館 | |

畫家小傳：卞忠。畫史無載。流傳署款作品紀年疑為高宗乾隆四十五（1780）年。身世待考。

潘思牧

| 山水圖（潘思牧等四人山水卷 4 之 1 段） | 卷 | 紙 | 設色 | 23 × 79.9 | | 北京 故宮博物院 | |

名稱	形式	質地	色彩	尺寸 高x寬cm	創作時間	收藏處所	典藏號碼
枕江樓圖（三段，張釜、郭汝礪、潘思牧、鮑文逵、顧鶴同作）	卷	紙	設色	不詳		北京 中國歷史博物館	
擬董其昌山水圖	卷	絹	設色	26 x 94	道光丁酉（十七年，1837）	德清 浙江省德清縣博物館	
江干送別圖	卷	絹	設色	22.3 x 121.5		日本 京都國立博物館	
仿董其昌山水圖	卷	綾	水墨	32.6 x 191.2		日本 私人	
臨文徵明聽泉圖（為此亭作）	軸	紙	設色	65 x 29.7	乙未（道光十五年，1835）春三月	瀋陽 遼寧省博物館	
松溪蕭寺圖	軸	紙	設色	不詳	辛丑（道光二十一年，1841）八十六歲	天津 天津市藝術博物館	
臨文徵明山水圖	軸	紙	水墨	136 x 27.4	道光庚寅（十年，1830）冬日	濟南 山東省博物館	
八公秋霽圖	軸	紙	設色	115.5 x 33	丁酉（乾隆四十二年，1777）十月初吉	合肥 安徽省博物館	
麻原仙境圖（為楚江作）	軸	絹	設色	167.7 x 83.3	道光丁亥（七年，1827）春三月	揚州 江蘇省揚州市博物館	
高青邱詩意圖	軸	紙	設色	不詳	壬寅（乾隆四十七年，1782）	南通 江蘇省南通博物苑	
種梅圖	軸	紙	設色	不詳	乙亥（嘉慶二十年，1815）	南通 江蘇省南通博物苑	
荷塘柳蟬圖	軸	絹	設色	不詳		上海 上海古籍書店	
虎邱山圖	軸	紙	設色	129.3 x 57.1	嘉慶戊午（三年，1798）	南京 南京博物院	
元旦題詩圖	軸	絹	設色	不詳		南京 南京博物院	
百齡和合圖	軸	紙	設色	不詳	己酉（乾隆五十四年，1789）秋	鎮江 江蘇省鎮江市博物館	
北固遠眺圖	軸	紙	設色	不詳	辛丑（道光二十一年，1841）暮春	鎮江 江蘇省鎮江市博物館	
鶴林煙雨圖	軸	紙	設色	不詳	辛丑（道光二十一	鎮江 江蘇省鎮江市博物館	

名稱	形式	質地	色彩	尺寸 高x寬cm	創作時間	收藏處所	典藏號碼
					年，1841）		
八公秋霽圖	軸	紙	設色	不詳	辛丑（道光二十一年，1841）	鎮江 江蘇省鎮江市博物館	
臨文徵明山水圖	軸	紙	設色	129 x 31	癸卯（道光二十三年，1843）	鎮江 江蘇省鎮江市博物館	
仿董其昌山水圖	軸	絹	水墨	124 x 49	八十八歲時（道光二十三年，癸卯，1843）	昆山 崑崙堂美術館	
臨董其昌山水圖（為笏亭作）	軸	絹	水墨	114.5 x 36.1	嘉慶戊寅（二十三年，1818）	杭州 浙江省博物館	
溪橋探梅圖（為小芝作）	軸	紙	設色	155.8 x 37.9	戊戌（道光十八年，1838）秋八月上浣	廣州 廣東省博物館	
臨董其昌山水圖	軸	紙	水墨	79.1 x 37.3		日本 京都國立博物館	A甲 572
倣玄宰天降時雨圖	軸	紙	水墨	不詳	丁亥（道光七年，1827）冬至前二日，七十二歲	日本 京都長尾雨山先生	
仿各家山水圖（12幀）	冊	紙	設色	不詳	道光辛卯（十一年，1831）五月上浣	天津 天津市藝術博物館	
江山攬勝圖（16幀）	冊	紙	設色	不詳	乙未（道光十五年，1835），八十叟	天津 天津市藝術博物館	
仿文徵明山水圖	摺扇面	紙	設色	不詳		南通 江蘇省南通博物苑	
山水圖	摺扇面	紙	設色	不詳	戊辰（嘉慶十三年，1808）	廣州 廣州市美術館	
楓林霜葉紅圖（為琢庵三兄作）	摺扇面	紙	設色	17.2 x 49	戊子（道光八年，1828）五月旬又八日	日本 大阪橋本大乙先生	
松陰覓句圖（清人扇面圖冊之第4幀）	摺扇面	紙	淺設色	16.7 x 51.8		韓國 私人	
附：							
臨董其昌山水圖	卷	綾	水墨	不詳	戊子（道光八年，1828）四月廿七日	上海 朵雲軒	
仿趙大年山水圖	卷	絹	設色	59.6 x 275	□□丙戌（道光六	紐約 蘇富比藝品拍賣公司/拍	

名稱	形式	質地	色彩	尺寸 高×寬㎝	創作時間	收藏處所	典藏號碼
					年，1826）	賣目錄 1984.12.05	
枕江樓圖（三卷合卷之第二卷）	卷	紙	設色	26 × 107	丁卯（嘉慶十二年，1807）六月既望	紐約 佳士得藝品拍賣公司/拍賣目錄 1994,06,01.	
山居圖	軸	紙	設色	不詳	壬午（道光二年，1822）	上海 上海文物商店	
山水圖（王文治題）	軸	紙	設色	187.3 × 46.5		紐約 蘇富比藝品拍賣公司/拍賣目錄 1984,12,05.	
臨董其昌山水	軸	絹	水墨	97.9 × 43.5	丙戌（道光六年，1826）新秋	紐約 蘇富比藝品拍賣公司/拍賣目錄 1988,06,01.	
層巒積翠圖	軸	絹	設色	138.5 × 62	道光乙未（十五年，1835）四月既望	紐約 佳士得藝品拍賣公司/拍賣目錄 1989,06,01.	
鶴林煙雨圖	軸	紙	設色	129.5 × 31	道光壬寅（二十二年，1842）三月	紐約 佳士得藝品拍賣公司/拍賣目錄 1994,11,30.	
仿黃鶴山樵玉山草堂圖	軸	紙	設色	153 × 39	壬午（道光二年，1822）秋九月	紐約 佳士得藝品拍賣公司/拍賣目錄 1995,09,19.	
臨鶴林煙雨圖	軸	紙	水墨	95.2 × 46.4	道光乙未（十五年，1835）十年既望	紐約 佳士得藝品拍賣公司/拍賣目錄 1996,09,18.	
柳樹山水圖	軸	紙	設色	135.2 × 40	丁丑（嘉慶二十二年，1817）春三月	紐約 佳士得藝品拍賣公司/拍賣目錄 1998,03,24.	
荷岸蟬柳圖	軸	絹	設色	165.7 × 48.2		紐約 佳士得藝品拍賣公司/拍賣目錄 1998,03,24.	
霜林話舊圖	摺扇面	紙	設色	不詳	庚寅（道光十年，1830）	揚州 揚州市文物商店	
湖莊清夏圖	摺扇面	紙	設色	16.5 × 53.3	己亥（道光十九年，1839）夏日	紐約 蘇富比藝品拍賣公司/拍賣目錄 1985,06,03.	

畫家小傳：潘思牧。字樵侶。江蘇丹徒人。潘恭壽弟。生於高宗乾隆二十一（1756）年，宣宗道光二十三(1843)年尚在世。工畫山水，遠宗黃公望，近法董其昌。（見墨香居畫識、墨林今話、歷代畫史彙傳、中國畫家人名大辭典）

徐　嶧

名稱	形式	質地	色彩	尺寸 高×寬㎝	創作時間	收藏處所	典藏號碼
洗桐圖	軸	紙	設色	不詳		瀋陽 魯迅美術學院	
怪石竹雀圖	軸	紙	設色	148.5 × 37.8		杭州 浙江省博物館	
松菊圖	軸	絹	設色	153.6 × 31.5		杭州 浙江省博物館	

名稱	形式	質地	色彩	尺寸 高x寬cm	創作時間	收藏處所	典藏號碼
簪花勝邪圖	軸	絹	設色	134.5 x 48.7	乾隆辛丑（四十六年，1781）五月五日	廣州 廣東省博物館	

附：

名稱	形式	質地	色彩	尺寸 高x寬cm	創作時間	收藏處所	典藏號碼
梅竹鸚鵡圖	軸	紙	設色	116.5 x 31.2	乾隆六十年（乙卯，1795）閏二月	北京 中國文物商店總店	

畫家小傳：徐嶧。字桐華。浙江仁和（一作錢塘）人。初為裝潢工，悟畫法，遂肆力於筆墨。工畫山水、人物；尤擅花鳥，神似新羅山人。畫名初為奚岡所掩，奚歿後始顯。流傳署款紀年作品見於高宗乾隆四十六(1781)至六十(1795)年。（見墨林今話、婕隱園書畫雜綴、中國畫家人名大辭典）

方 華

名稱	形式	質地	色彩	尺寸 高x寬cm	創作時間	收藏處所	典藏號碼
梅花圖	軸	紙	水墨	不詳		濟南 山東省博物館	
花卉（12幀）	冊	紙	設色	不詳	庚午（嘉慶十五年，1810）	南京 南京博物院	

附：

名稱	形式	質地	色彩	尺寸 高x寬cm	創作時間	收藏處所	典藏號碼
寒溪訪友圖	卷	紙	水墨	31 x 131.5	辛丑（乾隆四十六年，1781）二月廿三日	紐約 佳士得藝品拍賣公司/拍賣目錄 1993.06.04	

畫家小傳：方華。字甘白。浙江錢塘人。與奚岡同時有名於世，時稱方矮。畫山水，灑落有致，又工花鳥。流傳署款紀年作品見於高宗乾隆四十六（1781）年至仁宗嘉慶十五（1810）年。（見墨香居畫識、墨林今話、中國畫家人名大辭典）

高樹程

名稱	形式	質地	色彩	尺寸 高x寬cm	創作時間	收藏處所	典藏號碼
富春山圖	卷	紙	水墨	不詳	辛丑（乾隆四十六年，1781）	北京 故宮博物院	
竹石水仙圖（高樹程、奚岡合作）	軸	紙	水墨	不詳	甲寅（乾隆五十九年，1794）	上海 上海博物館	
仿黃鶴山人山水圖（為谷水作）	軸	絹	水墨	不詳	乙卯（乾隆六十年，1795）二月	南京 南京市博物院	
梅竹水仙圖（奚岡、高樹程、余鍔、陳豫鍾合作）	軸	紙	水墨	109.4 x 35.2	戊午（嘉慶三年，1798）	杭州 浙江省博物館	
仿宋旭山水圖	軸	紙	水墨	不詳		杭州 浙江省博物館	
枯木竹石圖（黃易、奚岡、高樹程合作	軸	紙	水墨	不詳	戊午（嘉慶三年，1798）	杭州 浙江省杭州西泠印社	
山水圖（12幀）	冊	紙	設色	不詳	乙丑（嘉慶十年，1805）冬十月	北京 故宮博物院	

名稱	形式	質地	色彩	尺寸 高x寬cm	創作時間	收藏處所	典藏號碼
山水圖（8幀）	冊	紙	設色	不詳		杭州 浙江省博物館	
附：							
梅花圖（奚岡題）	摺扇面	紙	設色	15.2 x 49		紐約 佳士得藝品拍賣公司/拍 賣目錄 1987,06,03.	
山水圖（8幀）	冊	紙	水墨	（每幀）25.5 x 33.5	癸丑（乾隆五十八 年，1793）春日	紐約 佳士得藝品拍賣公司/拍 賣目錄 1996,9,18.	

畫家小傳：高樹程。字靳玉。號邁庵、煙蘿子。浙江錢塘人。高宗乾隆四十二(1777)年副貢。工畫山水，筆墨蒼秀，得元黃公望、王蒙兩家神髓；間作花卉，亦賦色妍雅，生動盡致。允與方薰、奚岡並駕。流傳署款紀年作品見於高宗乾隆四十六(1781)年，至仁宗嘉慶十(1805)年。（見墨香居畫識、墨林今話、桐陰論畫、中國畫家人名大辭典）

許自宏

附：							
仿大癡山水圖	卷	紙	水墨	不詳	辛丑（乾隆四十六 年，1781）	上海 朵雲軒	
山水圖（雲山林苑）	軸	紙	設色	155.5 x 59.3	丙午（乾隆五十一 年，1786）夏日	紐約 蘇富比藝品拍賣公司/拍 賣目錄 1988, 11,30.	

畫家小傳：許自宏。石門人。身世不詳。工畫。方薰極為推重之。流傳署款紀年作品見於高宗乾隆四十六(1781)年。（見山靜居論畫、中國畫家人名大辭典）

顧翔

花卉圖（為周老作）	摺扇面	金箋	設色	不詳	辛丑（？乾隆四十 六年，1781）小春	日本 江田勇二先生	

畫家小傳：顧翔。畫史無載。流傳署款作品紀年疑似高宗乾隆四十六(1781)年。身世待考。

黃繼祖

石蒲積雪圖	軸	灑金箋	水墨	不詳	丁未（乾隆五十二 年，1787）	長興 浙江省長興縣博物館	
山水圖	軸	紙	水墨	67.6 x 34.8	壬寅（乾隆四十七 年，1782）夏日	日本 東京吉武鶴次郎先生	

畫家小傳：黃繼祖。字弓良。號秋山。安徽新安人，僑居嘉興魏塘。善畫，精鑑別。寫意花鳥，效法青藤、白陽；畫山水，則臨仿古人，尤近元吳鎮。流傳署款紀年作品見於高宗乾隆四十七(1782)、五十二(1787)年。（見墨香居畫識、中國畫家人名大辭典）

章逸

武陵仙境圖	軸	絹	設色	不詳	壬寅（乾隆四十七 年，1782）孟秋	南京 南京博物院	

名稱	形式	質地	色彩	尺寸 高x寬㎝	創作時間	收藏處所	典藏號碼
古木群猿圖（章逸、章于合作）	軸	絹	設色	不詳	乙巳（乾隆五十年 ，1785）冬至	無錫 江蘇省無錫市博物館	

畫家小傳：章逸。字是山（一作是仙）。江蘇無錫人。善畫山水，蒼秀入古。流傳署款紀年作品見於高宗乾隆四十七(1782)、五十
　　　　(1785)年。（見墨香居畫識、中國畫家人名大辭典）

李世則

附：

山水圖（12幀）	冊	絹	設色	不詳	乾隆壬寅（四十七 年，1782）	蘇州 蘇州市文物商店	

畫家小傳：李世則。字思若。號味霞、語石。江蘇常熟人。精醫術刮鬍刀鼓琴，能詩，善畫山水，兼工細篠蘭竹。其畫山水，宗法元
　　　　人，亦仿荊、關。流傳署款紀年作品見於高宗乾隆四十七(1782)年。（見墨香居畫識、墨林今話、中國畫家人名大辭典）

周曾培

山水圖	軸	紙	設色	不詳	乾隆壬寅（四十七 年，1782）	鎮江 江蘇省鎮江市博物館	

畫家小傳：周曾培。字佩三。號虛槎。江蘇丹徒人。善畫山水，無論大小幅，構圖必滿而後已。自云寫閩中山，蓋其少時嘗游幕於
　　　　閩，並曾渡海至臺灣。流傳署款紀年作品見於高宗乾隆四十七(1782)年。（見墨香居畫識、中國畫家人名大辭典）

周序培

秋月對酌圖	軸	紙	設色	不詳		鎮江 江蘇省鎮江市博物館	
附：							
山水圖（顧鶴慶等山水合裝冊 12之1幀）	冊頁	紙	水墨	20 x 25		上海 朵雲軒	

畫家小傳：周序培。字般士。號窳生。江蘇丹徒人。善畫山水、人物、花鳥，作品整密秀潤，不襲前人，獨開生面。（見墨香居畫
　　　　識、中國畫家人名大辭典）

王 備

指畫松鶴圖	軸	紙	水墨	163.7 x 89.5	乾隆壬寅（四十七 年，1782）	金華 浙江省金華市太平天國 侍王府紀念館	

畫家小傳：王備。畫史無載。流傳署款紀年作品見於高宗乾隆四十七（1782）年。身世待考。

寶 仁

陸朗夫像	卷	紙	設色	不詳	壬寅（乾隆四十七 年，1782）	廣州 廣東省博物館	

畫家小傳：寶仁。畫史無載。流傳署款紀年作品見於高宗乾隆四十七（1782）年。身世待考。

名稱	形式	質地	色彩	尺寸 高x寬cm	創作時間	收藏處所	典藏號碼

張　崑

名稱	形式	質地	色彩	尺寸 高x寬cm	創作時間	收藏處所	典藏號碼
幽庭竹韻圖	軸	紙	水墨	115 x 48	乾隆丙午（五十一年，1786）春二月二日	日本 山口良夫先生	
竹石圖	軸	紙	水墨	91.1 x 21.1	壬寅（乾隆四十七年，1782）三月十有一日	日本 山口良夫先生	
墨菊圖	軸	紙	水墨	34.6 x 26.8		日本 山口良夫先生	
松蘭圖	軸	紙	水墨	不詳	壬寅（乾隆四十七年，1782）夏日	日本 江田勇二先生	
竹石圖	軸	紙	水墨	不詳		日本 繭山龍泉堂	

畫家小傳：張崑。畫史無載。字秋谷。浙江杭州人。流傳署款紀年作品見於高宗乾隆四十七（1782）至五十一（1786）年。身世待考。

吳　霈

附：

名稱	形式	質地	色彩	尺寸 高x寬cm	創作時間	收藏處所	典藏號碼
天女散花圖	軸	紙	水墨	不詳	壬寅（？乾隆四十七年，1782）	上海 上海文物商店	

畫家小傳：吳霈。畫史無載。流傳署款作品紀年疑為高宗乾隆四十七（1782）年。身世待考。

闕　嵐

名稱	形式	質地	色彩	尺寸 高x寬cm	創作時間	收藏處所	典藏號碼
清溪垂釣圖	軸	絹	水墨	不詳	嘉慶丙子（二十一年，1816）	合肥 安徽省博物館	
梧桐白頭圖	軸	絹	設色	不詳	道光壬辰（十二年，1832）	合肥 安徽省博物館	
花鳥圖	軸	絹	設色	不詳	道光甲午（十四年，1834）	合肥 安徽省博物館	
貍奴牡丹圖	軸	絹	設色	不詳	道光乙未（十五年，1835）	合肥 安徽省博物館	
李白吟詩圖	軸	紙	水墨	111.4 x 42.7		上海 上海博物館	
籠鳥圖	軸	絹	設色	不詳		南京 南京博物院	
紅樹八哥圖	軸	紙絹	設色	118 x 42.5	道光癸巳（十三年，1833）小暑後一日	蘇州 江蘇省蘇州博物館	

名稱	形式	質地	色彩	尺寸 高x寬cm	創作時間	收藏處所	典藏號碼
仕女吹簫圖	軸	紙	設色	不詳	丙申（道光十六年，1836）	蘇州 江蘇省蘇州博物館	
指畫東坡笠屐圖（關嵐、萬上遴合作）	軸	絹	設色	161.4 × 85		成都 四川省博物院	
松梅綬帶圖	軸	絹	設色	不詳		成都 四川大學	
起蛟圖	軸	絹	設色	不詳	道光己亥（十九年，1839）	烏魯木齊 新疆維吾爾自治區博物館	
仿惲壽平蓮池水禽圖	軸	絹	設色	84.3 × 35		荷蘭 阿姆斯特丹 Rijks 博物館（私人寄存）	78
附：							
丹楓鵬鴿圖	軸	絹	設色	不詳		北京 中國文物商店總店	
松禽花石圖	軸	絹	設色	不詳		濟南 山東省文物商店	
鴛鴦荷柳圖	軸	絹	設色	不詳		上海 上海文物商店	
談道圖	軸	絹	設色	不詳		武漢 湖北省武漢市文物商店	
我寫我照圖（1幀）	冊	絹	設色	不詳	乾隆戊申（五十三年，1788）桂月	上海 朵雲軒	
澹香倩影（64幀）	冊	紙	設色	不詳	乾隆壬子（五十七年，1792）春日	紐約 佳士得藝品拍賣公司/拍賣目錄1996,09,18.	

畫家小傳：關嵐。字文山。號晴峰。安徽桐城人。生於高宗乾隆二十三（1758）年，卒於宣宗道光二十四（1844）年。善畫山水、花卉，尤工人物。（見墨香居畫識、墨林今話、清朝書畫家筆錄、中國畫家人名大辭典）

孫 金

| 萬山飛雪圖 | 軸 | 絹 | 設色 | 不詳 | 乾隆癸卯（四十八年，1783）夏月六 | 美國 哈佛大學福格藝術館 | |

畫家小傳：孫金。畫史無載。流傳署款紀年作品見於高宗乾隆四十八（1783）年。身世待考。

陶 源

| 齊雲採藥圖像（為吳騫作） | 卷 | 紙 | 設色 | 不詳 | 乾隆癸卯（四十八年，1783）仲秋 | 北京 故宮博物院 | |

畫家小傳：陶源。字西疇。江蘇宜興荊溪人。工畫山水、人物。流傳署款紀年作品見於高宗乾隆四十八（1783）年。（見中國畫學全史、中國美術家人名辭典）

何 龍

| 麟趾呈祥圖 | 軸 | 綾 | 設色 | 114.6 × 48.5 | | 日本 中埜又左衛門先生 | |

名稱	形式	質地	色彩	尺寸 高×寬 cm	創作時間	收藏處所	典藏號碼

畫家小傳：何龍。字禹門。安徽休寧人。工指頭畫。嘗為王伯厓繪漁樵問答圖，隨意點抹，情致宛然。（見墨香居畫識、中國畫家人名大辭典）

王 澤

名稱	形式	質地	色彩	尺寸 高×寬 cm	創作時間	收藏處所	典藏號碼
浮嵐暖翠圖	卷	紙	設色	不詳	嘉慶丙寅（十一年，1806）孟冬月下浣	北京 中國歷史博物館	
踐醉圖	卷	紙	水墨	不詳	乙丑（嘉慶十年，1805）	天津 天津市藝術博物館	
詩龕圖（朱本、陳森、錢維喬、奚岡、黃鉞、王澤、多慶等作詩龕圖合璧卷之第6段）	卷	紙	設色	不詳	嘉慶己未（四年，1799）	鎮江 江蘇省鎮江市博物館	
大觀亭圖（為石如作）	軸	紙	設色	不詳	甲寅（乾隆五十九年，1794)	北京 故宮博物院	
歲朝圖	軸	紙	設色	不詳	嘉慶甲子（九年，1804）祀灶日	京 故宮博物院	
溪山重疊圖	軸	紙	水墨	不詳	乙酉（道光五年，1825）	合肥 安徽省博物館	
枯木竹石圖（黃鉞、王澤、金鐸花卉山水圖冊之第4幀）	冊頁	紙	水墨	27.8 × 33.8		香港 劉作籌虛白齋	145e
仿高克恭山水圖（黃鉞、王澤、金鐸花卉山水圖冊之第5幀）	冊頁	紙	設色	27.8 × 33.8		香港 劉作籌虛白齋	145f
山水圖（黃鉞、王澤、金鐸花卉山水圖冊之第6幀）	冊頁	紙	設色	27.8 × 33.8		香港 劉作籌虛白齋	145g
仿王蒙山水圖（黃鉞、王澤、金鐸花卉山水圖冊之第7幀）	冊頁	紙	設色	27.8 × 33.8		香港 劉作籌虛白齋	145h
山水圖（黃鉞、王澤、金鐸花卉山水圖冊之第8幀）	冊頁	紙	設色	27.8 × 33.8		香港 劉作籌虛白齋	145i
花卉圖（黃鉞、王澤、金鐸花卉山水圖冊之第9幀）	冊頁	紙	設色	27.8 × 33.8		香港 劉作籌虛白齋	145j
仿董其昌山水圖（？幀）	冊	紙	水墨	不詳	道光癸巳（十三年，1833）夏杪	北京 故宮博物院	
續西涯雜詠圖（續西涯雜詠圖冊15幀之部分）	冊	紙	設色	不詳	（嘉慶甲戌，十九年，1814)	北京 中國歷史博物館	

名稱	形式	質地	色彩	尺寸 高×寬cm	創作時間	收藏處所	典藏號碼

附：

| 山水圖 | 卷 | 紙 | 設色 | 不詳 | 辛巳（道光元年，1821） | 北京 北京市工藝品進出口公司 | |

畫家小傳：王澤。字潤生。號子卿。安徽蕪湖人。生於高宗乾隆二十四（1759）年，卒於宣宗道光二十二（1842）年。與黃鉞為師生兼姻親。工詩文。善畫山水。（見墨林今話、耕硯田齋筆記、履園畫學、中國畫家人名大辭典）

王 徽

| 瓊閣壽誕圖 | 軸 | 綾 | 設色 | 170.8 x 55.5 | | 天津 天津市藝術博物館 | |

畫家小傳：王徽。字我調。江蘇常熟人。家世不詳。善畫山水。（見耕硯田齋筆記、中國畫家人名大辭典）

錢 泳

翁莊小築圖	卷	紙	設色	不詳		台北 故宮博物院（蘭千山館寄存）	
臨沈周梅花圖	摺扇面	紙	設色	15.5 x 48.9		香港 劉作籌虛白齋	154
柳塘春水圖	摺扇面	紙	設色	不詳	己巳（嘉慶十四年，1809）	天津 天津市藝術博物館	
柳塘花塢圖（擬趙大年法）	摺扇面	紙	設色	不詳	戊辰（嘉慶十三年，1808）新秋	日本 江田勇二先生	

畫家小傳：錢泳。字梅溪。江蘇金匱人，遷居昭文。生於高宗乾隆二十四（1759）年，卒於宣宗道光二十四（1844）年，工書，精石刻，能詩。兼畫山水，筆墨蕭疏淡遠。（見墨林今話、耕硯田齋筆記、中國畫家人名大辭典）

羅允紹

梅花圖（與羅聘合作）	軸	紙	設色	不詳	戊午（嘉慶三年，1798）六月十八日	北京 故宮博物院	
梅花圖	軸	紙	水墨	120 x 30.2	辛酉（嘉慶六年，1801）嘉平	長春 吉林省博物館	
梅花圖	軸	紙	水墨	145.7 x 39.5		天津 天津市藝術博物館	
梅花圖	軸	紙	設色	不詳		杭州 浙江省博物館	

附：

| 梅花圖 | 軸 | 紙 | 水墨 | 57 x 30 | | 天津 天津市文物公司 | |

畫家小傳：羅允紹。字介人。江蘇揚州人。生於高宗乾隆二十四（1759）年，仁宗嘉慶六（1801）年尚在世。羅聘之子。聘以畫梅享名

名稱	形式	質地	色彩	尺寸 高x寬㎝	創作時間	收藏處所	典藏號碼

藝苑，允紹亦善畫梅，守家法而能變化之。好事者以「羅家梅派」稱謂之。（見揚州畫舫錄、墨林今話、歷代畫史彙傳、中國畫家人名大辭典）

韓 校

名稱	形式	質地	色彩	尺寸	創作時間	收藏處所	典藏號碼
山水人物	軸	紙	設色	95.6 x 37.8		香港 中文大學中國文化研究所文物館	73.725

畫家小傳：韓校。字學莊（一作孝莊），又字俎衡。廣東博羅人。曾官清河縣丞。工詩。善畫山水、人物，筆墨蒼秀，尤善米家山水。（見墨香居畫識、惠州府志、中國畫家人名大辭典）

吳翌鳳

名稱	形式	質地	色彩	尺寸	創作時間	收藏處所	典藏號碼
虞美人（清花卉畫冊五冊之第7幀）	摺扇面	紙	設色	18.8 x 55		台北 故宮博物院	故畫 03521-7

畫家小傳：吳翌鳳（一作翼鳳）。字枚庵（一作眉庵）。號西谷子。江蘇長洲人。能詩，善畫。畫山水，學元倪瓚，筆墨蕭疏淡遠。署款紀年作品見於高宗乾隆四十九（1784）年。（見墨林今話、耕硯田齋筆記、中國畫家人名大辭典）

高 麟

名稱	形式	質地	色彩	尺寸	創作時間	收藏處所	典藏號碼
二色梅圖	軸	紙	設色	不詳	乾隆四十九年（甲辰，1784）立春前二日	西寧 青海省博物館	

畫家小傳：高麟。畫史無載。流傳署款紀年作品見於高宗乾隆四十九(1784)年。身世待考。

畢 慧

名稱	形式	質地	色彩	尺寸	創作時間	收藏處所	典藏號碼
梅花圖（？幀）	冊	紙	設色	不詳	甲辰（乾隆四十九年，1784）正月	北京 故宮博物院	

畫家小傳：畢慧。女。字智珠。號蓮汀。鎮洋人。畢沅孫女。適同邑陳氏。工詩。善畫。流傳署款紀年作品見於高宗乾隆四十九(1784)年。（見甌缽羅室書畫過目考、中國畫家人名大辭典）

陳 霜

名稱	形式	質地	色彩	尺寸	創作時間	收藏處所	典藏號碼
紅芍藥圖	軸	紙	設色	不詳	乾隆甲辰（四十九年，1784）春	南京 南京博物院	

畫家小傳：陳霜。畫史無載。流傳署款紀年作品見於高宗乾隆四十九(1784)年。身世待考。

魯 璸

名稱	形式	質地	色彩	尺寸	創作時間	收藏處所	典藏號碼
山水圖（12幀）	冊	紙	設色	（每幀）42.9 x 24.8	甲辰（乾隆四十九年，1784）麥秋	成都 四川大學	

名稱	形式	質地	色彩	尺寸 高×寬cm	創作時間	收藏處所	典藏號碼

畫家小傳：魯璸（一作賓）。字星村。安徽懷寧人。能詩。工書。善畫。流傳署款紀年作品見於高宗乾隆四十九(1784)年。（見懷寧縣志、中國畫家人名大辭典）

蕭 椿
附：

名稱	形式	質地	色彩	尺寸	創作時間	收藏處所
山水圖（？幀）	冊	紙	設色	不詳	乾隆甲辰（四十九年，1784）秋	北京 中國文物商店總店

畫家小傳：蕭椿。江蘇江都人。身世不詳。流傳署款紀年作品見於高宗乾隆四十九(1784)年。（見揚州畫舫錄、中國畫家人名大辭典）

查 樞
附：

名稱	形式	質地	色彩	尺寸	創作時間	收藏處所
羅漢圖（10幀）	冊	紙	水墨	（每幀）18.3 × 22.8	甲辰（乾隆四十九年，1749）仲秋	紐約 佳士得藝品拍賣公司/拍賣目錄 1992.12.02.

畫家小傳：查樞。畫史無載。署款紀年作品見於高宗乾隆四十九(1784)年。身世待考。

俞宗禮

名稱	形式	質地	色彩	尺寸	創作時間	收藏處所
張思光圖	軸	絹	設色	41.8 × 30.6		日本 鳥根多胡要先生
附：學士乘騎圖	卷	紙	白描	26.5 × 83		紐約 佳士得藝品拍賣公司/拍賣目錄 1990,11,28.
泥金繪十八羅漢（18幀）	冊	藍箋	泥金	（每幀）14 × 8.5		紐約 佳士得藝品拍賣公司/拍賣目錄 1984,06,29.

畫家小傳：俞宗禮。字人儀。號在凡（或作東凡、東帆）。上海人，僑寓蘇州。工畫山水、寫照，尤善白描道釋、人物。人以龍眠復生許之。（見墨香居畫識、海上墨林、中國畫家人名大辭典）

陳 霖

名稱	形式	質地	色彩	尺寸	創作時間	收藏處所
花卉圖（為位東作）	卷	紙	設色	不詳	乾隆五十四年（己酉，1789）八月之望	濟南 山東省博物館
荷花圖	軸	紙	水墨	不詳		濟南 山東省博物館
紅芍藥圖	軸	絹	設色	不詳	乾隆四十九年（甲辰，1784）	南京 南京博物院
萱石圖	軸	綾	設色	不詳		杭州 浙江美術學院
紅葉竹石圖	軸	紙	設色	不詳		長興 浙江省長興縣博物館

名稱	形式	質地	色彩	尺寸 高×寬cm	創作時間	收藏處所	典藏號碼
竹石圖	軸	綾	設色	不詳	嘉慶甲子（九年，1804）	嵊縣 浙江省嵊縣文管會	
竹石圖	軸	紙	水墨	164.5 × 54.3		韓國 首爾朴周煥先生	
秀石翠竹圖	摺扇面	紙	設色	不詳	嘉慶元年（丙辰，1796）	北京 故宮博物院	

畫家小傳：陳霖。字諤士。號雨香。浙江仁和人。曾官江西知縣。工書。間作小畫，秀逸有致。流傳署款紀年作品見於高宗乾隆四十九(1784)年，至仁宗嘉慶元(1796)年。（見清畫家詩史、畫家詩鈔、中國畫家人名大辭典）

（釋）韻 可

名稱	形式	質地	色彩	尺寸 高×寬cm	創作時間	收藏處所	典藏號碼
清水出芙蓉圖	軸	紙	水墨	不詳		鄭州 河南省博物館	
蕉竹圖	軸	紙	水墨	不詳		黃山 安徽省黃山市博物館	
荷花圖	軸	紙	水墨	不詳		上海 上海博物館	
竹石蘭圖	軸	紙	水墨	122.1 × 28		德國 柏林東方藝術博物館	1988-461
文姬歸漢圖（扇面畫冊之第7幀）	摺扇面	紙	設色	16.6 × 48.9		美國 華盛頓弗瑞爾藝術館	80.142g
附：							
松石圖	軸	紙	水墨	不詳		蘇州 蘇州市文物商店	
墨荷圖	軸	紙	水墨	117.2 × 45.7		紐約 佳仕得藝品拍賣公司/拍賣目錄 1987,06,03.	
花卉圖（12幀）	冊	紙	水墨、設色	（每幀）25.4 × 28.9		紐約 佳士得藝品拍賣公司/拍賣目錄 1987,12,11.	
花卉圖（12幀）	冊	紙	水墨	（每幀）30 × 40.5		紐約 佳士得藝品拍賣公司/拍賣目錄 1995,09,19.	

畫家小傳：韻可（一作可韻）。僧。俗姓黃，為湖北武昌名家子。號鐵舟、木石山人、殘道人。居住江蘇吳縣。生時不詳，卒於仁宗嘉慶二十三(1818)年。善鼓琴。工書法，體近蘇軾、米芾。善作水墨花卉、竹石，用筆超脫飛動，似明徐渭，然欠靜逸之致；間作倪、黃山水，不襲前人窠臼，荒率有逸致。（見墨林今話、桐陰論畫、耕硯田齋筆記、清畫家詩史、中國美術家人名辭典）

高玉階

名稱	形式	質地	色彩	尺寸 高×寬cm	創作時間	收藏處所	典藏號碼
詩龕雅集圖（顧鶴慶、孫銓、高玉階、朱本、朱鶴年合作）	軸	紙	設色	91.4 × 28.8		美國 聖路易斯市藝術館	43.1988

畫家小傳：高玉階。畫史無載。生平待考。

陸 燿

名稱	形式	質地	色彩	尺寸 高×寬㎝	創作時間	收藏處所	典藏號碼
山水圖（12幀）	冊	紙	水墨	不詳	乾隆甲辰（四十九年，1784）	蘇州 江蘇省蘇州博物館	

畫家小傳：陸燿。字朗夫。號青來。江蘇吳縣人，寓居吳江。高宗乾隆十七（1752）年舉順天孝廉。工詩文，善書畫。作山水，落落有大家風範，頗受馮金伯、王學浩推許。流傳署款紀年作品見於乾隆四十九（1784）年。（見墨香居畫識、墨林今話、江震續志稿、金學詩撰陸朗夫行狀、中國畫家人名大辭典）

許庭堅

名稱	形式	質地	色彩	尺寸	創作時間	收藏處所	典藏號碼
山水圖（12幀）	冊	紙	水墨	不詳	甲辰（乾隆四十九年，1784）	南京 南京博物院	

畫家小傳：許庭堅。字鄰石。號次谷。江蘇金匱人。善畫山水，與鮑若洲、俞是齋並稱於時。說者謂其畫用筆蒼渾沉著，墨氣濃厚，得古人矩矱，惟筆尖欠靈警之致。流傳署款紀年作品見於乾隆四十九（1784）年。（見墨香居畫識、墨林今話、桐陰論畫、中國畫家人名大辭典）

蘇廷煜

名稱	形式	質地	色彩	尺寸	創作時間	收藏處所	典藏號碼
墨竹圖	軸	絹	水墨	130 × 48		台北 長流美術館	
指畫墨竹圖	軸	紙	水墨	不詳		合肥 安徽省博物館	
指畫竹石圖	軸	紙	水墨	不詳		合肥 安徽省博物館	
指畫竹圖	軸	紙	水墨	不詳		泰州 江蘇省泰州市博物館	
墨竹圖	軸	綾	水墨	不詳		寧波 浙江省寧波市鎮海區文管會	
指畫四君子圖（12幀，為泰庵作）	冊	紙	水墨	（每幀）21.8 × 25.6	丁未（乾隆五十二年，1787）季夏月	日本 東京國立博物館	
指畫竹泉圖圖	軸	紙	水墨	130.3 × 41.5	乾隆甲辰（四十九年，1784）桂月	日本 大阪橋本大乙先生	
指畫蘭竹石圖（12幀）	冊	紙	水墨	不詳	時年九十又九（？）	瀋陽 遼寧省博物館	

畫家小傳：蘇廷煜。號虛谷。安徽蒙城人。工書，善畫梅蘭竹菊，無不精妙，亦能以指為戲墨。流傳署款紀年作品見於高宗乾隆四十九（1784）、五十二（1787）年（見墨香居畫識、墨林今話、明齋小識、中國畫家人名大辭典）

趙嘉逋

名稱	形式	質地	色彩	尺寸	創作時間	收藏處所	典藏號碼
古樹茅堂圖	軸	紙	設色	不詳	乾隆四十九年（甲辰，1784）	天津 天津市藝術博物館	

畫家小傳：趙嘉逋。畫史無載。流傳署款紀年作品見於乾隆四十九（1784）年。生平待考。

金子徵

名稱	形式	質地	色彩	尺寸	創作時間	收藏處所	典藏號碼
行樂打漁圖（尤詔、金子徵合	卷	絹	設色	不詳	嘉慶己未（四年，	天津 天津市藝術博物館	

名稱	形式	質地	色彩	尺寸 高×寬㎝	創作時間	收藏處所	典藏號碼
作）					1799）		

附：

名稱	形式	質地	色彩	尺寸 高×寬㎝	創作時間	收藏處所	典藏號碼
春苑琵琶圖	軸	紙	設色	不詳	甲辰（乾隆四十九年，1784）	天津 天津市文物公司	

畫家小傳：金子徵。畫史無載。與尤詔同時。流傳署款紀年作品見於高宗乾隆四十九（1784）年至仁宗嘉慶四(1799)年。身世待考。

汪 泰

附：

名稱	形式	質地	色彩	尺寸 高×寬㎝	創作時間	收藏處所	典藏號碼
竹鶴圖	軸	絹	設色	不詳	甲辰（乾隆四十九年，1784）	天津 天津市文物公司	

畫家小傳：汪泰。畫史無載。流傳署款紀年作品見於高宗乾隆四十九（1784）年。身世待考。

謝蘭生

名稱	形式	質地	色彩	尺寸 高×寬㎝	創作時間	收藏處所	典藏號碼
山水	軸	紙	設色	91.7 × 43.8		台北 故宮博物院（蘭千山館寄存）	
荔枝圖	軸	絹	設色	166.4 × 75.2	庚戌（乾隆五十五年，1790）	香港 中文大學中國文化研究所文物館	
山水	軸	絹	水墨	135.2 × 63.7	丁亥（道光七年，1827）	香港 中文大學中國文化研究所文物館	
山水圖	軸	紙	水墨	112.5 × 27.7		香港 中文大學中國文化研究所文物館	
山水圖	軸	絹	設色	108 × 35.4		香港 鄭岩琳先生	
山水圖	軸	絹	水墨	110.3 × 49		香港 鄭岩琳先生	
山水圖	軸	紙	設色	不詳		天津 天津市藝術博物館	
山水圖（4幀）	冊	絹	水墨	（每幀）34.1 × 28.2		香港 中文大學中國文化研究所文物館	
山水圖	紈扇面	絹	設色	26 × 26		香港 中文大學中國文化研究所文物館	
山水圖（10幀）	冊	紙	設色	（每幀）35.2 × 26.8	丁亥（道光七年，1827）	香港 何耀光至樂樓	
山水圖（8幀）	冊	紙	設色	（每幀）30.3 × 26.1	丙戌（道光六年，1826）臘月廿一日	香港 鄭德坤木扉	
山水圖	摺扇面	紙	設色	不詳		香港 劉作籌虛白齋	
山水圖（10幀）	冊	絹	設色	（每幀）29 × 27.5	己丑（道光九年，1829）	香港 鄭岩琳先生	

名稱	形式	質地	色彩	尺寸 高×寬cm	創作時間	收藏處所	典藏號碼
山水圖（10幀）	冊	絹	設色	（每幀）35 × 30	庚寅（道光十年，1830）	香港 鄭岩琳先生	
山水圖（8幀）	冊	絹	設色	（每幀）28 × 20.2		香港 利榮森北山堂	
仿李成古木寒鴉圖（謝蘭生山水圖冊之1）	冊頁	絹	水墨	不詳		香港 潘祖堯小聽颿樓	CP26a
米法山水圖（謝蘭生山水圖冊之2	冊頁	絹	水墨	不詳		香港 潘祖堯小聽颿樓	CP26b
觀瀑圖（謝蘭生山水圖冊之3）	冊頁	絹	設色	不詳		香港 潘祖堯小聽颿樓	CP26c
秋景山水圖樣 謝蘭生山水圖冊之4）	冊頁	絹	設色	不詳		香港 潘祖堯小聽颿樓	CP26d
高士抱琴圖（謝蘭生山水圖冊之5）	冊頁	絹	設色	不詳		香港 潘祖堯小聽颿樓	CP26e
枯木竹石圖（謝蘭生山水圖冊之6）	冊頁	絹	水墨	不詳		香港 潘祖堯小聽颿樓	CP26f
山水圖（謝蘭生山水圖冊之7）	冊頁	絹	水墨	不詳		香港 潘祖堯小聽颿樓	CP26g
山水圖（謝蘭生山水圖冊之8）	冊頁	絹	水墨	不詳		香港 潘祖堯小聽颿樓	CP26h
山水圖（與張如芝合作，謝蘭生山水圖冊之9）	冊頁	絹	設色	不詳		香港 潘祖堯小聽颿樓	CP26i
米法山水圖（與張如芝合作，謝蘭生山水圖冊之10）	冊頁	絹	水墨	不詳		香港 潘祖堯小聽颿樓	CP26j
仿藍瑛山水圖（與張如芝合作，謝蘭生山水圖冊之11）	冊頁	絹	設色	不詳		香港 潘祖堯小聽颿樓	CP26k
竹石圖（與張如芝合作，謝蘭生山水圖冊之12）	冊頁	絹	設色	不詳		香港 潘祖堯小聽颿樓	CP26m
艮泉十二景圖（清謝蘭生等艮泉十二景圖二卷之1段）	2卷	紙	設色	不詳	乙亥（嘉慶二十年1815）	廣州 廣州市美術館	
山水圖（12幀）	冊	紙	設色	（每幀）22.2 × 35		日本 大阪橋本大乙先生	
附：							
梅蘭秀石圖	軸	絹	水墨	155.5 × 43	甲戌（嘉慶十九年，1814）十一月朔日	紐約 佳士得藝品拍賣公司/拍賣目錄1992,12,02.	
仿古山水圖（12幀）	冊	紙	水墨、設色	（每幀）31.8 × 23.5	道光庚寅（十年，1830）十月	紐約 佳士得藝品拍賣公司/拍賣目錄1992,12,02.	

名稱	形式	質地	色彩	尺寸 高×寬 cm	創作時間	收藏處所	典藏號碼
山水圖（12幀）	冊	紙	水墨、設色	（每幀）35.5 × 37		紐約 佳士得藝品拍賣公司/拍賣目錄 1995,09,19.	

畫家小傳：謝蘭生。字佩士。號澧浦（一作里甫、理圃）。廣東南海人。生於高宗乾隆二十五（1760）年。卒於宣宗道光十一（1831）年。嘉慶七年進士。工詩，善書。兼畫山水，風致清妙。（見嶺南群足、劍光樓筆記、中國畫家人名大辭典）

朱鶴年

名稱	形式	質地	色彩	尺寸 高×寬 cm	創作時間	收藏處所	典藏號碼
西涯圖	卷	紙	設色	不詳	壬戌（嘉慶七年，1802）	天津 天津市藝術博物館	
廬山瀑布圖	卷	絹	設色	31.3 × 1705	甲申（道光四年，1824）	天津 天津市藝術博物館	
黃山雲海圖	卷	絹	設色	34.8 × 219	道光五年（乙酉，1825）	天津 天津市藝術博物館	
詩龕圖（顧鶴慶、朱鶴年、孫銓、朱本、馬履泰、張問陶、宋葆淳、陳詩庭、吳文徵、王霖、吳焴等詩龕圖合璧卷之1）	卷	紙	設色	不詳	嘉慶己未（四年，1799）	鎮江 江蘇省鎮江市博物館	
詩龕圖（黃均、方薰、朱鶴年、朱昂之、朱本、張崟、朱文新、嚴鈺、吳應年等作詩龕圖合璧卷之1）	卷	紙	設色	不詳	嘉慶丙寅（十一年，1806）	鎮江 江蘇省鎮江市博物館	
蘭石竹圖（瑛寶、朱本、朱鶴年、顧鶴慶、韵亭合作）	卷	紙	水墨	26.1 × 261.5	嘉慶壬戌（七年，1802）	重慶 重慶市博物館	
小樹雲氣（七家詩龕圖合卷之第2幅）	短卷	紙	設色	26.7 × 124.2	嘉慶甲子（九年，1804）三月	日本 東京高島菊次郎槐安居	
聯輿換讀圖	卷	紙	設色	38.8 × 140.6		荷蘭 阿姆斯特丹 Rijks 博物館	RAK1990-16
鄭元和像	軸	紙	設色	84 × 30.5		台北 故宮博物院（蘭千山館寄存）	
溪橋策杖圖	軸	紙	水墨	77.8 × 42.4		台南 石允文先生	
毛奇齡、朱彝尊像	軸	紙	設色	不詳	嘉慶甲子（九年，1804）	北京 故宮博物院	
王士禎石帆詩意圖	軸	紙	設色	67.5 × 54.8	丁卯（嘉慶十二年，1807）	北京 故宮博物院	
摹高克恭像	軸	紙	設色	不詳		北京 故宮博物院	
怪石奇峰圖	軸	紙	設色	96 × 40	嘉慶己未（四年，	天津 天津市藝術博物館	

名稱	形式	質地	色彩	尺寸 高×寬cm	創作時間	收藏處所	典藏號碼
					1799）		
留琴室圖	軸	紙	設色	不詳	庚申（嘉慶五年，1800）	天津 天津市藝術博物館	
仿大癡山水圖（為卓海帆作）	軸	紙	水墨	121.4 × 51.5	道光九年（己丑，1829）重九，時年七十	天津 天津市藝術博物館	
松溪書堂圖	軸	紙	水墨	不詳	道光庚寅（十年，1830）時年七十有一	天津 天津市藝術博物館	
書堂觀鶴圖（為恕齋作）	軸	紙	設色	不詳	道光辛卯（十一年，1831）二月上浣	揚州 江蘇省揚州市博物館	
仿元人山水圖	軸	紙	設色	19.5 × 30.5	己未（嘉慶四年，1799）	上海 上海博物館	
山水圖	軸	紙	設色	不詳	庚午（嘉慶十五年，1810）	上海 上海博物館	
淺絳山水圖	軸	紙	設色	不詳	庚申（嘉慶五年，1800）	南京 南京博物院	
載鶴尋秋圖	橫幅	紙	設色	不詳		鎮江 江蘇省鎮江市博物館	
佛像圖	軸	紙	設色	141.5 × 49.5		昆山 崑崙堂美術館	
藤蔭養樹圖	軸	紙	設色	不詳	丙子（嘉慶二十一年，1816）	溫州 浙江省溫州博物館	
斷牆老樹圖	橫幅	紙	設色	不詳	癸亥（嘉慶八年，1803）	長沙 湖南省博物館	
萬卷書樓圖（為宇仁作）	軸	絹	設色	129.5 × 43.6	道光丁亥（七年，1827）春日	成都 四川省博物院	
山水圖（何道生、朱鶴年合作，為少山作）	軸	紙	水墨	82 × 34.5	嘉慶七年（壬戌，1802）中秋前二日	成都 四川大學	
仿黃華道人山水圖	軸	紙	設色	85.7 × 27.3	嘉慶戊辰（十三年，1808）秋分前五日	日本 東京山本悌二郎先生	
山水（仿石田翁筆）	軸	紙	設色	94.8 × 30.6	道光癸巳（十三年，1833）小雪前三日	日本 東京河井荃盧先生	
白文公像	軸	紙	設色	81.9 × 44		韓國 私人	

名稱	形式	質地	色彩	尺寸 高x寬cm	創作時間	收藏處所	典藏號碼
山水圖	軸	紙	設色	94.3 x 44.5		韓國 私人	
詩盦雅集圖（顧鶴慶、孫銓、高玉階、朱本、朱鶴年合作）	軸	紙	設色	91.4 x 28.8		美國 聖路易斯市藝術館	43.1988
仿沈周山水	軸	紙	設色	119 x 27	癸酉（嘉慶十八年，1813）秋分前一日	美國 鳳凰市美術館（Mr.Roy And Marilyn Papp 寄存）.	
仿黃公望溪山高隱圖	軸	紙	設色	102.2 x 41.9		荷蘭 阿姆斯特丹 Rijks 博物館	RAK1900-17
仿古山水圖（10幀）	冊	紙	設色	（每幀）24.6 x 30	丙寅（嘉慶十一年，1806）	台南 石允文先生	
杜甫詩意圖（張問陶、朱鶴年合冊2之1幀）	冊頁	紙	設色	37.6 x 47.2	庚申（嘉慶五年，1800）	瀋陽 遼寧省博物館	
梁園鐵塔圖	摺扇面	紙	設色	17.7 x 53.8		北京 中國歷史博物館	
山水圖	摺扇面	紙	設色	不詳		北京 中國歷史博物館	
亦園訪柳圖	冊頁	紙	設色	不詳	嘉慶庚午（十五年，1810）	石家莊 河北省博物館	
法源寺畫禪圖（清朱鶴年等法源寺書畫冊14之1幀）	冊頁	紙	設色	不詳	庚午（嘉慶十五年，1806）五月十八日	上海 上海博物館	
山水圖（清盛惇大等山水冊之1幀）	冊頁	紙	設色	26.4 x 38.5	嘉慶乙丑（十年，1805）	重慶 重慶市博物館	
戒壇佟曹二先生祠堂圖（？幀）	冊	紙	設色	（每幀）26.3 x 35		日本 京都國立博物館	A甲688
山水圖	摺扇面	紙	設色	16.8 x 39.3		韓國 私人	13-158
山水圖（4幀）	冊	紙	設色	（每幀）28.6 x 33.3		美國 耶魯大學藝術館	1984.30a-d

附：

盧溝送別圖（為夢溪作）	軸	絹	設色	不詳	嘉慶己卯（二十四年，1819）	北京 中國文物商店總店	
仿大癡秋嶺晴雲圖	軸	紙	水墨	不詳		北京 中國文物商店總店	
山水圖	軸	紙	水墨	不詳	戊申（乾隆五十三年，1788）	上海 朵雲軒	
賜研齋餞別圖（為春松作）	軸	紙	設色	85 x 53	嘉慶戊午（三年，1798）	上海 朵雲軒	
雙桂書屋圖	軸	紙	設色	106 x 51		紐約 佳士得藝品拍賣公司/拍	

名稱	形式	質地	色彩	尺寸 高x寬㎝	創作時間	收藏處所	典藏號碼
茅亭讀書圖	軸	紙	設色	96.5 x 45.5		紐約 佳士得藝品拍賣公司/拍 賣目錄 1989,06,01.	
唐寅像	軸	紙	設色	89.5 x 30.5		紐約 佳士得藝品拍賣公司/拍 賣目錄 1990,05,31.	
秋審覓句圖	軸	紙	水墨	100.5 x 33.5	乾隆乙卯（六十年 ，1795）九秋	紐約 佳士得藝品拍賣公司/拍 賣目錄 1993,12,01.	
摹文點畫漁洋先生秋林讀書圖	軸	紙	設色	96.5 x 40	嘉慶十一年丙寅（ 1806）八月	紐約 佳士得藝品拍賣公司/拍 賣目錄 1997,09,19.	
山水圖（12幀）	冊	紙	設色	（每幀）23.8 x 29.8		紐約 佳士得藝品拍賣公司/拍 賣目錄 1998,03,24.	
山水圖（8幀）	冊	紙	設色	（每幀）25.1 x 15.3	道光十一年（辛卯 ，1831）秋九月	紐約 蘇富比藝品拍賣公司/拍 賣目錄 1987,06,03.	
山水圖（8幀）	冊	紙	設色	（每幀）28.5 x 16.8	壬午（道光二年， 1822）秋日	紐約 佳士得藝品拍賣公司/拍 賣目錄 1988,11,30.	

畫家小傳：朱鶴年。字野雲。江蘇泰州人，僑居北京。生於高宗乾隆二十五（1760）年，卒於宣宗道光十四（1834）年。善畫山水，有大滌子風。兼工人物、花卉、竹石等。惟作品欠渾融靜逸之趣。流傳署款紀年作品見於仁宗嘉慶三(1798)年，至道光十一(1831)年。(見墨林今話、中國畫家人名大辭典）

錢　楷

名稱	形式	質地	色彩	尺寸 高x寬㎝	創作時間	收藏處所	典藏號碼
詩龕圖（弘旿、錢楷、汪梅鼎 、朱王、張寶合卷5之1段）	卷	紙	水墨	不詳		北京 故宮博物院	
山水圖	軸	紙	設色	92.5 x 54	乙丑（嘉慶十年， 1805）	嘉興 浙江省嘉興新博物館	
靈巖山圖（為松嵐作）	冊頁	紙	設色	不詳	戊辰（嘉慶十三年 ，1808）三月	北京 故宮博物院	
山水圖（清張賜寧等山水冊12 之1幀）	冊頁	紙	設色	不詳		天津 天津市藝術博物館	

畫家小傳：錢楷。字裴山。浙江嘉興人。生於高宗乾隆二十五（1760）年，卒於仁宗嘉慶十七（1812）年。乾隆五十四年進士。工書。善畫山水，有王原祁筆意。(見墨林今話、桐陰論畫、耕硯田齋筆記、中國畫家人名大辭典）

夏　鑾

名稱	形式	質地	色彩	尺寸 高x寬㎝	創作時間	收藏處所	典藏號碼
花鳥圖（12幀）	冊	紙	設色	不詳	己巳（嘉慶十四年 ，1809）月當頭之 次日	北京 故宮博物院	

名稱	形式	質地	色彩	尺寸 高×寬㎝	創作時間	收藏處所	典藏號碼

畫家小傳：夏鑾。字鳴之。號德音。江蘇上元人。生於高宗乾隆二十五（1760）年，卒於宣宗道光九（1829）年。生而多巧技。曾創造水師戰船。並工詩畫。（見尚友錄、今夕庵論畫詩注、粵西先哲書畫集序、中國畫家人名大辭典）

查奕照

附：

| 佛手圖 | 軸 | 紙 | 設色 | 不詳 | 道光辛丑（二十一　年，1841）中秋 | 北京 中國文物商店總店 | |

畫家小傳：查奕照。字丙堂。號龍山樵者。浙江海寧人。生於高宗乾隆二十五（1760）年，宣宗道光二十一（1841）年尚在世。工書。能寫花卉，潑墨得明陳淳、徐渭意趣，寫梅蘭竹菊，亦饒有風致。（見墨林今話、耕硯田齋筆記、中國畫家人名大辭典）

顧 楜

| 補讀書秋樹根圖 | 卷 | 絹 | 設色 | 不詳 | | 南京 南京博物院 | |

畫家小傳：顧楜。字松喬。號鑑沙。浙江慈谿人。善鑑古，工畫山水。（見墨香居畫識、中國畫家人名大辭典）

周 封

附：

| 山水圖 | 軸 | 紙 | 設色 | 不詳 | 乾隆乙巳（五十年　，1785） | 蘇州 蘇州市文物商店 | |

畫家小傳：周封。字于邰。自號太平里農。浙江嘉禾人。工畫山水，師法元吳鎮，善於用墨；兼擅畫梅，老榦疎花，具歷落之致。流傳署款紀年作品見於高宗乾隆五十（1785）年。（見墨林今話、墨香居畫識、中國畫家人名大辭典）

康 忬

附：

| 荷花圖 | 軸 | 絹 | 設色 | 不詳 | 乾隆乙巳（五十年　，1785） | 蘇州 蘇州市文物商店 | |

畫家小傳：康忬。江蘇上海人。康綬次子，康愷之弟。承家學，亦以書畫名世。流傳署款紀年作品見於高宗乾隆五十（1785）年。（見海上墨林、中國畫家人名大辭典）

費晴湖

山水圖（為眉山先生作）	卷	紙	水墨	不詳	乾隆戊申五十三年（1788）仲冬	日本 東京張允中先生	
松石圖	軸	綾	水墨	151.5 × 60.6	丙辰（嘉慶元年，1796）夏日	日本 大阪藤野隆三先生	
山水圖	軸	紙	水墨	87.9 × 28.8		日本 大阪藤野隆三先生	
溪山獨釣圖	軸	紙	水墨	38.5 × 58.5		日本 大阪橋本大乙先生	

名稱	形式	質地	色彩	尺寸 高x寬㎝	創作時間	收藏處所	典藏號碼
西湖扁舟圖	軸	絹	設色	97.5 x 23.9		日本 大阪橋本大乙先生	
米氏山水圖	軸	絹	設色	89 x 36.3	丙辰（嘉慶元年，1796）夏仲	日本 大阪橋本大乙先生	
花谿村舍圖	軸	紙	設色	不詳		日本 組田昌平先生	
合董北苑、米襄陽筆法山水圖	軸	紙	水墨	不詳		日本 組田昌平先生	
山水圖	軸	紙	水墨	51 x 23.5		日本 中埜又左衛門先生	
山麓艤舟圖	軸	絹	水墨	100.5 x 44.1		日本 中埜又左衛門先生	

畫家小傳：費晴湖。字守天。號耕元道人、耕霞使者。浙江苕溪人。善畫。高宗乾隆五十年（1785）左右，曾東渡日本。與伊孚九、張秋谷、江稼圃，合稱舶日清人四大家。署款紀年作品見於仁宗嘉慶元(1796)年。（見日本支那畫家辭典）

胡 桂

名稱	形式	質地	色彩	尺寸 高x寬㎝	創作時間	收藏處所	典藏號碼
繪高宗御書隆福寺行宮六景詩圖	卷	紙	設色	24.1 x 159.3		台北 故宮博物院	故畫 01743
繪高宗題文津閣趣亭月台詩意	卷	紙	設色	不詳		台北 故宮博物院	中畫 00244
溪山垂釣	軸	紙	設色	141 x 44.7		台北 故宮博物院	中畫 00184
雪山蕭寺	軸	紙	水墨	141.6 x 44.8		台北 故宮博物院	中畫 00185
倚杖聽泉	軸	紙	水墨	142.3 x 45.1		台北 故宮博物院	中畫 00186
楓溪書屋	軸	紙	設色	142.8 x 44.8		台北 故宮博物院	中畫 00187
秋山琴話	軸	紙	水墨	142.5 x 44.8		台北 故宮博物院	中畫 00188
柳蔭農村（秋農空山）	軸	紙	設色	142 x 45		台北 故宮博物院	中畫 00189
岑樓烟雨	軸	紙	水墨	142.4 x 45.1		台北 故宮博物院	中畫 00190
畫山水（8幀）	冊	紙	設色	不詳		台北 故宮博物院	故畫 03402
春台積翠（8幀）	冊	紙	設色	不詳		台北 故宮博物院	故畫 03403
柳岸遠帆（夏旬含薰冊之1）	冊	紙	設色	不詳		台北 故宮博物院	故畫 03404-1
夏雨欲來（夏旬含薰冊之2）	冊	紙	設色	不詳		台北 故宮博物院	故畫 03404-2
雲山荷塘（夏旬含薰冊之3）	冊	紙	設色	不詳		台北 故宮博物院	故畫 03404-3
平湖放艇（夏旬含薰冊之4）	冊	紙	設色	不詳		台北 故宮博物院	故畫 03404-4

名稱	形式	質地	色彩	尺寸 高×寬㎝	創作時間	收藏處所	典藏號碼
夏山溪橋（夏旬含薰冊之5）	冊	紙	設色	不詳		台北 故宮博物院	故畫 03404-5
夏山煙雲（夏旬含薰冊之6）	冊	紙	設色	不詳		台北 故宮博物院	故畫 03404-6
堤岸閒釣（夏旬含薰冊之7）	冊	紙	設色	不詳		台北 故宮博物院	故畫 03404-7
蘆汀捕魚（夏旬含薰冊之8）	冊	紙	設色	不詳		台北 故宮博物院	故畫 03404-8
秋宇澄空（8幀）	冊	紙	設色	不詳		台北 故宮博物院	故畫 03405
冬嚴真靜（8幀）	冊	紙	設色	不詳		台北 故宮博物院	故畫 03406
秋林遠山（胡桂煙雲蜚秀冊之1）	冊頁	紙	設色	19 × 25.5		台北 故宮博物院	中畫 00127-1
春山撒網（胡桂煙雲蜚秀冊之2）	冊頁	紙	設色	19 × 25.5		台北 故宮博物院	中畫 00127-2
桐蔭清夏（胡桂煙雲蜚秀冊之3）	冊頁	紙	設色	19 × 25.5		台北 故宮博物院	中畫 00127-3
風雨歸舟（胡桂煙雲蜚秀冊之4）	冊頁	紙	設色	19 × 25.5		台北 故宮博物院	中畫 00127-4
山村歸農（胡桂煙雲蜚秀冊之5）	冊頁	紙	設色	19 × 25.5		台北 故宮博物院	中畫 00127-5
山林雨霽（胡桂煙雲蜚秀冊之6）	冊頁	紙	設色	19 × 25.5		台北 故宮博物院	中畫 00127-6
山村訪友（胡桂煙雲蜚秀冊之7）	冊頁	紙	設色	19 × 25.5		台北 故宮博物院	中畫 00127-7
關山漁帆（胡桂煙雲蜚秀冊之8）	冊頁	紙	設色	19 × 25.5		台北 故宮博物院	中畫 00127-8
蒼山飛鴻（胡桂煙雲蜚秀冊之9）	冊頁	紙	設色	19 × 25.5		台北 故宮博物院	中畫 00127-9
松山隱舍（胡桂煙雲蜚秀冊之10）	冊頁	紙	設色	19 × 25.5		台北 故宮博物院	中畫 00127-10
春山探幽（胡桂水木清華冊之1）	冊頁	紙	設色	19 × 25.5		台北 故宮博物院	中畫 00128-1
待渡圖（胡桂水木清華冊之2）	冊頁	紙	設色	19 × 25.5		台北 故宮博物院	中畫 00128-2
賞月圖（胡桂水木清華冊之3）	冊頁	紙本	設色	19 × 25.5		台北 故宮博物院	中畫 00128-3
山溪歸漁（胡桂水木清華冊之4）	冊頁	紙本	設色	19 × 25.5		台北 故宮博物院	中畫 00128-4

名稱	形式	質地	色彩	尺寸 高×寬 cm	創作時間	收藏處所	典藏號碼
楓堤賞月（胡桂水木清華冊之5）	冊頁	紙本	設色	19 × 25.5		台北 故宮博物院	中畫 00128-5
山溪水樹（胡桂水木清華冊之6）	冊頁	紙本	設色	19 × 25.5		台北 故宮博物院	中畫 00128-6
富春山色（胡桂水木清華冊之7）	冊頁	紙本	設色	19 × 25.5		台北 故宮博物院	中畫 00128-7
蒼壁懸瀑（胡桂水木清華冊之8）	冊頁	紙本	設色	19 × 25.5		台北 故宮博物院	中畫 00128-8
崇嶺古剎（胡桂水木清華冊之9）	冊頁	紙本	設色	19 × 25.5		台北 故宮博物院	中畫 00128-9
松山尋道（胡桂水木清華冊之10）	冊頁	紙本	設色	19 × 25.5		台北 故宮博物院	中畫 00128-10

畫家小傳：胡桂。字月香。江蘇吳縣人。善畫山水、花卉，一以惲南田為法。乾隆、嘉慶兩朝供奉畫院。署款紀年作品見於高宗乾隆五十（1785）至仁宗嘉慶四（1799）年。（見甌缽羅室書畫過目考、中國畫家人名大辭典）

周訓禮

名稱	形式	質地	色彩	尺寸 高×寬 cm	創作時間	收藏處所	典藏號碼
指畫樹石花卉圖（8幀）	冊	紙	設色	不詳	乾隆五十年（乙巳，1785）	太原 山西省博物館	

畫家小傳：周訓禮。畫史無載。署款紀年作品見於高宗乾隆五十(1785)年。身世待考。

李敬思

名稱	形式	質地	色彩	尺寸 高×寬 cm	創作時間	收藏處所	典藏號碼
山水圖	軸	絹	設色	141.7 × 47.2		日本 大阪橋本大乙先生	

畫家小傳：李敬思。號紉齋，又號癡道人。松陵人，寄籍順天。乾隆時供奉內廷。畫石最佳，所繪巨石，以焦墨勾勒，略事渲染，蒼潤渾樸，森然立於紙外，洵絕技也。墨竹次之，花木又次之，亦能山水、人物。（見墨林今話、讀畫閒評、中國畫家人名大辭典）

章 于

名稱	形式	質地	色彩	尺寸 高×寬 cm	創作時間	收藏處所	典藏號碼
蔭柏群猴圖	軸	紙	設色	212 × 89.8	乙卯（乾隆六十年，1795）	天津 天津市藝術博物館	
古木群猿圖（章逸、章于合作）	軸	絹	設色	不詳	乙巳（乾隆五十年，1785）冬至	無錫 江蘇省無錫市博物館	
百猿圖	橫幅	紙	設色	不詳		成都 四川大學	
猴圖（？幀）	冊	絹	設色	不詳	嘉慶丙寅（十一年，1806）九秋	太原 山西省博物館	

名稱	形式	質地	色彩	尺寸 高x寬cm	創作時間	收藏處所	典藏號碼

畫家小傳：章于。號梓邨。江蘇無錫人。以善畫猿猴著名。流傳署款紀年作品見於高宗乾隆五十(1785)年，至仁宗嘉慶十一（1806）
年。（見耕硯田齋筆記、中國畫家人名大辭典）

朱璨英

杏花（藝林清賞冊之7）	摺扇面	紙	設色	18.1 x 51.2		台北 故宮博物院	故畫 03490-7

畫家小傳：朱璨英。畫史無載。身世待考。

章 鈺
附：

暗香疏影圖	軸	紙	水墨	不詳		北京 中國文物商店總店	

畫家小傳：章鈺。畫史無載。身世待考。

馬 咸

立展圖	軸	絹	設色	63.7 x 41.6		天津 天津市藝術博物館	

畫家小傳：馬咸。字嵩洲。號澤山。浙江平湖人。工楷書，精篆刻。善畫山水，宗法南北二宗，仿小李將軍筆意者，渲染工細，金碧輝煌，
尤為可愛。（見墨香居畫識、墨林今話、中國畫家人名大辭典）

高振南

指畫山水人物圖	軸	絹	設色	不詳		南京 南京市博物館	

畫家小傳：高振南。畫史無載。身世待考。

趙九鼎

蘭圖（8幀）	冊	紙	水墨	不詳		南京 南京市博物館	

畫家小傳：趙九鼎。字蘭癡。江蘇泰州（一作興化）人。高宗乾隆時，供奉內廷。工畫蘭，深得板橋筆妙。（見墨林今話、耕硯田齋
筆記、中國畫家人名大辭典）

徐時顯

春夜宴桃李園圖	軸	絹	設色	96 x 86		鎮江 江蘇省鎮江市博物館	

畫家小傳：徐時顯。字子揚。浙江山陰人。工畫人物、仕女；兼善花卉，賦色鮮麗而精絕。（見墨香居畫識、中國畫家人名大辭典）

孟九涵

蘆蟹圖	軸	絹	水墨	86.2 x 37.3		日本 長崎縣立美術博物館	AI 口 5

畫家小傳：孟九涵。畫史無載。身世待考。

名稱	形式	質地	色彩	尺寸 高×寬㎝	創作時間	收藏處所	典藏號碼

張 崟

名稱	形式	質地	色彩	尺寸 高×寬㎝	創作時間	收藏處所	典藏號碼
黃山圖（為峒齋作）	卷	紙	設色	29.5 × 194.2	庚申（嘉慶五年，1800）	北京 故宮博物院	
京口三山圖	卷	紙	設色	29.5 × 194.2	丁亥（道光七年，1827）正月	北京 故宮博物院	
三山送別圖	卷	紙	設色	不詳		北京 故宮博物院	
山水圖（潘思牧等四人山水合卷4之1段）	卷	紙	設色	23 × 79.9		北京 故宮博物院	
枕江樓圖（三段，張崟、郭汝礪、潘思牧、鮑文逵、顧鶴同作）	卷	紙	設色	不詳		北京 中國歷史博物館	
京江送別圖（為石樵作）	卷	絹	設色	41.5 × 260.2	癸未（道光三年，1823）	北京 首都博物館	
匏村圖	卷	紙	設色	30.5 × 129.8	道光元年（辛巳，1821）	天津 天津市藝術博物館	
送別圖	卷	紙	設色	不詳	嘉慶癸亥（八年，1803）	上海 上海古籍書店	
詩龕圖（黃均、方薰、朱鶴年、朱昂之、朱本、張崟、朱文新、嚴鈺、吳應年等作詩龕圖合璧卷之1）	卷	紙	設色	不詳	嘉慶丙寅（十一年，1806）	鎮江 江蘇省鎮江市博物館	
寒食圖	卷	紙	設色	13 × 162		鎮江 江蘇省鎮江市博物館	
臨顧新居第三圖（為潘功甫作）	卷	紙	設色	23.9 × 200.5	道光乙酉（五年，1825）嘉平月	蘇州 江蘇省蘇州博物館	
萬壑松濤圖	卷	紙	水墨	不詳		長沙 湖南省圖書館	
蓮因圖（為蓮因作）	卷	紙	設色	32.5 × 293	辛未（嘉慶十六年，1811）三月	廣州 廣東省博物館	
山水	軸	紙	設色	不詳		台北 故宮博物院	國贈 005387
山水圖	軸	紙	水墨	103.6 × 45.7		台北 故宮博物院(蘭千山館寄存)	
仿王蒙畫南村圖	軸	紙	設色	148.5 × 81	癸未（道光三年，1823）中秋前三日	台北 清玩雅集	
仿王蒙山水圖	軸	紙	設色	124 × 40		台中 葉啟忠先生	

名稱	形式	質地	色彩	尺寸 高×寬cm	創作時間	收藏處所	典藏號碼
山亭夜月圖	軸	紙	設色	156 × 39	癸未（道光三年，1823）	長春 吉林省博物館	
溪軒雅集圖	軸	紙	設色	123 × 63	庚子（乾隆四十五年，1780）	瀋陽 故宮博物院	
松山聽琴圖	軸	紙	設色	137 × 51	甲戌（嘉慶十九年，1814）	瀋陽 故宮博物院	
玫園行樂圖（張釜、王州元等十人合作）	軸	絹	設色	58.1 × 92.6	辛亥（乾隆五十六年，1791）	瀋陽 遼寧省博物館	
樂志圖	軸	絹	設色	142.5 × 63.3		瀋陽 遼寧省博物館	
觀瀑圖	軸	絹	設色	108.6 × 47		瀋陽 遼寧省博物館	
焦山圖	軸	紙	設色	不詳	戊午（嘉慶三年，1798）十月	北京 故宮博物院	
臨王蒙溪山高隱圖	軸	紙	設色	不詳	丙子（嘉慶二十一年，1816）夏	北京 故宮博物院	
仿朱澤民山水圖	軸	紙	水墨	不詳	丁丑（嘉慶二十二年，1817）初冬	北京 故宮博物院	
羅浮醉夢圖	軸	紙	設色	不詳	戊寅（嘉慶二十三年，1818）春日	北京 故宮博物院	
山海長春圖	軸	紙	設色	不詳	辛巳（道光元年，1821）春	北京 故宮博物院	
秋山紅樹圖	軸	紙	設色	118.5 × 30.8		北京 故宮博物院	
竹深荷靜圖	軸	紙	設色	不詳	壬午（道光二年，1822）三月	北京 中國歷史博物館	
天目山獅子岩重雲塔院圖	軸	紙	設色	不詳	丙子（嘉慶二十一年，1816）三月清明前二日	天津 天津市藝術博物館	
古木雲崖圖	軸	紙	設色	不詳	乙卯（嘉慶二十四年，1819）	天津 天津市藝術博物館	
元氣淋漓圖	軸	紙	水墨	不詳	甲申（道光四年，1824）	天津 天津市藝術博物館	
山居圖	軸	絹	設色	不詳		天津 天津市藝術博物館	
山樓玩月圖	軸	紙	設色	不詳		天津 天津市藝術博物館	
山靜日長圖	軸	紙	設色	185.5 × 99		天津 天津市藝術博物館	

名稱	形式	質地	色彩	尺寸 高x寬㎝	創作時間	收藏處所	典藏號碼
仿雲溪老人山水圖	軸	紙	設色	不詳		天津 天津市藝術博物館	
秋葵湖石圖	軸	紙	設色	不詳		天津 天津市藝術博物館	
山居圖	軸	紙	設色	153.5 × 77	丙戌（道光六年，1826）	天津 天津市文化局文物處	
仿董、巨遺法山水圖	橫幅	絹	設色	116 × 207	丁丑（嘉慶二十二年，1817）	天津 天津市美術學院	
仿王蒙南村圖	軸	紙	設色	136 × 63	道光三年（癸未，1823）	石家莊 河北省博物館	
臨溪觀水圖	軸	紙	設色	298 × 113	道光元年（辛巳，1821）二月	濟南 山東省博物館	
仿巨然溪山無盡圖	軸	紙	設色	143.5 × 48.2	嘉慶十三年（戊辰，1808）十二月十八日	青島 山東省青島市博物館	
青山白雲圖（為積庵作）	軸	紙	設色	不詳	庚辰（嘉慶二十五年，1820）上元後二日	太原 山西省博物館	
天目山圖（為渭泉作）	軸	紙	設色	163 × 54	昭陽作噩（癸酉，嘉慶十八年，1813）孟冬	西安 陝西歷史博物館	
樂志論圖	軸	紙	設色	不詳	道光六年（丙戌，1826）初夏	西安 陝西省博物館	
關山夜月圖	軸	紙	設色	93 × 30.4	乾隆甲辰（四十九年，1784）	合肥 安徽省博物館	
秋林觀瀑圖（為鳳來作）	軸	紙	設色	125.8 × 41.5	庚辰（嘉慶二十五年，1820）春分	上海 上海博物館	
夏山欲雨圖（為書五作）	軸	紙	設色	150.1 × 62.7	庚辰（嘉慶二十五年，1820）夏日	上海 上海博物館	
和諧圖	軸	紙	設色	110.7 × 40.8	道光丁亥（七年，1827）秋日	上海 上海博物館	
秋林讀書圖	軸	紙	設色	不詳		上海 上海博物館	
山水圖	軸	絹	設色	不詳		上海 上海古籍書店	
春流出峽圖（為薌谷作）	軸	紙	設色	145.9 × 64.1	戊寅（嘉慶二十三年，1818）春	南京 南京博物院	
巴峽雪消春水來詩意圖	軸	紙	水墨	不詳	戊寅（嘉慶二十三年，1818）	南京 南京博物院	

名稱	形式	質地	色彩	尺寸 高x寬cm	創作時間	收藏處所	典藏號碼
山巖試茗圖（為應侯作）	軸	絹	設色	不詳	庚辰（嘉慶二十五年，1820）上元前二日	南京 南京博物院	
梅林觴飲圖	軸	絹	設色	97.2 × 54.5		南京 南京博物院	
寒江獨釣圖	軸	紙	設色	142 × 35.4		南京 南京博物院	
山徑策杖圖	軸	紙	設色	95.6 × 39.7		南京 江蘇省美術館	
山居圖（為錦泉作）	軸	紙	設色	143 × 78	道光四年（甲申，1824）四月	鎮江 江蘇省鎮江市博物館	
山水圖	軸	紙	設色	不詳	乙酉（道光五年，1825）八月	鎮江 江蘇省鎮江市博物館	
溪山消夏圖	軸	紙	設色	不詳	道光丁亥（七年，1827）六月	鎮江 江蘇省鎮江市博物館	
山水圖	軸	紙	水墨	不詳	道光丁亥（七年，1827）六月	鎮江 江蘇省鎮江市博物館	
墨竹圖	軸	紙	水墨	135.5 × 26.5	戊子（道光八年，1828）	鎮江 江蘇省鎮江市博物館	
山水圖	軸	紙	設色	不詳		鎮江 江蘇省鎮江市博物館	
仿王蒙山水圖	軸	絹	水墨	不詳		鎮江 江蘇省鎮江市博物館	
仿梅道人山水圖	軸	紙	設色	不詳		鎮江 江蘇省鎮江市博物館	
喬松圖	軸	紙	水墨	124 × 40.5		鎮江 江蘇省鎮江市博物館	
松窗讀易圖	軸	紙	設色	不詳		常熟 江蘇省常熟市文物管理委員會	
山色雲光圖	軸	金箋	設色	140.8 × 81.4		杭州 浙江省博物館	
松山書屋圖	軸	紙	設色	不詳	庚辰（嘉慶二十五年，1820）	武漢 湖北省博物館	
山寺停舟圖	軸	紙	設色	173 × 52		武漢 湖北省博物館	
仿仇英山水圖	軸	紙	設色	135 × 31.9		成都 四川省博物	
江樓遠望圖	軸	紙	設色	142 × 39.5		成都 四川大學	
仿吳鎮草亭詩意圖	軸	紙	水墨	不詳	道光元年（辛巳，1821）	重慶 重慶市博物館	
仿錢選山水圖	軸	絹	設色	172.5 × 86.5	甲戌（嘉慶十九年1814）	廣州 廣東省博物館	
春山疊翠圖	軸	紙	設色	不詳	道光甲申（四年，1824）	廣州 廣東省博物館	

名稱	形式	質地	色彩	尺寸 高×寬cm	創作時間	收藏處所	典藏號碼
銀麓老屋圖（為子清作）	軸	紙	設色	163 × 54	道光七年（丁亥，1827）四月立夏前五日	廣州 廣東省博物館	
樹蔭納涼圖	軸	紙	設色	111 × 54	己卯（嘉慶二十四年，1819）仲秋	廣州 廣州市美術館	
山靜日長圖	軸	紙	設色	176.3 × 94	乙酉（道光五年，1825）	蘭州 甘肅省博物館	
山水（仿白石翁坐子午圖）	軸	紙	水墨	97.3 × 32.1	壬午（道光二年，1822）又三月初十日	日本 京都富岡益太郎先生	
臨盛子昭雲松圖	軸	紙	設色	101.2 × 45.5	壬午（道光二年，1822）秋八月	日本 大阪齋藤悅藏先生	
仿小米山水	軸	紙	水墨	133.9 × 50.3		日本 大阪齋藤悅藏先生	
山水圖	軸	紙	設色	124.8 × 46.6		韓國 私人	
山水圖	軸	紙	水墨	80.5 × 30.6		美國 普林斯頓大學藝術館	
山水圖	軸	紙	水墨	136.4 × 39		美國 普林斯頓大學藝術館（Edward Elliott 先生寄存）	L205.70
松溪歸棹圖	軸	絹	設色	157 × 94	丁卯（嘉慶十二年，1807）夏六月	美國 鳳凰市美術館（Mr.Roy And Marilyn Papp 寄存）	
梅花（國朝名繪冊之3）	冊頁	紙	設色	25.5 × 23.2		台北 故宮博物院	故畫 01278-3
仿古山水圖（12幀）	冊	紙	設色、水墨	不詳	乙酉（道光五年，1825）冬	香港 王南屏先生	
天目山獨樂亭圖	摺扇面	紙	設色	17 × 52.5		北京 首都博物館	
柳永詞意圖	摺扇面	紙	設色	不詳	丙戌（道光六年，1826）	揚州 江蘇省揚州市博物館	
江南風景圖（12幀，為法梧門作）	冊	紙	設色	（每幀）20.4 × 28.4	辛未（嘉慶十六年，1811）正月	上海 上海博物館	
江南風景圖（12幀，為法梧門作）	冊	紙	設色	不詳	癸酉（嘉慶十八年，1813）正月	上海 上海博物館	
鎮江名勝圖（10幀，為頤道作）	冊	紙	水墨	（每幀）35 × 19.5	壬午（道光二年，1822）七月	鎮江 江蘇省鎮江市博物館	
松蔭話舊圖	摺扇面	紙	設色	不詳	丁丑（嘉慶二十二	南寧 廣西壯族自治區博物館	

名稱	形式	質地	色彩	尺寸 高×寬㎝	創作時間	收藏處所	典藏號碼
					年，1817)		

附：

名稱	形式	質地	色彩	尺寸 高×寬㎝	創作時間	收藏處所	典藏號碼
枕江樓圖（三卷合卷之第一卷）	卷	紙	設色	26 × 109.2	乙丑（嘉慶十年，1805）秋九月六日	紐約 佳士得藝品拍賣公司/拍賣目錄 1994,06,01.	
秋景山水圖	軸	紙	設色	169.7 × 32.1		北京 中國文物商店總店	
道場初地圖	軸	紙	設色	不詳	壬申（嘉慶十七年，1812）四月	北京 北京市文物商店	
仿宋人法作釜華仙蹤圖	軸	紙	設色	不詳	甲戌（嘉慶十九年，1814）九月望	北京 榮寶齋	
松溪賣魚圖	軸	紙	設色	不詳	戊子（道光八年，1828）正月	揚州 揚州市文物商店	
臨王蒙林泉清集圖（為澹老作）	軸	紙	設色	不詳	道光四年甲申（1824）冬日	上海 朵雲軒	
仿王蒙南村圖（為藹甫作）	軸	紙	設色	不詳	道光五年（乙酉，1825）中秋前二日	上海 朵雲軒	
南村圖	軸	紙	設色	141 × 77	道光五年（乙酉，1825）	上海 朵雲軒	
小亭獨坐圖	軸	紙	設色	70 × 34		上海 朵雲軒	
仿曹雲西法山水圖	軸	紙	設色	116.1 × 38.1	戊辰（嘉慶十三年1808）六月二日	紐約 蘇富比藝品拍賣公司/拍賣目錄 1981,05,08.	
仿米友仁意雲山圖	軸	紙	水墨	135.2 × 52.7		紐約 蘇富比藝品拍賣公司/拍賣目錄 1982,06,05.	
山水圖	軸	紙	設色	146 × 40	癸未（道光三年，1823）春	紐約 蘇富比藝品拍賣公司/拍賣目錄 1984,06,13.	
倚石偎松圖	軸	紙	設色	174 × 88.2		紐約 蘇富比藝品拍賣公司/拍賣目錄 1984,12,05.	
松竹草堂圖	軸	紙	設色	118.5 × 33.7	嘉慶辛未（十六年，1811）首春	紐約 佳仕得藝品拍賣公司/拍賣目錄 1986,06,04.	
春山勝概圖	軸	紙	設色	178.7 × 67.3		紐約 蘇富比藝品拍賣公司/拍賣目錄 1987,12,04.	
松館晤談圖	軸	紙	設色	116.9 × 29.8	道光五年（乙酉，1825）嘉平月夕	紐約 蘇富比藝品拍賣公司/拍賣目錄 1987,12,04.	

名稱	形式	質地	色彩	尺寸 高×寬cm	創作時間	收藏處所	典藏號碼
仿王蒙山水圖	軸	紙	設色	94 × 30.5	癸酉（嘉慶十八年，1813）小春	紐約 蘇富比藝品拍賣公司/拍賣目錄 1988,11,30.	
僧寮論畫圖	軸	紙	水墨	78.8 × 30.5	嘉慶壬戌（七年，1802）嘉平月廿七日	紐約 佳士得藝品拍賣公司/拍賣目錄 1988,06,02.	
春耕圖	軸	紙	設色	107.3 × 28	丁丑（嘉慶二十二年，1817）秋日	紐約 佳士得藝品拍賣公司/拍賣目錄 1988,11,30.	
白雲紅樹圖	軸	紙	水墨	142.2 × 51	甲子（嘉慶九年，1804）清和	香港 佳士得藝品拍賣公司/拍賣目錄 1991,03,18.	
松坪遠眺圖	軸	紙	水墨	137.2 × 39		紐約 佳士得藝品拍賣公司/拍賣目錄 1991,11,25.	
秋山蕭寺圖	軸	紙	設色	111.5 × 41	己卯（嘉慶二十四年，1819）子月	紐約 佳士得藝品拍賣公司/拍賣目錄 1992,06,02.	
樂水圖	軸	紙	設色	136 × 63	丁亥（道光七年，1827）十月	紐約 佳士得藝品拍賣公司/拍賣目錄 1992,12,02.	
賣魚沽酒圖	軸	紙	設色	152 × 82.5	戊子（乾隆五十七年，1792）正月	紐約 佳士得藝品拍賣公司/拍賣目錄 1992,12,02.	
山溪古寺圖	軸	紙	設色	132 × 29		紐約 佳士得藝品拍賣公司/拍賣目錄 1993,06,04.	
山水圖	軸	紙	設色	175.3 × 93.3	乙酉（道光五年，1825）秋日	紐約 佳士得藝品拍賣公司/拍賣目錄 1995,3,22.	
青橋歸漁圖	軸	紙	設色	152 × 77	庚午（嘉慶十五年，1810）杪秋	紐約 佳士得藝品拍賣公司/拍賣目錄 1995,9,19.	
山水（4幅）	軸	紙	水墨	（每幅）26 × 66		紐約 佳士得藝品拍賣公司/拍賣目錄 1996,03,27.	
溪山清霽圖	軸	紙	設色	166 × 41.8	己卯（嘉慶二十四年，1819）長至之晨	香港 佳士得藝品拍賣公司/拍賣目錄 1996,04,28.	
柳溪釣叟圖	軸	紙	設色	94 × 30.7	庚寅（嘉慶二十五年，1820）春日	紐約 佳士得藝品拍賣公司/拍賣目錄 1998,03,24.	
霜林歸鴉圖	摺扇面	紙	設色	不詳		揚州 揚州市文物商店	
送別圖（為國賡作）	摺扇面	紙	設色	不詳	辛酉（嘉慶六年，1801）初秋	上海 朵雲軒	
山水圖（10幀）	冊	紙	水墨	（每幀）24 × 31	道光五年，乙酉（1825）	上海 朵雲軒	

名稱	形式	質地	色彩	尺寸 高×寬cm	創作時間	收藏處所	典藏號碼
臨金陵八家山水圖（8幀）	冊	金箋	設色	不詳	道光五年（乙酉，1825）七月廿一	上海 朵雲軒	
山水圖（7幀，張崟、顧鶴慶合作）	冊	紙	水墨	不詳		上海 朵雲軒	
山水圖（8幀）	冊	紙	水墨	（每幀）28.4 × 34.8		紐約 佳士得藝品拍賣公司/拍賣目錄1992,12,02.	
山水圖（2幀）	摺扇面	紙	水墨	不詳	辛巳（道光元年，1821）夏至後五日	香港 蘇富比藝品拍賣公司/拍賣目錄1999,10,31.	

畫家小傳：張崟。早年名崶。字寶崖、夕庵。江蘇丹徒人。生於高宗乾隆二十六（1761）年，卒於宣宗道光九（1829）年。中貢生。以詩畫著名京江。花卉、竹石、佛像超絕；山水出入文、沈，遠紹宋元。（見墨香居畫識、桐陰論畫、墨林今話、張夕庵年譜、中國畫家人名大辭典）

朱 本

名稱	形式	質地	色彩	尺寸 高×寬cm	創作時間	收藏處所	典藏號碼
臨戈紀二老比肩圖（潘渭、朱本合作）	卷	絹	設色	不詳	嘉慶庚申（五年，1800）	石家莊 河北省博物館	
詩龕圖（朱本、陳森、錢維喬、奚岡、黃鉞、王澤、多慶等作詩龕圖合璧卷之1）	卷	紙	設色	不詳		鎮江 江蘇省鎮江市博物館	
詩龕圖（顧鶴慶、朱鶴年、孫銓、朱本、馬履泰、張問陶、宋葆淳、陳詩庭、吳文徵、王霖、吳烜等詩龕圖合璧卷之1）	卷	紙	設色	不詳	嘉慶己未（四年，1799）	鎮江 江蘇省鎮江市博物館	
詩龕圖（黃均、方薰、朱鶴年、朱昂之、朱本、張崟、朱文新、嚴鈺、吳應年等作詩龕圖合璧卷之1）	卷	紙	設色	不詳	嘉慶丙寅（十一年，1806）	鎮江 江蘇省鎮江市博物館	
蘭石竹圖（瑛寶、朱本、朱鶴年、顧鶴慶、韵亭合作）	卷	紙	水墨	26.1 × 261.5	嘉慶壬戌（七年，1802）	重慶 重慶市博物館	
林巒攢玉圖	軸	紙	設色	不詳	嘉慶庚申（五年，1800）	北京 故宮博物院	
柳燕圖	軸	紙	設色	不詳	乙丑（嘉慶十年，1805）	天津 天津市藝術博物館	
蜀棧秋深圖	軸	金箋	設色	161 × 62.8	嘉慶丙寅（十一年，1806）	天津 天津市藝術博物館	
仿九龍山人山水圖	軸	紙	設色	不詳		天津 天津市藝術博物館	

名稱	形式	質地	色彩	尺寸 高×寬㎝	創作時間	收藏處所	典藏號碼
仿大癡山水圖	軸	絹	設色	不詳		天津 天津市藝術博物館	
芍藥圖	軸	絹	設色	不詳		天津 天津市藝術博物館	
龍孫柘竹圖	軸	金箋	設色	不詳		天津 天津市藝術博物館	
課子圖	軸	紙	水墨	93.5 × 43	嘉慶辛未（十六年，1811）秋	泰州 江蘇省泰州市博物館	
桃竹雙鴨圖	橫幅	絹	設色	131.5×178.3	嘉慶甲戌（十九年，1814）嘉平	揚州 江蘇省揚州市博物館	
青山宿緣圖	軸	紙	水墨	不詳	乙亥（嘉慶二十年，1815）	揚州 江蘇省揚州市博物館	
柳燕圖	軸	紙	設色	不詳		揚州 江蘇省揚州市博物館	
山水圖	軸	紙	水墨	176 × 46.6		上海 上海博物館	
蘭竹石圖	軸	紙	水墨	不詳	丙子（嘉慶二十一年，1816）	鎮江 江蘇省鎮江市博物館	
坐對梅花圖	軸	絹	設色	不詳		無錫 江蘇省無錫市博物館	
紅葉滄江圖（為理人作）	軸	紙	設色	112 × 51.8	己未（嘉慶四年，1799）夏日	重慶 重慶市博物館	
春江晴靄圖	軸	絹	設色	88.8 × 56		日本 東京帝室博物館	
秋林撫琴圖（為仲錫二兄作）	軸	絹	設色	114 × 36.5		日本 大阪橋本大乙先生	
兒童放風箏圖	軸	紙	設色	不詳		日本 江田勇二先生	
詩盦雅集圖（顧鶴慶、孫銓、高玉階、朱本、朱鶴年合作）	軸	紙	設色	91.4 × 28.8		美國 聖路易斯市藝術館	43.1988
金鳳花（清花卉畫冊六冊之2）	摺扇面	紙	設色	16.4 × 50		台北 故宮博物院	故畫 03522-2
法源寺圖（清朱鶴年等法源寺書畫冊 14 之 1 幀）	冊頁	紙	設色	不詳		上海 上海博物館	
附：							
臨唐寅慈烏圖	軸	紙	水墨	不詳		上海 朵雲軒	
芭蕉雙鴿圖	軸	絹	設色	147 × 42.8		武漢 湖北省武漢市文物商店	
鸞桐繹秋圖	軸	紙	設色	87.7 × 31.7	嘉慶丁卯（十二年，1807）春仲四日	紐約 佳仕得藝品拍賣公司/拍賣目錄 1986,12,01.	
百合花（秋葵葦石圖）	軸	紙	設色	不詳		紐約 蘇富比藝品拍賣公司/拍賣目錄 1988,06,01.	
雲壑流泉圖	軸	紙	水墨	107.5 × 45.8		紐約 佳士得藝品拍賣公司/拍賣目錄 1988,11,30.	
雙鴿圖	軸	紙	設色	92 × 39.5		紐約 佳士得藝品拍賣公司/拍賣目錄 1991,05,29.	

名稱	形式	質地	色彩	尺寸 高x寬cm	創作時間	收藏處所	典藏號碼

柳陰盲門圖　　　　　　摺扇面 紙　設色　不詳　　　　　　　　無錫 無錫市文物商店

山水圖（8幀）　　　　　冊　絹　水墨、（每幀）22.5　　　　　紐約 佳士得藝品拍賣公司/拍

設色　　×　26　　　　　　　　　賣目錄 1984，06，29．

畫家小傳：朱本。字溉夫。號素人。江蘇維揚人。生於高宗乾隆廿六（1761）年卒於仁宗嘉慶廿四（1819）年。工畫山水，兼善花
鳥、人物。流傳署款紀年作品見於仁宗嘉慶四(1799)至十九(1814)年。(見墨林今話、耕硯田齋筆記、歷代畫史彙傳、
中國畫家人名大辭典)

盧登棹

附：

山水圖　　　　　　　　軸　紙　水墨　不詳　　　丙午（乾隆五十一　上海 上海文物商店
年，1786）

畫家小傳：盧登棹（兩浙名畫記作盧焯、廣印人傳作盧登焯）。字震滄。浙江鄞縣人。善畫山水，禿筆焦墨，筆意蒼秀。流傳署款紀年
作品見於高宗乾隆五十一（1786）年。(見墨香居畫識、兩浙名畫記、莫愁湖志、廣印人傳、歷代畫史彙傳、中華畫人室隨
筆、中國畫家人名大辭典)

沈 忠

山水、花卉圖（12幀）　　冊　絹　設色　不詳　　　丙午（乾隆五十一　天津 天津市藝術博物館
年，1786）；丁未
（乾隆五十二年）

畫家小傳：沈忠。字德方。號丹崖。江蘇吳江人。為人精鑒賞，工畫山水、人物及花卉。流傳署款紀年作品見於高宗乾隆五十一
（1786）、五十二（1787）年。(見墨香居畫識、中國畫家人名大辭典)

胡鼎崧

晴壑閒雲圖（名人畫扇貳冊　摺扇面 紙　設色　不詳　　　　　　　　台北 故宮博物院　　　故畫 03557-6
下冊之6）

萬竿煙雨圖（名人畫扇貳冊　摺扇面 紙　水墨　不詳　　　　　　　　台北 故宮博物院　　　故畫 03557-7
下冊之7）

畫家小傳：胡鼎崧。字峻峰。居江蘇吳門。家世不詳。畫山水，有林壑氣象。與吳門畫師瞿雲屏相契。(見墨香居畫識、中國畫家人
名大辭典)

強應祥

林蔭茅亭圖（名人畫扇貳冊　摺扇面 紙　設色　不詳　　　　　　　　台北 故宮博物院　　　故畫 03557-8
下冊之8）

山水圖（名人畫扇貳冊下　摺扇面 紙　水墨　不詳　　　　　　　　台北 故宮博物院　　　故畫 03557-9
冊之9）

名稱	形式	質地	色彩	尺寸 高x寬cm	創作時間	收藏處所	典藏號碼
疎樹茆堂圖（名人畫扇貳冊 下冊之10）	摺扇面 紙		水墨	不詳		台北 故宮博物院	故畫 03557-10

畫家小傳：強應祥。畫史無載。身世待考。

葉文舟

指畫松石圖	軸	紙	水墨	119 x 45		埔里 蕭再火先生	
指畫松石圖	軸	紙	水墨	135 x 36		台南 楊文富先生	

畫家小傳：葉文舟。字晴帆。號藕香。廣東海澄人。高宗乾隆五十一（1786）年舉人。歷官連江、晉江、嘉義教諭。擅瑠指墨畫，喜
　　　　畫松、柏、石之屬。（見清代台南府城書畫展覽專集）

朱 沆

梅花圖（清趙之琛等梅花圖卷 之1段）	卷	紙	水墨	10 x 325		上海 上海博物館	
書畫（冊頁2幀裝成）	軸	印花箋	水墨	不詳		石家莊 河北省博物館	
附：							
鍾馗圖	軸	紙	設色	不詳		上海 上海文物商店	

畫家小傳：朱沆。字達夫。號完岳（一作浣芳）。大興人。書畫並善，兼工詩。所作水墨人物、山水，下筆風捷，尤宜大幅；亦長墨竹，
　　　　幽篁叢篠，颯然以清，深得明魯得之遺韻；間亦作雜畫。（見墨林今話、耕硯田齋筆記、中國畫家人名大辭典）.

王應曾

法源寺圖（清朱鶴年等法源寺 書畫冊14之1幀）	冊頁	紙	設色	不詳		上海 上海博物館	

畫家小傳：王應曾。畫史無載。約與朱鶴年同時。身世待考。

董 內

法源寺圖（清朱鶴年等法源寺 書畫冊14之1幀）	冊頁	紙	設色	不詳		上海 上海博物館	

畫家小傳：董內。畫史無載。約與朱鶴年同時。身世待考。

蔡本俊

法源寺圖（清朱鶴年等法源寺 書畫冊14之1幀）	冊頁	紙	設色	不詳		上海 上海博物館	

畫家小傳：蔡本俊。畫史無載。約與朱鶴年同時。身世待考。

郭汝礪

名稱	形式	質地	色彩	尺寸 高x寬cm	創作時間	收藏處所	典藏號碼
枕江樓圖（三段，張崟、郭汝礪、潘思牧、鮑文逵、顧鶴同作）	卷	紙	設色	不詳		北京 中國歷史博物館	

畫家小傳：郭汝礪。畫史無載。約與張崟同時。身世特考。

鮑文逵

枕江樓圖（三段，張崟、郭汝礪、潘思牧、鮑文逵、顧鶴同作）	卷	紙	設色	不詳		北京 中國歷史博物館	

畫家小傳：鮑文逵。畫史無載。約與張崟同時。身世特考。

顧　鶴

枕江樓圖（三段，張崟、郭汝礪、潘思牧、鮑文逵、顧鶴同作）	卷	紙	設色	不詳		北京 中國歷史博物館	

畫家小傳：顧鶴。畫史無載。約與張崟同時。身世特考。

羅福旼

清明上河圖	卷	紙	設色	不詳		北京 故宮博物院	

畫家小傳：羅福旼。籍里、身世不詳。乾隆時內廷供奉。工畫山水、人物。所畫樓臺參用幾何畫法，筆意極細。（國朝畫院錄、中國畫家人名大辭典）

蔣懋德

懷僧圖	卷	紙	水墨	不詳		北京 故宮博物院	
青山飛瀑	軸	紙	設色	162.4 x 71.1		台北 故宮博物院	中畫00201
仿沈周山水圖	軸	紙	設色	不詳		廣州 廣東省博物館	
九成宮圖（馮寧、蔣懋德畫九成宮圖冊之2）	冊頁	紙	設色	不詳		台北 故宮博物院	故畫03426-2

畫家小傳：蔣懋德。江蘇吳縣人。號竹村。客居京師數十年，與黃鉞友善。工畫山水，學董其昌而兼綜諸家。後入乾隆畫院供奉。得官山西巡檢。年逾七十歸里，猶賣畫以自給。（見墨林今話、國朝畫院錄、中國畫家人名大辭典）

沈　煥

職貢圖（4段）	卷	絹	設色	不詳		北京 故宮博物院	
職貢圖（黎明、程琳、沈煥、沈慶蘭合作）	卷	絹	設色	不詳		北京 故宮博物院	

名稱	形式	質地	色彩	尺寸 高×寬cm	創作時間	收藏處所	典藏號碼
卉服咸賓圖	卷	紙	設色	不詳		北京 故宮博物院	
煙江漁艇	軸	紙	設色	170.9 × 70.5		台北 故宮博物院	中畫 00119
蓮塘魚戲	軸	紙	設色	94.9 × 65.5		台北 故宮博物院	中畫 00200
春元如意圖	軸	紙	設色	118.2 × 57.4		天津 天津市藝術博物館	
長松高隱圖	軸	紙	設色	152 × 76.5		濟南 山東省博物館	
紅梅雙耳杯（沈煥畫仙苑清供冊之1）	冊頁	紙	設色	不詳		台北 故宮博物院	故畫 03420-1
萬年青花瓶（沈煥畫仙苑清供冊之2）	冊頁	紙	設色	不詳		台北 故宮博物院	故畫 03420-2
菊果蔬羊尊（沈煥畫仙苑清供冊之3）	冊頁	紙	設色	不詳		台北 故宮博物院	故畫 03420-3
靈芝文房用具（沈煥畫仙苑清供冊之4）	冊頁	紙	設色	不詳		台北 故宮博物院	故畫 03420-4
花卉圖(4幀)	冊	紙	設色	（每幀）14.2 × 28.4		日本 東京細川護貞先生	

畫家小傳：沈煥。籍里、身世不詳。工畫人物。乾隆朝供奉畫院。（見國朝畫院錄、中國畫家人名大辭典）

焦和貴

名稱	形式	質地	色彩	尺寸 高×寬cm	創作時間	收藏處所	典藏號碼
富貴長春（牡丹圖）	軸	紙	設色	182.7 × 70.2		台北 故宮博物院	中畫 00202

畫家小傳：焦和貴。畫史無載。疑為乾隆畫院畫家。待考。

馬文麟

名稱	形式	質地	色彩	尺寸 高×寬cm	創作時間	收藏處所	典藏號碼
鯽魚（馬文麟畫魚藻冊之1）	紈扇面	紙	設色	不詳		台北 故宮博物院	故畫 03411-1
金魚（馬文麟畫魚藻冊之2）	紈扇面	紙	設色	不詳		台北 故宮博物院	故畫 03411-2
鯉魚（馬文麟畫魚藻冊之3）	紈扇面	紙	設色	不詳		台北 故宮博物院	故畫 03411-3
金魚（馬文麟畫魚藻冊之4）	紈扇面	紙	設色	不詳		台北 故宮博物院	故畫 03411-4
鯉魚（馬文麟畫魚藻冊之5）	紈扇面	紙	設色	不詳		台北 故宮博物院	故畫 03411-5
鯽魚（馬文麟畫魚藻冊之6）	紈扇面	紙	設色	不詳		台北 故宮博物院	故畫 03411-6
金魚（馬文麟畫魚藻冊之7）	紈扇面	紙	設色	不詳		台北 故宮博物院	故畫 03411-7
金魚（馬文麟畫魚藻冊之8）	紈扇面	紙	設色	不詳		台北 故宮博物院	故畫 03411-8
金魚（馬文麟畫魚藻冊之9）	紈扇面	紙	設色	不詳		台北 故宮博物院	故畫 03411-9
魚藻（馬文麟畫魚藻冊之10）	紈扇面	紙	設色	不詳		台北 故宮博物院	故畫 03411-10

名稱	形式	質地	色彩	尺寸 高x寬㎝	創作時間	收藏處所	典藏號碼
草魚（馬文麟畫魚藻冊之11）	紈扇面	紙	設色	不詳		台北 故宮博物院	故畫 03411-11

畫家小傳：馬文麟。畫史無載。疑為乾隆畫院畫家。待考。

莊 瑗

名稱	形式	質地	色彩	尺寸 高x寬㎝	創作時間	收藏處所	典藏號碼
梅妻鶴子（清莊瑗人物畫甲冊之1）	冊頁	絹	設色	不詳		台北 故宮博物院	故畫 03428-1
江母待渡（清莊瑗人物畫甲冊之2）	冊頁	絹	設色	不詳		台北 故宮博物院	故畫 03428-2
春郊野宴（清莊瑗人物畫甲冊之3）	冊頁	絹	設色	不詳		台北 故宮博物院	故畫 03428-3
騎鹿探春（清莊瑗人物畫甲冊之4）	冊頁	絹	設色	不詳		台北 故宮博物院	故畫 03428-4
觀泉吟詩（清莊瑗人物畫甲冊之5）	冊頁	絹	設色	不詳		台北 故宮博物院	故畫 03428-5
松巖參禪（清莊瑗人物畫甲冊之6）	冊頁	絹	設色	不詳		台北 故宮博物院	故畫 03428-6
海浪起蛟（清莊瑗人物畫甲冊之7）	冊頁	絹	設色	不詳		台北 故宮博物院	故畫 03428-7
臨流聽風（清莊瑗人物畫甲冊之8）	冊頁	絹	設色	不詳		台北 故宮博物院	故畫 03428-8
移菊圖（清莊瑗人物畫甲冊之9）	冊頁	絹	設色	不詳		台北 故宮博物院	故畫 03428-9
石梁仙遊（清莊瑗人物畫甲冊之10）	冊頁	絹	設色	不詳		台北 故宮博物院	故畫 03428-10
山間三老（清莊瑗人物畫甲冊之11）	冊頁	絹	設色	不詳		台北 故宮博物院	故畫 03428-11
踏雪尋梅（清莊瑗人物畫甲冊之12）	冊頁	絹	設色	不詳		台北 故宮博物院	故畫 03428-12
仙人騎牛（清莊瑗人物畫乙冊之1）	冊頁	絹	設色	不詳		台北 故宮博物院	故畫 03429-1
乘輦（清莊瑗人物畫乙冊之2）	冊頁	絹	設色	不詳		台北 故宮博物院	故畫 03429-2
放鶴（清莊瑗人物畫乙冊之3）	冊頁	絹	設色	不詳		台北 故宮博物院	故畫 03429-3
柳塘觀魚（清莊瑗人物畫乙冊之4）	冊頁	絹	設色	不詳		台北 故宮博物院	故畫 03429-4

名稱	形式	質地	色彩	尺寸 高×寬㎝	創作時間	收藏處所	典藏號碼
松岩觀瀑（清莊瑗人物畫乙冊之5）	冊頁	絹	設色	不詳		台北 故宮博物院	故畫 03429-5
清溪漁釣（清莊瑗人物畫乙冊之6）	冊頁	絹	設色	不詳		台北 故宮博物院	故畫 03429-6
觀潮（清莊瑗人物畫乙冊之7）	冊頁	絹	設色	不詳		台北 故宮博物院	故畫 03429-7
撫琴（清莊瑗人物畫乙冊之8）	冊頁	絹	設色	不詳		台北 故宮博物院	故畫 03429-8
採芝（清莊瑗人物畫乙冊之9）	冊頁	絹	設色	不詳		台北 故宮博物院	故畫 03429-9
筠館揮毫（清莊瑗人物畫乙冊之10）	冊頁	絹	設色	不詳		台北 故宮博物院	故畫 03429-10
騎麒麟（清莊瑗人物畫乙冊之11）	冊頁	絹	設色	不詳		台北 故宮博物院	故畫 03429-11
圍爐清讌（清莊瑗人物畫乙冊之12）	冊頁	絹	設色	不詳		台北 故宮博物院	故畫 03429-12

畫家小傳：莊瑗。畫史無載。作品風格、署款顯示，為乾隆晚期畫院畫家。

門應兆

名稱	形式	質地	色彩	尺寸 高×寬㎝	創作時間	收藏處所	典藏號碼
補繪蕭雲從離騷圖（上冊、第40幀）	冊	紙	設色	不詳		台北 故宮博物院	故畫 03389
補繪蕭雲從離騷圖（中冊、第54幀）	冊	紙	設色	不詳		台北 故宮博物院	故畫 03390
補繪蕭雲從離騷圖（下冊、第60幀）	冊	紙	設色	不詳		台北 故宮博物院	故畫 03391

畫家小傳：門應兆。字吉占。為正黃旗漢軍人。乾隆朝，由工部主事派充四庫館繪圖分校官。善畫人物、花卉。（見國朝畫院錄、中國畫家人名大辭典）

謝墉

名稱	形式	質地	色彩	尺寸 高×寬㎝	創作時間	收藏處所	典藏號碼
高宗文園四詠補圖	卷	紙	設色	不詳		台北 故宮博物院	中畫 00225

畫家小傳：謝墉。畫史無載。作品署款顯示，為乾隆朝畫院供奉畫家。

沈全

名稱	形式	質地	色彩	尺寸 高×寬㎝	創作時間	收藏處所	典藏號碼
墨牡丹	軸	紙	水墨	154.7 x 83.5		台北 故宮博物院	故畫 02890
五老觀峰	軸	紙	設色	167.7 x 88.5		台北 故宮博物院	故畫 02891

名稱	形式	質地	色彩	尺寸 高x寬cm	創作時間	收藏處所	典藏號碼
桂花	軸	紙	設色	170.4 x 94.2		台北 故宮博物院	故畫 02892

畫家小傳：沈全。字璧如。江蘇吳縣人。工畫人物、寫照。乾隆朝，供奉畫院。(見韜養齋筆記、中國畫家人名大辭典)

張師誠

豳風十二月圖說并跋（36幀）	冊	絹	設色	（每幀）36.3 x 33.2		台北 故宮博物院	故畫 03438

畫家小傳：張師誠。畫史無載。身世待考。

郭　適

草木四時春圖（4段合裝）	卷	紙	設色	（每段）22.7 x 31.1		香港 劉作籌虛白齋	85
牡丹圖	軸	紙	水墨	120 x 55	丁未（乾隆五十二年，1787）	廣州 廣州市美術館	
牡丹圖	冊頁	紙	水墨	25.9 x 29.6		香港 中文大學中國文化研究所文物館	73.756
花鳥、草蟲圖（2幀）	冊頁	紙	設色	（每幀）33.5 x 29.6		香港 私人	AG1
花鳥圖（清宋葆淳等雜畫冊10之1幀）	冊頁	紙	水墨	不詳	（甲寅，乾隆五十九年，1794）	上海 上海博物館	
花鳥圖（12幀）	冊	紙	設色	不詳		廣州 廣州市美術館	

畫家小傳：郭適。字樂郊，又字郊民。廣東南海人，寓廣州粵秀山麓。顏所居曰就樹堂。善作水墨花鳥，善畫鷗鵁、木棉之屬，尤喜畫牡丹。流傳署款紀年作品見於高宗乾隆五十二（1787）至五十九（1794）年。(見墨香居畫識、遲刪集、耕硯田齋筆記、中國畫家人名大辭典)

王玉燕

雙鉤蕙蘭圖	軸	紙	水墨	不詳		揚州 江蘇省揚州市博物館	
附：							
蘭花圖（8幀，王文治題）	冊	絹	水墨	不詳	乾隆丁未（五十二年，1787）夏五月	北京 榮寶齋	

畫家小傳：王玉燕。女。字玳梁。江蘇丹徒人。王文治孫女。能詩。善寫蘭，多以草綠為之，婉麗可喜；亦能寫梅、水仙，多有其祖詩題。流傳署款紀年作品見於高宗乾隆五十二(1787)年。(見墨香居畫識、墨林今話、夢樓詩稿、中國畫家人名大辭典)

沈　桂

仿王蒙竹溪仙館圖	摺扇面 金箋		設色	17.8 x 47.6		韓國 私人	

名稱	形式	質地	色彩	尺寸 高x寬cm	創作時間	收藏處所	典藏號碼
附：							
騎牛橫笛圖（為象老作）	軸	紙	設色	不詳	丁未（乾隆五十二年，1787）巧月	上海 上海文物商店	
仿郭河陽曉霧圖	軸	紙	設色	不詳	己巳（嘉慶十四年，1809）春日	上海 上海文物商店	

畫家小傳：沈桂。字石樵。號雲巢。江蘇常熟人。工畫山水，初師姜漁，後學王翬（石谷），與瞿麟並稱石谷一派真傳人。晚年一變家法，頗有元吳鎮、王蒙神味。流傳署款紀年作品見於高宗乾隆五十二(1787)年、仁宗嘉慶十四(1809)年。（見墨香居畫識、墨林今話、中國畫家人名大辭典）

侯 坤

名稱	形式	質地	色彩	尺寸 高x寬cm	創作時間	收藏處所	典藏號碼
花卉圖（12幀）	冊	絹	設色	不詳	乾隆丁未（五十二年，1787）六月十三日	北京 故宮博物院	

畫家小傳：侯坤。畫史無載。流傳署款紀年作品見於高宗乾隆五十二(1787)年。身世待考。

談友仁

名稱	形式	質地	色彩	尺寸 高x寬cm	創作時間	收藏處所	典藏號碼
烟江叠嶂圖	卷	絹	設色	不詳	乾隆丁未（五十二年，1787）初夏	瀋陽 遼寧省博物館	

畫家小傳：談友仁。字尚米。號文圃（或作聞補）。江蘇常州人。談炎衡之子。性喜繪事，先後從學於徐震樵、陸鐵簫。山水、翎毛、草蟲、花木、松石，率能信手而成，備極能事。流傳署款紀年作品見於高宗乾隆五十二(1787)年。（見墨香居畫識、墨林今話、中國畫家人名大辭典）

王 霖

名稱	形式	質地	色彩	尺寸 高x寬cm	創作時間	收藏處所	典藏號碼
畢秋帆小照	卷	紙	設色	不詳	始於庚戌（乾隆五十五年，1790），完成丁巳（嘉慶二年，1797）七月廿五日	北京 故宮博物院	
西涯圖（瑛寶、筥立樞、王霖合作）	卷	紙	設色	不詳	丁巳（嘉慶二年，1797）	北京 故宮博物院	
東歸贈別圖（紀昀等人題）	卷	紙	設色	不詳	丙辰（嘉慶元年，1796）	北京 中國歷史博物館	
湖樓秋思圖（王霖、徐釚、屠倬、陳均、王學浩作）	卷	絹	設色	不詳		天津 天津市藝術博物館	
詩龕圖（顧鶴慶、朱鶴年、孫銓、朱本、馬履泰、張問陶、	卷	紙	設色	不詳	嘉慶己未（四年，1799）	鎮江 江蘇省鎮江市博物館	

名稱	形式	質地	色彩	尺寸 高×寬㎝	創作時間	收藏處所	典藏號碼

宋葆淳、陳詩庭、吳文徵、王
霖、吳烜等詩龕圖合璧卷之1）

名稱	形式	質地	色彩	尺寸 高×寬㎝	創作時間	收藏處所	典藏號碼
臨元王振鵬畫蘇東坡小像	軸	紙	設色	37.5 × 22.1	嘉慶九年（甲子，1804）二月	台北　蘭千山館	
江山勝覽圖	軸	紙	設色	100 × 51	丁未（乾隆五十二年，1787）嘉平	台北　歷史博物館	
山水圖	橫幅	紙	設色	19 × 43		台北　王國璠玉禾山房	
綠莊巖清影圖	軸	紙	設色	不詳		北京　故宮博物院	
晞陽樓雅集圖	軸	紙	設色	不詳	壬戌（嘉慶七年，1802）	上海　上海博物館	
詩龕圖	軸	紙	設色	不詳		上海　上海博物館	
溪橋秋色圖	軸	紙	設色	不詳		南京　南京博物院	
太白樓圖	軸	紙	設色	69.5 × 35.7		韓國　私人	
人物圖	摺扇面	紙	設色	不詳	己亥（嘉慶十九年，1814）春二月上元	北京　故宮博物院	
秋江晚渡圖	摺扇面	紙	設色	不詳		南京　南京市博物館	
山水圖	摺扇面	紙	設色	不詳	丙寅（喜慶十一年，1806）	重慶　重慶市博物館	

附：

名稱	形式	質地	色彩	尺寸 高×寬㎝	創作時間	收藏處所	典藏號碼
月明林下圖	短卷	紙	設色	22 × 32.2	丁巳（嘉慶二年，1797）夏日	紐約　佳士得藝品拍賣公司/拍賣目錄 1993,06,04.	
水牛圖	軸	紙	設色	不詳	乙丑（嘉慶十年，1805）	蘇州　蘇州市文物商店	

畫家小傳：王霖。字春波。江蘇江寧（一作上元）人。曾官福建淡水鹽場大使、台灣縣典史。與朱海、張問陶等熟稔。善畫山水、人物、佛像、寫意花卉，俱極生動。流傳署款紀年作品見於高宗乾隆五十二(1787)年，至字仁宗嘉慶十九(1814)年。（見墨林今話、履園畫學、莫愁湖志、中國畫家人名大辭典）

李　譽

名稱	形式	質地	色彩	尺寸 高×寬㎝	創作時間	收藏處所	典藏號碼
長江萬里圖	卷	紙	水墨	不詳		鎮江　江蘇省鎮江市博物館	
攜琴訪友圖	軸	紙	設色	134.2 × 30.5	甲寅（乾隆五十九年，1794）	天津　天津市藝術博物館	
曝書圖	軸	絹	設色	113.1 × 32.5		天津　天津市藝術博物館	

名稱	形式	質地	色彩	尺寸 高x寬cm	創作時間	收藏處所	典藏號碼
擬藍瑛仿張僧繇沒骨秋景山水圖	摺扇面	紙	設色	18.5 x 51.5		美國 加州 Richard Vinograd 先生	
附：							
臨王翬、查士標煙雲淡蕩圖	軸	紙	水墨	135 x 47	丁未（乾隆五十二年，1787）	上海 朵雲軒	
仿張僧繇沒骨山水圖	軸	紙	設色	不詳		上海 朵雲軒	

畫家小傳：李譽。字永之。江蘇丹徒人。工畫山水、花卉。流傳署款紀年作品見於高宗乾隆五十二(1787)至五十九（1794）年。（見揚州畫苑錄、中國畫家人名大辭典）

宋 梓

名稱	形式	質地	色彩	尺寸 高x寬cm	創作時間	收藏處所	典藏號碼
附：							
竹石圖	軸	紙	水墨	不詳	乾隆丁未（五十二年，1787）	石家莊 河北省文物商店	

畫家小傳：宋梓。畫史無載。流傳署款紀年作品見於高宗乾隆五十二(1787)年。身世待考。

馮 箕

名稱	形式	質地	色彩	尺寸 高x寬cm	創作時間	收藏處所	典藏號碼
呂洞賓像	軸	紙	設色	113.6 x 63.5	辛亥（乾隆五十六年，1791）	北京 故宮博物院	
山水人物圖（？幀）	冊	紙	設色	不詳	庚子（道光二十年，1840)	北京 首都博物館	
雪景山水圖（馮箕等四人雪景山水冊 4 之 1 幀）	冊頁	紙	設色	不詳	丁未（乾隆五十二年，1787）	上海 朵雲軒	
附：							
美人圖（8 幀）	冊	絹	設色	（每幀）23 x 15.5		香港 蘇富比藝品拍賣公司/拍賣目錄 1984,11,11.	

畫家小傳：馮箕。字子揚。號栖霞。浙江錢塘人，僑寓吳郡。善畫人物、仕女，運筆構思，不泥古法，不落時蹊，別饒勝韻，自成一家；又妙於花卉、山水。流傳署款紀年作品見於高宗乾隆五十二（1787）年至宣宗道光二十(1840)年。（見墨林今話、耕硯田齋筆記、桐陰論畫、中國畫家人名大辭典）

王楚珍

名稱	形式	質地	色彩	尺寸 高x寬cm	創作時間	收藏處所	典藏號碼
花草百蝶圖（仿羅門百蝶圖式）	軸	絹	設色	128.9 x 80.6	丁申（？乾隆五十二年，1787）杏月	日本 東京住友寬一先生	

畫家小傳：王楚珍。畫史無載。流傳署款作品紀年疑為高宗乾隆五十二年。身世待考。

顧 洛

名稱	形式	質地	色彩	尺寸 高×寬 cm	創作時間	收藏處所	典藏號碼
西園雅集圖	卷	絹	設色	29.2 × 307.7		上海 上海博物館	
仕女圖	軸	紙	設色	不詳		台北 故宮博物院	國贈 025167
鍾進士像	軸	紙	設色	98.5 × 39.7		台北 故宮博物院（蘭千山館寄存）	
補屠倬所作松壑聽泉圖	軸	紙	設色	128.7 × 31.7	嘉慶庚午（十五年，1810）	北京 故宮博物院	
盟漚圖	軸	紙	設色	94 × 40		北京 故宮博物院	
桃花源圖	軸	絹	設色	167.4 × 82	丙戌（道光六年，1826）	天津 天津市藝術博物館	
荔柿（利市）三倍圖	軸	紙	設色	不詳	道光壬辰（十二年，1832）	天津 天津市藝術博物館	
採蓮圖	軸	絹	設色	140 × 40		天津 天津市藝術博物館	
仕女圖	軸	紙	設色	不詳		石家莊 河北省博物館	
嬰戲圖	軸	紙	設色	不詳	庚申（嘉慶五年，1800）	南京 南京博物院	
山水圖	軸	紙	設色	不詳		南京 南京博物院	
仕女圖（2 幅）	軸	紙	設色	不詳		南京 南京博物院	
柳陰人物圖（顧洛、奚岡合作）	軸	紙	設色	101.6 × 42		無錫 江蘇省無錫市博物館	
兒童樂事圖（顧洛、奚岡合作）	軸	絹	設色	76.5 × 99.8	甲寅（乾隆五十九年，1794）	杭州 浙江省博物館	
四季佳麗圖	軸	絹	設色	135.1 × 45.4	乙酉（道光五年，825）	杭州 浙江省博物館	
雪藕圖（為佑卿作）	軸	紙	設色	117 × 29.8	甲申（道光四年，1824）春三月	廣州 廣東省博物館	
屈原像	軸	紙	設色	133.3 × 31.2	丙戌（道光六年，1826）上巳	日本 東京工藤壯平先生	
文天祥像	軸	紙	設色	133.3 × 31.2		日本 東京工藤壯平先生	
山水圖	軸	紙	水墨	130.6 × 27.9		日本 東京內野皎亭先生	
擬顧見龍本仕女圖	軸	綾	設色	不詳	乙卯（乾隆六十年，1795）九秋	美國 夏威夷火魯奴奴藝術學院	
花卉（清花卉畫冊四冊之 6）	冊頁	紙	設色	不詳		台北 故宮博物院	故畫 03520-6
牡丹圖（清奚岡等花卉冊 8 之 1 幀）	冊頁	紙	水墨	20.5 × 27		長春 吉林省博物館	

名稱	形式	質地	色彩	尺寸 高×寬㎝	創作時間	收藏處所	典藏號碼
秋葵圖（清奚岡等花卉冊8之1幀）	冊頁	紙	水墨	20.5 × 27		長春 吉林省博物館	
十八應真像（12幀）	冊	紙	水墨	（每幀）21.8 × 31.7	己丑（道光九年，1829）	北京 故宮博物院	
橫琴面秋水圖	摺扇面	紙	設色	不詳	乙未（道光十五年，1835）	北京 中國歷史博物館	
梅子圖（為梅軒作）	冊頁	紙	設色	不詳	丙申（道光十六年，1836）小春	上海 上海博物館	
畫（張開福等24人雜畫冊24之1幀）	冊頁	紙	設色			上海 上海博物館	
瓜果圖	摺扇面	紙	設色	不詳	丁酉（道光十七年，1837）	南京 南京博物院	
臨仇英古人詞意圖（10幀）	冊	絹	設色	不詳	癸未（道光三年，1823）	蘇州 江蘇省蘇州博物館	
山水圖（12幀）	冊	紙	設色	（每幀）13.8 × 20.1	癸未（道光三年，1823）	杭州 浙江省博物館	
洛神圖（為梅伯作）	摺扇面	紙	設色	17.9 × 50.8		日本 東京國立博物館	
花苑閒讀圖	摺扇面	紙	設色	17 × 54.2		日本 東京國立博物館	
花卉圖（為菉薌作）	團扇面	絹	設色	26.2 × 26.3	丙申（道光十六年，1836）春三月	日本 金岡西三先生	
人物（柳蔭聽鸝圖）	摺扇面	紙	設色	17.5 × 50.2	丁卯（嘉慶十二年，1807）秋日	日本 木佐靖治先生	
附：							
山水圖（陳塼、顧洛、湯貽汾山水卷3之1段）	卷	紙	設色	不詳	乙未（道光十五年，1835）	天津 天津市文物公司	
採桑圖	卷	絹	設色	40.5 × 160		天津 天津市文物公司	
耕織圖	卷	紙	設色	39.4 × 703	辛酉（嘉慶六年，1801）九月九日	紐約 蘇富比藝品拍賣公司/拍賣目錄1986,06,03.	
宮黃點額圖	軸	紙	設色	不詳		上海 朵雲軒	
雪景仕女圖	軸	紙	設色	不詳		上海 朵雲軒	
荷塘消夏圖	軸	紙	設色	153 × 44.5	庚申（嘉慶五年，1800）夏六月	紐約 蘇富比藝品拍賣公司/拍賣目錄1980,12,18.	
花卉圖	軸	紙	設色	117.5 × 30.5	乙丑（嘉慶十年，1805）小春	紐約 佳士得藝品拍賣公司/拍賣目錄1990,05,31.	
踢鞠圖	軸	絹	設色	97.8 × 35	甲午（道光十四年	紐約 佳士得藝品拍賣公司/拍	

名稱	形式	質地	色彩	尺寸 高×寬㎝	創作時間	收藏處所	典藏號碼
					，1834）仲冬	賣目錄 1995,09,19.	
琴鶴清風圖	軸	紙	設色	127 × 34.3	丁丑（嘉慶二十二年，1817）冬日	紐約 佳士得藝品拍賣公司/拍賣目錄 1996,03,27.	
秋風圖	紈扇面	絹	設色	不詳		武漢 湖北省武漢市文物商店	

畫家小傳：顧洛。字禹門。號西梅。浙江錢塘（一仁和）人。生於高宗乾隆二十七（1762）年，宣宗道光十六(1836)年尚在世。工畫人物、山水、花卉、翎毛，無不盡致，尤以仕女出名，與余集相頡頏。(見桐陰論畫、耕硯田齋筆記、墨林今話、畫林新詠、中國畫家人名大辭典)

顧 皋

名稱	形式	質地	色彩	尺寸 高×寬㎝	創作時間	收藏處所	典藏號碼
竹圖	軸	紙	水墨	不詳		無錫 江蘇省無錫市博物館	
竹石圖	軸	紙	水墨	不詳		無錫 江蘇省無錫市博物館	
枯木竹石圖	軸	紙	水墨	不詳		無錫 江蘇省無錫市博物館	
竹石（顧皋畫蘭竹十二幅冊之1）	冊頁	紙	設色	不詳	嘉慶戊寅（二十三年，1818）初秋上旬	台北 故宮博物院	故畫 03353-1
蘭石（顧皋畫蘭竹十二幅冊之2）	冊頁	紙	設色	不詳		台北 故宮博物院	故畫 03353-2
竹（顧皋畫蘭竹十二幅冊之3）	冊頁	紙	設色	不詳		台北 故宮博物院	故畫 03353-3
臨流疏影（顧皋畫蘭竹十二幅冊之4）	冊頁	紙	設色	不詳		台北 故宮博物院	故畫 03353-4
老幹新枝（顧皋畫蘭竹十二幅冊之5）	冊頁	紙	設色	不詳		台北 故宮博物院	故畫 03353-5
蘭石（顧皋畫蘭竹十二幅冊之6）	冊頁	紙	設色	不詳		台北 故宮博物院	故畫 03353-6
晴竹（顧皋畫蘭竹十二幅冊之7）	冊頁	紙	設色	不詳		台北 故宮博物院	故畫 03353-7
叢蘭（顧皋畫蘭竹十二幅冊之8）	冊頁	紙	設色	不詳		台北 故宮博物院	故畫 03353-8
竹（顧皋畫蘭竹十二幅冊之9）	冊頁	紙	設色	不詳		台北 故宮博物院	故畫 03353-9
蘭竹靈芝（顧皋畫蘭竹十二幅冊之10）	冊頁	紙	設色	不詳		台北 故宮博物院	故畫 03353-10
竹石（顧皋畫蘭竹十二幅冊之11）	冊頁	紙	設色	不詳		台北 故宮博物院	故畫 03353-11

名稱	形式	質地	色彩	尺寸 高x寬㎝	創作時間	收藏處所	典藏號碼
傍石蘭竹（顧皋畫蘭竹十二幅冊之12）	冊頁	紙	設色	不詳		台北 故宮博物院	故畫03353-12
端石軟莎（顧皋仿古石法十二種冊之1）	冊頁	紙	水墨	不詳		台北 故宮博物院	故畫03354-1
倪瓚石法（顧皋仿古石法十二種冊之2）	冊頁	紙	水墨	不詳		台北 故宮博物院	故畫03354-2
太湖石（顧皋仿古石法十二種冊之3）	冊頁	紙	水墨	不詳		台北 故宮博物院	故畫03354-3
曹知白石法（顧皋仿古石法十二種冊之4）	冊頁	紙	水墨	不詳		台北 故宮博物院	故畫03354-4
連環石（顧皋仿古石法十二種冊之5）	冊頁	紙	水墨	不詳		台北 故宮博物院	故畫03354-5
吳鎮石法（顧皋仿古石法十二種冊之6）	冊頁	紙	水墨	不詳		台北 故宮博物院	故畫03354-6
濂石（顧皋仿古石法十二種冊之7）	冊頁	紙	水墨	不詳		台北 故宮博物院	故畫03354-7
柯九思石法（顧皋仿古石法十二種冊之8）	冊頁	紙	水墨	不詳		台北 故宮博物院	故畫03354-8
崔白側石（顧皋仿古石法十二種冊之9）	冊頁	紙	水墨	不詳		台北 故宮博物院	故畫03354-9
沈周米點石（顧皋仿古石法十二種冊之10）	冊頁	紙	水墨	不詳		台北 故宮博物院	故畫03354-10
王庭筠石法（顧皋仿古石法十二種冊之11）	冊頁	紙	水墨	不詳		台北 故宮博物院	故畫03354-11
畫石（顧皋仿古石法十二種冊之12）	冊頁	紙	水墨	不詳		台北 故宮博物院	故畫03354-12
附：							
竹石圖	軸	紙	水墨	不詳		北京中國文物商店總店	

畫家小傳：顧皋。字晴芬。號緘石。江蘇無錫人。生於高宗乾隆二十八（1763）年，卒於宣宗道光十二（1832）年。嘉慶六年廷試第一。詩、文、書、畫，咸重京師。長於寫生賦色，古冶近宋人；尤妙叢蘭修竹。（見墨林今話、耕硯田齋筆記、畫林新詠、中國畫家人名大辭典）

郎葆辰

名稱	形式	質地	色彩	尺寸 高x寬㎝	創作時間	收藏處所	典藏號碼
螃蟹圖	軸	絹	水墨	不詳		平湖 浙江省平湖縣博物館	
花卉圖（8幀）	冊	紙	水墨	不詳	道光乙酉（五年，	北京 故宮博物院	

名稱	形式	質地	色彩	尺寸 高×寬㎝	創作時間	收藏處所	典藏號碼
					1825）重九前三日		
花卉圖（12幀）	冊	紙	設色	不詳	庚寅（道光十年，1830）九秋	上海 上海博物館	
附：							
蟹藻圖	軸	紙	水墨	133.5 × 30.5		紐約 佳士得藝品拍賣公司/拍賣目錄 1989,12,04.	
花卉圖（12幀）	冊	紙	設色	不詳	道光丙戌（六年，1826）	北京 中國文物商店總店	

畫家小傳：郎葆辰。初名福延，又名遂鋒。字文臺。號蘇門、桃花山人。生於高宗乾隆二十八（1763）年，卒於宣宗道光十九（1839）年。嘉慶二(1797)年進士。工詩、古文辭。善書畫。工畫花卉，得明徐渭、陳淳兩家法；又畫蟹如生，有「郎蟹」之目。（見墨香居畫識、墨林今話、朱小茗耐寒譚、中國畫家人名大辭典）

孔繼檊

| 梅蘭竹石圖（羅聘、孔繼檊、薛雨颿、汪灝、吳悟亭合作，孔畫梅） | 軸 | 紙 | 水墨 | 136 × 50 | 乾隆戊申（五十三年，1788）五月廿三日 | 濟南 山東省博物館 | |

畫家小傳：孔繼檊。山東曲阜人。孔子後裔。工畫墨梅，尤善寫影，有橫斜浮動之趣。流傳署款紀年作品見於乾隆五十三（1788）年。（見李良年墨竹冊記、中國畫家人名大辭典）

薛雨颿

| 梅蘭竹石圖（羅聘、孔繼檊、薛雨颿、汪灝、吳悟亭合作，薛畫石） | 軸 | 紙 | 水墨 | 136 × 50 | 乾隆戊申（五十三年，1788）五月廿三日 | 濟南 山東省博物館 | |

畫家小傳：薛雨颿。畫史無載。與孔繼檊同時。流傳署款紀年作品見於乾隆五十三（1788）年。身世待考。

汪 灝

| 梅蘭竹石圖（羅聘、孔繼檊、薛雨颿、汪灝、吳悟亭合作，汪畫蘭） | 軸 | 紙 | 水墨 | 136 × 50 | 乾隆戊申（五十三年，1788）五月廿三日 | 濟南 山東省博物館 | |

畫家小傳：汪灝。字石梁。號竹農。江蘇揚州人。性古朴。工詩畫。流傳署款紀年作品見於乾隆五十三（1788）年。（見揚州畫舫錄、中國畫家人名大辭典）

吳悟亭

| 梅蘭竹石圖（羅聘、孔繼檊、 | 軸 | 紙 | 水墨 | 136 × 50 | 乾隆戊申（五十三 | 濟南 山東省博物館 | |

名稱	形式	質地	色彩	尺寸 高x寬cm	創作時間	收藏處所	典藏號碼
薛雨颿、汪灝、吳悟亭合作， 吳畫水）					年，1788）五月廿 三日		

畫家小傳：吳悟亭。畫史無載。與孔繼檊同時。流傳署款紀年作品見於乾隆五十三（1788）年。身世待考。

孔繼涵

| 梅花圖 | 軸 | 紙 | 水墨 | 197 x 51.5 | 乾隆戊申（五十三
年，1788） | 濟南 山東省博物館 | |

畫家小傳：孔繼涵。畫史無載。流傳署款紀年作品見於乾隆五十三（1788）年。身世待考。

姜葆元

| 枯木群鴉圖 | 軸 | 紙 | 水墨 | 118.2 x 72. | 甲午（乾隆三十九
年，1774）陽春月 | 日本 大阪橋本大乙先生 | |

附：

| 牡丹圖 | 軸 | 紙 | 水墨 | 不詳 | | 濟南 山東省文物商店 | |

畫家小傳：姜葆元。字石夫。號蓬萊山人。山東登州人。工水墨花卉、禽蟲。生平最推重張雪鴻，故畫筆頗近似之。（見墨香居畫識、中國畫家人名大辭典）

王宜山

| 山水圖 | 軸 | 紙 | 設色 | 不詳 | | 台北 故宮博物院（蘭千山館
寄存） | |

畫家小傳：王宜山。畫史無載。流傳署款作品似在高宗乾隆五十三（1788）年前後。身世待考。

（釋）寄 塵

| 竹菊圖 | 軸 | 紙 | 水墨 | 不詳 | | 無錫 江蘇省無錫市博物館 | |
| 蓮花圖 | 軸 | 紙 | 水墨 | 169.2 x 47.8 | | 日本 沖繩縣吉戶直氏觀寶堂 | |

畫家小傳：寄塵。僧。俗姓彭。字衡麓。號敬安、姝九山人、八指頭陀、寄禪和尚等。湖南湘潭人。能詩。工書。善畫蘭竹及雜卉，縱筆輒佳。嘉慶五（1800）年隨李鼎元遊琉球，後歿於舟中。（見墨香居畫識、墨林今話、閩畫記、中國畫家人名大辭典）

嚴憲曾

附：

| 青山白雲圖 | 軸 | 絹 | 水墨 | 108 x 38.7 | | 紐約 佳士得藝品拍賣公司/拍
賣目錄 1995,09,19. | |

畫家小傳：嚴憲曾。字仲斌。號惕生。浙江元和人。能詩善畫。畫山水，師法董其昌，佳者秀厚淹潤，不減吳蒙老；作花卉、蘭竹，亦疏澹有致。（見墨林今話、嚴氏家乘、懷舊集、中國畫家人名大辭典）

名稱	形式	質地	色彩	尺寸 高×寬cm	創作時間	收藏處所	典藏號碼

李 野
附：

| 桃樹圖 | 軸 | 絹 | 設色 | 180.3×104.8 | | 紐約 蘇富比藝品拍賣公司/拍
賣目錄 1989.09.28、29 | |
| 百壽桃圖 | 軸 | 絹 | 水墨 | 96.5 × 32.4 | | 紐約 佳士得藝品拍賣公司/拍
賣目錄 1993.12.01 | |

畫家小傳：李野。畫史無載。身世待考。

錢嵩鶴
附：

| 芝蘭圖 | 摺扇面 | 金箋 | 設色 | 16.5 × 51 | | 紐約 佳士得藝品拍賣公司/拍
賣目錄 1993,12,01. | |

畫家小傳：錢嵩鶴。畫史無載。身世待考。

謝觀生

山水圖（雙幅）	軸	紙	設色	（每幅）80.5 × 17.1		香港 霍寶材先生	
紫薇荷花圖	軸	絹	設色	不詳		廣州 廣州市美術館	
山水人物圖	摺扇面	紙	設色	53.5 × ?		香港 霍寶材先生	
山水圖（清宋葆淳等山水冊 12 之 2 幀	冊頁	紙	設色	44 × 25.5		廣州 廣州市美術館	

畫家小傳：謝觀生。字退谷。廣東南海人。謝蘭生之弟。與兄俱善畫。（見劍光樓筆記、中國畫家人名大辭典）

顧唐龍

| 山水圖（徐枋等山水冊 10 之
1 幀） | 冊頁 | 紙 | 設色 | 約24 × 34.7 | | 上海 上海博物館 | |

畫家小傳：顧唐龍。字禹揚。江蘇太倉人。善畫蘭竹，雖不循古法，然工夫甚熟，隨手披拂，亦自娟秀可愛。（見墨香居畫識、中國
　　　畫家人名大辭典）

高 汾

| 蕉石圖 | 軸 | 絹 | 設色 | 不詳 | | 紹興 浙江省紹興市博物館 | |

畫家小傳：高汾。字晉原。浙江平湖人。工畫設色花卉，作品妍麗中自饒韻致。（見墨香居畫識、中國畫家人名大辭典）

姜 岱

名稱	形式	質地	色彩	尺寸 高x寬cm	創作時間	收藏處所	典藏號碼
指畫山水圖	軸	絹	水墨	不詳		臨海 浙江省臨海市博物館	

畫家小傳：姜岱。字仲山。浙江金華人。工詩，能書，更善指頭畫，為杜鰲高足。(見墨香居畫識、中國畫家人名大辭典)

周 式

仿雲林筆法山水圖（為一翁作）	摺扇面	金箋	水墨	不詳	戊申（？乾隆五十三年，1788）夏	日本 江田勇二先生	

畫家小傳：周式。畫史無載。江蘇婁東人。流傳署款作品紀年疑似高宗乾隆五十三（1788）年。身世待考。

謝宗鳳

附：

山水圖（12幀）	冊	紙	設色	不詳	戊申（？乾隆五十三年，1788）	上海 朵雲軒	

畫家小傳：謝宗鳳。畫史無載。流傳署款作品紀年疑似高宗乾隆五十三（1788）年。身世待考。

錢 杜

蘭陔侍膳圖	卷	絹	設色	27.6 × 61.3		香港 劉作籌虛白齋	86
碧梧山館圖（奚岡、錢杜合裝卷2之1卷）	卷	紙	水墨	34.4 × 138	（嘉慶五年，庚申，1800）	北京 故宮博物院	
五嶼讀書圖（為鐵琴作）	卷	絹	設色	不詳	庚午（嘉慶十五年，1810）四月	北京 故宮博物院	
鶴林寺圖	卷	紙	設色	19.8 × 78.5	嘉慶癸酉（十八年，1813）	北京 故宮博物院	
桐霞館圖	卷	紙	設色	不詳	嘉慶甲戌（十九年，1814）正月人日	北京 故宮博物院	
陽關意外圖	卷	紙	水墨	66.2 × 126.8	嘉慶戊寅（二十三年，1818）七月四日	北京 故宮博物院	
西園感舊圖	卷	紙	設色	16.9 × 45.1	道光癸未（三年，1823）	北京 故宮博物院	
皋亭送別圖（為小農作）	卷	紙	設色	不詳	辛卯（道光十一年，1831）	北京 故宮博物院	
太華聞鐘圖	卷	紙	設色	不詳	癸巳（道光十三年，1833）	北京 故宮博物院	
太乙舟課孫圖	卷	紙	設色	不詳	甲午（道光十四年，1834）	北京 故宮博物院	

名稱	形式	質地	色彩	尺寸 高×寬㎝	創作時間	收藏處所	典藏號碼
湖山擁別圖	卷	紙	水墨	不詳	乙未（道光十五年，1835）	北京 故宮博物院	
見亭海嶽雲日圖（胡芑香畫像，錢杜補景）	卷	紙	設色	不詳	己亥（道光十九年，1839）十月	北京 故宮博物院	
梅花圖	卷	紙	水墨	不詳	辛未（嘉慶十六年，1811）	北京 首都博物館	
江聽香像（改琦、錢杜合作）	卷	紙	水墨	不詳		北京 故宮博物院	
茅堂綠蔭圖	卷	絹	設色	不詳	庚寅（道光十年，1830）	上海 上海博物館	
輞川圖（為芥航作）	卷	紙	設色	24.3 × 265	道光壬辰（十二年，1832）夏月	上海 上海博物館	
茭隱圖（錢杜、程庭鷺、沈焯合作茭隱圖三段卷之1）	卷	灑金箋	設色	約2.5 × 67.2	甲午（道光十四年，1834）	上海 上海博物館	
雲在樓圖	卷	灑金箋	水墨	不詳	乙未（道光十五年，1835）	上海 上海博物館	
梅花圖	卷	紙	設色	不詳	道光乙未（十五年，1835）三月	上海 上海博物館	
冷泉秋話圖（為嵐樵作）	卷	紙	水墨	26 × 81	道光丙申（十六年，1836）八月	上海 上海博物館	
心田種德圖	卷	紙	水墨	不詳		上海 上海博物館	
梅花圖（為長真作）	卷	紙	水墨	不詳	辛未（嘉慶十六年，1811）冬十月	杭州 浙江省博物館	
石湖隱居圖	卷	絹	設色	23.8 × 121.6	道光丁亥（七年，1827）	杭州 浙江省博物館	
虛亭覓句圖（錢載、錢杜蘭竹山水合卷之錢杜畫）	卷	金箋	水墨	13.9 × 102.2	道光壬寅（二十二年，1842）夏至日	日本 兵庫縣黑川古文化研究所	
夢遊天臺圖（為雲伯作）	卷	紙	水墨	29.8 × 72	甲戌（嘉慶十九年，1814）三月	美國 克利夫蘭藝術博物館	
蘆荻橫舟	軸	紙	水墨	98 × 27	庚午（嘉慶十五年，1810）初夏	台北 歷史博物館	
仙山樓閣圖（臨仇十洲原本）	軸	絹	設色	140 × 55	癸未（道光三年，1823）秋九月	台北 長流美術館	
秋航載菊圖（為竹薌作）	橫幅	紙	設色	29.7 × 67.8	己丑（道光九年，1829）八月	台北 蘭千山館	
山水圖（為仲怙作）	軸	紙	水墨	116.7 × 30.3		香港 黃仲方先生	

名稱	形式	質地	色彩	尺寸 高x寬㎝	創作時間	收藏處所	典藏號碼
梅花圖	軸	紙	水墨	139.3 x 32		香港 何耀光至樂樓	
竹柏芝石圖	軸	紙	水墨	不詳	甲戌（嘉慶十七年，1814）	長春 吉林省博物館	
仿文伯仁秋林月話圖（為晉香作）	軸	紙	設色	95.2 x 29.8	乙酉（道光五年，1825）秋九月	瀋陽 遼寧省博物館	
桐蔭竹籟圖（為邢山作）	軸	紙	設色	50 x 32	道光己丑（九年，1829）八月朔	瀋陽 遼寧省博物館	
梅花圖	軸	金箋	水墨	不詳		瀋陽 遼寧省博物館	
秋林月話圖	軸	紙	設色	不詳	甲戌（嘉慶十九年，1814）七月既望	北京 故宮博物院	
紫琅山館圖（為月樵作）	軸	紙	設色	131.7 x 27.1	己卯（嘉慶二十四年，1819）四月望後	北京 故宮博物院	
山水圖	軸	紙	水墨	不詳	道光癸未（三年，1823）十月二十五日	北京 故宮博物院	
墨梅圖	軸	紙	水墨	不詳	道光己丑（九年，1829）六月望	北京 故宮博物院	
仿王蒙山水圖	軸	紙	水墨	112.7 x 28.2	道光乙未（十五年，1835）	北京 故宮博物院	
補湘山坐看雲起圖	軸	紙	設色	不詳	道光戊戌（十八年，1838）四月	北京 故宮博物院	
梅溪圖	軸	紙	設色	不詳	道光乙未（十五年，1835）	北京 首都博物館	
雪竇幽居圖	軸	紙	設色	102.3 x 31.5	己丑（道光九年，1829）	天津 天津市藝術博物館	
梅花圖（4幅）	軸	絹	設色	（每幅）103 x 41	道光辛丑（二十一年，1841）	天津 天津市藝術博物館	
梅花圖	軸	紙	水墨	225 x 47.5	道光壬午（二年，1822）	濟南 山東省博物館	
仿雲林山水圖	軸	紙	水墨	49.5 x 28.5	甲子（嘉慶九年，1804）仲春	合肥 安徽省博物館	
澄湖碧樹圖	軸	紙	水墨	58.3 x 32.9	辛亥（乾隆五十六年，1791）	上海 上海博物館	

名稱	形式	質地	色彩	尺寸 高x寬 cm	創作時間	收藏處所	典藏號碼
溪塢品泉圖	軸	紙	設色	98.3 x 30.9	戊寅（嘉慶二十三年，1818）三月	上海 上海博物館	
竹深溪館圖（為菱溪作）	軸	紙	水墨	92 x 29.3	道光癸未（三年，1823）正月二十九	上海 上海博物館	
墨梅圖	軸	紙	水墨	不詳	道光丁亥（七年，1827）	上海 上海博物館	
龍門茶屋圖（為問槎作）	軸	紙	水墨	118.3 x 30.7	道光戊子（八年，1828）四月	上海 上海博物館	
著書圖（為伯陽作）	軸	紙	設色	85.7 x 27.3	庚寅（道光十年，1830）四月	上海 上海博物館	
寒谿高隱圖（為吉人作）	軸	紙	設色	99.9 x 27.4	道光戊戌（十八年，1838）秋九月	上海 上海博物館	
孤山橫斜圖	軸	絹	水墨	77.8 x 24.6		上海 上海博物館	
玉山草堂圖	軸	紙	水墨	不詳	癸酉（嘉慶十八年，1813）	杭州 浙江省博物館	
梅花圖	軸	絹	水墨	104.9 x 92.7	道光己丑（九年，1829）	杭州 浙江省博物館	
心田種德圖	軸	紙	水墨	26.5 x 49.4	道光丙申（十六年，1836）	杭州 浙江省博物館	
歲寒三友圖（為芸航作）	軸	紙	水墨	134.2 x 35.1	丙申（道光十六年，1836）正月	杭州 浙江省博物館	
梅花圖	軸	紙	水墨	不詳	道光庚子（二十年，1840）	杭州 浙江省博物館	
用羅小華墨作梅花圖	軸	絹	水墨	不詳	辛未（嘉慶十六年，1811）十月望後	杭州 浙江省杭州市文物考古所	
山水圖	軸	紙	設色	不詳	戊寅（嘉慶二十三年，1818）	杭州 浙江省杭州市文物考古所	
仿沈、文兩家山水圖（2幅）	軸	絹	設色	不詳	嘉慶庚午（十五年，1810）	成都 四川大學	
桃花源圖	軸	絹	設色	125 x 31.5		成都 四川大學	
江深草閣寒圖（為叔大作）	軸	紙	設色	不詳	嘉慶壬申（十七年，1812）正月初五	成都 杜甫草堂	
萬香春霽圖	軸	絹	水墨	77 x 25	辛巳（道光元年，1821）	重慶 重慶市博物館	

名稱	形式	質地	色彩	尺寸 高×寬㎝	創作時間	收藏處所	典藏號碼
萬香春霽圖（為魯生作）	軸	灑金箋	水墨	124 × 31.5	道光己丑（九年，1829）仲冬望	廣州 廣東省博物館	
雪溪載鶴圖	軸	紙	設色	98 × 25.5		南寧 廣西壯族自治區博物館	
櫻桃圖	軸	紙	設色	68 × 28.5	（辛亥五月，乾隆五十六年，1791）	日本 東京國立博物館	
香林禪誦圖（撫趙孟頫本）	軸	紙	設色	82.1 × 27.2	癸卯（道光二十三年，1843）秋七月	日本 東京住友寬一先生	
松溪夜泛圖	軸	紙	水墨	98.8 × 33.2		日本 京都國立博物館（上野有竹齋寄贈）	A甲 217
竹深荷淨圖	軸	紙	設色	91.4 × 33.4		日本 京都國立博物館	A甲 335
臨杜鹿冠松溪夜泛圖	軸	紙	水墨	98.4 × 33.4	道光乙未（十五年，1835）閏月立秋日	日本 京都國立博物館	A 甲 217
虞山草堂步月詩意圖（畫贈子瀟）	軸	紙	設色	138.2 × 53	癸酉（嘉慶十八年，1813）長夏	日本 大阪市立美術館	
蒼松疊翠圖	軸	紙	設色	116 × 28	嘉慶癸酉（十八年，1813）花朝前二日	日本 大阪橋本大乙先生	
墨梅圖	軸	紙	水墨	101 × 25.2		日本 私人	
西湖遊艇圖	軸	紙	設色	86.8 × 42.9		美國 普林斯頓大學藝術館	78-20
臨董其昌婉孌草堂圖	軸	紙	水墨	106.4 × 50.9	癸亥（嘉慶八年，1803）春三月	美國 普林斯頓大學藝術館（Edward Elliott 先生寄存）	L206.70
鶴胡歸櫂圖	軸	紙	設色	119.7 × 28.9	乙亥（嘉慶二十年，1815）秋八月望	美國 普林斯頓大學藝術館（Edward Elliott 先生寄存）	L202.70
紫蕉庵圖	軸	紙	水墨	117.1 × 30.3	甲戌（嘉慶十九年，1814）六月	美國 印地安那波里斯市藝術博物館	1985.1.
種梅仙館圖	軸	絹	設色	113.9 × 38.4		英國 夏威夷火魯奴奴藝術學院	32.705
山水圖	軸	紙	設色	不詳		美國 火魯奴奴 Hutchinson 先生	
黃岡竹樓圖	軸	紙	設色	23.5 × 6.7	道光戊子（八年，1828）冬小除夕	加拿大 多倫多皇家安大略博物館	969.15.1

名稱	形式	質地	色彩	尺寸 高×寬㎝	創作時間	收藏處所	典藏號碼
鍾馗散步歸酌圖	軸	紙	設色	111 × 43.4	嘉慶丙子（二十一年，1816）秋七月	英國 倫敦大英博物館	1913.5.1.030(ADD340)
山水圖	軸	絹	設色	132.7 × 33		英國 倫敦維多利亞-艾伯特博物館	F.E.8.1971
墨梅（10幀）	冊	紙	水墨	不詳		台北 故宮博物院	國贈024980
臥遊圖（?幀，為堅齋作）	冊	紙	設色	不詳	嘉慶戊寅（二十三年，1818）二月	北京 故宮博物院	
山水圖（?幀）	冊	紙	設色	不詳	道光庚寅（十年，1830）七月望後三日	北京 故宮博物院	
摹趙大年山水圖	摺扇面	紙	設色	18.3 × 53.7		北京 故宮博物院	
藕香吟館圖	摺扇面	紙	設色	17 × 52.2		北京 故宮博物院	
花卉圖（12幀）	冊	紙	設色	不詳	嘉慶庚午（十五年，1810）夏	北京 中國歷史博物館	
梅花圖	摺扇面	紙	水墨	不詳	辛卯（道光十一年，1831）	北京 中國歷史博物館	
山水圖（錢杜、程庭鷺合作）	摺扇面	紙	設色	不詳	丙申（道光十六年，1836）	天津 天津市藝術博物館	
梅花圖（8幀）	冊	紙	水墨	不詳		天津 天津市歷史博物館	
摹西園雅集圖（為松門作，清董邦達等山水花卉冊12之1幀）	冊頁	紙	設色	約30.5 × 57		天津 天津市藝術博物館	
山水圖（12幀，為曼生作）	冊	紙	設色	（每幀）28.3 × 35.8	嘉慶丙子（二十一年，1816）二月三日	上海 上海博物館	
人物山水圖（12幀）	冊	紙	設色	（每幀）22.8 × 33.5	道光壬午（二年，1822）二月十三日	上海 上海博物館	
山水（項穆之、醒甫等雜畫冊22之1）	冊頁	紙	設色	約38 × 24		上海 上海博物館	
後赤壁圖	冊頁	紙	水墨	22.5 × 33	壬辰（道光十二年，1832）四月前一日	南京 南京博物院	
南鄰感舊圖（王學浩、錢杜合冊2之1幀）	冊頁	灑金箋	設色	不詳		杭州 浙江省杭州市文物考古所	
山水（清張鏐等書畫集錦冊17	冊頁	紙	設色	不詳		杭州 浙江省杭州市文物考古	

名稱	形式	質地	色彩	尺寸 高×寬 cm	創作時間	收藏處所	典藏號碼
之 1 幀）						所	
山水圖（清錢杜等山水冊 8 之 2 幀）	冊頁	紙	設色	（每幀）22.8 × 16	辛未（嘉慶十六年，1811）	烏魯木齊 新疆維吾爾自治區 博物館	
法子久山水（清人書畫扇冊之 6）	冊頁	金箋	設色	不詳		日本 東京橋本辰二郎先生	
薔薇（錢杜花卉冊之 1）	冊頁	紙	水墨	不詳		日本 京都橋本獨山先生	
松水仙（錢杜花卉冊之 2）	冊頁	紙	水墨	不詳		日本 京都橋本獨山先生	
山水圖（臥遊圖冊 4 之 1）	冊頁	紙	水墨	22.6 × 29.1		日本 京都國立博物館	A 甲 804a
山水圖（臥遊圖冊 4 之 2）	冊頁	紙	設色	22.6 × 29.1		日本 京都國立博物館	A 甲 804b
山水圖（臥遊圖冊 4 之 3）	冊頁	紙	設色	22.6 × 29.1		日本 京都國立博物館	A 甲 804c
撫王紱山水圖（臥遊圖冊 4 之 4）	冊頁	紙	設色	22.6 × 29.1		日本 京都國立博物館	A 甲 804d
五芝堂（燕園十六景圖冊之 1）	冊頁	紙	水墨	20.6 × 28		日本 私人	
引勝巖（燕園十六景圖冊之 2）	冊頁	紙	設色	20.5 × 27.9		日本 私人	
過雲橋（燕園十六景圖冊之 3）	冊頁	紙	設色	20.6 × 27.9		日本 私人	
春草池（燕園十六景圖冊之 4）	冊頁	紙	設色	20.6 × 28		日本 私人	
燕谷（燕園十六景圖冊之 5）	冊頁	紙	設色	20.6 × 28.1		日本 私人	
詩境圖（燕園十六景圖冊之 6）	冊頁	紙	設色	20.6 × 28.1		日本 私人	
綠轉廊（燕園十六景圖冊之 7）	冊頁	紙	設色	20.7 × 28.1		日本 私人	
童初仙館（燕園十六景圖冊之 8）	冊頁	紙	設色	20.7 × 28.1		日本 私人	
賞詩閣（燕園十六景圖冊之 9）	冊頁	紙	水墨	20.5 × 28.1		日本 私人	
夢青蓮花盫（燕園十六景圖冊之 10）	冊頁	紙	設色	20.6 × 28		日本 私人	
佇秋簃（燕園十六景圖冊之 11）	冊頁	紙	設色	20.6 × 28.1		日本 私人	
三嬋娟室（燕園十六景圖冊之 12）	冊頁	紙	水墨	20.6 × 28.1		日本 私人	
雙台（燕園十六景圖冊之 13）	冊頁	紙	設色	20.6 × 28.1		日本 私人	
竹裏行廚（燕園十六景圖冊之 14）	冊頁	紙	設色	20.6 × 28.2		日本 私人	
冬榮老屋（燕園十六景圖冊之 15）	冊頁	紙	設色	20.6 × 28.2		日本 私人	
天際歸舟（燕園十六景圖冊之 16）	冊頁	紙	水墨	20.6 × 28.3		日本 私人	

名稱	形式	質地	色彩	尺寸 高x寬cm	創作時間	收藏處所	典藏號碼
山水圖	摺扇面	紙	設色	17.4 × 51.5		美國 紐約沙可樂先生	
倣居商谷雪溪詩思圖	摺扇面	紙	設色	17.4 × 51.5	丙午（道光十四年，1834）秋仲	美國 普林斯頓大學藝術館	68-221
梅花西舍圖（錢杜等畫梅花西舍圖合冊8之1幀）	冊頁	紙	設色	16.3 × 21.3	己巳（嘉慶十四年，1809）仲秋	美國 鳳凰市美術館（ Mr.Roy And Marilyn Papp 寄存）	
竹蘭春雨圖（為蘭村仁弟作）	摺扇面	紙	設色	17.9 × 53.7	丙戌（道光六年，1826）四月浴佛日	美國 夏威夷火魯奴奴藝術學院	2474.1
樓觀滄海日圖	摺扇面	紙	設色	18.3 × 54		美國 火魯奴奴 Hutchinson 先生	
山水圖（2幀）	冊頁	紙	設色	（每幀）14.1 × 21.9		瑞士 蘇黎士黎得堡博物館	RCH1177
附：							
仿文徵明古巖秋樹圖	卷	紙	設色	不詳	癸未（道光三年，1823）	北京 北京市工藝品進出口公司	
舊雨軒圖（為香山作）	卷	絹	設色	34 × 103	道光辛丑（二十一年，1841）正月	蘇州 蘇州市文物商店	
冷泉禪話圖	卷	紙	水墨	23 × 80.5	道光辛丑（二十一年，1841）五月	紐約 佳士得藝品拍賣公司/拍賣目錄1990,11,28.	
蕉林書屋圖	卷	紙	設色	22.9 × 103.5		紐約 佳士得藝品拍賣公司/拍賣目錄1993,06,04.	
香衡吟館圖	卷	紙	水墨	24 × 89	甲戌（嘉慶十九年，1814）仲冬	紐約 佳士得藝品拍賣公司/拍賣目錄1993,12,01.	
山陽感舊圖	卷	紙	設色	28.9 × 69.3		紐約 佳士得藝品拍賣公司/拍賣目錄1994,06,01.	
松影圖	軸	紙	水墨	28 × 22	道光乙未（十五年，1835）四月十九日	上海 朵雲軒	
河東君像	軸	絹	水墨	不詳		上海 朵雲軒	
清溪漁艇圖	軸	絹	水墨	不詳	甲申（道光四年，1824）	上海 上海工藝品進出口公司	
莊園深院圖	軸	紙	設色	136 × 66		紐約 蘇富比藝品拍賣公司/拍賣目錄1981,05,07.	
松竹草堂圖	軸	紙	設色	95 × 29	壬辰（道光十二年，1832）	紐約 佳士得藝品拍賣公司/拍賣目錄1983,11,30.	

名稱	形式	質地	色彩	尺寸 高×寬cm	創作時間	收藏處所	典藏號碼
仿文徵明山水圖	軸	紙	水墨	122.5 × 28	庚辰（道光十二年，1832）十二月十五日	紐約 蘇富比藝品拍賣公司/拍賣目錄 1984,12,05.	
秋林月話圖	軸	紙	設色	109.2 × 25.4	道光癸巳（十三年，1833）秋九月八日	紐約 蘇富比藝品拍賣公司/拍賣目錄 1984,12,05.	
洞庭山館圖（陳鴻壽、郭麟題）	軸	紙	設色	30.5 × 35.3	嘉慶戊寅（二十三年，1818）四月十一日	紐約 蘇富比藝品拍賣公司/拍賣目錄 1985,06,03.	
墨梅圖	軸	紙	水墨	77.5 × 40	嘉慶戊寅（二十三年，1818）冬十月	紐約 佳仕得藝品拍賣公司/拍賣目錄 1986,06,04.	
白描桐陰菊茂圖	軸	絹	水墨	123.2 × 40.6	嘉慶癸酉（十八年，1813）冬十月	紐約 蘇富比藝品拍賣公司/拍賣目錄 1986,12,04.	
松竹草堂圖	軸	紙	設色	122 × 26.7	壬辰（道光十二年，1832）秋仲	紐約 佳士得藝品拍賣公司/拍賣目錄 1987,06,03.	
梅花圖	軸	紙	水墨	125 × 33.6	嘉慶丁丑（二十二年，1817）六月	紐約 佳士得藝品拍賣公司/拍賣目錄 1987,06,03.	
西溪春影圖	軸	紙	水墨	115.5 × 31.5	嘉慶乙亥（二十年，1815）	紐約 佳士得藝品拍賣公司/拍賣目錄 1988,11,30.	
舊雨軒圖	軸	絹	設色	104 × 37.5	道光己丑（九年，1829）正月	紐約 佳士得藝品拍賣公司/拍賣目錄 1989,12,04.	
梅樹圖	軸	紙	設色	110 × 28.5		紐約 佳士得藝品拍賣公司/拍賣目錄 1990,05,31.	
梅花圖	軸	紙	水墨	84 × 28.5	壬寅（道光二十二年，1842）春三月	紐約 佳士得藝品拍賣公司/拍賣目錄 1990,11,28.	
魔兜堅尊者像	軸	紙	設色	100.3 × 29.2	辛未（嘉慶十六年，1811）十二月十八日	紐約 佳士得藝品拍賣公司/拍賣目錄 1990,11,28.	
臨董其昌婉孌草堂圖	軸	紙	水墨	106.8 × 51	癸亥（嘉慶八年，1803）春三月	紐約 佳士得藝品拍賣公司/拍賣目錄 1991,11,25.	
清供圖	軸	紙	水墨	75 × 29	嘉慶癸酉（十八年，1813）冬十月之望	紐約 佳士得藝品拍賣公司/拍賣目錄 1992,06,02.	
烹茶圖	軸	絹	設色	86 × 29	嘉慶乙亥（二十年	紐約 佳士得藝品拍賣公司/拍	

名稱	形式	質地	色彩	尺寸 高x寬cm	創作時間	收藏處所		典藏號碼
					，1815）秋九月望日		賣目錄 1992,06,02.	
山居積雪圖	軸	紙	水墨	132 × 26	嘉慶戊寅（二十三年，1818）十月望	紐約	佳士得藝品拍賣公司/拍賣目錄 1993,12,01.	
林塘秋暇圖	軸	紙	設色	108 × 44.5	辛丑（道光二十一年，1841）秋日	紐約	佳士得藝品拍賣公司/拍賣目錄 1994,06,01.	
赤壁圖	軸	絹	設色	70.5 × 26	嘉慶十八年（癸酉，1813）冬十一月既望	紐約	佳士得藝品拍賣公司/拍賣目錄 1994,11,30.	
龍門僧圖	軸	紙	水墨	77.5 × 33	庚子（道光二十年，1840）二月	紐約	佳士得藝品拍賣公司/拍賣目錄 1994.11.30.	
人物圖（2幅）	軸	紙	設色	（每幅）88.5 × 21		紐約	佳士得藝品拍賣公司/拍賣目錄 1994,11,30.	
人物山水圖	軸	絹	設色	72.4 × 33	辛未（嘉慶十六年，1811）秋七月十四日	紐約	佳士得藝品拍賣公司/拍賣目錄 1995,09,19.	
仿六如居士溪山積翠圖	軸	紙	水墨	88.3 × 38.1	道光癸巳（十三年，1833）二月十三日	紐約	佳士得藝品拍賣公司/拍賣目錄 1995,09,19.	
仿唐寅深柳書堂圖	軸	紙	設色	119 × 35.6	嘉慶己卯（二十四年，1819）冬十一月	香港	佳士得藝品拍賣公司/拍賣目錄 1995,10,29.	
人物山水圖	軸	紙	設色	121.9 × 28.6	辛丑（道光二十一年，1841）秋八月朔	紐約	佳士得藝品拍賣公司/拍賣目錄 1996,03,27.	
沏茶圖	軸	紙	水墨	95.9 × 27.9	乙亥（嘉慶二十年，1815）五月既望	紐約	佳士得藝品拍賣公司/拍賣目錄 1996,09,18.	
梅妻鶴子圖	軸	紙	設色	72 × 31	嘉慶丙子（二十一年，1816）秋九月重陽前二日	香港	佳士得藝品拍賣公司/拍賣目錄 1998,09,15.	
澹園圖（為見亭作）	摺扇面	紙	設色	不詳	道光癸巳（十三年，1833）仲冬望後	北京	北京市文物商店	
山水圖	摺扇面	金箋	設色	17.5 × 53	道光庚寅（十年，1830）秋八月	紐約	佳士得藝品拍賣公司/拍賣目錄 1988,11,30.	

名稱	形式	質地	色彩	尺寸 高x寬㎝	創作時間	收藏處所	典藏號碼
金魚水藻圖	摺扇面	紙	設色	不詳		紐約 佳士得藝品拍賣公司/拍賣目錄1989,12,04.	

畫家小傳：錢杜。原名榆。字叔美。號松壺。浙江錢塘人。生於高宗乾隆二十九（1764）年，卒於宣宗道光二十五（1845）年。工詩。善畫。人物、士女、花卉，無不精研；尤擅山水。並善畫論，著有松壺畫贅、畫憶。（見墨香居畫識、桐陰論畫、墨林今話、中國畫家人名大辭典）

張問陶

名稱	形式	質地	色彩	尺寸 高x寬㎝	創作時間	收藏處所	典藏號碼
六峰圖	卷	紙	不詳	不詳		台北 故宮博物院	國贈 024583
詩龕圖（顧鶴慶、朱鶴年、孫銓、朱本、馬履泰、張問陶、宋葆淳、陳詩庭、吳文徵、王霖、吳煊等詩龕圖合璧卷之1）	卷	紙	設色	不詳	嘉慶己未（四年，1799）	鎮江 江蘇省鎮江市博物館	
國門秋餞圖（為舫西作）	卷	紙	設色	不詳	嘉慶辛酉（六年，1801）秋日	蘇州 江蘇省蘇州博物館	
指畫載酒前緣圖（為子堅作）	卷	紙	水墨	15.6 x 38.2	壬申（嘉慶十七年，1812）九月	日本 東京國立博物館	
立馬圖	軸	紙	水墨	不詳		瀋陽 遼寧省博物館	
雪中狂飲圖	軸	紙	水墨	不詳	嘉慶丙辰（元年，1796）十月廿三日	北京 故宮博物院	
獲鹿圖像（為英和作）	軸	紙	設色	不詳	嘉慶壬戌（七年，1802）冬日	北京 故宮博物院	
新柳雛鴬圖	軸	紙	設色	115 x 38.2	辛酉（嘉慶六年，1801）	天津 天津市藝術博物館	
瀟湘過雨圖	軸	絹	設色	130 x 37		西安 陝西歷史博物館	
枯木雄鷹圖	軸	絹	設色	不詳		揚州 江蘇省揚州市博物館	
疏柳顛禽圖	軸	紙	設色	119.8 x 33.9		南京 南京博物院	
松梅仙石圖	軸	絹	設色	126.7 x 35	嘉慶乙丑（十年，1805）三月上巳	成都 四川省博物院	
南臺寺飲酒詩圖	軸	紙	水墨	138.2 x 52	乾隆壬子（五十七年，1792）	成都 四川大學	
達摩渡江圖	軸	紙	設色	130.4 x 31.1	乙丑（嘉慶十年，1805）四月	重慶 重慶市博物館	
指畫鷹石圖	軸	紙	設色	82.5 x 40.5		廣州 廣州市美術館	

名稱	形式	質地	色彩	尺寸 高×寬㎝	創作時間	收藏處所	典藏號碼
松鷹圖（仿青藤道人墨法）	軸	紙	設色	110.8 × 30.9	庚申（嘉慶五年，1800）夏六月	日本 東京內野皎亭先生	
雪景山水圖	軸	紙	水墨	121.2 × 39.4		日本 東京河井荃盧先生	
遊鹿圖	軸	紙	設色	110.3 × 48.5	嘉慶乙丑（十年，1805）五月	日本 東京河井荃盧先生	
菊石圖	軸	絹	設色	161.9 × 43.9		日本 私人	
把酒問月圖	軸	紙	設色	129.6 × 34.3		韓國 私人	
山水花卉圖（4幀）	冊	紙	設色	（每幀）24.9 × 30.1		台南 石允文先生	
雜畫（10幀）	冊	紙	水墨	（每幀）18.8 × 22.7	丙午（乾隆五十一年，1786）秋七月	新加玻 Dr.E.Lu	
杜甫詩意圖（張問陶、朱鶴年合冊2之1幀）	冊頁	紙	設色	37.6 × 47.2	庚申（嘉慶五年，1800）	瀋陽 遼寧省博物館	
山水圖（清張賜寧等山水冊12之1幀）	冊頁	紙	設色	不詳		天津 天津市藝術博物館	
仿唐寅山水圖并書自詩意（16幀）	冊	紙	設色	不詳	庚申（嘉慶五年，00）18 六月十九01）日	上海 上海博物館	
奔馬圖	冊頁	絹	設色	不詳	壬申（嘉慶十七年，1812）	上海 上海博物館	
山水圖（12幀）	冊	紙	設色	（每幀）24 × 30	乙丑（嘉慶十年，1805）春三月	昆山 崑崙堂美術館	
舊時月色圖	摺扇面	紙	設色	不詳	壬申（嘉慶十七年，1812）	寧波 浙江省寧波市天一閣文物保管所	
鵝圖	摺扇面	紙	設色	不詳	嘉慶丁卯（十二年，1807）	成都 四川省博物院	
蘭花圖	摺扇面	紙	水墨	不詳	丁卯（嘉慶十二年，1807）	成都 四川省博物院	
西涯雜詠詩圖（12幀，為法梧門作）	冊	紙	設色	（每幀）27 × 20	戊午（嘉慶三年，1798）七夕	重慶 重慶市博物館	
人物圖	摺扇面	金箋	設色	不詳	乙丑（嘉慶十年，1805）	廣州 廣州市美術館	
柳葉鳴蟬圖	摺扇面	紙	設色	19.2 × 55.6		美國 密歇根大學藝術博物館	1982/2.132a
山水圖（？幀）	冊	絹	設色	（每幀）31.5		美國 密歇根大學艾瑞慈教授	

名稱	形式	質地	色彩	尺寸 高×寬cm	創作時間	收藏處所	典藏號碼
				× 26.5			
花叢鬥雞圖	冊頁	金箋	設色	不詳		德國 漢堡Museumfur Kust und Gewerle	
附：							
蘭石圖	軸	紙	水墨	87 × 36.5	嘉慶丙寅（十一年，1806）歲初秋	紐約 佳仕得藝品拍賣公司/拍賣目錄1986,12,01.	
蘭花圖	摺扇面	紙	設色	不詳		北京 中國文物商店總店	
山水圖（清各家山水花鳥書法扇面冊10之1幀）	摺扇面	金箋	設色	不詳		香港 佳士得藝品拍賣公司/拍賣目錄1998,09,15.	

畫家小傳：張問陶。字仲冶。號船山、老船、藥庵退守、蜀山老猿等。遂寧人。生於高宗乾隆二十九（1764）年，卒於仁宗嘉慶十九（1814）年。乾隆五十五年進士。官至山東萊州知府，後以疾引歸。為人才情橫軼。工詩。善書畫。山水、花鳥、人物雜品，隨筆為之，風致蕭遠。（見桐陰論畫、墨林今話、耕硯田齋筆記、畫林新詠、蘇州府志、中國畫家人名大辭典）

朱昂之

名稱	形式	質地	色彩	尺寸 高×寬cm	創作時間	收藏處所	典藏號碼
仿陸治山水圖	卷	紙	設色	31.8 × 186.1		台南 石允文先生	
仿黃公望山水圖	卷	紙	設色	不詳		北京 故宮博物院	
仿王蒙山水圖	卷	紙	水墨	28 × 453	丁巳（嘉慶二年，1797）冬	北京 中央美術學院	
江山無際圖	卷	紙	設色	不詳	庚申（嘉慶五年，1800）	天津 天津市歷史博物館	
詩龕圖（黃均、方薰、朱鶴年、朱昂之、朱本、張崟、朱文新、嚴鈺、吳應年等作詩龕圖合璧卷之4）	卷	紙	設色	不詳	嘉慶丙寅（十一年，1806）	鎮江 江蘇省鎮江市博物館	
雜畫（6段）	卷	紙	水墨	不詳	辛丑（道光二十一年，1841）陽月	蘇州 江蘇省蘇州博物館	
東坡詩意圖	卷	紙	設色	不詳	戊寅（嘉慶二十三年，1818）	廣州 廣州市美術館	
花卉圖（春季）	卷	紙	水墨	不詳		日本 江田勇二先生	
花卉圖（秋季）	卷	紙	水墨	不詳	己亥（道光十九年，1839）秋日	日本 江田勇二先生	
寒巖隱居圖	軸	紙	水墨	133.4 × 54.1		台南 石允文先生	
仿黃公望層峰翠靄圖	軸	紙	設色	109.2 × 46.8		台南 石允文先生	

名稱	形式	質地	色彩	尺寸 高×寬㎝	創作時間	收藏處所	典藏號碼
擬唐寅水亭話舊圖	軸	紙	設色	134.1 × 30.3		台南 石允文先生	
仿黃公望筆湖山逸興圖	軸	絹	水墨	136 × 66	辛卯（道光十一年，1831）冬日	北京 首都博物館	
玉洞春融圖	軸	絹	設色	不詳	丁丑（嘉慶二十二年，1817）	天津 天津市藝術博物館	
松柏圖	軸	紙	水墨	不詳		天津 天津市藝術博物館	
荷花圖	軸	紙	水墨	141 × 70.5	庚子（道光二十年，1840）	天津 天津市藝術博物館	
山容清峭圖	軸	灑金箋	設色	128.2 × 30.2		天津 天津市藝術博物館	
水仙梅石圖	軸	紙	水墨	不詳		天津 天津市藝術博物館	
仿巨秋賺蘭亭圖	軸	紙	水墨	142.3 × 46.3		天津 天津市藝術博物館	
江干秋影圖	軸	紙	水墨	不詳		天津 天津市藝術博物館	
竹石圖	軸	紙	水墨	不詳		天津 天津市藝術博物館	
青嶂白雲圖	軸	灑金箋	設色	184 × 83.5		天津 天津市藝術博物館	
芙蓉菊石圖	軸	紙	水墨	134 × 30		天津 天津市藝術博物館	
雲峰朝旭圖	軸	紙	設色	不詳	甲申（道光四年，1824）	唐山 河北省唐山市博物館	
清溪叢樹圖（為湘山作）	軸	紙	水墨	不詳	庚子（道光二十年，(1840)仲	南京 南京博物院	
芙蓉圖	軸	紙	水墨	不詳		南京 南京博物院	
菊石圖	軸	紙	水墨	不詳		南京 南京博物院	
花溪漁隱圖（4幅）	軸	紙	水墨	不詳		南京 南京博物院	
水仙竹石圖	軸	金箋	設色	不詳		無錫 江蘇省無錫市博物館	
唐人詩意圖	軸	紙	設色	不詳		杭州 浙江省博物館	
仿米山水圖	軸	灑金箋	水墨	不詳		海寧 浙江省海寧市博物館	
竹石水仙圖	軸	紙	設色	不詳		德清 浙江省德清縣博物館	
仿王蒙秋山暮靄圖	軸	紙	設色	134.8 × 44.5	壬申（嘉慶十七年，1812）孟春	成都 四川省博物館	
石榴萱花圖	軸	紙	設色	34.7 × 31.2		廣州 廣東省博物館	
積雪凝寒圖	軸	絹	水墨	80.5 × 49	壬申（嘉慶十七年，1812）	廣州 廣州市美術館	
雲巒飛瀑圖	軸	紙	水墨	不詳	乙未（道光十五年	廣州 廣州市美術館	

名稱	形式	質地	色彩	尺寸 高×寬㎝	創作時間	收藏處所	典藏號碼
					，1835) 仲夏		
仿董其昌山水圖	軸	紙	水墨	134.5 × 35.5	己亥（道光十九年，1839）	廣州 廣州市美術館	
深樹人家圖	軸	紙	設色	不詳		廣州 廣州市美術館	
榴石圖	軸	紙	設色	139 × 33		廣州 廣州市美術館	
仿董其昌山水圖	軸	紙	水墨	不詳	己亥（道光十九年，1839) 仲冬	廣州 廣州市美術館	
山水（仿梅道人真蹟）	軸	金箋	水墨	49.7 × 33.3		日本 東京河井荃盧先生	
畫石	軸	紙	水墨	151.5 × 42.7	己亥（道光十九年，1839）夏日	日本 東京河井荃盧先生	
米法山水（擬思翁筆意）	軸	紙	水墨	103.3 × 39.1	庚午（嘉慶十五年，1810）冬日	日本 東京河井荃盧先生	
柳景山水圖	軸	紙	設色	38.2 × 48.5		日本 東京吉武鶴次郎先生	
倣雲林山水圖	軸	紙	水墨	37.9 × 48.8		日本 東京吉武鶴次郎先生	
山水圖	軸	絹	設色	175.4 × 42.7		日本 東京山本悌二郎先生	
擬黃鶴山樵筆意山水圖	軸	紙	水墨	不詳	丁酉（道光十七年，1837）夏四月	日本 東京張允中先生	
戲仿青藤老人法墨荷圖	軸	金箋	水墨	不詳		日本 京都國立博物館	A甲333
仿董其昌筆意山水圖	軸	絹	水墨	135.5 × 30		日本 大阪橋本大乙先生	
仿倪高士山水圖	軸	絹	水墨	135.5 × 30		日本 大阪橋本大乙先生	
山水圖	軸	絹	設色	135.5 × 30		日本 大阪橋本大乙先生	
雁來紅圖	軸	紙	設色	75.6 × 37.4	辛卯（道光十一年，1831）夏日	日本 兵庫縣黑川古文化研究所	
仿江貫道筆山水圖	軸	金箋	水墨	130.4 × 51.5		日本 木佐靖治先生	
仿吳鎮山水圖	軸	紙	水墨	133.2 × 52.3		美國 火魯奴奴 Hutchinson 先生	
葡萄圖（清花卉畫冊六冊之3）	摺扇面	紙	設色	19 × 55.1		台北 故宮博物院	故畫03522-3
花卉圖（8幀）	冊	紙	設色	（每幀）23.4 × 30.3		台南 石允文先生	
仿吳鎮山水圖	摺扇面	金箋	水墨	15.5 × 48.2		北京 中國歷史博物館	
懷米山房圖（為秋舫作，張培敦等七人作懷米山房圖合冊之1幀）	冊頁	紙	設色	不詳		南京 南京博物院	

名稱	形式	質地	色彩	尺寸 高×寬cm	創作時間	收藏處所	典藏號碼
疎林遠岫圖	摺扇面	金箋	設色	不詳		常熟 江蘇省常熟市文物管理委員會	
山水圖（12幀）	冊	紙	設色	（每幀）27.4×34		杭州 浙江省博物館	
蘭花竹石圖（8幀）	冊	紙	水墨	不詳		杭州 浙江省博物館	
山水圖（清錢杜等山水冊8之2幀）	冊頁	紙	設色	（每幀）22.8×16		烏魯木齊 新疆維吾爾自治區博物館	
枯木竹石圖	摺扇面	紙	水墨	不詳	丁酉（道光十七年，1837）仲夏	日本 東京河井荃廬先生	
山水圖	摺扇面（殘）	紙	設色	16.6 × ？		日本 東京細川護貞先生	
臨吳鎮華溪漁隱圖	摺扇面	紙	水墨	17.1 × 52.7		日本 京都國立博物館	A甲577a
山水圖（臥遊圖冊之5）	冊頁	紙	設色	22.2 × 28.4		日本 京都國立博物館	
山水圖（臥遊圖冊之6）	冊頁	紙	設色	22.2 × 28.4		日本 京都國立博物館	
吟餘雅賞圖（12幀）	冊	紙	設色	（每幀）21.8×32		日本 大阪橋本大乙先生	
仿陳淳草蟲圖	摺扇面	紙	設色	18.2 × 49.7		日本 福岡縣石訽道雄先生	91
荒政圖（8幀）	冊	紙	設色	（每幀）28.1×39		德國 柏林東亞藝術博物館	5809
附：							
山水圖	卷	紙	水墨	21.5 × 97.7		香港 佳士得藝品拍賣公司/拍賣目錄1991,03,18.	
湖曲清秋圖	軸	紙	設色	不詳	甲午（道光十四年，1834）	北京 北京市文物商店	
百齡凌雲圖（朱昂之、心宰合作）	軸	絹	設色	不詳	戊戌（道光十八年，1838）	上海 朵雲軒	
雲嶺晨鐘圖	軸	絹	設色	不詳		上海 朵雲軒	
松竹梅蘭圖（4幅）	軸	灑金箋	設色	不詳		上海 朵雲軒	
仿黃子久富春大嶺圖	軸	紙	設色	不詳	辛酉（嘉慶六年，1801）	上海 上海文物商店	
擬王蒙松隱草堂圖	軸	紙	設色	142.6 × 72	壬午（道光二年，1822）仲春	上海 上海文物商店	
松溪逸興圖	軸	紙	水墨	157.4 × 63.8	乙酉（道光五年，1825）嘉平	上海 上海文物商店	

名稱	形式	質地	色彩	尺寸 高x寬cm	創作時間	收藏處所	典藏號碼
萬壑松風圖	軸	紙	設色	不詳	辛丑（道光二十一年，1841）春日	蘇州 蘇州市文物商店	
山水（水亭話舊圖）	軸	紙	設色	134.6 × 30.5		紐約 蘇富比藝品拍賣公司/拍賣目錄 1987,12,08.	
山水圖（清人雜畫扇面冊之1幀）	摺扇面	紙	水墨	不詳		北京 北京市工藝品進出口公司	
花卉圖（8幀）	冊	紙	水墨	不詳	辛卯（道光十一年，1831）如月	上海 朵雲軒	

畫家小傳：朱昂之。字青立。號津里。江蘇武進人，僑居吳門。生於高宗乾隆二十九（1764）年，宣宗道光二十一（1841）年尚在世。善畫山水，家學而外，尤得力於王翬、惲壽平二家，筆意勁峭。（見墨香居畫識、桐陰論畫、墨林今話、讀畫輯略、中國畫家人名大辭典）

姜壎

名稱	形式	質地	色彩	尺寸 高x寬cm	創作時間	收藏處所	典藏號碼
金描仕女圖	卷	紙	泥金	21 × 126.5	戊申（乾隆五十三年，1788）	杭州 浙江省圖書館	
仕女圖	軸	絹	設色	不詳	戊寅（嘉慶二十三年，1818）七月二日	北京 故宮博物院	
鍾馗出行圖	軸	紙	設色	136 × 55.5	嘉慶王戌（七年，1802）	天津 天津市藝術博物館	
煙雨鋤蘭圖	軸	紙	設色	不詳	七十二歲（道光十五年，1835）	天津 天津市藝術博物館	
紅拂小像	軸	紙	設色	不詳	八十四（道光二十七年，1847）	天津 天津市藝術博物館	
華清賜浴圖	軸	紙	設色	不詳		天津 天津市藝術博物館	
賞桂圖	軸	紙	設色	不詳		天津 天津市藝術博物館	
陳圓圓像	軸	紙	水墨	不詳	癸酉（嘉慶十八年，1813）	太原 山西省博物館	
綠珠圖	軸	紙	設色	不詳		濟南 山東省博物館	
仕女圖	軸	紙	設色	不詳	丙子（嘉慶二十一年，1816）	上海 上海博物館	
拈花仕女圖	軸	紙	設色	不詳		上海 上海博物館	
仿王繹作李清照像	軸	紙	設色	106 × 26.8		無錫 江蘇省無錫市博物館	
美人圖(對幅)	軸	絹	設色	（每幅）96.5		美國 堪薩斯市納爾遜-艾金斯	67-19/1，2

名稱	形式	質地	色彩	尺寸 高x寬cm	創作時間	收藏處所	典藏號碼
				× 32.7		藝術博物館	
仕女圖（12幀）	冊	絹	設色	不詳	庚寅（道光十年，1830）閏四月	北京 故宮博物院	
梅花圖	摺扇面	紙	水墨	不詳		北京 中國歷史博物館	
西廂記圖（10幀）	冊	絹	設色	不詳	嘉慶庚申（五年，1800）	上海 上海畫院	
憑窗仕女圖（為竹峴作）	摺扇面（殘）	紙	設色	16.6 × ？		日本 東京細川護貞先生	
附：							
金谷名姝圖	軸	紙	設色	95 × 30		天津 天津市文物公司	
桂花三兔圖	軸	絹	設色	不詳		上海 朵雲軒	
紅線盜盒圖	軸	紙	設色	109.2 × 31.7		紐約 佳士得藝品拍賣公司/拍賣目錄1992,12,02.	

畫家小傳：姜壎。字曉泉。號鴛鴦亭長。江蘇松江人。生於高宗乾隆二十九（1764）年，卒於宣宗道光十四（1834）年。能詩。工寫生，深得惲壽平法；尤擅畫仕女，筆意清勁，自然入妙。（見桐陰論畫、墨林今話、耕硯田齋筆記、中國畫家人名大辭典）

阮 元

名稱	形式	質地	色彩	尺寸 高x寬cm	創作時間	收藏處所	典藏號碼
壽山福海	軸	紙	設色	94 × 34		台北 李鴻球先生	
墨梅	軸	紙	水墨	112.1 × 31.8	嘉慶丙辰（元年，1796）春仲	日本 京都狩野直喜先生	
附：							
柳枝雙禽圖	軸	紙	水墨	129 × 52	癸卯（道光二十三年，1843）春二月八日，時年八十有一叟	紐約 蘇富比藝品拍賣公司/拍賣目錄1981,11,07.	
梅花圖	摺扇面	灑金箋	水墨	17.5 × 52.5		紐約 佳士得藝品拍賣公司/拍賣目錄1988,11,30.	
山水圖（12幀）	冊	紙	設色	（每幀）18.5 × 10.5		紐約 佳士得藝品拍賣公司/拍賣目錄1993,12,01.	

畫家小傳：阮元。字伯元。號芸臺。江蘇儀徵人。生於高宗乾隆二十九（1764）年，卒於宣宗道光二十九（1849）年。乾隆五十四年翰林。道光時，官至體仁閣大學士、太傅。工詩文。精金石考據，鑑別。善書畫。花卉木石，秀致可喜。（見清代史傳本傳、國朝經學名儒記、國朝正雅集、清代畫史補錄、中國畫家人名大辭典）

名稱	形式	質地	色彩	尺寸 高×寬㎝	創作時間	收藏處所	典藏號碼

倪 璨

名稱	形式	質地	色彩	尺寸 高×寬㎝	創作時間	收藏處所	典藏號碼
游馬駕山書畫	卷	紙	設色	23 × 126	乙卯（乾隆六十年，1795）	南京 南京博物院	
牛背橫笛圖	軸	紙	設色	不詳	壬午（道光二年，1822）	天津 天津市藝術博物館	
樹根垂釣圖	軸	紙	設色	不詳		天津 天津市藝術博物館	
花竹鶴鶉圖	軸	紙	設色	177 × 82.1	丁亥（道光七年，1827）春三月	揚州 江蘇省揚州市博物館	
蓬萊春曉圖	軸	紙	設色	不詳		南京 南京博物院	
仿趙大年山水圖	軸	紙	設色	不詳		鎮江 江蘇省鎮江市博物館	
蔬果圖	摺扇面	紙	設色	不詳	己丑（道光九年，1829）初夏	北京 故宮博物院	
花卉草蟲圖	摺扇面	紙	設色	不詳	辛卯（道光十一年，1831）春二月	北京 故宮博物院	
山水圖	摺扇面	紙	設色	不詳		天津 天津市藝術博物館	
看竹圖（看竹圖并題跋冊 42 之 1 幀）	冊頁	絹	設色	21.2 × 20.3		上海 上海博物館	
仿唐六如山水圖	摺扇面	紙	設色	不詳		長沙 湖南省博物館	
仿趙令穰梅家書屋圖（清人扇面圖冊之第 3 幀）	摺扇面	紙	設色	18.9 × 56.8		韓國 私人	

附：

名稱	形式	質地	色彩	尺寸 高×寬㎝	創作時間	收藏處所	典藏號碼
麻姑獻壽圖	軸	絹	設色	不詳	甲戌（嘉慶十九年，1814）	南京 南京市文物商店	
山水圖	軸	紙	設色	67.6 × 26.3	乙卯（乾隆六十年，1795）	紐約 蘇富比藝品拍賣公司/拍賣目錄 1984,12,05.	
澄湖夏景圖	軸	紙	設色	122.5 × 45	丁亥（道光七年，1827）夏月	紐約 佳士得藝品拍賣公司/拍賣目錄 1994,11,30.	
陳徵君讀書處圖	軸	紙	水墨	101.5 × 34.5	癸亥（嘉慶八年，1803）重九	紐約 佳士得藝品拍賣公司/拍賣目錄 1994,11,30.	
白雲秋山圖	軸	紙	設色	184 × 98	癸未（道光三年，1823）冬十月	香港 佳士得藝品拍賣公司/拍賣目錄 2001,04,29.	

畫家小傳：倪璨。號硯石鉏夫。江蘇揚州人。生於高宗乾隆二十九（1764）年，卒於宣宗道光二十一（1841）年。善畫山水，筆勢宏深，造境精密。（見耕硯田齋筆記、中國畫家人名大辭典）

名稱	形式	質地	色彩	尺寸 高x寬cm	創作時間	收藏處所	典藏號碼

吳九思

名稱	形式	質地	色彩	尺寸 高x寬cm	創作時間	收藏處所	典藏號碼
玫園行樂圖（張崟、王州元等人合作，吳補物）	軸	絹	設色	58.1 x 92.6	辛亥（乾隆五十六年，1791）	瀋陽 遼寧省博物館	
菊蟹圖	軸	紙	設色	不詳	乾隆己酉（五十四年，1789）	上海 上海古籍書店	
危崖帆影（國朝名家書畫集玉上冊之第2幀）	冊頁	紙	水墨	16.7 x 22.6		台北 故宮博物院	故畫 01275-2
雲山（國朝名家書畫集玉下冊之第6幀）	冊頁	紙	水墨	16.7 x 22.6		台北 故宮博物院	故畫 01276-6
江景（國朝名家書畫集玉下冊之第8幀）	冊頁	紙	水墨	16.7 x 22.6		台北 故宮博物院	故畫 01276-8
秋林白石（國朝名家書畫集玉下冊之第11幀)	冊頁	紙	水墨	16.7 x 22.6		台北 故宮博物院	故畫 01276-11

畫家小傳：吳九思。號恟齋。江蘇吳縣人。畫山水，得王玖薪傳；畫花鳥，得吳補齋指授；兼工人物。天資稍下，然學力頗深，允稱能手。流傳署款紀年作品見於高宗乾隆五十四（1789）年。（見墨林今話、中國畫家人名大辭典）

沈　唐

名稱	形式	質地	色彩	尺寸 高x寬cm	創作時間	收藏處所	典藏號碼
秋山叠翠圖	軸	紙	設色	不詳	己酉（乾隆五十四年，1789）孟冬	南寧 廣西壯族自治區博物館	

畫家小傳：沈唐。字樹堂。號蓮舟。浙江錢塘人。工畫山水，師奚岡，而筆致蒼渾則近王原祁婁東一派。流傳署款紀年作品見於高宗乾隆五十四(1789)年。（見墨香居畫識、桐陰論畫、中國畫家人名大辭典）

徐　球

名稱	形式	質地	色彩	尺寸 高x寬cm	創作時間	收藏處所	典藏號碼
柳蔭閒坐圖	軸	紙	設色	不詳		南京 南京博物院	
蒯聘堂像圖（錢載補修竹圖）	卷	絹	設色	不詳	乾隆五十四年（己酉，1789）上巳日	蘇州 江蘇省蘇州博物館	

畫家小傳：徐球。畫史無載。流傳署款紀年作品見於高宗乾隆五十四(1789)年。身世待考。

陸　槐

名稱	形式	質地	色彩	尺寸 高x寬cm	創作時間	收藏處所	典藏號碼
雪漁像（與余集合作）	軸	紙	設色	不詳	乾隆己酉（五十四年，1789）夏四月上浣	北京 故宮博物院	

畫家小傳：陸槐。字蔭庭。號愚谷。江蘇太倉人。為州學生。善畫山水，摹王原祁，幾欲亂真。流傳署款紀年作品見於高宗乾隆五十四(1789)年。（見當湖歷代畫人傳、中國美術家人名辭典）

名稱	形式	質地	色彩	尺寸 高×寬㎝	創作時間	收藏處所	典藏號碼

吳 玖

| 荷花圖 | 軸 | 紙 | 設色 | 不詳 | 乾隆己酉（五十四
年，1789）閏月 | 桐鄉 浙江省桐鄉縣博物館 | |

畫家小傳：吳玖。女。自署□兒溪女史。浙江石門人。吳克諧之女。適桐鄉程同文為繼室。承家學工畫，畫山水師法方薰，花卉得甌香館
　　　　法。作有寫韻樓畫冊傳世。流傳署款紀年作品見於高宗乾隆五十四(1789)年。（見墨林今畫、桐鄉縣志、中國畫家人名大辭典）

黃 驊

| 岱嶽圖 | 卷 | 紙 | 設色 | 不詳 | | 南京 南京市博物館 | |
| 指畫花鳥圖（9幀） | 冊 | 紙 | 水墨 | 不詳 | 己酉（乾隆五十四
年，1789）嘉平立
春日 | 瀋陽 遼寧省博物館 | |

附：

| 竹石牡丹圖 | 軸 | 紙 | 水墨 | 不詳 | 嘉慶元年（丙辰，
1796） | 上海 上海文物商店 | |

畫家小傳：黃驊。字嶽領。安徽人。善畫梅、蘭、竹，有「三絕」之稱。流傳署款紀年作品見於高宗乾隆五十四(1789)年至仁宗
　　　　嘉慶元(1796)年。（見蝶隱園書畫雜綴、中國畫家人名大辭典）

茹之俊

| 山水圖（茹之俊等人山水合冊
11之1幀） | 冊頁 | 紙 | 設色 | 不詳 | 乾隆己酉（五十四
年，1789）嘉平立
春日 | 南京 南京大學 | |

畫家小傳：茹之俊。畫史無載。流傳署款紀年作品見於高宗乾隆五十四(1789)年。身世待考。

程 堂

| 仿梅道人山水圖 | 軸 | 絹 | 水墨 | 不詳 | | 合肥 安徽省博物館 | |
| 仿古山水圖（8幀） | 冊 | 紙 | 設色 | 不詳 | 癸丑（乾隆五十八
年，1793） | 合肥 安徽省博物館 | |

附：

| 山水（8幀） | 冊 | 絹 | 水墨 | （每幀）44.5
× 26.5 | 己酉（乾隆五十四
年，1789） | 紐約 佳士得藝品拍賣公司/拍
賣目錄 1994.11.30. | |

畫家小傳：程堂。號兩湖。安徽休寧人，占籍浙江錢塘。善畫山水，初師法明沈周，繼參法元四家。作品筆法蒼秀。流傳署款紀年
　　　　作品見於高宗乾隆五十四(1789)、五十八(1793)年。（見墨香居畫識、中國畫家人名大辭典）

名稱	形式	質地	色彩	尺寸 高×寬cm	創作時間	收藏處所	典藏號碼

孔繼泰

附：

| 點染雲山圖 | 軸 | 紙 | 水墨 | 不詳 | 戊戌（道光十八年 ，1838 | 上海 朵雲軒 | |

畫家小傳：孔繼泰。字鶴瞻。號鴉莊。江蘇崑山人。高宗乾隆五十四（1789）年拔貢。能畫山水，精鑑別，喜收藏。流傳署款紀年作品見於宣宗道光十(1838)年。（見墨林今話、墨香居畫識、中國畫家人名大辭典）

許 琛

| 花卉圖（冊頁裝成） | 卷 | 紙 | 設色 | 不詳 | 乾隆己酉（五十四 年，1789） | 廣州 廣東省博物館 | |

畫家小傳：許琛。畫史無載。流傳署款紀年作品見於高宗乾隆五十四(1789)年。身世待考。

程徽灝

| 山水圖（8幀） | 冊 | 紙 | 水墨 | 不詳 | 乾隆庚戌（五十五 年，1790） | 北京 故宮博物院 | |

畫家小傳：程徽灝。畫史無載。流傳署款紀年作品見於高宗乾隆五十五(1790)年。身世待考。

金尊年

| 荷花雙鳧圖 | 橫幅 | 絹 | 設色 | 不詳 | 己酉（乾隆五十四 年，1789） | 北京 中央工藝美術學院 | |
| 貨郎圖 | 軸 | 絹 | 設色 | 不詳 | | 南京 南京博物院 | |

畫家小傳：金尊年。流傳署款作品紀年疑為高宗乾隆五十四（1789）年。身世待考。

張道澤

附：

| 墨竹圖 | 軸 | 絹 | 水墨 | 不詳 | 庚戌（乾隆五十五 年，1790） | 上海 朵雲軒 | |

畫家小傳：張道澤。畫史無載。疑為張道渥之兄弟。流傳署款紀年作品見於高宗乾隆五十五(1790)年。身世待考。

童冀駒

| 梅花圖 | 軸 | 紙 | 設色 | 121 × 29.5 | 庚戌（乾隆五十五 年，1790） | 泰順 浙江省泰順縣文管會 | |

畫家小傳：童冀駒。畫史無載。流傳署款紀年作品見於高宗乾隆五十五(1790)年。身世待考。

名稱	形式	質地	色彩	尺寸 高x寬cm	創作時間	收藏處所	典藏號碼

陸淡容

附：

| 仕女圖（10幀） | 冊 | 紙 | 水墨 | （每幀）29.2 × 24.1 | 乾隆庚戌（五十五年，1790）小春 | 紐約 佳士得藝品拍賣公司/拍賣目錄 1998.03.24. | |

畫家小傳：陸淡容。字芳秋。畫史無載。署款紀年作品見於高宗乾隆五十五(1790)年。身世待考。

法　藻

| 桂未谷先生小像 | 軸 | 紙 | 設色 | 94.7 × 34.5 | （己酉，乾隆五十四年，1789） | 日本 東京林宗毅先生 | |

畫家小傳：法藻。畫史無載。流傳署款作品紀年見於高宗乾隆五十四（1789）年。身世待考。

孫帥易

| 墨竹圖 | 軸 | 絹 | 水墨 | 99.8 × 52.4 | 庚戌（？乾隆五十五年，1790）仲春 | 英國 倫敦大英博物館 | 1881.12.10.41ADD183） |

畫家小傳：孫帥易。畫史無載。流傳署款作品紀年疑為高宗乾隆五十五（1790）年。身世待考。

魏丁青

附：

| 仿元人筆意魚藻圖 | 軸 | 紙 | 水墨 | 105.3 × 28.3 | 歲次庚戌（？乾隆五十五年，1790）建寅月 | 紐約 蘇富比藝品拍賣公司/拍賣目錄 1981,11,07. | |

畫家小傳：魏丁青。畫史無載。流傳署款作品紀年疑為高宗乾隆五十五（1790）年。身世待考。

何道生

山水圖	軸	不詳	不詳	不詳		台北 故宮博物院（蘭千山館寄存）	
山水圖	軸	紙	設色	不詳	丙寅（嘉慶十一年，1806）	天津 天津市藝術博物館	
紫藤萱花圖	軸	紙	設色	不詳	癸亥（嘉慶八年，1803）	太原 山西省晉祠文物管理處	
山水圖（何道生、朱鶴年合作，為少山作）	軸	紙	水墨	82 × 34.5	嘉慶七年（壬戌，1802）中秋前二日	成都 四川大學	
山水圖（為法梧門作）	摺扇面	紙	設色	不詳	嘉慶九年（甲子，1804）	北京 故宮博物院	

畫家小傳：何道生。字立之。號蘭士。山西靈石人。生於高宗乾隆三十一（1766）年，卒於仁宗嘉慶十一（1806）年。乾隆五十二年進士。工詩。善畫山水筆墨清雅，文秀之氣撲人眉宇。（見桐陰論畫、墨林今話、耕硯田齋筆記、中國畫家人名大辭典）

名稱	形式	質地	色彩	尺寸 高x寬cm	創作時間	收藏處所	典藏號碼
顧鶴慶							
退居圖	卷	紙	設色	不詳		北京 故宮博物院	
山水圖（潘思牧等四人山水合卷4之1段）	卷	紙	設色	23 x 79.9		北京 故宮博物院	
秋江話別圖	卷	紙	設色	不詳	丙子（嘉慶二十一年，1816）	天津 天津市藝術博物館	
心遠亭圖	卷	紙	設色	48.2 x 255		南京 南京博物院	
詩龕圖（顧鶴慶、朱鶴年、孫銓、朱本、馬履泰、張問陶、宋葆淳、陳詩庭、吳文徵、王霖、吳煊等詩龕圖合璧卷之1）	卷	紙	設色	不詳	嘉慶己未（四年，1799）	鎮江 江蘇省鎮江市博物館	
瓜州徐園十六景圖（為君實作）	卷	絹	設色	40 x 1253	嘉慶乙亥（二十年，1815）秋八月	鎮江 江蘇省鎮江市博物館	
枕江樓圖	卷	紙	設色	27 x 141.3		蘇州 江蘇省蘇州博物館	
蘭石竹圖（瑛寶、朱本、朱鶴年、顧鶴慶、韵亭合作）	卷	紙	水墨	26.1 x 261.5	嘉慶壬戌（七年，1802）	重慶 重慶市博物館	
山水圖	軸	紙	設色	不詳	乙亥（嘉慶軒年，1815）	瀋陽 遼寧省博物館	
秋林紅葉圖	軸	紙	設色	不詳	庚辰（嘉慶二十五年，1820）端陽後二日	北京 故宮博物院	
雲樓竹逕圖	軸	紙	設色	不詳	嘉慶乙丑（十年，1805）	天津 天津市藝術博物館	
樹色雲泉圖	軸	紙	設色	不詳	庚午（嘉慶十五年，1810）	天津 天津市藝術博物館	
蒼山秋色圖	軸	紙	設色	不詳	乙未（道光十五年，1835）	天津 天津市藝術博物館	
江邊牧牛圖	軸	紙	設色	不詳		天津 天津市藝術博物館	
吹綠垂楊圖	軸	紙	設色	134 x 50.5		天津 天津市藝術博物館	
重樹流水圖	軸	紙	設色	141.2 x 39		天津 天津市藝術博物館	
橫塘綸竿圖	軸	紙	設色	不詳		天津 天津市藝術博物館	
驛柳圖	軸	紙	設色	111 x 30.2		天津 天津市藝術博物館	
水村黃葉圖	軸	紙	設色	不詳		濟南 山東省濟南市博物館	
竹石圖	軸	紙	水墨	不詳		揚州 江蘇省揚州市博物館	
墨竹圖	軸	紙	水墨	不詳		揚州 江蘇省揚州市博物館	

名稱	形式	質地	色彩	尺寸 高×寬cm	創作時間	收藏處所	典藏號碼
松壑聽泉圖	軸	紙	設色	176.8 × 91.5	嘉慶乙亥（二十年，1815）立夏	南京 南京博物院	
溪山逸興圖	軸	紙	設色	不詳	戊寅（嘉慶二十三年，1818）	南京 南京博物院	
柳蔭薰風圖	軸	絹	設色	不詳	丁丑（嘉慶二十二年，1817）長夏	鎮江 江蘇省鎮江市博物館	
秋林圖	軸	紙	設色	不詳	己卯（嘉慶二十四年，1819）	鎮江 江蘇省鎮江市博物館	
柳溪煙艇圖	軸	紙	設色	不詳		鎮江 江蘇省鎮江市博物館	
柳溪煙艇圖	軸	紙	設色	139.5 × 64		鎮江 江蘇省鎮江市博物館	
春水帆影圖	軸	紙	設色	不詳	嘉慶丁卯（十二年，1807）	杭州 浙江省博物館	
蓼花魚藻圖	軸	紙	設色	不詳	道光丙申（十六年，1836）	廣州 廣東省博物館	
飛泉嵐翠圖	軸	紙	設色	145 × 40.1		廣州 廣東省博物館	
臨仇英竹溪六逸圖	軸	紙	設色	不詳	嘉慶癸亥（八年，1803）仲冬	廣州 廣州市美術館	
青山柳蔭圖	軸	紙	設色	不詳		廣州 廣州市美術館	
仿高房山春雲曉靄圖	軸	紙	設色	138 × 57		美國 芝加哥大學藝術陳列館	
藍竹圖	軸	絹	設色	159.1 × 41.3		美國 印地安那波里斯市藝術博物館	1990.108
詩盒雅集圖（顧鶴慶、孫銓、高玉階、朱本、朱鶴年合作）	軸	紙	設色	91.4 × 28.8		美國 聖路易斯市藝術館	43.1988
天臺雁蕩十二景圖（12幀）	冊	紙	設色	不詳	嘉慶丙寅（十一年，1806）季冬中浣	南昌 江西省博物館	
統西涯十二詠詩意圖（12幀）	冊	紙	設色	（每幀）29.8 × 39.8	其一：己未（嘉慶四年，1799）秋日	日本 東京林宗毅先生	
仿黃公望長江萬里圖（清名人山水集冊之1）	冊頁	紙	設色	25.4 × 30.8		美國 印地安那波里斯市藝術博物館	81.224
山水圖（清名人山水集冊之2）	冊頁	紙	設色	25.4 × 30.8		美國 印地安那波里斯市藝術博物館	81.225
附：							
枕江樓圖（三卷合卷之第三卷）	卷	紙	設色	26 × 109.2	丙寅（嘉慶十一年，1806）秋月	紐約 佳士得藝品拍賣公司/拍賣目錄1994,06,01.	
瀆川春泛圖	卷	紙	設色	32.5 × 142.5	嘉慶乙丑（十年，	紐約 佳士得藝品拍賣公司/拍	

名稱	形式	質地	色彩	尺寸 高×寬cm	創作時間	收藏處所	典藏號碼
					1805）清明後四日	賣目錄 1994,11,30.	
寒林激澗圖（為西崖作）	軸	紙	水墨	不詳	甲申（道光四年，1824）冬至月	北京 北京市文物商店	
雲山圖	軸	絹	設色	不詳	道光庚寅（十年，1830）	上海 朵雲軒	
山水圖	軸	紙	設色	127 × 42.9		紐約 蘇富比藝品拍賣公司/拍賣目錄 1984,12,05.	
竹石圖	軸	紙	水墨	141.5 × 25		紐約 佳士得藝品拍賣公司/拍賣目錄 1988,11,30.	
竹石圖（？幀）	冊	紙	水墨	不詳	丁丑（嘉慶二十二年，1817）嘉平	北京 北京市文物商店	
山水圖（7幀，張崟、顧鶴慶合作）	冊	紙	水墨	不詳		上海 朵雲軒	
清顧鶴慶等山水合裝冊12之1幀）	冊頁	紙	水墨	20 × 25	乾隆甲辰（四十九年，1784）	上海 朵雲軒	
山水圖（8幀	冊	紙	設色	（每幀）25.5 × 32.8	嘉慶辛酉（六年，1801）冬十二月	香港 佳士得藝品拍賣公司/拍賣目錄 1995,10,29.	

畫家小傳：顧鶴慶。字子餘。號崧庵。江蘇丹徒人。生於高宗乾隆三十一（1766）年，宣宗道光四（1824）年尚在世。能詩，善書，工畫山水，有三絕之譽。少與吳檏莊等結社西王莊，而有「京江七子」之目。（見墨香居畫識、墨林今話、莫愁湖志、中國畫家人名大辭典）

文　鼎

名稱	形式	質地	色彩	尺寸 高×寬cm	創作時間	收藏處所	典藏號碼
鴛湖并載圖	卷	紙	設色	不詳	甲子（嘉慶九年，1804）	北京 故宮博物院	
綠靜軒	卷	絹	設色	不詳	道光丁酉（十七年，1837）	北京 故宮博物院	
寒林圖	卷	絹	水墨	不詳	庚寅（道光十年，1830）	紹興 浙江省紹興市博物館	
山水圖（朱王、文鼎合作）	卷	紙	設色	21.2 × 129.5	嘉慶庚申（五年，1800）十月六日	廣州 廣東省博物館	
旭樓讀畫圖	軸	紙	設色	104.7 × 31	道光丁亥（七年，1827）	天津 天津市藝術博物館	
松風琴韻圖	軸	紙	設色	不詳	甲午（道光十四年，1834）	天津 天津市藝術博物館	

名稱	形式	質地	色彩	尺寸 高×寬㎝	創作時間	收藏處所	典藏號碼
仿李唐雪泉圖	軸	紙	設色	不詳	辛卯（道光十一年，1831）	北京 首都博物館	
紅藕花莊圖	軸	紙	設色	103.3 × 41.2	道光己丑（九年，1829）冬日	上海 上海博物館	
梅花水榭圖	軸	紙	設色	116 × 29.9	丁未（道光二十七年，1847）	上海 上海博物館	
摹惲壽平臨北苑山水圖	軸	絹	水墨	不詳		上海 上海博物館	
秋山雲起圖	軸	紙	設色	不詳	戊子（道光八年，1828）	南京 南京博物院	
十畝芙蓉館圖	軸	紙	設色	不詳	辛丑（道光二十一年，1841）	杭州 浙江省博物館	
梅花水榭圖	軸	絹	設色	117.5 × 42	癸卯（道光二十三年，1843）	嘉興 浙江省嘉興市博物館	
松溪亭子圖	軸	紙	設色	27.8 × 64	咸豐壬子（二年，1852）	嘉興 浙江省嘉興市博物館	
桐華書塾圖	軸	紙	設色	86.4 × 38.8	道光癸巳（十三年，1833）初夏	日本 東京河井荃廬先生	
山水圖（清張賜寧等山水冊 12 之 1 幀）	冊頁	紙	設色	不詳		天津 天津市藝術博物館	
畫（張開福等 24 人雜畫冊 24 之 1 幀）	冊頁	紙	設色	不詳		上海 上海博物館	
山齋清供圖	冊頁	紙	設色	不詳	丁未（道光二十七年，1847）嘉平既望	杭州 浙江省博物館	
溪山仙館圖	摺扇面	紙	設色	不詳	庚子（道光二十年，1840）	杭州 浙江省杭州市文物考古所	
仿元明人山水圖（16 幀，為小亭作）	冊	紙	水墨、設色	不詳	道光己丑（九年，1829）長夏	廣州 廣東省博物館	
附：							
梅花水榭圖（為幼蘭作）	軸	紙	設色	不詳	道光己亥（十九年，1839）子月	北京 中國文物商店總店	
雪景山水圖	軸	絹	設色	114.3 × 30.2	庚寅（道光十年，1830）大寒	紐約 蘇富比藝品拍賣公司/拍賣目錄 1984,06,13.	
山水圖	軸	紙	設色	126.5 × 41	道光丁未(二十七	紐約 蘇富比藝品拍賣公司/拍	

名稱	形式	質地	色彩	尺寸 高×寬cm	創作時間	收藏處所	典藏號碼
					年，1847）秋八月	賣目錄 1984,12,05.	
東坡詩意山水圖	軸	紙	設色	81.3 × 31.8	甲辰（道光二十四	紐約 佳士得藝品拍賣公司/拍	
					年，1844）中秋	賣目錄 1995,09,19.	
天香書屋圖（為蘬林作）	冊頁	絹	設色	不詳	道光元年（辛巳，	北京 中國文物商店總店	
					1821）五月		

畫家小傳：文鼎。字學匡。號後山。浙江秀水人。生於高宗乾隆三十一（1766）年，卒於文宗咸豐二（1852）年。精鑑別，家富金石
　　　　書畫收藏。偶作小楷、雲山松石，宗法文徵明；又篆刻，刀法工秀，則得文彭遺意。（見墨林今話、墈園書畫雜錄、中國畫
　　　　家人名大辭典）

萬承紀

名稱	形式	質地	色彩	尺寸 高×寬cm	創作時間	收藏處所	典藏號碼
寫經樓圖（為梅溪作）	卷	紙	水墨	不詳	嘉慶壬戌（七年，	蘇州 江蘇省蘇州博物館	
					1802）秋日		
吳榮光松盤攬勝圖像	軸	紙	設色	167.7 × 43.8	嘉慶丁卯（十二，	北京 故宮博物院	
					1807）秋		
雪夢圖	軸	紙	設色	不詳	嘉慶己未（四年，	重慶 重慶市博物館	
					1799）夏日		

畫家小傳：萬承紀。字廉山。江西南昌人。生高宗乾隆三十一（1766）年，卒於宣宗道光六（1826）年。乾隆五十七（1792）年副貢。
　　　　為人博學，書畫、金石悉能鑑別。又少與羅聘交，故深悟畫法，凡山水、人物、仕女、花鳥、蘭竹，興來命筆，俱不凡。
　　　　（見耕硯田齋筆記、墨林今話、桐陰論畫、中國畫家人名大辭典）

尤 詔

名稱	形式	質地	色彩	尺寸 高×寬cm	創作時間	收藏處所	典藏號碼
行樂打漁圖（尤詔、金子徵合作）	卷	絹	設色	不詳	嘉慶己未（四年，1799）	天津 天津市藝術博物館	
隨園十三弟子湖樓請業圖（汪恭、尤詔合作）	卷	絹	設色	41 × 308.4	袁枚題跋：嘉慶元年（丙辰，1796）二月花朝日	蘇州 江蘇省蘇州博物館	
玫園行樂圖（清張崟、王州元等人合作，張寫景）	軸	絹	設色	58.1 × 92.6	辛亥（乾隆五十六年，1791）夏日	瀋陽 遼寧省博物館	

畫家小傳：尤詔。畫史無載。約與汪恭同時。流傳署款紀年作品見於高宗乾隆五十六（1791）年至仁宗嘉慶元（1796）至四（1799）
　　　　年。身世待考。

王州元

名稱	形式	質地	色彩	尺寸 高×寬cm	創作時間	收藏處所	典藏號碼
玫園行樂圖（清張崟、王州元等人合作，王補景景）	軸	絹	設色	58.1 × 92.6	辛亥（乾隆五十六年，1791）夏日	瀋陽 遼寧省博物館	

名稱	形式	質地	色彩	尺寸 高x寬cm	創作時間	收藏處所	典藏號碼

畫家小傳：王州元。畫史無載。與張崟同時。流傳署款作品見於高宗乾隆五十六（1791）年。身世待考。

屠 璇

| 玫園行樂圖（清張崟、王州元
等人合作，屠補石） | 軸 | 絹 | 設色 | 58.1 x 92.6 | 辛亥（乾隆五十六
年，1791）夏日 | 瀋陽 遼寧省博物館 | |

畫家小傳：屠璇。畫史無載。與張崟同時。流傳署款作品見於高宗乾隆五十六（1791）年。身世待考。

何 恬

| 玫園行樂圖（清張崟、王州元
等人合作，何補物） | 軸 | 絹 | 設色 | 58.1 x 92.6 | 辛亥（乾隆五十六
年，1791）夏日 | 瀋陽 遼寧省博物館 | |

畫家小傳：何恬。畫史無載。與張崟同時。流傳署款作品見於高宗乾隆五十六（1791）年。身世待考。

石廷輝

| 玫園行樂圖（清張崟、王州元
等人合作，石補物） | 軸 | 絹 | 設色 | 58.1 x 92.6 | 辛亥（乾隆五十六
年，1791）夏日 | 瀋陽 遼寧省博物館 | |
| 梅花八哥圖 | 軸 | 紙 | 水墨 | 不詳 | | 南京 南京博物院 | |

畫家小傳：石廷輝。號雲根，又稱鐵華嚴客。江蘇吳縣人。能詩工書。善畫花鳥及草蟲，為吳博垕入室弟子。作品點綴動植，無不神
韻天成。流傳署款作品見於高宗乾隆五十六（1791）年。（見墨林今話、中國畫家人名大辭典）

朱文景

| 玫園行樂圖（清張崟、王州元
等人合作，朱補物） | 軸 | 絹 | 設色 | 58.1 x 92.6 | 辛亥（乾隆五十六
年，1791）夏日 | 瀋陽 遼寧省博物館 | |

畫家小傳：朱文景。畫史無載。與張崟同時。流傳署款作品見於高宗乾隆五十六（1791）年。身世待考。

滕 焯

| 牽牛織女圖 | 軸 | 紙 | 設色 | 75.5 x 34.3 | | 美國 耶魯大學藝術館 | 1982.24 |

畫家小傳：滕焯。號醉墨。江蘇崑山人。工畫山水、人物，多寫所居廣福山中所見。（見清朝書畫家筆錄、中國畫家人名大辭典）

伊大麓

玫園行樂圖（張崟、王州元等 人合作，伊補物）	軸	絹	設色	58.1 x 92.6	辛亥（乾隆五十六 年，1791）夏日	瀋陽 遼寧省博物館	
高士觀瀑圖	軸	紙	設色	100.6 x 41		日本 私人	
附：							
深翠烟泉圖	軸	紙	設色	不詳	嘉慶丙辰（元年，	上海 上海文物商店	

名稱	形式	質地	色彩	尺寸 高x寬㎝	創作時間	收藏處所	典藏號碼
					1796)十二月二十 四日		

畫家小傳：伊大麓。道士。字壽先（一作壽仙）。號雲峰。江蘇吳縣人。居蘇州玄妙觀。從王玖學畫山水，遂得王翬、王原祁真傳；兼善花卉。流傳署款紀年作品見於高宗乾隆五十六（1791）年至仁宗嘉慶元(1796)年（見墨香居畫識、墨林今話、中國畫家人名大辭典）

范立仁

名稱	形式	質地	色彩	尺寸 高x寬㎝	創作時間	收藏處所	典藏號碼
水閣聽泉圖	軸	紙	水墨	不詳	乾隆辛亥（五十六 ，1791）桂秋	南通 江蘇省南通博物苑	

畫家小傳：范立仁。畫史無載。流傳署款紀年作品見於高宗乾隆五十六(1791)年。身世待考。

孫 銓

名稱	形式	質地	色彩	尺寸 高x寬㎝	創作時間	收藏處所	典藏號碼
補平巖竹塢評棋圖像	卷	絹	設色	不詳	乾隆辛亥（五十六 年，1791）季春	北京 故宮博物院	
詩龕圖（顧鶴慶、朱鶴年、孫銓、朱本、馬履泰、張問陶、宋葆淳、陳詩庭、吳文徵、王霖、吳煊等詩龕圖合璧卷之1）	卷	紙	設色	不詳	嘉慶己未（四年， 1799）	鎮江 江蘇省鎮江市博物館	
詩盦雅集圖（顧鶴慶、孫銓、高玉階、朱本、朱鶴年合作）	軸	紙	設色	91.4 × 28.8		美國 聖路易斯市藝術館	43.1988

畫家小傳：孫銓。字鑑堂。號少迂（一作小迂）。江蘇崑山人。高宗乾隆四十五（1780）年孝廉。少好寫生，尤工蘭竹。中年兼畫山水、人物、仕女、仙像等，均非凡工可及。流傳署款紀年作品見於乾隆五十六(1791)年，至仁宗嘉慶四(1799)年。（見墨香居畫識、桐陰論畫、墨林今話、中國畫家人名大辭典）

華 烜

名稱	形式	質地	色彩	尺寸 高x寬㎝	創作時間	收藏處所	典藏號碼
楊箕谷像	軸	紙	設色	不詳	辛亥（乾隆五十六 年，1791）季春	北京 故宮博物院	

畫家小傳：華烜。江蘇無錫人。身世不詳。善於寫真。流傳署款紀年作品見於高宗乾隆五十六(1791)年。（見清朝書畫家筆錄、中國畫家人名大辭典）

韓 周

名稱	形式	質地	色彩	尺寸 高x寬㎝	創作時間	收藏處所	典藏號碼
仕女圖	軸	絹	設色	不詳	辛亥（？乾隆五十 六年，1791）	北京 中央美術學院	

畫家小傳：韓周。畫史無載。流傳署款作品紀年疑為高宗乾隆五十六（1791）年。身世待考。

鄭以寧

名稱	形式	質地	色彩	尺寸 高x寬cm	創作時間	收藏處所	典藏號碼
蘭竹圖	軸	絹	水墨	173 × 55	辛亥（？乾隆五十六年，1791）	南京 南京市博物館	

畫家小傳：鄭以寧。畫史無載。流傳署款作品紀年疑為高宗乾隆五十六（1791）年。身世待考。

陳一章

指尖畫仿黃大癡山水圖	軸	絹	設色	126.6 × 62.1	辛亥（乾隆五十六年，1791）桂秋	寧波 浙江省寧波市天一閣文物保管所	

附：

豆棚閒話圖	軸	紙	設色	90.7 × 40		上海 上海文物商店	

畫家小傳：陳一章。字靜山。江西崇化人。工畫山水、人物。流傳署款紀年作品見於高宗乾隆五十六(1791)年。（見墨香居畫識、中國畫家人名大辭典）

嚴汝璘

附：

深山樓閣圖	軸	絹	水墨	99 × 52	辛亥（？乾隆五十六年，1791）	成都 四川省文物商店	

畫家小傳：嚴汝璘。畫史無載。流傳署款作品紀年疑為高宗乾隆五十六（1791）年。身世待考。

孫師昌

花石集禽圖	橫幅	絹	設色	54.2 × 102.7	辛亥（？乾隆五十六年，1791）仲春	日本 京都國立博物館	A甲01121

畫家小傳：孫師昌。畫史無載。字晉安。流傳署款作品紀年疑似高宗乾隆五十六（1791）年。身世待考。

屈秉筠

花卉圖	卷	紙	水墨	不詳	嘉慶王戌（七年，1802）三月	北京 故宮博物院	

畫家小傳：屈秉筠（一作秉鈞）。女。字宛仙（一作婉僊）。江蘇常熟人。生於高宗乾隆三十二（1767）年，卒於仁宗嘉慶十五（1810）年。為屈保鈞妹，袁枚弟子，適昭文趙子梁。能詩。家富收藏。能創新意，作白描花卉，時號閨閣中李公麟。（見墨林今話、虞山畫志、天真閣文集、中國畫家人名大辭典）

介 文

仿大癡山水圖	卷	紙	水墨	不詳		北京 故宮博物院	
花蝶圖	卷	絹	設色	不詳		天津 天津市藝術博物館	
蝶圖（為燿兒作）	卷	絹	設色	20.6 × 80.6	乙丑（嘉慶十年，1805）嘉平月	蘇州 江蘇省蘇州市博物館	

名稱	形式	質地	色彩	尺寸 高x寬㎝	創作時間	收藏處所	典藏號碼
臨惲壽平山水圖	軸	綾	水墨	不詳		北京 中國歷史博物館	
作蝶圖（為燿兒作）	軸	絹	設色	不詳	嘉慶十年（乙丑，1805）嘉平月	蘇州 江蘇省蘇州博物館	

附：

山水圖	軸	紙	水墨	63.6 x 36.9		武漢 湖北省武漢市文物商店	
葵石蹲貓圖	軸	紙	設色	132.5 x 59		紐約 佳士得藝品拍賣公司/拍賣目錄 1997.09.19.	

畫家小傳：介文。女。滿洲正白旗人。姓薩克達。號觀生閣主人。生於清高宗乾隆三十二（1767）年，卒於宣宗道光七（1827）年。為協辦大學士英和妻室。工書畫。幼時即能畫蝶，栩栩如生。後轉益多能，工畫山水、人物、花木、蟲魚，無一不精；又善摹古，能得其妙。（見八旗畫錄、英樹琴悼亡詩、張船山詩草、中華畫人室隨筆、中國畫家人名大辭典）

郭麐

墨梅圖	軸	紙	水墨	不詳	辛巳（道光元年，1821）八月	北京 故宮博物院	
枯木竹石圖	軸	紙	水墨	不詳	辛未（嘉慶十六年，1811）	天津 天津市藝術博物館	

畫家小傳：郭麐。字祥伯。自號頻伽。遽庵居士、芋薌長者。雙眉瑩然如雪，時人呼為白眉生。江蘇吳江人。生於高宗乾隆三十二（1767）年，卒於宣宗道光十一（1831）年。工詩，善書及篆刻。偶寫竹石，別有天趣。（見墨林今話、海上墨林、國朝正雅集、寄心庵詩話、中國畫家人名大辭典）

徐鈫

湖樓秋思圖（王霖、徐鈫、屠倬、陳均、王學浩作）	卷	絹	設色	不詳		天津 天津市藝術博物館	
種榆仙館圖（為曼生作）	卷	紙	設色	不詳	壬申（嘉慶十七年，1812）冬日	蘇州 江蘇省蘇州博物館	
拜經覽加圖	軸	紙	水墨	116.6 x 30.4	戊辰（嘉慶十三年，1808）	杭州 浙江省博物館	
淺絳山水	軸	紙	設色	129.7 x 27.9		日本 東京本間鋼太郎先生	
仿董其昌山水圖	摺扇面	紙	水墨	不詳	己卯（嘉慶二十四年，1819）	北京 故宮博物院	
花卉、山水圖（8幀，為和軒作）	冊	紙	設色	不詳	乙巳（乾隆五十年，1785）季夏	廣州 廣州市美術館	

附：

奇石圖（奚岡、徐鈫合作）	卷	紙	水墨	不詳		上海 朵雲軒	
青山白雲圖	軸	紙	設色	不詳	丁巳（嘉慶二年，	上海 上海文物商店	

名稱	形式	質地	色彩	尺寸 高x寬㎝	創作時間	收藏處所	典藏號碼

1797）新秋

畫家小傳：徐鈛。字彥常。號西澗、鹿崖。浙江仁和人。生於高宗乾隆三十二（1767）年，卒於宣宗道光五（1825）年。為諸生。工詩，善書法。擅畫山水，以四王為法，旁涉諸名家，秀老蒼厚，被譽奚岡後一名手。（見墨香居畫識、墨林今話、緣庵詩話、中國畫家人名大辭典）

王　灝
附：

| 竹圖 | 軸 | 紙 | 水墨 | 不詳 | 乾隆壬子（五十七 年，1792） | 無錫 無錫市文物商店 | |

畫家小傳：王灝（或作顥）。字春明。江蘇無錫（或作金匱）人。善作墨竹，筆墨秀雅；兼寫蘆雁。流傳署款紀年作品見於高宗乾隆五十七（1792）年。（見墨香居畫識、墨林今話、桐陰論畫、中國畫家人名大辭典）

竹　西

| 詩龕消暑圖（與人合作，為法式善作） | 冊頁 | 紙 | 設色 | 不詳 | 壬子（乾隆五十七 年，1792）五月 | 蘇州 江蘇省蘇州博物館 | |

畫家小傳：竹西。畫史無載。署款紀年作品見於高宗乾隆五十七（1792）年。身世待考。

朱福田

| 國色天香圖 | 軸 | 紙 | 水墨 | 不詳 | 壬子（乾隆五十七 年，1792） | 上海 上海博物館 | |

畫家小傳：朱福田。道士。字樂原。號嶽雲。江蘇江寧人。工詩，受賞於姚鼐。善畫山水，又喜作墨菊。嘗與詩畫友馬士圖，巢畫社於莫愁湖勝棋樓。流傳署款紀年作品見於高宗乾隆五十七（1792）年。（見墨香居畫識、中國畫家人名大辭典）

賈士球

| 奉勅作漢宮春曉圖 | 卷 | 紙 | 設色 | 不詳 | 乾隆五十七年（壬子，1792）四月 | 北京 中國歷史博物館 | |

畫家小傳：賈士球。畫史無載。疑為乾隆、嘉慶畫院畫家。流傳署款紀年作品見於高宗乾隆五十七（1792）年。

徐　芬

| 松猴雙鹿圖 | 軸 | 絹 | 設色 | 190 x 99 | 壬子（乾隆五十七 年，1792）短至後 三日 | 南京 南京博物院 | |

畫家小傳：徐芬。畫史無載。流傳署款紀年作品見於高宗乾隆五十七（1792）年。身世待考。

倪　正

名稱	形式	質地	色彩	尺寸 高×寬㎝	創作時間	收藏處所	典藏號碼

附：

山水圖（清顧鶴慶等山水合裝　冊頁　紙　水墨　20 × 25　　　　　　　　上海 朵雲軒
冊12之1幀）

畫家小傳：倪正。畫史無載。約與顧鶴慶同時。身世待考。

姜 渭

附：

山水圖（清顧鶴慶等山水合裝　冊頁　紙　水墨　20 × 25　　　　　　　　上海 朵雲軒
冊12之1幀）

畫家小傳：姜渭。畫史無載。約與顧鶴慶同時。身世待考。

閻錫純

附：

山水圖（清顧鶴慶等山水合裝　冊頁　紙　水墨　20 × 25　　　　　　　　上海 朵雲軒
冊12之1幀）

畫家小傳：閻錫純。畫史無載。約與顧鶴慶同時。身世待考。

劉 穀

附：

山水圖（清顧鶴慶等山水合裝　冊頁　紙　水墨　20 × 25　　　　　　　　上海 朵雲軒
冊12之1幀）

畫家小傳：劉穀。畫史無載。約與顧鶴慶同時。身世待考。

朱 龍

附：

山水圖（清人雜畫扇面冊之1　摺扇面 紙　水墨　不詳　　　　　　　　　北京 北京市工藝品進出口公
幀）　　　　　　　　　　　　　　　　　　　　　　　　　　　　　　　　　　　司

畫家小傳：朱龍。畫史無載。身世毛考。

陶 鼎

松圖（清徐堅等十九家畫松圖 卷之1段）	卷	紙	水墨	不詳		北京 故宮博物院	
萬壑鳴琴圖	軸	紙	設色	不詳		天津 天津市藝術博物館	
山村雲樹圖	軸	紙	設色	159.4 × 49.5	乾隆癸丑（五十八年，1793）四月	南京 南京博物院	

名稱	形式	質地	色彩	尺寸 高×寬㎝	創作時間	收藏處所	典藏號碼
山高水長圖	軸	絹	設色	180 × 98	乾隆壬子（五十七年，1792）暮春	成都 四川大學	
仿趙大年五柳歸莊圖	摺扇面	紙	設色	不詳	嘉慶甲子（九年，1804）季夏	北京 故宮博物院	

畫家小傳：陶鼎。字立亭。江蘇揚州人。為湖北汪師虞弟子。善畫青綠山水，用筆淹潤流暢，妙於渲染；亦擅花卉，得俞琬之法，行枝布葉頗有意致。流傳署款紀年作品見於高宗乾隆五十七（1792）年，至仁宗嘉慶九（1804）年。（見墨香居畫識、墨林今話、中國畫家人名大辭典）

蔣　穌

名稱	形式	質地	色彩	尺寸 高×寬㎝	創作時間	收藏處所	典藏號碼
菊石圖	軸	紙	設色	不詳		北京 故宮博物院	
秋景山水圖	軸	絹	設色	164 × 87.9	壬子（乾隆五十七年，1792）	上海 上海博物館	
梅竹石圖	軸	紙	設色	91.5 × 30.6	乾隆乙卯（六十年，1795）中秋後	日本 東京河井荃廬先生	
指畫詩龕詩意圖（12幀，為法式善作）	冊	紙	設色	不詳	嘉慶戊午（三年，1798）新春	蘇州 江蘇省蘇州博物館	

畫家小傳：蔣穌（一作和）。字仲叔。號醉峰、江南小拙。江蘇金壇人，居家梁溪。蔣驥子。高宗乾隆五十一年（1786）獲欽賜舉人。與修四庫全書，授主簿。善畫人物及寫照，兼作花卉與墨竹。流傳署款紀年作品見於高宗乾隆五十七（1792）至仁宗嘉慶三（1798）年。（見墨香居畫識、桐陰論畫、墨林今話、中國畫家人名大辭典）

翁　芝

附：

名稱	形式	質地	色彩	尺寸 高×寬㎝	創作時間	收藏處所	典藏號碼
虞山圖	卷	絹	設色	43.5 × 396	壬子（乾隆五十七年，1792）小春月	紐約 佳士得藝品拍賣公司/拍賣目錄 1983.11.30.	

畫家小傳：翁芝。字彩南。號紫吟。江蘇江陰華墅（一作常熟）人。善畫山水，為蔣清怡弟子，作品氣暈清潤，雖宗法沈周、文徵明，能不泥其跡，尤工小幅。流傳署款紀年作品見於高宗乾隆五十七（1792）年。（見墨林今話、虞山畫志、中國畫家人名大辭典）

陳　逵

名稱	形式	質地	色彩	尺寸 高×寬㎝	創作時間	收藏處所	典藏號碼
仿所南翁蘭花圖	軸	紙	水墨	不詳	壬子（乾隆五十七年，1792）	杭州 浙江省博物館	

附：

名稱	形式	質地	色彩	尺寸 高×寬㎝	創作時間	收藏處所	典藏號碼
蘭竹石圖	軸	紙	水墨	不詳		上海 朵雲軒	

畫家小傳：陳逵。原名夢鴻。字吉甫。號東橋。江蘇青浦人。工書、詩、古文辭。善寫墨蘭，格韻清絕；兼長竹石；亦能畫山水。流傳署款紀年作品見於高宗乾隆五十七（1792）年。（見墨香居畫識、墨林今話、中國畫家人名大辭典）

尹　錫

名稱	形式	質地	色彩	尺寸 高×寬㎝	創作時間	收藏處所	典藏號碼
湖山招隱圖	卷	絹	設色	不詳	壬子（乾隆五十七	麗水 浙江省麗水市博物館	

名稱	形式	質地	色彩	尺寸 高×寬㎝	創作時間	收藏處所	典藏號碼

年，1792）

畫家小傳：尹錫。字懷元。號西邨。浙江湖州人。善畫山水、人物、花鳥，妙得天趣。流傳署款紀年作品見於高宗乾隆五十七

　　　（1792）年。（見墨香居畫識、中國畫家人名大辭典）

康 愷

山水圖（清人山水花卉圖扇面	摺扇面	紙	水墨	15.4 × 39.2		韓國 首爾朴周煥先生	
冊之 1 幀）							

畫家小傳：康愷。字飲和。號起山、寧齋。江蘇上海人。高宗乾隆五十七（1792）年舉人。承家傳，工寫照；兼善白描仕女、山水畫，

　　　又能詩，有「三絕」之目。（見墨香居畫識、墨林今話、海上墨林、松江詩徵、中國畫家人名大辭典）

張廷濟

冬心遺意圖	軸	紙	設色	不詳	嘉慶二十五年（庚 辰，1760）秋九月 重陽節前四日	日本 京都園田湖城先生	
梅花圖（8 幀）	冊	紙	水墨	不詳	庚戌（乾隆五十五 年，1790）	北京 故宮博物院	
附：							
紅衣尊者圖	軸	紙	設色	123.8 × 58.4	嘉慶二十五年（庚 辰，1760）秋九月 重陽節	紐約 蘇富比藝品拍賣公司/拍 賣目錄 1981,05,07.	
山水人物圖（為鶴亭作）	軸	紙	設色	100.3 × 29.2	道光三年（癸未， 1823）十月十九日	紐約 蘇富比藝品拍賣公司/拍 賣目錄 1988,11,30.	
花卉、草蟲（12 幀）	冊	絹	設色	（每幀）19 × 14	丙辰（嘉慶元年， 1796）夏六月	紐約 佳士得藝品拍賣公司/拍 賣目錄 1991,05,29.	

畫家小傳：張廷濟。原名汝林。字順安，一字說舟、竹田。號叔未、海岳庵門下弟子。浙江嘉興人。生於高宗乾隆三十三（1768）

　　　年，卒於宣宗道光二十八（1848）年。嘉慶三年解元。工書法，精金石考證。晚年學寫梅，古趣盎然。（見頤齡罍室書畫

　　　過目考、遲鴻軒書畫錄、金石家書畫集小傳、中國畫家人名大辭典）

瑛 寶

磐石梅竹圖（為介文夫人作）	卷	紙	設色	不詳	嘉慶丙寅（十一年 ，1806）端陽	瀋陽 遼寧省博物館	
仿董其昌山水圖	卷	絹	設色	不詳	嘉慶丁巳（二年， 1797）	北京 故宮博物院	
西涯圖（瑛寶、笪立樞、王霖 合作）	卷	紙	設色	不詳	丁巳（嘉慶二年， 1797）	北京 故宮博物院	

名稱	形式	質地	色彩	尺寸 高x寬cm	創作時間	收藏處所	典藏號碼
雲笈山房圖	卷	紙	設色	30 × 623		重慶 重慶市博物館	
蘭石竹圖（瑛寶、朱本、朱鶴年、顧鶴慶、韵亭合作）	卷	紙	水墨	26.1 × 261.5	嘉慶壬戌（七年，1802）	重慶 重慶市博物館	
山莊雪霽圖（為煦齋作）	卷	紙	設色	不詳	乙丑（嘉慶十年，1805）立春前一日	南寧 廣西壯族自治區博物館	
詩龕圖(七家詩龕圖合卷之第1幅)	短卷	紙	水墨	不詳	嘉慶甲子（九年，1804）夏至後二日	日本 東京高島菊次郎槐安居	
梧門圖（擬大痴筆意）	卷	紙	設色	30.3 × 142.4	嘉慶丁巳（二年，1797）夏至前二日	日本 東京高島菊次郎槐安居	
桂花圖	軸	紙	設色	不詳	嘉慶十年（乙丑，1805）八月廿四日	北京 故宮博物院	
指畫松泉高士圖	軸	紙	設色	不詳		北京 故宮博物院	
秋山草堂圖	軸	絹	設色	不詳	壬辰（道光十二年，1832）	太原 山西省博物館	
秋林歸鴉圖	軸	絹	設色	不詳	壬子（乾隆五十七年，1792）九月三日	南京 南京博物院	
指畫長風破浪圖（為靄亭作）	橫幅	紙	設色	不詳	丙寅（嘉慶十一年，1806）立夏前三日	南京 南京博物院	
指畫種松書屋圖（為頤園作）	軸	絹	設色	不詳	嘉慶丁巳（二年，1797）四月	成都 四川大學	
指畫鷹圖（為伯昂大兄作）	軸	紙	設色	126.4 × 54.2	乙丑（嘉慶十年，1805）六月	英國 倫敦大英博物館	1910.2.12.558(ADD246)
荷花（藝林清賞冊之8）	冊頁	紙	設色	15.5 × 49		台北 故宮博物院	故畫 03490-8
指畫雜畫（12幀，為介文作）	冊	絹	設色	（每幀）41.2 × 30	丙寅（嘉慶十一年，1806)十月上浣	瀋陽 故宮博物館	
書畫（12幀）	冊	紙	設色	不詳		瀋陽 遼寧省博物館	
指畫雜畫（10幀）	冊	紙	設色	不詳		瀋陽 遼寧省博物館	
菊花圖	摺扇面	紙	設色	不詳	嘉慶庚申（五年，1800）八月	北京 故宮博物院	
梅花圖（為石庵作）	冊頁	紙	設色	不詳	辛酉（嘉慶六年，1801）初秋	太原 山西省博物館	
藻魚圖（扇面畫冊之第3幀）	摺扇面	紙	設色	17 × 51.8		美國 華盛頓特區弗瑞爾藝術	80.142c

名稱	形式	質地	色彩	尺寸 高×寬㎝	創作時間	收藏處所	典藏號碼

館

附：

名稱	形式	質地	色彩	尺寸 高×寬㎝	創作時間	收藏處所	典藏號碼
畫樹稿本	卷	紙	水墨	不詳	己丑（乾隆三十四年，1769）	上海 朵雲軒	
指畫平安春信圖	軸	絹	設色	不詳	丙辰（嘉慶元年，1796）	北京 中國文物商店總店	
聽泉圖	軸	紙	設色	104 × 59	嘉慶丁巳（喜慶二年，1797）仲夏	紐約 佳士得藝品拍賣公司/拍賣目錄 1991,05,29.	

畫家小傳：瑛寶。姓拜都氏。字夢禪。號問庵。滿洲長白正白旗人。生於高宗乾隆三十三（1768）年。仁宗嘉慶十一（1806）年尚在世。以書畫自娛。工畫山水，尤精指墨。作品以簡貴勝人。（見墨香居畫識、墨林今話、耕硯田齋筆記、船山詩草、中國畫家人名大辭典）

戴　鑑

名稱	形式	質地	色彩	尺寸 高×寬㎝	創作時間	收藏處所	典藏號碼
觀泉圖	軸	綾	不詳	不詳	丙申（道光十六年，1836）夏清和	日本 京都小川睦之輔先生	
山水圖	冊頁	紙	水墨	22.5 × 27.4		香港 劉作籌虛白齋	112
竹石水仙圖（汪士慎、戴鑑、管希寧合作）	摺扇面	紙	水墨	17.5 × 53		北京 故宮博物院	
仿各家山水扇面（12幀）	冊	紙	水墨	不詳		北京 中國歷史博物館	
山水圖（12幀）	冊	紙	設色	不詳	乙酉（道光五年，1825）	北京 首都博物館	
仿古山水圖（12幀）	冊	紙	設色	不詳	乙丑（嘉慶十年，1805）	廣州 廣東省博物館	
山水圖（12幀）	冊	紙	水墨	不詳	丁亥（道光七年，1827）冬	廣州 廣州市美術館	
山水圖（12幀）	冊	紙	設色	不詳		廣州 廣州市美術館	

附：

名稱	形式	質地	色彩	尺寸 高×寬㎝	創作時間	收藏處所	典藏號碼
山水圖（摺扇面，8幀）	冊	紙	水墨	（每幀）17.5 × 53		紐約 佳士得藝品拍賣公司/拍賣目錄 1992,06,02.	

畫家小傳：戴鑑。字賦軒。號石坪。山東濟寧人。生於高宗乾隆三十三（1768）年。宣宗道光十六（1836）年尚在世。小穎異，喜嗜詩、畫、碑帖。長遊歷吳、越、晉、豫，遍覽山川，詩畫益進。作山水，出入董其昌、王鑑間。（見桐陰論畫、墨林今話、中國畫家人名大辭典）

陳鴻壽

名稱	形式	質地	色彩	尺寸 高×寬㎝	創作時間	收藏處所	典藏號碼
海風圖	卷	紙	設色	30 × 316	嘉慶癸酉（十八年，1813）	杭州 浙江省杭州西泠印社	

名稱	形式	質地	色彩	尺寸 高×寬cm	創作時間	收藏處所	典藏號碼
指畫蓮因第二圖	卷	絹	設色	23.5 × 143.5	庚午（嘉慶十五年，1810）	廣州 廣東省博物館	
蘭石圖	卷	紙	水墨	不詳		廣州 廣州市美術館	
花卉圖	軸	金箋	水墨	81.2 × 31.8	甲子（嘉慶九年，1804）清和逾四日	台北 故宮博物院（蘭千山館寄存）	
枇杷圖	軸	紙	設色	不詳	庚午（嘉慶十五年，1810）端午前四日	北京 故宮博物院	
設色山水圖	軸	紙	設色	不詳	丁丑（嘉慶二十二年，1817）夏五	北京 故宮博物院	
竹石圖	軸	紙	水墨	不詳	甲子（嘉慶九年，1804）	壽縣 安徽省壽縣博物館	
碧桃圖	軸	紙	設色	不詳		上海 上海博物館	
善權石室圖	軸	紙	水墨	不詳		杭州 浙江省博物館	
蘭竹石圖（為歙泉作）	軸	紙	水墨	127.5 × 30.4		日本 東京國立博物館	
古木竹石圖	軸	綾	水墨	86.4 × 39.1		日本 東京橋本悌二郎先生	
墨蘭圖	軸	紙	水墨	90.6 × 47		日本 東京河井荃廬先生	
松石圖	軸	紙	水墨	不詳		日本 東京河井荃廬先生	
杞菊圖	軸	紙	設色	132.1 × 31.8		日本 東京河井荃廬先生	
山水小橫圖	軸	紙	水墨	不詳		日本 京都園田湖城先生	
松石水仙圖	軸	紙	水墨	114.5 × 33.7	嘉慶壬戌（七年，1802）冬十月	日本 阿形邦三先生	
山水圖（清奚岡等書畫冊10之第9幀）	冊頁	紙	設色	不詳		瀋陽 遼寧省博物館	
梅花圖（8幀）	冊	紙	設色	不詳		天津 天津市藝術博物館	
花卉圖（12幀）	冊	紙	設色	不詳		祁縣 山西省祁縣博物館	
仿羅牧山水圖	摺扇面	粉箋	設色	不詳		合肥 安徽省博物館	
花果圖（12幀）	冊	紙	設色	（每幀）26.7 × 37.5	嘉慶庚午（十五年，1810）冬十月	上海 上海博物館	
花卉圖（12幀）	冊	紙	設色	不詳	嘉慶壬申（十七年，1812）夏六月	上海 上海博物館	
畫（項穆之、醒甫等雜畫冊22之1幀）	冊頁	紙	設色	約38.5×23.6		上海 上海博物館	

名稱	形式	質地	色彩	尺寸 高×寬 cm	創作時間	收藏處所	典藏號碼
花卉圖（12幀）	冊	紙	設色	（每幀）22.5 × 32	嘉慶壬申（十七年，1812）	杭州 浙江省杭州西泠印社	
擬陳白陽牡丹圖	摺扇面	紙	設色	19.4 × 55.4	甲戌（嘉慶十九年，1814）夏	日本 東京國立博物館	
花卉圖(8幀，為黃海先生作)	冊	紙	水墨	（每幀）35.8 × 25.9	己未（嘉慶四年，1799）十月十二月二日	美國 耶魯大學藝術館	
山水圖	摺扇面	紙	水墨	15.5 × 45	丁卯（嘉慶十二年，1807）秋七月	德國 柏林東方藝術博物館	1988-194

附：

名稱	形式	質地	色彩	尺寸 高×寬 cm	創作時間	收藏處所	典藏號碼
仿李流芳山水圖	軸	紙	水墨	125 × 30	己未（嘉慶四年，1799）	上海 朵雲軒	
玉蘭圖	軸	紙	設色	不詳		上海 朵雲軒	
紅白梅花圖	軸	紙	設色	73.7 × 34.6		紐約 佳仕得藝品拍賣公司/拍賣目錄 1986,06,04.	
芭蕉圖	軸	紙	水墨	75 × 35.5	辛酉（嘉慶六年，1801）二月清明	紐約 佳仕得藝品拍賣公司/拍賣目錄 1986,12,01.	
松竹圖	軸	紙	水墨	76.2 × 37.5	辛酉（嘉慶六年，1801）寒露節前三日	紐約 佳士得藝品拍賣公司/拍賣目錄 1995,09,19.	
美酒秋蟹圖	軸	紙	水墨	89.2 × 30	丁卯（喜慶十二年，1807）五月	香港 佳士得藝品拍賣公司/拍賣目錄 1995,10,29.	
花卉圖（12幀）	冊	紙	設色	不詳	丁丑（嘉慶二十二年，1817）	上海 朵雲軒	
花卉圖（8幀）	冊	紙	設色	（每幀）18 × 15.2	光緒己卯（五年，1879）	紐約 蘇富比藝品拍賣公司/拍賣目錄 1986,12,04.	
花果圖（12幀）	冊	紙	設色	（每幀）22.2 × 31.7		紐約 佳士得藝品拍賣公司/拍賣目錄 1987,12,11.	
花鳥、墨竹圖（2幀）	冊頁	紙	設色	（每幀）21 × 29	庚午（喜慶十五年，1810）小春	紐約 佳士得藝品拍賣公司/拍賣目錄 1988,11,30.	
花卉、法書（12幀）	冊	紙	設色	（每幀）27.5 × 17.8	嘉慶庚午（十五年，1810）夏	香港 佳士得藝品拍賣公司/拍賣目錄 1991,03,18.	
花卉圖（12幀）	冊	紙	設色、水墨	（每幀）27 × 44.5		紐約 佳士得藝品拍賣公司/拍賣目錄 1995,09,19.	

名稱	形式	質地	色彩	尺寸 高x寬cm	創作時間	收藏處所	典藏號碼

畫家小傳：陳鴻壽。字子恭。號曼生。浙江錢塘人。生於高宗乾隆三十三（1768）年，卒於宣宗道光二（1822）年。嘉慶六年拔貢。
　　　　以古學受知於阮元，入其浙江幕府。後放官知縣。於詩文、隸古、篆刻外，兼好六法，意興所到，生趣盎然。（見桐陰論
　　　　畫、墨林今話耕硯田齋筆記、中國畫家人名大辭典）

汪國士

| 荷塘野鳧圖 | 軸 | 紙 | 水墨 | 不詳 | 癸丑（乾隆五十八年，1793） | 天津 天津市藝術博物館 | |

畫家小傳：汪國士。字芊堂。號筠軒。江蘇常熟人。善畫花卉，頗得幽逸之致。流傳署款紀年作品見於高宗乾隆五十八（1793）年。
　　　　（見虞山畫志、中國畫家人名大辭典）

汪梅鼎

名稱	形式	質地	色彩	尺寸 高x寬cm	創作時間	收藏處所	典藏號碼
山水圖（汪梅鼎、吳履山水合卷2之1段）	卷	紙	設色	不詳		北京 故宮博物院	
詩龕圖（弘旿、錢楷、汪梅鼎、朱玉、張寶合卷5之1段）	卷	紙	水墨	不詳		北京 故宮博物院	
霜帷課讀圖	卷	灑金箋	設色	不詳		北京 中國歷史博物館	
蘭竹坡石圖	卷	紙	水墨	不詳	己巳（嘉慶十四年，1809）	合肥 安徽省博物館	
山水圖（為莘逸作）	卷	紙	水墨	20.7 x 115.7	辛酉（嘉慶六年，1801）三月	杭州 浙江省博物館	
山水圖（為春湖作）	軸	紙	水墨	不詳	嘉慶辛未（十六年，1811）端午日	北京 故宮博物院	
山水圖	軸	紙	設色	不詳		天津 天津市楊柳青畫社	
獅林圖（為香東作）	橫幅	紙	水墨	不詳	嘉慶戊辰（十三年，1808）嘉平月	南通 江蘇省南通博物苑	
揚帆遠游圖	軸	紙	水墨	不詳	庚午（嘉慶十五年，1810）	上海 上海博物館	
林巒清淑圖（擬梅花道人意）	軸	綾	水墨	162.4 x 52.1		日本 東京有田平藏先生	
仿王叔明山水圖	輻	紙	水墨	不詳		日本 東京張允中先生	
山水圖	摺扇面	紙	水墨	不詳		台北 故宮博物院	國贈 024981
山水圖	摺扇面	紙	水墨	不詳	嘉慶五年（庚申，1800）	北京 故宮博物院	
續西涯雜詠圖（續西涯雜詠圖冊15幀之部分）	冊	紙	設色	不詳	（嘉慶甲戌，十九年，1814）	北京 中國歷史博物館	
山水小景圖（8幀）	冊	紙	水墨	不詳	道光癸卯（二十三	北京 中國歷史博物館	

名稱	形式	質地	色彩	尺寸 高×寬cm	創作時間	收藏處所	典藏號碼
					年，1843）冬		
山水圖（6幀）	冊	紙	水墨	不詳		北京 首都博物館	
山水圖（12幀）	冊	紙	水墨		己酉（乾隆五十四年，1789）	天津 天津市藝術博物館	
山水圖（12幀）	冊	紙	設色	（每幀）34.1 × 48.2	嘉慶甲子（九年，1804）	天津 天津市藝術博物館	
山水圖	冊頁	紙	水墨	20.3 × 23.6		美國 加州Richard Vinograd 先生	

畫家小傳：汪梅鼎。字映雪。號澣雲、蓼塘。安徽休寧人。高宗乾隆五十八（1793）年進士。初官臨安。後轉任御史。為人恬澹。
　　　　能詩。工畫。善鼓琴。作畫無專師，自成一家，高簡似元人。流傳署款紀年作品見於仁宗嘉慶五（1800）年，至宣宗道光
　　　　二十三（1843）年。（見墨林今話、休寧縣志、靈芬館詩話、中國畫家人名大辭典）

陳應隆

花鳥圖（10幅）	軸	絹	設色	不詳	癸丑（乾隆五十八年，1793）	天津 天津市藝術博物館	

畫家小傳：陳應隆。字必大。江蘇吳門人。身世不詳。工畫寫真及花鳥。流傳署款紀年作品見於高宗乾隆五十八（1793）年。
　　　　（見墨香居畫識、中國畫家人名大辭典）

張　份

黃海諸勝圖（？幀）	冊	紙	設色	不詳	乾隆癸丑（五十八年，1793）春杪	南昌 江西省博物館	

畫家小傳：張份。字藻林。江蘇吳縣人。工畫山水，為陳栻高足。流傳署款紀年作品見於高宗乾隆五十八（1793）年。（見墨香居畫識、中
　　　　國畫家人名大辭典）

王　珪

春景山水圖	軸	紙	水墨	135.6 × 44.6	乾隆癸丑（五十八年，1793）春三月下浣	日本 山口良夫先生	

畫家小傳：王珪。畫史無載。流傳署款紀年作品見於高宗乾隆五十八(1793)年。身世待考。

汪　鏞

匯芳圖（孔繼潤、汪鏞、畢子源、黃平格、朱齡、蔣予儉、李慕龍、朱熊、楊鐸、江懷珠、張之萬、孔憲彝合作）	卷	綾	設色	不詳		北京 中國歷史博物館	

名稱	形式	質地	色彩	尺寸 高x寬㎝	創作時間	收藏處所	典藏號碼

人物圖	冊頁	紙	設色	不詳	丁亥（道光七年，1827）仲春	北京 故宮博物院	
山水圖（高岑等山水冊14之1幀）	冊頁	紙	設色	不詳		北京 故宮博物院	

畫家小傳：汪鏞。初名銘。號笠甫。江蘇華亭人。天資穎異。少從玉壺山人遊，盡得其傳，善畫人物、花卉、山水。後復得與松壺、裴舟商榷討究，藝益進。晚年專事山水，渾厚沉著，直造董其昌、王原祁之室。流傳署款作品約見於高宗乾隆五十八（1793）年，至宣宗道光七(1827)年。（見墨林今話續編、中國畫家人名大辭典）

孔繼潤

匯芳圖（孔繼潤、汪鏞、畢子源、黃平格、朱齡、蔣予儉、李慕龍、朱熊、楊鐸、江懷珠、張之萬、孔憲彝合作）	卷	綾	設色	不詳		北京 中國歷史博物館	

畫家小傳：孔繼潤。畫史無載。約與汪鏞、朱熊同時。身世待考。

畢子源

匯芳圖（孔繼潤、汪鏞、畢子源、黃平格、朱齡、蔣予儉、李慕龍、朱熊、楊鐸、江懷珠、張之萬、孔憲彝合作）	卷	綾	設色	不詳		北京 中國歷史博物館	

畫家小傳：畢子源。畫史無載。約與汪鏞、朱熊同時。身世待考。

黃平格

匯芳圖（孔繼潤、汪鏞、畢子源、黃平格、朱齡、蔣予儉、李慕龍、朱熊、楊鐸、江懷珠、張之萬、孔憲彝合作）	卷	綾	設色	不詳		北京 中國歷史博物館	

畫家小傳：黃平格。畫史無載。約與汪鏞、朱熊同時。身世待考。

李慕龍

匯芳圖（孔繼潤、汪鏞、畢子源、黃平格、朱齡、蔣予儉、李慕龍、朱熊、楊鐸、江懷珠、張之萬、孔憲彝合作）	卷	綾	設色	不詳		北京 中國歷史博物館	
山水圖（7幀）	冊	紙	設色	不詳		天津 天津市藝術博物館	

名稱	形式	質地	色彩	尺寸 高x寬㎝	創作時間	收藏處所	典藏號碼

畫家小傳：李慕龍。字葛庵。號一山。浙江秀水人。流寓吳江。少從親戚劉子和學寫生訣，即能運筆縱橫如意。壯游山左歸，胸次更廣。點色益超，筆力矯健，非凡手可及。(見墨林今話、運鴻軒所見書畫錄、中國畫家人名大辭典)

夏洪範

| 山水圖（高岑等山水冊14之1幀） | 冊頁 | 紙 | 設色 | 不詳 | | 北京 故宮博物院 | |

畫家小傳：夏洪範。畫史無載。身世待考。

嶼 梅

| 山水圖（高岑等山水冊14之1幀） | 冊頁 | 紙 | 設色 | 不詳 | | 北京 故宮博物院 | |

畫家小傳：嶼梅。畫史無載。身世待考。

姜 弘

| 山水圖（高岑等山水冊14之1幀） | 冊頁 | 紙 | 設色 | 不詳 | | 北京 故宮博物院 | |

畫家小傳：姜弘。畫史無載。身世待考。

蔡師端

| 山水圖（高岑等山水冊14之1幀） | 冊頁 | 紙 | 設色 | 不詳 | | 北京 故宮博物院 | |

畫家小傳：蔡師端。畫史無載。身世待考。

金 驤

| 山水圖（高岑等山水冊14之1幀） | 冊頁 | 紙 | 設色 | 不詳 | | 北京 故宮博物院 | |

畫家小傳：金驤。畫史無載。身世待考。

藩閥盛

| 山水圖（高岑等山水冊14之1幀） | 冊頁 | 紙 | 設色 | 不詳 | | 北京 故宮博物院 | |

畫家小傳：藩閥盛。畫史無載。身世待考。

郝明龍

| 山水圖（高岑等山水冊14之 | 冊頁 | 紙 | 設色 | 不詳 | | 北京 故宮博物院 | |

名稱	形式	質地	色彩	尺寸 高×寬㎝	創作時間	收藏處所	典藏號碼

1 幀）

畫家小傳：郝明龍。畫史無載。身世待考。

吳 漈

名稱	形式	質地	色彩	尺寸	創作時間	收藏處所	典藏號碼
山水圖（高岑等山水冊 14 之 1 幀）	冊頁	紙	設色	不詳		北京 故宮博物院	

畫家小傳：吳漈。畫史無載。身世待考。

夏嗣禹

名稱	形式	質地	色彩	尺寸	創作時間	收藏處所	典藏號碼
羅漢圖	卷	紙	水墨	不詳	癸丑（？乾隆五十八年，1793）	北京 故宮博物院	

畫家小傳：夏嗣禹。畫史無載。流傳署款作品紀年疑為高宗乾隆五十八（1793）年。身世待考。

顧 謨

附：

名稱	形式	質地	色彩	尺寸	創作時間	收藏處所	典藏號碼
仿米家山水圖	軸	絹	水墨	不詳	癸丑（？乾隆五十八年，1793）	北京 中國文物商店總店	

畫家小傳：顧謨。畫史無載。流傳署款作品紀年疑為高宗乾隆五十八（1793）年。身世待考。

黃丹書

名稱	形式	質地	色彩	尺寸	創作時間	收藏處所	典藏號碼
竹圖	軸	絹	水墨	84.8 × 45		香港 許晉義崇宜齋	AG239
竹石圖	軸	絹	水墨	不詳	乾隆癸丑（五十八年，1793）	南京 南京博物院	
竹石圖（清宋葆淳等雜畫冊 10 之 1 幀）	冊頁	紙	水墨	不詳	（甲寅，乾隆五十九年，1794）	上海 上海博物館	

畫家小傳：黃丹書。字廷受。一字虛舟。廣東順德人。高宗乾隆六十（1795）年舉人。工書法。善畫山水；兼擅菊、竹，俱有逸致。流傳署款紀年作品見於高宗乾隆五十八（1793）年。（見劍光樓筆記、廣東通志、嶺南群雅、中國畫家人名大辭典）

沈 僖

名稱	形式	質地	色彩	尺寸	創作時間	收藏處所	典藏號碼
群仙圖	軸	絹	設色	不詳	乾隆癸丑（五十八年，1793）	合肥 安徽省博物館	

畫家小傳：沈僖。畫史無載。流傳署款紀年作品見於高宗乾隆五十八（1793）年。身世待考。

李祥鳳

名稱	形式	質地	色彩	尺寸	創作時間	收藏處所	典藏號碼
玉延秋館圖（3 段之第 2）	卷	紙	設色	35.8 × 109.8	嘉慶戊辰（十三年	北京 故宮博物院	

名稱	形式	質地	色彩	尺寸 高x寬cm	創作時間	收藏處所	典藏號碼
					，1808）長夏		

畫家小傳：李祥鳳。字東表。號曉江。江蘇太倉人。乾隆五十八（1793）年舉人。工畫山水，取法王時敏、王鑑，作品渾厚淋漓，不事苟簡。嘗寓董邦達府第，為其作刀，極受器重。（見墨香居畫識、墨林今話、中國畫家人名大辭典）

魯如濤

名稱	形式	質地	色彩	尺寸	創作時間	收藏處所	典藏號碼
仿雲林筆意圖	軸	紙	水墨	不詳	癸丑（？乾隆五十八年，1793）	佛山 廣東省佛山新博物館	

畫家小傳：魯如濤。畫史無載。流傳署款作品紀年疑似高宗乾隆五十八（1793）年。身世待考。

康　辰

名稱	形式	質地	色彩	尺寸	創作時間	收藏處所	典藏號碼
金庭洞天圖	橫幅	紙	設色	90.8 × 125.6	乾隆癸丑（五十八年，1793）春王月	日本 木佐靖治先生	

畫家小傳：康辰。字左璇。號青浦，晚號伊嵩老人。浙江錢塘人。善畫山水，師法趙孟頫、文徵明，勾勒渲染，氣韻深厚。以賣畫自給。流傳署款紀年作品見於高宗乾隆五十八（1793）年。（見兩浙名畫記、中國畫家人名大辭典）

殷樹柏

名稱	形式	質地	色彩	尺寸	創作時間	收藏處所	典藏號碼
菊石圖	軸	紙	設色	不詳	道光丙申（十六年，1836）二月花朝	北京 故宮博物院	
冷竹寒泉圖	軸	紙	設色	95.4 × 36.1	道光己亥（十九年，1839）五月	日本 東京河井荃廬先生	
山水圖（清奚岡等書畫冊10之第3幀）	冊頁	紙	設色	不詳		瀋陽 遼寧省博物館	
櫻笋圖	摺扇面	紙	設色	不詳	道光甲辰（二十四年，1844）首夏	北京 故宮博物院	
山水（張開福等24人雜畫冊24之1幀）	冊頁	紙	設色	不詳		上海 上海博物館	

畫家小傳：殷樹柏。字曼卿。號雲樓、懶雲。浙江嘉興人。生於高宗乾隆三十四（1769）年，卒於宣宗道光二十七（1847）年。善書。工詞翰。善畫花卉，宗法鄉先輩項氏而稍參己意，作品天真恬澹。（見墨林今話、蜨隱園書畫雜綴、中國畫家人名大辭典）

陳　鏞

名稱	形式	質地	色彩	尺寸	創作時間	收藏處所	典藏號碼
詩龕圖（七家詩龕圖合卷之7）	卷	紙	淺設色	不詳	戊辰（嘉慶九年，1808）小春中浣	日本 東京高島菊次郎槐安居	
山水紀遊圖（清黃均等山水紀遊冊10之1幀）	冊頁	絹	設色	不詳		天津 天津市藝術博物館	

名稱	形式	質地	色彩	尺寸 高x寬cm	創作時間	收藏處所	典藏號碼

畫家小傳：陳鏞。字潄晴。江蘇毗陵人。為畢涵弟子。生於高宗乾隆三十四（1769）年，文宗咸豐二（1852）年尚在世。曾官廣東縣
　　　　丞。喜畫山水，學王原祁。（見墨林今話、中國畫家人名大辭典）

迮 朗

| 臨趙雍人馬圖 | 軸 | 紙 | 設色 | 不詳 | 甲寅（乾隆五十九
年，1794） | 北京 故宮博物院 | |

畫家小傳：迮朗。字卍川。江蘇吳江人。乾隆五十四（1789）年順天舉人。工詩、古文辭。善畫工筆山水，晚後則多作寫意花卉。撰有
　　　　繪事瑣言、三萬六千頃湖中畫舫錄行世。流傳署款紀年作品見於高宗乾隆五十九（1794）年。（見墨香居畫識、墨林今話、
　　　　中國畫家人名大辭典）

陳詩庭

| 詩龕圖（顧鶴慶、朱鶴年、孫
銓、朱本、馬履泰、張問陶、
宋葆淳、陳詩庭、吳文徵、王
霖、吳煊等詩龕圖合璧卷之1） | 卷 | 紙 | 設色 | 不詳 | 嘉慶己未（四年，
1799） | 鎮江 江蘇省鎮江市博物館 | |
| 山水圖（12幀） | 冊 | 紙 | 設色 | 不詳 | 甲寅（乾隆五十九
年，1794） | 天津 天津市藝術博物館 | |

畫家小傳：陳詩庭。字令華（一字華生）。號妙士。江蘇嘉定人。仁宗嘉慶四（1799）年進士。以善畫山水名於時。宗法王原祁婁東派
　　　　而參以王翬虞山派筆意。流傳署款紀年作品見於高宗乾隆五十九（1794）年至仁宗嘉慶四（1799）年。（見墨香居畫識、墨林
　　　　今話、中國畫家人名大辭典）

沈可培

| 平安富貴圖 | 軸 | 紙 | 水墨 | 不詳 | 甲寅（乾隆五十九
年，1794） | 上海 上海博物館 | |

畫家小傳：沈可培。畫史無載。流傳署款紀年作品見於高宗乾隆五十九（1794）年。身世待考。

周 瓚

摹仲長統像	卷	紙	設色	不詳	乾隆甲寅（五十九 年，1794）三月中 浣	北京 故宮博物院	
竹坨圖	卷	絹	設色	不詳	嘉慶元年（丙辰， 1796)	北京 故宮博物院	
簪花圖	軸	紙	設色	不詳	嘉慶九年（甲子， 1804）九秋	北京 故宮博物院	

名稱	形式	質地	色彩	尺寸 高x寬㎝	創作時間	收藏處所	典藏號碼
釋迦圖	軸	紙	水墨	92.3 × 46.7		英國 倫敦大英博物館	1936.10.9.0 28(ADD165)
仕女圖	摺扇面	紙	水墨	不詳		成都 四川省博物院	
附：							
九歌圖（12幀）	冊	金箋	水墨	（每幀）21.2 × 30.5		武漢 湖北省武漢市文物商店	

畫家小傳：周瓚。字翠巖（一字采巖）。江蘇吳縣人。工畫人物寫照，兼善花卉、山水、界畫，無不佳。流傳署款紀年作品見於高宗乾隆五
十九(1794)年，至仁宗嘉慶九(1804)年。（見揚州畫舫錄、墨林今話、耕硯田齋筆記、履園叢話、中國畫家人名大辭典）

王 溥

山徑獨行圖	軸	紙	設色	不詳	乾隆甲寅（五十九 年， 1794）初夏	濟南 山東省博物館	
臨查二瞻秋江晚照圖	軸	紙	設色	不詳		美國 聖路易斯市吳納孫教授	
梅花十二景圖（12幀）	冊	紙	設色	不詳	嘉慶辛酉（六年， 1801）冬月）	重慶 重慶市博物館	
山水圖（8幀）	冊	紙	設色	不詳	嘉慶己巳（十四年 ，1809）暮春	重慶 重慶市博物館	

畫家小傳：王溥。字雲泉。號繡巖。祖籍江蘇太倉，徒蜀之中江。為王宸從子。工書畫。畫山水，有家法，筆墨蒼莽渾厚，近元吳鎮
貌。流傳署款紀年作品見於高宗乾隆五十九(1794)年，至仁宗嘉慶十四(1809)年。（見墨林今話、中國畫家人名大辭典）

計 桂

附：							
雪橋行旅圖	軸	紙	設色	不詳	乾隆甲寅（五十九 年，1794）	上海 上海文物商店	

畫家小傳：計桂。畫史無載。疑似計楠兄弟。待考。流傳署款紀年作品見於乾隆五十九（1794）年。

何 深

山水圖	摺扇面	紙	水墨	55 × ？		香港 中文大學中國文化研究 所文物館	
山水圖（清宋葆淳等雜畫冊10 之1幀）	冊頁	紙	水墨	不詳	（甲寅，乾隆五十 九年，1794）	上海 上海博物館	

畫家小傳：何深。畫史無載。流傳署款作品約見於乾隆五十九（1794）年。身世待考。

宋 樞

名稱	形式	質地	色彩	尺寸 高×寬㎝	創作時間	收藏處所	典藏號碼
山水圖（清宋葆淳等雜畫冊10之1幀）	冊頁	紙	水墨	不詳	（甲寅，乾隆五十九年，1794）	上海 上海博物館	

畫家小傳：宋樞。畫史無載。流傳署款作品約見於乾隆五十九（1794）年。身世待考。

樂　郭

山水圖（清宋葆淳等雜畫冊10之1幀）	冊頁	紙	水墨	不詳	（甲寅，乾隆五十九年，1794）	上海 上海博物館	

畫家小傳：樂郭。畫史無載。流傳署款作品約見於乾隆五十九（1794）年。身世待考。

佘偉器

山水圖（清宋葆淳等雜畫冊10之1幀）	冊頁	紙	水墨	不詳	（甲寅，乾隆五十九年，1794）	上海 上海博物館	

畫家小傳：佘偉器。畫史無載。流傳署款作品約見於乾隆五十九（1794）年。身世待考。

呂　翔

山水人物圖	軸	紙	設色	135 × 35.2	乙卯（乾隆六十年，1795）	香港 中文大學中國文化研究所文物館	
溪山幽賞圖	軸	絹	設色	198.2 × 908		廣州 廣東省博物館	
山水圖（清宋葆淳等雜畫冊10之1幀）	冊頁	紙	水墨	不詳	（甲寅，乾隆五十九年，1794）	上海 上海博物館	
艮泉十二景圖（清謝蘭生等艮泉十二景圖二卷之1段）	2卷	紙	設色	不詳	乙亥（嘉慶二十年1815）	廣州 廣州市美術館	
山水圖（清宋葆淳等山水冊12之2幀	冊頁	紙	設色	44 × 25.5		廣州 廣州市美術館	

畫家小傳：呂翔。字子羽。號隱嵐。廣東順德人。工畫花卉、瓜果，擅絕一時。流傳署款紀年作品見於高宗乾隆五十九（1794）至仁宗嘉慶二十（1815）年。（見劍光樓筆記、中國畫家人名大辭典）

方守耕

蠶桑圖	軸	絹	設色	不詳	甲寅（乾隆五十九年，1794）	廣州 廣東省博物館	

畫家小傳：方守耕。畫史無載。流傳署款作品約見於乾隆五十九（1794）年。身世待考。

陳　暄

百齡圖（清思上篤等五十二人合作）	卷	紙	水墨、設色	不詳		日本 中埜又左衛門先生	

名稱	形式	質地	色彩	尺寸 高x寬㎝	創作時間	收藏處所	典藏號碼

畫家小傳：陳暄。畫史無載。身世待考。

韓 鑠

| 百齡圖（清思上篤等五十二人合作） | 卷 | 紙 | 水墨、設色 | 不詳 | | 日本 中埜又左衛門先生 | |

畫家小傳：韓鑠。畫史無載。身世待考。

孫星術

| 百齡圖（清思上篤等五十二人合作） | 卷 | 紙 | 水墨、設色 | 不詳 | | 日本 中埜又左衛門先生 | |

畫家小傳：孫星術。畫史無載。身世待考。

郟心遠

| 百齡圖（清思上篤等五十二人合作） | 卷 | 紙 | 水墨、設色 | 不詳 | | 日本 中埜又左衛門先生 | |

畫家小傳：郟心遠。畫史無載。身世待考。

吳文淑

| 百齡圖（清思上篤等五十二人合作） | 卷 | 紙 | 水墨、設色 | 不詳 | | 日本 中埜又左衛門先生 | |

畫家小傳：吳文淑。畫史無載。身世待考。

繆 桂

| 百齡圖（清思上篤等五十二人合作） | 卷 | 紙 | 水墨、設色 | 不詳 | | 日本 中埜又左衛門先生 | |

畫家小傳：繆桂。字丹林。畫史無載。身世待考。

淩培之

| 百齡圖（清思上篤等五十二人合作） | 卷 | 紙 | 水墨、設色 | 不詳 | | 日本 中埜又左衛門先生 | |

畫家小傳：淩培之。畫史無載。身世待考。

王 鑾

| 關羽像 | 軸 | 紙 | 設色 | 不詳 | | 富陽 浙江省富陽縣文管會 | |

附：

名稱	形式	質地	色彩	尺寸 高x寬cm	創作時間	收藏處所	典藏號碼
九重春色圖	軸	紙	設色	132.1 x 63.5	甲寅（乾隆五十九年，1794）小春月	紐約 蘇富比藝品拍賣公司/拍賣目錄 1981,05,07.	

畫家小傳：王鑾。畫史無載。字子和。浙江富春人。流傳署款作品紀年疑為高宗乾隆五十九（1794）年。身世待考。

翟繼昌

名稱	形式	質地	色彩	尺寸 高x寬cm	創作時間	收藏處所	典藏號碼
江南春圖	卷	紙	設色	不詳	嘉慶壬申（十七年，1812）	長春 吉林省博物館	
四季花卉圖	卷	紙	設色	不詳	嘉慶甲子（九年，1804）夏日	上海 上海博物館	
西湖秋柳圖	卷	絹	設色	不詳	嘉慶己巳（十四年，1809）	上海 上海博物館	
花卉圖	卷	灑金箋	設色	不詳		上海 上海博物館	
谿山無盡圖（撫大癡道人本）	卷	紙	設色	不詳	丁丑（嘉慶二十二年，1817）冬日	日本 東京張允中先生	
武陵春色圖	軸	紙	設色	128.5 x 31.3		台南 石允文先生	
臨張中柳陰撫琴圖	軸	絹	設色	179.4 x 27.7		台南 石允文先生	
仿麓臺山水圖（為潛庵作）	軸	紙	設色	不詳	嘉慶丙寅（十一年，1806）仲春	瀋陽 遼寧省博物館	
梨花白燕圖	軸	紙	設色	不詳		瀋陽 遼寧省博物館	
歲朝圖	軸	絹	設色	不詳	戊寅（嘉慶二十三年，1818）	天津 天津市藝術博物館	
山莊春曉圖	軸	紙	設色	不詳		上海 上海博物館	
溪山松屋圖	軸	紙	設色	131.5 x 43.2	嘉慶二年（丁巳，1797）秋九月	南京 南京博物院	
山水圖（秦淮詩意圖）	軸	紙	設色	123 x 34		昆山 崑崙堂美術館	
秋庭步月圖	軸	紙	設色	不詳		嘉興 浙江省嘉興市博物館	
夏山煙雨圖	軸	紙	水墨	不詳		嘉興 浙江省嘉興市博物館	
楊柳山水（擬唐居士山居圖）	軸	絹	設色	121.5 x 35.8	乙亥（嘉慶二十年，1815）新秋	日本 東京內野皎亭先生	
黃花雁來紅圖	軸	絹	設色	78.9 x 35.6		日本 京都國立博物館	A甲 746
仿唐寅山水圖	軸	紙	設色	123.7 x 28.3		美國 印地安那波里斯市藝術博物館	69.80.1
天機清妙圖（12幀）	冊	絹	設色	（每幀）26.7 x 33.5		台南 石允文先生	

名稱	形式	質地	色彩	尺寸 高×寬cm	創作時間	收藏處所	典藏號碼
梅花圖（8幀）	冊	紙	設色	不詳		天津 天津市藝術博物館	
花果圖（12幀）	冊	紙	水墨	不詳	嘉慶八年（癸亥，1803）中秋	上海 上海博物館	
山水、花卉圖（20幀）	冊	紙	設色	（每幀）16.5×12	嘉慶十九年（甲戌，1814）	上海 上海博物館	
花卉圖（16幀）	冊	紙	水墨	不詳	丙子（嘉慶二十一年，1816）	上海 上海博物館	
花卉（項穆之、醒甫等雜畫冊22之1幀）	冊頁	紙	設色	約38.5×23.6		上海 上海博物館	
山水圖	摺扇面	紙	設色	不詳	乾隆乙卯（六十年，1795）	無錫 江蘇省無錫市博物館	
雜畫（8幀）	冊	紙	設色	不詳	己卯（嘉慶二十四年，1819）	蘇州 江蘇省蘇州博物館	
山水圖（8幀）	冊	紙	設色	不詳	己卯（嘉慶二十四年，1819）閏月望後	蘇州 江蘇省蘇州博物館	
山水圖	摺扇面	紙	設色	不詳	嘉慶丙寅（十一年，1806）	成都 四川省博物院	
山居圖	摺扇面	紙	設色	不詳	己巳（嘉慶十四年，1809）	成都 四川省博物院	
桃源圖	摺扇面	紙	設色	不詳	癸酉（嘉慶十八年1813）	成都 四川省博物院	
梨花院落圖	摺扇面	紙	設色	不詳		成都 四川省博物院	
艮泉十二景圖（清謝蘭生等艮泉十二景圖二卷之1段）	2卷	紙	設色	不詳	乙亥（嘉慶二十年1815）	廣州 廣州市美術館	
臥遊圖（臥遊圖冊之7）	冊頁	紙	設色	22.2×28.9		日本 京都國立博物館	
擬王蒙臥遊圖（臥遊圖冊之8）	冊頁	紙	設色	22.2×28.9		日本 京都國立博物館	
江深草閣寒詩意圖	摺扇面	金箋	設色	17.7×50.7	甲子（嘉慶九年，1804））長夏	日本 大阪橋本大乙先生	
山水圖（十八名家扇面圖冊之第6幀）	摺扇面	金箋	設色	15.1×48.6		韓國 首爾朴周煥先生	
摹趙松雪本岸樹泛舟圖	冊頁	紙	設色	不詳		美國 私人	
山水圖（明清書畫合綴帖之第19幀）	摺扇面	金箋	設色	15.6×49.5		美國 聖路易斯市吳納孫教授	

名稱	形式	質地	色彩	尺寸 高x寬cm	創作時間	收藏處所	典藏號碼
附：							
江皐凍月圖	卷	紙	設色	25 × 214.5	丁丑（嘉慶二十二年，1817）小春	香港 佳士得藝品拍賣公司/拍賣目錄 1991,03,18.	
四季花卉圖	卷	紙	設色	26 × 384.8	丁丑（嘉慶二十二年，1817）立秋日	紐約 佳士得藝品拍賣公司/拍賣目錄 1996,03,27.	
梅花書屋圖	軸	紙	設色	不詳		上海 朵雲軒	
仿文徵明早春圖	軸	紙	設色	147 × 74	庚午（嘉慶十五年，1810）仲春	上海 上海文物商店	
百合靈芝圖	軸	紙	設色	不詳	辛未（嘉慶十六年，1811）	上海 上海文物商店	
草亭秋色圖	軸	紙	設色	不詳		上海 上海文物商店	
紅牡丹圖	軸	紙	設色	127 × 30		紐約 佳士得藝品拍賣公司/拍賣目錄 1993,12,01.	
白菜圖	軸	紙	設色	63.5 × 39.7		紐約 佳士得藝品拍賣公司/拍賣目錄 1995,09,19.	
花鳥圖（8幀）	冊	絹	設色	（每幀）14.5 × 43.2	己卯（嘉慶二十四年，1819）夏日	武漢 武漢市文物商店	
仿古山水圖（6幀）	冊	紙	水墨、設色	（每幀）30.5 × 16.5		紐約 佳士得藝品拍賣公司/拍賣目錄 1995,09,19.	
山水（12幀）	冊	紙	設色	（每幀）23.2 × 31.4	己卯（嘉慶二十四年，1819）	紐約 佳士得藝品拍賣公司/拍賣目錄 1998,03,24.	

畫家小傳：翟繼昌。字念祖，一字墨癡。號琴峰。浙江嘉興人。翟大坤之子。生於高宗乾隆三十五（1770）年，卒於仁宗嘉慶二十五（1820）年。承繼家學，善畫，山水學吳鎮、沈周，花卉古雅有致。（見墨香居畫識、桐陰論畫、墨林今話、中國畫家人名大辭典）

張璿華

名稱	形式	質地	色彩	尺寸	創作時間	收藏處所	典藏號碼
朱鴻猶傳像（張璿華、方薰合作）	軸	紙	設色	不詳		北京 故宮博物院	

畫家小傳：張璿華。字查山。江蘇婁縣人。張昀之子。高宗乾隆六十（1795）年舉人。精醫，工詩、古文辭。善畫山水，宗法董源、黃公望，筆墨雄健。（見墨林今話、墨香居畫識、中國畫家人名大辭典）

王麟孫

名稱	形式	質地	色彩	尺寸	創作時間	收藏處所	典藏號碼
附：							
山水圖（王宸、王麟孫、王岵孫合作山水冊12之4幀）	冊頁	紙	水墨	（每幀）29 × 23	乙卯（乾隆六十年，1795）	上海 朵雲軒	

名稱	形式	質地	色彩	尺寸 高×寬cm	創作時間	收藏處所	典藏號碼

畫家小傳：王麟孫。畫史無載。流傳署款紀年作品見於高宗乾隆六十（1795）年。身世待考。

王岵孫

附：

| 山水圖（12幀） | 冊 | 紙 | 設色 | （每幀）27 × 27.5 | | 天津 天津市文物公司 | |
| 山水圖（王宸、王麟孫、王岵孫合作山水冊12之4幀） | 冊頁 | 紙 | 水墨 | （每幀）29 × 23 | 乙卯（乾隆六十年，1795） | 上海 朵雲軒 | |

畫家小傳：王岵孫。畫史無載。流傳署款紀年作品見於高宗乾隆六十（1795）年。身世待考。

黎　明

仿金廷標竹溪六逸	卷	絹	設色	38.3 × 125.2		台北 故宮博物院	故畫 01737
仿丁觀鵬法界源流圖	卷	紙	設色	34.8 × 1656.5		瀋陽 遼寧省博物館	
仿范子珉牧牛圖	卷	紙	水墨	不詳		瀋陽 遼寧省博物館	
職貢圖（黎明、程琳、沈煥、沈慶蘭合作）	卷	絹	設色	不詳		北京 故宮博物院	
蒼鷹（黎明畫白鷹海東青冊之1）	冊頁	紙	設色	不詳		台北 故宮博物院	故畫 03576-1
海東青（黎明畫白鷹海東青冊之5）	冊頁	紙	設色	不詳		台北 故宮博物院	故畫 03576-5

畫家小傳：黎明。籍里、身世不詳。乾隆朝供奉畫院，工畫人物、翎毛。署款作品約見於高宗乾隆六十(1795)年。（見國朝畫院錄、中國畫家人名大辭典）

金　佩

| 婁東書院圖 | 卷 | 紙 | 設色 | 不詳 | 乾隆乙卯（六十年，1795）六月上浣 | 北京 中國歷史博物館 | |

畫家小傳：金佩。畫史無載。流傳署款紀年作品見於高宗乾隆六十(1795)年。身世待考。

陳　嵩

| 花卉圖（羅聘等四人四季花卉圖卷4之1段） | 卷 | 紙 | 設色 | 不詳 | | 揚州 江蘇省揚州市博物館 | |

附：

| 墨蘭圖（紀昀、袁枚等作題） | 卷 | 紙 | 水墨 | 不詳 | 乾隆六十年（乙卯 | 上海 上海文物商店 | |

名稱	形式	質地	色彩	尺寸 高x寬cm	創作時間	收藏處所	典藏號碼
					，1795）冬日		
雪海梅花圖	卷	紙	水墨	不詳	乙卯（乾隆六十年，1795）	上海 上海文物商店	
梅花圖	軸	紙	水墨	不詳		上海 上海文物商店	

畫家小傳：陳嵩。字肖生。江蘇如皋（一作泰州）人。生時不詳，卒於仁宗嘉慶四（1799）年。工點染花卉，下筆甚捷；工筆仿北宋人法，純以焦墨鉤骨，賦色穠厚，意趣入古；尤工畫梅，黃鉞推重之。流傳署款紀年作品見於高宗乾隆六十（1795）年。（見墨林今話、耕硯田齋筆記、張船山詩草、中國畫家人名大辭典）

董洵

名稱	形式	質地	色彩	尺寸	創作時間	收藏處所	典藏號碼
花卉圖（羅聘等四人四季花卉圖卷4之1段）	卷	紙	設色	不詳		揚州 江蘇省揚州市博物館	

畫家小傳：董洵。字企泉。號小池、念池。浙江山陰人，寓居京師。能詩，工篆刻，善畫蘭竹。畫蘭尤佳，師法元鄭所南，煙叢閉葉，楚楚多姿。（見墨香居畫識、讀畫閒評、墨林今話、中國畫家人名大辭典）

陳緒

名稱	形式	質地	色彩	尺寸	創作時間	收藏處所	典藏號碼
山水圖	軸	紙	設色	不詳	乾隆六十年（乙卯，1795）秋八月朔日	杭州 浙江省博物館	

畫家小傳：陳緒。畫史無載。流傳署款紀年作品見於高宗乾隆六十（1795）年。身世待考。

戴恒

附：

名稱	形式	質地	色彩	尺寸	創作時間	收藏處所	典藏號碼
花鳥圖	軸	絹	設色	167.5×105.5		香港 佳士得藝品拍賣公司/拍賣目錄 1991,03,18.	

畫家小傳：戴恒。字定谷。號東村。江蘇秣陵人。高宗乾隆時供奉畫院，長於畫八哥鳥。（見讀畫輯略、中國美術家人名辭典）

蜨菴

名稱	形式	質地	色彩	尺寸	創作時間	收藏處所	典藏號碼
指畫牡丹圖	軸	絹	水墨	不詳		徐州 江蘇省徐州市博物館	

畫家小傳：蜨菴。畫史無載。身世待考。

陳瑞

附：

名稱	形式	質地	色彩	尺寸	創作時間	收藏處所	典藏號碼
溪山雲煙圖	軸	紙	水墨	不詳	乾隆乙卯（六十年，1795）	蘇州 蘇州市文物商店	

畫家小傳：陳瑞。畫史無載。流傳署款紀年作品見於高宗乾隆六十（1795）年。身世待考。

名稱	形式	質地	色彩	尺寸 高×寬㎝	創作時間	收藏處所	典藏號碼

駱綺蘭

名稱	形式	質地	色彩	尺寸 高×寬㎝	創作時間	收藏處所	典藏號碼
牡丹圖	軸	紙	設色	不詳	乙卯（乾隆六十年，1795）五月廿一日	北京 故宮博物院	
梅茶水仙圖	軸	紙	設色	不詳	己未（嘉慶四年，1799）初秋	北京 故宮博物院	
三朵花圖	軸	紙	設色	不詳		北京 故宮博物院	
山水、蘭竹（？幀）	冊	紙	水墨	不詳	嘉慶庚申（五年，1800）	北京 故宮博物院	
蘭石圖	摺扇面	紙	設色	不詳		成都 四川省博物院	
附：							
牡丹圖（王文治書題三朵花詞）	卷	紙	設色	28 × 168.3		紐約 蘇富比藝品拍賣公司/拍賣目錄 1986,12,04.	
花卉草蟲（20幀）	冊	絹	設色	（每幀）23.8 × 21.6	戊寅（嘉慶二十三年，1818）春月	香港 佳士得藝品拍賣公司/拍賣目錄 2001,04,29.	

畫家小傳：駱綺蘭。女。字佩香。號秋亭。江蘇上元（一作句容）人，寓京口。適金陵龔氏。為袁枚、王文治弟子。工寫生，善作牡丹，尤喜畫蘭。流傳署款紀年作品見於高宗乾隆六十（1795）年，至仁宗嘉慶四（1799）年。（見墨香居畫識、墨林今話、莫愁湖志、隨園詩話、聽秋軒詩集、中國畫家人名大辭典）

陳 靖

名稱	形式	質地	色彩	尺寸 高×寬㎝	創作時間	收藏處所	典藏號碼
山水圖（4幅）	軸	絹	設色	不詳		石家莊 河北省博物館	
山水圖	軸	紙	水墨	不詳	乾隆乙卯（六十年，1795）	德清 浙江省德清縣博物館	
附：							
高山喬松圖	軸	絹	設色	不詳	戊子	北京 北京市工藝品進出口公司	

畫家小傳：陳靖。畫史無載。流傳署款紀年作品見於高宗乾隆六十（1795）年。身世待考。

朱 照

名稱	形式	質地	色彩	尺寸 高×寬㎝	創作時間	收藏處所	典藏號碼
水邨圖	軸	紙	設色	85.6 × 47.9		英國 倫敦維多利亞-艾伯特博物館	F.E 25-1971
仿古山水圖（12幀）	冊	紙	水墨	（每幀）31.5 × 45	乾隆乙卯（六十年，1795）仲冬	日本 大阪市立美術館	

畫家小傳：朱照。字曉村。別號齊右鄉人。山東歷城人。工畫山水。足跡遍及大江南北，名噪一時。壽至八十三歲。撰有錦秋老屋詩草傳世。流傳署款紀年作品見於乾隆六十（1795）年。（見山左詩續抄、清畫家詩史、中國美術家人名辭典）

名稱	形式	質地	色彩	尺寸 高×寬 cm	創作時間	收藏處所	典藏號碼

孫雲鳳

| 明湖飲餞圖 | 卷 | 絹 | 設色 | 不詳 | | 杭州 浙江省博物館 | |

畫家小傳：孫雲鳳。女。字碧梧。浙江仁和（一作錢塘）人。為袁枚隨園弟子。能詩，善寫花卉。（見墨林今話、西泠閨詠、中國畫家人名大辭典）

沈 浩

| 山水圖 | 軸 | 絹 | 設色 | 不詳 | | 美國 火魯奴奴 Hutehinson 先生 | |

畫家小傳：沈浩。字文淵。號夢花、紫石山人。安徽桐鄉人。善吟詠、書法。工畫山水，師法董源、董其昌，有士氣。惜早卒。（見載墨林今話、中國畫家人名大辭典）

張 演

名稱	形式	質地	色彩	尺寸	創作時間	收藏處所	典藏號碼
梅痊尋春（清張演山水畫冊之1）	冊頁	紙	設色	不詳		台北 故宮博物院	故畫 03368-1
桃津喚渡（清張演山水畫冊之2）	冊頁	紙	設色	不詳		台北 故宮博物院	故畫 03368-2
雲林游騎（清張演山水畫冊之3）	冊頁	紙	設色	不詳		台北 故宮博物院	故畫 03368-3
溪橋散牧（清張演山水畫冊之4）	冊頁	紙	設色	不詳		台北 故宮博物院	故畫 03368-4
蘆汀聞笛（清張演山水畫冊之5）	冊頁	紙	設色	不詳		台北 故宮博物院	故畫 03368-5
柳港喧魚（清張演山水畫冊之6）	冊頁	紙	設色	不詳		台北 故宮博物院	故畫 03368-6
秋晴打穀（清張演山水畫冊之7）	冊頁	紙	設色	不詳		台北 故宮博物院	故畫 03368-7
風雨歸帆（清張演山水畫冊之8）	冊頁	紙	設色	不詳		台北 故宮博物院	故畫 03368-8
楓驛停車（清張演山水畫冊之9）	冊頁	紙	設色	不詳		台北 故宮博物院	故畫 03368-9
松園移菊（清張演山水畫冊之10）	冊頁	紙	設色	不詳		台北 故宮博物院	故畫 03368-10
林巖對瀑（清張演山水畫冊之11）	冊頁	紙	設色	不詳		台北 故宮博物院	故畫 03368-11

名稱	形式	質地	色彩	尺寸 高x寬cm	創作時間	收藏處所	典藏號碼
雪棧盤雲（清張演山水畫冊之12）	冊頁	紙	設色	不詳		台北 故宮博物院	故畫 03368-12
附：							
樂山樂水圖	軸	絹	設色	不詳		上海 朵雲軒	

畫家小傳：張演。畫史無載。身世待考。

徐熙□

綠蔭柴門圖（名人畫扇貳冊（下）之15）	摺扇面 紙		設色	不詳		台北 故宮博物	故畫 03557-15

畫家小傳：徐熙□。畫史無載。身世待考。

浦道宗

牡丹圖	軸	紙	水墨	不詳	乾隆六十年乙卯（1795）	上海 上海古籍書店	

畫家小傳：浦道宗。畫史無載。流傳署款紀年作品見於乾隆六十(1795)年。身世待考。

薛廷文

附：							
荷花圖	軸	紙	水墨	不詳	乾隆乙卯（六十年，1795）	上海 上海文物商店	

畫家小傳：薛廷文。號魯哉、鹵齋。浙江嘉興人。平生孤介棲迹，於古寺中鬻畫以食。能詩，宗法唐人。工畫，得北宋人意，所作花卉鉤染精妍，尤長於荷花。方薰、金鄂巖俱推重之。流傳署款紀年作品見於乾隆六十(1795)年。（見墨林今話、中國畫家人名大辭典）

汪藹

虞山圖	卷	紙	水墨	不詳	乙卯（乾隆六十年，1795）	天津 天津市藝術博物館	

畫家小傳：汪藹。字吉臣。安徽黟縣人。汪士通長子。以孝友文學名於時。承家學，亦工畫山水。流傳署款紀年作品見於乾隆六十(1795)年。（見黟縣志、中國畫家人名大辭典）

黃恒

附：							
鍾馗圖（冊頁裝）	軸	紙	設色	33.2 x 32.3		上海 上海文物商店	
花鳥圖（8幀）	冊	絹	水墨 設色		乙卯（乾隆六十年，1795）	天津 天津市文物公司	

名稱	形式	質地	色彩	尺寸 高x寬cm	創作時間	收藏處所	典藏號碼

畫家小傳：黃恒。畫史無載。流傳署款紀年作品見於乾隆六十(1795)年。身世待考。

王世紳

| 水仙竹石圖（各人畫扇貳冊（下）冊之11） | 摺扇面 | 紙 | 水墨 | 不詳 | | 台北 故宮博物院 | 故畫 03557-11 |

附：

| 楊柳八哥圖 | 軸 | 絹 | 設色 | 不詳 | | 上海 上海文物商店 | |

畫家小傳：王世紳。字鶴生。號守愚。江蘇吳人。家世不詳考。善畫。（見歷代畫史彙傳附錄、中國畫家人名大辭典）

朱時翔

| 洛神圖 | 軸 | 絹 | 水墨 | 68.5 x 28.5 | | 瀋陽 遼寧省博物館 | |

畫家小傳：朱時翔。畫史無載。身世待考。

楊 玘

| 唐人詩意圖 | 軸 | 絹 | 設色 | 194 x 72.5 | 時年六十有六（？） | 瀋陽 遼寧省博物館 | |

畫家小傳：楊玘。畫史無載。身世待考。

鄭紫城

| 嬰戲圖 | 軸 | 絹 | 設色 | 不詳 | | 瀋陽 魯迅美術學院 | |

畫家小傳：鄭紫城。畫史無載。身世待考。

蔣良錫

| 松圖（清徐堅等十九家畫松圖卷之1段） | 卷 | 紙 | 水墨 | 不詳 | | 北京 故宮博物院 | |

畫家小傳：蔣良錫。畫史無載。身世待考。

沈道灝

| 松圖（清徐堅等十九家畫松圖卷之1段） | 卷 | 紙 | 水墨 | 不詳 | | 北京 故宮博物院 | |

畫家小傳：沈道灝。畫史無載。身世待考。

程 偉

| 松圖（清徐堅等十九家畫松圖卷之1段） | 卷 | 紙 | 水墨 | 不詳 | | 北京 故宮博物院 | |

名稱	形式	質地	色彩	尺寸 高x寬cm	創作時間	收藏處所	典藏號碼

畫家小傳：程偉。畫史無載。身世待考。

王貽槐

| 蘇門高士圖 | 卷 | 紙 | 水墨 | 不詳 | | 北京 故宮博物院 | |

畫家小傳：王貽槐。畫史無載。身世待考。

周 偉

| 仿方方壺山水圖 | 軸 | 金箋 | 水墨 | 不詳 | | 北京 故宮博物院 | |

畫家小傳：周偉。畫史無載。身世待考。

黃 淼

| 花蝶圖（10幀） | 冊 | 絹 | 設色 | 不詳 | | 北京 故宮博物院 | |

畫家小傳：黃淼。畫史無載。身世待考。

法 樗

| 山水圖 | 軸 | 綾 | 水墨 | 不詳 | | 北京 故宮博物院 | |

畫家小傳：法樗。畫史無載。身世待考。

陳于來

| 秋山客話圖 | 軸 | 絹 | 設色 | 不詳 | | 北京 故宮博物院 | |

畫家小傳：陳于來。畫史無載。身世待考。

梅 與

| 山水圖（8幀） | 冊 | 紙 | 設色 | 不詳 | | 北京 故宮博物院 | |

畫家小傳：梅與。畫史無載。身世待考。

葉 逋

| 西廂記圖（12幀） | 冊 | 絹 | 設色 | 不詳 | | 北京 故宮博物院 | |

畫家小傳：葉逋。畫史無載。身世待考。

李 梓

| 盧見曾觀雲龍圖（李梓、洪金昆合作） | 軸 | 絹 | 設色 | 不詳 | | 北京 故宮博物院 | |

畫家小傳：李梓。畫史無載。身世待考。

名稱	形式	質地	色彩	尺寸 高×寬㎝	創作時間	收藏處所	典藏號碼

洪金昆

| 盧見曾觀雲龍圖（李梓、洪金昆合作） | 軸 | 絹 | 設色 | 不詳 | | 北京 故宮博物院 | |

畫家小傳：洪金昆。畫史無載。身世待考。

陳鳳鳴

| 砥泉像 | 卷 | 紙 | 設色 | 不詳 | | 北京 中國歷史博物館 | |

畫家小傳：陳鳳鳴。畫史無載。身世待考。

葉璃華

| 北堂蘆影圖 | 卷 | 絹 | 設色 | 不詳 | | 北京 中國歷史博物館 | |

畫家小傳：葉璃華。畫史無載。身世待考。

翟 善

| 山水圖 | 摺扇面 | 紙 | 設色 | 不詳 | | 北京 中國歷史博物館 | |

畫家小傳：翟善。畫史無載。身世待考。

梁 燕

| 海濱觀石圖 | 卷 | 紙 | 設色 | 不詳 | | 北京 首都博物館 | |

畫家小傳：梁燕。畫史無載。身世待考。

張世求

附：

| 山水圖 | 卷 | 絹 | 設色 | 不詳 | | 北京 中國文物商店總店 | |

畫家小傳：張世求。畫史無載。身世待考。

黃 錦

| 蘆鴨圖 | 軸 | 紙 | 設色 | 149.5 × 77.2 | | 福州 福建省博物館 | |

附：

| 書畫合璧 | 卷 | 紙 | 設色 | 不詳 | | 北京 北京市工藝品進出口公司 | |

畫家小傳：黃錦。畫史無載。身世待考。

曹 庚

名稱	形式	質地	色彩	尺寸 高x寬cm	創作時間	收藏處所	典藏號碼
攝山圖	卷	紙	設色	97 x 130		天津 天津市歷史博物館	
棲霞寺圖	軸	絹	設色	不詳		南京 南京博物院	

畫家小傳：曹庚。畫史無載。身世待考。

卞 文

附：

風雨閉關圖	軸	絹	設色	不詳		天津 天津市文物公司	

畫家小傳：卞文。畫史無載。身世待考。

張 荃

附：

花蝶圖	軸	紙	設色	不詳		上海 上海工藝品進出口公司	

畫家小傳：張荃。畫史無載。身世待考。

謝小蘊

附：

碧桃圖	冊頁	絹	設色	不詳		上海 朵雲軒	

畫家小傳：謝小蘊。畫史無載。身世待考。

徐觀海

附：

雪竹圖	軸	綾	水墨	不詳		上海 上海文物商店	

畫家小傳：徐觀海。畫史無載。身世待考。

黃萬佩

附：

梧桐鳳凰圖	軸	紙	設色	不詳		上海 上海文物商店	

畫家小傳：黃萬佩。畫史無載。身世待考。

雷希程

附：

花卉圖（12幀）	冊	紙	設色	不詳		上海 上海文物商店	

畫家小傳：雷希程。畫史無載。身世待考。

名稱	形式	質地	色彩	尺寸 高×寬㎝	創作時間	收藏處所	典藏號碼

葉應龍

山水圖（清張賜寧等山水冊12 冊頁　紙　設色　不詳　　　　　　　　　　天津 天津市藝術博物館
之1幀）

附：

仿倪雲林竹石霜柯圖　　　　軸　　紙　水墨　97.5 × 33.3　　　　　　紐約 蘇富比藝品拍賣公司/拍
　　　　　　　　　　　　　　　　　　　　　　　　　　　　　　　　　賣目錄 1988, 11, 30.

畫家小傳：葉應龍。畫史無載。身世待考。

際 祥

山水圖　　　　　　　　　　卷　　紙　水墨　32.1 × 104.1　　　　　杭州 浙江省杭州西泠印社
山水圖（清張賜寧等山水冊12 冊頁　紙　設色　不詳　　　　　　　　　　天津 天津市藝術博物館
之1幀）

畫家小傳：際祥。畫史無載。身世待考。

梁 璠

花蝶圖　　　　　　　　　　軸　　絹　設色　100.1 × 41.9　　　　　天津 天津市藝術博物館

畫家小傳：梁璠。字昆璧。安徽蕪湖人。善畫花鳥、草蟲，得徐、黃遺意。（見左田畫友錄、蕪湖縣志、中國畫家人名大辭典）

朱 玉

山水圖（清張賜寧等山水冊12 冊頁　紙　設色　不詳　　　　　　　　　　天津 天津市藝術博物館
之1幀）

畫家小傳：朱玉。畫史無載。身世待考。

張 坤

山水圖（清張賜寧等山水冊12 冊頁　紙　設色　不詳　　　　　　　　　　天津 天津市藝術博物館
之1幀）

畫家小傳：張坤。畫史無載。身世待考。

張 石

山水圖　　　　　　　　　　摺扇面 紙　設色　不詳　　　　　　　　　　天津 天津市藝術博物館

畫家小傳：張石。畫史無載。身世待考。

名稱	形式	質地	色彩	尺寸 高×寬cm	創作時間	收藏處所	典藏號碼

朱 六

| 蛺蝶圖 | 軸 | 絹 | 設色 | 不詳 | | 濟南 山東省濟南市博物館 | |

畫家小傳：朱六。畫史無載。身世待考。

王又曾

附：

| 夏山晚翠圖 | 軸 | 紙 | 設色 | 239.1 × 70.6 | | 濟南 山東省文物商店 | |

畫家小傳：王又曾。畫史無載。身世待考。

黃自修

| 加官進爵圖 | 軸 | 絹 | 設色 | 63 × 24 | | 太原 山西省博物館 | |

畫家小傳：黃自修。畫史無載。身世待考。

譚謨偉

附：

| 竹石圖 | 軸 | 紙 | 水墨 | 不詳 | | 濟南 山東省文物商店 | |

畫家小傳：譚謨偉。畫史無載。身世待考。

張品邁

附：

| 梧桐棲鳳圖 | 軸 | 絹 | 設色 | 不詳 | | 濟南 山東省文物商店 | |

畫家小傳：張品邁。字龍壁。籍里、身世不詳。善繪畫，山水、人物、花卉翎毛，無一不能，作品工秀有餘。（畫名家錄、中國畫家
　　　人名大辭典）

段 琨

| 人物圖 | 軸 | 紙 | 設色 | 不詳 | | 青島 山東省青島市博物館 | |

畫家小傳：段琨。畫史無載。身世待考。

馮 勗

| 進閩十艱圖（10幀） | 冊 | 紙 | 設色 | 不詳 | | 上海 上海博物館 | |

畫家小傳：馮勗。畫史無載。身世待考。

陶列卿

名稱	形式	質地	色彩	尺寸 高×寬㎝	創作時間	收藏處所	典藏號碼
虎圖	軸	絹	設色	142 × 83		上海 上海博物館	

畫家小傳：陶列卿。畫史無載。身世待考。

寧　素

蒼鷹圖	軸	絹	設色	189.2 × 98.1		上海 上海博物館	

畫家小傳：寧素。畫史無載。身世待考。

王　琨

蒲塘清趣圖	橫幅	絹	設色	83.9 × 98.9		上海 上海博物館	

畫家小傳：王琨。畫史無載。身世待考。

朱　栻

桃源圖	卷	紙	設色	不詳		上海 上海博物館	

畫家小傳：朱栻。畫史無載。身世待考。

朱衝秋

七賢詠梅圖	卷	紙	水墨	31.1 × 416.3		上海 上海博物館	

畫家小傳：朱衝秋。畫史無載。身世待考。

仰廷宣

萬竿山居圖	軸	紙	設色	不詳		上海 上海博物館	

畫家小傳：仰廷宣。畫史無載。身世待考。

安正文

黃鶴樓圖	軸	絹	設色	162.5 × 105.1		上海 上海博物館	
岳陽樓圖	軸	絹	設色	162.5 × 105.1		上海 上海博物館	

畫家小傳：安正文。畫史無載。身世待考。

戚瓊玖

附：

名稱	形式	質地	色彩	尺寸 高×寬㎝	創作時間	收藏處所	典藏號碼

花卉翎毛圖（2幀）　　　　　冊頁　絹　設色　不詳　　　　　　　　　　上海 朵雲軒

畫家小傳：戚瓊玫。畫史無載。身世待考。

潘 玹

柳塘花塢圖　　　　　　　　軸　絹　設色　135.1 × 60.8　　　　　　揚州 江蘇省揚州市博物館

畫家小傳：潘玹。畫史無載。身世待考。

金德瑛

層巒密樹圖　　　　　　　　軸　絹　設色　不詳　　　　　　　　　　泰州 江蘇省泰州市博物館

畫家小傳：金德瑛。畫史無載。身世待考。

馬 良

竹泉圖　　　　　　　　　　軸　紙　水墨　不詳　　　　　　　　　　南京 南京博物院

畫家小傳：馬良。字天錫。江蘇崑山人。工寫竹，師法宋克，莊勁重自成一格。（見玉峰新志、中國畫家人名大辭典）

蔣 逕

秋汀鴛鴦圖　　　　　摺扇面 金箋　設色　不詳　　乙卯（？乾隆六十　南京 南京博物院
　　　　　　　　　　　　　　　　　　　　　　　　年，1795）

畫家小傳：蔣逕。浙江石門人。與許容如同時。家世不詳。工畫山水。流傳署款作品紀年疑為高宗乾隆六十（1795）年。（見墨林今
　　　　話、中國畫家人名大辭典）

方元宗

竹溪行舟圖　　　　　　摺扇面 紙　設色　不詳　　　　　　　　　　南京 南京博物院

畫家小傳：方元宗。畫史無載。身世待考。

諟命衡

竹石圖　　　　　　　　摺扇面 紙　水墨　不詳　　　　　　　　　　南京 南京市博物館

畫家小傳：諟命衡。畫史無載。身世待考。

孫原湘

梅花圖　　　　　　　　　　軸　紙　水墨　不詳　　　　　　　　　　常熟 江蘇省常熟市文物管理
　　　　　　　　　　　　　　　　　　　　　　　　　　　　　　　　　委員會

畫家小傳：孫原湘。字子瀟，一字長真。晚號心青居士。昭文人。高宗乾隆六十（1795）年鄉試第一。善行楷古隸，旁通畫理。畫工

名稱	形式	質地	色彩	尺寸 高x寬cm	創作時間	收藏處所	典藏號碼

墨梅，師元王冕法，古雪蘊胸，冷香溢紙，隨意涉筆，自成逸品，間配以水仙、蘭花，尤稱韻絕。（見墨林今話、中國畫家人名大辭典）

趙紹祖

| 蘭花圖 | 軸 | 綾 | 水墨 | 不詳 | | 無錫 江蘇省無錫市博物館 | |

畫家小傳：趙紹祖。畫史無載。身世待考。

俞 琨

| 仿倪瓚山水圖 | 軸 | 紙 | 水墨 | 不詳 | | 無錫 江蘇省無錫市博物館 | |

畫家小傳：俞琨。原名璟。字企塘。更名後，字更生，號是齋。江蘇無錫人。善畫山水、木石，森秀生動，深得元人三昧；又作人物、花卉，殊多逸致。著有論畫三篇。（見國朝畫識、今畫偶錄、桐陰論畫、大雅堂續稿、梁溪詩話、中國畫家人名大辭典）

錢蘭坡

| 雙塔圖 | 卷 | 紙 | 設色 | 不詳 | | 蘇州 江蘇省蘇州博物館 | |

畫家小傳：錢蘭坡，一作昭文。字二湖。江蘇常熟人。家世不詳。善畫山水。（見墨林今話、中國畫家人名大辭典）

林 霖

| 溪曲村居圖 | 軸 | 絹 | 設色 | 不詳 | | 杭州 浙江省杭州西泠印社 | |

畫家小傳：林霖。畫史無載。身世待考。

郭 忱

| 下山虎圖 | 軸 | 紙 | 設色 | 不詳 | | 天臺 浙江省天臺國清寺 | |

畫家小傳：郭忱。畫史無載。身世待考。

康以宜

| 仕女圖（4幀） | 冊 | 絹 | 設色 | （每幀）34.3 x 31.6 | | 武漢 湖北省博物館 | |

畫家小傳：康以宜。畫史無載。身世待考。

孔素瑛

附：

| 荷花鷺鷥圖 | 橫幅 | 絹 | 設色 | 不詳 | | 成都 四川省文物商店 | |

畫家小傳：孔素瑛。女。字玉田。山東曲阜聖裔，適浙江烏程金氏，占籍安徽桐城。工畫山水、人物、花鳥，有機趣，又能書，畫多自題。（見國朝畫徵續錄、練音初集詩傳、中國畫家人名大辭典）

名稱	形式	質地	色彩	尺寸 高x寬cm	創作時間	收藏處所	典藏號碼

孫鎬

| 山水圖 | 軸 | 紙 | 水墨 | 不詳 | | 廣州 廣東省博物館 | |

畫家小傳：孫鎬。畫史無載。身世待考。

王晉

| 松濤攜琴圖 | 軸 | 紙 | 設色 | 不詳 | | 廣州 廣州市美術館 | |

畫家小傳：王晉。畫史無載。身世待考。

江藝閣

| 水墨山水圖 | 軸 | 紙 | 設色 | 122.4 x 31.2 | | 日本 長崎縣立美術博物館 | AI口52 |

畫家小傳：江藝閣。畫史無載。身世待考。

陳立

| 水墨秋景山水圖 | 軸 | 絹 | 水墨 | 30.1 x 40.5 | | 日本 長崎縣立美術博物館 | AI口56 |

畫家小傳：陳立。字雪笠。江蘇嘉定人。工刻竹、善鐫印，亦能畫花鳥、山水。(見竹人錄、中國美術家人名大辭典)

李用雲

墨竹圖	軸	紙	水墨	106.4 x 33.7		日本 長崎縣立美術博物館	AI口4
墨竹圖	軸	紙	水墨	95.8 x 41.1		日本 大阪橋本大乙先生	
墨竹圖	軸	紙	水墨	90 x 37		日本 大阪橋本大乙先生	

畫家小傳：李用雲。畫史無載。身世待考。

李文濤

| 墨竹圖（對幅） | 軸 | 紙 | 水墨 | （每幅）112.4 x 26.6 | | 日本 長崎縣立美術博物館 | AIイロ |

畫家小傳：李文濤。畫史無傳。身世待考。

甯士驥

| 擬惲壽平歲寒三友圖（屏風） | 軸 | 紙 | 設色 | 109.4 x 11.5 | | 日本 長崎縣立美術博物館 | AIイ112 |

名稱	形式	質地	色彩	尺寸 高x寬㎝	創作時間	收藏處所	典藏號碼

畫家小傳：甯士驥。畫史無載。身世待考。

卓 琮

| 蘆雁圖（4幅） | 軸 | 紙 | 水墨 | （每幅）174.8 x 84.1 | | 日本 橫濱岡山美術館 | |
| 八仙拱壽圖 | 軸 | 絹 | 設色 | 84.9 x 37. 4 | | 日本 沖繩縣吉戶直氏觀寶堂 | |

畫家小傳：卓琮。畫史無載。身世待考。

程振甲

| 牡丹圖 | 軸 | 絹 | 設色 | 77.6 x 45.1 | | 日本 沖繩縣吉戶直氏觀寶堂 | |

畫家小傳：程振甲。畫史無載。身世待考。

陳眉公

| 霜林著色圖 | 軸 | 綾 | 設色 | 63.4 x 26.7 | | 日本 山口良夫先生 | |

畫家小傳：陳眉公。畫史無載。身世待考。

即 非

| 竹石圖 | 軸 | 絹 | 水墨 | 88.7 x 33.5 | | 日本 大阪橋本大乙先生 | |

畫家小傳：即非。畫史無載。身世待考。

方 涵

| 幽谷新晴圖（芝蘭竹石） | 軸 | 紙 | 水墨 | 92.1 x 42.9 | | 日本 中埜又左衞門先生 | |
| 芳叢浥露圖（蘭蕙竹石） | 軸 | 紙 | 水墨 | 94.2 x 42.9 | | 日本 中埜又左衞門先生 | |

畫家小傳：方涵。畫史無載。自署還淳鶴蹟山樵。身世待考。

韓天壽

| 摹伊海畫柳陰漁網圖 | 冊頁 | 紙 | 設色 | 27.5 x 45.5 | | 日本 中埜又左衞門先生 | |

名稱	形式	質地	色彩	尺寸 高×寬㎝	創作時間	收藏處所	典藏號碼

畫家小傳：韓天壽。畫史無載。身世待考。

傅 樸

夏景山水圖（為蘊漁上人作）　　軸　綾　設色　32.6 × 42.3　　　　　日本 中埜又左衛門先生

畫家小傳：傅樸。畫史無載。身世待考。

沈 濟

花鳥圖（梅竹聚禽）　　橫幅　絹　設色　168.8×210.1　　　　日本 不言堂

畫家小傳：沈濟。畫史無載。身世待考。

玉峰道人

撫謝時臣山水圖　　橫幅　紙　設色　45.4 × 136.2　　　　韓國 首爾朴周煥先生

畫家小傳：玉峰道人。畫史無載。身世待考。

孫嘉塗

十八羅漢圖（18幀）　　冊　紙　水墨　（每幀）12.4　　　　韓國 首爾東山房畫廊
　　　　　　　　　　　　　　　　　　× 8.8

畫家小傳：孫嘉塗。畫史無載。身世待考。

鏡 湖

柳燕鷺鷥圖　　軸　絹　設色　122.5 × 54.5　　　　英國 倫敦大英博物館　　1881.12.10.48
　　　　　　　　　　　　　　　　　　　　　　　　　　　　　　　　　（ADD328）

畫家小傳：鏡湖。畫史無載。身世待考。

方 泰

仿唐寅山水圖　　冊頁　絹　設色　28.7 × 47.7　　　　英國 倫敦大英博物館　　1983.7.5.05(
　　　　　　　　　　　　　　　　　　　　　　　　　　　　　　　　ADD445)

畫家小傳：方泰。字大士。號石屋老人。江蘇丹徒人。家世不詳。工畫。（見京江耆舊集、中國美術家人名辭典）

柳 尚

山水圖（清人合綴冊之第3幀）　　摺扇面　金箋　水墨　18 × 52.3　　　　英國 倫敦大英博物館　　1881.12.10.7
　　　　　　　　　　　　　　　　　　　　　　　　　　　　　　　　　8-3(ADD294)

名稱	形式	質地	色彩	尺寸 高×寬cm	創作時間	收藏處所	典藏號碼

畫家小傳：柳尚。畫史無載。身世待考。

補 仙

羅漢圖（清人合綴冊之第4幀）	摺扇面 絹	水墨	18.1 × 52.6		英國 倫敦大英博物館	1881.12.10.7 8-4(ADD294)

畫家小傳：補仙。畫史無載。身世待考。

黃 盦

山水圖	摺扇面 金箋	設色	16 × 51.7		瑞士 蘇黎士黎得堡博物館

畫家小傳：黃盦。畫史無載。身世待考。

李 舉

仿吳彬山水圖	摺扇面 紙	水墨	18.1 × 52.5		瑞士 蘇黎士黎德堡博物館（寄存）私人

畫家小傳：李舉。畫史無載。身世待考。

顧 璜

附：

山水（明清諸家山水扇面冊4之1幀）	摺扇面 金箋	設色	不詳		香港 佳士得藝品拍賣公司/拍賣目錄 2001,04,29.

畫家小傳：顧磺。字蘭谷。江蘇金山人。工畫山水、花卉。（見耕硯田齋筆記、中國美術家人名辭典）

方壺大師

三學士圖	軸	紙	水墨	83.9 × 47.1		美國 紐約市大都會藝術博物館	13.220.19
山水圖（名賢集錦圖冊之23）	冊頁	紙	水墨	22.7 × 29.2		台北 陳啟斌畏罍堂	

畫家小傳：方壺大師。字仙止。號席山、萬山中人。浙江蘭谿人。能書畫。著有松窗集 。（見中國美術家大辭典）

周石蘭

樹石雙鵲圖	軸	紙	設色	180.3 × 45.1		紐約 蘇富比藝品拍賣公司/拍賣目錄 1988,11,30.

畫家小傳：周石蘭。畫史無載。身世待考。

盛大士

名稱	形式	質地	色彩	尺寸 高x寬cm	創作時間	收藏處所	典藏號碼
停雲醉月圖	卷	紙	設色	40.6 x 74		日本 私人	
南山獻瑞圖	軸	紙	設色	119.4 x 46.5	辛巳（道光元年，1821）	天津 天津市藝術博物館	
溪山欲雨圖	軸	紙	設色	不詳		南京 南京博物院	
山水（清張鏐等書畫集錦冊 17 之 1 幀）	冊頁	紙	設色	不詳		杭州 浙江省杭州市文物考古所	
附：							
仿黃公望山水圖	軸	紙	設色	63.5 x 26.4	丁酉（道光十七年，1837）初春	紐約 佳士得藝品拍賣公司/拍賣目錄 1997,09,19.	
山水圖	摺扇面	紙	設色	不詳		武漢 湖北省武漢市文物商店	

畫家小傳：盛大士。字子履。號逸雲、蘭簑外史、蘭畦道人。生於高宗乾隆三十六（1771）年，卒時不詳。嘉慶五（1800）年舉人。工詩、畫。畫山水，師宗妻東王原祁派，筆墨蒼莽深秀。（見墨林今話、耕硯田齋筆記、蜨隱園書畫雜綴、藝林閒見錄、中國畫家人名大辭典）

朱為弼

名稱	形式	質地	色彩	尺寸 高x寬cm	創作時間	收藏處所	典藏號碼
杏花圖	軸	灑金箋	設色	不詳	道光己丑（九年，1829）	天津 天津市藝術博物館	
柏靈富貴圖	軸	紙	設色	不詳		濟南 山東省文物商店	
菊石圖	軸	灑金箋	設色	不詳	道光癸未（三年，1823）	上海 上海博物館	
梅花圖	軸	紙	水墨	不詳	道光庚寅（十年，1830）	平湖 浙江省平湖縣博物館	
百齡長春圖（為中堂夫子作）	軸	紙	設色	不詳	道光辛卯（十一年，1831）孟冬月	平湖 浙江省平湖縣博物館	
墨梅圖（擬煮石山農）	軸	絹	水墨	106.1 x 42.1	道光辛卯（十一年，1831）新秋	日本 東京河井荃廬先生	
梅花圖（12 幀）	冊	紙	水墨	不詳		杭州 浙江省博物館	
附：							
富貴平安圖	軸	絹	設色	不詳	道光丁亥（七年，1827）	上海 上海文物商店	

畫家小傳：朱為弼。字右甫。號椒堂。浙江平湖人。生於高宗乾隆三十六（1771）年，卒於宣宗道光二十（1840）年。嘉慶十年進士。官侍郎漕帥。通六書。嗜金石文字。阮元愛重之，囑為所撰積古齋鐘鼎款識審譯。善寫意花卉。（見墨林今話、中國畫家人名大辭典）

張 皋

名稱	形式	質地	色彩	尺寸 高x寬cm	創作時間	收藏處所	典藏號碼
王溥泉擁書圖像（丁以誠寫照，張皋補景）	卷	紙	設色	不詳	嘉慶元年（丙辰，1796）臘月	北京 故宮博物院	
百齡圖（清思上篤等五十二人合作）	卷	紙	水墨、設色	不詳		日本 中埜又左衞門先生	

畫家小傳：張皋。字鳴九。江蘇崑山人。善畫人物、寫照；兼工山水、花卉。流傳署款紀年作品見於仁宗嘉慶元(1796)年。（見耕硯田齋筆記、中國畫家人名大辭典）

華鍾英

名稱	形式	質地	色彩	尺寸 高x寬cm	創作時間	收藏處所	典藏號碼
耕亭獨立像（華鍾英、潘恭壽合作）	軸	絹	設色	不詳	嘉慶元年（丙辰，1796)	北京 故宮博物院	

畫家小傳：華鍾英。江蘇丹陽人。身世不詳。工寫真，得正派傳。流傳署款紀年作品見於仁宗嘉慶元(1796)年。（見畫人補遺、中國美術家人名辭典）

潘大琨

名稱	形式	質地	色彩	尺寸 高x寬cm	創作時間	收藏處所	典藏號碼
法式善像（潘大琨、馮桂芬、馬履泰、黃恩發、顧玉霖合作）	軸	紙	設色	155.5 x 60.5	嘉慶元年（丙辰，1796)	北京 故宮博物院	
法式善四十四歲像（潘大琨、馮桂芬、羅聘合作）	軸	紙	設色	不詳		北京 故宮博物院	

畫家小傳：潘大琨。字梧莊。江蘇宜興人。為吳岫弟子。工畫寫照。流傳署款紀年作品見於仁宗嘉慶元(1796)年。（見清朝書畫家筆錄、中國畫家人名大辭典）

黃恩發

名稱	形式	質地	色彩	尺寸 高x寬cm	創作時間	收藏處所	典藏號碼
法式善像（潘大琨、馮桂芬、馬履泰、黃恩發、顧玉霖合作）	軸	紙	設色	155.5 x 60.5	嘉慶元年（丙辰，1796)	北京 故宮博物院	

畫家小傳：黃恩發。畫史無載。流傳署款紀年作品見於仁宗嘉慶元(1796)年。身世待考。

顧玉霖

名稱	形式	質地	色彩	尺寸 高x寬cm	創作時間	收藏處所	典藏號碼
法式善像（潘大琨、馮桂芬、馬履泰、黃恩發、顧玉霖合作）	軸	紙	設色	155.5 x 60.5	嘉慶元年（丙辰，1796)	北京 故宮博物院	

畫家小傳：顧玉霖。畫史無載。流傳署款紀年作品見於仁宗嘉慶元(1796)年。身世待考。

名稱	形式	質地	色彩	尺寸 高x寬cm	創作時間	收藏處所	典藏號碼

羅廷禧

| 百廿壽圖 | 軸 | 紙 | 設色 | 245.5×120.5 | | 台北 故宮博物院 | 故畫 03104 |

畫家小傳：羅廷禧。畫史無載。身世待考。

吳岑

| 山水圖 | 冊頁 | 紙 | 水墨 | 22.3 × 16.1 | | 美國 加州曹仲英先生 | |

畫家小傳：吳岑。畫史無載。身世待考。

朱成

| 蘭竹石圖 | 卷 | 紙 | 水墨 | 40 × 39 | 嘉慶元年（丙辰，1796） | 天津 天津市歷史博物館 | |
| 仿米山水圖 | 軸 | 金箋 | 水墨 | 19.6 × 16.7 | | 日本 中埜又左衞門先生 | |

畫家小傳：朱成。字聖和。號澗東。江蘇吳人。工詩，善寫蘭。與王、張紫峴交契，其畫蘭極得二人推重，王評為風韻清疏、別開生面；張許為和且潔、淵且靜。流傳署款紀年作品見於仁宗嘉慶元（1796）年。（墨香居畫識、中國畫家人名大辭典）

胡頷君

| 環山小隱圖 | 軸 | 紙 | 設色 | 不詳 | | 杭州 浙江省博物館 | |

畫家小傳：胡頷君。畫史無載。身世待考。

錢曉廷

| 水仙（清花卉畫冊四冊之1） | 冊頁 | 紙 | 設色 | 不詳 | | 台北 故宮博物院 | 故畫 03520-1 |

畫家小傳：錢曉廷。畫史無載。身世待考。

孔繼榮

| 雪窗著書圖 | 軸 | 絹 | 設色 | 134 × 84.1 | | 濟南 山東省博物館 | |

附：

| 芭蕉公雞圖 | 軸 | 紙 | 設色 | 164 × 87.5 | | 紐約 佳士得藝品拍賣公司/拍賣目錄 1991.05.29 | |

畫家小傳：孔繼榮。字十山。籍里、身世不詳。善畫，人物如生，花鳥秀韻。（見耕硯田齋筆記、中國畫家人名大辭典）

唐素

名稱	形式	質地	色彩	尺寸 高x寬cm	創作時間	收藏處所	典藏號碼

附：

| 荷花翠鳥圖 | 軸 | 紙 | 設色 | 不詳 | 嘉慶元年（丙辰，　上海 上海文物商店 1796） | | |

畫家小傳：唐素。女。號素霞。江蘇無錫人。工畫鉤勒花卉，得北宋人法。嘗寫百花圖一卷，廣獲題詠。守真不嫁，以賣畫養覦，為時稱孝。流傳署款紀年作品見於仁宗嘉慶元（1796）年。（見墨香居畫識、墨林今話、耕硯田齋筆記、中國畫家人名大辭典）

魏伯年

附：

| 柳溪雙駿圖 | 摺扇面 紙 | | 設色 | 不詳 | 丙辰（？嘉慶元年　上海 朵雲軒 ，1796） | | |

畫家小傳：魏伯年。畫史無載。流傳署款作品紀年疑為仁宗嘉慶元（1796）年。身世待考。

惲源吉

| 縣藤罌粟圖 | 軸 | 絹 | 設色 | 94.1 x 45.2 | | 日本 木佐靖治先生 | |
| 花卉圖（8幀） | 冊 | 紙 | 設色 | 不詳 | | 天津 天津市藝術博物館 | |

畫家小傳：惲源吉。畫史無載。疑為惲壽平家族後裔。身世待考。

惲源成

| 牡丹紫藤圖 | 軸 | 絹 | 設色 | 97.6 x 46.5 | | 南京 南京博物院 | |

畫家小傳：惲源成。為惲壽平後人，身世不詳，善畫花鳥，能傳家法。（見耕硯田齋筆記、中國畫家人名大辭典）

李 蘭

牡丹凌霄圖	軸	紙	設色	不詳		徐州 江蘇省徐州博物館	
仿米山水圖	軸	紙	水墨	不詳		徐州 江蘇省徐州博物館	
簪菊圖	軸	紙	設色	不詳		徐州 江蘇省徐州博物館	

畫家小傳：李蘭。畫史無載。身世待考。

湯 瑒

| 畫鶴（7幀） | 冊 | 紙 | 設色 | 不詳 | | 南京 南京博物院 | |

畫家小傳：湯瑒。字澹如。新陽人。工畫花鳥，作大小枝皆極生動。尤善畫鬥雞及雞雛，得者珍之。（見墨林今話、清朝書畫家筆錄、中國畫家人名大辭典）

名稱	形式	質地	色彩	尺寸 高×寬㎝	創作時間	收藏處所	典藏號碼

吳子野

| 端午即景圖 | 卷 | 絹 | 設色 | 不詳 | | 無錫 江蘇省無錫市博物館 | |

畫家小傳：吳子野。畫史無載。身世待考。

楊埼

附：

| 竹石圖 | 軸 | 紙 | 水墨 | 不詳 | | 蘇州 蘇州市文物商店 | |

畫家小傳：楊埼。字義山。福建晉江人，寓居金陵。仁宗嘉慶元（1796）年舉孝廉方正。幼稱神童。長重孝友，守然諾，人稱義山　　先生。能詩，善書。畫工山水、木石，寫竹尤妙。（見墨香居畫識、中國畫家人名大辭典）

吳騫

| 摹陳乾初先生竹節冠像 | 軸 | 紙 | 設色 | 不詳 | | 杭州 浙江省博物館 | |
| 溪橋策杖圖 | 軸 | 紙 | 水墨 | 不詳 | | 杭州 浙江省博物館 | |

畫家小傳：吳騫。字槎客。號兔牀、揆禮、愚谷等。浙江海鹽人。家富藏書。能詩文，善畫山水，師倣元倪雲林。（見兩浙名畫記、　　中國畫家人名大辭典）

袁棠

| 莫愁湖秋泛圖 | 卷 | 紙 | 水墨 | 21.9 × 156.1 | | 重慶 重慶市博物館 | |
| 葡萄松鼠圖 | 軸 | 絹 | 水墨 | 不詳 | | 上海 上海古籍書店 | |

畫家小傳：袁棠。字湘湄。江蘇吳江人。仁宗嘉慶元（1796）年，舉制科。工書，兼好六法。與吳岡交好，相究畫理，下筆益工。　　人評其畫山水，在王翬、惲壽平間。（見墨林今話、耕硯田齋筆記、中國畫家人名大辭典）

袁尚維

| 山水圖 | 摺扇面 紙 | | 設色 | 不詳 | | 北京 故宮博物院 | |

畫家小傳：袁尚維。畫史無載。身世待考。

趙金

| 江村漁樂圖 | 卷 | 紙 | 水墨 | 不詳 | 丙辰（？嘉慶元年，1796） | 北京 中國歷史博物館 | |

畫家小傳：趙金。畫史無載。流傳署款作品紀年疑為仁宗嘉慶元（1796）年。身世待考。

晶林

| 仿各家山水圖（？幀） | 冊 | 紙 | 設色 | 不詳 | 丙辰（？嘉慶元年，1796） | 北京 首都博物館 | |

名稱	形式	質地	色彩	尺寸 高x寬cm	創作時間	收藏處所	典藏號碼

畫家小傳：勛林。畫史無載。流傳署款作品紀年疑為仁宗嘉慶元（1774）年。身世待考。

梅谿

名稱	形式	質地	色彩	尺寸 高x寬cm	創作時間	收藏處所	典藏號碼
山水圖	冊頁	絹	設色	27.9 x 47.4		英國 倫敦大英博物館	1985.7.5.04 (ADD444)

畫家小傳：梅谿。畫史無載。身世待考。

董棨

名稱	形式	質地	色彩	尺寸 高x寬cm	創作時間	收藏處所	典藏號碼
為清人畫由拳雅集圖像卷補景	軸	絹	設色	不詳	壬申（嘉慶十七年，1812）初冬	北京 故宮博物院	
青綠山水圖	軸	紙	設色	不詳	己卯（嘉慶二十四，1819）仲春	北京 故宮博物院	
桃柳春禽圖	軸	絹	設色	不詳		衢州 浙江省衢州市博物館	
山水圖（12幀）	冊	紙	水墨	不詳		天津 天津市藝術博物館	
松鼠果品圖（12幀）	冊	紙	設色	不詳		上海 上海博物館	

畫家小傳：董棨。字石農。號樂閒、梅溪老農。浙江秀水人。生於高宗乾隆三十七（1772）年，卒於宣宗道光二十四（1844）年。善畫花卉、翎毛，得方薰正傳，中歲變以己意，運筆點色，意態繁縟，筆致清脫；間作山水、人物、雜品，亦見功力。（見墨林今話、中國畫家人名大辭典）

金禮嬴

名稱	形式	質地	色彩	尺寸 高x寬cm	創作時間	收藏處所	典藏號碼
摹李清照像	軸	絹	設色	不詳	嘉慶五年（庚申，1800）	北京 故宮博物院	
梅花圖	軸	紙	設色	不詳	嘉慶甲子（九年，1804）春仲	北京 故宮博物院	
梅月雙清圖	軸	絹	水墨	177 x 51	嘉慶辛酉（六年，1801）	上海 上海博物館	
楊柳鳴禽圖	軸	紙	設色	不詳	丙寅（嘉慶十一年，1806）	上海 上海博物館	
觀音像	軸	紙	設色	116.6 x 44.2	嘉慶八年（癸亥，1803）	杭州 浙江省博物館	
綠珠小影	軸	紙	設色	不詳	嘉慶四年，己未（1799）暮春之月	日本 京都藤井善助先生	
附：							
擔春圖	軸	紙	設色	不詳	癸亥（嘉慶八年，	武漢 湖北省武漢市文物商店	

名稱	形式	質地	色彩	尺寸 高×寬cm	創作時間	收藏處所	典藏號碼

1803）

畫家小傳：金禮嬴。女。字雲門。號五雲、昭明閣內史。浙江山陰人。生於高宗乾隆三十七（1772）年，卒於仁宗嘉慶十二（1807）年。孝廉王曇之妻。善畫人物、樓臺界畫，工細生動，可比南宋劉松年、趙伯駒。（見墨林今話、畫林今詠、西泠閨詠、中華畫人室隨筆、中國畫家人名大辭典）

張培敦

名稱	形式	質地	色彩	尺寸 高×寬cm	創作時間	收藏處所	典藏號碼
萬壑烟霞圖	卷	紙	設色	26 × 203.5	道光己亥（十九年，1839）春正月下浣	南京 南京博物院	
萬玉含烟圖（為懷南作）	卷	紙	水墨	不詳	乙巳（道光二十五年，1845）中秋後二日	南京 南京博物院	
臨文徵明江南春圖	卷	紙	設色	23.5 × 112.2	道光乙酉（五年，1825）冬日	蘇州 江蘇省蘇州博物館	
摹陸復梅花圖	卷	紙	設色	不詳	道光九年己丑（1829）仲夏既望	蘇州 江蘇省蘇州博物館	
臨文徵明贈別圖	卷	紙	設色	不詳	道光丙申（十六年，1836）四月既望	蘇州 江蘇省蘇州博物館	
江山無盡圖	卷	紙	設色	不詳	道光庚子（二十年，1840）	蘇州 江蘇省蘇州博物館	
玉溪夢隱圖（為浣香女甥作）	卷	紙	設色	26.8 × 147.4	道光二十二年（壬寅，1842）冬日	蘇州 江蘇省蘇州博物館	
序雁聯珠圖（為貝卿雲作）	卷	紙	設色	26.8 × 144.8	道光二十二年（壬寅，1842）冬	蘇州 江蘇省蘇州博物館	
臨唐寅草屋蒲團圖	軸	紙	設色	93.8 × 27.8	嘉慶己卯（二十四年，1819）春日	北京 故宮博物院	
摹仇英漢宮寫真圖	軸	紙	設色	不詳	嘉慶庚辰（二十五年，1820）夏日	北京 故宮博物院	
梅溪精舍圖	軸	絹	設色	不詳		天津 天津市藝術博物館	
寒林蕭寺圖	軸	紙	設色	119.1 × 54.2		上海 上海博物館	
秋山高隱圖	軸	紙	設色	不詳	嘉慶元年（丙辰，1796）	南京 南京博物院	

名稱	形式	質地	色彩	尺寸 高×寬cm	創作時間	收藏處所	典藏號碼
仿唐寅阿帶泉圖	軸	紙	設色	不詳	道光戊子（八年，1828）長至	南京 南京博物院	
清儀閣讀書圖（為叔未作）	軸	絹	設色	129 × 44	道光二十二年壬寅（1842）冬日	南京 江蘇省美術館	
仿文徵明高澗寒泉圖	軸	紙	設色	107.4 × 26.5	嘉慶己卯（二十四年，1819）四月十三日	蘇州 江蘇省蘇州博物館	
山水圖	軸	紙	設色	不詳		杭州 浙江省杭州市文物考古所	
山水圖	軸	紙	設色	64.5 × 24.5	道光二十一年辛丑（1841）二月朔	日本 大阪橋本大乙先生	
摹翟大坤倣唐寅山水圖	軸	紙	設色	123.2 × 58.8	嘉慶乙亥（二十年，1815）秋日	美國 堪薩斯市納爾遜-艾金斯藝術博物館	
仿古山圖（12幀）	冊	紙	設色	不詳	道光十年（庚寅，1830）嘉平月	北京 故宮博物院	
草閣秋晴圖（為指山作）	冊頁	紙	設色	不詳	道光十七年丁酉（1837）夏日	北京 故宮博物院	
山水圖（12幀）	冊	紙	設色	不詳	嘉慶丙寅（十一年，1806）九月既望	南京 南京博物院	
懷米山房圖（為秋舫作，張培敦等七人作懷米山房圖合冊之1幀）	冊頁	紙	設色	不詳	戊子（道光八年，1828）秋日	南京 南京博物院	
仿白陽花卉圖（14幀）	冊	紙	設色	不詳		南京 江蘇省美術館	
山水圖（清錢杜等山水冊8之2幀）	冊頁	紙	設色	（每幀）22.8 × 16		烏魯木齊 新疆維吾爾自治區博物館	
附：							
春江疊嶂圖	卷	紙	設色	不詳	丁丑（嘉慶二十二年，1817）	上海 上海文物商店	
仿文徵明山水圖	軸	紙	設色	129.5 × 30.1	甲午（道光十四年，1834）春日	紐約 蘇富比藝品拍賣公司/拍賣目錄1984,12,05.	

畫家小傳：張培敦。字硯樵。江蘇吳縣人。生於高宗乾隆三十七（1772）年，卒於宣宗道光二十六（1846）年。翟大申弟子。精鑑藏。工書畫。畫擅山水，學明文徵明；間作寫生，則有陳淳遺意。(見桐陰論畫、耕硯田齋筆記、墨林今話、中國畫家人名大辭典)

清 柱

名稱	形式	質地	色彩	尺寸 高x寬㎝	創作時間	收藏處所	典藏號碼
山水宮室圖(清注、和柱合作)	摺扇面	紙	設色	不詳	嘉慶二年（丁巳，1797）	北京 故宮博物院	

畫家小傳：清柱。滿人旗籍。為畫院供奉。流傳署款紀年作品見於仁宗嘉慶二(1797)年。（見國朝院畫錄、中國美術家人名辭典）

和　柱

名稱	形式	質地	色彩	尺寸	創作時間	收藏處所	典藏號碼
山水宮室圖(清柱、和柱合作)	摺扇面	紙	設色	不詳	嘉慶二年（丁巳，1797）	北京 故宮博物院	

畫家小傳：和柱。畫史無載。疑與清柱身世相同。流傳署款紀年作品見於仁宗嘉慶二(1797)年。待考。

毛　周

名稱	形式	質地	色彩	尺寸	創作時間	收藏處所	典藏號碼
百花圖	卷	絹	設色	不詳		南京 南京博物院	
秋卉圖	軸	紙	設色	不詳	嘉慶丁巳（二年，1797）閏之六月	無錫 江蘇省無錫市博物館	

畫家小傳：毛周。女。字榴村。江蘇長洲人。工畫，點綴花草，極其精麗。流傳署款紀年作品見於仁宗嘉慶二(1797)年。（見耕硯田齋筆記、中國畫家人名大辭典）

陰東林

名稱	形式	質地	色彩	尺寸	創作時間	收藏處所	典藏號碼
園亭積雪圖	軸	絹	設色	不詳	嘉慶丁巳（二年，1797）春二月	北京 中央工藝美術學院	
仕女圖（臨黃慎真跡）	軸	紙	設色	125.5 × 55.6	嘉慶甲戌（十九年，1814）長至日	加拿大 多倫多皇家安大略博物館	921.1.180

畫家小傳：陰東林。寧化人。畫史無載。流傳署款紀年作品見於仁宗嘉慶二(1797)至十九(1814)年。身世待考。

余　崧

名稱	形式	質地	色彩	尺寸	創作時間	收藏處所	典藏號碼
漁樂圖	軸	紙	設色	不詳	嘉慶十四年（己巳，1809）暮秋	北京 故宮博物院	
群仙祝壽圖	軸	絹	設色	不詳	丁巳（嘉慶二年，1797）	南京 南京博物院	
花鳥圖（紅蓼翠禽）	軸	紙	設色	101.1 × 39.8		日本 京都泉屋博古館	
琵琶行圖	軸	紙	設色	不詳		日本 京都中西文三先生	
梧桐聚禽圖（方濟、余崧合作）	軸	絹	設色	97.1 × 40.5		日本 大阪橋本大乙先生	
梅竹嬉雀圖	軸	紙	水墨	94.1 × 40.8		英國 倫敦大英博物館	1881.12.10.64（ADD259）

名稱	形式	質地	色彩	尺寸 高x寬cm	創作時間	收藏處所	典藏號碼

畫家小傳：余崧。字維嶽。號秋亭。江蘇元和人。工寫真，得力於無錫李點；畫花卉，亦雅靜有致。署款紀年作品見於仁宗嘉慶二
　　　　　(1797) 至十四(1809)年。(見墨香居畫識、耕硯田齋筆記、中國畫家人名大辭典)

杜世紳

| 岡陵修竹圖 | 軸 | 絹 | 設色 | 不詳 | 嘉慶二年，丁巳（1797) | 常熟 江蘇省常熟市文物管理委員會 | |

畫家小傳：杜世紳。畫史無載。流傳署款紀年作品見於仁宗嘉慶二(1797)年。身世待考。

江士相

| 富貴歸權圖 | 卷 | 絹 | 設色 | 20.5 × 121 | 嘉慶二年（丁巳，1797) | 合肥 安徽省博物館 | |

畫家小傳：江士相。畫史無載。流傳署款紀年作品見於仁宗嘉慶二(1797)年。身世待考。

靳 沂
附：

| 花鳥草蟲圖（12幀） | 冊 | 絹 | 設色 | （每幀）23 × 18 | | 紐約 佳士得藝品拍賣公司/拍賣目錄 1989,12,04. | |

畫家小傳：靳沂。畫史無載。身世待考。

方世清
附：

| 山水（清諸名家山水花卉書法冊之1幀） | 冊頁 | 絹 | 設色 | 23 × 18.5 | | 紐約 佳士得藝品拍賣公司/拍賣目錄 1994.11.30. | |

畫家小傳：方世清。畫史無載。身世待考。

周士乾

| 天池石壁圖 | 軸 | 紙 | 水墨 | 134.9 × 35.5 | | 日本 私人 | |
| 瀨上珉圖（8幀） | 冊 | 紙 | 水墨 | 不詳 | | 杭州 浙江省博物館 | |

畫家小傳：周士乾。字松泉。浙江錢塘人。工畫山水。嘗與陳鴻壽作畫。(見墨林今話、蝶隱園書畫雜綴、中國畫家人名大辭典)

薛 爵

| 萬竹柴門圖 | 軸 | 紙 | 設色 | 不詳 | 丁巳（？嘉慶二年，1797) | 常熟 江蘇省常熟市文物管理委員會 | |

名稱	形式	質地	色彩	尺寸 高x寬cm	創作時間	收藏處所	典藏號碼

畫家小傳：薛爵。畫史無載。流傳署款作品紀年疑為仁宗嘉慶二（1797）年。身世待考。

吳榮光

名稱	形式	質地	色彩	尺寸 高x寬cm	創作時間	收藏處所	典藏號碼
山水圖	軸	絹	水墨	73.8 × 21.2	辛丑（道光二十一年，1841）	香港 利榮森北山堂	
山水圖	軸	紙	水墨	不詳	道光三年（癸未，1823）除日	北京 故宮博物院	
山水	摺扇面	紙	水墨	不詳		台北 故宮博物院	國贈 024981
附：							
山水圖	軸	紙	水墨	91.5 × 38.7		紐約 佳仕得藝品拍賣公司/拍賣目錄 1986,06,04.	
牡丹圖	摺扇面	紙	設色	17 × 52.5	庚寅（道光十年，1830）十月	紐約 佳士得藝品拍賣公司/拍賣目錄 1993,06,04.	

畫家小傳：吳榮光。字伯榮。號荷屋、石雲山人。廣東南海人。生於高宗乾隆三十八（1773）年，卒於宣宗道光二十三（1843）年。嘉慶四年翰林。工詩，善書，精鑑金石，善畫山水，學元吳鎮。又諳畫理，撰有辛丑消夏記行世。（見清代書畫家筆錄、墨緣小錄、遲鴻軒所見書畫錄、中國畫家人名大辭典）

姚元之

名稱	形式	質地	色彩	尺寸 高x寬cm	創作時間	收藏處所	典藏號碼
一路青蓮	軸	紙	設色	124.5 × 41.1		台北 國泰美術館	
湯金釗行樂圖	軸	紙	設色	142.2 × 73.2	丙戌（道光六年，1826）夏	北京 故宮博物院	
蘇東坡像	軸	紙	水墨	92.4 × 37.4	嘉慶六年，辛酉（1801）	合肥 安徽省博物館	
秋山疏柳圖	軸	絹	設色	不詳	道光十四年，甲午（1834）	南京 南京博物院	
丹桂海棠圖	軸	紙	設色	129.5 × 31.7		南京 南京博物院	
秋色梧桐圖	軸	紙	設色	不詳		南京 南京博物院	
櫻花竹筍圖	軸	絹	設色	不詳	道光十年（庚寅，1830）	杭州 浙江省博物館	
瓶蘭圖（為晴峰作）	軸	紙	設色	不詳	丙戌（道光六年，1826）九月	南昌 江西省博物館	
茉莉盆蕙圖	軸	紙	水墨	133 × 61.1	道光壬午（二年，	廣州 廣東省博物館	

名稱	形式	質地	色彩	尺寸 高×寬㎝	創作時間	收藏處所	典藏號碼
					1822）六月		
花果圖	軸	絹	設色	33.3 × 60.6	巳丑（道光九年，1829）九月	日本 東京河井荃廬先生	
秋柳幽鳥圖	軸	紙	設色	141.8 × 30.3		日本 東京河井荃廬先生	
枇杷鸚鵡圖	軸	紙	設色	不詳	道光丙申（十六年，1836））二月	日本 東京張允中先生	
荷蓼圖	摺扇面	紙	設色	不詳	辛卯（道光十一年，1831）夏	北京 故宮博物院	
花鳥圖	摺扇面	紙	設色	不詳	戊戌（道光十八年，1838）夏	北京 故宮博物院	
水仙圖	摺扇面	粉箋	水墨	不詳	道光甲申（四年，1824）	合肥 安徽省博物館	
花卉圖（12幀）	冊	金箋	設色	（每幀）22.6 × 26.9		美國 耶魯大學藝術館	1984.57.1a-1

附：

名稱	形式	質地	色彩	尺寸 高×寬㎝	創作時間	收藏處所	典藏號碼
夢梅圖	卷	紙	設色	30.5 × 110	庚子（道光二十年，1840）夏	紐約 佳士得藝品拍賣公司/拍賣目錄 1993,12,01.	
歲朝圖	軸	金箋	設色	185 × 35.6		武漢 湖北省武漢市文物商店	
墨竹圖	軸	紙	水墨	149.9 × 41.9	道光二十一年（辛丑，1841）	紐約 蘇富比藝品拍賣公司/拍賣目錄 1981,11,07.	
金魚紫藤圖	軸	絹	設色	98 × 26.5		紐約 佳士得藝品拍賣公司/拍賣目錄 1989,12,04.	
盆花圖	軸	紙	設色	150.5 × 44.1	戊戌（道光十八年，1838）初秋	紐約 佳士得藝品拍賣公司/拍賣目錄 1995,09,19.	
花果圖（12幀）	冊	灑金紙	水墨、設色	（每幀）22.5 × 27		紐約 佳士得藝品拍賣公司/拍賣目錄 1984,06,29.	

畫家小傳：姚元之。字伯昂。號薦青、竹葉亭生、五不翁等。安徽桐城人。生於高宗乾隆三十八（1773）年，卒於文宗咸豐二（1852）年。嘉慶十年進士。官至左都御史。工書。善畫白描人物；又畫花卉，不落時人窠臼；作果品，別饒風致，可與南田、新羅爭勝。(見桐陰論畫、墨林今話、畫林新詠、中國畫家人名大辭典)

明　福

名稱	形式	質地	色彩	尺寸 高×寬㎝	創作時間	收藏處所	典藏號碼
指畫俠女圖	軸	紙	設色	不詳	嘉慶三年（戊午，1798）仲夏	北京 故宮博物院	

名稱	形式	質地	色彩	尺寸 高×寬 cm	創作時間	收藏處所	典藏號碼
佛法不思議圖（?幀）	冊	絹	設色	（每幀）32.6 × 28.8		日本 京都中山善次先生	A2244

畫家小傳：明福。滿洲人。字亮臣。號問山、雪峰道人。工指頭畫，畫人物、鬼判具高其佩意趣；尤善畫馬。流傳署款紀年作品見於仁宗嘉慶三(1798)年。(見韞養齋筆記、中國畫家人名大辭典)

陳昌言

附：

| 達摩像 | 軸 | 絹 | 水墨 | 93.8 × 33 | 嘉慶丁巳（二年，1797）九月中旬 | 紐約 佳士得藝品拍賣公司/拍賣目錄 1987.12.11. | |

畫家小傳：陳昌言。畫史無載。流傳署款紀年作品見於清仁宗嘉慶二(1797)年。身世待考。

吳規臣

天女散花圖	軸	絹	設色	不詳		南通 江蘇省南通博物苑	
香遠益清圖	軸	紙	設色	不詳		上海 上海博物館	
草花圖（清人扇面合裝冊之30）	摺扇面	金箋	設色	16.7 × 53.6		日本 私人	

附：

| 花卉圖（仿和國夫人畫意） | 軸 | 絹 | 設色 | 58.4 × 37.2 | | 紐約 蘇富比藝品拍賣公司/拍賣目錄 1984,06,13. | |

畫家小傳：吳規臣。女。字香輪。號飛卿、曉仙。江蘇金壇人。長洲顧小雲妻，吳中潘奕雋弟子。精醫，通劍術，工詩詞。善畫花卉、水墨牡丹，得潘真傳，又畫山水學王原祁。(見墨林今話、耕硯田齋筆記、中國畫家人名大辭典)

金 元

附：

| 仿華嵒孔雀圖 | 軸 | 絹 | 設色 | 不詳 | 戊午（嘉慶三年，1798） | 上海 朵雲軒 | |

畫家小傳：金元。字問漁。浙江山陰人。工畫花鳥，筆意妍雅，趣致近於朱本。流傳署款紀年作品見於清仁宗嘉慶三(1798)年。(見遲鴻軒所見書畫錄、中國畫家人名大辭典)

余 鍔

| 梅竹水仙圖（奚岡、高樹程、余鍔、陳豫鍾合作） | 軸 | 紙 | 水墨 | 109.4 × 35.2 | 戊午（嘉慶三年，1798） | 杭州 浙江省博物館 | |

畫家小傳：余鍔。字起潛。號慈柏，晚號老慈。浙江仁和人。初從奚岡學隸書，同時有徐秋雪者從奚學畫梅，二人苦思力學而不成。奚岡笑謂二人何不互換角色。於是余鍔改畫梅，徐秋雪改學隸，終得知名於時。其所畫梅，筆意秀挺。流傳署款紀年作品

名稱	形式	質地	色彩	尺寸 高x寬cm	創作時間	收藏處所	典藏號碼

見於清仁宗嘉慶三（1798）年。（見墨林今話、中國畫家人名大辭典）

陳豫鍾

名稱	形式	質地	色彩	尺寸 高x寬cm	創作時間	收藏處所	典藏號碼
梅竹水仙圖（奚岡、高樹程、余鍔、陳豫鍾合作）	軸	紙	水墨	109.4 x 35.2	戊午（嘉慶三年，1798）	杭州 浙江省博物館	

畫家小傳：陳豫鍾。字浚儀。號秋堂。浙江錢塘（一作仁和）人。工書，精篆刻，與黃易、陳鴻壽、奚岡齊名，時稱「浙派」。又能畫蘭竹，秀逸有致。流傳署款紀年作品見於清仁宗嘉慶三（1798）年。（見墨林今話、桐陰論畫、耕硯田齋筆記、中國畫家人名大辭典）

改 琦

名稱	形式	質地	色彩	尺寸 高x寬cm	創作時間	收藏處所	典藏號碼
柳蔭逸趣圖	卷	絹	設色	27.7 x 115.1		旅順 遼寧省旅順博物館	
臨孫雪居本五清圖	卷	紙	設色	不詳	辛未（嘉慶十六年，1811）六月	北京 故宮博物院	
摹中峰祖師像（摹中峰祖師像卷之第1段）	卷	紙	設色	不詳	嘉慶二十二年戊寅（1817）浴佛日	北京 故宮博物院	
棲雲竹閣圖（摹中峰祖師像卷之第2段）	卷	紙	設色	不詳		北京 故宮博物院	
竹石水仙圖	卷	絹	水墨	不詳	丁亥（道光七年，1827）秋七月	北京 故宮博物院	
采蓮圖	卷	絹	設色	不詳		北京 故宮博物院	
移居圖	卷	絹	設色	不詳		北京 故宮博物院	
曉窗點黛圖	卷	絹	設色	不詳		北京 故宮博物院	
江聽香像（改琦、錢杜合作）	卷	紙	水墨	不詳		北京 故宮博物院	
人物故事圖（4段）	卷	紙	設色	（每段）30.3 x 29.5		上海 上海博物館	
吟琴讀畫樓圖（為夢琴作）	卷	絹	設色	26.5 x 109	壬午（道光二年，1822）十月	廣州 廣東省博物館	
百齡圖（清思上篤等五十二人合作）	卷	紙	水墨、設色	不詳		日本 中埜又左衛門先生	
提轓圖	軸	紙	設色	106 x 36.2		台北 市立美術館	
蘭竹石圖（為紫珊作）	軸	金箋	水墨	130.5 x 33.3		台北 張建安先生	
綠陰閒吟圖	軸	絹	設色	116.9 x 31.8		台南 石允文先生	

名稱	形式	質地	色彩	尺寸 高×寬㎝	創作時間	收藏處所	典藏號碼
秋階艷景圖	軸	絹	設色	116.9 × 31.8		台南 石允文先生	
擬沈周歸燕圖	軸	紙	水墨	100.2 × 30.4		台南 石允文先生	
摹陳洪綬桐樹高士圖	軸	紙	設色	148.4 × 61.2		香港 羅桂祥先生	
群仙圖	軸	紙	水墨	不詳	戊寅（嘉慶二十三年，1818）	瀋陽 遼寧省博物館	
雪蕉圖	軸	紙	水墨	不詳	嘉慶壬戌（七年，1802）仲春	北京 故宮博物院	
魚玄機詩意圖	軸	紙	設色	不詳	嘉慶乙丑（十年，1805）初夏	北京 故宮博物院	
松蔭並坐圖	軸	紙	設色	不詳	嘉慶丙子（二十一年，1816）夏五月既望	北京 故宮博物院	
瀟湘水雲(屏風)	軸	紙	設色	不詳	道光壬午（二年，1822）閏三月	北京 故宮博物院	
禪定小像（為錢東作）	軸	紙	設色	不詳	道光癸未（三年，1823）九月	北京 故宮博物院	
醫俗圖（曹榜、改琦合作）	軸	紙	設色	不詳		北京 故宮博物院	
仿沈周竹石芭蕉圖	軸	紙	水墨	不詳	嘉慶丙辰（元年，1796）	北京 中國歷史博物館	
廬陵詩意圖	軸	絹	設色	不詳		北京 中國美術館	
調羹圖	軸	絹	設色	不詳	道光戊子（八年，1828）	天津 天津市藝術博物館	
蘭竹石圖	軸	紙	設色	不詳		天津 天津市藝術博物館	
竹圖	軸	絹	設色	不詳		天津 天津市歷史博物館	
子夜歌圖	軸	絹	設色	98.5 × 44.1		太原 山西省博物館	
煨芋圖	軸	瓷青紙	泥金	不詳		太原 山西省博物館	
蘭竹圖	軸	絹	水墨	不詳	甲戌（嘉慶十九年，1814）	濟南 山東省博物館	
荷花圖	軸	紙	水墨	227.4 × 50.5	嘉慶壬申（十七年，1812）	上海 上海博物館	
摹白描中峰像（冊頁改裝）	軸	紙	水墨	32 × 30.4	嘉慶丁丑（二十二	上海 上海博物館	

名稱	形式	質地	色彩	尺寸 高x寬㎝	創作時間	收藏處所	典藏號碼
					年，1817）三月餞春日		
竹石蘭花圖	軸	絹	水墨	不詳	嘉慶己卯（二十四年，1819）	上海 上海博物館	
逗秋小閣圖	軸	紙	設色	94.4 x 27.4	嘉慶己卯（二十四年，1819）	上海 上海博物館	
白描仕女圖	軸	紙	水墨	105.7 x 28.2	庚辰（嘉慶二十五年，1820）五月望	上海 上海博物館	
長春富貴圖	軸	絹	設色	不詳	辛巳（道光紀元，1821）	上海 上海博物館	
瑤妃像	軸	紙	水墨	不詳	辛巳（道光紀元，1821）	上海 上海博物館	
善天女圖	軸	絹	設色	126.1 x 36.7	道光元年（辛巳，1821）	上海 上海博物館	
無量壽佛圖	軸	絹	設色	不詳	道光癸未（三年，1823）	上海 上海博物館	
仿陳洪綬賞梅圖	軸	絹	設色	91.4 x 40.4	道光丁亥（七年，1827）	上海 上海博物館	
觀音大士圖	軸	紙	水墨	不詳	道光七年，丁亥（1827）	上海 上海博物館	
鷹雉圖	軸	絹	設色	158.4 x 79.2	道光七年，丁亥（1827）	上海 上海博物館	
瓶荷圖	軸	紙	水墨	不詳		上海 上海博物館	
雙紅豆圖	軸	紙	設色	不詳		上海 上海博物館	
羅漢圖	軸	紙	水墨	不詳		上海 上海博物館	
蘭竹圖	軸	絹	設色	不詳		上海 上海博物館	
西溪觀梅圖（為竹虛作）	軸	絹	設色	76.5 x 27	嘉慶元年，丙辰（1796）一陽月下浣	南京 南京博物院	
竹圖	軸	絹	水墨	169 x 33.9	己卯（嘉慶二十四年，1819）	南京 南京博物院	
汾陽圖	軸	絹	設色	不詳		南京 南京博物院	
鳥巢禪師圖	軸	紙	設色	不詳	嘉慶己卯（二十四年，1819）	南京 南京市博物館	
仕女圖	軸	絹	設色	不詳		無錫 江蘇省無錫市博物館	

名稱	形式	質地	色彩	尺寸 高×寬cm	創作時間	收藏處所	典藏號碼
竹石幽蘭圖	軸	紙	水墨	不詳		蘇州 江蘇省蘇州博物館	
梅花圖	軸	紙	水墨	88.9 × 31.3	嘉慶庚午（十五年，1810）	杭州 浙江省博物館	
顧亭林像	軸	紙	設色	不詳		杭州 浙江省圖書館	
臨沈周蕉亭思詩圖	軸	紙	水墨	不詳	道光紀元（辛巳，1821）秋七月	杭州 浙江省杭州西泠印社	
幽谷蘭馨圖	軸	絹	水墨	124.5 × 43.1		廣州 廣東省博物館	
倩影圖	軸	絹	設色	83.2 × 27.1		廣州 廣東省博物館	
簪勝圖	軸	絹	設色	134.3 × 46.4		廣州 廣東省博物館	
老子道德經書畫	軸	絹	設色	162 × 51	嘉慶十五年，庚午（1810）	廣州 廣州市美術館	
洗馬圖	軸	紙	設色	62 × 37.5	丁亥（道光七年，1827）	廣州 廣州市美術館	
蕉下美人圖	軸	紙	水墨	97.7 × 33	己卯（嘉慶二十四年，1819）秋八月	日本 東京國立博物館	
蘭竹圖	軸	紙	水墨	167.6 × 43	壬戌（嘉慶七年，1802）嘉平	日本 東京高島菊次郎槐安居	
荷花圖	軸	紙	水墨	91.2 × 32.1		日本 東京河井荃廬先生	
梅窗美人圖	軸	綾	設色	83.3 × 40.9		日本 東京山本悌二郎先生	
紈扇仕女圖	軸	紙	設色	107.9 × 27.2		日本 東京住友寬一先生	
善天女像	軸	紙	設色	128.5 × 36.4		日本 京都富岡益太郎先生	
觀世音像（第佰五十八本）	軸	紙	設色	91.5 × 55.4		日本 京都內藤湖南先生	
磁瓶寒香圖	軸	紙	設色	不詳		日本 京都長尾雨山先生	
瑤池獻壽圖（仿顧雲臣真本）	軸	絹	設色	161.8 × 41.1		日本 福岡市美術館	
冰盤進荔圖（擬六如居士畫法）	軸	絹	設色	161.8 × 41.1		日本 福岡市美術館	
荊璧貽輝圖（師元人粉本）	軸	絹	設色	161.8 × 41.1		日本 福岡市美術館	
燕山五貴圖	軸	絹	設色	161.8 × 41.1		日本 福岡市美術館	

名稱	形式	質地	色彩	尺寸 高×寬㎝	創作時間	收藏處所	典藏號碼
美人圖(仿宋院本)	軸	紙	設色	130.3 × 33.3	癸未（道光三年，1823）新秋	日本 大連縣澤原靜衛先生	
人物圖（冊頁2幀裝成）	軸	綾	設色	（每幀）37.9 × 41.5		日本 中埜又左衛門先生	
天仙雨花圖（美人圖）	軸	紙	設色	72 × 28.3		日本 金岡西三先生	
蘭蕙齊馨圖	軸	絹	設色	137.8 × 41.4		日本 私人	
墨梅圖	軸	紙	水墨	123 × 32.3		日本 私人	
摹六如居士酴醾春去圖	軸	絹	設色	不詳		美國 哈佛大學福格藝術館	
梅花仕女圖	軸	紙	水墨	106.9 × 24.9		美國 耶魯大學藝術館	1957.51.5
仿唐寅冰盤進荔圖	軸	絹	設色	165.3 × 39.5		美國 密歇根大學藝術博物館	1982/2.51
仕女圖	軸	紙	設色	96.7 × 42.5		美國 密歇根大學藝術博物館	1973/1.794
竹石水仙梅圖	軸	金箋	設色	121.5 × 40.5		美國 史坦福大學藝術博物館（加州私人寄存）	
傲元人人物圖	軸	絹	設色	78 × 41.4	歲次丁亥（道光七年，1827）秋七月	加拿大 多倫多皇家安大略博物館	921.21.11
美人圍碁圖	軸	紙	設色	125.5 × 29.2		英國 倫敦大英博物館	1913.5.1.027(ADD337)
蘭花（清花卉畫冊四冊之2）	冊頁	紙	設色	不詳		台北 故宮博物院	故畫 03520-2
花鳥圖（12幀）	冊	絹	設色	（每幀）23.4 × 33.4		台南 石允文先生	
花果圖（12幀）	冊	絹	水墨、設色	（每幀）32.6 × 43.1		香港 葉承耀先生	
白描人物圖（8幀）	冊	紙	水墨	不詳	嘉慶丙子（二十一年，1816）九月五日	北京 故宮博物院	
人物圖（8幀）	冊	紙	水墨	不詳	嘉慶戊寅（二十三年，1818）九月	北京 故宮博物院	
探梅圖	冊頁	絹	設色	不詳		北京 故宮博物院	
錢東像	冊頁	絹	設色	不詳		北京 故宮博物院	
仿李伯時畫古名人圖（10幀）	冊	紙	水墨	不詳	嘉慶庚午（十五年，1810）嘉平	北京 中國美術館	

名稱	形式	質地	色彩	尺寸 高×寬㎝	創作時間	收藏處所	典藏號碼
仕女圖（12幀）	冊	紙	設色	不詳	嘉慶戊辰（十三年，1808）	天津 天津市藝術博物館	
花卉圖（2冊，24幀）	冊	紙	設色	不詳	壬申（嘉慶十七年，1812）	天津 天津市藝術博物館	
花卉圖（12幀）	冊	紙	水墨	不詳	庚辰（嘉慶二十五年，1820）	天津 天津市藝術博物館	
臨惲壽平花卉圖（10幀）	冊	紙	設色	不詳		天津 天津市美術學院	
花卉（12幀）	冊	紙	設色	不詳		上海 上海博物館	
迎客圖（繪林集妙冊75之1幀）	冊頁	紙	設色	約26.6 × 30		上海 上海博物館	
竹圖	冊頁	紙	水墨	不詳		無錫 江蘇省無錫市博物館	
人物（清張鏐等書畫集錦冊17之1幀）	冊頁	紙	設色	不詳		杭州 浙江省杭州市文物考古所	
仕女圖（12幀）	冊	紙	設色	（每幀）28 × 33.5	戊辰（嘉慶十三年，1808）	廣州 廣東省博物館	
花卉圖（？幀）	冊	紙	設色	不詳	道光丁亥（七年，1827）	廣州 廣東省博物館	
仕女圖（12幀，為惠生作）	冊	紙	設色	不詳	嘉慶癸亥（八年，1803）仲秋	？ 張魯泉先生	
戲童圖（19幀，擬華嵒畫本）	冊	紙	設色	不詳		日本 東京村上與四郎先生	
山水、花卉圖（？幀）	冊	紙	水墨、設色	（每幀）19.8 × 26.2		日本 私人	
仕女圖（扇面畫冊之5）	摺扇面	紙	設色	16.3 × 49.4		美國 華盛頓特區弗瑞爾藝術館	80.142e
仿馬和之覓句圖	摺扇面	紙	設色	17.8 × 51.3		美國 密歇根大學藝術博物館	1981/2.133
水仙、梅圖	冊頁	紙	水墨	23.8 × 31.6		美國 火魯奴奴 Hutchinson 先生	
老少年圖	冊頁	紙	設色	19.2 × 29.6		德國 科隆東亞藝術博物館	A5541
附：							
蘭修竹韻圖（改琦、秋池合作）	卷	紙	設色	不詳		上海 上海文物商店	
蘭竹圖	軸	絹	水墨	不詳		天津 天津市文物公司	
伏生授經圖	軸	絹	設色	不詳	嘉慶庚辰（二十五年，1820）	上海 朵雲軒	
瑤姬獻壽圖	軸	絹	設色	不詳	道光元年，辛巳（1821）	上海 朵雲軒	

名稱	形式	質地	色彩	尺寸 高×寬cm	創作時間	收藏處所	典藏號碼
桂花蜀葵圖	軸	絹	設色	不詳		上海 朵雲軒	
蘭石圖	軸	紙	設色	不詳	庚辰（嘉慶二十五年，1820）	上海 上海友誼商店	
詩龕圖	軸	絹	設色	不詳		上海 上海工藝品進出口公司	
仕女圖	軸	絹	設色	不詳		常州 常州市文物商店	
桐蔭雙美圖	軸	紙	設色	128.2 × 41.2		紐約 蘇富比藝品拍賣公司/拍賣目錄1980,10,25.	
美人臨粧圖	軸	絹	設色	83.8 × 47	戊子（道光八年，1828）秋七月	紐約 蘇富比藝品拍賣公司/拍賣目錄1980,10,25.	
宮妃圖	軸	絹	設色	94.3 × 40.6	道光己丑（九年，1829）秋日	紐約 蘇富比藝品拍賣公司/拍賣目錄1981,05,07.	
品茶圖（摹陳老蓮真本）	軸	紙	設色	149 × 61		紐約 佳士得藝品拍賣公司/拍賣目錄1984,06,29.	
仙女圖	軸	絹	設色	106.8 × 80		紐約 蘇富比藝品拍賣公司/拍賣目錄1986,06,03.	
仿徐渭墨荷圖	軸	絹	設色	86.4 × 40		紐約 佳仕得藝品拍賣公司/拍賣目錄1987,06,03.	
冬景仕女圖	軸	紙	設色	127.6 × 31.1		紐約 蘇富比藝品拍賣公司/拍賣目錄1988,11,30.	
仕女圖	軸	紙	設色	98 × 33	嘉慶癸酉（十八年，1813）春三月	紐約 佳士得藝品拍賣公司/拍賣目錄1989,12,04.	
蕉石仕女圖	軸	紙	設色	117.5 × 32	己卯（嘉慶二十四年，1819）上巳日	紐約 佳士得藝品拍賣公司/拍賣目錄1991,05,29,	
仕女圖	軸	絹	設色	119.5 × 34.2		紐約 佳士得藝品拍賣公司/拍賣目錄1991,05,29.	
竹石圖	軸	紙	設色	110.5 × 40.5		紐約 佳士得藝品拍賣公司/拍賣目錄1991,05,29.	
花卉靈石圖	軸	絹	設色	133.5 × 51.5		紐約 佳士得藝品拍賣公司/拍賣目錄1991,05,29.	
絕代紅顏圖	軸	紙	設色	89 × 44.5		紐約 佳士得藝品拍賣公司/拍賣目錄1991,05,29.	
觀音像	軸	絹	水墨	89.5 × 26	道光壬午（二年，1822）閏三月十二日	紐約 佳士得藝品拍賣公司/拍賣目錄1994,06,01.	

名稱	形式	質地	色彩	尺寸 高×寬cm	創作時間	收藏處所		典藏號碼
列仙圖	軸	紙	設色	121.5 × 73	嘉慶辛未（十六年，1811）春月	紐約	佳士得藝品拍賣公司/拍賣目錄 1994,06,01.	
獻壽圖	軸	絹	設色	77.5 × 43	辛巳（道光元年，1821）秋八月朔吉日	紐約	佳士得藝品拍賣公司/拍賣目錄 1994,06,01.	
織女圖	軸	絹	設色	117.5 × 31		紐約	佳士得藝品拍賣公司/拍賣目錄 1994,11,30.	
溫泉出浴圖	軸	紙	設色	120 × 31.8		紐約	佳士得藝品拍賣公司/拍賣目錄 1994,11,30.	
雲水禪定圖	軸	紙	水墨	111.5 × 31	道光建元歲在辛巳（1821）	紐約	佳士得藝品拍賣公司/拍賣目錄 1995,03,22.	
紈扇仕女圖	軸	絹	設色	110 × 30	道光三年，壬午（1822）春	香港	佳士得藝品拍賣公司/拍賣目錄 1996,04,28.	
荷鋤仕女圖	軸	紙	設色	107.9 × 30.5	嘉慶丙子（二十一年，1816）九月既望	紐約	佳士得藝品拍賣公司/拍賣目錄 1998,03,24.	
梅下美人圖	軸	紙	設色	125.8 × 48.3	壬午（道光三年，1822）新秋	紐約	佳士得藝品拍賣公司/拍賣目錄 1998,03,24.	
金鼎和羹圖	冊頁	絹	設色		嘉慶丁丑（二十二年，1817）	北京	北京市工藝品進出口公司	
寫生花卉（8幀）	冊	紙	水墨	（每幀）34.5 × 23.5		上海	上海人民美術出版社	
仕女圖（12幀）	冊	紙	水墨	（每幀）20 × 29	丙辰（嘉慶元年，1796）	上海	朵雲軒	
藤蘿圖	摺扇面	紙	設色	不詳	癸亥（嘉慶八年，1803）	上海	朵雲軒	
紅樓夢仕女圖（12幀）	冊	絹	設色	不詳		上海	朵雲軒	
人物圖（8幀）	冊	絹	水墨	（每幀）35 × 26		紐約	蘇富比藝品拍賣公司/拍賣目錄 1980,10,25.	
仕女圖（8幀）	冊	絹	水墨	（每幀）35 × 26		紐約	蘇富比藝品拍賣公司/拍賣目錄 1980,10,25.	
白描水仙梅蘭（12幀）	冊	紙	水墨	（每幀）23.5 × 31.5		紐約	佳士得藝品拍賣公司/拍賣目錄 1983,11,30.	
人物圖（2本，24幀）	冊	紙	設色	（每幀）14.5		紐約	佳士得藝品拍賣公司/拍	

名稱	形式	質地	色彩	尺寸 高x寬cm	創作時間	收藏處所	典藏號碼
				× 10		賣目錄 1992,06,02.	
仕女圖（6幀）	冊	絹	設色	（每幀）26		紐約 佳士得藝品拍賣公司/拍	
				× 20.7		賣目錄 1994,06,01.	
仕女圖（8幀）	冊	絹	設色	（每幀）22.9		紐約 佳士得藝品拍賣公司/拍	
				× 19		賣目錄 1996,03,27.	
蘭花圖（16幀）	冊	絹	水墨	（每幀）46.3		紐約 佳士得藝品拍賣公司/拍	
				× 33.6		賣目錄 1996,09,18.	

畫家小傳：改琦。字伯蘊。號香白、七薌、玉壺外史。本西域人，家於江蘇松江。生於高宗乾隆三十九（1774）年，卒於宣宗道光九（1829）年。父祖皆以武功顯。琦體弱善病，獨喜文、工詩。寫仕女妙絕一時；亦寫折枝花卉，娟秀可愛。（見墨香居畫識、桐陰論畫、墨林今話、海上墨林、中國畫家人名大辭典）

秋 池

附：

名稱	形式	質地	色彩	尺寸 高x寬cm	創作時間	收藏處所	典藏號碼
蘭修竹韻圖（改琦、秋池合作）	卷	紙	設色	不詳		上海 上海文物商店	

畫家小傳：秋池。畫史無載。與改琦同時。身世待考。

曹 榜

名稱	形式	質地	色彩	尺寸 高x寬cm	創作時間	收藏處所	典藏號碼
醫俗圖（曹榜、改琦合作）	軸	紙	設色	不詳		北京 故宮博物院	
松石圖	軸	紙	水墨	不詳		杭州 浙江省博物館	
花鳥圖（16幀）	冊	絹	設色	（每幀）30		合肥 安徽省博物館	
				× 20			

畫家小傳：曹榜。號玉堂。安徽歙縣人。善畫花鳥，筆墨蒼逸近似八大山人。（見墨林今話、墨林新詠、中國畫家人名大辭典）

侯雲松

名稱	形式	質地	色彩	尺寸 高x寬cm	創作時間	收藏處所	典藏號碼
三友圖（侯雲松、黃均、湯貽汾合作）	卷	紙	設色	不詳	丁酉（道光十七年，1837）	北京 故宮博物院	
蕉鶴圖	軸	紙	設色	不詳	道光五年（乙酉，1825）題鶴後六日	北京 故宮博物院	
山水圖（?幀，為曉山作）	冊	紙	設色、水墨	不詳	道光十三年（癸巳，1833）秋日	北京 故宮博物院	
松石圖	軸	絹	設色	不詳	甲辰（道光二十四年，1844）	上海 朵雲軒	

畫家小傳：侯雲松。字觀白。號青甫。江蘇上元人。生於高宗乾隆三十九（1774）年，卒於文宗咸豐三（1853）年。嘉慶三年舉人。善畫寫意花卉，專學明陳淳，天真高淡。與改琦、廖裝舟等交善。（見墨林今話、耕硯田齋筆記、莫愁湖志、中國畫家人名大辭典）

名稱	形式	質地	色彩	尺寸 高×寬㎝	創作時間	收藏處所	典藏號碼

胡勳裕

| 山水圖（12幀） | 冊 | 紙 | 設色 | 不詳 | 嘉慶己未（四年，
1799） | 上海 上海博物館 | |

畫家小傳：胡勳裕。字成之。號鹿亭、苕原。江蘇青浦人。胡勳堯之弟。兄弟均以詩文、書畫名一時，而有金昆玉友之稱。其作山水，下事奇異，有類徐枋。流傳署款紀年作品見於仁宗嘉慶四（1799）年。（見墨香居畫識、中國畫家人名大辭典）

吳 錦

| 讀書人家圖（為春松作） | 卷 | 紙 | 設色 | 不詳 | 嘉慶四年（己未，
1799）仲秋前二
日 | 福州 福建省博物館 | |

畫家小傳：吳錦。字畫堂（一作光甫）。號柳林。浙江錢塘人。吳霽之子。高宗乾隆五十四(1789)年拔貢。善寫竹，得自家學；尤工山水、人物。流傳署款紀年作品見於仁宗嘉慶四(1799)年。（見墨香居畫識、中國畫家人名大辭典）

吳 煊

| 詩龕圖（顧鶴慶、朱鶴年、孫
銓、朱本、馬履泰、張問陶、
宋葆淳、陳詩庭、吳文徵、王
霖、吳煊等詩龕圖合璧卷之1） | 卷 | 紙 | 設色 | 不詳 | 嘉慶己未（四年，
1799） | 鎮江 江蘇省鎮江市博物館 | |
| 山水圖 | 軸 | 絹 | 設色 | 96.3 × 29.7 | | 日本 私人 | |

畫家小傳：吳煊。號退庵。江西南城人。工畫山水。流傳署款紀年作品見於嘉慶四(1799)年。（見墨林今話、中國畫家人名大辭典）

陳 森

詩龕圖（朱本、陳森、錢維喬 、奚岡、黃鉞、王澤、多慶等 合作詩龕圖合璧卷之2）	卷	紙	設色	不詳	嘉慶四年（己未， 1799）	鎮江 江蘇鎮江市博物館	
潘經像	軸	絹	設色	不詳		北京 故宮博物院	
朱朗齋品劍圖（2幀）	冊	絹	設色	不詳		北京 故宮博物院	

畫家小傳：陳森。字奉璋。號一亭。江蘇金壇人。生性通敏。嗜筆墨。培吟詠。工寫真，技得華亭徐瑤圃、陸星山兩家法，幾欲駕明曾鯨之上。流傳署款紀年作品見於仁宗嘉慶四(1799)年。（見墨香居畫識、中國畫家人名大辭典）

多 慶

| 詩龕圖（朱本、陳森、錢維喬
、奚岡、黃鉞、王澤、多慶等
作詩龕圖合璧卷之1） | 卷 | 紙 | 設色 | 不詳 | | 鎮江 江蘇省鎮江市博物館 | |

名稱	形式	質地	色彩	尺寸 高x寬cm	創作時間	收藏處所	典藏號碼

畫家小傳：多慶。畫史無載。與朱本、陳森等同時。身世待考。

程壽齡

| 羅浮逸韻仕女圖（為闐峰作） | 軸 | 絹 | 設色 | 不詳 | 己未（嘉慶四年，1799） | 北京 首都博物館 | |

畫家小傳：程壽齡。字漱泉。甘泉人。善作白描人物。流傳署款紀年作品見於仁宗嘉慶四(1799)年。（見畫林新詠、中國畫家人名大辭典）

吳文徵

| 詩龕圖（顧鶴慶、朱鶴年、孫銓、朱本、馬履泰、張問陶、宋葆淳、陳詩庭、吳文徵、王霖、吳煊等詩龕圖合璧卷之1） | 卷 | 紙 | 設色 | 不詳 | 嘉慶己未（四年，1799） | 鎮江 江蘇省鎮江市博物館 | |
| 山水圖 | 摺扇面 | 紙 | 設色 | 不詳 | 辛巳（道光元年，1821）重陽 | 日本 大阪齋藤悅藏先生 | |

畫家小傳：吳文徵。字南薌。安徽歙縣人，流寓山左。仕官至山東同知。以書畫著稱。善畫山水，法元四家；亦工花卉、雜品。與孫星衍友好。流傳署款紀年作品見於仁宗嘉慶四(1799)年，至宣宗道光元（1821）年。（見墨林今話、耕硯田齋筆記、履園畫學、中國畫家人名大辭典）

西 耀

| 百齡圖（清思上篤等五十二人合作） | 卷 | 紙 | 水墨、設色 | 不詳 | | 日本 中埜又左衛門先生 | |

畫家小傳：西邨耀。畫史無載。流傳署款作品至遲作於高宗乾隆末至仁宗嘉慶四(1799)年。身世待考。

鐵 驊

| 百齡圖（清思上篤等五十二人合作） | 卷 | 紙 | 水墨、設色 | 不詳 | | 日本 中埜又左衛門先生 | |

畫家小傳：鐵驊。浙江嘉善人。畫史無載。流傳署款作品至遲作於高宗乾隆末至仁宗嘉慶四(1799)年。身世待考。

染華吟客

| 百齡圖（清思上篤等五十二人合作） | 卷 | 紙 | 水墨、設色 | 不詳 | | 日本 中埜又左衛門先生 | |

畫家小傳：染華吟客。畫史無載。流傳署款作品至遲作於高宗乾隆末至仁宗嘉慶四(1799)年。身世待考。

王 錦

名稱	形式	質地	色彩	尺寸 高×寬㎝	創作時間	收藏處所	典藏號碼
百齡圖（清思上篤等五十二人合作）	卷	紙	水墨、設色	不詳		日本 中埜又左衛門先生	

畫家小傳：王錦。字顯庭。浙江嘉善人。畫史無載。流傳署款作品至遲作於高宗乾隆末至仁宗嘉慶四(1799)年。身世待考。

方其居士

名稱	形式	質地	色彩	尺寸 高×寬㎝	創作時間	收藏處所	典藏號碼
百齡圖（清思上篤等五十二人合作）	卷	紙	水墨、設色	不詳		日本 中埜又左衛門先生	

畫家小傳：方其居士。海昌人。畫史無載。流傳署款作品至遲作於高宗乾隆末至仁宗嘉慶四(1799)年。身世待考。

和 春

名稱	形式	質地	色彩	尺寸 高×寬㎝	創作時間	收藏處所	典藏號碼
百齡圖（清思上篤等五十二人合作）	卷	紙	水墨、設色	不詳		日本 中埜又左衛門先生	

畫家小傳：和春。畫史無載。流傳署款作品至遲作於高宗乾隆末至仁宗嘉慶四(1799)年。身世待考。

郁 峻

名稱	形式	質地	色彩	尺寸 高×寬㎝	創作時間	收藏處所	典藏號碼
百齡圖（清思上篤等五十二人合作）	卷	紙	水墨、設色	不詳		日本 中埜又左衛門先生	

畫家小傳：郁峻。字松坡。畫史無載。流傳署款作品至遲作於高宗乾隆末至仁宗嘉慶四(1799)年。身世待考。

張式慎

名稱	形式	質地	色彩	尺寸 高×寬㎝	創作時間	收藏處所	典藏號碼
百齡圖（清思上篤等五十二人合作）	卷	紙	水墨、設色	不詳		日本 中埜又左衛門先生	

畫家小傳：張式慎。字樸齋。畫史無載。流傳署款作品至遲作於高宗乾隆末至仁宗嘉慶四(1799)年。身世待考。

朱肇裔

名稱	形式	質地	色彩	尺寸 高×寬㎝	創作時間	收藏處所	典藏號碼
百齡圖（清思上篤等五十二人合作）	卷	紙	水墨、設色	不詳		日本 中埜又左衛門先生	

畫家小傳：朱肇裔。字步堂。畫史無載。流傳署款作品至遲作於高宗乾隆末至仁宗嘉慶四(1799)年。身世待考。

程 焯

名稱	形式	質地	色彩	尺寸 高×寬㎝	創作時間	收藏處所	典藏號碼
百齡圖（清思上篤等五十二人合作）	卷	紙	水墨、設色	不詳		日本 中埜又左衛門先生	

畫家小傳：程焯。字硯村。畫史無載。流傳署款作品至遲作於高宗乾隆末至仁宗嘉慶四(1799)年。身世待考。

宋 賢

名稱	形式	質地	色彩	尺寸 高x寬cm	創作時間	收藏處所	典藏號碼

百齡圖（清思上篤等五十二人　卷　紙　水墨、不詳　　　　　　　　　日本 中埜又左衛門先生
合作）　　　　　　　　　　　　　　　　設色

畫家小傳：宋賢。字湘筠。畫史無載。流傳署款作品至遲作於高宗乾隆末至仁宗嘉慶四(1799)年。身世待考。

築 山

百齡圖（清思上篤等五十二人　卷　紙　水墨、不詳　　　　　　　　　日本 中埜又左衛門先生
合作）　　　　　　　　　　　　　　　　設色

畫家小傳：築山。畫史無載。流傳署款作品至遲作於高宗乾隆末至仁宗嘉慶四(1799)年。身世待考。

朱 壎

百齡圖（清思上篤等五十二人　卷　紙　水墨、不詳　　　　　　　　　日本 中埜又左衛門先生
合作）　　　　　　　　　　　　　　　　設色

畫家小傳：朱壎。字三橋。畫史無載。流傳署款作品至遲作於高宗乾隆末至仁宗嘉慶四(1799)年。身世待考。

許國柄

百齡圖（清思上篤等五十二人　卷　紙　水墨、不詳　　　　　　　　　日本 中埜又左衛門先生
合作）　　　　　　　　　　　　　　　　設色

畫家小傳：許國柄。字蓀坡。畫史無載。流傳署款作品至遲作於高宗乾隆末至仁宗嘉慶四(1799)年。身世待考。

揖梅謹

百齡圖（清思上篤等五十二人　卷　紙　水墨、不詳　　　　　　　　　日本 中埜又左衛門先生
合作）　　　　　　　　　　　　　　　　設色

畫家小傳：揖梅謹。畫史無載。流傳署款作品至遲作於高宗乾隆末至仁宗嘉慶四(1799)年。身世待考。

孫維暹

百齡圖（清思上篤等五十二人　卷　紙　水墨、不詳　　　　　　　　　日本 中埜又左衛門先生
合作）　　　　　　　　　　　　　　　　設色

畫家小傳：孫維暹。畫史無載。流傳署款作品至遲作於高宗乾隆末至仁宗嘉慶四(1799)年。身世待考。

若 洲

百齡圖（清思上篤等五十二人　卷　紙　水墨、不詳　　　　　　　　　日本 中埜又左衛門先生
合作）　　　　　　　　　　　　　　　　設色

畫家小傳：若洲。畫史無載。流傳署款作品至遲作於高宗乾隆末至仁宗嘉慶四(1799)年。身世待考。

雲 峰

名稱	形式	質地	色彩	尺寸 高×寬cm	創作時間	收藏處所	典藏號碼
百齡圖（清思上篤等五十二人合作）	卷	紙	水墨、設色	不詳		日本 中埜又左衛門先生	

畫家小傳：雲峰。畫史無載。流傳署款作品至遲作於高宗乾隆末至仁宗嘉慶四(1799)年。身世待考。

陸世康

名稱	形式	質地	色彩	尺寸 高×寬cm	創作時間	收藏處所	典藏號碼
百齡圖（清思上篤等五十二人合作）	卷	紙	水墨、設色	不詳		日本 中埜又左衛門先生	

畫家小傳：陸世康。畫史無載。流傳署款作品至遲作於高宗乾隆末至仁宗嘉慶四(1799)年。身世待考。

謝 齡

名稱	形式	質地	色彩	尺寸 高×寬cm	創作時間	收藏處所	典藏號碼
百齡圖（清思上篤等五十二人合作）	卷	紙	水墨、設色	不詳		日本 中埜又左衛門先生	

畫家小傳：謝齡。字梅岑。畫史無載。流傳署款作品至遲作於高宗乾隆末至仁宗嘉慶四(1799)年。身世待考。

魏野堂

名稱	形式	質地	色彩	尺寸 高×寬cm	創作時間	收藏處所	典藏號碼
百齡圖（清思上篤等五十二人合作）	卷	紙	水墨、設色	不詳		日本 中埜又左衛門先生	

畫家小傳：魏野堂。畫史無載。流傳署款作品至遲作於高宗乾隆末至仁宗嘉慶四(1799)年。身世待考。

張 堅

名稱	形式	質地	色彩	尺寸 高×寬cm	創作時間	收藏處所	典藏號碼
百齡圖（清思上篤等五十二人合作）	卷	紙	水墨、設色	不詳		日本 中埜又左衛門先生	

畫家小傳：張堅。自號墨緣居士。畫史無載。流傳署款作品至遲作於高宗乾隆末至仁宗嘉慶四(1799)年。身世待考。

竹 嶺

名稱	形式	質地	色彩	尺寸 高×寬cm	創作時間	收藏處所	典藏號碼
百齡圖（清思上篤等五十二人合作）	卷	紙	水墨、設色	不詳	八十二叟（？）	日本 中埜又左衛門先生	

畫家小傳：竹嶺。畫史無載。流傳署款作品至遲作於高宗乾隆末至仁宗嘉慶四(1799)年。身世待考。

邵聖藝

名稱	形式	質地	色彩	尺寸 高×寬cm	創作時間	收藏處所	典藏號碼
百齡圖（清思上篤等五十二人合作）	卷	紙	水墨、設色	不詳		日本 中埜又左衛門先生	

畫家小傳：邵聖藝。字虞麓。畫史無載。流傳署款作品至遲作於高宗乾隆末至仁宗嘉慶四(1799)年。身世待考。

張秉忠

名稱	形式	質地	色彩	尺寸 高×寬cm	創作時間	收藏處所	典藏號碼
百齡圖（清思上篤等五十二人合作）	卷	紙	水墨、設色 不詳			日本 中埜又左衛門先生	

畫家小傳：張秉忠。江蘇婁東人。畫史無載。流傳署款作品至遲作於高宗乾隆末至仁宗嘉慶四(1799)年。身世待考。

張　怡

名稱	形式	質地	色彩	尺寸 高×寬cm	創作時間	收藏處所	典藏號碼
百齡圖（清思上篤等五十二人合作）	卷	紙	水墨、設色 不詳			日本 中埜又左衛門先生	
山水圖	軸	紙	水墨	98.5 × 28.2	乙卯（？乾隆六十年，1795）秋日	蘭州 甘肅省博物館	

畫家小傳：張怡。字藝齋。畫史無載。流傳署款作品至遲作於高宗乾隆末至仁宗嘉慶四(1799)年。身世待考。

吳　霽

名稱	形式	質地	色彩	尺寸 高×寬cm	創作時間	收藏處所	典藏號碼
百齡圖（清思上篤等五十二人合作）	卷	紙	水墨、設色 不詳			日本 中埜又左衛門先生	

畫家小傳：吳霽。號竹堂。畫史無載。流傳署款作品至遲作於高宗乾隆末至仁宗嘉慶四(1799)年。身世待考。

夏　榮

名稱	形式	質地	色彩	尺寸 高×寬cm	創作時間	收藏處所	典藏號碼
百齡圖（清思上篤等五十二人合作）	卷	紙	水墨、設色 不詳			日本 中埜又左衛門先生	

畫家小傳：夏榮。畫史無載。流傳署款作品至遲作於高宗乾隆末至仁宗嘉慶四(1799)年。身世待考。

彭澤源
附：

名稱	形式	質地	色彩	尺寸 高×寬cm	創作時間	收藏處所	典藏號碼
工筆花卉圖（12幀）	冊	紙	設色	（每幀）33 × 38		紐約 佳士得藝品拍賣公司/拍賣目錄 1990.05.31	

畫家小傳：彭澤源。畫史無載。身世待考。

廖織雲
附：

名稱	形式	質地	色彩	尺寸 高×寬cm	創作時間	收藏處所	典藏號碼
仿宋元人畫三珍圖	軸	紙	設色	93 × 30		紐約 佳士得藝品拍賣公司/拍賣目錄 1994,11,30.	
花卉圖（10幀）	冊	絹	設色	不詳	己未（咸豐九年，1859）	武漢 湖北省武漢市文物商店	

名稱	形式	質地	色彩	尺寸 高×寬cm	創作時間	收藏處所	典藏號碼

畫家小傳：廖織雲。畫史無載。身世待考。

（釋）夢　禪
附：

| 唐宋元名家樹法畫稿 | 卷 | 紙 | 水墨 | 24 × 673 | | 紐約 佳士得藝品拍賣公司/拍 | |
| | | | | | | 賣目錄 1993,12,01. | |

畫家小傳：夢禪。從名字看似為僧。畫史無載。身世待考。

顏　愷
附：

| 山水（12幀） | 冊 | 絹 | 設色 | （每幀）28 × 25.3 | | 香港 佳士得藝品拍賣公司/拍 | |
| | | | | | | 賣目錄 2001,04,29. | |

畫家小傳：顏愷。畫史無載。身世待考。

沈鏡湖

| 人物圖 | 橫幅 | 紙 | 水墨 | 不詳 | 己未（？嘉慶四年，1799） | 福州 福建省博物館 | |

畫家小傳：沈鏡湖。畫史無載。流傳署款作品紀年疑為仁宗嘉慶四（1799）年。身世待考。

徐　鼎

百齡圖（清思上篤等五十二人合作）	卷	紙	水墨、設色	不詳		日本 中埜又左衛門先生	
石壁題詩圖	軸	絹	設色	不詳		上海 上海博物館	
山水（靄雲山館圖）	軸	紙	水墨	136.5 × 38.5	癸丑（咸豐三年，1853）中秋	昆山 崑崙堂美術館	

附：

| 淵明行樂圖 | 軸 | 絹 | 設色 | 不詳 | | 上海 上海文物商店 | |

畫家小傳：徐鼎。字峙東。號雪樵散人。江蘇吳人。穎敏好學，名重江左。曹秀先校士至崑山，詩古、制藝、書畫，皆列其第一。畫山水，得謝淞山真髓，作品筆墨鬆秀不薄，沉著而不滯，實胚胎元黃公望，尤精結構，識者珍之。流傳署款紀年作品約見於仁宗嘉慶四（1799）年，至文宗咸豐三（1853）年。（見墨香居畫識、墨林今話、中國畫家人名大辭典）

夏　翬

| 百齡圖（清思上篤等五十二人合作） | 卷 | 紙 | 水墨、設色 | | | 日本 中埜又左衛門先生 | |

名稱	形式	質地	色彩	尺寸 高x寬㎝	創作時間	收藏處所	典藏號碼
山水花卉圖（王學浩、際昌、夏翬、江介合作4之1幅）	軸	紙	設色	不詳	乙卯（嘉慶二十四年，1819）	天津 天津市藝術博物館	
溪谷竹叢圖	軸	紙	水墨	不詳	己丑（道光九年，1829）六月	南京 南京博物院	
墨竹（4屏）	軸	紙	水墨	（每屏）134 x 30.5		昆山 崑崙堂美術館	
墨竹圖	軸	紙	水墨	174 x 44.6	丙戌（道光六年，1826）清和之望	日本 大阪橋本大乙先生	
墨竹圖	摺扇面	紙	水墨	不詳		北京 中國歷史博物館	
蘭竹圖（16幀）	冊	紙	水墨	（每幀）27.5 x 40	戊子（道光八年，1828）清和月	昆山 崑崙堂美術館	
竹石圖	摺扇面（殘）	紙	設色	16.6 x？		日本 東京細川護貞先生	
修竹流泉圖（為竹嶼大兄作）	摺扇面（殘）	紙	設色	17.6 x？		日本 東京細川護貞先生	

畫家小傳：夏翬。字丕雄。號羽谷、雲山外史。江蘇崑山人，僑寓吳中。夏大易孫，夏延香之子。承家學，善畫蘭竹；亦兼工雜卉、寫意果品。流傳署款紀年作品見於仁宗嘉慶二十四（1819）宣宗道光九（1829）年。（見墨香居畫識、墨林今話、中國畫家人名大辭典）

裴 楷

花鳥圖（16幀）	冊	紙	設色	不詳	己未（？嘉慶四年，1799）	鎮江 江蘇省鎮江市博物館	

畫家小傳：裴楷。畫史無載。流傳署款作品紀年疑為仁宗嘉慶四（1799）年。身世待考。

黃 均

湖村消夏圖	卷	紙	不詳	不詳		台北 故宮博物院	國贈 024599
萬松仙館真蹟	卷	紙	不詳	不詳		台北 故宮博物院	國贈 024598
山水真蹟	卷	紙	不詳	不詳		台北 故宮博物院	國贈 024596
湖村消夏圖真蹟	卷	紙	不詳	不詳		台北 故宮博物院	國贈 024597
仿趙孟頫董其昌江鄉秋晚圖	卷	絹	設色	24.1 x 139.9		台南 石允文先生	
松巖蕭寺圖	卷	絹	水墨	30.4 x 173.1		台南 石允文先生	
仿趙孟頫悠然放棹圖	卷	紙	設色	28.8 x 274.7		台南 石允文先生	

名稱	形式	質地	色彩	尺寸 高x寬㎝	創作時間	收藏處所	典藏號碼
秋山晚翠圖（為竹屏作）	卷	紙	設色	20 x 83	丙寅（嘉慶十一年，1806）仲夏	瀋陽 故宮博物館	
仿黃公望富春山居圖（為郎山作）	卷	灑金箋	設色	33 x 168	辛卯（道光十一年，1831）三月	瀋陽 故宮博物館	
富春山色圖	卷	紙	設色	35 x 534.2	道光庚寅（十年，1830）	北京 故宮博物院	
玉延秋館圖（3段之第1）	卷	紙	設色	35.8 x 109.8	丁卯（嘉慶十二年，1807）秋八月	北京 故宮博物院	
後樂亭圖	卷	紙	設色	不詳	甲午（道光十四年，1834）	北京 故宮博物院	
三友圖（侯雲松、黃均、湯貽汾合作）	卷	紙	設色	不詳	丁酉（道光十七年，1837）	北京 故宮博物院	
月輪山壽藏圖	卷	紙	設色	不詳	丁未（道光二十七年，1847）	北京 故宮博物院	
秋山紅葉圖	卷	紙	設色	32 x 135	丁未（道光二十七年，1847）	鄭州 河南省博物館	
仿董其昌山水圖	卷	紙	水墨	不詳	己卯（嘉慶二十四年，1819）	上海 上海博物館	
詩龕圖（黃均、方薰、朱鶴年、朱昂之、朱本、朱文新、嚴鈺、吳應年、張崟合作詩龕圖合璧卷之1段）	卷	紙	設色	不詳	嘉慶丙寅（十一年，1806）	鎮江 江蘇省鎮江市博物館	
萬竹山房圖（為南波作）	卷	紙	設色	不詳	丁酉（道光十七年，1837）七月	蘇州 江蘇省蘇州博物館	
贈鶴圖	卷	紙	水墨	27.8 x 239	甲子（嘉慶九年，1804）	昆明 雲南省博物館	
詩龕圖（七家詩龕圖合卷之第4幀）	短卷	紙	設色	27.6 x 119.9		日本 東京高島菊次郎槐安居	
竹所圖（為蔡笑拈作）	卷	紙	設色	26 x ?	（道光二十五年夏，乙巳，1845）	日本 東京林宗毅先生	
春草堂讀書圖	卷	紙	設色	不詳		美國 哈佛大學福格藝術館	
夏山雲起圖	軸	紙	水墨	不詳		瀋陽 遼寧省博物館	
臨古山水圖（10幀）	軸	紙	設色	不詳	辛未（嘉慶十六年，1811）十月十日	北京 故宮博物院	

名稱	形式	質地	色彩	尺寸 高x寬㎝	創作時間	收藏處所	典藏號碼
墨筆山水圖	軸	紙	水墨	不詳	丁亥（道光七年，1827）七月廿九日	北京 故宮博物院	
草堂論道圖（為芝生作）	軸	紙	設色	不詳	丙午（道光二十六年，1846）六月三日	北京 故宮博物院	
秋山晴翠圖	軸	絹	設色	132.5 × 52.5	壬午（道光二年，1822）	天津 天津市藝術博物館	
梅花圖（吳聖俞、黃均合作）	軸	綾	水墨	不詳		鄭州 河南省博物館	
山遊圖	軸	紙	水墨	不詳	乙未（道光十五年，1835）	黃山 安徽省黃山市博物館	
松蔭高士圖（為魯山作）	軸	紙	設色	53.5 × 43	甲午（道光十四年，1834）十月	南通 江蘇省南通博物苑	
溪山雲起圖（為秋舫作）	軸	紙	水墨	不詳	乙巳（道光二十五年，1845）冬日	上海 上海博物館	
山川出雲圖	軸	絹	設色	132.4 × 35.8	己丑（道光九年，1829）九月	南京 南京博物院	
山水圖	軸	紙	設色	不詳	己酉（道光二十九年，1849）	南京 南京博物院	
苔徑林昏圖	軸	絹	設色	不詳		南京 南京博物院	
仿趙子昂山水圖	軸	金箋	設色	不詳	道光元年（辛巳，1821）	南京 南京市博物館	
仿巨然山水圖	軸	紙	設色	不詳		無錫 江蘇省無錫市博物館	
仿大癡山水圖	軸	紙	設色	不詳	丙戌（道光六年，1826）	杭州 浙江省博物館	
耆友論文圖	橫幅	紙	水墨	不詳	道光癸卯（二十三年，1843）	嘉興 浙江省嘉興市博物館	
仿王忘庵牡丹圖	軸	紙	設色	不詳		長沙 湖南省博物館	
仿趙松雪天香仙館圖	軸	絹	設色	不詳	乙未（道光十五年，1835）秋日	南寧 廣西壯族自治區博物館	
仿曹雲西筆意山水圖（為繪山作）	軸	紙	水墨	84.1 × 32.6	己酉（道光二十九年，1849））六月廿七日	美國 普林斯頓大學藝術館	66-209
仿吳鎮山水圖	軸	紙	水墨	75.6 × 36		英國 勃克萊加州大學藝術館	1979.23

名稱	形式	質地	色彩	尺寸 高×寬㎝	創作時間	收藏處所	典藏號碼
溪亭訪友圖	軸	絹	設色	81.5 × 39.4	戊申（道光二十八年，1848）夏日	日本 大阪橋本大乙先生	
山水圖（12幀）	冊	紙	設色	（每幀）23.4 × 26		台南 石允文先生	
仿古山水圖（10幀）	冊	紙	設色	不詳	嘉慶甲子（九年，1804）仲秋	北京 故宮博物院	
姑蘇八景圖（8幀）	冊	紙	設色	不詳	庚子（道光二十年，1840）秋九月	北京 故宮博物院	
二閘圖	摺扇面	紙	設色	不詳	嘉慶丁卯（十二年，1807）	北京 中國歷史博物館	
山水紀遊圖（清黃均等山水紀遊冊10之1幀）	冊頁	絹	設色	不詳		天津 天津市藝術博物館	
山水圖并書（12幀，為友柏作）	冊	紙	設色	不詳	丁亥（道光七年，1827）秋月	上海 上海博物館	
仿古山水圖（8幀）	冊	紙	設色	26.3 × 31.5	乙未（道光十五年，1835）	上海 上海博物館	
山水圖（8幀）	冊	紙	設色	不詳	戊申（道光二十八年，1848）	上海 上海博物館	
詩畫（12幀）	冊	紙	設色	不詳		上海 上海博物館	
法源寺圖（清朱鶴年等法源寺書畫冊14之1幀）	冊頁	紙	設色	不詳		上海 上海博物館	
仿古山水圖（8幀）	冊	紙	水墨	不詳		南京 南京博物院	
仿古山水圖（12幀）	冊	紙	設色	不詳	己酉（道光二十九年，1849）	無錫 江蘇省無錫市博物館	
山水圖（12幀）	冊	紙	設色	（每幀）25.9 × 33.6	己酉（道光二十九年，1849）	杭州 浙江省博物館	
仿古山水圖（8幀，為蘇生作）	冊	紙	水墨	（每幀）26.2 × 24	辛卯（道光十一年，1831）九月	廣州 廣東省博物館	
臨古山水圖（12幀，為藹芳作）	冊	紙	設色	（每幀）24.7 × 30.1	嘉慶丁卯（十二年，1807）仲冬	廣州 廣州市美術館	
山水圖（12幀）	冊	絹	設色	不詳	庚辰（嘉慶二十五年，1820）	廣州 廣州市美術館	
山水圖（6幀）	冊	紙	設色	不詳	辛巳（道光元年，1821）	廣州 廣州市美術館	

名稱	形式	質地	色彩	尺寸 高×寬cm	創作時間	收藏處所	典藏號碼
墨妙亭圖	冊頁	紙	設色	32.4 × 74.2	丙申（道光十六年，1836）冬日	日本 大阪上野精一先生	
山水圖（清人扇面圖冊之第7幀）	摺扇面	紙	水墨	17.4 × 53.5		韓國 私人	
秋景山水圖	摺扇面	紙	設色	16.8 × 49.7	壬戌（嘉慶七年，1802）秋日	德國 柏林東亞藝術博物館	1988-235
附：							
仿大癡山水圖（為紫珊作）	卷	紙	設色	不詳	辛丑（道光二十一年，1841）三月	北京 北京市文物商店	
蘗珠書院圖	卷	紙	設色	不詳	道光丁酉（十七年，1837）	北京 中國文物商店總	
洞庭秋泛圖（為梅麓作）	卷	紙	設色	不詳	庚子（道光二十年，1840）十月既望	北京 榮寶齋	
為楳伯作山水圖	卷	絹	設色	不詳	乙巳（道光二十五年，1845）九月既望	上海 朵雲軒	
招鶴亭圖	卷	紙	設色	39.6 × 131.5	嘉慶己巳（十四年，1809）	武漢 湖北省武漢市文物商店	
山水（高巖古翠圖）	卷	紙	設色	10.5 × 84	丁酉（道光十七年，1837）仲秋	紐約 佳士得藝品拍賣公司/拍賣目錄 1991,05,29.	
玉山分築圖	卷	紙	設色	31 × 122	丁酉（道光十七年，1837）正月廿日	紐約 佳士得藝品拍賣公司/拍賣目錄 1993,06,04.	
秋林讀書圖	卷	紙	設色	42 × 135	己卯（嘉慶二十四年，1819）仲春	紐約 佳士得藝品拍賣公司/拍賣目錄 1993,12,01.	
楓江秋棹圖	卷	絹	設色	26.5 × 174.5	乙巳（道光二十五年，1845）九月既望	紐約 佳士得藝品拍賣公司/拍賣目錄 1997,09,19.	
秋山晴翠圖	軸	紙	設色	134.8 × 62	庚申（嘉慶五年，1800）	北京 中國文物商店總店	
仿北苑雲山圖	軸	紙	水墨	不詳	丁酉（道光十七年，1837）	上海 朵雲軒	
仿大癡秋山圖	軸	紙	設色	不詳	己酉（道光二十九年，1849）	武漢 湖北省武漢市文物商店	

名稱	形式	質地	色彩	尺寸 高×寬㎝	創作時間	收藏處所	典藏號碼
仿黃公望山水圖	軸	紙	設色	108 × 48	道光甲辰（二十四年，1844）春二月	紐約 蘇富比藝品拍賣公司/拍賣目錄 1985,06,03.	
山水圖	軸	紙	水墨	199.5 × 27.3	丙申（道光十六年，1836）八月	紐約 佳士得藝品拍賣公司/拍賣目錄 1988,11,30.	
葵石圖	軸	絹	設色	132 × 49.5	己酉（道光二十九年，1849）閏四月廿六日	紐約 佳士得藝品拍賣公司/拍賣目錄 1989,12,04.	
仿古山水圖（10幀）	冊	絹	設色	（每幀）21 × 36		天津 天津市文物公司	
山水圖	冊頁	紙	水墨	不詳	辛丑（道光二十一年，1841）	上海 朵雲軒	
仙島雲帆圖（為梅庵先生作）	冊頁	紙	水墨	不詳	戊戌（道光十八年，1838）小春	紐約 佳士得藝品拍賣公司/拍賣目錄 1991,05,29.	

畫家小傳：黃均。字穀原。號香疇。江蘇元和人。生於高宗乾隆四十（1775）年，卒於宣宗道光三十（1850）年。曾補潛江主簿，未就任。工詩、能書畫。書學董其昌。詩宗晚唐。畫擅山水、花卉、梅竹，入手即通其妙。（見桐陰論畫、墨林今話、畫林新詠、中國畫家人名大辭典）

劉允升

名稱	形式	質地	色彩	尺寸 高×寬㎝	創作時間	收藏處所	典藏號碼
山水圖（潘思牧等四人山水合卷4之1段）	卷	紙	設色	23 × 79.9		北京 故宮博物院	
白雲疏樹圖	卷	紙	設色	不詳	庚申（嘉慶五年，1800）	長沙 湖南省博物館	
梅軒留別圖	軸	紙	設色	不詳	庚辰（嘉慶二十五年，1820）	鎮江 江蘇省鎮江市博物館	
山水圖	橫幅	紙	設色	不詳	己巳（嘉慶十四年，1809）秋九月	日本 京都園田湖城先生	

畫家小傳：劉允升。字敬堂。號桐村。善畫山水，得明文徵明家法。流傳署款紀年作品見於作宗嘉慶五（1800）至二十五（1820）年。（見墨香居畫識、中國畫家人名大辭典）

（釋）明　徹

附：

名稱	形式	質地	色彩	尺寸 高×寬㎝	創作時間	收藏處所	典藏號碼
山水圖（8幀）	冊	絹	水墨、設色	（每幀）27.5 × 20		紐約 佳士得藝品拍賣公司/拍賣目錄 1992.06.02.	

畫家小傳：明徹。僧。江蘇長洲人。俗姓沈氏。字觀性。號嬾庵、一石庵主。生於清高宗乾隆四十（1775）年。卒於宣宗道光五

名稱	形式	質地	色彩	尺寸 高×寬cm	創作時間	收藏處所	典藏號碼

（1825）年。為獅林寺主席僧。後退居善慶庵。能詩，能畫。作山水，宗法董其昌、王鑑，作品脫略繩墨，秀淨雅潔。（見墨林今話、中國畫家人名大辭典）

薛　銓

名稱	形式	質地	色彩	尺寸 高×寬cm	創作時間	收藏處所	典藏號碼
即山別墅圖（為敬亭先生寫，即山別墅書畫冊之1幀）	冊頁	紙	設色	28 × 35		日本 東京國立博物館	
攝山倡和圖	卷	紙	設色	36 × 134.5	嘉慶五年（庚申，1800）四月	紐約 佳士得藝品拍賣公司/拍賣目錄 1991,05,29.	

畫家小傳：薛銓。字衡夫。江蘇揚州人。善畫山水，得董源、巨然神髓。流傳署款紀年作品見於仁宗嘉慶五(1800)年。（見揚州畫舫錄、中國畫家人名大辭典）

俞克明

名稱	形式	質地	色彩	尺寸 高×寬cm	創作時間	收藏處所	典藏號碼
花卉圖（10幀）	冊	紙	設色	不詳	嘉慶五年（庚申，1800）秋日	南京 南京博物院	

畫家小傳：俞克明。畫史無載。流傳署款紀年作品見於仁宗嘉慶五(1800)年。身世待考。

朱人鳳

名稱	形式	質地	色彩	尺寸 高×寬cm	創作時間	收藏處所	典藏號碼
山水圖（朱人鳳、文鼎合作，為康侯作）	卷	紙	設色	不詳	嘉慶庚申（五年，1800）十月六日	廣州 廣東省博物館	
附：							
京江春泛圖	卷	紙	設色	30 × 133.4	嘉慶庚午（十五年，1810）正月廿五日	紐約 蘇富比藝品拍賣公司/拍賣目錄 1984,06,13.	

畫家小傳：朱人鳳（一作仁和）。初名王。字閬泉。浙江錢塘人。工畫山水、花卉、翎毛，皆有古法。阮元鎮浙時，以畫試士，首錄之。流傳署款紀年作品見於仁宗嘉慶五(1800)至十五(1810)年。（見墨香居畫識、墨林今話、耕硯田齋筆記、中國畫家人名大辭典）

孟覲乙

名稱	形式	質地	色彩	尺寸 高×寬cm	創作時間	收藏處所	典藏號碼
花鳥圖	卷	紙	設色	不詳		北京 故宮博物院	
柳鴨圖	軸	紙	設色	143.1 × 38.6		天津 天津市藝術博物館	
碩果圖（枇杷荔枝圖）	軸	紙	設色	不詳	乙亥（嘉慶二十年，1815）六月	南京 南京博物院	
蕉徑圖	摺扇面	紙	設色	不詳		天津 天津市藝術博物館	
柳蝶水月（清金農、孟覲乙花卉冊10之1幀）	冊頁	紙	設色	約23 × 30		天津 天津市藝術博物館	
荷葉蓮蓬（清金農、孟覲乙花	冊頁	紙	設色	約23 × 30		天津 天津市藝術博物館	

名稱	形式	質地	色彩	尺寸 高x寬cm	創作時間	收藏處所	典藏號碼
卉冊 10 之 1 幀）							
荷葉花蝶（清金農、孟覲乙花 卉冊 10 之 1 幀）	冊頁	紙	設色	約23 x 30		天津 天津市藝術博物館	
天竺（清金農、孟覲乙花卉冊 10 之 1 幀）	冊頁	紙	設色	約23 x 30		天津 天津市藝術博物館	
雜畫（8 幀）	冊	紙	設色	不詳		廣州 廣州市美術館	
附：							
富貴神仙圖	軸	紙	設色	165.5 x 94	嘉慶甲戌（十九年 ，1814）	紐約 佳士得藝品拍賣公司/拍 　　賣目錄 1990.05.31.	
山水、花卉圖（12 幀）	冊	紙	水墨、 設色	（每幀）22 x 32	嘉慶五年（庚申， 1800）正月二十	紐約 佳士得藝品拍賣公司/拍 　　賣目錄 1995.09.19.	

畫家小傳：孟覲乙。字麗堂。號雲溪外史。江蘇陽湖人，流寓廣西桂林。善畫，早歲工山水，晚年專花鳥。兩目失明，猶能摩挲作
　　　　畫。流傳署款紀年作品見於仁宗嘉慶五（1800）、二十(1815)年 。（見墨香居畫識、今夕庵讀畫絕句、粵西先哲書畫集
　　　　序、中國畫家人名大辭典）

夏 雷

附：

竹林圖	軸	紙	水墨	不詳	嘉慶五年（庚申， 1800）	常州 常州市文物商店	

畫家小傳：夏雷。畫史無載。流傳署款紀年作品見於仁宗嘉慶五（1800）年。身世待考。

莫春暉

黃山圖（12 幀）	冊	紙	設色	不詳		合肥 安徽省博物館	
附：							
仿古山水圖（12 幀）	冊	紙	設色	不詳	嘉慶庚申（五年， 1800）	上海 朵雲軒	

畫家小傳：莫春暉。字廣元。號葵齋。安徽黟縣人，寓居江蘇吳門。幼即嗜寫山水，年十五，獲知於妻東王林屋先生，授以南宗正派
　　　　畫法。後性轉喜陶，遂隱於陶。間寫山水，極得疎老蒼秀之致。然雖偶有所作，絕少示人。流傳署款紀年作品見於仁宗嘉慶
　　　　五（1800）年。（見墨香居畫識、中國畫家人名大辭典）

江 衡

溪山漁隱圖（仿大癡筆意）	軸	紙	設色	64.5 x 39.4	己巳（嘉慶十四年 ，1809）初冬	日本 東京河井荃廬先生	
擬古山水圖（12 幀）	冊	紙	設色	（每幀）26	嘉慶五年（庚申，	日本 大阪橋本大乙先生	

名稱	形式	質地	色彩	尺寸 高x寬㎝	創作時間	收藏處所	典藏號碼
				x 33.7	1800）正月上浣		

畫家小傳：江衡。字衡生，一字位南（又作蕙南）。號甾溪。江蘇常熟人，客居鷺揚。乾隆癸丑舉人。善畫山水，學元四家，善用枯墨側筆，善作小景。署款紀年作品見於仁宗嘉慶五（1800）、十四(1809)年。（見墨林今話、虞山畫志、中國畫家人名大辭典）

王以莊

名稱	形式	質地	色彩	尺寸 高x寬㎝	創作時間	收藏處所	典藏號碼
王又栩像（王以莊、王又栩合作）	軸	紙	設色	不詳	庚申（嘉慶五年，1800）	天津 天津市藝術博物館	

畫家小傳：王以莊。畫史無載。流傳署款紀年作品見於仁宗嘉慶五（1800）年。身世待考。

王又栩

名稱	形式	質地	色彩	尺寸 高x寬㎝	創作時間	收藏處所	典藏號碼
王又栩像（王以莊、王又栩合作）	軸	紙	設色	不詳	庚申（嘉慶五年，1800）	天津 天津市藝術博物館	

畫家小傳：王又栩。畫史無載。流傳署款紀年作品見於仁宗嘉慶五（1800）年。身世待考。

康 侯

名稱	形式	質地	色彩	尺寸 高x寬㎝	創作時間	收藏處所	典藏號碼
山水圖（文鼎、康侯合作，為朱王畫）	卷	絹	設色	不詳	嘉慶庚申（五年，1800）十月六日	廣州 廣東省博物館	

畫家小傳：康侯。畫史無載。與文鼎同時。流傳署款紀年作品見於仁宗嘉慶五（1800）年。身世待考。

潘 渭

名稱	形式	質地	色彩	尺寸 高x寬㎝	創作時間	收藏處所	典藏號碼
臨戈紀二老比肩圖（潘渭、朱本合作）	卷	絹	設色	不詳	嘉慶庚申（五年，1800）	石家莊 河北省博物館	

畫家小傳：潘渭。畫史無載。與朱本同時。流傳署款紀年作品見於仁宗嘉慶五（1800）年。身世待考。

胡翹楚

名稱	形式	質地	色彩	尺寸 高x寬㎝	創作時間	收藏處所	典藏號碼
虯松竹石圖	軸	紙	水墨	142.9 x 78	嘉慶五年歲在庚申（1800）立冬日	日本 中埜又左衛門先生	

畫家小傳：胡翹楚。畫史無載。流傳署款紀年作品見於仁宗嘉慶五（1800）年。身世待考。

劉 遠

附：

名稱	形式	質地	色彩	尺寸 高x寬㎝	創作時間	收藏處所	典藏號碼
雪景山水圖	軸	絹	設色	不詳	庚申（？嘉慶五年，1800）	南京 南京市文物商店	

畫家小傳：劉遠。畫史無載。流傳署款作品紀年疑為仁宗嘉慶五（1800）年。身世待考。

名稱	形式	質地	色彩	尺寸 高x寬㎝	創作時間	收藏處所	典藏號碼

汪圻

| 射雁圖 | 摺扇面 | 紙 | 設色 | 不詳 | 嘉慶丙子（二十一年，1816）春日 | 北京 故宮博物院 | |
| 人物圖 | 摺扇面 | 紙 | 設色 | 不詳 | 辛卯（道光十一年，1831）首夏 | 北京 故宮博物院 | |

附：

| 梅窗仕女圖 | 軸 | 紙 | 設色 | 82 × 28 | 丙申（道光十六年，1836）秋五月既望 | 紐約 蘇富比藝品拍賣公司/拍賣目錄1981,05,07. | |

畫家小傳：汪圻。字惕齋、旬卿。甘泉人。生於高宗乾隆四十一（1776）年，卒於宣宗道光二十（1840）年。善畫仕女。（見畫林新詠、中國畫家人名大辭典）

邵梅臣

附：

| 紅豆山莊讀書圖 | 橫幅 | 絹 | 設色 | 24 × 30 | 丁酉（道光十七年，1837）夏 | 香港 佳士得藝品拍賣公司/拍賣目錄 1991.03.18. | |

畫家小傳：邵梅臣。字香伯。浙江吳興人。生於高宗乾隆四十一(1776)年，卒時不詳。。為人喜遊歷。工詩，善畫。九歲即嗜畫荷，尤工寫意山水，喜題跋作品，著有畫耕偶錄行世。流傳署款紀年作品見於宣宗道光十七（1837）年。（見畫耕偶錄、中國美術家人名辭典）

顧應泰

祭詩圖	卷	紙	設色	不詳		台北 故宮博物院	國贈 025170
白描人物圖	軸	紙	水墨	不詳	嘉慶庚午（十五年，1810）上巳節	無錫 江蘇省無錫市博物館	
人物山水（2屏）	軸	紙	設色	不詳	丙戌（道光六年，1826）	無錫 江蘇省無錫市博物館	
九歌圖（12幀）	冊	紙	設色	不詳		日本 東京張允中先生	

附：

羅漢圖	卷	紙	水墨	22.3 × 259.1		紐約 佳士得藝品拍賣公司/拍賣目錄1987,12,11.	
人物故事(1808)（？幀）	冊	紙	白描	不詳	嘉慶十三年（戊辰，1808）	北京 中國文物商店總店	
羅漢圖	冊	紙	設色	（每開）25.5 × 32.8	嘉慶辛酉（六年，1801）冬十二月	香港 佳士得藝品拍賣公司/拍賣目錄1995,10,29.	

名稱	形式	質地	色彩	尺寸 高x寬㎝	創作時間	收藏處所	典藏號碼

畫家小傳：顧應泰。字雲鶴。號芸笭。江蘇金匱人。能詩，工書，善畫。擅畫白描人物，仿宋李公麟，脫盡畫家習氣。傳世署款紀年作品見於仁宗嘉慶六（1801）至宣宗道光六（1826）年。（見清朝書畫家筆錄、中國畫家人名大辭典）

汪 塈

| 蘭竹石圖 | 軸 | 紙 | 水墨 | 58.3 x 17.9 | | 日本 福岡縣石詢道雄先生 | 43 |

畫家小傳：汪塈。字石圍。江蘇江寧人。善畫山水、人物。（見莫愁湖志、中國畫家人名大辭典）

姚嗣懋

花卉圖（奚岡、姚嗣懋合作）	軸	紙	設色	不詳	嘉慶辛酉（六年，1801）	杭州 浙江省博物館	
蜀葵梔子圖（奚岡、姚嗣懋合作，為小岫作）	軸	紙	設色	不詳	嘉慶辛酉（六年，1801）	南寧 廣西壯族自治區博物館	
仿陳沱江筆意菊花圖（清奚岡等花卉冊8之1幀）	冊頁	紙	水墨	20.5 x 27		長春 吉林省博物館	
茶花圖（清奚岡等花卉冊8之1幀）	冊頁	紙	水墨	20.5 x 27		長春 吉林省博物館	

畫家小傳：姚嗣懋。字本仁。號修田、靈石山樵。浙江錢塘人。畫山水，取法宋元，為奚岡入室弟子；畫花卉，師法惲壽平，俱秀雅絕俗。流傳署款紀年作品見於仁宗嘉慶六(1801)年。（見墨香居畫識、墨林今話、中國畫家人名大辭典）

汪用成

| 繡球花圖（清奚岡等花卉冊8之1幀） | 冊頁 | 紙 | 水墨 | 20.5 x 27 | | 長春 吉林省博物館 | |
| 仿元人筆意蘭竹圖（清奚岡等花卉冊8之1幀） | 冊頁 | 紙 | 水墨 | 20.5 x 27 | | 長春 吉林省博物館 | |

畫家小傳：汪用成。畫史無載。自號九溪外史。與奚岡同時。身世待考。

荔 崖

| 山水圖（清人山水花卉圖扇面冊之第2幀） | 摺扇面 紙 | | 設色 | 16.1 x 39.3 | | 韓國 首爾朴周煥先生 | |

畫家小傳：荔崖。畫史無載。身世待考。

柳 村

| 雙竿比玉圖（清人山水花卉圖 | 摺扇面 紙 | | 設色 | 15.2 x 39.1 | | 韓國 首爾朴周煥先生 | |

名稱	形式	質地	色彩	尺寸 高×寬cm	創作時間	收藏處所	典藏號碼

扇面冊之第3幀）

畫家小傳：柳村。畫史無載。身世待考。

朱大源

柳橋圖（清人山水花卉圖扇面	紈扇面	絹	水墨	23 × 25.1		韓國 首爾朴周煥先生	

冊之第6幀）

畫家小傳：朱大源。畫史無載。身世待考。

廖雲錦

荷花鷺鷥圖	軸	紙	設色	不詳		上海 上海博物館	
梅花圖	軸	紙	水墨	不詳		成都 四川大學	
花蝶圖	摺扇面	紙	設色	15.5 × 50	嘉慶辛酉（六年，1801）	北京 故宮博物院	
花鳥圖（10幀）	冊	紙	設色	不詳		上海 上海博物館	
紫藤圖	摺扇面	紙	設色	不詳		成都 四川省博物院	

畫家小傳：廖雲錦。畫史無載。署款紀年作品見於仁宗嘉慶六(1801)年。身世待考。

鄂棟夫人

墨蕙圖	卷	紙	水墨	不詳	嘉慶六年（辛酉，1801）	天津 天津市藝術博物館	

畫家小傳：鄂棟夫人。女。滿洲人。已佚姓名。字如亭。為鐵保之妻。工書法，行草宗二王。偶寫蘭竹，筆意剛勁。流傳署款紀年
　　　　作品見於仁宗嘉慶六(1801)年。（四清代畫史補遺、中國畫家人名大辭典）

孔　憲

墨蘭圖（清人山水花卉圖扇面	紈扇面	絹	水墨	23 × 23.9		韓國 首爾朴周煥先生	

冊之第7幀）

畫家小傳：孔憲。畫史無載。身世待考。

朱　王

詩龕圖（弘旿、錢楷、汪梅鼎、	卷	紙	水墨	不詳		北京 故宮博物院	
朱王、張寶合卷5之1段）							
山水圖（朱王、文鼎合作）	卷	紙	設色	21.2 × 129.5	辛酉（嘉慶六年，1801）	廣州 廣東省博物館	

畫家小傳：朱王。畫史無載。與文鼎同時。流傳署款紀年作品見於仁宗嘉慶六（1801）年。身世待考。

名稱	形式	質地	色彩	尺寸 高×寬 cm	創作時間	收藏處所	典藏號碼

陸 佃

| 春戲圖 | 摺扇面 | 紙 | 設色 | 不詳 | 辛酉（？嘉慶六年，1801） | 合肥 安徽省博物館 | |

畫家小傳：陸佃。畫史無載。流傳署款作品紀年疑為仁宗嘉慶六（1801）年。身世待考。

楊 埰

| 摹高房山筆法山水圖 | 軸 | 絹 | 設色 | 68.6 × 32.3 | 辛酉（嘉慶六年，1801）立夏後七日 | 日本 大阪橋本大乙先生 | |

畫家小傳：楊埰。畫史無載。流傳署款紀年作品見於仁宗嘉慶六（1801）年。身世待考。

陳 藻

附：

| 仿王原祁山水圖 | 卷 | 絹 | 設色 | 28 × 250 | | 紐約 佳士得藝品拍賣公司/拍賣目錄 1988.06.02. | |

畫家小傳：陳藻。女。江蘇常熟人。身世不詳。工畫花卉。（見虞山畫志、中國畫家人名大辭典）

湯貽汾

西湖侍遊圖	卷	紙	設色	31.6 × 138.5		台北 故宮博物院（蘭千山館寄存）	
秋林琴隱圖	卷	紙	設色	29.3 × 125.1		台南 石允文先生	
三百三十有三士亭圖	卷	紙	設色	35 × 152		瀋陽 故宮博物院	
姑射停雲圖	卷	紙	設色	不詳	嘉慶庚辰（二十五年，1820）	北京 故宮博物院	
拜松圖（湯貽汾、戴熙合卷2之1段）	卷	紙	水墨	32.2 × 122.2	道光十五年，乙未（1835）	北京 故宮博物院	
三友圖（侯雲松、黃均、湯貽汾合作）	卷	紙	設色	不詳	丁酉（道光十七年，1837）	北京 故宮博物院	
三百三十有三士亭圖	卷	絹	設色	13.4 × 293.5		北京 故宮博物院	
愛廬補讀圖（湯貽汾、湯祿名合作）	卷	紙	設色	不詳		北京 故宮博物院	
石城送別圖	卷	紙	設色	32.9 × 119.2	辛丑（道光二十一	天津 天津市藝術博物館	

名稱	形式	質地	色彩	尺寸 高x寬cm	創作時間	收藏處所	典藏號碼
					年，1841）		
水村圖	卷	紙	設色	24.8 × 128	道光丙午（二十六年，1846）	天津 天津市藝術博物館	
夢衲菴圖	卷	紙	設色	28.5 × 107	庚寅（道光十年，1830）	天津 天津市歷史博物館	
風雪夜歸圖	卷	紙	設色	不詳		上海 上海博物館	
梅花圖（清趙之琛等梅花圖卷之1段）	卷	紙	水墨	10 × 325		上海 上海博物館	
石城送別圖（為蘭言作）	卷	紙	設色	28.2 × 39.3	甲午（道光十四年，1834）春日	南京 南京博物院	
花果圖（為栗仲作）	卷	紙	設色	不詳	丁酉（道光十七年，1837）九月	南京 南京博物院	
綠天補讀圖（為春橋作）	卷	紙	設色	30.5 × 92.2	甲辰（道光二十四年，1844）中秋	南京 南京博物院	
花果圖（清湯貽汾家人花果圖卷5之1段）	卷	金箋	設色	19.7 × 261.6		南京 南京博物院	
聽雨樓圖（與湯圭年合作，為桂齡作第2卷）	卷	紙	設色	不詳	辛未（嘉慶十六年，1811）	鎮江 江蘇省鎮江市博物館	
小竹里館圖	卷	紙	水墨	30.9 × 135.2	辛亥（咸豐元年，1851）	蘇州 江蘇省蘇州博物館	
彭蠡湖雨望圖	卷	紙	水墨	29 × 292	己酉（道光二十九年，1849）	長沙 湖南省圖書館	
樓觀滄海日圖（費丹旭、湯貽汾合寫，為海樓作）	卷	絹	設色	不詳	癸巳（道光十三年，1833）夏日	重慶 重慶市博物館	
山水圖	卷	紙	設色	不詳	癸酉（嘉慶十八年，1813）	廣州 廣東省博物館	
秋林琴韻圖	卷	紙	設色	30 × 123.8	道光丁未（二十七年，1847）	廣州 廣州市美術館	
艮泉十二景圖（清謝蘭生等艮泉十二景圖二卷之1段）	2卷	紙	設色	不詳	乙亥（嘉慶二十年1815）	廣州 廣州市美術館	
坐石聽松圖（為振文世講兄畫）	卷	紙	水墨	37.6 × ?	甲午（道光十四年，1834）秋分前二日	日本 兵庫縣黑川古文化研究所	
愛園圖	卷	紙	設色	58.4 × 159.8	道光戊申（二十八	英國 倫敦大英博物館	1938.12.10.01

名稱	形式	質地	色彩	尺寸 高x寬cm	創作時間	收藏處所	典藏號碼
					年，1848）四月		（ADD177）
黃花	軸	紙	設色	不詳		台北 故宮博物院	國贈 025209
畫松	軸	紙	水墨	不詳		台北 故宮博物院	國贈 025208
山水	軸	紙	設色	不詳		台北 故宮博物院	國贈 024983
冰心仙品	軸	紙	水墨	不詳		台北 故宮博物院	國贈 031074
歲寒三友圖	軸	紙	設色	124 x 39.7		台北 故宮博物院（蘭千山館 寄存）	
梅徑草閣圖	軸	紙	設色	103 x 28.5	戊申（道光二十八 年，1848）冬十月 望日	台北 張添根養和堂	
仿金農歲寒三友圖	軸	紙	水墨	89.5 x 43.4		台南 石允文先生	
冰肌玉骨圖	軸	紙	水墨	126.1 x 33.1		台南 石允文先生	
仿石濤萱花松石圖	軸	紙	設色	148.5 x 38.7		台南 石允文先生	
群仙拱壽圖（湯貽汾、湯祿名 合作）	軸	紙	設色	141.4 x 47.2		台南 石允文先生	
黃薇蕉石圖	軸	紙	設色	148.5 x 38.7		台南 石允文先生	
石城送別圖	軸	金箋	設色	105.3 x 33.2		台南 石允文先生	
寒窗讀易圖	軸	紙	水墨	96 x 38.7		香港 黃仲方先生	K92.31
梅花圖（為雲谷作，湯貽汾、 董琬貞合作）	軸	紙	水墨	100 x 44	己卯（嘉慶二十四 年，1819）新春	香港 香港美術館‧虛白齋	XB1992.178
梅花圖	軸	紙	水墨	130 x 28.5		瀋陽 故宮博物院	
松石圖（為梅伯作）	軸	紙	水墨	不詳	嘉慶戊寅（二十三 年，1818）	北京 故宮博物院	
山水圖	軸	紙	水墨	不詳	道光庚寅（十年， 1830）冬日	北京 故宮博物院	
柏樹八哥圖	軸	紙	設色	不詳	道光壬寅（二十二 年，1842）嘉平	北京 故宮博物院	
松梅圖	軸	紙	設色	不詳	道光乙巳（二十五 年，1845）十月六 日	北京 故宮博物院	

名稱	形式	質地	色彩	尺寸 高x寬cm	創作時間	收藏處所	典藏號碼
柏樹八哥圖	軸	紙	設色	不詳	道光壬寅（二十二年，1842）嘉平	北京 故宮博物院	
松梅圖	軸	紙	水墨	不詳	道光乙巳（二十五年，1845）十月六日	北京 故宮博物院	
秋坪閑話圖	軸	紙	設色	96.3 × 45.4		北京 故宮博物院	
琴隱園藝蘭圖	軸	紙	設色	77 × 47		天津 天津市藝術博物館	
摹沈周菊花圖	軸	紙	設色	不詳	道光甲辰（二十四年，1844）秋日	上海 上海博物館	
松菊圖（為隱圃作）	軸	紙	設色	不詳	庚子（道光二十年，1840）長至	南京 南京博物院	
水仙樹石圖	軸	紙	設色	不詳	道光丁未（二十七年，1847）冬日	南京 南京博物院	
山水圖	軸	金箋	水墨	157.6 × 42.5	辛亥（咸豐元年，1851）長至日	杭州 浙江省博物館	
古松圖	軸	紙	設色	115 × 29		昆山 崑崙堂美術館	
梅花圖	軸	紙	水墨	104 × 31	甲辰（道光二十四年，1844）	重慶 重慶市博物館	
上皇山石圖	軸	紙	水墨	105.5 × 58.8	（道光二十七年，丁未，1847）	重慶 重慶市博物館	
琴園贈別圖（為小村作）	軸	紙	設色	200.4 × 104	丙午（道光二十六年，1846）七月廿二日	廣州 廣東省博物館	
梅花圖	軸	紙	水墨	不詳	七十二（道光二十九年，1849）	廣州 廣州市美術館	
田舍樂圖	軸	絹	設色	122.5 × 53.4	道光癸卯（二十三年，1843）祀竈日	日本 東京國立博物館	
秋林圖（仿大癡法）	軸	紙	設色	127.3 × 31.8	戊申（道光二十八年，1848）冬日	日本 東京尾崎洵盛先生	
梅花圖	軸	紙	水墨	110.6 × 29.4		日本 東京仁木二郎先生	
山水圖（策杖看山）	軸	紙	設色	不詳	道光辛卯（十一年，1831）秋八月上	日本 東京村上與四郎先生	

名稱	形式	質地	色彩	尺寸 高x寬cm	創作時間	收藏處所	典藏號碼
					浣		
為秋吟作山水圖	軸	紙	設色	117.8 × 33.4	己酉（道光二十九年，1849）春杪	日本 兵庫住友吉左衛門先生	
荻蘆問字圖（為韻山先生寫）	軸	紙	設色	109.5 × 30.5	乙丑（同治四年，1865）冬至後二日	日本 大阪市立美術館	
柳溪棹舟圖（為朗亭作）	軸	紙	水墨	不詳	丙午（道光二十六年，1846）秋七月上旬	日本 江田勇二先生	
松下尋古圖	軸	紙	水墨	104.8 × 34	乙巳（道光二十五年，1845）重陽前三日	美國 舊金山亞洲藝術館	
詩窟圖	軸	紙	設色	99.5 × 48.9		美國 勃克萊加州大學藝術館	1986.6
仿王蒙山水圖	軸	紙	設色	129.1 × 44.6		美國 夏威夷火魯奴奴藝術學院	5661.1
山水圖	軸	紙	設色	不詳		美國 火魯奴奴 Hutchinson 先生	
梅花圖（12幀）	冊	紙	設色	不詳	壬午（道光二年，1822）	瀋陽 遼寧省博物館	
梅花圖（10幀）	冊	紙	水墨	不詳	己酉（道光二十九年，1849）	天津 天津市歷史博物館	
山水圖（16幀，為秋載作）	冊	紙	設色	不詳	甲午（道光十四年，1834）午月廿六日	上海 上海博物館	
山水花卉圖（12幀，為芹墅作）	冊	紙	設色、水墨	（每幀）28 × 39.7	己酉（道光二十九年，1849）春日	上海 上海博物館	
粵贛紀遊圖（12幀）	冊	紙	設色	不詳		上海 上海博物館	
仿古山水圖（10幀，為子望作）	冊	紙	設色	（每幀）23.2 × 29.4	壬辰（道光十二年，1832）秋八月	南京 南京博物院	
花卉圖（11幀）	冊	紙	設色	（每幀）25.5 × 34.3	道光丁未（二十七年，1847）冬日	南京 南京博物院	
放鴨圖	摺扇面	紙	設色	不詳	道光乙巳（二十五年，1845）	南京 南京市博物館	
山水圖	摺扇面	紙	水墨	不詳	庚戌（道光三十年	成都 四川省博物院	

名稱	形式	質地	色彩	尺寸 高×寬cm	創作時間	收藏處所	典藏號碼
					，1850）		
山水圖（清宋葆淳等山水冊12之2幀）	冊頁	紙	設色	44 × 25.5		廣州 廣州市美術館	
山水圖（10幀）	冊	紙	水墨、設色	（每幀）16.5 × 29.3		美國 火魯奴奴 Hutchinson 先生	
附：							
山水圖（陳墫、顧洛、湯貽汾山水卷3之1段）	卷	紙	設色	不詳	乙未（道光十五年，1835）	天津 天津市文物公司	
秋景山水圖	卷	紙	設色	不詳	乙巳（道光二十五年，1845）	上海 上海工藝品進出口公司	
愛園圖（為均之作）	卷	紙	設色	42.4 × 134	道光戊申（二十八年，1848）二月	武漢 湖北省武漢市文物商店	
秋林琴隱圖	卷	紙	設色	29.2 × 124.5	道光辛卯（十一年，1831）秋九弓	紐約 蘇富比藝品拍賣公司/拍賣目錄 1988,11,30.	
秋林琴韻	卷	紙	設色	31 × 126.5	道光甲辰（二十四年，1844）秋日	紐約 佳士得藝品拍賣公司/拍賣目錄 1992,06,02.	
三百三十有三士亭圖（湯貽汾、董琬貞合作）	卷	絹	設色	33.3 × 146	道光庚寅（十年，1830）冬	香港 佳士得藝品拍賣公司/拍賣目錄 1995,10,29.	
香山九老圖	卷	紙	水墨	27.9 × 123.8	丙午（道光二十六年，1846）秋月	紐約 佳士得藝品拍賣公司/拍賣目錄 1998,03,24.	
秋林琴韻圖	卷	紙	設色	29 × 148	道光辛卯（十一年，1831）秋日	香港 佳士得藝品拍賣公司/拍賣目錄 2001,04,29.	
梅花圖	軸	紙	水墨	不詳	道光乙巳（二十五年，1845）	上海 上海工藝品進出口公司	
枯木圖	軸	紙	水墨	不詳	道光乙巳（二十五年，1845）	常州 常州市文物商店	
玲瓏石圖	軸	紙	水墨	62.7 × 33.2	己酉（道光二十九年，1849）	蘇州 蘇州市文物商店	
梅花圖	軸	絹	水墨	42.8 × 34	乙巳（道光二十五年，1845）	武漢 湖北省武漢市文物商店	
臨黃子久意山水	軸	紙	設色	138.7 × 44.8		紐約 蘇富比藝品拍賣公司/拍賣目錄 1980,10,25.	
湖濱小景	軸	紙	水墨	65 × 29	己丑（道光九年，1829）三月	紐約 佳士得藝品拍賣公司/拍賣目錄 1984,06,29.	
山水圖	軸	紙	設色	94 × 42.5	乙巳（道光二十五	紐約 蘇富比藝品拍賣公司/拍	

名稱	形式	質地	色彩	尺寸 高x寬㎝	創作時間	收藏處所	典藏號碼
					年，1845）秋九月	賣目錄 1986,06,03.	
山水圖	軸	紙	水墨	139.6 × 32.3	辛卯（道光十一年，1831）	紐約 佳仕得藝品拍賣公司/拍 賣目錄 1986,06,04.	
柏梅圖	軸	紙	設色	136 × 41.3		紐約 佳仕得藝品拍賣公司/拍 賣目錄 1986,06,04.	
林亭秋晚圖	軸	紙	設色	90 × 33		紐約 佳士得藝品拍賣公司/拍 賣目錄 1990,11,28.	
梅花圖	軸	紙	水墨	126.5 × 44	嘉慶丁丑（二十二年，1817）三月	紐約 佳士得藝品拍賣公司/拍 賣目錄 1990,11,28.	
寒窗讀書圖	軸	紙	水墨	96.5 × 38.8		香港 佳士得藝品拍賣公司/拍 賣目錄 1991,03,18.	
琴隱園雅集圖	軸	紙	水墨	不詳	乙巳（道光二十五年，1845）重陽前三日	紐約 佳士得藝品拍賣公司/拍 賣目錄 1991,05,29.	
群仙拱壽圖（祝小山七旬初度，與湯祿名合作）	軸	紙	設色	141 × 47		紐約 佳士得藝品拍賣公司/拍 賣目錄 1991,05,29.	
抱琴訪友圖	軸	紙	水墨	104.1 × 31.8	辛卯（道光十一年，1831）歲季	紐約 佳士得藝品拍賣公司/拍 賣目錄 1994,11,30.	
山水圖	軸	紙	設色	95.2 × 29.5	丁未（道光二十七年，1847）秋七月	紐約 佳士得藝品拍賣公司/拍 賣目錄 1995,09,19.	
瀟湘八景圖（8幀）	冊	紙	設色	（每幀）13.3 × 12.7	丁亥（道光七年，1827）秋	紐約 佳士得藝品拍賣公司/拍 賣目錄 1989,12,04.	
玫瑰圖	摺扇面	金箋	設色	18.2 × 51.5	壬辰（道光十二年，1832）長夏	香港 佳士得藝品拍賣公司/拍 賣目錄 1995,04,30.	
山水圖（12幀）	冊	金箋	設色	（每幀）26 × 29.2	壬子（咸豐二年，1852）初秋	紐約 佳士得藝品拍賣公司/拍 賣目錄 1996,03,27.	
山水圖（明清名家山水扇面冊18之1幀）	摺扇面	金箋	水墨	不詳		紐約 佳士得藝品拍賣公司/拍 賣目錄 1997,09,19.	
山水圖（12幀）	冊	紙	水墨、設色	（每幀）19.3 × 14.4	甲辰（道光二十四年，1844）梅月	香港 佳士得藝品拍賣公司/拍 賣目錄 1998,09,15.	

畫家小傳：湯貽汾。字若儀，號雨生、粥翁。江蘇武進人，寓居金陵。生於高宗乾隆四十二（1777）年，卒於文宗咸豐三（1853）年。世襲雲騎尉。歷官至溫州副總兵，以病辭。能深造天文、地理與百家之學外，書畫、詩文並臻絕品。（見桐陰論畫、墨林今話、法時帆十六畫人歌、會賓客詩集、中國畫家人名大辭典）

名稱	形式	質地	色彩	尺寸 高×寬cm	創作時間	收藏處所	典藏號碼

方 梅

名稱	形式	質地	色彩	尺寸 高×寬cm	創作時間	收藏處所	典藏號碼
賞梅圖	軸	絹	設色	不詳	嘉慶壬戌（七年，1802）秋日	紹興 浙江省紹興市博物館	
梅花圖（2幅）	軸	紙	設色	不詳		嵊縣 浙江省嵊縣文管會	
梅花圖	軸	紙	水墨	172.2 × 44.4		英國 倫敦維多利亞艾伯待博物館	F.E 9-1970
墨梅圖	軸	紙	水墨	145.9 × 37.4		英國 倫敦維多利亞艾伯待博物館	F.E 9-1970
附：							
雪梅圖	軸	紙	設色	不詳		上海 上海文物商店	

畫家小傳：方梅（一作楳）。字雪坡。浙江山陰人。善畫山水、花卉、人物，無不精妙；尤長於畫梅。又工詩，善草書。流傳署款紀年作品見於仁宗嘉慶七(1802)年。（見越中歷代畫人傳、中國美術家人名辭典）

賈 崧

名稱	形式	質地	色彩	尺寸 高×寬cm	創作時間	收藏處所	典藏號碼
摹李東陽像	軸	紙	設色	130.2 × 60.8	嘉慶壬戌（七年，1802）	上海 上海博物館	

畫家小傳：賈崧。畫史無載。流傳署款紀年作品見於仁宗嘉慶七(1802)年。身世待考。

孫世昌

名稱	形式	質地	色彩	尺寸 高×寬cm	創作時間	收藏處所	典藏號碼
寒林山水圖	軸	絹	設色	80.7 × 47.2		日本 私人	
虞美人圖（藝林清賞冊之5）	冊頁	紙	水墨	17.1 × 53.5		台北 故宮博物院	故畫 03490-5

畫家小傳：孫世昌。字少峰。安徽桐城人。仁宗嘉慶七（1802）年進士。善畫花卉，頗有韻致。（見耕硯田齋筆記、中國畫家人名大辭典）

韵 亭

名稱	形式	質地	色彩	尺寸 高×寬cm	創作時間	收藏處所	典藏號碼
蘭石竹圖（瑛寶、朱本、朱鶴年、顧鶴慶、韵亭合作）	卷	紙	水墨	26.1 × 261.5	嘉慶壬戌（七年，1802）	重慶 重慶市博物館	

畫家小傳：韵亭。畫史無載。與瑛寶同時。流傳署款作品見於仁宗嘉慶七(1802)年。身世待考。

孟春保

名稱	形式	質地	色彩	尺寸 高×寬cm	創作時間	收藏處所	典藏號碼
山水圖（清人山水花卉圖扇面冊之第12幀）	摺扇面	紙	設色	16.1 × 39.8		韓國 首爾朴周煥先生	

畫家小傳：孟春保。畫史無載。身世待考。

金若澂

名稱	形式	質地	色彩	尺寸 高×寬㎝	創作時間	收藏處所	典藏號碼
仿陳淳花卉圖（清人山水花卉圖扇面冊之第9幀）	摺扇面	紙	設色	16.2 × 39.4		韓國 首爾朴周煥先生	

畫家小傳：金若澂。畫史無載。身世待考。

沈 銓

名稱	形式	質地	色彩	尺寸 高×寬㎝	創作時間	收藏處所	典藏號碼
滿園春色圖	軸	紙	設色	140 × 131.5		天津 天津市藝術博物館	
四季花卉圖（4幅）	軸	紙	設色	不詳	嘉慶癸亥（八年，1803）	石家莊 河北省博物館	
曡花獻壽圖	軸	紙	設色	不詳	嘉慶甲戌（十九年，1814）	石家莊 河北省博物館	
花卉圖（8幀）	冊	紙	設色	不詳	嘉慶壬戌（七年，1802）	天津 天津市藝術博物館	
山水圖（清蔡嘉等山水冊12之1幀）	冊頁	紙	設色	不詳		天津 天津市藝術博物館	
名勝紀遊圖（16幀）	冊	紙	設色	（每幀）55.6 × 31	乾隆乙卯（六十年，1795）	廣州 廣東省博物館	
黃山圖（14幀）	冊	紙	設色	（每幀）55.6 × 31		廣州 廣東省博物館	

畫家小傳：沈銓。字師橋。號青來。直隸天津人。工畫，山水師法明沈石田，花卉宗學惲南田。生平私慕黃山之勝，偕友往遊，盡繪山中怪石古松、奇葩異卉，無不逼肖。流傳署款紀年作品見於仁宗嘉慶七（1802）至十九（1814）年。（見墨香居畫識、中國畫家人名大辭典）

朱 震

名稱	形式	質地	色彩	尺寸 高×寬㎝	創作時間	收藏處所	典藏號碼
柳蔭歸牧圖	軸	絹	設色	不詳	壬戌（嘉慶七年，1802）	瀋陽 遼寧省博物館	

畫家小傳：朱震。字乾伯。號竹坡。為秋田兄。與馬錦為畫友。畫山水，宗法四王。（見墨林今話、中國畫家人名大辭典）

余壽康

名稱	形式	質地	色彩	尺寸 高×寬㎝	創作時間	收藏處所	典藏號碼
撫黃公望富春圖（清人山水花卉圖扇面冊之第10幀）	摺扇面	紙	水墨	16.1 × 39.7		韓國 首爾朴周煥先生	

畫家小傳：余壽康。畫史無載。身世待考。

項維仁

名稱	形式	質地	色彩	尺寸 高x寬㎝	創作時間	收藏處所	典藏號碼

山水圖　　　　　　　　　　軸　絹　設色　不詳　　　　嘉慶七年，壬戌　天津 天津市藝術博物館
　　　　　　　　　　　　　　　　　　　　　　　　　　（1802）

畫家小傳：項維仁。號果園。浙江溫州人。工詩畫。作山水，仿董北苑，多蒼鬱之氣，品極高。流傳署款紀年作品見於仁宗嘉慶七
　　　　　（1802）年。(見墨林今話、中國畫家人名大辭典)

顧　蒓

梅花通景（4幅）　　　　　　軸　絹　水墨　不詳　　　　　　　　　　　南京 南京博物院

梅花圖　　　　　　　　　　軸　紙　水墨　不詳　　　　丁亥（道光七年，　成都 四川省博物院
　　　　　　　　　　　　　　　　　　　　　　　　　　1827）

梅花圖　　　　　　　　　　軸　紙　水墨　不詳　　　　　　　　　　　廣州 廣東省博物館
芝蘭竹石圖（為桂齡作）　　　軸　紙　設色　110.8 x 46.1　　　　　　　日本 東京住友寬一先生

畫家小傳：顧蒓。字吳羹。號南雅，晚署息廬。江蘇吳縣（一作長洲）人。仁宗嘉慶七（1802）年進士。，以抗直聞，名節為吳中第一。
　　　　　工書，學唐歐陽詢，，下筆英挺。又好詩、古文，致力甚深。晚歲惟寓意於楮墨，雖宗法揚補之、趙子固，蘭石水仙不專一家，
　　　　　或肆為紛披，或斂為簡淡，天真自然，妙而別饒風格。(見墨林今話、桐陰論畫、耕硯田齋筆記、中國畫家人名大辭典)

蒯嘉珍

水仙湖石圖（錢與齡、蒯嘉珍　卷　紙　設色　不詳　　　　嘉慶壬申（十七年　天津 天津市藝術博物館
合作）　　　　　　　　　　　　　　　　　　　　　　　，1812）

仿沈周山水圖　　　　　　　卷　絹　設色　不詳　　　　嘉慶癸亥（八年，　南京 南京博物院
　　　　　　　　　　　　　　　　　　　　　　　　　　1803）

附：

仿王麓臺山水圖　　　　　　軸　紙　設色　不詳　　　　嘉慶戊辰（十三年　蘇州 蘇州市文物商店
　　　　　　　　　　　　　　　　　　　　　　　　　　，1808）

臨古雜畫（24幀）　　　　　　冊　紙　設色　不詳　　　　嘉慶九年（甲子，　蘇州 蘇州市文物商店
　　　　　　　　　　　　　　　　　　　　　　　　　　1804）

山水（蒯嘉珍、錢與齡合冊10　冊頁　紙　水墨、　（每幀）8 x　　　紐約 佳士得藝品拍賣公司/拍
之第5幀）　　　　　　　　　　　　　設色　13.8　　　　　　　　　賣目錄 1995,3,22.

畫家小傳：蒯嘉珍。字鐵崖。江蘇吳江人。身世不詳。工詩，善畫。流傳署款紀年作品見於仁宗嘉慶八（1803）至十七（1812）年。
　　　　　　　　(見墨林今話、中國畫家人名大辭典)

翁是挨
附：

竹雀萱花圖　　　　　　　　軸　絹　設色　不詳　　　　壬戌（嘉慶七年，　蘇州 蘇州市文物商店

名稱	形式	質地	色彩	尺寸 高×寬 ㎝	創作時間	收藏處所	典藏號碼
					1802）		

畫家小傳：翁是揆。字是平。江蘇常熟人。工書。善畫花卉。流傳署款作品紀年疑為仁宗嘉慶七（1802）（見虞山畫志、中國畫家
　　　　人名大辭典）

吳應年

詩龕圖（黃均、方薰、朱鶴年 、朱昂之、朱本、張釜、朱文 新、嚴鈺、吳應年等作詩龕圖 合璧卷之1）	卷	紙	設色	不詳	嘉慶丙寅（十一年　鎮江 ，1806）	江蘇省鎮江市博物館	
法源寺圖（清朱鶴年等法源寺 書畫冊14之1幀）	冊頁	紙	設色	不詳		上海　上海博物館	

畫家小傳：吳應年。畫史無載。流傳署款紀年作品見於仁宗嘉慶八（1803）年。身世待考。

席文卿

花卉草蟲圖（12幀）	冊	紙	設色	不詳	嘉慶癸亥（八年， 1803）仲春	北京　故宮博物院	

畫家小傳：席文卿。女。字澹如。江蘇吳縣人。吳江徐堉之繼室。精畫理，家富收藏，閒暇臨仿前人名蹟，遂工人物、花卉，悉宗北
　　　　宋；亦能畫虎。流傳署款紀年作品見於仁宗嘉慶八（1803）年。（見墨香居畫識、墨林今話、中國畫家人名大辭典）

朱文新

詩龕圖（黃均、方薰、朱鶴年 、朱昂之、朱本、張釜、朱文 新、嚴鈺、吳應年等作詩龕圖 合璧卷之1）	卷	紙	設色	不詳	嘉慶丙寅（十一年　鎮江 ，1806）	江蘇省鎮江市博物館	
詩龕圖（七家詩龕圖合卷之第 4幅，為法梧門作）	短卷	紙	設色	27.3 × 33.3	己巳（嘉慶十四年 ，1809）春日	日本　東京高島菊次郎槐安居	
雜畫（8幀）	冊	絹	設色	不詳	嘉慶戊辰（十三年　上海 ，1808）	上海博物館	
法源寺圖（清朱鶴年等法源寺 書畫冊14之1幀）	冊頁	紙	設色	不詳		上海　上海博物館	
附：							
春溪泛舟圖	摺扇面	紙	設色	不詳		上海　上海友誼商店	

畫家小傳：朱文新。字漁齋。江蘇揚州人。工畫仕女，學唐寅。兼善山水、花卉。與朱鶴年、朱本，合稱「長安三朱」。流傳署款紀年
　　　　作品見於仁宗嘉慶八（1803）至十四（1809）年。（見墨林今話、耕硯田齋筆記、清畫史補錄、中國畫家人名大辭典）

名稱	形式	質地	色彩	尺寸 高x寬cm	創作時間	收藏處所	典藏號碼
洪 範							
竹石圖	軸	紙	水墨	136.1 x 44.5		日本 大阪橋本大乙先生	
撫李成還山讀書圖	軸	紙	設色	141.8 x 72.8		英國 倫敦大英博物館	1910.2.12.4 60(ADD211)
墨竹圖	軸	紙	水墨	130.7 x 31.5	戊寅（嘉慶二十三年，1818）夏至	德國 柏林東亞藝術博物館	6124
竹石圖（為松亭大兄作）	軸	紙	水墨	167.6 x 85.5	壬午（道光二年，1822）閏三月八	瑞典 斯德哥爾摩遠東古物館	
墨竹圖	摺扇面	金箋	水墨	不詳		成都 四川省博物院	
附：							
山水圖	卷	紙	設色	30.8 x 344.5	戊子（道光八年，1828）仲夏	紐約 蘇富比藝品拍賣公司/拍賣目錄 1987.12.08	
墨竹圖（為厚山作）	軸	紙	水墨	不詳	嘉慶二十五年（庚辰，1820）新秋	北京 中國文物商店總店	
竹石圖	軸	絹	水墨	不詳		北京 中國文物商店總店	
湖石圖（為春圃大兄作）	軸	紙	水墨	124 x 32.5	癸亥（嘉慶八年，1803）三月廿日	紐約 佳士得藝品拍賣公司/拍賣目錄 1984,06,29.	

畫家小傳：洪範。字石農。號白樓過客。安徽休寧人。工詩、書、畫，俱磊落超雋。畫山水，宗法黃公望；墨竹學蘇軾，間寫煙雨、疏林、片石小景，別饒意趣。流傳署款紀年作品見於仁宗嘉慶八（1803）至宣宗道光八（1828）年。（見墨香居畫識、桐陰論畫、耕硯田齋筆記、墨林今話、中國畫家人名大辭典）

名稱	形式	質地	色彩	尺寸 高x寬cm	創作時間	收藏處所	典藏號碼
馬師班							
雪灘垂釣圖	卷	絹	設色	31.3 x 115.4		蘇州 江蘇省蘇州博物館	
仿巨然山水圖	軸	絹	水墨	不詳	癸亥（嘉慶八年，1803）	桐鄉 浙江省桐鄉縣博物館	

畫家小傳：馬師班。女。江蘇無錫人。適楊氏。能詩。工畫山水。流傳署款紀年作品見於仁宗嘉慶八（1803）年。（見清朝書畫家筆錄、中國畫家人名大辭典）

名稱	形式	質地	色彩	尺寸 高x寬cm	創作時間	收藏處所	典藏號碼
王抒藻							
附：							
山水圖	軸	紙	水墨	不詳	嘉慶癸亥（八年，1803）	上海 上海文物商店	

名稱	形式	質地	色彩	尺寸 高x寬cm	創作時間	收藏處所	典藏號碼

畫家小傳：王抒藻。畫史無載。流傳署款紀年作品見於仁宗嘉慶八（1803）年。身世待考。

焦 循

名稱	形式	質地	色彩	尺寸	創作時間	收藏處所	典藏號碼
梅花圖	軸	紙	水墨	不詳	嘉慶癸亥（八年，1803）	杭州 浙江省杭州市文物考古所	

畫家小傳：焦循。畫史無載。流傳署款紀年作品見於仁宗嘉慶八（1803）年。身世待考。

翁 昱
附：

名稱	形式	質地	色彩	尺寸	創作時間	收藏處所	典藏號碼
杏花春雨江南圖	卷	絹	設色	26.5 x 52.5	甲子（嘉慶九年，1804）春仲	紐約 佳士得藝品拍賣公司/拍賣目錄 1989.06.01.	

畫家小傳：翁昱。畫史無載。流傳署款紀年作品見於仁宗嘉慶九(1804)年。身世待考。

葉志詵

名稱	形式	質地	色彩	尺寸	創作時間	收藏處所	典藏號碼
墨蘭圖	摺扇面	紙	水墨	16.5 x 48.5		韓國 私人	

畫家小傳：葉志詵。字東卿。生於高宗乾隆四十四（1779）年。卒於穆宗同治二（1863）年。身世不詳。（見疑年錄彙編、中國畫家人名大辭典）

姜 漁

名稱	形式	質地	色彩	尺寸	創作時間	收藏處所	典藏號碼
花鳥	軸	紙	設色	不詳		台北 故宮博物院	國贈 031096
荔枝鸚鵡圖	軸	絹	設色	不詳	丁酉（道光十七年，1837）冬日	北京 故宮博物院	
撲蝶圖	軸	紙	設色	不詳	道光丁亥（七年，1827）	鄭州 河南省博物館	
墨荷圖（為卞山作）	軸	紙	水墨	不詳	嘉慶丁丑（二十二年，1817）清和	上海 上海博物館	
端陽即景圖	軸	灑金箋	設色	不詳		上海 上海博物館	
秋花雞雛圖	軸	紙	設色	不詳		日本 東京張允中先生	
鷹圖（摹唐六如寫生筆意）	軸	絹	設色	136.4 x 42.4	壬辰（道光十二年，1832）二月花朝日	日本 大阪藤野隆三先生	
受天百祿圖（綬帶柏樹雙鹿）	軸	紙	設色	121.4 x 49.7		日本 京都國立博物館	A甲 01117
雁來紅（清花卉畫冊四冊之4）	冊頁	紙	設色	不詳		台北 故宮博物院	故畫 03520-4

名稱	形式	質地	色彩	尺寸 高x寬㎝	創作時間	收藏處所	典藏號碼
水閣聽泉圖	摺扇面	紙	設色	不詳	嘉慶甲子（九年，1804）小春	北京 故宮博物院	
花鳥圖（12幀）	冊	紙	設色	不詳	戊辰（嘉慶十三年，1808）	上海 上海博物館	
月竹眠雀圖	摺扇面	紙	設色	15.9 x 50.9		日本 東京國立博物館	
附：							
梅雀水仙圖	軸	絹	水墨	不詳		上海 朵雲軒	

畫家小傳：姜漁。字笠人。巢縣人，僑居吳中。善畫，逸筆花卉師陳淳、徐渭；翎毛，受教於張雪鴻；亦間畫山水、仕女。流傳署款紀年作品見於仁宗嘉慶九(1804)年，至宣宗道光十七(1837)年。（見桐陰論畫、墨林今話、耕硯田齋筆記、中國畫家人名大辭典）

龔有暉

| 雙松圖 | 軸 | 紙 | 水墨 | 167 x 92.5 | 甲子（嘉慶九年，1804) | 重慶 重慶市博物館 | |

畫家小傳：龔有暉。字旭齋。四川巴縣人。龔有融之弟。為庠生。工書、畫。畫山水，有沈周格韻；兼能著色花鳥。名亞於兄長，人稱「二龔」。署款紀年作品見於仁宗嘉慶九(1804)年。（益州書畫錄、中國美術家人名辭典）

楊湛思

玉延秋館圖（陳鏞為設色，3段之第3)	卷	紙	設色	35.8 x 109.8	嘉慶戊辰（十三年，1808）長夏	北京 故宮博物院	
西山讀書圖	卷	紙	設色	不詳		天津 天津市藝術博物館	
詩龕圖（七家詩龕圖合卷之第6幀）	卷	紙	設色	27.3 x 33.3	嘉慶戊辰（十三年，1808）七夕前一日	日本 東京高島菊次郎槐安居	
仿王麓臺山水圖	軸	紙	設色	不詳	嘉慶甲子（九年，1804)	濟南 山東省博物館	

畫家小傳：楊湛思。字琴山。江蘇陽湖人。為惲壽平從甥。善畫山水。流傳署款紀年作品見於嘉慶九(1804)至十三(1808)年。（見法式善撰十六畫人歌、中國畫家人名大辭典）

楊昌緒

江鄉籌運圖	卷	絹	設色	不詳	嘉慶十八年（癸酉，1813)	天津 天津市藝術博物館	
桐江泛櫂圖（為澹盫作）	卷	紙	設色	不詳	嘉慶己巳（十四年，1809）九秋	太原 山西省博物館	
吟香仙館圖（為玉橋作）	卷	紙	設色	不詳	嘉慶丁丑（二十二	南昌 江西省博物館	

名稱	形式	質地	色彩	尺寸 高x寬cm	創作時間	收藏處所	典藏號碼
					年，1817）中秋下浣		
仿王蓬心六法津梁石法樹法十二則	卷	紙	設色	不詳	嘉慶甲戌（十九年，1814）大暑後一日	日本 東京張允中先生	
金陵山水圖（12幀）	冊	紙	設色	不詳	嘉慶丙子（二十一年，1816）	天津 天津市藝術博物館	
擬宋元人山水圖（8幀，為天山作）	冊	紙	設色	不詳	嘉慶十一年（丙寅，1806）立冬前一日	成都 杜甫草堂	
附：							
懸蘿釣渚圖（為蘿山作）	卷	紙	水墨	不詳	嘉慶庚辰（二十五，1820）十月下浣	上海 朵雲軒	
西泠話別圖	卷	紙	設色	22.8 x 89.3	嘉慶甲子（九年，1804）冬十月下浣	紐約 佳士得藝品拍賣公司/拍賣目錄 1993,12,01.	

畫家小傳：楊昌緒。字補凡。號鳳凰山人。江蘇長洲人，僑寓揚州。為繆頌甥。善畫山水，筆墨森秀中見渾厚；兼長仕女、花卉。流傳署款紀年作品見於仁宗嘉慶九（1804）至廿五（1820）年。（見墨林今話、耕硯田齋筆記、中國畫家人名大辭典）

鄭士芳

名稱	形式	質地	色彩	尺寸 高x寬cm	創作時間	收藏處所	典藏號碼
仿北苑山水圖	卷	絹	設色	不詳		濟南 山東省濟南市博物館	
花卉圖	軸	絹	設色	118.2 x 57	嘉慶甲子（九年，1804）	天津 天津市藝術博物館	
雲峰飛瀑圖	軸	紙	設色	117.3 x 47	庚午（嘉慶十五年，1810）	天津 天津市藝術博物館	
蕉石圖	軸	紙	水墨	不詳	丁未（道光二十七年，1847）	濟南 山東省博物館	
荷花圖	軸	紙	水墨	不詳		濟南 山東省博物館	
漁溪樵徑圖	軸	紙	水墨	不詳		濟南 山東省博物館	
山水圖（李鱓、吳履、鄭士芳花鳥山水合冊12之5幀）	冊	紙	設色	（每幀）23 x 31	其一：嘉慶丁丑（二十二年，1817）	瀋陽 故宮博物院	
山水圖（鄭士芳、項文彥山水合冊11之6幀）	冊頁	紙	設色	不詳		天津 天津市藝術博物館	
山水圖（10幀，鄭士芳、鄭謨合作，為壾圖作）	冊	紙	水墨	不詳	丙寅（嘉慶十一年，1806)冬	上海 上海博物館	

名稱	形式	質地	色彩	尺寸 高×寬cm	創作時間	收藏處所	典藏號碼

畫家小傳：鄭士芳。字蘭坡。號柳泉（一作柳田）。山東歷城人。少奇窮，家無以養，乃託繪事自活。善畫山水，得超逸之趣。流傳署款
　　　紀年作品見於仁宗嘉慶九(1804)年，至宣宗道光二十七（1847）年。（載濟南府志、蜨隱園書畫雜綴、中國畫家人名大辭典）

陸 楷

名稱	形式	質地	色彩	尺寸	創作時間	收藏處所	典藏號碼
歐餘山人像	軸	紙	設色	不詳	甲子（嘉慶九年，1804）人日	北京 故宮博物院	
春宵出遊圖	軸	絹	設色	不詳		天津 天津市藝術博物館	

畫家小傳：陸楷。字振之。號梅圃。浙江吳興人。工寫山水、人物、花卉，為沈宗騫弟子。流傳署款紀年作品見於仁宗嘉慶九(1804)年。
　　　（見墨香居畫識、耕硯田齋筆記、中國畫家人名大辭典）

梁 樞

名稱	形式	質地	色彩	尺寸	創作時間	收藏處所	典藏號碼
山水圖	軸	紙	設色	155.3 × 76.4		香港 中文大學中國文化研究所文物館	73.471
山水圖	軸	絹	設色	186.5 × 100	甲子（嘉慶九年，1804）	香港 何耀光至樂樓	
水墨蕉石圖	軸	紙	水墨	116 × 46.1		中山 廣東省立中山圖書館	

畫家小傳：梁樞。字拱之。號石癡、懶雲子。廣東順德人。工畫山水，初作米家山，中年步趨沈周，晚歲轉作青綠，生致盎然；間作蘭竹，
　　　亦佳。流傳署款紀年作品見於仁宗嘉慶九(1804)年。（見劍光樓筆記、常惺惺齋書畫題跋、順德縣志、中國畫家人名大辭典）

錢善揚

名稱	形式	質地	色彩	尺寸	創作時間	收藏處所	典藏號碼
墨竹圖	軸	絹	水墨	不詳		上海 上海博物館	
嘉禾六穗圖	軸	紙	設色	125 × 33	甲子（嘉慶九年，1804）	嘉興 浙江省嘉興市博物館	
山水圖（清奚岡等書畫冊10之第2幀）	冊頁	紙	設色	不詳		瀋陽 遼寧省博物館	
山水圖（清張開福等雜畫冊24之1幀）	冊頁	紙	設色	不詳		上海 上海博物館	

畫家小傳：錢善揚。字慎夫。號麓山。浙江海鹽人。錢載之孫。善畫花卉，得祖法；為梅傳神尤佳。兼善山水，流傳署款紀年作品
　　　見於仁宗嘉慶九(1804)年。（見墨香居畫識、墨林今話、中國畫家人名大辭典）

吳日昕
附：

名稱	形式	質地	色彩	尺寸	創作時間	收藏處所	典藏號碼
仿北苑山水圖	軸	絹	設色	不詳	嘉慶甲子（九年，1804）	合肥 安徽省文物商店	

名稱	形式	質地	色彩	尺寸 高x寬cm	創作時間	收藏處所	典藏號碼

畫家小傳：吳日昕。字藥雨。安徽歙縣人。工畫山水，摹沈周、文徵明兩家。流傳署款紀年作品見於仁宗嘉慶九(1804)年。（見墨香居畫識、中國畫家人名大辭典）

佘嘉惠

| 臨羅聘鬼趣圖（8幀） | 冊 | 紙 | 水墨 | 不詳 | 甲子（嘉慶九年，1804）二月 | 日本 東京張允中先生 | |

畫家小傳：佘嘉惠。畫史無載。約與張問陶同時。身世待考。

張維屏

山水圖	軸	紙	水墨	117.2 × 52.1		香港 霍寶材先生	
聽謌圖	軸	紙	水墨	63.5 × 43.5		香港 何耀光至樂樓	
仿黃子久山水（張維屏山水冊之1）	冊頁	紙	水墨	20.5 × 28.2		香港 聽松書屋	
仿雲林山水（張維屏山水冊之2）	冊頁	紙	水墨	20.5 × 28.2		香港 聽松書屋	
仿高克恭山水（張維屏山水冊之3）	冊頁	紙	水墨	20.5 × 28.2		香港 聽松書屋	
仿卞文瑜（張維屏山水冊之4）	冊頁	紙	水墨	20.5 × 28.2		香港 聽松書屋	
仿吳漁山山水（張維屏山水冊之5）	冊頁	紙	水墨	20.5 × 28.2		香港 聽松書屋	
仿張瑞圖山水（張維屏山水冊之6）	冊頁	紙	水墨	20.5 × 28.2		香港 聽松書屋	
仿王原祁山水（張維屏山水冊之7）	冊頁	紙	水墨	20.5 × 28.2		香港 聽松書屋	
仿王廉州山水（張維屏山水冊之8）	冊頁	紙	水墨	20.5 × 28.2		香港 聽松書屋	
畫南山詩畫（張維屏山水冊之9）	冊頁	紙	水墨	20.5 × 28.2		香港 聽松書屋	
溪山晴靄碧（張維屏山水冊之10）	冊頁	紙	水墨	20.5 × 28.2		香港 聽松書屋	

附：

| 山水圖（8幀） | 冊 | 紙 | 水墨 | （每幀）26.3 | | 紐約 佳仕得藝品拍賣公司/拍 | |

名稱		形式	質地	色彩	尺寸 高x寬㎝	創作時間	收藏處所		典藏號碼
					× 30.5		賣目錄 1986,12,01.		

畫家小傳：張維屏。字子樹。號南山、松心子、珠海老漁。廣東番禺人。生於高宗乾隆四十五（1780）年，卒於文宗咸豐九（1859）年。道光二年進士。詩、文、書法，聲稱一時。間作山水，亦有清致。（見嶺南畫徵略、劍光樓筆記、嶺南群雅、中國畫家人名大辭典）

李熙垣

名稱		形式	質地	色彩	尺寸 高x寬㎝	創作時間	收藏處所		典藏號碼
山水圖（15幀）		冊	紙	設色	（每幀）24 × 30.5	道光甲午（十四年，1834）夏日	南寧 廣西壯族自治區博物館		

畫家小傳：李熙垣。字星門。號東屏。廣西桂林永福人。生於高宗乾隆四十五（1780）年，卒於穆宗同治八（1869）年。周介亭之婿。家藏法書名畫甚夥，故精鑑別，善畫山水，得尊翁家傳。（見粵西先哲書畫集序、中國畫家人名大辭典）

吳烜

名稱		形式	質地	色彩	尺寸 高x寬㎝	創作時間	收藏處所		典藏號碼
指頭畫山水圖		橫幅	絹	水墨	不詳	乙丑（嘉慶十年，1805）	上海 上海博物館		

畫家小傳：吳烜。畫史無載。流傳署款紀年作品見於仁宗嘉慶十（1805）年。身世待考。

陳燦

名稱		形式	質地	色彩	尺寸 高x寬㎝	創作時間	收藏處所		典藏號碼
秋山行旅圖		軸	綾	設色	不詳	乙丑（嘉慶十年，1805）	無錫 江蘇省無錫市博物館		
溪亭竹路圖		軸	紙	水墨	不詳	道光壬午（二年，1822）	杭州 浙江省博物館		

畫家小傳：陳燦。號二酉。浙江人。工詩。善畫山水，學明董其昌。嘗遊丁敬之門，與黃易交善，互為師友。流傳署款紀年作品見於仁宗嘉慶十（1805）年，至宣宗道光二（1822）年。（見墨林今話、中國畫家人名大辭典）

劉運銓

名稱		形式	質地	色彩	尺寸 高x寬㎝	創作時間	收藏處所		典藏號碼
仿巨然墨法山水圖		軸	紙	水墨	110 × 55.1	乙酉（道光五年，1825）冬日	日本 東京河井荃廬先生		
仿元人設色法山水圖		軸	絹	設色	112.8 × 32.1	乙丑（嘉慶十年，1805）長夏」	日本 東京河井荃廬先生		

畫家小傳：劉運銓。字小峰。江蘇吳縣人。家富收藏名人墨妙。自幼耳濡目染，復得王學浩講授，故善畫。署款紀年作品見於仁宗嘉慶十（1805）年至宣宗道光五（1825）年。（見墨林今話、耕硯田齋筆記、中國畫家人名大辭典）

吳榕

名稱		形式	質地	色彩	尺寸 高x寬㎝	創作時間	收藏處所		典藏號碼
臨弘仁黃山圖（14幀）		冊	紙	設色	不詳	嘉慶乙丑（十年，	天津 天津市藝術博物館		

名稱	形式	質地	色彩	尺寸 高x寬㎝	創作時間	收藏處所	典藏號碼

1805）

畫家小傳：吳榕。字蓮椒。號才甫。安徽歙人。善畫梅花，饒有宋元人風韻。流傳署款紀年作品見於仁宗嘉慶十(1805)年。（見墨林
　　　今話、畫林新詠、中國畫家人名大辭典）

姜　誠

附：

| 樸園圖（停琴放鶴圖） | 卷 | 灑金箋 | 水墨 | 28.5 × 137.2 | 嘉慶乙丑（十年，1805）冬 | 紐約 佳士得藝品拍賣公司/拍賣目錄 1989.06.01. | |

畫家小傳：姜誠。畫史無載。流傳署款紀年作品見於仁宗嘉慶十(1805)年。身世待考。

汪在渭

| 蘭竹圖 | 軸 | 綾 | 水墨 | 不詳 | 乙丑（？嘉慶十年，1805） | 徐州 江蘇省徐州市博物館 | |

畫家小傳：汪在渭。畫史無載。流傳署款作品紀年疑為仁宗嘉慶十（1805）年。身世待考。

年　英

| 山水、花果圖（10幀） | 冊 | 紙 | 水墨 | 不詳 | 乙丑（嘉慶十年，1805）冬 | 杭州 浙江省杭州市文物考古所 | |

畫家小傳：年英。字武山。廣寧人。工白描，善寫水仙，取法宋趙孟堅，有出塵之致。流傳署款紀年作品見於仁宗嘉慶十(1805)年。
　　　（見歷代畫史彙傳附錄、中國畫家人名大辭典）

楊欲作

| 墨梅圖 | 軸 | 紙 | 水墨 | 117.2 × 30.8 | | 日本 繭山龍泉堂 | |

畫家小傳：楊欲作。字體之。仁宗嘉慶（17986-1820）間，由進士歷仕至縣官。善書畫，尤長寫梅。琉球國使臣毛朝禮，每至與其
　　　詩文唱名，返必求其書畫以歸。（見畫作題跋）

鮑捷勳

| 花鳥圖（12幀） | 冊 | 紙 | 設色 | 不詳 | | 瀋陽 故宮博物院 | |

畫家小傳：鮑捷勳。江蘇常熟人。家世不詳。善畫花鳥，得余省法。（見虞山畫志、中國畫家人名大辭典）

錢允湘

| 宜園雅集圖 | 卷 | 絹 | 設色 | 不詳 | | 北京 故宮博物院 | |

畫家小傳：錢允湘。畫史無載。身世待考。

名稱	形式	質地	色彩	尺寸 高×寬㎝	創作時間	收藏處所	典藏號碼

施文錦

名稱	形式	質地	色彩	尺寸	創作時間	收藏處所	
金山勝概圖	軸	絹	設色	不詳		北京 中央美術學院	
雷峰夕照圖	軸	絹	設色	177 x 49		天津 天津市藝術博物館	

畫家小傳：施文錦。畫史無載。身世待考。

徐元吉

名稱	形式	質地	色彩	尺寸	創作時間	收藏處所	
松溪水閣圖	軸	絹	設色	208.5 x 97.1		北京 中央美術學院	

畫家小傳：徐元吉。畫史無載。身世待考。

袁鏡蓉

名稱	形式	質地	色彩	尺寸	創作時間	收藏處所	
女仙圖	軸	紙	設色	不詳		北京 中央美術學院	

畫家小傳：袁鏡蓉。畫史無載。身世待考。

趙之琛

名稱	形式	質地	色彩	尺寸	創作時間	收藏處所	
山水圖	卷	絹	設色	不詳	道光十年（庚寅，1830）	上海 上海博物館	
梅花圖（清趙之琛等梅花圖卷之1段）	卷	紙	水墨	10 x 325		上海 上海博物館	
鷗波遐暑圖	卷	紙	水墨	不詳		溫州 浙江省溫州博物館	
補張春生像	軸	紙		不詳		北京 故宮博物院	
米顛拜石圖（張熊、趙之琛、孫棨合作）	軸	絹	設色	不詳	己酉（道光二十九年，1849）	青島 山東省青島市博物館	
椿竹水仙圖	軸	紙	設色	不詳	庚子（道光二十年，1840）	上海 上海古籍書店	
椿竹水仙圖	軸	紙	設色	不詳		上海 上海古籍書店	
松石靈芝圖	軸	紙	設色	不詳	庚子（道光二十年，1840）	杭州 浙江省博物館	
竹石圖	軸	紙	設色	128.2 x 61.5	癸卯（道光二十三年，1843）十月之朔	杭州 浙江省博物館	
壽石圖	軸	金箋	水墨	不詳	己酉（道光二十九年，1849）	杭州 浙江省博物館	
山水圖	軸	紙	水墨	不詳		杭州 浙江省博物館	

名稱	形式	質地	色彩	尺寸 高x寬㎝	創作時間	收藏處所	典藏號碼
松石山水圖	軸	金箋	設色	不詳		杭州 浙江省博物館	
吉利圖	軸	紙	設色	不詳	道光己酉（二十九年，1849）	杭州 浙江省杭州西泠印社	
水仙靈芝圖（為庶賓作）	摺扇面	紙	設色	20.5 x 55.5	道光乙巳（二十五年，1845））五月	日本 東京國立博物館	
瑞石迎祥圖	橫幅	紙	水墨	60 x 120.6	咸豐二年（壬子，1852）春三月	日本 東京河井荃廬先生	
山水圖	軸	紙	設色	129.1 x 30.3		日本 東京河井荃廬先生	
竹石水仙圖	軸	紙	水墨	121.8 x 37.9		日本 東京河井荃廬先生	
南極老人圖	軸	紙	設色	123 x 51.2	道光丁酉（十七年，1837）四月之吉	日本 東京河井荃廬先生	
梅竹水仙圖	摺扇面	紙	設色	不詳	道光丁酉（十七年，1837）	北京 中國歷史博物館	
畫（項穆之、醒甫等雜畫冊22之1幀）	冊頁	紙	設色	約38 x 23.6		上海 上海博物館	
梅花圖（為雨村作）	摺扇面	紙	水墨	19.2 x 53.6		日本 東京國立博物館	
竹石靈芝圖	摺扇面	金箋	設色	15.7 x 53.5	癸丑（咸豐三年，1853）五月前五日	日本 松丸先生	
附：							
玉蘭牡丹圖	軸	紙	設色	不詳	道光乙巳（二十五年，1845）	北京 中國文物商店總店	
松石水仙圖	軸	紙	水墨	不詳		上海 朵雲軒	
肖像	軸	紙	設色	不詳	道光戊子（八年，1828）	上海 上海文物商店	
梅花圖	軸	紙	設色	110.2 x 24.4		紐約 佳仕得藝品拍賣公司/拍賣目錄 1986,12,01.	
秋槐圖	軸	紙	設色	110.2 x 24.4	庚子（道光二十年，1840）春仲	紐約 佳仕得藝品拍賣公司/拍賣目錄 1986,12,01.	
松、竹、菊、梅圖（4幅）	軸	金箋	設色	（每幅）133.3 x 33	道光辛丑（二十一年，1841）冬十月	紐約 佳士得藝品拍賣公司/拍賣目錄 1995,04,30.	

名稱	形式	質地	色彩	尺寸 高×寬cm	創作時間	收藏處所	典藏號碼

畫家小傳：趙之琛。號次閑。浙江錢塘人。生於高宗乾隆四十六（1781）年，卒於文宗咸豐十（1860）年。精於金石考據，善篆刻，工書法。善作山水，師法黃公望、倪瓚，以蕭疏幽澹為宗；間作草蟲、花卉，筆意瀟灑，傅色清雅，格超韻逸，大有華新羅神趣。（見桐陰論畫、墨林今話、蝶隱園書畫雜綴、廣印人傳、中國畫家人名大辭典）

畢　簡

名稱	形式	質地	色彩	尺寸 高×寬cm	創作時間	收藏處所	典藏號碼
梅花溪上圖	卷	絹	設色	不詳	己丑（道光九年，1829）	北京 故宮博物院	
翁莊小築圖（翁莊小築圖合裝卷2之1段）	卷	紙	設色	不詳	辛卯（道光十一年，1831）	北京 故宮博物院	
仿王原祁山水圖（為艾圃作）	軸	紙	設色	不詳	辛丑（道光二十一年，1841）正月	北京 故宮博物院	
山水圖（仿仲圭子久兩家法）	軸	金箋	水墨	不詳	戊午（咸豐八年，1858）秋日寫	日本 東京河井荃廬先生	
山水圖	摺扇面	紙	水墨	17.3 × 51.5		台北 故宮博物院（蘭千山館寄存）	
山水紀遊圖（清黃均等山水紀遊冊10之1幀）	冊頁	絹	設色	不詳		天津 天津市藝術博物館	
附：							
月夜修禊圖（與汪鴻人物圖合卷）	卷	紙	設色	不詳	道光癸巳（十三年，1833）中秋後五日	北京 中國文物商店總店	
墨筆山水圖	軸	灑金箋	水墨	124.5 × 29.5	丁丑（嘉慶二十二年，1817）夏	紐約 佳士得藝品拍賣公司/拍賣目錄1983,11,30.	

畫家小傳：畢簡。字仲白。江蘇陽湖人。畢涵次子。生於高宗乾隆四十六（1781）年，卒於文宗咸豐十（1860）年。能傳家學，善畫山水，筆墨雄厚；也善寫意花草。（見墨林今話、耕硯田齋筆記、中國畫家人名大辭典）

屠　倬

名稱	形式	質地	色彩	尺寸 高×寬cm	創作時間	收藏處所	典藏號碼
雪窩盦圖	卷	紙	設色	31.5 × 132.5		台北 黃君璧白雲堂	
海天風雪圖	卷	紙	設色	不詳	癸未（道光三年，1823）十月	北京 故宮博物院	
湖樓秋思圖（王霖、徐鈫、屠倬、陳均、王學浩作）	卷	絹	設色	不詳		天津 天津市藝術博物館	
珠湖漁隱圖（屠倬、張鑑合作）	卷	紙	水墨	不詳	壬申（嘉慶十七年	上海 上海博物館	

名稱	形式	質地	色彩	尺寸 高×寬cm	創作時間	收藏處所	典藏號碼
					，1812）		
西湖秋柳圖	卷	紙	設色	16.5 × 107.5		杭州 浙江省杭州西泠印社	
皋園雅集圖	卷	紙	設色	34.5 × 13.6	庚辰（嘉慶二十五年，1820）八月六日	日本 東京高島菊次郎槐安居	
仿王時敏山水圖	軸	紙	水墨	144.2 × 47.9		台南 石允文先生	
山水圖	軸	紙	水墨	123 × 31	嘉慶庚午（十五年，1810）	天津 天津市歷史博物館	
松溪採芝圖	軸	紙	設色	不詳	癸酉（嘉慶十八年，1813）秋日	南通 江蘇省南通博物苑	
補阮元像圖景	軸	紙	設色	131 × 43.1		南通 江蘇省南通博物苑	
山居圖	軸	紙	水墨	107.3 × 50.1		上海 上海博物館	
清風高節圖	軸	紙	水墨	不詳		南京 南京博物院	
山水圖（寄顧南雅夫子作）	軸	紙	設色	141 × 32.2	癸酉（嘉慶十八年，1813）三月	蘇州 江蘇省蘇州博物館	
墨竹圖	軸	紙	水墨	140.6 × 39.1		日本 東京河井荃廬先生	
山水圖	軸	紙	設色	124.2 × 42.4		日本 東京山本悌二郎先生	
山水人物圖	軸	金箋	水墨	68.5 × 33.6		日本 東京尾崎洵盛先生	
墨拓銅洗補繪菊花圖	軸	紙	水墨	82.5 × 31	嘉慶甲戌（十九年，1814）重九日	日本 京都國立博物館	
山水小幅	軸	紙	設色	不詳		日本 京都園田湖城先生	
晴窗風雨圖	軸	紙	水墨	不詳	戊辰（嘉慶十三年，1808）長夏	日本 江田勇二先生	
山水圖	摺扇面	紙	水墨	不詳	辛酉（嘉慶六年，1801）秋八月	北京 故宮博物院	
附：							
山水圖	軸	紙	水墨	不詳		上海 朵雲軒	
梅石水仙圖	軸	紙	水墨	130 × 46.4		紐約 佳士得藝品拍賣公司/拍	

名稱	形式	質地	色彩	尺寸 高×寬cm	創作時間	收藏處所	典藏號碼

賣目錄 1995,3,22.

畫家小傳：屠倬。字孟昭。號琴塢、潛園。浙江錢塘人。生於高宗乾隆四十六（1781）年，卒於宣宗道光八（1828）年。嘉慶十三年進士。官至九江知府。工詩、古文，旁及書畫、金石、篆刻。隸篆行楷尤造妙絕。善畫山水，沉鬱秀渾。（見桐陰論畫、墨林今話、耕硯田齋筆記、中國畫家人名大辭典）

蔣寶齡

名稱	形式	質地	色彩	尺寸 高×寬cm	創作時間	收藏處所	典藏號碼
瓜田閒課圖	卷	絹	設色	30.8 × 136.2		台南 石允文先生	
寒窗讀書圖	卷	紙	設色	不詳	道光四年，甲申（1824）	上海 上海博物館	
松陰高士圖	軸	紙	設色	104.4 × 33.1		台南 石允文先生	
山水圖	軸	紙	水墨	不詳	道光壬辰（十二年，1832）	天津 天津市藝術博物館	
花卉圖	軸	紙	設色	不詳		合肥 安徽省博物館	
連雲橫翠圖（為劍霞作）	軸	紙	設色	不詳	己丑（道光九年，1829）夏日	上海 上海博物館	
待雪樓聯吟圖（為硯香作）	軸	紙	設色	不詳	戊戌（道光十八年，1838）秋	上海 上海博物館	
篁里圖（為叔未作）	軸	紙	設色	63.2 × 30.7	道光乙未（十五年，1835）中秋	南京 南京博物院	
林巒煙色圖	軸	紙	水墨	不詳		蘇州 江蘇省蘇州新博物館	
山水圖	軸	紙	設色	106.1 × 33.3	道光四年，甲申（1824）冬日	日本 東京河井荃廬先生	
山水圖	軸	紙	淺絳	125.1 × 39.7	乙未（道光十五年，1835）冬日	日本 東京河井荃廬先生	
夏山雨霽圖（仿清湘老人）	軸	紙	水墨	127.3 × 24.2		日本 東京河井荃廬先生	
山水(修竹谿廬)	軸	紙	設色	122.1 × 25.5		日本 東京河井荃廬先生	
山水(長松高士)	軸	紙	設色	122.1 × 25.5		日本 東京河井荃廬先生	
山水(夏山雨霽)	軸	紙	設色	122.1 × 25.5		日本 東京河井荃廬先生	
山水(古木幽亭)	軸	紙	設色	122.1 × 25.5		日本 東京河井荃廬先生	
竹林閒居圖	軸	紙	設色	131.1 × 29.1		日本 京都國立博物館	
竹居撫琴圖（寫摩詰詩裡）	軸	紙	設色	84.5 × 39.4		日本 京都富岡益太郎先生	

名稱	形式	質地	色彩	尺寸 高×寬cm	創作時間	收藏處所	典藏號碼
菊花奇石圖	軸	紙	設色	110.5 × 26.3		日本 江田勇二先生	
評硯圖	冊頁	紙	設色	34 × 24	壬辰（道光十二年，1832）仲冬	台北 歷史博物館	
紀水災詩圖（8幀，為硯農作）	冊	紙	設色	（每幀）25.8 × 34.4	道光四年，甲申（1824）四月	上海 上海博物館	
附：							
待雪樓聯吟圖	軸	絹	設色	98.4 × 39.6	戊戌（道光十八年，1838）	上海 上海文物商店	
寶彝齋圖	軸	絹	設色	不詳		紐約 佳士得藝品拍賣公司/拍賣目錄1995,09,19.	
癸未吳中水災圖（4幀，為硯農作）	冊	絹	設色	不詳	癸未（道光三年，1823）	上海 朵雲軒	
看梅圖（為海珊作，清蔣寶齡等作看梅圖并像冊6之1幀）	冊頁	絹	設色	27 × 21	戊戌（道光十八年，1838）冬十月	上海 朵雲軒	

畫家小傳：蔣寶齡。字子延。號霞竹。江蘇昭文人，寓居上海。生於高宗乾隆四十六（1781）年，卒於宣宗道光廿（1840）年。工詩。善畫山水，初法文徵明，繼宗董、巨，後得錢杜指授，筆墨鬆秀超拔。（見桐陰論畫、墨林今話、耕硯田齋筆記、海上墨林、中國畫家人名大辭典）

王紹曾

名稱	形式	質地	色彩	尺寸 高×寬cm	創作時間	收藏處所	典藏號碼
附：							
西湖十景圖（10幀，對幅為顧元熙題詩）	冊	絹	設色	（每幀）12 × 9		香港 佳士得藝品拍賣公司/拍賣目錄1995,10,29.	

畫家小傳：王紹曾。畫史無載。約活動嘉慶十四（1809）年前後。身世待考。

周 望

名稱	形式	質地	色彩	尺寸 高×寬cm	創作時間	收藏處所	典藏號碼
四季花卉圖	卷	紙	設色	不詳	嘉慶丙寅（十一年，1806）花朝	成都 四川省博物館	

畫家小傳：周望。畫史無載。流傳署款紀年作品見於仁宗嘉慶十一（1806）年。身世待考。

曾衍東

名稱	形式	質地	色彩	尺寸 高×寬cm	創作時間	收藏處所	典藏號碼
時樣人物圖	卷	紙	水墨	22.6 × 138.8		日本 私人	
賣瓜圖	軸	紙	設色	不詳		北京 中國歷史博物館	
彈琴圖	軸	紙	設色	不詳		天津 天津市藝術博物館	
蔬果圖	軸	紙	水墨	不詳		石家莊 河北省博物館	

名稱	形式	質地	色彩	尺寸 高×寬cm	創作時間	收藏處所	典藏號碼
瓶梅圖	軸	紙	水墨	不詳	嘉慶丙寅（十一年，1806）秋八月	揚州 江蘇省揚州市博物館	
松鶴圖	軸	綾	泥金	不詳		嘉善 浙江省嘉善縣博物館	
人物（轎行圖）	軸	紙	設色	108.4 × 45.3		日本 東京林宗毅先生	
樹下紫騮圖	軸	紙	水墨	160.8 × 45		日本 私人	
蟹圖	軸	紙	水墨	不詳		美國 普林斯頓大學藝術館（Edward Elliott 先生寄存）	L209.70
東坡騎驢圖	軸	紙	水墨	102 × 36.3		美國 普林斯頓大學藝術館（Edward Elliott 先生寄存）	L113.71
仿八大山人蔬果圖	冊頁	紙	水墨	25.5 × 13.5		日本 大阪橋本大乙先生	
故事人物圖（12幀）	冊	紙	淺設色	（每幀）29.8 × 32.3		美國 勃克萊加州大學藝術館（高居翰教授寄存）	CC195

附：

名稱	形式	質地	色彩	尺寸 高×寬cm	創作時間	收藏處所	典藏號碼
迎春圖	卷	紙	設色	不詳		北京 中國文物商店總店	
石榴圖	軸	紙	水墨	152 × 42.5		紐約 蘇富比藝品拍賣公司/拍賣目錄 1985,06,03.	
仿倪瓚山水圖	軸	紙	水墨	34.3 × 28.2	乙亥（嘉慶二十年，1815）春正月	紐約 蘇富比藝品拍賣公司/拍賣目錄 1988,11,30.	
騎驢訪友圖	軸	紙	水墨	102 × 36.3		紐約 佳士得藝品拍賣公司/拍賣目錄 1991,11,25.	
稻蟹圖	軸	紙	水墨	68 × 28		紐約 佳士得藝品拍賣公司/拍賣目錄 1991,11,25.	

畫家小傳：曾衍東。字七如。號七道人。山東嘉祥人。為官遭謫戍，流寓浙江永嘉。工書及篆刻，又善畫人物、花鳥，粗筆焦墨，別饒逸致。流傳署款紀年作品見於仁宗嘉慶十一(1806)年。（見廣印人傳、孟容畫識、甌雅、中國畫家人名大辭典）

馬　振

附：

名稱	形式	質地	色彩	尺寸 高×寬cm	創作時間	收藏處所	典藏號碼
白描羅漢觀音圖	卷	紙	水墨	不詳		瀋陽 遼寧省文物商店	
龍王禮佛圖	卷	紙	水墨	38.5 × 190	卷後有嘉慶丙寅（十一年，1806）題跋	紐約 佳士得藝品拍賣公司/拍賣目錄 1992.06.02.	

畫家小傳：馬振。字岡千。號雲鶴。陝西長安人。善畫白描人物，精妙不減明仇英；亦擅山水、花卉，臨摹宋元諸家，無不酷肖，時稱能手。流傳署款作品約見於仁宗嘉慶十一(1806)年。（見墨林今話、中國畫家人名大辭典）

名稱	形式	質地	色彩	尺寸 高x寬cm	創作時間	收藏處所	典藏號碼

吳喬

名稱	形式	質地	色彩	尺寸 高x寬cm	創作時間	收藏處所	典藏號碼
仿古山水圖（12幀）	冊	絹	設色	不詳	丙寅（嘉慶十一年，1806）	天津 天津市藝術博物館	

畫家小傳：吳喬。畫史無載。流傳署款紀年作品見於仁宗嘉慶十一（1806）年。身世待考。

鄭謨

名稱	形式	質地	色彩	尺寸 高x寬cm	創作時間	收藏處所	典藏號碼
山水圖（10幀，鄭士芳、鄭謨合作，為昰圃作）	冊	紙	水墨	不詳	丙寅（嘉慶十一年，1808）冬	上海 上海博物館	
附：							
仿沈周山水圖	軸	紙	設色	129.5 × 49	壬辰（道光十二年，1832）冬日	紐約 蘇富比藝品拍賣公司/拍賣目錄 1988,11,30.	

畫家小傳：鄭謨。字小癡。山東歷城人。鄭士芳之子。承家學，亦善畫山水，有父風。流傳署款紀年作品見於仁宗嘉慶十一（1806）年，至宣宗道光十二（1832）年。（見濟南府志、中國畫家人名大辭典）

汪庚

名稱	形式	質地	色彩	尺寸 高x寬cm	創作時間	收藏處所	典藏號碼
幽亭秀木圖	摺扇面	紙	設色	不詳	丙寅（？嘉慶十一年，1806）秋七月	揚州 揚州市文物商店	

畫家小傳：汪庚。畫史無載。流傳署款作品紀年疑為仁宗嘉慶十一（1806）年。身世待考。

孟涵九

名稱	形式	質地	色彩	尺寸 高x寬cm	創作時間	收藏處所	典藏號碼
蘆蟹圖	軸	絹	水墨	86.2 × 37.3		日本 長崎縣立美術博物館	AI 口 5
竹石圖	軸	紙	水墨	112 × 33.4	丙寅（嘉慶十一年，1806）夏日	日本 大阪橋本大乙先生	

畫家小傳：孟涵九。畫史無載。流傳署款紀年作品見於仁宗嘉慶十一（1806）年。身世待考。

夏之鼎

名稱	形式	質地	色彩	尺寸 高x寬cm	創作時間	收藏處所	典藏號碼
花鳥、走獸（6段）	卷	紙	設色	不詳		上海 上海博物館	
蕉林清暑圖	軸	紙	設色	不詳	乙酉（道光五年，1825）十二月	北京 故宮博物院	
紫薇圖	軸	絹	設色	不詳	甲申（道光四年，1824）	德清 浙江省德清縣博物館	
蓴菜圖（翁雒、夏之鼎合冊2之1幀）	冊頁	絹	設色	不詳		蘇州 江蘇省蘇州博物館	

畫家小傳：夏之鼎。字禹庭。號苣谷。江蘇吳縣人。生於高宗乾隆四十七（1782）年，卒於宣宗道光七（1827）年。工書畫。畫師

名稱	形式	質地	色彩	尺寸 高x寬㎝	創作時間	收藏處所	典藏號碼

　　崑山唐香樵，工寫意花卉、禽魚，甚得余集推重。（見墨林今話、中國畫家人名大辭典）

愛新覺羅旻寧（宣宗）

| 畫馬（并題） | 軸 | 絹 | | 292.6×257.3 | | 台北 故宮博物館 | 故畫03722 |

畫家小傳：旻寧。本名綿寧。仁宗子。生於高宗乾隆四十七(1782)年。卒於道光三十(1850)年。繼位，改國號道光，在位三十年。

　　　　工書。善畫花鳥、蘭草。（見清史稿校註、繪境軒讀畫記、書林紀事、中國美術家人名辭典）

楊 榰

| 古松圖（七家詩龕圖合卷之第 3 幀） | 短卷 | 紙 | 設色 | 27.3 × 33.3 | 嘉慶十二年（丁卯，1807）三月三日 | 日本 東京高島菊次郎槐安居 | |

畫家小傳：楊榰。江南人。畫史無載。流傳署款紀年作品見於仁宗嘉慶十二(1807)年。身世待考。

席佩蘭

| 花鳥草蟲圖（8 幀） | 冊 | 紙 | 設色 | 不詳 | 嘉慶十二年（丁卯，1807）仲春 | 北京 故宮博物院 | |

畫家小傳：席佩蘭。女。字韻芬。號道華。江蘇吳人。常熟孫原湘妻室，袁枚弟子。工詩文。善畫蘭竹。流傳署款紀年作品見於仁宗

　　　　嘉慶十二(1807)年。（見隨園女弟子詩、中國畫家人名大辭典）

徐 午
附：

| 靈芬館圖（為頻伽作） | 卷 | 紙 | 設色 | 不詳 | 嘉慶丁卯（十二年，1807）十月八日 | 上海 朵雲軒 | |

畫家小傳：徐午。字芝田。江蘇揚州人。工畫山水。流傳署款紀年作品見於仁宗嘉慶十二(1807)年。（見耕硯田齋筆記、中國畫家

　　　　人名大辭典）

王 燾

| 山水圖（12 幀） | 冊 | 紙 | 水墨、設色 | （每幀）31.8 × 41.6 | 丁卯（嘉慶十二年，1807）春 | 美國 鳳凰市美術館(Mr.Roy And Marilyn Papp 寄存) | |

畫家小傳：王燾。畫史無載。流傳署款紀年作品見於仁宗嘉慶十二(1807)年。身世待考。

（釋）海 崙

| 十八羅漢圖 | 卷 | 紙 | 水墨 | 不詳 | 嘉慶十二年(丁卯，1807)解制日 | 北京 故宮博物院 | |
| 十八尊者像 | 卷 | 紙 | 泥金 | 不詳 | 嘉慶丁卯（十二年 | 杭州 浙江省杭州市文物考古 | |

名稱	形式	質地	色彩	尺寸 高x寬cm	創作時間	收藏處所	典藏號碼
					，1807）	所	
善財五十三參圖（54幀）	冊	藍箋	泥金	不詳		台北 故宮博物院	故畫 03634

畫家小傳：海崙。日本僧。畫史無載。流傳署款紀年作品見於仁宗嘉慶十二(1807)年。身世待考。

汪詒德

| 疊嶺飛泉圖 | 軸 | 紙 | 設色 | 不詳 | 丁卯（嘉慶十二年，南京 南京博物院 1807） | | |

畫家小傳：汪詒德。初名榛。字少山。江蘇吳人。善畫山水，師法王鑑、王時敏，而參以文徵明一家風韻。流傳署款紀年作品見於
　　　　　仁宗嘉慶十二(1807)年。（見耕硯田齋筆記、中國畫家人名大辭典）

徐來琛

| 松陰聽瀑 | 軸 | 紙 | 設色 | 170 x 67.3 | | 台北 故宮博物院 | 中畫 00203 |

畫家小傳：徐來琛。字小村。號研石山樵。江蘇吳縣人。諸生。工詩。畫山水，蒼勁渾厚。（見耕硯田齋筆記、中國美術家人名辭典）

徐天序

山林隱士（清徐天序山水畫冊 之1）	冊頁	絹	設色	不詳		台北 故宮博物院	故畫 03424-1
松屋結夏（清徐天序山水畫冊 之2）	冊頁	絹	設色	不詳		台北 故宮博物院	故畫 03424-2
竹館讀書（清徐天序山水畫冊 之3）	冊頁	絹	設色	不詳		台北 故宮博物院	故畫 03424-3
松溪濯足（清徐天序山水畫冊 之4）	冊頁	絹	設色	不詳		台北 故宮博物院	故畫 03424-4
茅舍閒飲（清徐天序山水畫冊 之5）	冊頁	絹	設色	不詳		台北 故宮博物院	故畫 03424-5
幽澗書舍（清徐天序山水畫冊 之6）	冊頁	絹	設色	不詳		台北 故宮博物院	故畫 03424-6
竹亭觀泉（清徐天序山水畫冊 之7）	冊頁	絹	設色	不詳		台北 故宮博物院	故畫 03424-7
山村問路（清徐天序山水畫冊 之8）	冊頁	絹	設色	不詳		台北 故宮博物院	故畫 03424-8
柳莊高逸（清徐天序山水畫冊 之9）	冊頁	絹	設色	不詳		台北 故宮博物院	故畫 03424-9
清溪歸牧（清徐天序山水畫冊 之10）	冊頁	絹	設色	不詳		台北 故宮博物院	故畫 03424-10

名稱	形式	質地	色彩	尺寸 高x寬㎝	創作時間	收藏處所	典藏號碼
之10）							
郊原行旅（清徐天序山水畫冊之11）	冊頁	絹	設色	不詳		台北 故宮博物院	故畫 03424-11
白屋習禪（清徐天序山水畫冊之12）	冊頁	絹	設色	不詳		台北 故宮博物院	故畫 03424-12

畫家小傳：徐天序。畫史無載。似畫院中人。待考。

夏宗輅

名稱	形式	質地	色彩	尺寸 高x寬㎝	創作時間	收藏處所	典藏號碼
梅竹（清夏宗輅壽字花卉冊之1）	冊頁	紙	水墨	不詳		台北 故宮博物院	故畫 03425-1
山茶（清夏宗輅壽字花卉冊之2）	冊頁	紙	水墨	不詳		台北 故宮博物院	故畫 03425-2
牡丹（清夏宗輅壽字花卉冊之3）	冊頁	紙	水墨	不詳		台北 故宮博物院	故畫 03425-3
梨花（清夏宗輅壽字花卉冊之4）	冊頁	紙	水墨	不詳		台北 故宮博物院	故畫 03425-4
木蘭（清夏宗輅壽字花卉冊之5）	冊頁	紙	水墨	不詳		台北 故宮博物院	故畫 03425-5
虞美人（清夏宗輅壽字花卉冊之6）	冊頁	紙	水墨	不詳		台北 故宮博物院	故畫 03425-6
石榴（清夏宗輅壽字花卉冊之7）	冊頁	紙	水墨	不詳		台北 故宮博物院	故畫 03425-7
萱花（清夏宗輅壽字花卉冊之8）	冊頁	紙	水墨	不詳		台北 故宮博物院	故畫 03425-8
薔薇（清夏宗輅壽字花卉冊之9）	冊頁	紙	水墨	不詳		台北 故宮博物院	故畫 03425-9
菊花（清夏宗輅壽字花卉冊之10）	冊頁	紙	水墨	不詳		台北 故宮博物院	故畫 03425-10
水仙（清夏宗輅壽字花卉冊之11）	冊頁	紙	水墨	不詳		台北 故宮博物院	故畫 03425-11
靈芝（清夏宗輅壽字花卉冊之12）	冊頁	紙	水墨	不詳		台北 故宮博物院	故畫 03425-12

畫家小傳：夏宗輅：畫史無載。似畫院中人。待考。

張 愷

名稱	形式	質地	色彩	尺寸 高x寬cm	創作時間	收藏處所	典藏號碼
群仙祝壽圖（與梁德潤、張維明合繪）	軸	絹	設色	213.8×150.5		台北 故宮博物院	故畫 03759
松鶴圖（與張維明合繪）	軸	絹	設色	148.9 × 67.1		台北 故宮博物院	故畫 02951
盆桂圖	軸	紙	設色	171 × 98.8		台北 故宮博物院	故畫 02904

畫家小傳：張愷。號樂齋。江蘇吳縣人。工畫山水、花卉、翎毛。乾隆、嘉慶供奉內廷，總管畫院，食二品俸。（見韜養齋筆記、中國畫家人名大辭典）

梁德潤

名稱	形式	質地	色彩	尺寸 高x寬cm	創作時間	收藏處所	典藏號碼
群仙祝壽圖（與張愷、張維明合繪）	軸	絹	設色	213.8×150.5		台北 故宮博物院	故畫 03759

畫家小傳：梁德潤。畫史無載。作品署款顯示，為畫院畫家。待考。

張維明

名稱	形式	質地	色彩	尺寸 高x寬cm	創作時間	收藏處所	典藏號碼
群仙祝壽圖（與張愷、梁德潤合繪）	軸	絹	設色	213.8×150.5		台北 故宮博物院	故畫 03759
松鶴圖（與張愷合繪）	軸	絹	設色	148.9 × 67.1		台北 故宮博物院	故畫 02951

畫家小傳：張維明。畫史無載。作品署款顯示，為畫院畫家。待考。

陳 琦
附：

名稱	形式	質地	色彩	尺寸 高x寬cm	創作時間	收藏處所	典藏號碼
然葉庵圖	軸	紙	設色	不詳	丁卯（嘉慶十二年，1807）	上海 朵雲軒	

畫家小傳：陳琦。畫史無載。流傳署款紀年作品見於仁宗嘉慶十二(1807)年。身世待考。

(釋)性 能

名稱	形式	質地	色彩	尺寸 高x寬cm	創作時間	收藏處所	典藏號碼
十八羅漢圖	卷	瓷青紙 泥金	不詳		嘉慶丁卯（十二年，1807）	鄭州 河南省博物館	

畫家小傳：性能。僧。畫史無載。流傳署款紀年作品見於仁宗嘉慶十二(1807)年。身世待考。

黃 瑚

名稱	形式	質地	色彩	尺寸 高x寬cm	創作時間	收藏處所	典藏號碼
仿一峰老人山水圖	軸	紙	水墨	74 × 36.9		合肥 安徽省博物館	

畫家小傳：黃瑚。畫史無載。身世待考。

擴 宗

名稱	形式	質地	色彩	尺寸 高x寬㎝	創作時間	收藏處所	典藏號碼
仙嶽琳宮圖	軸	紙	設色	不詳	丁卯（？嘉慶十二年，1807）	南京 南京博物院	

畫家小傳：擴宗。畫史無載。流傳署款作品紀年疑為仁宗嘉慶十二（1807）年。身世待考。

楊念伯

名稱	形式	質地	色彩	尺寸 高x寬㎝	創作時間	收藏處所	典藏號碼
山水圖	軸	紙	設色	不詳	嘉慶癸酉（十八年，1813）三月	北京 故宮博物院	
擬王叔明筆意山水圖（為石川作）	軸	絹	設色	136.5 × 69.1	丁卯（？嘉慶十二年，1807）夏六月	日本 東京柳孝藏先生	

畫家小傳：楊念伯。字柳谷，以字行。江蘇常熟人。楊柳橋之弟。善畫柳，設色參以西法，殊覺生動；作山水，清超絕俗；又擅摹古。流傳署款紀年作品見於仁宗嘉慶十八（1813）年。（見海上墨林、韜養齋筆記、中國美術家人名辭典）

計 芬

名稱	形式	質地	色彩	尺寸 高x寬㎝	創作時間	收藏處所	典藏號碼
重摹柳隱像	軸	絹	設色	不詳	丙戌（道光六年，11826）上巳	北京 故宮博物院	
菊花竹石圖	軸	紙	設色	不詳	庚子（道光二十年，1840）春三月	南京 南京博物院	
梅竹蕉石圖（計芬、夢仙、二田、寶齡合作）	軸	紙	設色	不詳	丙申（道光十六年，1836）六月	日本 東京張允中先生	
擬趙子固墨蘭（計芬、陶琯合景冊之1）	冊頁	絹	水墨	27 × 33.5		日本 東京高島菊次郎槐安居	
佛手、桃、蘭（計芬、陶琯合景冊之2）	冊頁	絹	設色	27 × 33.5		日本 東京高島菊次郎槐安居	
水墨懸崖竹（計芬、陶琯合景冊之3）	冊頁	絹	水墨	27 × 33.5		日本 東京高島菊次郎槐安居	
紅蘭竹石（計芬、陶琯合景冊之4）	冊頁	絹	設色	27 × 33.5		日本 東京高島菊次郎槐安居	
盆蘭石菖蒲（計芬、陶琯合景冊之5）	冊頁	絹	水墨	27 × 33.5		日本 東京高島菊次郎槐安居	
枯木芦雁（計芬、陶琯合景冊之6）	冊頁	絹	水墨	27 × 33.5		日本 東京高島菊次郎槐安居	
附：							
花卉圖	軸	紙	設色	不詳		上海 朵雲軒	
看梅圖（為海珊作，清蔣寶齡等作看梅圖并像冊6之1幀）	冊頁	絹	設色	27 × 21		上海 朵雲軒	

名稱	形式	質地	色彩	尺寸 高x寬cm	創作時間	收藏處所	典藏號碼

畫家小傳：計芬。初名煒，後改今名。字小隅。號儋石。浙江秀水人。生於高宗乾隆四十八（1783）年，卒於宣宗道光二十六（1846）年。計楠之子。能繼家學，能鑑別。善畫，山水、竹木、人物、佛像皆能。（見墨林今話、中國畫家人名大辭典）

朱 育

| 也可園圖 | 卷 | 紙 | 設色 | 不詳 | 己未（咸豐九年，1859）孟夏 | 福州 福建省博物館 | |

畫家小傳：朱育。字時齋。生於高宗乾隆四十八（1783）年，文宗咸豐九（1859）年尚在世。畫史無載。身世待考。

五 德

| 壯遊四景圖（為成親王作） | 卷 | 絹 | 設色 | 不詳 | 嘉慶十三年（戊辰，1808） | 天津 天津市歷史博物館 | |

畫家小傳：五德。滿洲旗籍。身世不詳。畫院供奉。為內侍，供職乾隆後期內務府造辦處，由筆帖式升至員外郎。能畫。流傳署款紀年作品見於仁宗嘉慶十三（1808）年。（見國朝院畫錄、石渠寶笈三編、中國美術家人名辭典）

黃 鑒

| 摹南薰殿本李商隱像 | 軸 | 紙 | 設色 | 不詳 | 嘉慶戊辰（十三年，1808）仲冬 | 北京 故宮博物院 | |

畫家小傳：黃鑒。畫史無載。流傳署款紀年作品見於仁宗嘉慶十三（1808）年。身世待考。

徐體微

| 詩龕圖（七家詩龕圖合卷之第5幀） | 卷 | 紙 | 設色 | 27.3 x 33.3 | | 日本 東京高島菊次郎槐安居 | |

畫家小傳：徐體微。字妙庭。號浣梧道人。江蘇丹徒人。為西津凌江閣道士。善畫山水。流傳署款紀年作品見於嘉慶十三（1808）年前後。（見墨香居畫識、中國畫家人名大辭典）

高 原

| 花鳥圖 | 摺扇面 | 紙 | 設色 | 16.1 x 51.9 | | 日本 福岡縣石韵道雄先生 | 97 |

畫家小傳：高原。嘉慶間人。初名日觀。字處泰。浙江錢塘人。高樹程之子。承家學，亦善書畫。（見墨林今話、中國畫家人名大辭典）

謝 楨

| 桃溪雅集圖 | 卷 | 絹 | 設色 | 不詳 | 嘉慶戊辰（十三年，1808） | 旅順 遼寧省旅順博物館 | |

畫家小傳：謝楨。字養竹。安徽歙縣人。工畫墨龍。流傳署款紀年作品見於嘉慶十三（1808）年。（見虹廬畫談、中國畫家人名大辭典）

吳 璥

名稱	形式	質地	色彩	尺寸 高×寬cm	創作時間	收藏處所	典藏號碼
附：							
十萬圖（10幀）	冊	紙	設色	（每幀）15×10		紐約 佳士得藝品拍賣公司/拍賣目錄 1993.12.01	

畫家小傳：吳璥。畫史無載。身世待考。

郭 虎

名稱	形式	質地	色彩	尺寸 高×寬cm	創作時間	收藏處所	典藏號碼
牡丹錦雞圖	軸	絹	設色	218 × 116	嘉慶戊辰（十三年，1808）	鄭州 河南省博物館	

畫家小傳：郭虎。畫史無載。流傳署款紀年作品見於嘉慶十三（1808）年。身世待考。

胡德增

名稱	形式	質地	色彩	尺寸 高×寬cm	創作時間	收藏處所	典藏號碼
山水圖	軸	紙	設色		庚午，八十有八（？同治九年，1870）	鍾祥 湖北省鍾祥縣博物館	

畫家小傳：胡德增。畫史無載。流傳署款作品紀年疑為穆宗同治九（1870）年。自稱八十又八，則應生於高宗乾隆四十八（1783）年。。

沈慶蘭

名稱	形式	質地	色彩	尺寸 高×寬cm	創作時間	收藏處所	典藏號碼
職貢圖（黎明、程琳、沈煥、沈慶蘭合作）	卷	絹	設色	不詳		北京 故宮博物院	
良吉騮	軸	絹	設色	161.1×107.5	嘉慶庚午（十五年，1810）季秋」	台北 故宮博物院	故畫03097
慶吉騮	軸	絹	設色	161.5×107.1	嘉慶己巳（十四年，1809）仲冬	台北 故宮博物院	故畫03098
松蘭竹梅	軸	紙	設色	128 × 78.1		台北 故宮博物院	中畫00118

畫家小傳：沈慶蘭。籍里、身世不詳。乾隆、嘉慶朝，供奉畫院。流傳署款紀年作品見於仁宗嘉慶十四（1809）、十五（1810）年。（見國朝畫院錄、中國畫家人名大辭典）

張宜尊

名稱	形式	質地	色彩	尺寸 高×寬cm	創作時間	收藏處所	典藏號碼
巢湖秋日圖（為雲汀作）	卷	紙	設色	不詳	道光七年（丁亥，1827）春日	南京 南京博物院	
衡山第一峰圖	軸	紙	水墨	不詳	嘉慶十四年（己巳，1809）春三月上浣	濟南 山東省博物館	

畫家小傳：張宜尊。號少白山人。湖南澧州人。以畫名於嘉慶間。作山水，水墨多而著色少，以枯淡勝。同時擅詩、書，時稱「三絕」。流傳署款紀年作品見於仁宗嘉慶十四（1809）年，至宣宗道光七（1827）年。（見清朝書畫家筆錄、中國畫家人名大辭典）

名稱	形式	質地	色彩	尺寸 高×寬cm	創作時間	收藏處所	典藏號碼

王功後

名稱	形式	質地	色彩	尺寸 高×寬cm	創作時間	收藏處所	典藏號碼
峨帽望雪圖	卷	紙	設色	33 × 71.5	庚寅（道光十年，1830）	天津 天津市藝術博物館	
仿黃子久山水圖	軸	紙	設色	128 × 53	己巳（嘉慶十四年，1809）	濟南 山東省博物館	
山水圖	軸	紙	設色	不詳	辛卯（道光十一年，1831）	廣州 廣州市美術館	
江南十二景（12幀）	冊	紙	設色	（每幀）20.3 × 27.2	庚子（道光二十年，1840）	天津 天津市藝術博物館	

附：

名稱	形式	質地	色彩	尺寸 高×寬cm	創作時間	收藏處所	典藏號碼
山水圖	軸	紙	設色	152.4 × 50.8		紐約 蘇富比藝品拍賣公司/拍賣目錄 1988,11,30.	

畫家小傳：王功後。字弗矜。號復齋。山東高密人。善畫山水，得荒率之趣。流傳署款紀年作品見於仁宗嘉慶十四(1809)年，至宣宗道光二十(1840)年。（見墨林今話、中國畫家人名大辭典）

吳　求

名稱	形式	質地	色彩	尺寸 高×寬cm	創作時間	收藏處所	典藏號碼
梅花仕女圖	軸	絹	設色	不詳	己巳（喜慶十四年，1809）	天津 天津市藝術博物館	
仕女圖（10幀）	冊	絹	設色	不詳		天津 天津市藝術博物館	
仕女圖(8幀)	冊	絹	設色	（每幀）26.2 × 23.4	甲戌（嘉慶十九年，1814）仲冬月	南京 南京博物院	

附：

名稱	形式	質地	色彩	尺寸 高×寬cm	創作時間	收藏處所	典藏號碼
梅花圖	軸	絹	水墨	不詳	己亥（道光十九年，1839）	北京 北京市工藝品進出口公司	

畫家小傳：吳求。初名俅。字彥侶。安徽休寧人。能詩。善畫人物，學明仇英。流傳署款紀年作品見於仁宗嘉慶十四(1809)年至宣宗道光十九(1839)年。（見國朝畫徵續錄、中國畫家人名大辭典）

江　玉

名稱	形式	質地	色彩	尺寸 高×寬cm	創作時間	收藏處所	典藏號碼
花卉圖（12幀）	冊	灑金箋	設色	不詳	喜慶己巳（十四年，1809）	合肥 安徽省博物館	

畫家小傳：江玉。初名玨，字堅甫，號兼甫。更今名後，字子玉，號兼浦。安徽歙縣人。為黃鉞弟子。工篆刻，善畫花鳥，筆意清拔，傅色濃至，於時賢外別樹一幟。流傳署款紀年作品見於仁宗嘉慶十四(1809)年。（見墨林今話、左田畫友錄、歙縣志、中國畫家人名大辭典）

許　文

名稱	形式	質地	色彩	尺寸 高×寬cm	創作時間	收藏處所	典藏號碼
桐溪惜別圖	卷	紙	設色	不詳	嘉慶庚午（十五年，1810）	天津 天津市藝術博物館	
梅花西舍圖（錢杜等畫梅花西舍圖冊8之1幀）	冊頁	紙	設色	16.3 x 21.3	己巳（嘉慶十四年，1809）春月	美國 鳳凰市美術館（Mr.Roy And Marilyn Papp 寄存）	

畫家小傳：許文。畫史無載。流傳署款紀年作品見於仁宗嘉慶十四（1809）、十五（1810）年。身世待考。

華隱浩

名稱	形式	質地	色彩	尺寸 高×寬cm	創作時間	收藏處所	典藏號碼
梅花西舍圖（錢杜等畫梅花西舍圖冊8之1幀）	冊頁	紙	設色	16.3 x 21.3	己巳（嘉慶十四年，1809）初春	美國 鳳凰市美術館（Mr.Roy And Marilyn Papp 寄存）	

畫家小傳：華隱浩。畫史無載。流傳署款紀年作品見於仁宗嘉慶十四（1809）年。身世待考。

黃 閌

名稱	形式	質地	色彩	尺寸 高×寬cm	創作時間	收藏處所	典藏號碼
百子嬰戲圖（4幅，擬華新羅畫法）	軸	絹	設色	15.8 x 50.9	己巳（嘉慶十四年，1809）夏月	德國 柏林東亞藝術博物館	1988-374

畫家小傳：黃閌。畫史無載。漢南人。字益軒。流傳署款紀年作品見於仁宗嘉慶十四（1809）年。身世待考。

文 穆

名稱	形式	質地	色彩	尺寸 高×寬cm	創作時間	收藏處所	典藏號碼
仿倪瓚山水圖	軸	紙	水墨	不詳	己巳（？仁宗嘉慶十四年，1809）	北京 故宮博物院	

畫家小傳：文穆。畫史無載。流傳署款作品紀年疑為仁宗嘉慶十四（1809）年。身世待考。

關 乾

附：

名稱	形式	質地	色彩	尺寸 高×寬cm	創作時間	收藏處所	典藏號碼
仿黃公望山水圖	軸	絹	設色	不詳	己巳（？嘉慶十四年，1809）	北京 中國文物商店總店	

畫家小傳：關乾。畫史無載。流傳署款作品紀年疑為仁宗嘉慶十四（1809）年。身世待考。

呂臻成

附：

名稱	形式	質地	色彩	尺寸 高×寬cm	創作時間	收藏處所	典藏號碼
仿劉松年法山水	軸	絹	設色	160 x 81.2	己巳（？嘉慶十四年，1809）秋日	紐約 蘇富比藝品拍賣公司/拍賣目錄1981,11,07.	

畫家小傳：呂臻成。畫史無載。流傳署款作品紀年疑為仁宗嘉慶十四（1809）年。身世待考。

馬秉良

附：

名稱	形式	質地	色彩	尺寸 高×寬㎝	創作時間	收藏處所	典藏號碼
山水圖（雲岫林藪）	軸	紙	設色	109.2 × 35.5	嘉慶己巳（十四年，1809）中秋前五日	紐約 蘇富比藝品拍賣公司/拍賣目錄1988,11,30.	

畫家小傳：馬秉良。畫史無載。流傳署款紀年作品見於仁宗嘉慶十四（1809）年。身世待考。

陳 銑

名稱	形式	質地	色彩	尺寸 高×寬㎝	創作時間	收藏處所	典藏號碼
煮茶圖（為海槎作）	卷	絹	水墨	不詳	戊申（道光二十八年，1848）仲冬	杭州 浙江省博物館	
竹雀圖	軸	絹	設色	不詳	甲寅（咸豐四年，1854）閏月	北京 首都博物館	
臨陳道復菊石圖	軸	絹	設色	不詳	庚戌（道光三十年，1850）秋九月	上海 上海博物館	
仿唐寅畫桃花庵圖	橫幅	紙	水墨	不詳	甲辰（道光二十四年，1844）	嘉善 浙江省嘉善縣博物館	

附：

名稱	形式	質地	色彩	尺寸 高×寬㎝	創作時間	收藏處所	典藏號碼
試龍井新茶圖	軸	紙	水墨	不詳	咸豐二年（壬子，1852）	上海 朵雲軒	
仿沈周蕉蔭品硯圖	軸	絹	設色	不詳	道光壬寅（二十二年，1842）春	上海 上海文物商店	
紅梅圖	摺扇面	紙	設色	18 × 53	己酉（道光二十九年，1849）夏月	紐約 佳士得藝品拍賣公司/拍賣目錄1983,11,30.	

畫家小傳：陳銑。字蓮汀。浙江秀水人。生於高宗乾隆五十（1785）年，卒於文宗咸豐九（1859）年。好古，精鑑賞。善書法。畫擅寫生，尤長梅、竹小品，下筆邁古。甚受張問陶推崇。（見墨林今話、中國畫家人名大辭典）

郭 驥

名稱	形式	質地	色彩	尺寸 高×寬㎝	創作時間	收藏處所	典藏號碼
寒碧軒圖	軸	紙	設色	不詳	道光辛卯（十一年，1831）	南京 南京博物院	
山水圖（法梅花道人畫意）	軸	紙	設色	110 .1× 38.5		日本 東京河井荃廬先生	
山水圖	軸	紙	水墨	127.4× 38.1		日本 東京河井荃廬先生	
仿吳鎮山水圖	摺扇面	紙	水墨	不詳	道光癸巳（十三年，1833）	北京 故宮博物院	
山水圖（12幀）	冊	紙	設色	不詳	道光壬辰（十二年，1832）	天津 天津市藝術博物館	

名稱	形式	質地	色彩	尺寸 高×寬㎝	創作時間	收藏處所	典藏號碼

鄧尉尋春圖（郭驥、陸恢合　冊頁　紙　設色　不詳　道光辛卯（十一年　蘇州 江蘇省蘇州博物館
冊 2 之 1 幀）
　　　　　　　　　　　　　　　　　　　　　　　　，1831）

附：

逗秋閣雙語圖　　　　　軸　紙　設色　不詳　丙申（道光十六年　上海 上海文物商店
　　　　　　　　　　　　　　　　　　　　　　　　，1836）

畫家小傳：郭驥。字友三。江蘇吳江人。郭麟從弟。生於高宗乾隆五十（1785）年，卒於文宗咸豐元（1851）年。工畫山水，從學於
　　　　　武林蔣敬，畫入能品。（見墨林今話、中國畫家人名大辭典）

許乃穀

山水圖（為松君作）　　軸　紙　設色　不詳　道光癸未（三年，　北京 故宮博物院
　　　　　　　　　　　　　　　　　　　　　　　　1823）中秋

黃山異卉圖（12 幀）　　冊　紙　設色　（每幀）25.5　　　　杭州 浙江省博物館
　　　　　　　　　　　　　　　　　　　×21.7

畫家小傳：許乃穀。字玉年。號玉子。浙江仁和人。生於高宗乾隆五十（1785）年，卒於宣宗道光十五（1835）年。宣宗道光元年舉
　　　　　人。以書畫擅名吳越。畫山水，宗法董其昌，蒼秀而腴；兼長梅竹、雜卉。精畫理，撰畫品二十四行世。（見墨林今話、耕
　　　　　硯田齋筆記、中國畫家人名大辭典）

郭尚先

擬陳道復蘭蕙圖　　　　卷　絹　設色　62.6 × 34　壬辰（道光十二年　福州 福建省博物館
　　　　　　　　　　　　　　　　　　　　　　　　，1832）夏至前二
　　　　　　　　　　　　　　　　　　　　　　　　日

竹石圖　　　　　　　　軸　紙　水墨　不詳　　　　　　　台北 故宮博物院　　　國贈 031076

蘭花圖　　　　　　　　軸　紙　水墨　103.5 × 34.5　　　　台北 故宮博物院（蘭千山館
　　　　　　　　　　　　　　　　　　　　　　　　　　　　寄存）

秀石幽蘭圖　　　　　　軸　紙　水墨　不詳　　　　　　　日本 江田勇二先生

附：

蘭石圖　　　　　　　　卷　紙　水墨　不詳　　　　　　　上海 朵雲軒

畫家小傳：郭尚先。字元聞。又字蘭石。福建莆田人。生於高宗乾隆五十（1785）年，卒於宣宗道光十二（1832）年。嘉慶十四年進士。
　　　　　精鑑別。善書法。工畫墨蘭。（見海上墨林、甌缽羅室書畫過目考、清朝書畫家筆錄、金石家書畫集小傳、中國畫家人名大辭典）

張祥河

書畫（冊頁裝成）　　　卷　紙　設色　不詳　　　　　　　北京 中國歷史博物館

桂林名勝圖　　　　　　卷　紙　水墨　32 × 862.1　　　　　南寧 廣西壯族自治區博物館

柏青白頭圖　　　　　　軸　紙　設色　不詳　壬寅（道光二十二　北京 故宮博物院
　　　　　　　　　　　　　　　　　　　　　　　　年，1842）夏五月

名稱	形式	質地	色彩	尺寸 高×寬㎝	創作時間	收藏處所	典藏號碼
仿原濟（石濤）山水圖	軸	紙	水墨	不詳		濟南 山東省博物館	
雪意山水圖（為祁雋藻作）	軸	紙	設色	不詳	咸豐庚申（十年，1860）人日	太原 山西省博物館	
高齋圖	軸	紙	水墨	不詳	咸豐己未（九年，1859）	南京 南京博物院	
喬柯竹石圖	摺扇面	金箋	水墨	19 × 56	戊申（道光二十八年，1848）初春	昆山 崑崙堂美術館	
附：							
餞書圖（為左田作）	卷	紙	設色	33.6 × 72	道光乙酉（五年，1825 小春	濟南 山東省濟南市文物商店	

畫家小傳：張祥河。字元卿。號詩舲、鶴存、法華山人、詩道人。江蘇華亭人。生於高宗乾隆五十（1785）年，卒於穆宗同治元（1862）年。為張照從孫。嘉慶二十五年進士。官至工部尚書。工畫山水，私淑文徵明；寫意花草，力追陳淳、徐渭；晚年又涉石濤一派。（見墨林今話、桐陰論畫、韜養齋筆記、中國畫家人名大辭典）

尤 英

名稱	形式	質地	色彩	尺寸	創作時間	收藏處所	典藏號碼
聯科圖	軸	紙	水墨	不詳		鄭州 河南省博物館	
福地洞天圖	軸	紙	水墨	不詳	嘉慶庚午（十五年，1810）初夏	揚州 江蘇省揚州市博物館	
漢宮春曉圖	軸	紙	設色	110.2 × 43.4		揚州 江蘇省揚州市博物館	
仿唐寅仙山水閣圖	軸	紙	設色	不詳		上海 上海博物館	
附：							
漁翁圖	軸	紙	設色	不詳	嘉慶辛未重光協洽（十六年，1811）	上海 朵雲軒	
嚴子陵像	軸	紙	設色	不詳		上海 上海文物商店	

畫家小傳：尤英。字文庵。吳人。嘉慶、道光間供奉內廷。善繪花卉。流傳署款紀年作品見於仁宗嘉慶十五（1810）、十六（1811）年。（見清畫院錄、中國畫家人名大辭典）

常道性

名稱	形式	質地	色彩	尺寸	創作時間	收藏處所	典藏號碼
林木納涼圖	卷	紙	水墨	不詳	嘉慶庚午（十五年，1810）秋日	北京 故宮博物院	

畫家小傳：常道性。字芸仙。湖北漢陽（一作蕪湖）人。精鑑賞。雅好翰墨，詩、書、畫皆為時所稱。畫專山水，宗法宋元，一種蒼逸腴秀之氣，直逼清湘老人。流傳署款紀年作品見於仁宗嘉慶十五（1810）年。（見墨林今話、萍蹤閒記、漢口叢譚、中國畫家人名大辭典）

名稱	形式	質地	色彩	尺寸 高x寬cm	創作時間	收藏處所	典藏號碼

吳之驎

名稱	形式	質地	色彩	尺寸	創作時間	收藏處所	典藏號碼
山東道中詩意圖	摺扇面	紙	設色	不詳	嘉慶庚午（十五年，1810）夏四月	北京 故宮博物院	

附：

重陽秋會圖	軸	紙	設色	不詳	嘉慶癸酉（十八年，1813）九日	北京 榮寶齋	

畫家小傳：吳之驎。字子野。安徽歙縣人。能詩。善畫。流傳署款紀年作品見於仁宗嘉慶十五(1810)至十八(1813)年。(見虹廬畫談、中國畫家人名大辭典)

徐承熙

墨梅圖（10幀）	冊	紙	水墨	不詳	嘉慶庚午（十五年，1810）春日	太原 山西省博物館	

畫家小傳：徐承熙。字笠亭。號復園。江蘇華亭人。工畫山水，專法董其昌；兼寫花卉，極工秀。流傳署款紀年作品見於仁宗嘉慶十五(1810)年。(見墨香居畫識、中國畫家人名大辭典)

李　福

牧牛圖	軸	絹	設色	149.1 × 88.1		日本 私人	A2214

畫家小傳：李福。字備五。號子仙。江蘇吳縣人。仁宗嘉慶十五（1810）年舉人。能詩，善畫。工畫花卉，喜寫墨蘭。(見墨林今話、耕硯田齋筆記、中國畫家人名大辭典)

張　深

名稱	形式	質地	色彩	尺寸	創作時間	收藏處所	典藏號碼
北固山樓餞別圖（為湘山作）	卷	紙	設色	不詳	戊申（道光二十八年，1848）春初	南京 南京博物院	
仿董北苑山水圖	卷	絹	設色	不詳	辛未（嘉慶十六年，1811）	無錫 江蘇省無錫市博物館	
臨頓新居圖	卷	紙	設色	28.8 × 118.1		蘇州 江蘇省蘇州博物館	
夕江待渡圖	軸	金箋	設色	不詳	道光丙午（二十六年，1846）春三月望日	台北 黃君璧白雲堂原藏	
槐街踏月圖	軸	紙	設色	48.9 × 30.5	道光十三年（癸巳，1833）	南京 南京博物院	
溪山小景圖	軸	紙	設色	不詳		杭州 浙江省博物館	
匡廬記夢圖	軸	紙	設色	97.9 × 31.8	道光癸巳（十三年，1833）春	日本 東京山木悌二郎先生	
秋江詩思圖	摺扇面	金箋	設色	18.2 × 52.7	道光乙未（十五年	北京 故宮博物院	

名稱	形式	質地	色彩	尺寸 高x寬cm	創作時間	收藏處所	典藏號碼

，1835）秋仲

附：

| 龍泉庵圖 | 卷 | 紙 | 設色 | 30.3 x 129.5 | 道光甲申（四年，1824） | 北京 北京市工藝品進出口公司 | |
| 東佘高隱圖（仿董思白真蹟） | 軸 | 紙 | 水墨 | 125 x 43 | | 紐約 佳士得藝品拍賣公司/拍賣目錄1984,06,29. | |

畫家小傳：張深。字叔淵。號茶農。江蘇丹徒人。張崟之子。仁宗嘉慶十五（1810）年舉人。官至廣東大浦縣令。能傳家學，初寫花卉，後工山水，聲譽遠播朝鮮。流傳署款作品見於仁宗嘉慶十六（1811）至，至宣宗道光二十八（1848）年。（見桐陰論畫、墨香居畫識、墨林今話、歷代畫史彙傳、中國畫家人名大辭典）

吳冕

附：

| 秋葵圖 | 摺扇面 | 金箋 | 設色 | 16.8 x 49.5 | 庚午（嘉慶十五年，1810）夏日 | 紐約 蘇富比藝品拍賣公司/拍賣目錄1986.06.03 | |

畫家小傳：吳冕。畫史無載。流傳署款紀年作品見於仁宗嘉慶十五（1810）年。身世待考。

蔡根

附：

| 竹石圖 | 軸 | 紙 | 水墨 | 不詳 | 庚午（？嘉慶十五年，1810） | 上海 上海文物商店 | |

畫家小傳：蔡根。畫史無載。流傳署款作品紀年疑為仁宗嘉慶十五（1810）年。身世待考。

姚瑩

| 談易圖 | 卷 | 紙 | 設色 | 不詳 | | 合肥 安徽省博物館 | |

畫家小傳：姚瑩。畫史無載。約為活動於仁宗嘉慶中期人。身世待考。

錢長豐

| 蘭竹圖（4屏） | 軸 | 紙 | 水墨 | 不詳 | | 南通 江蘇省南通博物苑 | |

畫家小傳：錢長豐。畫史無載。身世待考。

陳峻

| 芙蓉浴鴨圖（為竹嶼先生作） | 摺扇面 | 紙 | 設色 | 16.6 x ?（殘） | 庚午（嘉慶十五年，1810）三月 | 日本 東京細川護貞先生 | |

畫家小傳：陳峻。字石庵。江蘇武進（一作常州）人，寓居吳門。工寫真，兼善山水、人物、花鳥，筆意似陳淳、王武。流傳署款紀年作品見於仁宗嘉慶十五（1810）年。（見墨林今話、談畫輯要、中國畫家人名大辭典）